Zu diesem Buch

«Das Ganze ist weniger ein Buch als ein Gesellschaftsspiel in Buchform. Allein kann es auch gespielt werden, macht aber weniger Spaß, weil die anregenden Ansichten der anderen fehlen. Wird beispielsweise eine Party langweilig, kann man die Gäste nach den zehn abscheulichsten Persönlichkeiten der Geschichte fragen oder nach den fünf schönsten Frauen der Gegenwart. Gleichzeitig läßt sich in ‹Rowohlts Bunter Liste› nachblättern, wen Axel Eggebrecht für abscheulich und wen die Besucher in Madame Tussauds Wachsfigurenkabinett alljährlich für die Schönste halten. Daraus ergibt sich bestimmt ein Disput, schon ist die Party nicht mehr müde. So einfach ist das» («Rheinische Post»).

Es haben mitgearbeitet: Bing Crosby, Ralf Dahrendorf, Axel Eggebrecht, Frank Elstner, Oriana Fallaci, Eberhard Gienger, Werner Höfer, Luc Jochimsen, Hellmuth Karasek, Willi Kuhweide, Heinrich Maria Ledig-Rowohlt, Jack Lemmon, Rudolf Walter Leonhardt, Udo Lindenberg, Loriot, Henry Miller, Henri Nannen, Gustav «Bubi» Scholz, Uwe Seeler, Henning Venske, Orson Welles u. a.

David Wallechinsky,
Irving & Amy Wallace

Rowohlts
Bunte Liste

Verantwortlich
für die deutschen Beiträge:
Christine Brinck
Übersetzung und Redaktion:
Niko Hansen, Christine Brinck,
Jens Petersen

Rowohlt

Die Originalausgabe
erschien 1977 unter dem Titel
«The Book of Lists»
im Verlag William Morrow and Company,
New York

For Flora,
with love
David

For Sylvia,
with love
David, Amy and Irving

Veröffentlicht im Rowohlt Taschenbuch Verlag GmbH,
Reinbek bei Hamburg, September 1983
Copyright © 1980 by Rowohlt Verlag GmbH,
Reinbek bei Hamburg
«The Book of Lists»
Copyright © 1977 by David Wallechinsky,
Irving Wallace and Amy Wallace
Alle deutschen Rechte vorbehalten
Gesamtherstellung Clausen & Bosse, Leck
Printed in Germany
1280-ISBN 3 499 15181 2

Inhaltsverzeichnis

«Mach 'mal 'ne Liste» 15

1
Name ist Schall und Rauch 17

Die 5 meistgehaßten und meistgefürchteten Personen aller Zeiten ... Die 5 am meisten bewunderten Persönlichkeiten aller Zeiten ... 27 berühmte Personen, die jung starben ... 20 Persönlichkeiten, die auch im hohen Alter noch außerordentliche Leistungen vollbrachten ... Die geschätzten Intelligenzquotienten von 30 berühmten Leuten ... Ralf Dahrendorfs 10 bedeutendste Denker aller Zeiten ... 33 berühmte Linkshänder ... Die 5 schönsten Frauen der Gegenwart ... Axel Eggebrechts 10 abscheuliche Persönlichkeiten der Geschichte ... Die 10 Herrscher, die am längsten regierten ... Die 9 Diktatoren der heutigen Zeit, die am längsten an der Macht sind ... 25 berühmte Sklavenhalter ... Die ursprünglichen Berufe von 34 berühmten Personen ... 17 berühmte Persönlichkeiten mit körperlichen Behinderungen ... Professor Laurence J. Peter: 10 berühmte Persönlichkeiten, die ihre Stufe der Inkompetenz erreichten ... Leon Uris' 12 bedeutendste Juden aller Zeiten ... Rudolf Walter Leonhardts 7 größte Sachsen der Geschichte ... Hermann Höcherls 10 größte Bayern ... 30 berühmte Rotschöpfe

2
Schuld und Sühne 35

Clifford Irvings 10 beste Fälscher aller Zeiten ... 10 sensationelle Raubzüge ... Manfred Engelschalls Liste der 5 interessantesten Presserechtsfälle ... 9 berühmte Prozesse, bei denen es nicht um Mord ging ... Hajo Wandschneiders Liste der 7 interessantesten Kriminalfälle ... 37 von mehr als 100 Ländern, in denen die Folter angewendet wird ... 18 Länder, in denen die Todesstrafe offiziell abgeschafft worden ist ... 8 Häftlinge, denen die Flucht von der Teufelsinsel gelang ... 10 mögliche Opfer von 10 möglichen «Jack the Rippers»

3
Kriege und andere Katastrophen 64

10 der unfähigsten Generäle der Geschichte ... Die 10 bekanntesten Kampfflieger des Ersten Weltkrieges ... Simon Wiesenthal: 10 Naziverbrecher, die sich bisher erfolgreich der Gerechtigkeit entzogen haben ... Edward S. Creasy: 15 entscheidende Schlachten der Weltgeschichte ... 10 nach Personen benannte Waffen ... Die 10 größten Waffenimporteure ... Die 10 größten Waffenexporteure ... Die 10 Staaten mit dem höchsten Anteil von Einwohnern unter Waffen ... Die 10 Staaten mit dem niedrigsten Anteil von Einwohnern unter Waffen ... Die 10 Staaten mit den höchsten Pro-Kopf-Ausgaben für militärische Zwecke ... Die 10 Staaten mit den niedrigsten Pro-Kopf-Ausgaben für militärische Zwecke ... Die 11 schwersten Autounfälle ... Die 12 schwersten Hungerkatastrophen ... 6 Atommächte, die zur Zeit die Erde in die Luft sprengen können

4
Um Himmels willen ... Was um alles in der Welt 86

15 noch lebende prähistorische Wesen ... 20 der giftigsten Pflanzen – Vorsicht! ... 7 berühmte Pflanzen in Dichtung und Wahrheit ... 13 Inseln zu verkaufen ... Die 20 größten Inseln ... Die 15 längsten Flüsse ... Die 10 höchsten Wasserfälle ... Die 20 größten Seen ... 9 berühmte Steine ... Die 15 größten Wüsten ... Die 10 größten Mineralölverbraucher ... Die 10 größten Mineralölverarbeiter ... Die 10 größten Öl-Förderer ... Die 10 Länder mit den größten Ölreserven ... Die 14 größten Mineralölexporteure ... Die 14 größten «Multis» ... 10 unerforschte Gebiete der Erde ... Die ersten 10 Menschen im Weltraum ... Die 12 Astronauten mit dem längsten Aufenthalt im Weltraum ... 4007 Objekte, die die Erde umkreisen ... 12 phänomenale Himmelskörper und -erscheinungen ... Die 43 wichtigsten Himmelskörper unseres Sonnensystems

5
In Noahs Arche – Tierleben 115

Die 9 friedfertigsten Hunderassen ... Die 9 bissigsten Hunderassen ... Die 11 beliebtesten Hunderassen in Deutschland ... 16 berühmte Tiere und ihre «Story» ... Die 12 größten Schafbestände auf der Erde ... 10 Vögel, die nicht fliegen können oder konnten ... 8 & 1 Tiere, die ihre Jungen in Beuteln tragen ... Die durchschnittliche Trächtigkeitsdauer bei 20 Tieren ... Das höchste nachgewiesene Alter von 92 Tieren ... 25 Redewendungen mit Tiernamen ... 20 vom Aussterben bedrohte Säugetiere – und die Gründe für ihre Dezimierung

6
Unterwegs –
Für Wanderer, Vagabunden, Weltenbummler 130

Die 9 ungewöhnlichsten Monumente der Welt ... Bekannte Reisejournalisten wählen «ihre» 10 schönsten Städte der Welt ... Die 15 Länder mit dem stärksten Tourismus ... 11 Orte, an denen man einen gesunden Winter verbringen kann ... Sidney Clarks 10 liebste übersehene Sehenswürdigkeiten ... Ferdinand Ranfts 10 liebste übersehene Sehenswürdigkeiten ... Rudolf Walter Leonhardts 7 liebste übersehene Sehenswürdigkeiten ... Temple Fieldings 11 liebste übersehene Sehenswürdigkeiten ... Temple Fielding: 13 Orte, die man auf Reisen meiden sollte ... 32 neue Namen für alte Orte ... Die 10 größten Länder der Erde ... Die 15 bevölkerungsreichsten Länder der Erde ... Die 5 Gebiete mit dem größten Bevölkerungswachstum ... 5 Gebiete mit stagnierender oder rückläufiger Bevölkerungsentwicklung ... Die 15 bevölkerungsreichsten Stadtgebiete der Gegenwart ... Die 15 bevölkerungsreichsten Stadtgebiete im Jahr 2000 ... Die 11 kältesten Städte der Welt ... Die 11 heißesten Städte der Welt ... Die ersten 10 Transatlantikflüge ... 9 Automobile, die Geschichte machten

7
Mit einem Wort – Kommunikation 151

Christine Brincks und Niko Hansens 20 schönste Wörter der deutschen Sprache ... Christine Brincks und Niko Hansens 20 häßlichste Wörter der deutschen Sprache ... Die 10 am häufigsten benutzten Wörter der deutschen Sprache ... 13 Zungenbrecher, aber andere als Fischers Fritze fischte frische Fische ... 11 Palindrome ... 8 Schüttelreime ... 14 Personen, die zu Worten wurden ... Die häufigsten Nachnamen in 10 Ländern ... 30 nicht-indogermanische Sprachen, aus denen Wörter der deutschen Sprache entlehnt worden sind ... Die 10 meistgesprochenen Weltsprachen ... 8 ungewöhnliche Nachrichten, die mit der Flaschenpost gebracht wurden ... Charles Hamilton: Die 10 seltensten Autographen – und der Preis, den sie auf einer Auktion erzielen würden ... Luc Jochimsens 10 liebste Nestbeschmutzer ... Oriana Fallaci: 18 historische Persönlichkeiten, die ich gern interviewt hätte ... Henri Nannen: 13 historische Persönlichkeiten, die ich gern interviewt hätte ... Ralf Dahrendorfs 10 einflußreichste Zeitungen der Welt ... Henri Nannen: 4 Top-Tageszeitungen

8
Kunst-Stücke 168

Die 5 beliebtesten Künstler aller Zeiten ... Walter Scheels 10 liebste deutsche Volkslieder ... Zupfgeigenhansels 6 Lieblingslieder ...

Johnny Cash: Die 10 größten Country-Songs aller Zeiten ... Bing Crosbys 10 liebste Unterhaltungskünstler aller Zeiten ... Paul Kuhns 10 beste Orchesterleiter und Bandleader ... *Sounds'* 15 LPs der 70er Jahre ... Udo Lindenbergs 21 liebste Sänger und Gruppen ... Achim Reichel: Die 10 klassischen Gitarren-Rock-Intros ... Henning Venskes 11 deutscheste der deutschen Schlager ... Albert Mangelsdorffs 10 wichtigste Jazzmusiker ... Manfred Lahnsteins 10 beste Jazzorchester aller Zeiten ... 15 Schallplatten-Interpreten mit mehr als 10 Goldenen Langspielplatten ... 10 seltene Rock-and-Roll-Singles aus den 50er Jahren ... Frank Elstners Liste der ersten 10 von 100 grenzenlos wichtigen Musikern ... August Everdings 2 liebste Opern ... August Everdings 3 liebste populäre Opern ... August Everdings 10 «beste» Sänger und Sängerinnen der Vergangenheit ... Sir Rudolf Bings 2 liebste Opern ... Sir Rudolf Bings Liste der 3 populärsten Opern ... Regina Resniks 10 liebste Opern ... Joachim Kaisers 10 größte Dirigenten aller Zeiten ... Josef Müller-Mareins 10 größte Pianisten ... Arnold Steinhardts 10 größte Geiger aller Zeiten ... Gene Kellys 11 liebste Tänzer der Vergangenheit ... Boleslaw Barlogs Riesenliste der besten, größten und berühmtesten Theaterautoren des 20. Jahrhunderts ... Professor Rolf Badenhausens 15 wesentlichste Persönlichkeiten in der deutschen Theatergeschichte des 20. Jahrhunderts ... Hellmuth Karaseks 10 beste Bühnenstücke ... Hellmuth Karaseks 10 liebste Schauspieler ... Joanna Maria Gorvins 10 bedeutendste Theaterregisseure des deutschen Theaters ... Joanna Maria Gorvin: Die einzige bedeutende schauspielerische Leistung an deutschen Bühnen, die ich ohne Zögern nennen kann ... Stefan Moses' 10 größte Fotografen ... Gottfried Sellos 15 Maler-Favoriten ... Peggy Guggenheims 10 größte Maler der Vergangenheit ... Peggy Guggenheims 10 größte Maler der Neuzeit ... 8 faszinierende Modelle und ihre Maler ... 9 berühmte Magier – und die Kunststücke, für die sie berühmt waren

9
Attraktionen, Attraktionen –
Film und Fernsehen 196

Die 25 erfolgreichsten Filme aller Zeiten ... 20 berühmte Schriftsteller, die Film-Drehbücher geschrieben haben ... Die 10 Schauspielerinnen und Schauspieler, die am häufigsten für den Oscar nominiert wurden ... Arthur Schlesinger jr.: Meine Liste der 10 besten politischen Filme aller Zeiten ... Orson Welles' 12 Filmfavoriten & die Regisseure ... Luis Buñuels 9 Filmfavoriten & die Regisseure ... Arthur Knights 10 Filmfavoriten ... Hans C. Blumenbergs 10 Filmfavoriten & die Regisseure ... Die 10 besten Filme aller Zeiten ... William Wylers 10 Filmfavoriten ... Jack Lemmons Liste der 10 «zweitbesten» Filme aller Zeiten ... Hans C. Blumenberg: 10 berühmte überschätzte Filme ... Wolf Donner: 10 unterbewertete oder verkannte Leute im deutschen Film ... Die 10 schlechtesten Filme aller Zeiten ... Die deutschen Fernsehsendungen mit den höchsten Einschaltquoten ... 10 deutsche Fernsehsendungen, die es schon sehr lange gibt ... Werner Höfers Lieblings-TV-Sendungen ... Werner Höfer: 3 Sternstunden des Fernsehens

10
Die Welt der Bücher 215

Verbotene Bücher auf dem Index der Katholischen Kirche: 37 zensierte Autoren ... Die 12 meistverkauften Bücher aller Zeiten ... Axel Eggebrecht: 10 Bücher, die die Welt veränderten ... Norris McWhirters 12 beste Nachschlagewerke der Welt ... Rudolf Walter Leonhardts 7 beste Nachschlagewerke der Welt ... Henry Millers 10 größte Autoren aller Zeiten ... Rudolf Walter Leonhardts 7 beste Romane der Weltliteratur ... W. Somerset Maughams 10 Romanfavoriten aus der Weltliteratur ... François Bondys 10 & 1 beste Romane der Weltliteratur ... Die *Zeit*-Bibliothek der 100 Bücher der Weltliteratur ... Peter Neugebauers 10 liebste Detektivromane und -geschichten ... Ellery Queens 17 größte Romandetektive aller Zeiten ... Rex Stouts 10 liebste Detektivromane und -geschichten ... Die 12 besten Detektivromane und -geschichten aller Zeiten ... Peter Neugebauers 10 liebste Science-Fiction-Romane ... Werner Höfer: 3 Bücher, die ich auf eine einsame Insel mitnehmen würde ... Heinrich Maria Ledig-Rowohlt: 5 Bücher, die ich auf eine einsame Insel mitnehmen würde ... Loriot: 5 Bücher, die ich auf eine einsame Insel mitnehmen würde ... Wolfdietrich Schnurres 20 liebste Kinderbücher ... Die Gewinner des Deutschen Jugendbuchpreis 1978-1982 ... Charles M. Schulz' Liste der 10 größten Comic-Figuren aller Zeiten ... 10 bemerkenswerte Bücher, die nie geschrieben wurden ... 10 Personen, die Vorbilder für große Romanfiguren wurden ... 25 berühmte Pseudonyme ... 15 Autoren, die im Gefängnis schrieben ... 8 Autoren, die sich erfolglos um ein öffentliches Amt bewarben ... 28 Autoren, die den Nobelpreis hätten gewinnen sollen – aber nicht erhielten

11
Donnerwetter! – Wissenschaft und Technik 244

Grundlegende Irrtümer von 12 großen Wissenschaftlern ... 15 Männer, deren Namen zu Maßeinheiten wurden ... Isaac Asimovs 10 bedeutendste Wissenschaftler der Vergangenheit ... 10 revolutionäre Entdeckungen auf dem Gebiet der Medizin, die von Nichtmedizinern gemacht wurden ... Die 7 Weltwunder der Antike ... Die 7 Weltwunder des Mittelalters ... Die 7 Wunder der modernen Welt ... Thomas von Randows 7 Weltwunder der Zukunft – von denen nur eines wirklich zählt ... 12 Erfindungen: Wieviel Zeit verging, bis die Idee Wirklichkeit wurde ... 18 Ereignisse und ihre Dauer ... Dr. Willard Libby: Die «ergiebigsten» archäologischen Funde, Versteinerungen und Dokumente, deren Alter durch die Radiokarbonmethode bestimmt wurde ... Die freigesetzte Energie bei 21 Ereignissen ... 25 Temperaturen ... Vom Atom zur Grenze des Alls: 26 Entfernungen

12
Daheim – Die Zeit der Reife 268

12 berühmte Ereignisse, die in der Badewanne stattfanden ... Die Sauberkeit von 6 europäischen Völkern ... Gerhard Prause: 10 berühmte Leute ohne (oder mit höchst geringer) Schulbildung ... Gerhard Prause: 14 berühmte Leute, die schlechte Schüler waren ... Gerhard Prause: 15 berühmte Leute, die die Schule haßten ... Gerhard Prause: 30 berühmte Leute, die hervorragende Schüler waren ... 15 berühmte Leute, die nie studiert haben ... 20 bekannte Persönlichkeiten, die niemals heirateten ... 21 der am häufigsten verheirateten Persönlichkeiten der Geschichte ... 25 Hochzeitsjubiläen – und die dazugehörigen Geschenke ... Marabel Morgans 10 Methoden, einem Mann zu gefallen ... 6 Männer, die von ihren Frauen ernährt wurden ... 16 Frauen, die älter waren als ihre Männer ... 10 Mütter berüchtigter Kinder ... 20 Kinder unverheirateter Eltern

13
Von Kopf bis Fuß 285

14 konservierte Körperteile von bekannten Leuten ... 10 berühmte Körperteile ... 14 berühmte Gehirne – und was sie wogen ... Dr. Erwin Marcus: Die 10 häufigsten Probleme meiner Zuhörer ... Dr. Gerda Tackmann: Die 10 häufigsten Probleme meiner Leserinnen ... 17 berühmte Opfer der Syphilis ... 14 berühmte Leute mit Schlafstörungen ... 9 bekannte Einäugige ... 10 berühmte Schnarcher ... Die 10 schwersten Menschen ... 12 berühmte Dreihundertpfünder ... 3 berühmte Hämorrhoidenkranke ... 15 Riesen ... 15 sehr kleine Leute ... Extra! Extra! 9 Menschen mit zusätzlichen Körperteilen (& 2 ganz besondere Fälle)

14
Intimitäten 309

6 Stellungen für den Geschlechtsverkehr – in der Reihenfolge ihrer Beliebtheit ... 14 berühmte Liebeserklärungen ... 10 Nahrungsmittel, die als Aphrodisiaka gelten ... 7 «jungfräuliche» oder lange Zeit absti-

nente Männer ... 20 der unermüdlichsten Liebhaber aller Zeiten ... 6 der teuersten Frauen aller Zeiten ... Benjamin Franklins 8 Gründe, eine ältere Frau zu heiraten ... Die sexuellen Abweichungen und Eigenarten von 15 bekannten Männern ... Sexuelle Kuriositäten von 8 bekannten Frauen ... 4 Leute, die den Strapazen des Beischlafs erlagen ... 66 bekannte Homosexuelle und Bisexuelle ... 2 Männer, die sich als Frauen, und 8 Frauen, die sich als Männer ausgaben ... Professor Gunter Schmidts Liste der 10 wichtigsten Sachbücher zur Sexualität

15
Brot und Spiele – Die Welt des Sports 337

Peter Bizers 7 große Sport-Listen ... 5 dramatische Ereignisse in der Geschichte des Sports ... Die 5 beliebtesten Sportler der Gegenwart ... 24 Kraftmeiereien ... Ulrich Pramann: 10 Typen von Fußballfans ... Pelés 50 beste Fußballspieler der Geschichte ... Uwe Seelers 17 beste internationale Fußballer aller Zeiten ... Uwe Seelers 15 beste deutsche Spieler ... Uwe Seelers 4 beste Torhüter aller Zeiten ... Uwe Seelers 10 beste deutsche Fußballclubs ... Gustav «Bubi» Scholz' 11 beste Schwergewichtsboxer aller Zeiten ... Die 10 besten Schwergewichtsboxer aller Zeiten ... Wolfgang Zimmerers 11 beste Bobfahrer aller Zeiten ... Erich Kühnhackls 19 beste deutsche Eishockeyspieler ... Christian Neureuthers 8 beste Skiläufer «aller Zeiten» ... Christian Neureuthers 8 beste Skiläuferinnen ... Jean-Claude Killys 12 liebste Ski-Pisten ... Mario Andrettis 9 beste Autorennfahrer aller Zeiten ... Eberhard Giengers 10 beste Turnerinnen aller Zeiten ... Eberhard Giengers 10 beste Turner aller Zeiten ... Willi Kuhweides 10 beste Segler aller Zeiten ... K. H. Moritz von Groddecks 10 beste Achter aller Zeiten ... K. H. Moritz von Groddecks 10 beste Ruderer aller Zeiten ... Helga Masthoffs 10 beste Tennisspielerinnen aller Zeiten ... Wilhelm Bungerts 2mal 12 beste Tennisspieler aller Zeiten ... Pancho Gonzales' 10 größte Tennisspieler aller Zeiten ... Hans Frömmings 12 beste Trabrennfahrer der Welt ... Hans Frömmings 7 beste Trabrennpferde der Welt ... Hein Bollows 10 beste Jockeys ... Hein Bollows Liste der 10 besten Rennpferde

16
Hier geht's um Ihre Gesundheit 361

9 berühmte Feinschmecker und Vielfraße ... Die Diät von 8 berühmten Leuten ... 9 Vegetarier von heute ... Die 22 Nahrungsmittel mit dem niedrigsten Kaloriengehalt ... Die 13 Nahrungsmittel mit dem höchsten Kaloriengehalt ... 16 Tätigkeiten und ihr Kalorienverbrauch ... Die 22 am meisten konsumierten Nahrungsmittel in der Bundesre-

publik Deutschland ... Jedes Böhnchen gibt sein Tönchen – 10 Bohnen und ihre Blähwirkung ... 11 berühmte Kaffeetrinker ... 13 Getränke, die nach Personen oder Völkern benannt worden sind ... Die 10 Länder mit dem höchsten Weinkonsum ... Die 10 Länder mit dem höchsten Bierkonsum ... Upton Sinclairs 15 schwere Trinker des 20. Jahrhunderts ... 10 berühmte Kokainschnupfer ... 5 bekannte Marianiwein-Trinker ... 16 bekannte Haschischraucher ... 4 bekannte Morphinisten ... 11 bekannte Personen, die heroinsüchtig waren ... 13 bekannte Personen, die Lachgas genommen haben ... 15 bekannte Personen, die LSD geschluckt haben ... 17 bekannte Personen, die Opium (oder Laudanum) genommen haben ... 18 Personen, die Peyote oder Meskalin genommen haben ... Die 10 meistverkauften berühmte Tabakraucher ... Die 11 Zigaretten mit dem niedrigsten Teergehalt ... Die 10 Zigaretten mit dem niedrigsten Nikotingehalt ... Die 14 Zigaretten mit dem höchsten Teergehalt ... Die 14 Zigaretten mit dem höchsten Nikotingehalt ... Die 15 Länder mit der niedrigsten Lebenserwartung der Bevölkerung ... Die 10 Länder mit der höchsten Lebenserwartung der Bevölkerung ... 17 der ältesten Menschen der Welt ... Dr. David Davies' 10 Ratschläge für ein langes Leben

17
Rat mal, wer zum Essen kommt 391

Die 13 Gäste des Letzten Abendmahls ... Henri Nannens 10 liebste Tischgenossen aus der Geschichte ... Arthur Koestlers 10 liebste Tischgenossen aus der Geschichte ... Ralf Dahrendorfs 10 liebste Tischgenossen aus der Geschichte ... Art Buchwalds 11 liebste Tischgenossen aus der Geschichte ... Werner Höfers 10 liebste Tischgenossen aus der Geschichte ... Vincent Prices 10 liebste Tischgenossen aus der Geschichte ... Heinrich Maria Ledig-Rowohlts 10 liebste Tischgenossen aus der Geschichte ... Josef Müller-Mareins 10 liebste Tischgenossen aus der Geschichte ... Hermann Höcherls 10 liebste Tischgenossen aus der Geschichte ... Loriots 12 liebste Tischgenossen aus der Geschichte ... Mary Hemingways 10 liebste Tischgenossen aus der Geschichte ... Philip Rosenthals 10 liebste Tischgenossen ... John Tolands 10 liebste Tischgenossen aus der Geschichte ... David Wallenchinskys 10 liebste Tischgenossen aus der Geschichte ... Irving Wallaces 12 liebste Tischgenossen aus der Geschichte ... Amy Wallaces 13 liebste Tischgenossen aus der Geschichte ... Christine Brincks und Niko Hansens 16 & 2 liebste Tischgenossen

18
O du geheimnisvolles Leben 403

Jeane Dixons 10 größte Medien aller Zeiten ... Ruth Montgomerys 10 größte Medien der Geschichte ... 60 berühmte Persönlichkeiten und ihre Gehirnstrahlung ... 7 Fälle von Selbstentzündung ... 10 Personen, die stigmatisiert waren ... 10 Augenzeugenberichte über Menschen, die durch die Luft schwebten ... Besucher aus dem Weltraum? 9 mysteriöse Begebenheiten ... 10 große ungelöste Geheimnisse ... 10 gruselige Gespenster

19
Asche zu Asche 426

20 bekannte ausgestopfte oder einbalsamierte Menschen und Tiere ... 9 Grabsteininschriften, die es nie gegeben hat ... 24 seltsame Todesursachen ... Peter Neugebauers 3 inoffizielle Versionen vom Tode des bayerischen Königs Ludwig II. ... Die 10 Krankheiten, die die meisten Menschenleben kosten ... Die 10 Länder mit der niedrigsten Säuglingssterblichkeit ... Die 10 Länder mit der höchsten Säuglingssterblichkeit ... Die 10 am häufigsten angewendeten Selbstmordmethoden

20
Et cetera 443

Die 15 sonderbarsten Fälle aller Zeiten aus *The People's Almanac* ... Marshall McLuhans 10 bedeutsamste Ausweitungen des Menschen ... Die 14 größten Ängste des Menschen ... 16 herrliche Schnitzer ... Eulen nach Athen – 7 unglaubliche englische Exportgüter ... Gleiches Stimmrecht für alle! Der Zeitpunkt der Einführung des Frauenwahlrechts in 35 Ländern ... Die 15 denkwürdigsten Gegenstände, die je versichert wurden ... Die 10 größen Beitragszahler der Vereinten Nationen ... 6 berühmte Bibliothekare ... Margaret Meads Liste der 10 besten anthropologischen Bücher oder Studien ... Vom langweiligsten zum interessantesten Beruf ... 22 «Un-Naturgesetze» & 3 Extras ... 10 große Hochstapler ... 20 Lieblingsgerüche von Männern und Frauen ... Die 2 1/2 Engel, die namentlich in der Bibel erwähnt werden ... Die 10 Gebote

Ausklang 467

Christine Brincks und Josef Joffes Liste der besten Dinge ... Christine Brincks und Josef Joffes Liste der weniger guten Dinge

Anhang 469

Mitarbeiter... Bildquellenverzeichnis... Namenregister... Sachregister... Titelregister

«Mach 'mal 'ne Liste»

Jeder macht Listen: Einkaufslisten, Preislisten, Hitlisten, Teilnehmerlisten, Rednerlisten, Ranglisten, Wartelisten, Wunschlisten, Wahllisten, Namenslisten, schwarze Listen, Fahndungslisten, Favoritenlisten, Rekordlisten.

Alle machen Listen, doch keiner war bislang auf die Idee gekommen, interessante, informative, witzige, ungewöhnliche Listen zu sammeln und in einem Buch zusammenzufassen. Dieser Mangel ist nun behoben. 1977 erschien in den USA das *«Book of Lists»* von David Wallechinsky, Irving und Amy Wallace, den Herausgebern des berühmten *«People's Almanac»*. Das Buch war ein außergewöhnlicher Erfolg: Innerhalb weniger Wochen kletterte es auf Platz 1 der amerikanischen Bestsellerliste (noch eine Liste!); über drei Millionen Exemplare wurden verkauft. Eine wahre «Listomanie» brach über Amerika herein. Hunderttausende entdeckten plötzlich ihre Leidenschaft für die «Listerei», entpuppten sich als «Listomanen», die ihre eigenen Listen veröffentlichen wollten und die Autoren mit Briefen überhäuften. Keiner vermag auch nur abzuschätzen, wie viele lahme Parties mit diesem Buch gerettet, wie viele Wetten mit ihm gewonnen wurden, wie viele Streitereien sich an ihm entzündeten.

Mit *«Rowohlts Bunter Liste»* liegt nun die deutsche Ausgabe des *«Book of Lists»* vor. «Deutsche Ausgabe» heißt: Übersetzung *und* Bearbeitung. Listen, die ausschließlich über amerikanische Verhältnisse informierten, wurden ganz oder teilweise durch neue ersetzt. Doch damit nicht genug: Viele deutsche Prominente erklärten sich – aus Spaß an dieser «Listen-Spielerei» – bereit, einen Exklusivbeitrag zu schreiben. Die Redaktion möchte ihnen allen an dieser Stelle herzlich danken. Sie haben mit ihren originellen, witzigen und ernsten Listen wesentlich dazu beigetragen, daß *«Rowohlts Bunte Liste»* ein – quantitativ wie qualitativ – vielseitiges Buch geworden ist.

Noch eines sei zu dieser Listen-Sammlung festgestellt: Die Betonung liegt nicht auf den Rang-, sondern auf den persönlichen Listen. Von subjektiven Urteilen, vom individuellen Geschmack der einzelnen Autoren, vom Spielerischen, Ironischen und zuweilen Kritischen in den Beiträgen lebt dieses Buch, nicht von dürren Daten, trockenen Tabellen und dem «Wer-ist-der-Beste»-Kult. Es lädt zum Blättern und Stöbern ein – man wird sich schon irgendwo festlesen.

Die zahlreichen Mitarbeiter des Buches sollen nicht ungenannt bleiben. Die kleinen Buchstaben am Ende vieler Beiträge verweisen auf ihre Namen, die in der «Mitarbeiter-Liste» auf Seite 471 aufgeführt sind. Ein zweiter Hinweis: Das Wort *exklusiv* unter einer Liste bedeutet, daß der Beitrag exklusiv für *«The Book of Lists»* geschrieben wurde. Der Quellenvermerk *exklusiv für Rowohlts Bunte Liste* steht unter den Listen, die allein für die deutsche Ausgabe aufgestellt wurden.

Zum Schluß eine Bitte: Wir würden uns freuen, wenn die Überschrift *«Mach 'mal 'ne Liste»* ernstgenommen wird. Wenn das Buch Sie dazu angeregt hat, eigene Ideen zu neuen Listen zu entwickeln oder wenn Sie vielleicht selbst schon eine Liste gemacht haben, schreiben Sie an die

Redaktion Rowohlts Bunte Liste
Rowohlt Verlag GmbH
Postfach 1349
2057 Reinbek.

Von Ihren Anregungen und der Zahl Ihrer Beiträge hängt es ab, ob eine zweite «*Bunte Liste*» erscheinen wird.

Die Redaktion

1
Name ist Schall und Rauch

Die 5 meistgehaßten und meistgefürchteten Personen aller Zeiten

In Madame Tussauds Wachsfigurenkabinett werden seit 1970 alljährlich 3500 Besucher aus aller Welt gefragt, welche Personen aus Vergangenheit und Gegenwart sie am meisten hassen.

Umfrage 1982
1. Adolf Hitler
2. Margaret Thatcher
3. Ronald Reagan
4. Graf Dracula
4. Yorkshire Ripper

Umfrage 1981
1. Adolf Hitler
2. Ronald Reagan
3. Yorkshire Ripper
4. Margaret Thatcher
5. Leonid I. Breschnjew

Umfrage 1980
1. Adolf Hitler
2. Margaret Thatcher
3. Idi Amin
4. Ajatollah Khomeini
5. Yorkshire Ripper

Umfrage 1979
1. Ajatollah Khomeini
2. Idi Amin
3. Adolf Hitler
4. Graf Dracula
5. Yorkshire Ripper

Umfrage 1978
1. Adolf Hitler
2. Idi Amin
3. Margaret Thatcher
4. Graf Dracula
5. Jack the Ripper

Umfrage 1977
1. Idi Amin
2. Adolf Hitler
3. Graf Dracula
4. Dr. Crippen
4. Denis Healey

Hitler, der «Favorit» unter den meistgefürchteten Personen, umgeben von seinen obersten Generälen Keitel, von Brauchitsch und Halder (1941).

Umfrage 1976	*Umfrage 1975*	*Umfrage 1974*
1. Adolf Hitler	1. Adolf Hitler	1. Adolf Hitler
2. Idi Amin	2. Idi Amin	2. Harold Wilson
3. John Christie	3. Graf Dracula	3. Richard Nixon
4. Jimmy Carter	3. Richard Nixon	4. Jack the Ripper
4. Graf Dracula	5. Jack the Ripper	5. Graf Dracula

Die 5 am meisten bewunderten Persönlichkeiten aller Zeiten

Auch wurden jährlich 3500 Besucher des Wachsfigurenkabinetts gefragt, welche Persönlichkeiten aus Vergangenheit und Gegenwart sie am meisten bewundern.

Umfrage 1982	*Umfrage 1981*	*Umfrage 1980*
1. Superman	1. Superman	1. Superman
2. Douglas Bader	2. Winston Churchill	2. Winston Churchill
3. James Bond	3. Jeanne d' Arc	3. Martin Luther
4. Winston Churchill	4. Clint Eastwood	4. Earl Mountbatten
4. Jeanne d' Arc	5. Anwar al Sadat	5. John Lennon

Umfrage 1979	*Umfrage 1978*	*Umfrage 1977*
1. Winston Churchill	1. Winston Churchill	1. Elvis Presley
2. Jeanne d' Arc	1. Superman	2. Winston Churchill
3. Earl Mountbatten	3. Muhammad Ali	2. Horatio Nelson
4. Horatio Nelson	4. Horatio Nelson	4. John F. Kennedy
5. Björn Borg	4. John F. Kennedy	4. Florence Nightingale

Umfrage 1976	*Umfrage 1975*	*Umfrage 1974*
1. Jeanne d'Arc	1. Winston Churchill	1. Winston Churchill
2. Winston Churchill	2. John F. Kennedy	1. Horatio Nelson
3. Jesus Christus	3. Jeanne d'Arc	1. Florence Nightingale
3. John F. Kennedy	4. Robin Hood	4. Jeanne d'Arc
3. Horatio Nelson	5. Napoleon	5. John F. Kennedy

27 berühmte Personen,
die jung starben

Alter

1. Anne Frank, deutsche Jüdin und Verfasserin eines
   erschütternden Tagebuchs   15
2. Thomas Chatterton, englischer Dichter   17
3. Tut-ench-Amun, ägyptischer Pharao   18
4. Jeanne d'Arc, französische Heldin und Heilige der
   katholischen Kirche   19
5. Evariste Galois, französischer Mathematiker   21
6. Georg Büchner, deutscher Dichter   23
7. Beatrice Portinari, durch Dante in der «*Göttlichen Komödie*»
   unsterblich gemachte italienische Dame   23
8. James Dean, amerikanischer Schauspieler   24
9. Aubrey Beardsley, englischer Zeichner   25
10. Wilhelm Hauff, deutscher Dichter   25
11. John Keats, englischer Dichter   25
12. Lukan, römischer Dichter   26
13. Wolfgang Borchert, deutscher Dichter   26
14. John Wilkes Booth, amerikanischer Schauspieler, Mörder
    des amerikanischen Präsidenten Lincoln   26
15. Henri Alain-Fournier, französischer Dichter   27
16. Janis Joplin, amerikanische Blues- und Rock-Sängerin   27
17. August Macke, deutscher Maler   27
18. Georg Trakl, österreichischer Dichter   27
19. Novalis, deutscher Dichter   28
20. Anne Boleyn, Ehefrau des Königs Heinrich VIII.
    von England   29
21. Christopher Marlowe, englischer Dichter und Dramatiker   29
22. Percy Bysshe Shelley, englischer Dichter   29
23. Manolete, spanischer Matador   30
24. Nero, römischer Kaiser   31
25. Franz Schubert, österreichischer Komponist   31
26. Rudolph Valentino, amerikanischer Filmstar   31
27. Alexander der Große, makedonischer Herrscher   32

20 Persönlichkeiten, die
auch im hohen Alter noch außerordentliche Leistungen
vollbrachten

1. Mit 100 malte Grandma Moses immer noch wunderschöne Bilder.
2. Mit 94 war Bertrand Russell in der internationalen Friedensbewegung aktiv.
3. Mit 93 schrieb George Bernard Shaw sein letztes Stück «*Farfetched Fables*».

4. Mit 91 beendete Ernst Bloch sein Werk «*Tendenz, Latenz, Utopie*».
5. Mit 91 war Eamon De Valera Präsident der Republik Irland.
6. Mit 91 war Adolph Zukor Vorsitzender des Aufsichtsrats der Paramount.
7. Mit 90 arbeitete Picasso an Zeichnungen und Radierungen.
8. Mit 89 gab Arthur Rubinstein eines seiner größten Konzerte in der New Yorker Carnegie Hall.
9. Mit 89 leitete Albert Schweitzer ein Krankenhaus in Afrika.
10. Mit 88 gab Pablo Casals Cello-Konzerte.
11. Mit 88 entwarf Michelangelo Architektur-Pläne für die Kirche Santa Maria degli Angeli.
12. Mit 88 war Konrad Adenauer Kanzler der Bundesrepublik Deutschland.
13. Mit 85 führte Coco Chanel ein Modehaus.
14. Mit 84 schrieb Somerset Maugham die Erzählung «*Points of View*».
15. Mit 83 schrieb Alexander Kerenski das Buch «*Rußland und der Wendepunkt der Geschichte*» («*Die Kerenski-Memoiren*»).
16. Mit 82 beendete Winston Churchill sein vierbändiges Monumentalwerk «*Geschichte*».
17. Mit 82 schrieb Leo Tolstoi das politische Pamphlet «*Ich kann nicht schweigen*».
18. Mit 81 handelte Benjamin Franklin den Kompromiß aus, der zur Annahme der amerikanischen Verfassung führte.
19. Mit 81 vollendete Johann Wolfgang von Goethe den «*Faust*».
20. Mit 80 erhielt George Burns einen Oscar für seine Rolle in dem Film «*The Sunshine Boys*» («*Die Sunny Boys*»).

Die geschätzten Intelligenzquotienten von 30 berühmten Leuten

Ein Intelligenzquotient (IQ) von 85 bis 115 gilt als normal. Nur 1 Prozent der deutschen (und der amerikanischen) Bevölkerung hat einen IQ von 140 und darüber. 1926 veröffentlichte die Psychologin Dr. Catherine Morris Cox eine Untersuchung, in der sie und ihre Mitarbeiter Dr. Lewis M. Terman, Dr. Maud A. Merrill, Dr. Florence L. Goodenough und Dr. Kate Gordon den IQ von 301 «der hervorragendsten Männer und Frauen», die zwischen 1450 und 1850 gelebt hatten, einzuschätzen versuchten. Die endgültigen IQ basieren vor allem auf dem Grad der Auffassungsgabe und der Intelligenz, den die untersuchten Personen bis zu ihrem siebzehnten Lebensjahr gezeigt hatten. Aus dieser Studie haben wir die möglichen IQ von 30 berühmten Leuten blindlings ausgewählt.

1. John Stuart Mill, englischer Schriftsteller und Volkswirt 190
2. Johann Wolfgang von Goethe, deutscher Dichter 185
3. Thomas Chatterton, englischer Dichter 170
4. Voltaire, französischer Schriftsteller 170
5. George Sand, französische Schriftstellerin 150
6. Wolfgang Amadeus Mozart, österreichischer Komponist 150
7. Lord Byron, englischer Dichter 150
8. Thomas Jefferson, amerikanischer Präsident 145
9. Benjamin Franklin, amerikanischer Staatsmann, Diplomat und Naturwissenschaftler 145
10. Charles Dickens, englischer Romancier 145
11. Galileo Galilei, italienischer Physiker und Astronom 145
12. Napoleon I., französischer Kaiser 140
13. Richard Wagner, deutscher Komponist und Dichter 135
14. Charles Darwin, englischer Naturforscher 135
15. Ludwig van Beethoven, deutscher Komponist 135
16. Leonardo da Vinci, italienischer Maler, Ingenieur und Naturwissenschaftler 135
17. Honoré de Balzac, französischer Romancier 130
18. Sir Isaac Newton, englischer Mathematiker und Physiker 130
19. Baruch de Spinoza, holländischer Philosoph 130
20. George Washington, amerikanischer Präsident 125
21. Abraham Lincoln, amerikanischer Präsident 125
22. Robert Blake, englischer Admiral 125
23. Johann Sebastian Bach, deutscher Komponist 125
24. Joseph Haydn, österreichischer Komponist 120
25. Hernando Cortez, spanischer Eroberer Mexikos 115
26. Emanuel Swedenborg, schwedischer religiöser Schriftsteller 115
27. Martin Luther, deutscher Bibel-Übersetzer und Begründer des Protestantismus 115
28. Rembrandt van Rijn, holländischer Maler 110
29. Nikolaus Kopernikus, polnischer Begründer der modernen Astronomie 105
30. Miguel de Cervantes, spanischer Dichter 105

Quelle: Catherine Morris Cox: *«Genetic Studies of Geniuses»*, Vol. II, Stanford 1926.

Ralf Dahrendorfs
10 bedeutendste Denker aller Zeiten

1. Immanuel Kant (1724–1804), deutscher Philosoph
2. David Hume (1711–1776), englischer Philosoph und Historiker
3. John Locke (1632–1704), englischer Philosoph
4. Aristoteles (384–322 v. Chr.), griechischer Philosoph
5. Thomas Hobbes (1588–1679), englischer Philosoph
6. Max Weber (1864–1920), deutscher Volkswirtschaftler und Sozialtheoretiker
7. Karl Popper (*1902), österreichisch/englischer Philosoph
8. John Stuart Mill (1806–1873), englischer Philosoph und Volkswirtschaftler
9. Karl Marx (1818–1883), deutscher Philosoph
10. Heraklit (550–480 v. Chr.), griechischer Philosoph

exklusiv für Rowohlts Bunte Liste

33 berühmte Linkshänder

1. Alexander der Große, makedonischer Herrscher
2. Carl Philipp Emanuel Bach, deutscher Komponist
3. Ludwig van Beethoven, deutscher Komponist
4. Alphonse Bertillon, französischer Anthropologe und Kriminologe
5. Julius Cäsar, römischer Herrscher
6. Thomas Carlyle, schottischer Essayist und Historiker*
7. Charles Chaplin, englischer Schauspieler und Regisseur
8. Jimmy Connors, amerikanischer Tennisspieler
9. Elisabeth II., Königin von England
10. Gerald Ford, amerikanischer Präsident
11. Benjamin Franklin, amerikanischer Staatsmann
12. Greta Garbo, schwedischer Filmstar
13. Johann Wolfgang von Goethe, deutscher Dichter
14. Judy Garland, amerikanische Schauspielerin und Sängerin
15. Georg II., König von England
16. Sylvia Hanika, deutsche Tennisspielerin
17. Rex Harrison, englischer Schauspieler
18. Heinrich Heine, deutscher Dichter
19. Jack the Ripper, englischer Mörder
20. Danny Kaye, amerikanischer Schauspieler und Komiker
21. Harpo Marx, amerikanischer Komiker und Harfenist
22. Paul McCartney, englischer Rocksänger und -komponist
23. Michelangelo, italienischer Künstler
24. Marilyn Monroe, amerikanischer Filmstar

Dem Künstler, der dieses Gemälde Alexander des Großen schuf, unterlief ein Fehler: Der berühmte Linkshänder hält sein Schwert in der rechten Hand.

25. Horatio Nelson, englischer Admiral*
26. Kim Novak, amerikanischer Filmstar
27. Wolfgang Overath, deutscher Fußballspieler
28. Cole Porter, amerikanischer Komponist
29. Terence Stamp, englischer Schauspieler
30. Rod Steiger, amerikanischer Schauspieler
31. Tiberius, römischer Kaiser
32. Harry S. Truman, amerikanischer Präsident
33. Leonardo da Vinci, italienischer Maler und Erfinder

* wurden zu Linkshändern, nachdem sie die rechte Hand verloren hatten

hg

Die 5 schönsten Frauen
der Gegenwart

Seit 1970 werden in Madame Tussauds Wachsfigurenkabinett alljährlich 3500 Besucher aus aller Welt auch nach den ihrer Meinung nach schönsten Frauen der Gegenwart gefragt.

Umfrage 1982
1. Prinzessin Diana
2. Sophia Loren
3. Marilyn Monroe
4. Victoria Principal
5. Bo Derek

Umfrage 1981
1. Prinzessin Diana
2. Bo Derek
3. Marilyn Monroe
4. Sophia Loren
5. Twiggy

Umfrage 1980
1. Sophia Loren
2. Marilyn Monroe
3. Debbie Harry
4. Brigitte Bardot
4. Bo Derek

Umfrage 1979
1. Sophia Loren
2. Debbie Harry
3. Brigitte Bardot
4. Marilyn Monroe
5. Raquel Welch

Umfrage 1978
1. Sophia Loren
1. Marilyn Monroe
1. Elizabeth Taylor
4. Liza Minelli
5. Raquel Welch

Umfrage 1977
1. Brigitte Bardot
2. Sophia Loren
3. Twiggy
4. Marilyn Monroe
5. Farrah Fawcett-Majors

Umfrage 1976
1. Twiggy
2. Brigitte Bardot
3. Marilyn Monroe
4. Elizabeth Taylor
5. Raquel Welch

Umfrage 1975
1. Elizabeth Taylor
2. Sophia Loren
3. Raquel Welch
4. Twiggy
5. Brigitte Bardot

Umfrage 1974
1. Sophia Loren
2. Raquel Welch
3. Twiggy
3. Elizabeth Taylor
3. Brigitte Bardot

Umfrage 1973
1. Sophia Loren
1. Elizabeth Taylor
1. Raquel Welch
4. Brigitte Bardot
4. Fürstin Gracia Patricia

Umfrage 1972
1. Raquel Welch
2. Sophia Loren
2. Elizabeth Taylor
4. Brigitte Bardot
5. Jackie Kennedy

Umfrage 1971
1. Elizabeth Taylor
2. Sophia Loren
3. Brigitte Bardot
4. Raquel Welch
5. Julie Andrews
5. Audrey Hepburn
5. Fürstin Gracia Patricia
5. Twiggy

Axel Eggebrechts
10 abscheuliche Persönlichkeiten der Geschichte

Axel Eggebrecht, einer der legendären Gründer des NWDR (Vorläufer der Sender NDR und WDR), lebt als freier Schriftsteller in Hamburg. Er war Mitarbeiter der Zeitschriften *Weltbühne* und *Literarische Welt*. Nach der Machtergreifung Hitlers wurde er verhaftet. Er verbrachte mehrere Monate im Konzentrationslager. Nach dem Krieg war er ständiger Kommentator im Hörfunk des NDR und Leiter des dortigen Nachwuchsstudios. 1979 erhielt er für seine langjährige unerschrockene Arbeit als unbestechlicher Publizist die Carl-von-Ossietzky-Medaille.

Er veröffentlichte u. a. den Roman «*Leben einer Prinzessin*», die Abhandlung «*Weltliteratur*», «*Volk ans Gewehr! Eine Berliner Chronik*», «*Der halbe Weg*» und «*Die zornigen alten Männer*» (als Herausgeber).

1. Adolf Hitler
   Unvermeidbar, bedarf keiner Begründung. Dann aber sogleich:
2. Franz von Papen,
   der jämmerliche Wegbereiter. Und:
3. Paul von Hindenburg.
   Die Untreue war das Mark seines Wesens (um seinen bekannten Spruch passend umzuformulieren).
4. Gustav Noske.
   Als Killer der Revolution von 1918 kastrierte er die junge, erste Demokratie gleich nach deren Geburt (mit Hilfe und im Auftrag Eberts, nicht zu vergessen ...)
5. Richard Wagner,
   Inbegriff alles dessen, was am (von ihm so pathetisch propagierten) «deutschen Wesen» abschreckend wirkt.
6. Stalin.
   Diffamierte und belastete die ewige Menschheitsidee Kommunismus durch seine Gewaltherrschaft.
7. Torquemada.
   Leitfigur der mörderischen Intoleranz.
8.–9. Pizarro und Cortez.
   Zerstörer großer Kulturen aus Goldgier und Herrschsucht.
10. Martin Luther.
    Er zerschlug die einzige deutsche Revolution, die ja in seinem Namen, durch ihn entfacht, zu neuen Zielen aufgebrochen war – aus feiger Angst und Anpassung an Fürstenmacht.

Eggebrecht fügte hinzu: «Ich erhebe keinen Anspruch auf objektive Wertung. Ich urteile ganz und gar nach eigener, subjektiver Ansicht.»
exklusiv für Rowohlts Bunte Liste

Die 10 Herrscher,
die am längsten regierten

	Regierungszeit	Jahre
1. Phiops II., König von Ägypten	ca. 2566–2476 v. Chr.	90
2. Ludwig XIV., König von Frankreich	1643–1715	72
3. Johann II., Fürst von Liechtenstein	1858–1929	71
4. Franz Joseph I., Kaiser von Österreich	1848–1916	67
5. Victoria, Königin von England	1837–1901	64
6. Georg III., König von England	1760–1820	60
7. Ludwig XV., König von Frankreich	1715–1774	59
8. Pedro II., Kaiser von Brasilien	1831–1889	58
9. Wilhelmina, Königin der Niederlande	1890–1948	58
10. Heinrich III., König von England	1216–1272	56

Die 9 Diktatoren der heutigen Zeit,
die am längsten an der Macht sind

«Diktator: mit ungewöhnlicher Macht ausgestattetes Staatsoberhaupt.» *dtv-Lexikon*

	Land	Machtergreifung
1. Enver Hoxha	Albanien	29.11.1944
2. Marschall Kim Il Sung	Nord-Korea	1. 5.1948
3. Fürst Rainier III.	Monaco	9. 5.1949
4. König Hussein I.	Jordanien	11. 8.1952
5. General Alfredo Stroessner	Paraguay	15. 8.1954
6. Habib Bourguiba	Tunesien	25. 7.1957
7. Sékou Touré	Guinea	2.10.1958
8. Fidel Castro	Kuba	1. 1.1959
9. König Hassan II.	Marokko	3. 3.1961

da

24 berühmte Sklavenhalter

1. Hammurabi (ca. 1792–1750 v. Chr.), König von Babylon
2. Aristoteles (384–322 v. Chr.), griechischer Philosoph
3. Plutarch (46?–120?), griechischer Historiker und Philosoph
4. Konstantin der Große (280? –337), römischer Kaiser
5. Thomas von Aquin (1225–1274), italienischer Theologe
6. Christoph Kolumbus (1451–1506), italienischer Seefahrer
7. Hernando Cortez (1485–1547), spanischer Eroberer Mexikos
8. Johann Calvin (1509–1564), französischer Reformator
9. Sir Francis Drake (1540?–1596), englischer Admiral und Seefahrer
10. Katharina die Große (1729–1796), russische Zarin
11. George Washington (1732–1799), erster amerikanischer Präsident. Im Jahre 1773 besaß er 216 Sklaven
12. Patrick Henry (1736–1799), amerikanischer Politiker, der 1775 während des Unabhängigkeitskrieges den berühmten Satz prägte: «Gebt mir die Freiheit oder gebt mir den Tod.» Als er starb, besaß er 65 Sklaven.
13. Thomas Jefferson (1743–1826), dritter amerikanischer Präsident. Im Jahre 1809 besaß er 185 Sklaven.
14. James Madison (1751–1836), vierter amerikanischer Präsident. Er besaß 116 Sklaven.
15. Alexander Hamilton (1757–1804), amerikanischer Staatsmann
16. Andrew Jackson (1767–1845), siebter amerikanischer Präsident. Er besaß 160 Sklaven, als er die Regierungsgeschäfte übernahm.
17. John C. Calhoun (1782–1850), amerikanischer Vize-Präsident
18. Zachary Taylor (1784–1850), zwölfter amerikanischer Präsident. Als er ins Weiße Haus gewählt wurde, besaß er 300 Sklaven.
19. John Tyler (1790–1862), zehnter amerikanischer Präsident
20. James K. Polk (1795–1849), elfter amerikanischer Präsident. Er besaß 18 Sklaven.
21. Jefferson Davis (1808–1889), Präsident der Konföderierten Staaten von Amerika
22. Andrew Johnson (1808–1875), siebzehnter amerikanischer Präsident
23. Chang und Eng Bunker (1811–1874), berühmte siamesische Zwillinge. Sie ließen zusammen 33 Sklaven auf ihren Farmen in North Carolina für sich arbeiten.
24. Ulysses S. Grant (1822–1885), achtzehnter amerikanischer Präsident. Er führte die Unionstruppen in den Bürgerkrieg, der die Sklaverei beendete. Er selber besaß vier Sklaven. Als er im Jahre 1848 Julia Dent aus Missouri heiratete, besaß diese bereits einen Sklaven und erhielt einen zweiten als Hochzeitsgeschenk. Später erwarb sie noch einen dritten. Von seinem Schwiegervater kaufte Grant für seinen eigenen Gebrauch einen Sklaven mit dem Namen William Jones, dem er später die Freiheit schenkte. *ab & hg*

Die früheren Berufe
von 34 berühmten Personen

1. Josephine Baker, Tänzerin — Zofe von Bessie Smith
2. Gottfried Benn, Dichter — Arzt
3. Robert Burns, Dichter — Bauer
4. James Cagney, Schauspieler — Kellner
5. Perry Como, Sänger — Friseur
6. Sean Connery, Schauspieler — Lastwagenfahrer und Maurer
7. Alfred Döblin, Schriftsteller — Arzt
8. Albert Einstein, Physiker — Angestellter im Patentamt
9. William Faulkner, Schriftsteller — Anstreicher
10. W. C. Fields, Komiker — Jongleur
11. Gerald R. Ford, Präsident — Dressman
12. George Foreman, Boxer — Elektromonteur
13. Clark Gable, Filmstar — Holzfäller
14. Guiseppe Garibaldi, Revolutionär — Seemann
15. Paul Gauguin, Maler — Börsenmakler
16. John Glenn, Senator — Astronaut
17. Adolf Hitler, Diktator — Kunstmaler
18. Bob Hope, Komiker — Boxer
19. Franz Kafka, Dichter — Versicherungskaufmann
20. Boris Karloff, Schauspieler — Grundstücksmakler
21. Stéphane Mallarmé, Schriftsteller — Gymnasiallehrer
22. Dean Martin, Sänger, Schauspieler — Stahlarbeiter
23. Golda Meïr, Politikerin — Lehrerin
24. Marilyn Monroe, Filmstar — Fabrikarbeiterin
25. Robert Musil, Schriftsteller — Ingenieur
26. Novalis, Dichter — Bergwerksassessor
27. O. Henry, Schriftsteller — Cowboy
28. Thomas Paine, Schriftsteller — Korsettmacher
29. Isabellita Peron, Präsidentin — Nachtklubtänzerin
30. Elvis Presley, Sänger — Lastwagenfahrer
31. Freddy Quinn, Sänger — Seemann
32. Henry David Thoreau, Schriftsteller — Lehrer und Griffelhersteller
33. Harry S. Truman, Präsident — Herrenausstatter
34. Rudoph Valentino, Filmstar — Eintänzer

psh & ed & cb

17 berühmte Persönlichkeiten
mit körperlichen Behinderungen

1. Achilles (lange v. Chr.)
   Durch Homer unsterblich gemachter griechischer Held. Durch ein Bad im Styx, einem Fluß in der Unterwelt, war er unverwundbar geworden – bis auf eine Stelle, an der die Göttin Thetis ihn festhielt, als sie ihn in den Fluß tauchte: die Ferse. Diese wurde ihm im Kampf um Troja zum Verhängnis: Ein Pfeil, von Paris geschossen, durchbohrte die verletzbare Stelle und tötete ihn.
2. Ludwig van Beethoven (1770–1827)
   Seit seinem 32. Lebensjahr teilweise, mit 46 Jahren vollständig taub. Seine größten Werke schrieb er in den Jahren der Taubheit.
3. Götz von Berlichingen (1480–1562)
   Verlor im Landshuter Erbfolgekrieg 1504 die rechte Hand, die daraufhin durch eine eiserne ersetzt wurde. Kämpfte weiter, unter anderem gegen den Schwäbischen Bund, im Bauernkrieg und gegen die Türken.
4. Sarah Bernhardt (1844–1923)
   1914 mußte ihr das 1905 durch eine Knieverletzung gelähmte Bein amputiert werden. Sie fuhr jedoch fort mit der Schauspielerei bis kurz vor ihrem Tod. Von vielen wird sie für Frankreichs größte Schauspielerin – die «göttliche Sarah» – gehalten.
5. Jorge Luis Borges (*1899)
   Der argentinische Dichter, Erzähler und Kritiker, dessen Werke auch ins Deutsche übersetzt wurden, ist blind.
6. Louis Braille (1809–1852)
   Er erblindete im Alter von drei Jahren, arbeitete später als Lehrer und ist der Erfinder der nach ihm benannten Blindenschrift.
7. Lord Byron (1788–1824)
   Der englische Poet war mit einem Klumpfuß geboren. Er versuchte ein Leben lang, dieses Gebrechen durch sportliche Leistungen im Schwimmen und Reiten wettzumachen. Am 3. Mai 1810 schwamm er «nach dem Vorbild Leanders, doch ohne seine Dame» von Sestos nach Abydos über den Hellespont.
8. Miguel de Cervantes (1547–1616)
   Er verlor seinen linken Arm 1571 in der Schlacht von Lepanto und mußte fortan in Armut auf einem Bauernhof leben. Sein großes Werk *«Don Quijote»* machte ihn zum bedeutendsten Schriftsteller Spaniens.
9. Moshe Dayan (1915–1981)
   Der israelische General und Politiker verlor sein linkes Auge 1941 im Kampf gegen die Truppen des Vichy-General Dentz in Syrien.
10. Homer (um 850 v. Chr.?)
    Es wird vermutet, daß der blinde Dichter und Sänger die Epen *«Ilias»* und *«Odyssee»* verfaßt hat.

11. Helen Keller (1880–1968)
    Sie wurde mit zwei Jahren taub und blind. Sie lernte jedoch sprechen, lesen und schreiben, promovierte zum Doktor der Philosophie, wurde eine erfolgreiche Vortragsreisende und veröffentlichte zehn Bücher.
12. Joseph Pulitzer (1847–1911)
    Der Journalist, Verleger und Abgeordnete des amerikanischen Kongresses erblindete im Alter von vierzig Jahren. Er fuhr jedoch fort mit all seinen verschiedenen Tätigkeiten bis ans Ende seines Lebens. Er hinterließ große Stiftungen, unter anderem die des berühmten Pulitzer-Preises.
13. Franklin D. Roosevelt (1882–1945)
    Nach einer Erkrankung an Polio im Alter von 39 Jahren war er an beiden Beinen gelähmt. Mit 46 Jahren war er Gouverneur des Staates New York, später wurde er viermal zum amerikanischen Präsidenten gewählt.
14. Charles Maurice de Talleyrand (1754–1838)
    Der französische Staatsmann hatte zeitlebens unter einem verkrüppelten Fuß zu leiden. Seine Amme hatte ihn als Kleinkind auf den Boden fallen lassen. Die Behinderung brachte ihn um die Aussicht auf eine glänzende Offizierskarriere, und er verlor sein Erstgeburtsrecht. Er übte zunächst ein geistliches Amt aus, wurde später Politiker und vertrat Frankreich von 1797 an viele Jahre als Außenminister.
15. James Thurber (1894–1961)
    Erblindete durch einen Unglücksfall schon in seiner Kindheit auf einem Auge und verlor die Sehkraft des anderen als Erwachsener. Er schrieb für die Zeitschrift *The New Yorker*, arbeitete an Büchern und Dramen, zeichnete Karikaturen und Skizzen, bis selbst die hellsten Lampen und die stärksten Vergrößerungsgläser ihm nicht mehr zu helfen vermochten.
16. Henri de Toulouse-Lautrec (1864–1901)
    Er war durch mehrere Stürze verkrüppelt, und im Alter von vierzehn Jahren hörte er plötzlich auf zu wachsen. Er war ein außerordentlich begabter Maler; seine lebensvollen Lithographien der Künstler des *Moulin Rouge* in Paris brachten ihm ewigen Ruhm.
17. Kaiser Wilhelm II. (1859–1941)
    Von Geburt an war sein linker Arm verkrüppelt, worunter er sein Leben lang litt.

fcd & cb

Professor Laurence J. Peter:
10 berühmte Persönlichkeiten, die ihre Stufe der Inkompetenz erreichten

Laurence J. Peter, Autor, Pädagoge und Berater, ist durch die Entdeckung des «Peter-Prinzips» bekannt geworden, welches besagt, daß jeder Angestellte nach einer Periode des Aufstiegs in der Hierarchie seiner Firma seine Stufe der Inkompetenz erreicht. Neben zahlreichen Artikeln für Fachzeitschriften hat Professor Peter zwei Bestseller geschrieben: *«Das Peter-Prinzip»* (zusammen mit Raymond Hull) und *«Das Peter-Programm»*.

1. Sokrates
   Ein genialer Lehrer, der seine Stufe der Inkompetenz erreichte, als er sein eigener Verteidiger wurde.
2. Julius Cäsar
   Einer der größten Generäle aller Zeiten, der zu sehr auf seine Beziehungen zu anderen Staatsmännern vertraute.
3. Nero
   Römischer Kaiser, der sich auch als Sänger und Schauspieler hervortat. Er erreichte seine Stufe der Inkompetenz als Administrator.
4. Alexander Hamilton
   Ein brillanter Gelehrter und Finanzier, der seinen früheren Partner Aaron Burr zum Duell herausforderte, obwohl er sich erst kurze Zeit zuvor voller Eifersucht über die Erfolge seines Gegners im Zweikampf geäußert hatte.
5. Benedict Arnold
   Als sein Mut und seine Fähigkeiten als patriotischer Offizier nicht anerkannt wurden, schlug er sich auf die Seite der Briten – und erreichte dadurch den höchsten Grad seiner Unfähigkeit.
6. Ulysses S. Grant
   Der amerikanische General der Unionstruppen errang im Bürgerkrieg viele Siege. Als Präsident der Vereinigten Staaten jedoch wurde er in zahllose Skandale verwickelt.
7. General George Armstrong Custer
   Der für seine Ruhmsucht und ständigen Prahlereien bekannte General erreichte seine Stufe der Inkompetenz, als er versuchte, eine ganze Indianersiedlung am Little Big Horn zu zerstören.
8. Warren G. Harding
   Ein Zeitungsverleger, der Präsident der USA wurde. Er brachte die Politik in Verruf, indem er sich mit einigen der ehrlosesten und korruptesten Gauner aller Zeiten umgab.
9. Adolf Hitler
   Ein geschickter Politiker, der seine vollkommene Unfähigkeit als Generalissimus erreichte.

10. Richard Nixon
    Der Autor des erfolgreichen Buches «*Six Crises*» war später unfähig, einen einfachen Satz wie «Ich bin kein Gauner» überzeugend von sich zu geben.

    exklusiv

Leon Uris'
12 bedeutendste Juden aller Zeiten

Leon Uris, einer der meistgelesenen Autoren der Welt, wurde bekannt durch seinen Roman «*Exodus*», in dem er die Geschichte der Errichtung der Republik Israel erzählt. Er schrieb unter anderem auch noch die Romane «*Mila 18*», «*QB VII*» und «*Trinity*». Er lebt in Aspen, Colorado (USA).

1. Moses
2. David
3. Salomo
4. Jesus Christus
5. Albert Einstein
6. Sigmund Freud
7. David Ben Gurion
8. Maimonides
9. Familie Rothschild
10–12. Karl Marx, Heinrich Heine, Felix Mendelssohn-Bartholdy (getaufte Juden)

exklusiv

Einstein, der 1933 aus Deutschland vertriebene Wegbereiter der Neuen Physik und «Ehrenretter der Menschheit, dessen Name nie untergehen wird» (Th. Mann).

Rudolf Walter Leonhardts
7 größte Sachsen der Geschichte

R. W. Leonhardt, Sachse, langjähriger Feuilleton-Chef der Wochenzeitschrift *DIE ZEIT* und heute Stellvertretender Chefredakteur, ist Autor mehrerer Bücher, u. a. *«Siebenundsiebzigmal England»*, *«Zeitnotizen»*, *«Wer wirft den ersten Stein?»*, *«Haschisch-Report»*, *«Xmal Deutschland»*.

1. August der Starke
2. Richard Wagner
3. Erich Kästner
4. Karl May
5. Johann Sebastian Bach
6. Gottfried Wilhelm Freiherr von Leibniz
7. Ernst Schnabel

exklusiv für Rowohlts Bunte Liste

Hermann Höcherls
10 größte Bayern

Hermann Höcherl, CSU-Politiker und Ur-Bayer, war von 1953 an Mitglied des Bundestages, seit 1957 Vorsitzender der Landesgruppe der CSU im Bundestag; von 1961 bis 1965 amtierte er als Innenminister und sprach in dieser Eigenschaft während der *«Spiegel-Krise»* den denkwürdigen Satz, daß er nicht dauernd «mit dem Grundgesetz unterm Arm» herumlaufen könne. Von 1965 bis 1969 war er Bundesminister für Ernährung, Landwirtschaft und Forsten. 1976 zog er sich aus der Politik zurück und arbeitet seither als Rechtsanwalt.

1. Tassilo, erster Bayernherzog
2. Herzog Albrecht – wegen des reinen Biers
3. Adventinus, bayerischer Geschichtsschreiber
4. Max I., erster König von Bayern
5. Ludwig II. – aus Nostalgie
6. Kardinal Faulhaber – versteht sich von selbst
7. Ludwig Thoma «der» bayerische Dichter
8. Ernst Maria Lang – Karikaturist
9. Fritz Schäffer – Juliusturm
10. Franz Josef Strauß

exklusiv für Rowohlts Bunte Liste

30 berühmte Rotschöpfe

1. Woody Allen, amerikanischer Regisseur und Schauspieler
2. Sarah Bernhardt, französische Schauspielerin
3. Winston Churchill, englischer Staatsmann
4. Oliver Cromwell, englischer Staatsmann
5. George Armstrong Custer, amerikanischer General
6. Emily Dickinson, amerikanische Dichterin
7. Françoise Dorleac, französische Schauspielerin
8. Elisabeth I., englische Königin
9. Elisabeth Flickenschildt, deutsche Schauspielerin
10. Heinrich VIII., englischer König
11. Katharine Hepburn, amerikanische Schauspielerin
12. Thomas Jefferson, amerikanischer Präsident
13. Rod Laver, australischer Tennisspieler
14. Sinclair Lewis, amerikanischer Schriftsteller
15. Milva, italienische Sängerin
16. Napoleon, französischer Kaiser
17. Nero, römischer Kaiser
18. Katinka Niederstrasser, deutsche Malerin
19. Ignacy Paderewski, polnischer Komponist, Pianist und Staatsmann
20. Salome, biblische Tänzerin
21. Friedrich von Schiller, deutscher Dichter
22. William Shakespeare, englischer Dichter
23. George Bernard Shaw, englischer Dramatiker
24. Anja Silja, deutsche Opernsängerin
25. Beverly Sills, amerikanische Opernsängerin
26. Swetlana Stalin, russische Autorin, Tochter von Josef Stalin
27. Tizian, italienischer Maler
28. Mark Twain, amerikanischer Schriftsteller
29. George Washington, amerikanischer Präsident
30. Wilhelm der Eroberer, englischer König

2

Schuld und Sühne

Clifford Irvings
10 beste Fälscher aller Zeiten

Clifford Irving wurde in New York als Sohn eines bekannten Karikaturisten geboren. Er studierte an der Cornell University und wurde später Schriftsteller. Er hat zahlreiche Bücher veröffentlicht, unter anderem den vielgelesenen Roman *«Gefälscht»*. Weltberühmt wurde Irving 1971 und 1972, als er eine Autobiographie verkaufte, die Howard Hughes angeblich mit seiner Hilfe verfaßt hatte und die sich als Riesenschwindel herausstellte. In seiner Liste der größten Fälscher nennt Irving sich als einen von ihnen und erzählt seine Version des Hughes-Schwindels.

1. Der Heilige Stuhl
Keine Fälschung kann sich in bezug auf Kühnheit, Einfachheit und Auswirkung mit der Donatio Constantini, der sogenannten Konstantinischen Schenkung, messen. Konstantin der Große, der erste christliche römische Kaiser, machte das Christentum nicht nur zur Staatsreligion, sondern übertrug zu einem nicht genau feststellbaren Zeitpunkt zwischen 315 und 325 n. Chr. dem Heiligen Stuhl die geistliche Führung über die gesamte Welt und die weltliche Herrschaft über Europa. Er legte diese Verfügung in einem dreitausend Wörter umfassenden Dokument – der Schenkung – nieder. Merkwürdigerweise wurde die Schenkungsurkunde erst im 9. Jahrhundert veröffentlicht, zu einer Zeit, da Rom Unstimmigkeiten mit der Östlich-Orthodoxen Kirche hatte. Die Schenkung wurde wieder und wieder von den verschiedensten Päpsten das gesamte Mittelalter hindurch zitiert, um ihren jeweiligen Forderungen Nachdruck zu verleihen. Die ersten Zweifel an der Echtheit des Dokuments kamen im 15. Jahrhundert auf, und im 18. Jahrhundert konnte Voltaire offen und ohne ernsten Widerspruch diese Schenkung «die unverfrorenste und großartigste Falschung» nennen. «Konstantin» hatte nämlich dem Heiligen Stuhl Macht über seine Hauptstadt Neu-Rom (das spätere Konstantinopel und heutige Istanbul) etwa ein Jahrzehnt vor der Gründung Neu-Roms gewährt. Der tatsächliche Autor des Textes der Donatio Constantini ist bis heute unbekannt geblieben.

2. William Henry Ireland (1777–1835)

Ireland, Sohn eines Londoner Druckers und Shakespeare-Kenners, «entdeckte» im Alter von neunzehn Jahren in einem alten englischen Landhaus einen außerordentlichen Schatz: Liebesbriefe von Shakespeare an seine Geliebte, ein Fragment des *«Hamlet»*, eine neue Version des *«König Lear»*, zahlreiche Dokumente und – was noch viel großartiger war und gerade zur rechten Zeit kam – zwei unbekannte vollständige Shakespeare-Stücke: *«Vortigern»*, eine Liebesgeschichte aus der Zeit der Eroberung Englands durch die Sachsen, und *«Heinrich II.»* – beide vom «Barden» handgeschrieben. Die Gelehrten prüften alles und waren ganz aus dem Häuschen. *«Vortigern»* wurde 1796 aufgeführt, doch irgendwie hatten sich schließlich Zweifel geregt: die Zuschauer im Drury Lane Theatre ließen gegen Ende der Aufführung ihrer Empörung freien Lauf. Das Stück wurde sofort abgesetzt, und nach einigen Monaten gab der junge Ireland zu, daß die gesamte «gefundene» Shakespeare-Sammlung eine Fälschung war, die er zusammengestellt und geschrieben hatte – auf altem Papier mit heller Tinte, um ein höheres Alter der «Dokumente» vorzutäuschen. Ireland wurde nicht bestraft, doch hatte er bei all seinen späteren Veröffentlichungen sehr unter der zornigen Verachtung der Kritiker zu leiden.

3. Alcibiades Simonides (1818–1890)

Dem wenig bekannten, aber überaus produktiven albanischen Künstler und Chemiker Simonides gebührt als Fälscher der erste Preis für Fleiß und Ausdauer bei der Entdeckung immer neuer «sensationeller» Funde. Er begann seine Karriere 1853, als er dem griechischen König ein Manuskript von Homer verkaufte. Vor dem Kauf hatte der König Gelehrte der Universität von Athen konsultiert. Schon bald stellte sich heraus, daß die Handschrift eine Fälschung war, aber Simonides war längst verschwunden. Einige Jahre später verkaufte er einer Gruppe türkischer Gelehrter für die damals sehr ansehnliche Summe von 40 000 Dollar eine Sammlung von alten griechischen, assyrischen und ägyptischen Manuskripten. Mikroskopische Untersuchungen an der Universität Berlin ergaben, daß sie gefälscht waren, doch Simonides war über alle Berge. Mehrmals – unter ständig wechselnden Namen – hatte Simonides seltene Manuskripte in der Türkei «ausgegraben» und an dort residierende Paschas verkauft. Schließlich tauchte er in London mit Briefen auf, die angeblich von Belisarius an den Kaiser Justinian und von Alkibiades an Perikles geschrieben worden waren. Der Herzog von Sutherland zahlte für sie 4000 Dollar. Sie wurden als Fälschungen entlarvt, aber Simonides war nicht mehr ausfindig zu machen. Einmal wurde er aus Spanien verbannt, aber er kam nie ins Gefängnis und erreichte ein hohes Alter.

4. Charles Dawson (1864–1916)

Dieser englische Anwalt und Amateurgeologe war der Entdecker des Piltdown-Menschen, der Knochen des sogenannten «fehlenden Zwischengliedes» zwischen Mensch und Affe. Er fand sie 1912 in einer Kiesgrube in der Nähe von Piltdown Common in Ost-Sussex in England. Experten des British Museum erklärten den Fund für echt, und die Wissenschaftler waren so erfreut, daß sie Dawson mit einer seltenen Ehre auszeichneten: die neue Spezies ging unter seinem Namen als «Eoanthropus dawsoni» in ihre Publikationen ein. In der Tat glaubte man an eine Bestätigung der Darwinschen Theorien. 1949 jedoch unterwarf der englische Geologe Kenneth Oakley die berühmten Knochen neuartigen chemischen Tests und verkündete dann, daß Zweifel an der Echtheit der Knochen bestünden. Schließlich, im Jahre 1953, erwiesen neuere und verbesserte Tests, daß der Kieferknochen des Eoanthropus dawsoni der eines Orang Utan war. Seine Zähne waren mit modernen Instrumenten bearbeitet und dann in einem Tiegel gefärbt worden. Der Piltdown-Mensch war eine der amüsanteren Fälschungen der Geschichte. Ein Glück für Charles Dawson, daß er viele Jahre vor ihrer Aufdeckung starb.

5. Fritz Kreisler (1875–1962)
Der berühmte Wiener Geiger war zweifellos ein Genie als Interpret im Konzertsaal, zugleich aber auch der erfolgreichste bekannte Musik-Fälscher. Weil er glaubte, daß für einen Konzertgeiger das herkömmliche Repertoire an Solostücken zu klein sei und ihm nur unzureichende Möglichkeiten gab, seine Virtuosität unter Beweis zu stellen, erfand er ein eigenes Repertoire. In den späten neunziger Jahren des 19. Jahrhunderts begann er, Stücke zu komponieren und sie dann damals ziemlich unbekannten Komponisten wie Couperin, Pugnani, Francœur, Padre Martini, Porpora – sogar Vivaldi – zuzuschreiben. Er behauptete, er hätte die bislang unbekannten Werke «in Bibliotheken und Klöstern gefunden, während ich Rom, Florenz, Venedig und Paris bereiste». Die Kritiker bezeichneten sie als «kleine Meisterwerke». 1935 gab er ganz nebenbei gegenüber Olin Downes, dem damaligen Musikkritiker der *New York Times*, seine brillanten Fälschungen zu. Es gab einen Riesenaufruhr, aber bestraft wurde Kreisler natürlich nicht.

6. Hans van Meegeren (1889–1947)
Die Fälschungen dieses verschrobenen, sehr fleißigen holländischen Malers wären vielleicht nie aufgedeckt worden, wenn nicht Reichsmarschall Hermann Göring eine von ihnen besessen hätte. Ihr Titel war «Christus und die Ehebrecherin», und sie war gezeichnet mit Jan Vermeer. Sie war für Göring im Zweiten Weltkrieg in Holland gekauft worden und gehörte zu einer Gruppe von vierzehn «Meisterwerken» des 17. Jahrhunderts von Jan Vermeer und Pieter de Hooch, die van Meegeren liebevoll und mit großer Umsicht gemalt und künstlich gealtert hatte. Die holländischen Behörden beschuldigten van Meegeren der Kollaboration mit den Nazis, weil er dem Feind Werke von nationaler Bedeutung verkauft hatte, und sperrten ihn ein. Um den

Folgen dieser Anklage zu entgehen, gab er das geringere Verbrechen der Fälschung zu. Um sein Geständnis auch zu beweisen, malte er einen weiteren Vermeer in seiner Gefängniszelle. Van Meegeren hatte für seine Bilder die ungeheuerliche Summe von 3 Millionen holländischen Gulden erhalten. Sechs seiner «Vermeers» hingen in Museen und Galerien. Sein Urteil lautete auf ein Jahr Gefängnis, doch bevor er die Strafe überhaupt absitzen konnte, starb er geschwächt, in Armut und tiefer Depression nach einer Herzattacke.

7. Arturo Alves Reis (1896–1955)
Einer seiner Biographen gab ihm den Namen: «Der Mann, der Portugal stahl». Alves Reis, der sanfte Visionär, kann mit Fug und Recht als der unverfrorenste Geldfälscher in der Geschichte gelten. Mit verschiedenen Vertrauten – unter ihnen eine damals berühmte holländische Schauspielerin – fälschte er Dokumente und Briefe, durch die er die bekannte Londoner Firma Waterlow & Sons, die das Geld für die Bank von Portugal druckte, davon überzeugen konnte, daß er persönlich berechtigt und ermächtigt sei, einen Betrag von mehr als 10 Millionen Dollar in portugiesischen 500-Escudo-Scheinen in Empfang zu nehmen. Sie seien für die portugiesische Kolonie Angola bestimmt, erklärte er. Das Geld floß so regelmäßig und reibungslos in Alves Reis' Taschen, daß er nicht nur seine eigene Privatbank in Lissabon gründen, sondern darüber hinaus mit den gefälschten Banknoten so viele Anteile an der Bank von Portugal erwerben konnte, daß er ihr Hauptaktionär zu werden drohte. Erst die Entdeckung doppelt auftretender Seriennummern führte 1925 zu seiner Verhaftung. Er legte schließlich im Jahre 1930 ein Geständnis ab, verbrachte die folgenden fünfzehn Jahre im Gefängnis und starb als armer Mann.

8. Elmyr de Hory (1906–1976)
Geboren als Josef Hoffman, auch bekannt als Louis Raynal alias Jean Cassou alias Elmyr Dory-Boutin, wurde dieser jüdische-ungarische Emigrant und Homosexuelle zum wahrscheinlich größten, bestimmt aber produktivsten Kunstfälscher aller Zeiten. Er war ein gescheiterter expressionistischer Maler, aber Hunderte seiner Arbeiten hängen in Museen und Kunstgalerien in aller Welt, Tausende in privaten Sammlungen: Sie sind alle gezeichnet mit Matisse, Modigliani, Dufy, Chagall, Derain, Picasso, Vlaminck, Gauguin, Braque oder Cézanne. 1967 flog de Hory durch die Gier und den bombastischen Lebensstil zweier Männer auf, die 44 seiner gefälschten nachimpressionistischen Bilder an einen texanischen Öl-Millionär verkauft hatten. Von 1962 an lebte de Hory auf der spanischen Insel Ibiza. Clifford Irving hat das Leben dieses Mannes in der Biographie «*Gefälscht*» geschildert, die später von Orson Welles verfilmt wurde. Ununterbrochen bedroht von den beiden Männern, die als Verkäufer seiner Fälschungen reich geworden waren, und kurz vor der Auslieferung nach Frankreich stehend, brachte sich de Hory im Jahre 1976 durch eine Überdosis von

Barbituraten um. Der gegenwärtige Marktwert seines Lebenswerkes wird auf etwa 30 Millionen Dollar geschätzt.

9. Clifford Irving (*1930)

Der Schriftsteller Clifford Irving vollbrachte den wohl bekanntesten Husarenstreich, als er 1971 seinen New Yorker Verleger McGraw-Hill davon überzeugte, daß der berühmte Milliardär Howard Hughes ihn beauftragt habe, als Ghostwriter seine Autobiographie zu schreiben. Hughes hielt sich an einem unbekannten Ort vor der Öffentlichkeit versteckt, so daß die Aussage Irvings nicht überprüft werden konnte. Mit seinem Freund Richard Suskind, einem Kinderbuchautor, schrieb Irving nicht nur ein enorm phantasievolles 1200-Seiten-Buch «von Hughes», von dem Leute, die Hughes kannten und alte Zeitungshasen schworen, daß es echt sein müsse, sondern fälschte zusätzlich zwanzig Seiten handgeschriebener Briefe und Verträge von Hughes, um mögliche Zweifel andere Authentizität der Autobiographie zu zerstreuen. Diese Fälschungen eines Amateurs, die nie auch nur ein Muster der Handschrift gesehen hatte, die er nachahmte, wurden den fünf besten amerikanischen Gutachtern von Handschriften vorgelegt, und alle erklärten sie nach eingehender Prüfung für echt. Der Experte Paul Osborn schrieb, daß es für Irving «jenseits menschlicher Möglichkeiten» gewesen sei, eine solche Masse an Material zu fälschen. Trotz all der Aufregung und Publicity wäre Irvings von Grund auf absurder Plan nie als der Jahrhundert-Bluff enthüllt worden, wenn die Schweizer Banken nicht ihr traditionelles Bankgeheimnis gebrochen und dabei aufgedeckt hätten, daß der Inhaber eines Züricher Bankkontos auf den Namen H. R. Hughes in Wahrheit eine Frau war – Irvings Ehefrau. Der Autor gab zurück, was von den 765000 Dollar, die er von McGraw-Hill erhalten hatte, noch übrig war, und ging für siebzehn Monate ins Gefängnis.

10. Mr. X (? – ?)

Die Identität des größten Fälschers aller Zeiten, ob Mann oder Frau, muß uns – per definitionem – unbekannt bleiben. Denn er (oder sie) war – oder ist – viel zu klug und geschickt, um jemals verdächtigt oder gar entdeckt zu werden. *Caveat emptor.*

exklusiv

10 sensationelle Raubzüge

1. Die englischen Kronjuwelen (Tower, London, ca. 1675)
Unter der Regierung Karls II. verschaffte sich der schwadronierende Straßenräuber Colonel Thomas Blood in der Verkleidung eines Priesters Zutritt zur königlichen Schatzkammer hoch oben im Tower von London. Blood überwältigte einen ahnungslosen Wächter, stopfte die juwelenbesetzte Krone und ein Dutzend anderer Kleinode in einen

Sack und floh. Er wurde jedoch noch gefangen, bevor er den Tower verlassen konnte. Dieses Husarenstück beeindruckte den König so sehr, daß er das Todesurteil aufhob und dem Räuber eine Pension von jährlich 300 Pfund auszahlen ließ.

2. Gainsboroughs «Herzogin von Devonshire» (London, 25. 5. 1878)
Der Gentleman-Einbrecher Adam Worth führte seinen Diebstahl in der Kunsthandlung Agnew and Agnew nicht aus, um sich zu bereichern. Der Grund war vielmehr, daß er sich eine gute Verhandlungsbasis für die Befreiung seines Angestellten George Thompson schaffen wollte, der gerade wegen Scheckfälschung einsaß. Im Schutz des dicken Londoner Nebels kroch Worth innerhalb von fünf Minuten durch ein Fenster im zweiten Stock des Agnew-Gebäudes hinein und wieder hinaus. Doch als Worth die Behörden wissen ließ, daß er das Meisterwerk zurückzugeben gedenke, falls sein Kumpan auf freien Fuß gesetzt würde, war Thompson bereits aus der Haft entlassen worden. Da jedoch Worth das Gemälde nicht ohne Gegenleistung zurückgeben wollte, schaffte er es nach Amerika. Dort stand es ein Vierteljahrhundert in Lagerhäusern in Boston und Brooklyn herum. 1901 schließlich verkaufte Worth, der inzwischen alt geworden und an Tuberkulose erkrankt war und unter ständiger Geldnot litt, das Bild für eine nicht bekannt gewordene Summe an Agnew und Agnew.

3. Die «Mona Lisa» (Louvre, Paris, 21. August 1911)
An einem Putztag, als der Louvre für die Öffentlichkeit geschlossen war, trennte der Louvre-Angestellte Vicenzo Peruggia die unbezahlbare «Mona Lisa» aus ihrem goldenen Rahmen und eilte zum Ausgang. Da Leonardo da Vinci die lächelnde Dame auf Holz gemalt hatte, konnte Peruggia sie nicht einfach zusammenrollen und wegrennen. Gleichwohl gelang es ihm, das Gemälde unbehelligt in seine Wohnung zu tragen. Dort hielt er es zwei Jahre lang in dem doppelten Boden einer Truhe versteckt. Als sich dann allmählich der Aufruhr, den der Diebstahl verursacht hatte, legte, versuchte Peruggia, das Gemälde seinem Geburtsland Italien für 200 000 Dollar zu verkaufen. Die italienischen Beamten, an die er herantrat, ließen ihn jedoch sofort festnehmen und gaben das Gemälde an Frankreich zurück. Bei seinem Prozeß in Florenz überzeugte Peruggia seine Richter davon, daß der Raub ein Akt des Patriotismus gewesen sei. Sein einziges Motiv habe in dem Wunsch gelegen, die Rückkehr des Meisterwerkes ins Land seines Schöpfers zu ermöglichen. So verurteilte das Gericht ihn zu einer recht milden Haftstrafe von einem Jahr und fünfzehn Tagen.

4. Der Berliner Bankraub (dreißiger Jahre)
Den Brüdern Franz und Erich Sass gelang mit ihrem meisterhaften Einbruch in die Filiale der Berliner Diskonto-Gesellschaft am Wittenbergplatz ein Coup, den der Vorsitzende des Berliner Landgerichts 1939 als «einmalig in der deutschen Kriminalgeschichte» bezeichnete.

Diese Dame mit dem geheimnisvollen Lächeln befand sich zwei Jahre lang in den Händen eines italienischen Diebes.

Die Brüder hatten in wochenlanger Arbeit vom Hinterhof eines an das Bankhaus angrenzenden Grundstückes aus einen Tunnel bis hin zum Banktresor gegraben. Mit modernsten Sauerstoff-Schweißgeräten öffneten sie 170 einzelne Panzerfächer. Diese Safes, zumeist von Industriellen, Unternehmern und Kaufleuten gemietet, enthielten Geld, Gold, Wertpapiere und Juwelen, von deren Existenz die Finanzbeamten nichts wußten. Die Brüder konnten lange Zeit nicht gefaßt werden. Schließlich wurden sie von Dänemark, wohin sie sich abgesetzt hatten, nach Deutschland ausgeliefert. Hier verurteilte man sie zu dreizehn bzw. elf Jahren Freiheitsstrafe und dauernder Sicherheitsverwahrung, was unter den Nazis den sicheren Tod bedeutete. So wurden denn die Brüder auch zwei Monate nach Strafantritt von der Gestapo am 27. März 1940 liquidiert.

5. Die First National Bank (Mason City, Iowa, 13. März 1934)
Obwohl er vom FBI zum «Feind Nummer Eins» deklariert worden war und steckbrieflich gesucht wurde, stürmte der 31jährige John Dillinger zusammen mit dem schießwütigen Baby Face Nelson und noch vier anderen Kumpanen Pistolen und Maschinenpistolen schwingend in die Bank. Ein Wachposten, der über dem Kassierer saß, konnte noch eine Tränengasbombe gegen die Banditen schleudern, bevor er selbst getroffen wurde. Mit tränenüberströmten Gesichtern befahlen die Gangster, den Tresor zu öffnen. Harry Fisher, der zweite Kassierer, übergab ihnen einen riesigen Sack mit Pennies und holte dann langsam die Bündel 1-Dollar-Noten hervor. Die Verzögerungstaktik gelang: Dillingers Bande floh mit knapp 50000 Dollar statt der 240000, die sie hätten erbeuten können. Obwohl Dillinger und ein paar andere bei der Flucht verwundet wurden, konnten sie der Polizei entkommen und sich bis nach Wisconsin durchschlagen. Einige Monate danach wurde Dillinger von einer Freundin verraten und am 22. Juli von FBI-Beamten in Chicago niedergeschossen. Weitere vier Monate später fand Baby Face Nelson ein ähnliches Ende.

6. Brink's Headquarters (Boston, Massachusetts, 17. Januar 1950)
Zwei Jahre lang planten elf Männer mittleren Alters in Boston einen Überfall auf die Zentrale der Geldtransportfirma Brink, die für die Sicherheit ihrer Panzerwagen berühmt war. Vor dem tatsächlichen Überfall verschafften sie sich mehrere Male in der Zeit nach Mitternacht Zutritt zu dem Gebäude und kundschafteten Alarmsystem und Safe aus. Nach einer kompletten Generalprobe im Dezember 1949 waren sie für den wirklichen Raub wohlvorbereitet. An einem festgesetzten Tag schlüpften sieben bislang zu den «kleinen Fischen» zählende Diebe in die nachgemachten Uniformen von Brinks Wächtern, stülpten sich Halloween-Masken aus Gummi über und zogen Überschuhe an; sie schritten in die Buchhaltung und tauchten fünfzehn Minuten später mit 2,5 Millionen Dollar in Bargeld, Schecks und Anleihen wieder auf. Fast sechs Jahre lang verhielten sich die Banditen unauffällig, doch dann, weniger als eine Woche vor der Verjährung der Straftat, ging einer zur Polizei und legte ein Geständnis ab. Ergebnis: acht der elf Männer wurden zu lebenslanger Haft verurteilt.

7. Der große Postraub (in der Nähe der englischen Kleinstadt Cheddington, 8. August 1963)
Nach einem bis ins letzte Detail ausgeklügelten Plan näherten sich zwölf maskierte Engländer einem vorher sorgfältig ausgewählten Ort mit zwei Land-Rovern, einem Armee-Dreitonner, zwei Jaguars und

Geld zu fälschen ...

... ist eine der möglichen Methoden, sein Geld zu mehren (auch wenn man dabei vielleicht nicht so erfolgreich ist wie «der Mann, der Portugal stahl»); Geld zu rauben ist wieder eine andere Methode (auch wenn man dabei vielleicht nicht so erfolgreich ist wie die englischen Posträuber); beide Methoden haben den Nachteil, daß die Akteure am Schluß meistens arm wie eine Kirchenmaus sind und in irgendeinem Gefängnis landen.
Wie gut, daß es noch eine dritte, solidere Methode gibt, sein Geld zu mehren ...

Pfandbrief und Kommunalobligation

Meistgekaufte deutsche Wertpapiere - hoher Zinsertrag - schon ab 100 DM bei allen Banken und Sparkassen

Verbriefte  Sicherheit

einem Motorrad. Sie schalteten das Eisenbahnsignal um, und wie vorausberechnet kam der Postzug Glasgow-London genau vor ihnen zum Stehen. Nach weniger als 45 Minuten konnten die Zwölf mit einer Beute von 7 368 715 Dollar fliehen. Doch bei aller Perfektion in der Planung und Durchführung des Verbrechens machten die Diebe am Ende doch einen Fehler: sie hinterließen in einem nahegelegenen Unterschlupf ihre Fingerabdrücke. Sie wurden zusammen zu ungefähr 300 Jahren Zuchthaus verurteilt. Man hat bis heute nur knapp eine Million Dollar des geraubten Geldes gefunden.

8. Der Nikolaus-Coup (München, 5. 12. 1970)
Am Vorabend des Nikolaustages 1970 machte sich ein Gangster in Nikolaustracht über die im Laufe eines langen vorweihnachtlichen Samstages gutgefüllte KAUFHOF-Kasse her. Er stopfte 183 000 Mark in einen Sack und verschwand spurlos über die Dächer.

9. Das Superding von Nizza (17./18. Juli 1976)
Bei dem wohl größten Geld- und Juwelenraub in der Kriminalgeschichte erbeutete die sogenannte Kanalbande unter Anführung von Albert Spaggiari etwa 50 Millionen Francs. In tagelanger Wühlarbeit gruben die Gangster von der Kanalisation aus einen acht Meter langen Tunnel bis zum Tresorraum der Bank Société Nationale. Sie räumten etwa 300 Schließfächer aus und hinterließen nicht einen einzigen Fingerabdruck. Bald darauf wurden durch die Dummheit von zwei Gangstern fast alle Bandenmitglieder festgesetzt. Anführer Spaggiari floh jedoch im März 1977 aus dem Justizpalast und konnte seither nicht wieder eingefangen werden. 1979 veröffentlichte er seine Memoiren *«Vom Gully ins Paradies»*. Er soll mittlerweile von den Einkünften aus diesem Buch und dem Verkauf der Filmrechte sehr gut leben können.

10. Der Lufthansa-Coup (New York, 11. 12. 1978)
Beim größten Geld- und Juwelenraub der amerikanischen Kriminalgeschichte bemächtigten sich am 11. 12. 1978 auf dem New Yorker Flughafen John F. Kennedy sechs New Yorker Gangster einer Luftfracht im Werte von 12,3 Millionen DM. Louis Werner, ein Angestellter der Lufthansa, hatte ihnen den Tip gegeben. Die Beute wurde nicht wieder aufgefunden. Im Kampf der Unterwelt um das Vermögen sind bisher acht Menschen, unter ihnen drei der Räuber, ermordet worden.

wad & cb

Manfred Engelschalls
Liste der 5 interessantesten Presserechtsfälle

Manfred Engelschall war der Vorsitzende der Hamburger Pressekammer. In dieser Eigenschaft hat er unter anderem auch den publicityträchtigen Prozeß Alice Schwarzer gegen Henri Nannen/*stern* geleitet.

I. Soraya gegen *Das Neue Blatt*

In Deutschland war es anders als in den USA jahrelang umstritten, ob für verletzende und beleidigende Presseveröffentlichungen Schmerzensgeld gezahlt werden muß. Nachdem der Bundesgerichtshof unter anderem einem Turnierreiter, dessen Abbildung ohne sein Wissen als Reklame für ein sexuelles Stärkungspräparat benutzt worden war, und einer in einer Zeitung als «ausgemolkene Ziege» bezeichneten Fernsehansagerin beträchtliche Schmerzensgelder zugesprochen hatte, mußte sich auch das Bundesverfassungsgericht in seiner Soraya-Entscheidung mit dem Problem befassen.
Das zur sogenannten Regenbogenpresse gehörende *Neue Blatt* befaßte sich in den Jahren 1961/1962 wiederholt mit der geschiedenen Ehefrau des damaligen Schahs von Iran, der Prinzessin Soraya Esfandiary-Bakhtiary. Auf der ersten Seite eines der Blätter wurde unter der Überschrift «Soraya: Der Schah schrieb mir nicht mehr» ein sogenannter Sonderbericht mit einem «Exklusiv-Interview» veröffentlicht, welches Prinzessin Soraya einer Journalistin gewährt haben sollte. Darin waren Äußerungen Sorayas über ihr Privatleben wiedergegeben. Das Interview war frei erfunden. Die Gerichte gaben in allen Instanzen der Klage Sorayas auf Zahlung von Schmerzensgeld wegen Verletzung ihres Persönlichkeitsrechtes statt und verurteilten den Verlag zur Zahlung von DM 15000,–. Der Bundesgerichtshof erblickte in der Verbreitung des erfundenen Gesprächs über private Angelegenheiten eine rechtswidrige Verletzung des Persönlichkeitsrechtes. Der Verlag habe in dem Bestreben, die öffentliche Anteilnahme an dem Schicksal Sorayas geschäftlich auszuwerten, über ihre Person verfügt, indem ihr Äußerungen über ihre Privatsphäre in den Mund gelegt worden seien. Das Bundesverfassungsgericht erklärt in seiner Entscheidung aus dem Jahre 1973 die Rechtsprechung der Zivilgerichte, wonach bei schweren Verletzungen des allgemeinen Persönlichkeitsrechtes Ersatz in Form von Geld auch für immaterielle Schäden beansprucht werden kann, das heißt Schmerzensgeld gezahlt werden muß, für mit dem Grundgesetz vereinbar.

2. Gründgens gegen Verlag NN

In dem Rechtsstreit um den Roman «*Mephisto*» mußten sich die Gerichte mit der Frage beschäftigen, ob die Angehörigen eines Verstorbenen wegen ihn verletzender Äußerungen Unterlassungsansprüche geltend machen können und ob die Kunstfreiheit dem Persönlichkeitsrecht vorgeht. Der Fall spiegelt die Geschichte der zwanziger und

dreißiger Jahre in Deutschland in besonderer Weise wider.
Der Autor Klaus Mann, der 1933 aus Deutschland ausgewandert ist, schildert in seinem Roman «*Mephisto. Roman einer Karriere*» den Aufstieg des hochbegabten Schauspielers Hendrik Höfgen, der seine politische Überzeugung verleugnet und alle menschlichen und ethischen Bindungen abstreift, um im Pakt mit den Machthabern des nationalsozialistischen Deutschlands eine künstlerische Karriere zu machen. Der Roman stellt die psychischen, geistigen und soziologischen Voraussetzungen dar, die diesen Aufstieg möglich machten.
Der Romanfigur des Hendrik Höfgen hatte der Schauspieler Gustaf Gründgens als Vorbild gedient. Gründgens war in den zwanziger Jahren, als er noch an den Hamburger Kammerspielen tätig war, mit Klaus Mann befreundet und mit dessen Schwester Erika verheiratet, von der er jedoch nach kurzer Zeit wieder geschieden wurde. Zahlreiche Einzelheiten der Romanfigur Hendrik Höfgen entsprechen dem äußeren Erscheinungsbild und dem Lebenslauf von Gründgens. Auch an Personen aus seiner damaligen Umgebung lehnt sich der Roman an. Zwischen den späteren Prozeßparteien war jedoch unstreitig, daß auf Gründgens wesentliche negative Charakterzüge und Handlungen nicht zutrafen, die in dem Roman der Person Höfgens angedichtet wurden.
Das umstrittene Buch erschien 1936 in einem Amsterdamer Verlag. Nach dem Tod des Autors im Jahre 1949 erschien das Buch im Aufbau-Verlag in Ost-Berlin, wogegen sich Gründgens erfolglos wehrte. Nach dem Tod von Gründgens im Jahre 1963 kündigte der in der Bundesrepublik ansässige beklagte Verlag die Herausgabe an, die zunächst auch durchgeführt werden konnte. Der Adoptivsohn und Alleinerbe des Schauspielers Gründgens erwirkte jedoch vor dem Oberlandesgericht und dem Bundesgerichtshof Urteile, durch die der weitere Vertrieb verboten wurde. Auch das Bundesverfassungsgericht hat 1971 – mit zwei Dissenting Opinions – den Konflikt zwischen Kunstfreiheitsgarantie und dem verfassungsrechtlich geschützten Persönlichkeitsrecht des toten Gründgens zu dessen Gunsten entschieden. Die sehr langen Urteile – insgesamt sind vor den Instanzgerichten und dem Bundesverfassungsgericht sechs Entscheidungen ergangen – füllen Bände. Trotz des Bemühens der Gerichte wird das Verbot des «*Mephisto*» immer wieder und völlig zu Unrecht als Zensur bezeichnet.
(Anmerkung der Redaktion: Im Januar 1981 erschien im Rowohlt Verlag ohne jede Vorankündigung trotz des immer noch bestehenden Verbots eine Taschenbuch Ausgabe des Romans. Das Erscheinen der Ausgabe wurde nicht behindert, und das Buch ist zu einem der größten Taschenbuch-Erfolge der Nachkriegszeit geworden.)

3. NN gegen Zweites Deutsches Fernsehen
Die berühmte Lebach-Entscheidung des Bundesverfassungsgerichtes geht wie viele presserechtliche Urteile auf ein gemeines Verbrechen

zurück. Der spätere Kläger NN des Verfahrens und zwei seiner Freunde – die eigentlichen Haupttäter – waren an dem sogenannten Soldatenmord von Lebach beteiligt. Sie wurden gefaßt und im Strafverfahren zu lebenslänglichen Freiheitsstrafen verurteilt. Auch NN wurde wegen Beihilfe unter anderem deshalb zu sechs Jahren Freiheitsstrafe verurteilt, weil er einem der beiden Haupttäter die Handhabung der Pistole erklärt hatte, die dieser für den Überfall benutzte. Außerdem war NN an einer Erpressung beteiligt, die mit dem Fall Lebach in Verbindung stand.

Das Gewaltverbrechen von Lebach erregte in der deutschen Öffentlichkeit ungewöhnliches Aufsehen. Im Lebachfall des Bundesverfassungsgerichtes ging es um die Frage, ob der an sich zulässigen Berichterstattung zeitliche Grenzen gesetzt sein können. Im Zweiten Deutschen Fernsehen wurde der Dokumentarfilm «*Der Soldatenmord von Lebach*» produziert und 1972 fertiggestellt. Zum Zeitpunkt der beabsichtigten Ausstrahlung Anfang 1973 hatte NN fast zwei Drittel seiner Strafe verbüßt. Die Aussetzung der Vollstreckung der Reststrafe zur Bewährung stand bevor. Das Fernsehspiel sollte in dieser Zeit als zweiteilige Sendung mit einer Gesamtdauer von mehr als zwei Stunden ausgestrahlt werden. Der Täter NN wurde ebenso wie die Haupttäter eingangs im Bild vorgeführt, sodann aber von einem Schauspieler dargestellt. Sein Name wurde während des ganzen Films immer wieder genannt.

Mit der Begründung, daß die geplante Ausstrahlung eine rechtswidrige Verletzung seines Persönlichkeitsrechtes darstellt, versuchte NN eine einstweilige Verfügung zu erwirken. Er unterlag beim Landgericht und Oberlandesgericht. Das Bundesverfassungsgericht gab ihm recht. Es meinte, daß die aktuelle Berichterstattung zwar im allgemeinen den Vorrang vor dem Persönlichkeitsschutz des Straftäters genieße. Eine spätere Berichterstattung sei aber jedenfalls dann unzulässig, wenn sie geeignet sei, gegenüber der aktuellen Information eine erhebliche neue oder zusätzliche Beeinträchtigung des Täters zu bewirken, insbesondere seine Wiedereingliederung in die Gesellschaft (Resozialisierung) zu gefährden. Das Gericht meinte, daß eine Gefährdung der Resozialisierung regelmäßig anzunehmen sei, wenn eine den Täter identifizierende Sendung über eine schwere Straftat nach seiner Entlassung oder in zeitlicher Nähe zu der bevorstehenden Entlassung ausgestrahlt werde.

4. Kohl/Biedenkopf gegen Gruner + Jahr

In dem Fall Kohl/Biedenkopf entzündeten sich die Gemüter an der Problematik der Veröffentlichung eines privaten Telefongesprächs durch die Presse.

Im Oktober 1974 war ein privates Telefongespräch zwischen den CDU-Politikern Helmut Kohl und Kurt Biedenkopf von unbekannter Seite unbefugt abgehört und aufgezeichnet worden. Eine schriftliche Aufzeichnung des Gesprächs wurde im Juni 1975 in einem anonymen

Brief der Redaktion der Illustrierten *stern* zugespielt. Der *stern* veröffentlichte den vollen Wortlaut des Gesprächs gegen den erklärten Willen der Herren Kohl und Biedenkopf. Auf ihren Antrag untersagten die angerufenen Gerichte, in letzter Instanz der Bundesgerichtshof, dem Verlag des *stern*, seinem Chefredakteur und auch dem zuständigen Redakteur, die Aufzeichnung des geführten Telefongesprächs ganz oder teilweise zu veröffentlichen oder an Dritte weiterzugeben. Weiter wurden der Verlag des *stern* und der Chefredakteur zur Zahlung eines Schmerzensgeldes an die beiden Kläger in Höhe von je DM 10000,- verurteilt. Die dagegen wegen Verletzung des Grundrechtes der Pressefreiheit eingelegte Verfassungsbeschwerde wurde vom Verfassungsgericht nicht angenommen.

5. Alice Schwarzer gegen Gruner + Jahr
Auf der Titelseite des Magazins *stern* waren wiederholt äußerst knapp bekleidete Frauen abgebildet worden. Die Herausgeberin der Zeitschrift *Emma* und neun andere Frauen fühlten sich dadurch beleidigt. Sie klagten 1978 gegen den *stern* und seinen Chefredakteur mit dem Ziel, ihnen zu verbieten, die Klägerinnen dadurch zu beleidigen, daß auf den Titelseiten des Magazins *stern* Frauen als bloßes Sexualobjekt dargestellt werden und dadurch beim männlichen Leser der Eindruck erweckt werde, der Mann könne über die Frau beliebig verfügen und sie beherrschen. Die Klage ist aus mehreren Gründen ohne Erfolg geblieben, unter anderem weil in Deutschland eine «Popularklage» unzulässig ist und weil Frauen keine beleidigungsfähige Gruppe sind. Der Prozeß, in dem das persönliche Engagement der Klägerinnen fast ausnahmslos bewundert wurde, fand ein ungewöhnliches Echo in der Presse. Zur Verhandlung waren fast vierhundert Zuschauer erschienen. Trotzdem wurde das abweisende Urteil des Landgerichtes – der ersten Instanz – rechtskräftig. In allen anderen deutschen Pressefällen, von denen in dieser Liste die Rede war, war mindestens eine Entscheidung des Bundesgerichtshofs – der dritten Instanz – ergangen.

exklusiv für Rowohlts Bunte Liste

9 berühmte Prozesse, bei denen es nicht um Mord ging

1. Sokrates (399 v. Chr.)
Im Alter von siebzig Jahren stand Sokrates wegen zweier Vergehen vor Gericht: Die erste Anklage lautete auf Unfrömmigkeit (er erkannte nicht die staatlich verordneten Götter an); als zweites wurde er beschuldigt, ein Verderber der Jugend zu sein. Beide Anklagen waren zu dem Zweck erfunden worden, Athens freimütigsten Kritiker loszuwerden. Bei dem Prozeß bezeugten die drei Ankläger des Sokrates vor 501 Juroren, daß er unentwegt die Institutionen und ihre Führer

kritisiere und die Jugend ermuntere, ein gleiches zu tun. Sokrates verteidigte sich selbst (wie Plato in seiner Apologie «*Des Sokrates Verteidigung*» niederschrieb), doch statt die nebulösen Anklagen zurückzuweisen, verteidigte er seine Stellung als ein Wahrheitssuchender. Mit sechzig Stimmen Mehrheit wurde er zum Tode verurteilt. Seine Freunde wollten ihm zur Flucht verhelfen, doch Sokrates lehnte ab – das Todesurteil gab ihm die Chance, zum Märtyrer zu werden. Er verbrachte seine letzten Augenblicke damit, Freunde zu trösten, bevor er den berühmten Schierlingsbecher leerte.

2. Martin Luther (1521)

Als Martin Luther am Vorabend zum Allerheiligenfest 1517 seine berühmten 95 Thesen an das Portal der Schloßkirche zu Wittenberg schlug, war das der Funke, der die Reformation auslöste. In den Thesen kritisierte er viele Aspekte der zeitgenössischen Kirche. Luther mißachtete alle Aufforderungen aus Rom, die Thesen zu widerrufen. Schließlich befahl ihn Kaiser Karl V. 1521 vor den Reichstag in Worms, wo er sich für sein häretisches Handeln rechtfertigen sollte. Dort soll er die berühmten Worte: «Hier stehe ich, ich kann nicht an-

Als Martin Luther sich weigerte, seine ketzerischen Thesen zu widerrufen, wurde er für vogelfrei erklärt.

ders» gesprochen haben. Luther hatte offenbar eine Debatte um seine Auffassungen erwartet. An Cranach schrieb er: «Ich glaubte, daß seine Majestät der Kaiser fünfzig Doktoren der Theologie versammeln würde, um den Mönch zu widerlegen. Sie sagten aber nur: ‹Sind dies deine Bücher?› – ‹Ja.› – ‹Willst du widerrufen?› – ‹Nein.› – ‹Dann hebe dich hinweg!›» Luther wurde für vogelfrei erklärt.

3. Galileo Galilei (1633)
In seinem Dialog über die beiden Weltsysteme («*Dialogo dei Massimi Sistemi*») entwickelte Galilei eine Reihe von Argumenten, die die kopernikanische Theorie stützten, daß die Sonne und nicht die Erde Zentrum des Universums sei. Galilei widersetzte sich dem Befehl der Katholischen Kirche, daß er eine solche Theorie als schiere Hypothese zu betrachten habe und nicht als Wahrheit. Die Theorie galt als ketzerisch, weil sie der Bibel widersprach, in der geschrieben steht, daß Gott die Welt in fünf Tagen und den Rest des Universums in einem erschuf. Derartige Blasphemie jedoch konnte nur zu weiterer Infragestellung der Heiligen Schrift führen. Der «*Dialogo*» wurde in Italien und allen anderen Ländern verboten, Galileo Galilei im Alter von 69 nach Rom befohlen und vor ein Inquisitionsgericht gestellt. Nachdem man ihm mit der Folter gedroht hatte, wurde er am 22. Juni 1633 gezwungen, die Unwahrheit der kopernikanischen Theorie zu beschwören.

4. Die Hexen von Salem (1692)
Als die Leute in Salem (Massachusetts/USA) begannen, das aus Westindien stammende Dienstmädchen Tituba, die schwärmerischen jungen Mädchen okkulte Künste der Eingeborenen ihres Heimatlandes wie Handlesen, schwarze Magie und das Voraussagen der Zukunft beibrachte, als Hexe zu bezeichnen, tat man das zunächst als harmloses Geschwätz ab. Doch zeigten sich die Mädchen, die zwischen neun und zwanzig Jahre alt waren, nach kurzer Zeit so geschickt im Umgang mit den Ritualen, daß sie sehr bald als «verhext» galten und gezwungen wurden, ihre Hexenmeister zu nennen. Ohne die Folgen ihrer Handlung zu bedenken, beschuldigten die Mädchen eine große Zahl von Männern und Frauen, die sie angeblich zur Hexerei verführt hatten. Wenn die Beschuldigten ein Alibi hatten, schworen die Mädchen, daß ihr «Geist» sie verhext habe. Man verhaftete etwa 150 «Hexen». 31 von ihnen wurde der Prozeß gemacht. Das Gericht verurteilte alle 31 (davon sechs Männer) zum Tode. 19 wurden gehenkt, zwei starben im Gefängnis, einer wurde langsam zu Tode gequetscht. Im Mai 1693 beendete man die Prozesse. Alle noch nicht verurteilten «Hexen» wurden auf freien Fuß gesetzt.

5. Alfred Dreyfus (1894 und 1899)
Alfred Dreyfus, Hauptmann der französischen Armee – ein Jude – wurde im Jahre 1894 beschuldigt, für die Deutschen spioniert zu ha-

ben. Gegen ihn wurde vor einer Sternkammer, einem unter Ausschluß der Öffentlichkeit waltenden Willkürgericht, verhandelt. Man sprach ihn durch eine «Geheimakte» schuldig, die Fälschungen, Nebensächliches und Gerede enthielt. Er wurde eingekerkert und dann auf die Teufelsinsel verbannt. Als sich herausstellte, daß der französische Offizier Major Esterhazy der schuldige Kollaborateur war, lief eine Welle der Erregung und Erschütterung durch Frankreich. Der berühmte französische Romancier Émile Zola schrieb eine vernichtende Kritik über das Komplott der Armee, in der Hoffnung, wegen übler Nachrede verhaftet zu werden und dann die ganze Affäre neu aufrollen zu können. Zola wurde nicht nur der Prozeß gemacht, er wurde auch noch für schuldig befunden. Die Publicity verhalf jedoch Dreyfus zu einem neuen Prozeß im Jahre 1899. Er wurde wieder schuldig gesprochen, aber nach nur zehn Tagen begnadigt. 1906, als seine Unschuld öffentlich proklamiert wurde, erhob man ihn in den Rang eines Oberstleutnant und machte ihn zum Ritter der französischen Ehrenlegion.

6. Oscar Wilde (1895)

Im Jahre 1895, als Oscar Wilde, literarisches Genie und homosexueller Freigeist, den Sohn des Marquis von Queensberry, Lord Bosie Douglas, umwarb, provozierte der Marquis den Schriftsteller, indem er ihm eine offene Visitenkarte mit dem lapidaren Text: «An Oscar Wilde, den Sodomiten» überreichen ließ. Wilde erhob Anklage wegen übler Nachrede. Am 5. April 1895 wurde dem Marquis vor dem Schwurgericht im Old Bailey bescheinigt: «Der Beweis der Wahrheit für die beleidigende Behauptung ist erbracht, auch erfolgte sie im öffentlichen Interesse.» Am selben Tag noch wurde Wilde verhaftet. Nachdem Wilde alle Chancen zur Flucht ausgeschlagen hatte, wurde er am 25. Mai 1895, im Alter von vierzig, zu zwei Jahren Gefängnis und Zwangsarbeit verurteilt.

7. George Archer-Shee (1910)

Im Herbst des Jahres 1908 wurde der dreizehnjährige George Archer-Shee, ein Kadett des Royal Navy College in der englischen Kleinstadt Osborne, der Schule verwiesen, weil er eine Fünf-Shilling-Postanweisung aus dem Schrank eines anderen Jungen gestohlen haben sollte. Es gab keinerlei Anhörung, der Fall galt als erledigt. Der kleine George bestritt die Anklage. Da der Vater, Martin Archer-Shee, fest an die Unschuld seines Sohnes glaubte, begann er Nachforschungen darüber anzustellen, warum es nie eine Untersuchung des Falles gegeben hatte. Obwohl er ständig von hochmütigen und desinteressierten Bürokraten abgewiesen wurde, gelang es dem Anwalt der Familie am 26. Juli 1910, den Fall vor Gericht aufzurollen. Am vierten Verhandlungstag, als klar wurde, daß es nie eine ausreichende Zeugenaussage gegen George gegeben hatte, erklärte der zweite Kronanwalt den Jungen für unschuldig. Die Admiralität zahlte zögernd 7120 Pfund an Archer-Shee und schwor, daß nie wieder so leichtfertig mit den Rechten eines Knaben am College umgegangen werden soll.

8. Alger Hiss (1948)

Während seiner Aussage vor dem berüchtigten «Untersuchungsausschuß für unamerikanische Aktivitäten» (HUAC) im Jahre 1948 bezichtigte ein leitender Redakteur des *Time Magazin* namens Whittaker Chambers Alger Hiss, einen hohen Beamten des Außenministeriums, der Zugehörigkeit zur Kommunistischen Partei und der Spionage für die Sowjetunion. Hiss bestritt nicht nur sämtliche Beschuldigungen, sondern sagte sogar aus, er kenne Chambers gar nicht. Doch ein Mitglied des Ausschusses – der damalige Abgeordnete Richard Nixon – wollte nicht lockerlassen. Es folgte eine Kette von Anschuldigungen und Unschuldserklärungen, schließlich eine Verleumdungsklage von Hiss gegen Chambers. In einer Voruntersuchung legte Chambers plötzlich belastende Schriftstücke vor, die von Hiss selbst verfaßt waren. Obwohl die Verjährungsfrist für Spionage bereits abgelaufen war, wurde Hiss wegen Meineids vor dem HUAC angeklagt. Im ersten Prozeß konnten die Geschworenen sich nicht einigen; im zweiten führten Chambers' Aussagen und der Beweis, daß einige Dokumente auf Hiss' eigener Schreibmaschine getippt waren, zum Schuldspruch. Hiss wurde zu fünf Jahren Gefängnis verurteilt. Manche Experten glauben noch immer, daß Hiss durch eine großangelegte Intrige hereingelegt worden ist. Immerhin wurde Hiss 1975 wieder als Rechtsanwalt im US-Staat Massachusetts zugelassen, was einer Rehabilitierung gleichkommt. Das war das erste Mal in der Geschichte dieses Bundesstaates, daß ein mit Berufsverbot belegter Anwalt wieder in seiner Zunft arbeiten durfte.

9. Ethel und Julius Rosenberg (1951)

Im Jahre 1951 wurden Ethel und Julius Rosenberg angeklagt, geheime Informationen über den Stand der Nukleartechnik in den USA an die Russen verraten zu haben. Sie wurden für schuldig befunden. Der Prozeß gilt als das größte «politische» Verfahren jener Zeit. Der Fall Rosenberg war durchsetzt von Ungereimtheiten. Es war ihr Pech, daß der Prozeß auf dem Höhepunkt des McCarthyismus stattfand. Den Hauptbeweis gegen sie lieferte die Aussage von Ethels Bruder David Greenglass, einem überführten Mitverschwörer. Nach ihrer Verurteilung zogen überall in Europa und Südamerika Tausende von Demonstranten durch die Straßen der Städte und forderten die Begnadigung der Rosenbergs – jedoch ohne Erfolg. Am 19. Juni 1953 starben die Verurteilten auf dem elektrischen Stuhl – das erste Ehepaar, das jemals in den USA hingerichtet wurde. Der als Komplize der Rosenbergs angeklagte Morton Sobell wurde zu dreißig Jahren Gefängnis verurteilt. Das Urteil schloß eine Begnadigung aus. Es bestehen bis heute Zweifel an der Schuld Sobells und der Rosenbergs.

Hajo Wandschneiders
Liste der 7 interessantesten Kriminalfälle

Dr. Hajo Wandschneider zählt zu den bekanntesten deutschen Strafverteidigern. Er verteidigte unter anderem den notorischen Ordenshändler Konsul Weyer, während der *Spiegel*-Affäre den damaligen Chefredakteur Conrad Ahlers, den überbewaffneten Hamburger Senatsdirektor Pieper und weiland auch den Leiter des NDR-Kinderchors, Bender, der wegen Unzucht mit Minderjährigen angeklagt war.

1. Fürst Eulenburg/Maximilian Harden
Fürst Philipp Eulenburg, ein enger Vertrauter des Kaisers Wilhelm II., wurde wegen seiner Homosexualität Zentralfigur einer großen Pressekampagne, die von dem Schriftsteller und Publizisten Maximilian Harden angeführt wurde. Dieser sollte fortan zu einem wortgewaltigen Gegner der Politik Wilhelms II. werden. In die Auseinandersetzung war auch der Geheime Rat Friedrich von Holstein einbezogen. Es kam zu verschiedenen gerichtlichen Auseinandersetzungen, schließlich zu einem Meineidsverfahren gegen Eulenburg im Jahre 1908. Eulenburg wurde wegen Meineids in Untersuchungshaft genommen.

2. Mordfall Peter Kürten (1929)
Kürten ermordete 1930 neun Frauen auf bestialische Weise; sieben weitere entgingen nur knapp diesem Schicksal. Schließlich wurde er gefaßt und wegen Mordes in neun Fällen am 2. Juli 1931 zum Tode verurteilt. Als Motiv seiner Handlungen gab er an, daß er in seiner Jugend ungerecht behandelt worden sei und sich deshalb Rachegefühle entwickelt hätten; überdies seien die ständige Lektüre von Kriminalberichten, mehr noch sexuelle Motive, für seine Taten der entscheidende Anlaß gewesen. Er habe die Taten «wie im Rausch» begangen. Eine gerichtsmedizinische Untersuchung von Kürten ergab, daß er voll zurechnungsfähig sei. Die Hinrichtung wurde am 2. Juli 1931 um 6.00 Uhr im Gefängnis Klingelpütz festgesetzt.

3. *Spiegel*-Affäre (Oktober 1962)
Am 26. 10. 1962 besetzten Staatsanwälte und Polizei, ausgestattet mit Durchsuchungs- und Haftbefehlen, die Büros des *Spiegel* in Hamburg und Bonn. Dem Herausgeber und führenden Redaktionsmitgliedern wurde nichts Geringeres als Landesverrat vorgeworfen. Anlaß der Aktion gegen den *Spiegel* war die von Conrad Ahlers verfaßte Titelgeschichte «*Bedingt abwehrbereit*». Der Artikel informierte über wesentliche Inhalte der westdeutschen Verteidigungspolitik. Die Bundesanwaltschaft ermittelte wegen Verstoßes gegen § 100 (vorsätzlicher Landesverrat). Die Angelegenheit weitete sich zu einer politischen Affäre aus: Aus der *Spiegel*-Affäre wurde die Affäre Strauß. Strauß hatte telefonische Abhörmaßnahmen angeordnet und auch zur Festnahme

Ahlers' in Spanien beigetragen. Strauß bestritt dies. Es kam zum Konflikt zwischen den Koalitionsparteien CDU/CSU und FDP. Schließlich mußte Strauß demissionieren. Das Verfahren gegen Augstein, Ahlers u. a. wurde vom Bundesgerichtshof eingestellt. Es wurde bestätigt, daß der Artikel von Ahlers dem damaligen Stand der öffentlich zugänglichen Informationen entsprochen habe. Zum ersten Mal hatte der Bundesgerichtshof in einer wichtigen Sache nach Anklageerhebung die Eröffnung des Hauptverfahrens abgelehnt.

4. Jack Ruby
Ein Nachtklubbesitzer, der am 24. November 1963 den mutmaßlichen Attentäter John F. Kennedys, Lee Harvey Oswald, niederschoß. Er wurde zum Tode verurteilt. Im Oktober 1966 wurde dieses Urteil aufgehoben. Der Prozeß gegen ihn sollte an einem anderen Ort als Dallas wiederholt werden. Bis heute sind die Umstände um den Mord an dem Attentäter nicht geklärt. Zunächst gab es eine Verschwörungstheorie, dann hieß es, Ruby sei psychisch gestört. Zu Beginn des Jahres 1967 starb Ruby vor Wiederaufnahme des Prozesses an Lungenkrebs.

5. Der Lebach-Prozeß
Am 20. und 21. Januar 1969 wurden vier Fallschirmjäger der Bundeswehr auf der Wache des Munitionsdepots Lebach heimtückisch erschossen. Ein weiterer Soldat wurde schwer verwundet. Die Motive der Tötung lagen völlig im dunkeln. Die größte Fahndungsaktion der deutschen Nachkriegsgeschichte lief an; 96 Tage nach der Tat war der Kriminalfall aufgeklärt. Die aus bürgerlichem Milieu stammenden Angeklagten, der 27 Jahre alte ehemalige Justizsekretär Wolfgang Dietz und der ebenfalls 27jährige ehemalige Bankkaufmann Hans-Jürgen Fuchs, wurden wegen gemeinschaftlichen Mordes in vier Fällen und anderer Taten zu lebenslanger Freiheitsstrafe verurteilt. Der dritte Angeklagte NN (s. S. 45 f) wurde wegen Beihilfe zum vierfachen Mord zu sechs Jahren Gefängnis verurteilt. Die Täter hatten sich eine Lebensgemeinschaft zu dritt in Südamerika oder auf einer Segeljacht erträumt. Zur Verwirklichung ihrer Ziele hatten sie eine Reihe von Verbrechen begangen, zuletzt das von Lebach.

6. Charles Manson und seine «Family»
Am 8. August 1969 wurden in der von dem polnischen Regisseur Roman Polanski gemieteten Villa in Beverly Hills/Hollywood fünf Menschen ermordet, darunter Polanskis schwangere Frau, die Schauspielerin Sharon Tate. Die bestialische Ausführung der Morde ließ nicht nur die Amerikaner erschauern. Manson, ein hysterischer Dämoniak, der seiner «Family», überwiegend blumenkinderhaften Mädchen, gleichzeitig Jesus und Satan sein wollte und auch war, trieb seine Gefolgschaft mit zunächst harmloser Beatles-Musik schließlich in eine permanente Orgie aus Brutalität, Rauschgiftkonsum und Sex; er pro-

grammierte sie aufs Töten. Nach dem 129 Tage dauernden Verfahren
– der längste Prozeß in der Geschichte Kaliforniens – wurden Manson
und seine drei «Family»-Mädchen zum Tode verurteilt. 1972 wurde in
Kalifornien die Todesstrafe abgeschafft und die Urteile gegen die «Family» in lebenslängliche Haftstrafen verwandelt.

7. Jürgen Bartsch
In dem Prozeß gegen den Metzger-Gesellen Jürgen Bartsch wurde
nach Rücknahme der Revision durch die Staatsanwaltschaft das Urteil
der Düsseldorfer Jugendkammer vom 6. April 1971 rechtskräftig.
Bartsch war in einem zweiten Prozeß wegen vierfachen vollendeten
und eines versuchten Mordes an Kindern zu einer zehnjährigen Jugendstrafe und anschließender Einweisung in eine Heil- und Pflegeanstalt verurteilt worden. In dem ersten Prozeß war Bartsch zu lebenslänglicher Zuchthaus-Strafe verurteilt worden, in dem zweiten bescheinigte ihm das Gericht verminderte Zurechnungsfähigkeit, weil
ihm als homosexuellem Sadisten mit möglichem Hirnschaden und
suchthafter Persönlichkeitsveränderung das Hemmungsvermögen gefehlt hatte. Zu dieser Entscheidung war es gekommen, weil die Gutachter der Überzeugung waren, daß der Angeklagte als Produkt seiner Erbmasse und seiner Umwelt auch im Alter von achtzehn bis
neunzehn Jahren – als er die Morde beging – nicht die Reife eines Erwachsenen hatte. Das Bartsch-Urteil ist darum richtungweisend, weil
in ihm ausgesprochen wird, daß von den gewonnenen Erkenntnissen
auf allen Gebieten der Wissenschaft Gebrauch gemacht werden muß.

exklusiv für Rowohlts Bunte Liste

37 von mehr als 100 Ländern, in denen die Folter angewendet wird

In allen Teilen der Welt setzen Regierungen Foltermethoden zur Unterdrückung politischer Gegner ein. Ursachen und Ausmaß dieses erschreckenden Phänomens wurden zum erstenmal von Amnesty International systematisch untersucht.
Die folgenden Länder sind – nach Kontinenten unterteilt – nur eine
zufällige Auswahl aus der großen Zahl der Länder, in denen die Folter
angewendet wird.

Afrika: Äthiopien, Burundi, Namibia, Südafrika, Togo.
Asien: Indien, Indonesien, Korea, Pakistan, Vietnam.
Europa: Türkei, Albanien, Ungarn, Polen, Tschechoslowakei, DDR, Rumänien, UdSSR.

Amerika: USA, Argentinien, Bolivien, Brasilien, Chile, Costa Rica, Guatemala, Kolumbien, Kuba, Paraguay, Peru, Venezuela.
Naher Osten: Ägypten, Irak, Iran, Israel, Saudi-Arabien, Südjemen, Syrien.

Quelle: Amnesty International: *«Bericht über die Folter»*, Frankfurt am Main 1975.

18 Länder, in denen die Todesstrafe offiziell abgeschafft worden ist

1. Brasilien
2. Bundesrepublik Deutschland
3. Costa Rica
4. Dänemark
5. Dominikanische Republik
6. Ecuador
7. Finnland
8. Honduras
9. Island
10. Kolumbien
11. Luxemburg
12. Norwegen
13. Österreich
14. Panama
15. Portugal
16. Schweden
17. Uruguay
18. Venezuela

Quelle: Amnesty International: *«Die Todesstrafe»*, rororo aktuell, Reinbek 1979.

8 Häftlinge, denen die Flucht von der Teufelsinsel gelang

Die unter dem Namen *le bagne* (dt. das Zuchthaus) bekannte Strafkolonie in Französisch-Guayana hatte eine lange und düstere Vergangenheit. Die Lager waren verstreut auf dem Festland und auf den drei «Inseln der Erlösung», zu denen auch die Teufelsinsel gehört. Bald wurde die ganze Kolonie Teufelsinsel genannt. Alle, denen das Unglück widerfuhr, hier eingesperrt zu werden, hatten nur einen Gedanken: auszubrechen.

1. René Belbenoît
Er war wegen Diebstahls eines Halsbandes im Alter von 22 Jahren zu acht Jahren Arbeitslager verurteilt worden und floh 1936 zusammen mit einigen anderen Gefangenen mit einem Boot aus *le bagne*. In Kolumbien wurden sie gefaßt, aber ehe die französischen Behörden ihre Gefangenen zurückholen konnten, floh Belbenoît aus dem kolumbia-

Zelle in der Strafkolonie Teufelsinsel.

nischen Gefängnis (mit der Hilfe eines ihm wohlgesonnenen Gefängnisvorstehers). Er ist Autor der Bücher *«Dry Guillotine»* und *«Hell on Trial»*.

2. Henri Charrière («Papillon»)
Papillon war für schuldig befunden worden, 1931 einen «Zuhälter und Spitzel» ermordet zu haben, und wurde im Alter von 25 Jahren zu lebenslanger Zwangsarbeit verurteilt. 1941 (bei seinem neunten Ausbruchsversuch) gelang ihm die Flucht von der Teufelsinsel. Er und ein anderer Gefangener namens Sylvain benutzten zusammengebundene Kokosnußsäcke als Flöße und flohen bei hohem Seegang. Sylvain starb im Treibsand, als sie das Ufer des Festlandes erreichten. Papillon schaffte es mit der Hilfe von Eingeborenen, sich bis nach Georgetown in Britisch-Guayana durchzuschlagen, wo er ein Restaurant eröffnete, Schmetterlinge fing und verkaufte und ein Striptease-Lokal führte. Von dort ging er nach Venezuela, wo Fischer ihm halfen und korrupte Polizeibeamte ihn schließlich wegen «Landstreicherei» einsperrten. Auf Grund der politischen Unruhen in Venezuela wurde er am 18. Oktober 1945 aus der Haft entlassen.

3. Dieudonné
Er wurde verurteilt, weil er 1913 im Alter von 27 Jahren bei einem Raubüberfall auf einen Bankboten mitgemacht hatte. 1928, nach mehreren erfolglosen Ausbruchsversuchen, überredete Dieudonné einen Indianer, ihn von *le bagne* nach Brasilien zu segeln – eine weite Reise über den offenen Ozean mit einem Kanu, das für Flüsse und Bäche gebaut war. Er wurde im brasilianischen Bundesstaat Pará festgenommen, aber auf Grund der Bekundung eines großen Mitgefühls in der Öffentlichkeit wieder freigelassen. Er wurde später begnadigt und kehrte als freier Mann nach Frankreich zurück.

4. Jean Douvernay
Dieser ideenreiche Franzose warb zehn Gefangene an, vier von Royale Island, vier von St. Joseph's Island und zwei von der Teufelsinsel. Mit Geld, das er beiseite geschafft hatte, kaufte er ein fünfeinhalb Meter langes Kanu. Unter Lebensgefahr schwammen die Männer zu dem Boot und waren dann 32 Tage auf See, bis sie einem englischen Frachter begegneten. Die Engländer versorgten sie mit neuen Lebensmitteln, die ihnen bereits Tage zuvor ausgegangen waren. Sie segelten weiter bis Trinidad. Von dort brachen sie mit einem neuen Boot auf und landeten in Curaçao, wo die freundliche Bevölkerung sich ihrer annahm und ihnen ein viereinhalb Meter langes Fischerboot gab. Mit neuer Kraft segelten sie zu der zu den Kleinen Antillen gehörenden holländischen Insel Aruba.

5. Gerardin
Nachdem er ein Jahr lang an einen Aussätzigen gekettet war, täuschte Gerardin selbst Lepra vor, indem er sich einige Finger und ein Ohr abschnitt und behauptete, seine Beine seien empfindungslos. Er wurde auf die Leprainsel St. Louis gebracht, wo die Aussätzigen ihn als Bruder behandelten und ihm bei seiner Flucht nach Pará halfen. In Brasilien gab er sich in kleinen Städten als Zahnarzt aus und hatte ein gutes Auskommen. In São Paulo ging er schließlich zur Vorsorgeuntersuchung und mußte feststellen, daß er tatsächlich Lepra hatte. Die Beamten von der Gesundheitsbehörde schlossen aus seinem Akzent und seinen Tätowierungen, daß er aus *le bagne* war, aber es fand sich kein Schiff, mit dem er zurückgebracht werden konnte. Also ließen die Behörden ein kleines Privatgefängnis für ihn errichten, wo er Obst anbaute und Schweine und Hühner hielt.

6. Germain Joliton
Joliton, der 1919 verurteilt worden war, weil er seine Geliebte erstochen hatte, als er sie mit einem anderen Liebhaber erwischte, landete 1937 zusammen mit sieben erschöpften, von der Sonne verbrannten Mitgefangenen in Port of Spain auf der Insel Trinidad. Zu seiner Gruppe gehörten drei Mörder, ein Bankräuber und ein Juwelendieb. Joliton und die anderen waren mit einem indianischen Einbaum aus der Strafkolonie geflohen und hatten 750 Meilen über das offene Meer zurückgelegt, ehe sie in Trinidad ans Ufer trieben. Dort wurde Joliton der Obhut der Heilsarmee übergeben. Es war sein dritter Ausbruchsversuch.

7. Louis Legarde
Zwölf Gefangene flohen unter der Führung von Legarde, als sie dazu eingeteilt worden waren, Holz zu holen. Die Männer versteckten sich einen Monat lang im Dschungel von Französisch-Guayana. Sie lebten in ständiger Angst, von den Wachen oder den Eingeborenen entdeckt zu werden. Unter großen Gefahren gelang es ihnen, aus zerrissenen

Kleidern und frischen Zweigen ein Floß zu bauen. Auf See verloren sie jegliches Zeitgefühl, doch schließlich landeten fünf erschöpfte Männer auf Santa María de Venezuela. Die anderen sieben waren gestorben und von Haien gefressen worden.

8. Charlot Pain
Pain war zu sechs Jahren Arbeitslager verurteilt worden, weil er 1907 ein Armeezelt im Werte von zehn Mark angezündet hatte, während er unter einem Sonnenstich litt. Pain unternahm in den Jahren 1913, 1917, 1926 und 1931 Ausbruchsversuche. Militärische Vergehen wie das seine wurden in Frankreich im Jahre 1925 für nichtig erklärt. Doch den Regeln der französischen Strafkolonie entsprechend wurde er aufgefordert, als *libéré* (unfreiwilliger Siedler) für einige Jahre nach Aufhebung seines Urteils in Guayana zu bleiben. Jeder seiner mißglückten Fluchtversuche führte dazu, daß er weitere Jahre in der Verbannung bleiben mußte. So war Charlot Pain noch 32 Jahre nach seinem längst vergessenen Vergehen Gefangener in Französisch-Guayana.

ab

10 mögliche Opfer von 10 möglichen «Jack the Rippers»

«... *I am down on whores and shant quit ripping them...* («Ich bin auf die Huren gekommen, und ich werde nicht aufhören, sie aufzuschlitzen») warnte der Verfasser eines anonymen Schreibens an die Central News Agency in London am 28. 9. 1888. Der Brief mag ein Scherz gewesen sein, doch er lieferte den Spitznamen für einen Mörder, der 1888 – und vielleicht auch noch später – in den Slums von Londons East End mehrere Prostituierte umbrachte. «Jack the Ripper» war Vorbild für mindestens ein Dutzend Filme und Bühnenstücke sowie zwei Opern: Alban Bergs «*Lulu*» und die «*Dreigroschenoper*» von Bertolt Brecht und Kurt Weill; ferner für mehrere hundert Bücher, Tatsachenberichte und Romane. Die Vermutungen über die Anzahl der «Ripper»-Opfer gehen weit auseinander: In der Boulevardpresse ist von Dutzenden die Rede, wohingegen Kriminologen, die sich mit diesem Thema befaßten, zehn ausgewählt haben. Die zehn «wahrscheinlichsten» Opfer sind hier in chronologischer Reihenfolge nach dem Zeitpunkt ihres Todes aufgeführt, wobei die sechs «Favoriten» durch ein Sternchen gekennzeichnet sind.

Die Opfer
1. Emma Elizabeth Smith (3. April 1888)
   44 Jahre alt, Prostituierte, starb im Krankenhaus an Stichwunden im Unterleib, beigebracht mit einem «spitzen Gegenstand». Keine Verstümmelungen.

2. Martha Turner (oder Tabram)* (7. August 1888)
   35 Jahre alt, Prostituierte; aufgefunden mit durchgeschnittener Kehle und 39 Wunden am ganzen Körper; Autopsie ließ auf einen mit beiden Händen gleichermaßen geschickten und kräftigen Mörder schließen.
3. Mary Ann («Polly») Nicholls* (31. August 1888)
   42 Jahre alt, Prostituierte; Kehle durchgeschnitten, Körper verstümmelt, fast völlig aufgeschlitzt; Autopsie ließ auf einen linkshändigen Fachmann mit «Chirurgen»-Messer schließen.
4. Annie Chapman* (8. September 1888)
   47 Jahre alt, Prostituierte; fast enthauptet; Niere und Eierstöcke mit «fachmännischer Hand» entfernt.
5. Elizabeth («Long Liz») Stride* (30. September 1888)
   45 Jahre alt, Prostituierte; Kehle durchgeschnitten, aber keine Verstümmelungen am Körper. Der Mörder könnte bei seiner Arbeit gestört worden sein (etwa ein Uhr nachts).
6. Catherine Eddowes* (30. September 1888)
   43 Jahre alt, Prostituierte; wurde nur 45 Minuten nach der Entdeckung von Strides Leiche etwa fünfzehn Minuten Fußweg entfernt aufgefunden; Kehle durchgeschnitten, Gesicht und Körper verstümmelt, linke Niere und andere Organe fehlten.
7. Mary Jane («Jeanette») Kelly* (9. November 1888)
   24 Jahre alt, Prostituierte; Leiche wurde in ihrem Zimmer entdeckt, entsetzlich verstümmelt, es fehlten jedoch keine Organe.
8. Elizabeth Jackson (Juni 1889)
   Prostituierte, Alter unbekannt; Leib ohne Kopf und andere Körperteile wurden in der Themse gefunden.
9. Alice («Clay Pipe Alice») MacKenzie (17. Juli 1889)
   47 Jahre alt, Prostituierte; die Leiche wurde in der Nähe des Ortes gefunden, an dem Nicholls umgebracht worden war; Kehle durchschnitten, Unterleib verstümmelt.
10. Frances («Carrotty Nell») Coles (13. Februar 1891)
    25 Jahre alt, Prostituierte; wurde sterbend im East End aus zahlreichen Stichwunden blutend aufgefunden.

Die Verdächtigen

1. Dr. Thomas Neill Cream (1850–1892) und «sein Doppelgänger»
   Cream, in Schottland geboren, wurde 1854 von seinen Eltern nach Kanada mitgenommen. Als er 1876 in Montreal zum Doktor der Medizin promovierte, hatte er seine kriminelle Karriere bereits mit Diebstahl, Brandstiftung und versuchter Erpressung begonnen. Auch stand er unter Mordverdacht: Seine Frau war nach einer Abtreibung gestorben. 1876 bis 1878 führte er in England seine medizinischen Studien fort und wurde Mitglied im Royal College of Physicians and Surgeons in Edinburgh. Dann praktizierte er als Arzt in Ontario (Kanada), aber ein mißlungener Erpressungsversuch sowie der Verdacht, daß er seine Geliebte mit Chloroform umgebracht habe, zwangen ihn, nach Chica-

go zu gehen. Dort wurde er 1880 wegen Mordes verhaftet, nachdem eine seiner Patientinnen nach einer Abtreibung gestorben war. Er kam ohne Strafe davon, genau wie auch bei einem weiteren Vergiftungs- und Erpressungsversuch im selben Jahr. 1881 wurde Cream des Mordes – Vergiftung durch Strychnin – am Ehemann seiner Geliebten überführt. Die nächsten zehn Jahre verbrachte er im Joliet-Gefängnis. Nach seiner Freilassung ging er nach England. 1891/92 ermordete Cream aus reiner Lust am Töten mindestens fünf Londoner Prostituierte, indem er sie mit Strychnin vergiftete. Am 15. November 1892 wurde er gehenkt. Billington, der Henker, behauptet, Creams letzte Worte seien gewesen: «*I am Jack the ...*» Obwohl Cream in Joliet war, als die Mehrzahl der Ripper-Morde begangen wurde, gibt es sichere Hinweise dafür, daß er einen – ebenfalls kriminellen – «Doppelgänger» hatte. Cream redete sich einmal aus einer Anklage wegen Bigamie heraus, indem er behauptete, daß er zur fraglichen Zeit in Sydney in Australien gewesen sei; er war nie in Australien, wurde aber vom Direktor des Gefängnisses in Sydney als ehemaliger Gefangener identifiziert. Der berühmte Anwalt Marshall Hall, der Cream – oder seinen Doppelgänger – in der Bigamie-Sache verteidigte, vermutete, daß Cream und sein «Zwilling» ein Alibi-Abkommen hatten und daß einer von ihnen der «Ripper» sei. Auch der australische Betrüger und Mörder Frederick Bailey («Mad Fred») Deeming (1853–1892) gestand auf dem Schafott, der «Ripper» zu sein: er hatte keine Gelegenheit mehr, die Verbrechen zuzugeben, und obwohl beide Männer außerordentlich häßlich waren, war er zweifellos nicht Creams Doppelgänger.

2. Montague John Druitt (1857–1889)
Der in Oxford erzogene Druitt war ein genialer, aber labiler junger Mann. Er war in seiner Karriere als Richter (nicht als Arzt, wie manchmal behauptet wurde) gescheitert und unterrichtete 1888 in einer heruntergekommenen Privatschule in der Nähe von London. Einen Monat nach dem Mord an Mary Jane Kelly versuchte er sich zu ertränken. Der Selbstmordversuch mißlang. Ein zweiter Versuch einen Monat später war erfolgreich. Im März 1889 konnte ein Schutztrupp, der sich gebildet hatte, um den «Ripper» zu jagen, aufgelöst werden, indem die Polizei die Mitglieder heimlich darüber informierte, daß der «Ripper» sich zwei Monate zuvor ertränkt habe. Druitt war nach den Worten des Zweiten Direktors der Londoner Kriminalbehörde (CID) 1889 einer der Hauptverdächtigen der Polizei.

3. «Der Sekretär des Generals» (ein nicht namentlich genannter Mann)
«General» William Booth (1829–1912), Gründer der Heilsarmee, vermutete, daß sein ehemaliger Sekretär «Jack the Ripper» sei. Im Februar 1891, einige Tage vor der Ermordung von Frances Coles, sagte der junge Sekretär zu Booth: «Carrotty Nell wird als nächste drankommen.» Unmittelbar nach jenem Mord verschwand er. Booth war

kein Lügner – wie aber konnte der Sekretär die Tat vorhersehen? Einige Schriftsteller behaupten, daß der Sekretär Frances Coles erstochen haben könnte, andere erklären dagegen, daß sie mit an Sicherheit grenzender Wahrscheinlichkeit von Thomas Sadler, einem betrunkenen Eisenbahnarbeiter, umgebracht worden sei, der schon früher, nach dem Mord an Alice MacKenzie, festgenommen worden war, aber mangels Beweises wieder hatte freigelassen werden müssen.

4. «Jill the Ripper»
Es muß eine Theorie geben, die davon ausgeht, daß Jack eine Jill war. Der Autor William Stewart vermutet, daß die Morde von einer psychopathischen Hebamme begangen wurden, die sich möglicherweise als Mann verkleidet im East End herumtrieb. Diese Spekulation stützt sich auf die (in jener Zeit nicht entdeckte) Tatsache, daß Mary Jane Kelly zur Zeit ihrer Ermordung im dritten Monat schwanger war und daß die Asche im Kamin ihres Zimmers der Überrest der Verkleidung des «Rippers» gewesen sein könnte. Andere Autoren weisen darauf hin, daß die «verrückte Hebamme» wohl kaum in Kellys Kleidern geflohen sein konnte. Die bedauernswerte Frau hatte sie nämlich bei der Pfandleihe versetzt.

5. James Kenneth Stephen (1859–1892)
J. K. Stephen, dessen humorvolle Verse noch immer in zahlreichen Anthologien zu finden sind, war ein Neffe von Sir Leslie Stephen, dem Lehrer des Prinzen Albert Victor und Vater der Romanschriftstellerin Virginia Woolf. Er war befreundet mit Montague John Druitt, einem anderen Verdächtigen. Der Autor Michael Harrison veröffentlichte eine Studie, in der er behauptete, Stephen sei der gesuchte Mörder. Er versuchte, seinen Verdacht durch einen Vergleich der Handschriften des Dichters und des mysteriösen Briefschreibers zu beweisen. Trotz Stephens unbezweifelter Exzentrik und seinem Kontakt zu den anderen Verdächtigen scheint diese Theorie jedoch durch die Tatsache entkräftet, daß Jürgen Thorwald und andere zuverlässige Kriminologen nur zwei von den Hunderten von Briefen, die Polizei und Presse angeblich von «Jack the Ripper» geschickt bekamen, für echt halten.

6. «Lederschürze»
Unter den Verdächtigen, die der Kriminalschriftsteller Major Arthur Griffiths nennt, nimmt ein «verrückter polnischer Jude» eine besondere Stellung ein. Dieser Unglücksmensch, verschiedentlich Pizer oder Kosminski genannt, war ein geistesgestörter Schuhmacher (sein Spitzname «Lederschürze» rührte von seiner Arbeitskleidung her). Er war anscheinend das Opfer des Klatsches in der Nachbarschaft: Sein Name war bereits in Verbindung mit dem Mord an Martha Turner genannt worden. Nach dem Mord an Mary Ann Nicholls wurde er festgenommen, verhört und wieder freigelassen. Ein Spruch, in der Nähe von Catherine Eddowes' Leiche mit Kreide an die Wand geschmiert – «Die

Juden sind Leute, die an nix schuld sein wollen» –, war höchstwahrscheinlich das Werk eines antisemitischen Störenfrieds. Doch Sir Robert Anderson, 1889 Chef des CID, und Major Sir Henry Smith, damals Chef der Londoner Polizei, scheinen tatsächlich geglaubt zu haben, daß «Lederschürze» schuldig war. Ein anderer Fachmann behauptet ebenfalls, daß der «Ripper» ein Jude war – kein Schuster, sondern ein Schächter, der Tiere nach der rituellen Vorschrift der Juden schlachtet.

7. Prinz Albert Victor, Herzog von Clarence (1864–1892)
Daß er König von England geworden wäre, wenn er länger gelebt hätte, ändert nichts an der Tatsache, daß «Prinz Eddy», der älteste Sohn Edwards, des Prince of Wales (später König Edward VII.) und Bruder des zukünftigen Königs Georg V., anerkanntermaßen schwachsinnig und mit großer Sicherheit sexuell degeneriert war. Die Gerüchte der Zeit brachten «ein Mitglied der königlichen Familie» in Zusammenhang mit den Morden des «Rippers», aber die Möglichkeit einer Schuld des Prinzen war in der Öffentlichkeit nicht bekannt, bis Dr. Thomas Stowell, ein Chirurg von internationalem Ansehen, 1970 Beweismaterial veröffentlichte, das auf «Eddy» als den möglichen Mörder deutet. (Stowell bestritt später, daß er den Prinzen verdächtigte.) Es sind auch noch zahlreiche andere Versuche unternommen worden, «Eddy» mit dem Fall in Verbindung zu bringen.

8. Sir William Withey Gull (1816–1890) und Komplizen
Gulls medizinische Karriere war gesichert, als er 1871 den Prince of Wales vom Typhus heilte; er wurde zum Baron und zum Leibarzt Königin Victorias ernannt. Das berühmte Medium Robert James Lee (das 1868, nach dem Tod ihres Mannes, von der trauernden Königin aufgesucht wurde) behauptete in den neunziger Jahren gegenüber der Polizei, daß es vom «Ripper» geträumt und ihn als einen «berühmten Arzt» – gemeint war zweifellos Gull – identifiziert habe. Die Hauptvorwürfe gegen Gull erhob Dr. Benjamin Howard in einem sensationellen Interview mit der Zeitung *Chicago Sunday Times-Herald* vom 28. April 1895, wo er behauptete, daß Gull, der 1890 angeblich gestorben war, in Wirklichkeit noch am Leben sei und als delirierender Irrer in einem Londoner Asyl hause, wohin er auf Grund eines Urteils gebracht worden sei, das zwölf berühmte Ärzte (zu denen auch Howard gehörte) in einem «Privatprozeß» über ihn gefällt hätten. Einen gründlicheren Versuch, Gull als den «Ripper» zu überführen, unternahm 1976 der Autor Stephen Knight. Er behauptete, daß ein von «Prinz Eddy» gezeugtes uneheliches Kind von Mary Jane Kelly, dem letzten der möglichen Opfer des «Rippers», versorgt worden sei. Nachdem sie vom Stand einer Kinderfrau zu dem einer Hure hinabgesunken war, habe Kelly versucht, die königliche Familie zu erpressen, worauf Premierminister Salesbury mit Zustimmung der Königin die «Eliminierung» von Kelly und ihren engsten Freundinnen angeordnet habe. Die Morde seien von Gull, dem Polizeichef Sir Robert Ander-

son und «Eddys» ehemaligem persönlichen Kutscher, John Netley, ausgeführt worden. Das Trio habe sich in einer Pferdekutsche an die Opfer herangemacht, die Frauen in den Wagen gelockt, «aufgeschlitzt» und später abgeladen. Der Maler Walter Richard Sickert (1860–1942), der angebliche Vormund – und spätere Liebhaber – von «Eddys» unehelicher Tochter, wird ebenfalls beschuldigt, eine aktive Rolle in der Verschwörung gespielt zu haben.

9. George Chapman (1865–1903)
Nach Meinung dreier Fachleute kommt Chapman von den angeführten Verdächtigen am ehesten für die Morde in Frage. Er wurde in Polen geboren – sein richtiger Name lautete Severin Klosowski – und arbeitete als Lehrling bei einem Wundarzt, bevor er 1887 (er wurde verdächtigt, eine Frau enthauptet zu haben) eilig nach England abreiste. Zur Zeit der «Ripper»-Morde arbeitete Chapman als Barbier in jener Gegend. Anfang 1890 brach er plötzlich nach New York auf. Versuche, ihn mit einer Reihe von Morden nach «Ripper»-Art in Zusammenhang zu bringen, die zwischen 1891 und 1893 im New Yorker Stadtteil Jersey City begangen wurden, sind gescheitert. Als er 1895 nach London zurückkehrte, wurde Chapman Barkeeper und ermordete in den folgenden Jahren eine Reihe von Barmädchen, indem er sie mit Antimon vergiftete. 1902 wurde er verhaftet. Chefinspektor Abberline, einst Top-Detektiv im Fall «Ripper», erklärte dem Inspektor, der Chapman gefaßt hatte: «Nun haben Sie endlich ‹Jack the Ripper› erwischt!» Chapman wurde für den Mord an drei seiner Geliebten gehenkt. Eine Vielzahl von Beweisen deutet auf ihn als den «Ripper»; der Haupteinwand, daß er eine Vorliebe für das Vergiften hatte und Massenmörder selten ihre Methode ändern, scheint nicht überzeugend.

10. «Der russische Doktor»
Eine im Vergleich zu anderen recht überzeugende Theorie, die von den Autoren Sir Harold Scott und Richard Deacon aufgestellt wurde, schreibt die «Ripper»-Morde einem «verrückten russischen Doktor» namens Alexander Pedaschenko alias Wassilij Konowalow alias Andreij Luiskowo alias Michail Ostrong (oder Ostrog) zu. Pedaschenko arbeitete in einer Armenklinik im Londoner East End, wo Anfang des Jahres 1888 Martha Turner, Mary Ann Nicholls, Annie Chapman und Mary Jane Kelly in Behandlung waren. Deacon vermutet, daß Pedaschenko der bereits in Paris eine Prostituierte aufgeschlitzt hatte, bewußt von der Ochrana, der russisch-zaristischen Geheimpolizei, nach England eingeschleust worden war, weil man hoffte, daß seine Aktivitäten die russischen Radikalen, die im Osten Londons im Exil lebten, in Verruf bringen würden. Nach den «Ripper»-Morden kehrte Pedaschenko nach St. Petersburg zurück, wo er in einer Irrenanstalt starb, nachdem er eine weitere Frau umgebracht hatte. Sir Basil Thompson, Stellvertretender Leiter des CID, war von Pedaschenkos Schuld überzeugt.

ro

3

Kriege und andere Katastrophen

10 der unfähigsten Generäle der Geschichte

1. Marcus Licinius Crassus (115?–53 v. Chr.)
54 v. Chr., während der römische Feldherr Crassus Tributgelder eintrieb und sich selbst daran bereicherte, sammelten seine Feinde, die Parther, ihre Truppen zur Schlacht. 53 v. Chr. überschritt Crassus mit 50000 Soldaten den Euphrat und marschierte in das Gebiet der Parther ein. Crassus vertraute sich einem Führer an, der ihn mitten in die mesopotamische Wüste führte, wo das gesamte Heer der Parther ihn erwartete. Die Parther, die zu Pferde kämpften, ritten in Kreisen um das römische Fußvolk herum, während sie tödliche Schwärme von Pfeilen abschossen. Crassus war durch diese unorthodoxe Art der Kriegsführung verwirrt. Er schickte seine Männer hinter der feindlichen Reiterei her, die sich einfach zurückzog und ihn damit in einen Hinterhalt lockte. Das Ergebnis war eine der vernichtendsten Niederlagen, die dem römischen Imperium je zugefügt worden sind. Crassus wurde getötet, und nur zwei Fünftel seiner Truppen kamen mit dem Leben davon.

2. Philipp VI. von Frankreich (1293–1350)
Bei der Schlacht von Crécy-en Ponthieu (1346) vernichtete der unfähige Philipp seine eigene Armee. Er schickte viertausend genuesische Söldner, mit Armbrüsten bewaffnet, gegen die englischen Linien. Sie wurden auf der Stelle von den englischen Langbogenschützen niedergemacht. Als Philipp sah, daß sich die überlebenden Genueser zurückzogen, befahl er zornig seinen Rittern, sie zu töten. Während die Franzosen ihre Verbündeten – die Genueser – umbrachten, ließen die Engländer auf beide einen Pfeilhagel niederregnen. Daraufhin befahl Philipp seinen Rittern nacheinander fünfzehn Sturmangriffe, die jedoch alle von den englischen Bogenschützen zurückgeschlagen wurden. Am Ende dieses denkwürdigen Tages hatte Philipp ein Drittel seiner Armee (viertausend Mann) verloren, während auf der gegnerischen Seite nicht einmal hundert Engländer gefallen waren.

3. General Horatio Gates (1728?–1806)
Während der Schlacht von Saratoga kämpfte General Gates, der Befehlshaber der amerikanischen Truppen, mehr gegen seinen Unterge-

benen Benedict Arnold als gegen die Engländer. Gates, der praktisch über keinerlei militärische Erfahrung verfügte, hatte sich die Befehlsgewalt durch politische Intrigen im Kongreß erschlichen. Während des Kampfes weigerte er sich, sein befestigtes Camp, das ihm Schutz bot, zu verlassen, und befahl seinen Leuten, nichts zu unternehmen. Arnold widersetzte sich dem Befehl und verwickelte die Engländer in ein Gefecht. Während Arnold in der entscheidenden Schlacht von Bemis Heights die englische Armee besiegte, saß Gates in seinem Zelt und stritt mit einem gefangengenommenen englischen Offizier über die Verdienste und Ziele der amerikanischen Revolution. Später verlor Gates die Schlacht von Camden (1780) und wurde aus der Armee entlassen.

4. General William H. Winder (1775–1824)
Die militärische Unfähigkeit, die der amerikanische General Winder im Krieg von 1812 (gegen England) unter Beweis stellte, hatte verheerende Folgen. 1813 verlor er die Schlacht am Stony Creek, obwohl seine Armee dreimal so groß war wie die der Engländer. Er wurde gefangengenommen, aber zum Pech der Amerikaner wieder freigelassen. 1814 befehligte er die amerikanischen Truppen, die Washington vor den heranmarschierenden Engländern schützen sollten. Bei einem Sturmangriff wurden Winders Truppen in die Flucht geschlagen. Er selbst war einer der ersten, die sich in Sicherheit brachten. Die Engländer rückten in die Hauptstadt ein und brannten sie nieder.

5. General Antonio López de Santa Ana (1795?–1876)
Der mexikanische General Santa Ana, der sich selbst für den Napoleon Amerikas hielt, verlor zwei Kriege für Mexiko. 1836, während des Aufstandes in Texas, verschwendete er Menschen und Zeit, um El Alamo zu stürmen. Schließlich marschierte er nach Norden und ließ seine Armee am San Jacinto River ein Lager aufschlagen – freilich ohne zu wissen, daß die texanischen Truppen nur wenige Kilometer entfernt lagen. Die Texaner griffen an, als Santa Ana und seine Leute gerade ihre Siesta hielten. Die mexikanische Armee wurde vernichtet und Santa Ana gefangengenommen. Während des Mexikanischen Krieges (1846–1848) verlor Santa Ana sämtliche Schlachten.

6. General Ambrose Burnside (1824–1881)
Die Schnitzer, die sich der Unionsgeneral Burnside erlaubte, sind nicht mehr an zehn Fingern abzuzählen. Während der Schlacht von Antietam (1862) schickte er eine große Zahl Soldaten über eine schmale Brücke, wo sie von Schützen der Föderationstruppen niedergeschossen wurden. Wenn Burnside einige Erkundungen hätte anstellen lassen, so hätte er entdeckt, daß der Fluß unter der Brücke nur hüfttief war und daß seine Leute ihn überall hätten durchqueren können. Bei Fredericksburg (1862) gab Burnside Befehl zu einem aus-

sichtslosen, selbstmörderischen Angriff, der 1284 Unionssoldaten das Leben kostete. Bei der Belagerung von Petersburg (1865) ließ er unter den Schützengräben des Feindes hindurch einen Tunnel graben und mit Sprengstoff füllen. Das Pulver wurde gezündet und hinterließ einen riesigen Krater. Burnside schickte seine Truppen in den Krater, wo sie von Föderalisten eingeschlossen und vom Kraterrand aus abgeschossen wurden. Präsident Lincoln sagte über diese Schlacht: «Nur Burnside konnte so etwas fertigbringen. Er hat sich viel Mühe gegeben, um uns in diesen Zeiten unseres großen Sieges noch eine letzte spektakuläre Niederlage zu bescheren.»

7. General Sir Ian Hamilton (1853–1947)
Während des Ersten Weltkrieges starteten die Alliierten im April 1915 einen Angriff auf die türkische Halbinsel Gallipoli, um Konstantinopel einzunehmen. Die englischen und französischen Soldaten, die auf der Halbinsel landeten, gelangten nie über das Strandgebiet hinaus und wurden schließlich im Januar 1916 evakuiert. Der Kommandeur der alliierten Truppen, General Hamilton, verbrachte seine Zeit auf den griechischen Inseln oder an Bord englischer Kriegsschiffe. Er brachte die ganze Aktion zum Scheitern, weil seine Untergebenen tun und lassen konnten, was sie wollten, und weil er an niemanden direkte, unmißverständliche Befehle gab. Als Hamilton im August 1915 aus seiner Tatenlosigkeit erwachte, gab er einen Angriffsbefehl, der so oft geändert wurde, daß er die Soldaten vollkommen verwirrte und das Unternehmen von vornherein zum Scheitern verurteilt war. Am Ende kostete die Aktion die Alliierten 250 000 Tote und Verwundete.

8. General Robert Nivelle (1856–1924)
Im Ersten Weltkrieg wurde der französische General Nivelle Ende 1916 zum Oberbefehlshaber der französischen Truppen ernannt. Umgehend plante er eine große Offensive. Die französische Regierung versuchte, ihn von seinen Plänen abzubringen, weil die französische Armee in der Schlacht von Verdun, die noch nicht lange zurücklag, enorme Verluste erlitten hatte. Aber Nivelle kümmerte sich nicht darum – er gab den Befehl zum Angriff. Schon bald war deutlich, daß die Offensive scheitern würde. Trotzdem schickte Nivelle immer neue Leute auf die Schlachtfelder, ohne die Verlustzahlen zur Kenntnis zu nehmen oder auch nur einen Gedanken an Kapitulation zu verschwenden. Schließlich hatten die französischen Soldaten die Nase voll. Überall in der Armee wurde gemeutert, und die Nivelle verlor seinen Kommandeursposten.

9. General Alexander Samsonow (1859–1914)
Zu Beginn des Ersten Weltkrieges übernahm General Samsonow den Befehl über die Zweite Armee des russischen Heeres. Er war nie ein Befehlshaber an der Front, sondern immer nur ein im Hintergrund tä-

tiger Bürokrat gewesen. Als Samsonow mit seinen Truppen nach Ostpreußen vorstieß, hatte er keinerlei Vorstellungen davon, wo die Deutschen steckten und was er eigentlich tun sollte. Er verlor vollkommen die Kontrolle über seine Truppen, und es fiel den Deutschen nicht schwer, seine chaotische Armee in der Schlacht bei Tannenberg (1914) zu vernichten. Samsonow gab alle Hoffnungen für seine Truppen auf und fuhr an die Front, um auf dem Schlachtfeld den «Heldentod» zu sterben. Aber nicht einmal das gelang ihm. So beging er schließlich Selbstmord.

10. General Maurice Gamelin (1872–1958)
1940, zu Beginn des Zweiten Weltkrieges, hielt General Gamelin, der Oberbefehlshaber der französischen Armee, seine Truppen hinter der Maginotlinie in Sicherheit. Als die Deutschen in Belgien ihren «Blitzkrieg» begannen, hielt Gamelin diesen Angriff für ein Ablenkungsmanöver. So trug er zum Erfolg des deutschen «Blitzkrieges» im Norden bei, indem er keine Truppen in die Ardennen an die belgische Front schickte. Als die Deutschen in Frankreich einmarschierten, wurde Gamelin seines Amtes enthoben. Die Engländer zogen ihre Truppen über Dünkirchen ab, während Paris und fast ganz Frankreich in die Hände der Deutschen fielen.

rjf

Die 10 bekanntesten Kampfflieger des Ersten Weltkrieges

Name, Dauer der Teilnahme am Krieg, Staatsangehörigkeit	Typ des hauptsächlich geflogenen Flugzeugs	Siege
1. Rittmeister Manfred von Richthofen (1915–1918; deutsch)*	Fokker Dr I	80
2. Capitaine René P. Fonck (1914–1918; französisch)	Caudron G. IV	75
3. Major Edward Mannoch (1916–1918; englisch)*	S. E. 5a	73
4. Major William Avery Bishop (1915–1918; englisch)	Nieuport 17	72
5. Oberleutnant Ernst Udet (1915–1918; deutsch)	Siemens-Schuckert D III	62
6. Major Raymond Collishaw (1916–1918; englisch)	Sopwith Triplane	60
7. Major J. T. R. McCudden (1916–1918; englisch)	S. E. 5	57

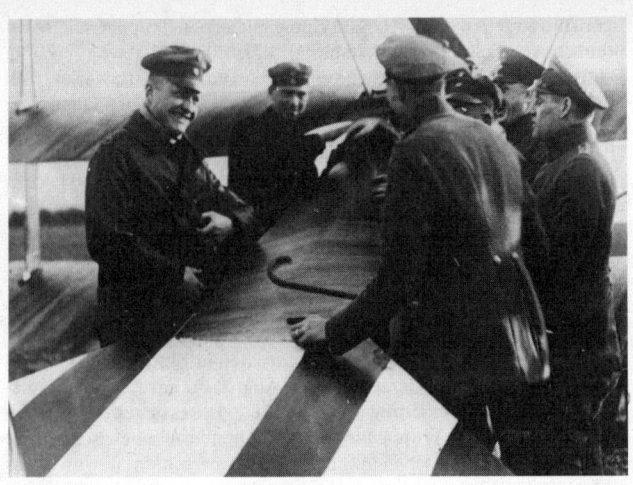

Manfred von Richthofen, der «Rote Baron», umgeben von Kameraden, die ihm zu seinem 62. Luftsieg gratulieren.

8. Captain A. W. Beauchamp-Proctor (1915–1918; englisch)	Nieuports	54
8. Captain D. R. MacLaren (1916–1918; englisch)	S. E. 5	54
8. Capitaine Georges-Marie Guynemer (1914–1917; französisch)*	Nieuports	54
* Im Kampf gefallen		*ab*

Simon Wiesenthal
10 Naziverbrecher, die sich bisher erfolgreich der Gerechtigkeit entzogen haben

Simon Wiesenthal ist der Leiter des Dokumentationszentrums des Bundes Jüdischer Verfolgter des Naziregimes in Wien. Wiesenthal war Häftling in mehreren Konzentrationslagern und fahndet seit seiner Befreiung aus dem Todesblock von Mauthausen nach den Mördern. Er hat entscheidend zur Ergreifung von Nazigrößen wie Adolf Eichmann beigetragen. Wiesenthal ist Autor des Buches *«Doch die Mörder leben»*.

1. Ernst Lerch
Sturmbannführer, Adjutant und zeitweiliger Stabschef der ‹Aktion Reinhard› – der die drei Vernichtungslager Treblinka, Belzec und Sobibor unterstanden – mit etwa zwei Millionen Toten. Er lebt als Cafetier in Klagenfurt. Das Verfahren gegen ihn wurde abgebrochen und eingestellt.

2. Dr. Josef Mengele
Arzt in Auschwitz, selektierte etwa 400 000 Menschen in die Gaskammern und war für eine Reihe von Experimenten an Kindern (Zwillingen) und Erwachsenen, die deren Tod zur Folge hatten, verantwortlich. Im Mai 1979 haben die Behörden von Paraguay seine Staatsbürgerschaft annulliert. Mengele lebt derzeit in Südamerika.

3. Walter Rauff
Obersturmbannführer, Leiter der Abteilung Gaswagen, verantwortlich für den Tod von etwa 250 000 Menschen. Er lebt derzeit in Punta Arenas in Chile. Seine Auslieferung wird abgelehnt.

4. Andrija Artukovich
Ehemaliger kroatischer Innenminister, verantwortlich für den Tod einer großen Anzahl von Juden und Jugoslawen. Er lebt in Kalifornien. Das amerikanische Justizministerium hat ein Verfahren gegen ihn eingeleitet mit dem Ziel, eine Deportationsverfügung zu erwirken.

5. Dr. Walter Kutschmann
SS-Untersturmführer. Ihm wird der Tod der Lemberger Professoren angelastet. Außerdem führte er eine Aktion in Brzczany durch, bei der 2000 Menschen umgebracht wurden. Derzeit lebt er in Miramare (Argentinien).

6. Josef Schwammberger
Kommandant des Gettos in Przemysl, verantwortlich für den Tod von etwa 15 000 Menschen. Er lebte bis vor zwei Jahren in La Plata (Argentinien). Flüchtete vor seiner Verhaftung.

Personen, die sich an unbekanntem Ort aufhalten,
oder – unserer Meinung nach – zu Unrecht für tot erklärt wurden

7. Rolf Günther
Ein Stellvertreter Eichmanns, mitverantwortlich für unzählige Verbrechen. Aufenthalt unbekannt.

8. Heinrich Müller
Chef der Gestapo. Sein Grab in Berlin enthielt nicht die Leiche Müllers. Aufenthalt unbekannt.

9. Richard Glücks
Generalinspekteur der Konzentrationslager. Über seinen Tod bestehen angeblich Zweifel.

10. Dr. Hans Kammler
SS-Obergruppenführer. Er war verantwortlich für den Tod zahlreicher Häftlinge, die als Arbeitskräfte am Atlantikwall eingesetzt waren. Wurde für tot erklärt, woran erhebliche Zweifel bestehen

exklusiv für Rowohlts Bunte Liste

Edward S. Creasy:
15 entscheidende Schlachten der Weltgeschichte

Werden irgendwo militärische Ereignisse diskutiert, so bezieht man sich meist auf die von Creasy genannten fünfzehn entscheidenden Schlachten. Aber wer ist dieser nur wenig bekannte Schöpfer jener oft zitierten Liste? Sir Edward S. Creasy, 1812 in England geboren, besuchte Eton und Cambridge und wurde mit 28 Jahren Professor für Alte und Neue Geschichte an der Universität London. Er arbeitete als Beisitzer am Gerichtshof von London und später als Gerichtspräsident in Ceylon. Er wurde 1860 zum Ritter geschlagen und starb 1878. Er schrieb vier Bücher in seinem Leben, von denen eines, das 1851 veröffentlichte «*The 15 Decisive Battles of the World*» (Die 15 entscheidenden Schlachten der Weltgeschichte), fast eine Art Klassiker wurde. Und doch hat dieser Gelehrte der Viktorianischen Zeit, der das Altgriechische perfekt beherrschte, niemals mit eigenen Augen eine Schlacht beobachtet oder gar an ihr teilgenommen. Er war nie Soldat und hatte niemals auf irgendeine Weise mit dem Militär zu tun. Aber er kannte die Geschichte und jene Konflikte, die zu Wendepunkten in der Geschichte wurden. Creasy hat die Schlachten laut eigener Aussage «nach ihrer andauernden Bedeutung und nach den praktischen Auswirkungen [ausgewählt], die sie auf unsere eigenen sozialen und politischen Bedingungen haben».

1. Die Schlacht von Marathon
(Krieg zwischen Persern und Griechen, 490 v. Chr.)
Ein persisches Heer von 100000 Mann unter König Darius I. landete an der Ostküste Attikas, um Athen zu unterwerfen. Es stellten sich ihnen 10000 Athener unter Miltiades entgegen, die sie ins Meer zurücktrieben und 6400 Perser töteten.

2. Die Niederlage der Athener bei Syrakus
(Erster Peloponnesischer Krieg, 413 v. Chr.)
Eine mächtige athenische Flotte von 134 Kriegsgaleeren wurde ausgesandt, um Sizilien zu erobern. Die Griechen belagerten Syrakus, aber den Syrakusanern gelang es, aus ihrer Stadt auszubrechen und die Athener zu besiegen. Damit war die Vorherrschaft Athens im Mittelmeerraum für immer gebrochen.

3. Die Schlacht von Gaugamela
(Eroberungszüge Makedoniens, 331 v. Chr.)
334 v. Chr. begann Alexander der Große von Makedonien seinen Eroberungsfeldzug gegen die Perser. Alexander trat mit 47000 Mann gegen das Perserreich an, besiegte die Truppen von König Darius III. und stieß bis an den Indus vor.

4. Die Schlacht am Metaurus
(Zweiter Punischer Krieg, 207 v. Chr.)
Nach zehnjährigen Kämpfen hofften Hannibal und sein Bruder Hasdrubal, endlich den entscheidenden Sieg über das römische Heer herbeizuführen. Doch genau das Gegenteil geschah: Am Metaurus griffen 7000 Römer unter der Führung Neros (Gaius Claudius, nicht der spätere Kaiser) Hasdrubals Truppen an, töteten 10000 Mann und vernichteten damit die Hoffnungen der Karthager auf eine Eroberung Roms.

5. Schlacht im Teuteburger Wald
(Sieg des Arminius über die römischen Legionen unter Varus, Kämpfe der Germanen gegen das Römische Reich, 9 n. Chr.)
Der römische Feldherr Varus wurde von Arminius, dem Cheruskerfürsten, im Teutoburger Wald in eine Falle gelockt. Alle 50000 römischen Legionäre wurden getötet oder in die Sklaverei verschleppt; Varus beging Selbstmord. Die Niederlage setzte der römischen Expansion in Germanien ein Ende.

6. Die Schlacht auf den Katalaunischen Feldern
(Kriege des Weströmischen Reiches, 451)
Der Befehlshaber der Truppen des Weströmischen Reiches, Flavius Aëtius, und der König der Westgoten, Theoderich I., vereinigten ihre Heere gegen die 40 000 Mann starke Streitmacht des Hunnenkönigs Attila. Sie trieben Attilas Heer über den Rhein und brachten damit die bedrohlichen Eroberungszüge der Hunnen im westlichen Europa zum Stillstand.

7. Die Schlacht von Tours und Poitiers
(Eindringen der Araber ins Frankenreich, 732)
Das Heer des Frankenkönigs Karl Martell besiegte die 60000 Mann starke Streitmacht der Araber und gebot damit endgültig dem weite-

ren Vordringen der Araber über Spanien hinaus nach Westeuropa Einhalt.

8. Die Schlacht von Hastings
(Normannische Eroberung Englands, 1066)
Wilhelm, der Herzog der Normandie, landete mit einem Heer von 7000 Mann in England, um Harold II. anzugreifen. Nach einer langen und blutigen Schlacht fiel Harold, und der siegreiche Wilhelm («der Eroberer») wurde zum König von England gekrönt.

9. Sieg der Jeanne d'Arc über die Engländer bei Orléans
(Hundertjähriger Krieg, 1429)
Karl VII. gab Jeanne d'Arc ein französisches Heer, um die Belagerung der Stadt Orléans durch die Engländer zu brechen. Ihr Heer vertrieb die Engländer und gab damit den Anstoß zu einer Kette von Siegen, die die französische Unabhängigkeit sicherten.

10. Die Vernichtung der Spanischen Armada
(Englisch-Spanische Kriege, 1588)
Die 34 Schiffe zählende Flotte der englischen Königin Elisabeth I. schlug die als unbesiegbar geltende Armada Philipps II., dessen Ziel es gewesen war, den Ärmelkanal unter seine Kontrolle zu bringen und dann England selbst anzugreifen. Der überraschende Sieg der Engländer begründete den Aufstieg ihres Landes zur großen Seemacht.

11. Die Schlacht bei Höchstädt
(Spanischer Erbfolgekrieg, 1704)
Die 52000 Mann starken zusammengeschlossenen Heere von John Churchill, Herzog von Marlborough, und Prinz Eugen von Savoyen besiegten das 60000 Köpfe zählende französisch-bayrische Heer. Damit endete der Anspruch Frankreichs auf die Vorherrschaft in Europa.

12. Die Schlacht bei Poltawa
(Der Nordische Krieg, 1709)
Karl XII., König von Schweden und Herrscher über ein großes Reich, zog nach Rußland und belagerte die ukrainische Stadt Poltawa. Das Heer des Zaren Peter des Großen, das den Schweden zahlenmäßig um das Dreifache überlegen war, besiegte die gegnerischen Truppen, von denen nur 1500 Mann am Leben blieben. Die Schlacht bei Poltawa bedeutete das Ende der Militärmacht Schweden.

13. Sieg der Amerikaner über Burgoyne bei Saratoga
(Amerikanische Revolution, 1777)
Bei diesem ersten entscheidenden Sieg der Amerikaner umzingelte das amerikanische Heer des Generals Horatio Gates unter dem Oberbefehl von Benedict Arnold die englischen Truppen unter General John Bur-

Die Schlacht von Hastings. Das Bild zeigt, wie Harold II., von einem Pfeil tödlich getroffen, vom Pferd stürzt.

goyne bei Saratoga und zwang sie zur Kapitulation. Dieser Sieg gab den Amerikanern die Hoffnung, ihre Unabhängigkeit von England zu erlangen, und er war der entscheidende Anlaß für die französische Regierung, den Aufständischen Unterstützung zu gewähren.

14. Die Kanonade von Valmy
(Kriege der Französischen Revolution, 1792)
Es gelang den französischen Streitkräften unter Charles Dumouriez und François Kellermann, den vom Herzog von Braunschweig geführten preußischen Truppen standzuhalten und sie über den Rhein zurückzudrängen. Der Sieg von Valmy stützte die wankende Moral der französischen Revolutionäre entscheidend.

15. Die Schlacht bei Waterloo
(Napoleons Herrschaft der Hundert Tage, 1815)
In einem letzten Versuch, den Sieg zu erringen, griff Napoleon das gemeinsame Heer der Preußen und Engländer, das unter dem Oberbefehl Wellingtons stand, an. Obwohl die Franzosen einen Totalangriff unternahmen, hielten die englischen Linien stand, und das französische Heer mußte sich zurückziehen. Napoleon dankte ab, und Ludwig XVIII. kehrte auf den französischen Thron zurück.

iw & fbf

10 nach Personen benannte Waffen

1. Dicke Bertha
Mehrere deutsche Waffen im Ersten Weltkrieg trugen diesen Namen – zuerst die großen, kurzläufigen Mörser, später die gewaltige Kanone, die gegen Ende des Ersten Weltkrieges von den Deutschen in Frankreich eingesetzt wurde. Der Name entstand durch die auffällige Ähnlichkeit zwischen den Mörsern und der kurzen, untersetzten Figur von Bertha Krupp von Bohlen und Halbach (1886–1957). Ihr Vater, Friedrich Alfred Krupp, beging 1902 Selbstmord, nachdem die italienische Polizei Fotos veröffentlicht hatte, die ihn bei homosexuellen Aktivitäten zeigten. Bertha erbte das Waffenimperium der Krupps und wurde auf Anweisung des deutschen Kaisers mit einem Gatten, Gustav von Bohlen und Halbach, ausgestattet. Bertha überlebte die politischen Unruhen und Kriege und starb im Alter von 71 Jahren in der Bundesrepublik Deutschland.

2. Bowie-Messer
Das Bowie-Messer, eine beliebte Waffe im amerikanischen Westen, hat seinen Namen von Jim Bowie (1796–1836), dem Helden von Alamo. Bowie hat das zwischen 22 und 45 cm lange Stich- und Schneide-

messer berühmt gemacht, aber verläßlichen Quellen zufolge war es sein Bruder Rezin Bowie (1793–1841), der es erfunden hat. Rezin fertigte eine Zeichnung des Messers an und ließ es dann von einem Schmied aus einer Feile herstellen. Das Messer bestand schon bald darauf, 1827, seine erste Bewährungsprobe, als Bruder Jim es in einem Duell «einweihte».

3. Colt
Der berühmte «Sechsschuß» aus dem amerikanischen Westen wurde nach seinem Erfinder Samuel Colt (1814–1862) benannt. Im Alter von sechzehn Jahren riß Colt von zu Hause aus und fuhr zur See. An Bord eines Schiffes schnitzte er das Holzmodell seines Revolvers. Nach diesem Modell stellte er den Revolver her und ließ ihn 1836 patentieren. 1855 begann Colt mit der Serienproduktion der Waffe und wurde einer der reichsten Männer Amerikas.

4. Derringer
Diese Schußwaffe wurde nach ihrem Erfinder, Henry Deringer (1786–1868), benannt. Deringer begann 1825 als Waffenschmied in Philadelphia Pistolen zu bauen und spezialisierte sich später auf großkalibrige Modelle mit kurzem Lauf. Seine Pistolen wurden von vielen nachgebaut. In eine dieser Imitationen wurde der Name mit Doppel-r eingraviert. So wurde ‹Derringer› zur allgemein gebräuchlichen Schreibweise.

5. Garand-Gewehr (M-1)
Mit diesem halbautomatischen Gewehr waren nahezu sämtliche amerikanischen Soldaten im Zweiten Weltkrieg und im Koreakrieg bewaffnet. Es wurde nach John Cantius Garand (1888–1974) benannt, der es während seiner Zeit als Angestellter bei der staatlichen Amerikanischen Waffenfabrik in Springfield (Massachusetts) entwickelt hatte. Garand perfektionierte 1930 das Gewehr, und sechs Jahre später übernahm es die amerikanische Armee als Standardgewehr für die Infanterie. Garands Interesse für Waffen wurde geweckt, als er einen Schießstand betrieb. Als Angestellter der Regierung erhielt er für das Gewehr weder einen Patentschutz noch irgendwelche Gewinnanteile.

6. Gatling-Maschinenkanone
Dieser Prototyp des modernen Maschinengewehrs mit Kurbelbedienung wurde nach seinem Erfinder, Dr. Richard Jordan Gatling (1818–1903), benannt. Gatling hatte Medizin studiert, praktizierte jedoch nie als Arzt. Statt dessen erfand er landwirtschaftliche Maschinen, die ihm viel Geld einbrachten. 1862, während des Amerikanischen Bürgerkrieges, ließ er die Gatling-Maschinenkanone patentieren. Als Militärfachleute der Nordstaaten seine Kanone ablehnten, heuerte Gatling eine Gruppe Zivilisten an und demonstrierte persönlich die Wirksamkeit seiner Erfindung auf dem Schlachtfeld.

7. Mauser-Gewehr

Das erste brauchbare Bolzengewehr wurde nach seinen deutschen Erfindern, den Brüdern Paul (1838–1914) und Wilhelm (1834–1882) Mauser benannt. Die beiden Jungen traten in die Fußstapfen ihres Vaters und wurden Waffenschmiede. 1867 ließen sie sich in der belgischen Stadt Lüttich nieder. Dort arbeiteten sie zwei Jahre lang an der Entwicklung und Vervollkommnung des Mauser-Gewehrs. 1871 verkauften sie ihre Erfindung an die preußische Armee. Die Brüder kehrten später nach Deutschland in ihre Heimatstadt Oberndorf zurück, wo sie die Mauser-Werke gründeten.

8. Maxim-Maschinengewehr

Dieses erste moderne Maschinengewehr erhielt seinen Namen von Sir Hiram Maxim (1840–1916). Der gebürtige Amerikaner arbeitete als Ingenieur, Konstruktionszeichner und Erfinder in den Vereinigten Staaten, ehe er 1881 nach England übersiedelte. 1883 erfand er die Maxim-Gewehr-Kugelspritze und gründete eine Fabrik, um die Schußwaffe serienmäßig herstellen zu lassen. 1900 nahm Maxim die englische Staatsbürgerschaft an und wurde von Königin Victoria zum Ritter geschlagen. Der ideenreiche Erfinder brachte es im Laufe seines Lebens auf 122 amerikanische und 149 englische Patente.

9. Thompson-Maschinenpistole («Tommy Gun»)

Diese berühmte Maschinenpistole, die sowohl von Gangstern als auch von GIs im Zweiten Weltkrieg benutzt wurde, ist nach ihrem Erfinder Colonel John Taliaferro Thompson (1860–1940) benannt worden. Nach dem Besuch der Militärakademie West Point diente Thompson von 1890 an in der Waffen- und Munitionsabteilung der US-Army, bis er sich 1914 aus dem aktiven Dienst zurückzog. Der Erste Weltkrieg ließ ihn erneut aktiv werden, und 1920 erfand er die «Tommy Gun». Bei der Landung der amerikanischen Marines in Nicaragua (1926) zeigte sich, daß die Maschinenpistole auf kurze Entfernung eine tödliche Wirkung hatte.

10. Winchester

Das von den amerikanischen Grenzsiedlern und den Indianern bevorzugte Repetiergewehr ist nach seinem Hersteller Oliver Fisher Winchester (1810–1880) benannt worden. Winchester begann seine Karriere als Industrieller mit der Produktion von Männerhemden. Er verdiente gut und konnte so 1857 die Volcanic Repeating Arms Co. kaufen. Bis 1867 ging das Geschäft derart bergauf, daß er die Winchester Repeating Arms Co. gründete. Winchester erlangte, indem er Erfinder einstellte und Patente aufkaufte, fast eine Monopolstellung in der Produktion von Repetiergewehren.

rjf

Die 10 größten Waffenimporteure

		in Milliarden $
1.	Iran*	2,4
2.	Israel	1,1
3.	Irak	1,1
4.	Libyen	0,9
5.	Saudi-Arabien	0,9
6.	Syrien	0,6
7.	UdSSR	0,5
8.	Bundesrepublik Deutschland	0,5
9.	DDR	0,5
10.	Griechenland	0,5

* Angabe von 1976. Quelle: *«World Military Expenditures and Arms Transfers 1968 – 1977»* (Washington, D.C.: U.S. Arms Control and Disarmament Agency; 1979).

Die 10 größten Waffenexporteure

		in Millionen $
1.	USA	6,900
2.	UdSSR	5,200
3.	Frankreich	1,300
4.	Großbritannien (United Kingdom)	825
5.	Bundesrepublik Deutschland	800
6.	Tschechoslowakei	470
7.	Italien	320
8.	Polen	310
9.	Schweiz	190
10.	Jugoslawien	160

Quelle: *«World Military Expenditures and Arms Transfers 1968–1977»* (Washington, D.C.: U.S. Arms Control and Disarmament Agency, 1979).

Die 10 Staaten mit dem höchsten Anteil
von Einwohnern unter Waffen

	% unter Waffen (1977)
1. Äquatorial-Guinea	7,143
2. Israel	4,571
3. Vereinigte Arabische Emirate	3,201
4. Katar	3,185
5. Griechenland	3,135
6. Nord-Korea	2,955
7. Syrien	2,863
8. Zypern*	2,817
9. Nationale Republik China (Taiwan)	2,738
10. Jordanien	2,456

* Angabe von 1976. Quelle: *«World Military Expenditures and Arms Transfers 1968–1977»* (Washington, D.C.: U.S. Arms Control and Disarmament Agency, 1979).

Die 10 Staaten mit dem niedrigsten Anteil
von Einwohnern unter Waffen

	% unter Waffen (1977)
1. Jamaika	0,046
2. Lesotho	0,046
3. Malawi	0,066
4. Mauritius	0,066
5. Niger	0,071
6. Barbados	0,074
7. Island	0,090
8. Kenia	0,091
9. Obervolta	0,094
10. Benín (Dahomey)*	0,096

* Angabe von 1976. Quelle: *«World Military Expenditures and Arms Transfers 1968–1977»* (Washington, D.C.: U.S. Arms Control and Disarmament Agency, 1979).

Die 10 Staaten mit den höchsten Pro-Kopf-Ausgaben für militärische Zwecke

		US $ (1977)
1.	Vereinigte Arabische Emirate	2822
2.	Katar	1440
3.	Oman	983
4.	Saudi-Arabien	910
5.	Kuwait	845
6.	Israel	770
7.	UdSSR	512
8.	USA	441
9.	Schweden	287
10.	DDR	282

Quelle: «*World Military Expenditures and Arms Transfers 1968–1977*» (Washington, D.C.: U.S. Arms Control and Disarmament Agency, 1979).

Die 10 Staaten mit den niedrigsten Pro-Kopf-Ausgaben für militärische Zwecke

		US $ (1977)
1.	Botswana	0
2.	Costa Rica	0
3.	Gambia	0
4.	Island	0
5.	Lesotho	0
6.	Surinam	0
7.	Bangladesch	1
8.	Nepal	1
9.	Niger	1
10.	Mauritius	1

Quelle: «*World Military Expenditures and Arms Transfers 1968–1977*» (Washington, D.C.: U.S. Arms Control and Disarmament Agency, 1979).

Die 11 schwersten Autounfälle

1. Los Alfaques, San Carlos de la Rapita, Spanien (11. 7. 1978)
Gegen 14:30 Uhr explodierte neben dem Campingplatz Los Alfaques ein Tanklastzug mit 43 Kubikmetern flüssigem Propylengas. Die Explosion, der mehr als 165 Camper zum Opfer fielen, war so verheerend, daß Berichterstatter den Campingplatz nach der Katastrophe mit einem Kriegsgebiet verglichen. Tanklastzüge wurden daraufhin in Spanien von den Landstraßen verbannt und auf die Autobahn verwiesen.

2. Sotouboua, Togo (6. 12. 1965)
Mehr als 125 Menschen starben, als während eines Volksfestes zwei Lastwagen auf einer verstopften Straße in eine tanzende Menschenmenge rasten.

3. Terpate, Philippinen (6. 1. 1967)
Zwei selbstgebaute Busse – in Wirklichkeit offene Lastwagen mit Holzbänken um die Ladefläche herum – stießen auf einer kurvigen Bergstraße zusammen und stürzten in den Abgrund. 84 Fahrgäste wurden getötet, weitere 140 erlitten zum Teil schwere Verletzungen. Die Busse gehörten zu einer Karawane von 57 Fahrzeugen, die katholische Gläubige aus der Provinz Batangas nach Terpate in der Provinz Cavite brachten. Dem Schrein des Jesuskindes in jener Stadt werden Wunderkräfte zugeschrieben. Während die Busse langsam die schmale Zickzack-Straße durch das Gebirge hinabfuhren, versagten bei dem neunten Fahrzeug die Bremsen. Dieser Bus rammte den Wagen vor ihm, und beide, mit je 150 Fahrgästen besetzt, stürzten in eine dreißig Meter tiefe Schlucht. Die meisten Menschen kamen in dem Bus ums Leben, der auf seinem Dach – bestehend aus Leinentuch und einem Holzgestell – landete. Die im Volksmund «rollende Särge» genannten, aus Schrott zusammengezimmerten Busse wurden zum landesweiten Skandal. Erst eine Woche zuvor hatten in der Innenstadt von Manila die Bremsen eines solchen Busses versagt, und er war in das Tor des Präsidentenpalastes gerast.

4. Alwar, Indien (7. 7. 1973)
Mindestens 78 Menschen ertranken, als etwa 160 Kilometer südwestlich von Neu-Delhi eine Springflut die Straße wegriß und einen Bus in den wilden Fluß spülte. Nur acht Fahrgäste überlebten. Vermutlich gehörten die Insassen zwei verschiedenen Kasten an und weigerten sich deswegen, das Seil zu teilen, durch das viele von ihnen hätten in Sicherheit gebracht werden können.

5. Le Mans, Frankreich (13. 6. 1955)
Der schwerste Unfall in der Geschichte des Autorennsports ereignete sich kurz nach dem Start des alljährlich stattfindenden 24-Stunden-

Rennens in Le Mans. Ein Fahrer verlor die Kontrolle über seinen Wagen, der gegen die Leitplanke raste und in der Luft explodierte. Einschließlich des Fahrers kamen 77 Menschen ums Leben, weil Teile des explodierenden Wagens in die Menge geschleudert wurden. Eine Rekonstruktion des Unfalls ergab, daß der führende Jaguar dicht an der Tribüne entlanggefahren war und dabei einen Austin-Healey geschnitten hatte, der sich daraufhin mehrmals um sich selbst drehte. Der französische Fahrer Pierre Levegh hatte bei einer Geschwindigkeit von mehr als 290 Stundenkilometern versucht, seinen Mercedes Benz an dem rotierenden Austin vorbeizulenken. Dabei hatte er mehrere andere Wagen gestreift, war dann gegen die Schutzwand gerast und über der Zuschauermenge explodiert. Der Unfall ereignete sich kurz nach dem Start des Rennens, und die Veranstalter in Le Mans weigerten sich, das übrige Programm zu streichen. Von dieser offensichtlichen Gefühlskälte entsetzt, verließen fast vier Fünftel der etwa 250 000 Zuschauer vor dem Ende des Rennens den Platz, und die deutsche Regierung zog alle gemeldeten Mercedes-Wagen zurück. Die Franzosen ihrerseits erinnerten die Deutschen öffentlich an ihre Greueltaten während der vergangenen Kriegsjahre und lösten damit in der Presse eine Reihe heißer Debatten über technischen Fortschritt, die Natur des Menschen und die Philosophie des Autorennens aus. Am interessantesten ist vielleicht die Aura aus Volksverehrung und Legende, die sich um die Figur des unglückseligen Fahrers Pierre Levegh bildete. In der Boulevardpresse wurde er als Held gefeiert, der durch ein Warnsignal in letzter Sekunde das Leben des berühmten argentinischen Rennfahrers Juan Fangio rettete. Es wurde auch behauptet, daß er absichtlich den größeren Zuschauermengen ausgewichen sei und so ein noch schlimmeres Blutbad verhindert habe. In den Pariser Arbeiter-Bistros jedoch hielt sich eine andere Version der Legende um Levegh. In diesen Kreisen behaupteten die Leute, daß Levegh die Wahl gehabt habe, entweder in den Wagen Fangios oder in die Menge hineinzurasen und daß er sich für letzteres entschieden habe. Zumindest für die einfachen Leute war das ein Beweis dafür, daß die Elite nur gegenüber ihresgleichen Loyalität empfindet.

5. Süd-Korea (10. 5. 1972)
Ein weiteres Autounglück, das 77 Todesopfer forderte. Ein Autobus mit hundert Fahrgästen – das heißt 45 mehr als zugelassen – kam von der Straße ab und stürzte in ein Wasserreservoir, wobei 77 Menschen im Bus ums Leben kamen.

7. Kairo (1. 11. 1965)
Ein riesiger Elektrobus, der auf einer Straße am Ufer des Nils entlangfuhr, geriet außer Kontrolle und stürzte eine sechs Meter hohe Uferböschung hinab in den Fluß. 74 Insassen ertranken, 19 überlebten.

8. Belém, Brasilien (28. 7. 1974)
69 Menschen wurden getötet und zehn verletzt, als vierhundert Kilometer südlich von Belém ein vollbesetzter Bus auf einen schweren Lastwagen prallte.

8. Ahmadabad, Indien (30. 5. 1962)
Ebenfalls 69 Menschen starben bei einem Busunglück in Ahmadabad, Indien.

10. Poona, Indien (19. 5. 1975)
Der Transportwagen eines Bauern, vollgestopft mit Gästen auf dem Weg zu einer Hochzeit, wurde 65 Kilometer von Poona entfernt von einem Zug erfaßt. 66 Menschen kamen ums Leben, und weitere 18 wurden verletzt.

11. Rio Turvo, Brasilien (24. 8. 1960)
Etwa sechzig Menschen starben, als in der Nähe von São José do Rio Prêto ein Bus von einer Brücke in den Rio Turvo stürzte.

Abgedruckt mit Genehmigung von Charles Scribner's Sons aus *«The Great International Disaster Book»* von James Cornell. Copyright © 1976 by James Cornell.

Die 12 schwersten Hungerkatastrophen

1. China (1333–1337)
Diese über weite Gebiete sich ausdehnende Hungersnot war möglicherweise die Folge einer lang andauernden Trockenheit und vielleicht die Ursache der größten Katastrophe, die je über die Menschheit hereingebrochen ist: der Schwarzen Pest in Europa. Sechs Millionen Menschen verhungerten; etwa 75 Millionen starben Mitte des 14. Jahrhunderts an der Schwarzen Pest.

2. Indien (1669–1670)
Diese erste aus Indien berichtete Hungersnot forderte drei Millionen Opfer.

3. Indien (1769–1770)
Eine achtzehn Monate währende Trockenzeit zog eine große Hungersnot nach sich, die drei Millionen Menschenleben forderte.

4. Irland (1845–1855)
Während des furchtbaren Jahrzehnts der Hungersnot infolge einer Kartoffelfäule in Irland sind zwischen ein und zwei Millionen Bauern verhungert. Eine ebenso große Zahl von Menschen floh vor dem Hunger, vor allem nach Amerika. Die irische Bevölkerung wurde um fast

die Hälfte dezimiert. Noch heute spricht die irische Landbevölkerung von dem Hungerjahrzehnt, als wäre es gestern gewesen.

5. Indien (1876–1878)
Das Ausbleiben des Monsuns im Norden und übermäßige Regenfälle im Süden vernichteten die Ernte und hatten eine verheerende Hungersnot und eine Cholera-Epidemie zur Folge. Mehrere ausländische Hilfsaktionen wurden von der britischen Kolonialregierung behindert. Anzahl der Toten: sechs Millionen.

6. Nordchina (1876–1879)
Eine drei Jahre dauernde Trockenheit führte zu einer Hungersnot, von der etwa siebzig Millionen Chinesen betroffen waren. Die Armen verkauften sich oder ihre Angehörigen als Sklaven, um ihr Leben zu retten. Mord und Kannibalismus waren an der Tagesordnung. Kinder wurden auf den Märkten als Lebensmittel gehandelt. Massengräber, im Volksmund «10000-Mann-Löcher» genannt, wurden eingerichtet, um die Leichname unterzubringen. Wegen der von der herrschenden Manchu-Dynastie verordneten Zurückgezogenheit von der Welt erfuhr man im Westen von dem Unglück erst nach einem Jahr. Und auch dann noch machten politische und materielle Hindernisse die Hilfsaktionen fast unmöglich. Man schätzt, daß etwa 9,5 bis 13 Millionen Menschen bei dieser Katastrophe ums Leben kamen.

7. Indien (1896–1897)
Auf eine lange Trockenzeit folgten Hungersnöte und Seuchen. Auch wenn Hilfsaktionen teilweise erfolgreich waren, gab es insgesamt doch fünf Millionen Todesopfer.

8. Rußland (1914–1924)
Hungersnöte und Seuchen kosteten insgesamt zwanzig Millionen Menschen das Leben.

9. China (1928–1929)
Drei Millionen Menschen verhungerten, nachdem eine verheerende Dürre die Provinzen Honan, Kansu und Shensi heimgesucht hatte. Die Auslieferung von Hilfsgütern wurde durch ein weitgehend erneuertes Eisenbahnnetz beschleunigt. Die Hungersnot dauerte bis 1931 an.

10. UdSSR (1932–1934)
Zwei Ursachen führten zu dieser Hungersnot, die den Tod von fünf Millionen Russen forderte. Zunächst einmal exportierte die sowjetische Regierung in Verkennung der wirtschaftlichen Situation des Landes innerhalb von zwei Jahren 3,5 Millionen Tonnen Getreide. Zweitens töteten die Bauern etwa fünfzig Prozent des Viehbestandes des Landes aus Protest gegen eine aufgezwungene Landkollektivierung.

Es dauerte eine Weile, bevor man im Westen erfuhr, wie ernst die Lage tatsächlich war, weil die Fakten streng geheimgehalten wurden.

11. Westchina (1936)
Während einer langen Trockenheit verhungerten fünf Millionen Menschen.

12. Sahel (1972–1974)
Der Dürrekatastrophe in den sogenannten Sahel-Staaten Tschad, Mali, Mauretanien, Niger, Senegal, Obervolta und Somalia folgte die Hungersnot, die allein im Jahre 1973 100 000 Menschen das Leben kostete. Zehn Millionen Menschen waren zeitweise vom Hunger bedroht. Hunderttausende von Bauern und Nomaden waren gezwungen, sich in die Nähe der Städte und in Auffanglager zu begeben, wo sie dank internationaler Hilfe überleben konnten. Somalia zum Beispiel hatte den Verlust von einer Million Stück Vieh, fünfeinhalb Millionen Schafen und Ziegen und einer halben Million Kamelen zu verkraften. Wäre die internationale Hilfe nicht so umfassend gewesen, so wären wohl noch mehr Menschen in der Hungersnot umgekommen. Die Bedrohung der Menschen in der Sahelzone hält jedoch an. Schon erwartet man eine neue Hungerkatastrophe, weil die Wüste sich immer weiter in den Süden ausdehnt.

db & cb

6 Atommächte,
die zur Zeit die Erde in die Luft sprengen können

1. Volksrepublik China
2. Frankreich
3. Großbritannien
4. Indien
5. UdSSR
6. USA

Quelle: U.S. Congress, Joint Committee on Atomic Energy.

Der Rauchpilz einer Atombombe, aufgenommen am 9. August 1945 über Nagasaki. 75000 Menschen kamen bei diesem Bombenangriff der Amerikaner ums Leben.

4
Um Himmels willen ...
Was um alles in der Welt

15 noch lebende prähistorische Wesen

1. Quastenflosser (Fisch)
Ein 1,80 m langer Fisch, der 1939 lebend im Indischen Ozean vor der südafrikanischen Küste entdeckt wurde. Existierte bereits vor 400 Millionen Jahren. Ursprünglich wurde angenommen, daß er vor 70 Millionen Jahren ausgestorben sei.

2. Australischer Lungenfisch (Fisch)
Wurde 1869 lebend entdeckt. Lebte schon vor 200 Millionen Jahren.

3. Lingula anatina (Meeresbewohner)
Gehört zur Familie der Brachiopoden (Armfüßer). Existiert seit 500 Millionen Jahren. Ältestes der bekannten noch existierenden Lebewesen.

4. Ginkgo (Baum)
Darwin hat ihn als «lebendes Fossil» bezeichnet. Stammt aus der Zeit der Dinosaurier. Ist noch in China und Japan zu finden.

5. Peripatus capensis (Wurm)
Ist 500 Millionen Jahre alt. Anzutreffen in den Tropen.

6. Pfeilschwanz oder Schwertschwanz (Krustentier)
Existiert unverändert seit 300 Millionen Jahren. Kann über einen halben Meter lang werden. Trägt am hinteren Körperende einen beweglichen Stachel.

7. Metasequoia (Baum)
Ein mit dem Mammutbaum verwandter Nadelbaum. 1946 wurden Exemplare des Baumes, der zunächst nur durch Versteinerungen bekannt war, im Innern Chinas gefunden. Die Metasequoia gab es schon vor etwa hundert Millionen Jahren.

8. Tuatera (Reptil)
Unverändert seit 200 Millionen Jahren. Zu finden auf Inseln bei Neuseeland.

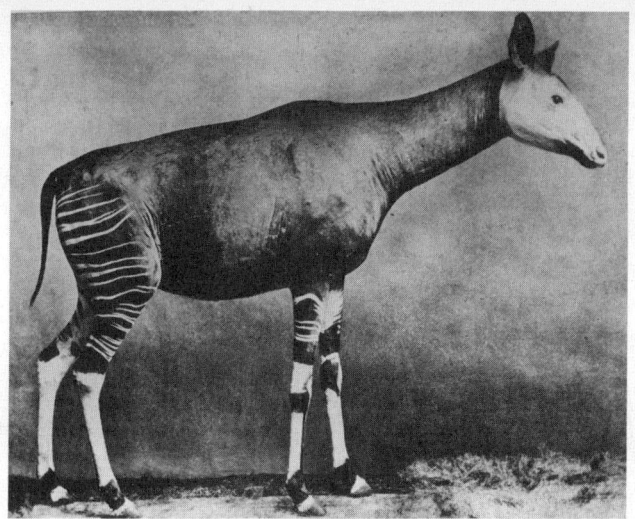

Knochenfunde beweisen, daß das Afrikanische Okapi bereits vor 30 Millionen Jahren auf der Erde lebte.

9. Okapi (afrikanisches Säugetier)
Verwandt mit der Giraffe. Existiert seit 30 Millionen Jahren und hat sich kaum verändert.

10. Welwitschie (Wüstenpflanze)
Ist auf der Erde seit mehreren Millionen Jahren zu finden und kommt heute noch im südwestlichen Afrika vor.

11. Grannenkiefer (Baum)
Ein Exemplar, bekannt unter dem Namen Methusalem, ist 4600 Jahre alt, existierte also bereits zur Zeit des Pyramidenbaus. Der Methusalem befindet sich 300 Meter hoch in den White Mountains (Kalifornien).

12. Neuseeländischer Urfrosch (Lurch)
Es wird vermutet, daß von diesem Frosch alle lebenden Froscharten abstammen. Er ist zwischen 170 und 275 Millionen Jahre alt. Wurde 1917 in Neuseeland, seiner heutigen Heimat, entdeckt. Anders als die meisten Frösche verfügt er nicht über Schwimmhäute zwischen den Zehen.

13. Krokodil (Reptil)
Zwischen 160 und 195 Millionen Jahre alt. In vielen Gebieten der Erde anzutreffen. Es sind heute 21 Arten bekannt.

14. Schnabeltier (im Wasser lebendes Säugetier)
1797 in Australien entdeckt. Mindestens 150 Millionen Jahre alt.

15. Schildkröte (Reptil)
Etwa 275 Millionen Jahre alt. In den meisten Gebieten der Erde anzutreffen. Es gibt zwischen 200 und 250 Arten.

iw

20 der giftigsten Pflanzen – Vorsicht!

	Standort, Pflanzenart	*Giftige Teile*	*Folgen*
1. Eibe	Zierpflanze	Samen, Nadeln	Tod
2. Eiche	Bäume, Sträucher	Blattwerk, Eicheln	Nierenschäden
3. Fingerhut	Blumengarten	Blätter	Herzrhythmusstörungen
4. Goldregen	Zierpflanze	Samen, Schoten	Krämpfe, Kollaps
5. Hahnenfuß	Wiesen	Alle	Verdauungsstörungen
6. Holunder	Bäume, Sträucher	Triebe, Blätter, Rinde	Brechreiz
7. Hyazinthe	Zimmerpflanze	Zwiebel	Brechreiz
8. Iris	Blumengarten	Stengelteil unter der Erde	Verdauungsstörungen
9. Wildkirsche	Bäume, Sträucher	Zweige, Laubwerk	Atemlähmung
10. Krokus	Blumengarten	Knolle	Übelkeit
11. Maiglöckchen	Blumengarten	Blätter, Blüten	Herzrhythmusstörungen
12. Oleander	Zimmerpflanze	Blätter, Zweige	Herzrhythmusstörungen
13. Wasserschierling	Teich- und Flußufer	Alle	Tod
14. Rhododendron	Zierpflanze	Alle	Brechreiz
15. Rittersporn	Blumengarten	Junge Pflanze, Samen	Verdauungsstörungen
16. Eisenhut	Zierpflanze	Alle, vor allem Knollen	Atemlähmung
17. Schierling	Wiesen	Alle	Aufsteigende Lähmung
18. Seidelbast	Zierpflanze	Beeren	Erbrechen, Krämpfe

19. Stechapfel	Wiesen	Alle	Tobsuchtsanfälle
20. Tollkirsche	Bergwälder	Alle, vor allem die Beeren	Tobsuchtsanfälle

Quelle: CIBA-GEIGY Corp. (Ardsley, New York). Die Liste wurde von Prof. Dr. Dietrich Frohne, Institut für Pharmazeutische Biologie der Universität Kiel, überarbeitet.

7 berühmte Pflanzen in Dichtung und Wahrheit

1. Die Kamelie

In seinem berühmten Buch *«Die Kameliendame»* schuf Alexandre Dumas d. J. die Romanfigur Marguerite Gautier, die Kameliendame. Die Geschichte basiert auf dem Leben von Marie Duplessis, einer in den vierziger Jahren des 19. Jahrhunderts sehr bekannten, wunderschönen französischen Kurtisane, die eine große Vorliebe für alle Arten von Blumen hegte. Als Marie im Alter von 23 Jahren an Tuberkulose starb, schrieb Dumas, der einer ihrer Liebhaber gewesen war, seine Erinnerungen an ihre gemeinsam verbrachten Stunden nieder. Seine Erfahrung, daß sie sich besonders über Kamelien freute, wird in dem Roman zu einem wichtigen Charakterisierungsmittel: Nie tritt Marguerite mit einer anderen Blume als der Kamelie geschmückt in Erscheinung. An 25 Tagen im Monat trägt sie weiße Kamelien, an fünf Tagen rote.

2. Marie Antoinettes Nelke

Bei dem letzten Versuch, Marie Antoinette vor der Guillotine zu retten, spielte eine Nelke eine wichtige Rolle. Die französische Königin war in der Conciergerie in Paris eingesperrt. Am 28. August 1793 betrat der Chevalier de Rougeville – ein royalistischer Adliger, der bereit war, alles zu riskieren, um sie zu retten – zusammen mit dem Oberaufseher, einem heimlichen Freund, ihre Zelle. Der Chevalier warf eine Nelke hinter den Ofen und gab Marie ein Zeichen. Als sie allein war, hob sie die Blume auf und fand zwischen den Blättern in winziger Schrift eine Nachricht. Man hatte Geld aufgetrieben, um ihren Wächter Gilbert zu bestechen. Da sie weder Feder noch Tinte besaß, punktierte sie mit einer Nadel eine Antwort auf einen Fetzen Papier, den sie Gilbert gab. Der Wächter war durch das Angebot eines überaus hohen Geldbetrages verwirrt und überlegte fünf Tage lang hin und her, bis er schließlich einen offiziellen Bericht über den Vorfall an seine Vorgesetzten übergab. Marie Antoinette wurde einer strengeren Bewachung unterstellt und am 16. Oktober 1793 hingerichtet. Die Königin hatte die Nachricht, die sie erhielt, zerrissen, aber ihre Antwort wird heute im Nationalarchiv in Paris verwahrt.

3. Die Chrysantheme
Obwohl die Chrysantheme in ganz Japan sehr beliebt ist, wird sie in der Stadt Himeji nicht angepflanzt, und die Menschen dort glauben, daß es Unglück bringt, auch nur eine mit sich herumzutragen. Dieser Aberglaube ist auf eine Legende zurückzuführen: Vor langer Zeit lebte auf einem Schloß eine Dienstmagd namens O-Kiku (Chrysanthemenblüte). Zu ihren Aufgaben gehörte die Obhut über zehn Goldplatten. Eines Tages entdeckte sie, daß eine der Platten fehlte. Da sie fürchtete, daß man ihr die Schuld geben würde, stürzte sie sich in einen Brunnen und ertrank. Es heißt, daß in jener Nacht, wie auch in allen darauffolgenden Nächten, ihr Geist zurückkehrte, um die Platten zu zählen. Immer, wenn der Geist bei neun anlangte, stieß er einen Schrei aus und begann von neuem zu zählen. Die Bewohner mußten das Schloß verlassen, und als eine Geste der Achtung vor O-Kikus rastlosem Geist beschlossen die Bewohner von Himeji, in ihrer Stadt keine Chrysanthemen wachsen zu lassen.

4. Die Rosenkriege
Im Jahre 1455 entbrannte zwischen den Häusern Lancaster und York ein Streit, der Ausgangspunkt eines dreißig Jahre währenden Kampfes um den Thron von England werden sollte. Der Herzog von Lancaster schmückte sein Wappen mit der roten Rose, während sein Bruder die weiße Rose für das Wappen von York wählte. 1486 heiratete Heinrich Tudor, der aus dem Hause Lancaster stammte, Prinzessin Elisabeth von York. Auf diese Weise beendete er den Krieg und vereinigte die beiden Häuser. 1551 gab Nicholas Monardes der Damaszener Rose (*Rosa damascena versicolor*) den Namen «York und Lancaster», um an die Ereignisse zu erinnern, die längst als die Rosenkriege in die Geschichte eingegangen waren.

5. Die sprechende Feuerlilie
Unter den lebenden Blumen des Gartens in Lewis Carrolls Erzählung *«Alice hinter den Spiegeln»* ist die Feuerlilie die geschwätzigste. Sie behauptet, daß alle Blumen sprechen können, «solange jemand da ist, mit dem es sich zu reden lohnt». Als Alice sie fragt, warum sie nie in anderen Gärten Blumen habe sprechen hören, erklärt ihr die Feuerlilie: «In den meisten Gärten macht man uns das Beet zu weich – und dann schlafen die Blumen andauernd.»

6. Der Tulpenwahn
Heutzutage gilt die Tulpe als relativ gewöhnliche Blume. Aber auf dem Gipfel des «Tulpenwahns», der zwischen 1634 und 1637 in Holland umging, wurden Tulpenzwiebeln zu astronomischen Preisen gehandelt. Ein unbekannter Käufer lieferte als Bezahlung für eine einzige Zwiebel einer seltenen Tulpenart namens «Viceroy»: 4 Tonnen Weizen, 8 Tonnen Roggen, 4 fette Ochsen, 8 fette Schweine, 12 fette Schafe, 2 Oxhofte (ca. 500 Liter) Wein, 250 Liter Bier, 100 Kilo But-

ter, 500 Kilo Käse, ein komplettes Bett, einen Anzug und einen silbernen Trinkbecher. Es wurde unter den Reichen zur Mode, Tulpen zu sammeln, weil die Blumen so selten und so außergewöhnlich schön waren. Die Marotte breitete sich bald auf die mittleren und unteren Stände aus. Der Besitz von Tulpen war Statussymbol und bot zugleich die Möglichkeit, schnell einen respektablen Profit zu machen. Von überallher floß Geld nach Holland. Die Leute investierten ihr ganzes Erspartes in den Ankauf von Tulpen, die zu exorbitanten Preisen gehandelt wurden. Aber genauso plötzlich, wie der Unsinn angefangen hatte, endete er auch, und viele Leute, die sich in finanzieller Sicherheit wähnten, saßen da mit ihren Zwiebeln und konnten sie nicht einmal mehr zu dem Preis verkaufen, den sie selbst gezahlt hatten. Der Markt war völlig übersättigt, und die holländische Wirtschaft erlitt schwere Verluste.

7. Hauptmann Veilchen
Napoleons Lieblingsblume war das Veilchen. Als er – dem Bannspruch folgend – die Reise nach Elba antrat, sagte er zu seinen Freunden, daß er «mit den Veilchen» zurückkäme. Sowohl die Blume als auch ihre Farbe wurden zum Symbol und zum Erkennungszeichen der Bonapartisten. Napoleon wurde von seinen Gefolgsleuten heimlich General Veilchen oder Hauptmann Veilchen genannt. Am 20. März 1815 – die Veilchen standen gerade in voller Blüte – kehrte er wie versprochen in das *Palais des Tuileriens* in Paris zurück. Bis zur Schlacht von Waterloo blieb das Veilchen das Emblem des Kaiserreichs. Danach wurde es höchst gefährlich, ein Veilchen zu tragen.

fch

13 Inseln zu verkaufen

1. Strawberry Island
Lage: Neuschottland, Kanadas südlichste Provinz, liegt auf der geographischen Breite von Bordeaux. Das Klima ist mild.
Beschreibung: Am nordöstlichen Ende von St. Margareths Bay, vor den möglichen Unbilden des Atlantiks behütet, liegt Strawberry Island als echtes Kleinod. Die etwa 23 000 Quadratmeter große Insel ist mit Fichten und Laubbäumen bewachsen. Im Zentrum der Insel befindet sich eine als Bauplatz geeignete Lichtung. Es gibt Tiefwasseranschluß und wie überall in Neuschottland gute Fanggründe für Hummer.
Preis: DM 70 000.

2. Arahaa
Lage: Im Atoll Manihi in Französisch-Polynesien.
Größe: 25 000 Quadratmeter.
Preis: US $ 50 000.

3. Leaf Cay
Lage: In den Bahamas.
Beschreibung: Diese 100 000 Quadratmeter große Insel verfügt über mehrere Strände. Die Vegetation besteht aus kleinen Palmen und Buschwerk. Zur Versorgung mit Trinkwasser sind Zisternen angelegt. Die Nachbarinsel Hog Cay wird landwirtschaftlich genutzt und dient somit als Lebensmittellieferant.
Preis: US $ 90 000.

4. Candy Island
Lage: Cedar Keys, Florida, im Golf von Mexiko.
Beschreibung: 30 000 Quadratmeter, fruchtbarer Boden und hohe Zedern. Die Insel ernährte einst drei Fischer und ihre Familien.
Preis: US $ 110 000.

5. Platanal
Lage: Die Insel liegt im Perl-Archipel, etwa sechzig Kilometer südlich von Panama City.
Beschreibung: Es sind mehrere lange Strände vorhanden. Das Innere der Insel ist abwechslungsreich, bewachsen mit sehr alten Bäumen. Der Zentralteil wurde als Bauplatz mit etwa dreieinhalb Hektar vermessen. Die Fläche dürfte für etwa fünf Häuser in lockerer Anordnung ausreichen.
Preis: US $ 125 000.

6. Skewwell Island
Lage: Knight Inlet, Britisch-Kolumbien, Kanada.
Beschreibung: Wunderschöne immergrüne Bäume bedecken eine Fläche von 650 000 Quadratmetern anbaufähigen Bodens mit Kieselstränden.
Preis: US $ 160 000.

7. M'Bekana Island
Lage: Vor Vanua Levu, der zweitgrößten Insel des Fiji-Archipels.
Beschreibung: Diese 121 000 Quadratmeter große Insel verfügt über einen weißen Sandstrand, Ankerbuchten mit tiefem Wasser, Kokospalmen und zwei Süßwasserquellen.
Preis: US $ 225 000.

8.–10. Palmetto Cay
Lage: Vor Monkey Point, Nicaragua.
Beschreibung: Die drei Inseln ergeben zusammen eine Fläche von et-

wa 263 000 Quadratmetern. Es herrscht eine üppige Vegetation. Die Inseln sind umgeben von den besten Fanggründen für Riesenkrabben, die es in der Karibik gibt. Sie haben eine Anlegepier, und zum Wohnen stehen bereits drei kleine Bungalows zur Verfügung.
Preis: US $ 375 000.

11. Tipaemau
Lage: Die Insel liegt auf dem östlichen Riffkranz von Raiatea, Inseln unter dem Winde, südöstlich der Stadt Uturoa, Französisch-Polynesien.
Beschreibung: Die Insel wurde mit Zier- und Nutzhölzern bepflanzt und hat etwa 1500 Kokospalmen. Es gibt Landkrabben, Eidechsen, Seevögel und einen großen Reichtum an Fischen, Muscheln und Krebsen in der Lagune. Auf der Insel steht ein Bungalow mit Garage.
Preis: US $ 500 000.

12. Nanuya Levu
Lage: Yasawa Islands, Fiji.
Beschreibung: Diese 1 821 000 Quadratmeter große Insel ist die größte Privatinsel in der klimatisch angenehmsten Region Fijis. Die Insel ist von zwölf weißen Stränden umgeben, auf ihr entspringen sieben Süßwasserquellen sowie ein kleiner Bach. Der Besitzer hat die Insel mit Kokospalmen und karibischen Nadelhölzern bepflanzt.
Preis: US $ 1,3 Millionen.

13. Robins Island
Lage: Long Island, New York – etwa hundert Kilometer östlich des New Yorker Kennedy Airport.
Beschreibung: Die dicht bewaldete, leicht hügelige Insel mit Anhöhen bis zu 25 Metern über NN hat eine Grundfläche von 1,76 Millionen Quadratmetern, zu der noch 180 000 Quadratmeter Dünengelände hinzukommen. Es gibt Wassersport- und Jagdmöglichkeiten. Die Insel liegt in einer tief eingeschnittenen, gut geschützten und deshalb von Seglern bevorzugten Bucht.
Preis: US $ 3,5 Millionen.

Informationen über verkäufliche Inseln sind erhältlich bei: Boehm und Vladi GmbH, Neuer Wall 2–6, 2000 Hamburg 36; H. G. Christie Real Estate Ltd., 309 Day Str., Nassau, Bahamas; Henry Roethel, 345 Quebec Str., Suite 1209, Victoria, B. C. V8V 1X5, Kanada.

Die 20 größten Inseln

		Meer	Fläche (qkm)
1.	Grönland	Arktis	2 175 600
2.	Neuguinea	Westlicher Pazifik	771 900
3.	Borneo	Indischer Ozean	737 018
4.	Madagaskar	Indischer Ozean	590 000
5.	Baffinland	Arktis	512 200
6.	Sumatra	Indischer Ozean	425 000
7.	Großbritannien	Nordatlantik	244 798
8.	Hondo (Japan)	Nordwestlicher Pazifik	229 952
9.	Victorialand	Arktis	208 100
10.	Ellesmereland	Arktis	200 400
11.	Celebes	Indischer Ozean	179 416
12.	Südinsel, Neuseeland	Südwestlicher Pazifik	153 949
13.	Java	Indischer Ozean	126 650
14.	Nordinsel, Neuseeland	Südwestlicher Pazifik	114 737
15.	Kuba	Karibik	114 524
16.	Neufundland	Nordatlantik	110 700
17.	Luzon	Westlicher Pazifik	104 647
18.	Island	Nordatlantik	103 000
19.	Mindanao	Westlicher Pazifik	94 594
20.	Irland (einschl. Nordirland)	Nordatlantik	82 459

Australien wird von Geographen ebenso wie die Antarktis, Eurasien, Nord- und Südamerika und Afrika als kontinentale Landmasse betrachtet.

Die 15 längsten Flüsse

		Länge (km)
1.	Nil, Afrika	6671
2.	Amazonas, Südamerika	6518
3.	Mississippi-Missouri, USA	6051
4.	Ob-Irtysch, UdSSR	5567
5.	Jangtsekiang, China	5470
6.	Huangho (Gelber Fluß), China	4827
7.	Kongo, Afrika	4377
8.	Amur, Asien	4354
9.	Lena, UdSSR	4264
10.	Mackenzie-Peace River, Kanada	4063
11.	Mekong, Asien	4030
11.	Niger, Afrika	4030

13. Paraná, Südamerika	3910
14. Murray-Darling, Australien	3716
15. Wolga, UdSSR	3688

Quelle: «*National Geographic Atlas of the World*» (Washington D. C.: National Geographic Society, 1975).

Die 10 höchsten Wasserfälle

Höhe (m)

1. Angel Fall, Venezuela	978
2. Yosemite Fall, Kalifornien, USA	739
3. Sutherland-Fälle, Neuseeland (3 Stufen)	571
4. Tugela Fall, Republik Südafrika	540
5. Roraima Fall, Guayana	457
6. Kalambo Fall, Tansania	427
7. Gavarnie-Fälle, Frankreich (2–3 Stufen)	420
8. Krimmler-Fälle, Österreich (3 Stufen)	380
9. Gießbachfälle, Schweiz (7–15 Stufen)	300
10. Mardalsfoss, Norwegen	297

Die Niagara-Fälle sind nur 59,9 Meter hoch.
Quelle: «*Der Große Brockhaus*», Wiesbaden 1976.

Die 20 größten Seen

Fläche (qkm)

1. Kaspisches Meer, UdSSR–Iran	393898
2. Oberer See, USA–Kanada	82414
3. Victoria-See, Tanzania–Kenia–Uganda	69485
4. Aral-See, UdSSR	68682
5. Huron-See, USA–Kanada	59596
6. Michigan-See, USA	58016
7. Tanganjika-See, Zaire–Tanzania–Zambia–Burundi	32893
8. Großer Bären-See, Kanada	31792
9. Baikal-See, UdSSR	31492
10. Großer Sklaven-See, Kanada	28438
11. Erie-See, USA–Kanada	25745
12. Winnipeg-See, Kanada	24341
13. Njassa-See, Malawi–Tanzania–Moçambique	23310
14. Maracaibo-See, Venezuela	21487
15. Ontario-See, USA–Kanada	19259

16. Balchasch-See, UdSSR   18 260
17. Ladoga-See, UdSSR   18 130
18. Tschad-See, Tschad–Niger–Nigeria–Kamerun   15 540
19. Onega-See, UdSSR   9 842
20. Eyre-See, Australien   9 583

Quelle: «*The Times Atlas of the World*»,, London, The Times, 1975.

9 berühmte Steine

1. Der Blarney-Stein
Einer Legende zufolge werden diejenigen, die diesen Stein küssen, mit großer Überzeugungskraft gesegnet. Die beschriftete Steinplatte ist schwer zu erreichen, denn sie befindet sich hoch oben (127 Stufen) auf Schloß Blarney in der Grafschaft Cork (Republik Irland).

2. Der Felsblock von Plymouth
Dies ist der Felsen, den die Pilgerväter, die ersten europäischen Siedler in Neuengland, zuerst betraten, als sie am 21. Dezember 1620 in Plymouth (Massachusetts) mit ihrem Schiff ‹Mayflower› vor Anker gingen. Als man 1774 den Felsblock anhob, um ihn zu einem Schrein zu transportieren, in dem er in Zukunft verwahrt werden sollte, zerbrach er in zwei Teile.

3. Der Felsen von Gibraltar
Diese Halbinsel bildet eine natürliche Festung aus Kalkstein an der Südküste Spaniens, am östlichen Ausgang der Straße von Gibraltar. Der Fels ist fünf Kilometer lang und anderthalb Kilometer breit. Seine höchste Erhebung liegt 425 Meter über dem Meer.

4. Helgoland
Ein 58 Meter hoher Buntsandsteinfelsen, der zusammen mit der benachbarten Düne 2,1 Quadratkilometer groß ist. Die Insel ist seit 1890 in deutschem Besitz. Wilhelm II. erwarb sie von den Engländern im Tausch gegen Sansibar. Nachdem Helgoland immer wieder zu Kriegszwecken mißbraucht wurde, beherbergt es heute eine biologische Station und eine Wetter- und Erdbebenwarte. Außerdem ist die Insel letzte Zuflucht für Heuschnupfengeschädigte.

5. Loreley
Aus dem Rhein bei St. Goarshausen herausragender 132 Meter hoher Schieferfelsen, auf dessen Gipfel sich laut Heinrich Heine und Clemens von Brentano ständig eine Jungfrau (Zauberin) die güldenen Haare kämmt, durch ihren Anblick die Rheinschiffer ablenkt und dadurch in Gefahr bringt.

6. Der Schwarze Stein
Soll Abraham, dem Stammvater der Israeliten, vom Erzengel Gabriel übergeben worden sein. Er wird verwahrt in der Kaaba, dem Hauptheiligtum des Islam, einem kleinen Gebäude, das sich im Innenhof der Großen Moschee in Mekka (Saudi-Arabien) befindet.

7. Der Ship Rock
Dieser hoch emporragende Monolith befindet sich im Reservat der Navaho im Nordwesten von New Mexico. In der Überlieferung der Indianer heißt es, der «Felsen mit Flügeln» sei einst ein Vogel gewesen, der die Navaho an diesen Ort geführt habe.

8. Der Stein von Rosette
Mit Hilfe dieser schwarzen Basaltplatte, in die 196 v. Chr. sowohl Hieroglyphen als auch demotische und griechische Schriftzeichen eingeritzt worden sind, gelang dem französischen Archäologen Jean-François Champollion in den Jahren 1821/22, die ägyptischen Hieroglyphen zu entziffern. Die Platte wurde 1799 bei Rosette (arabisch: Raschid) in Ägypten gefunden und befindet sich heute im Britischen Museum in London.

9. Der Stein von Scone
Auch Schicksalsstein genannt. Er gelangte im 8. Jahrhundert in ein Kloster bei Scone in Schottland. Bis zum Jahre 1296 nahmen die irischen und schottischen Könige während der Krönungszeremonie auf ihm Platz. 1297 wurde er von König Eduard I. geraubt und in die Westminster Abbey gebracht, wo man ihn unter dem Sitz des Krönungsstuhls verwahrte.

dmf, cb

Im Zweiten Weltkrieg war Helgoland ein militärischer Stützpunkt der Deutschen. Heute ist die Insel ein beliebtes Ausflugsziel.

Die 15 größten Wüsten

		Kontinent	Fläche (qkm)
1.	Sahara	Afrika	8 700 000
	Libysche Wüste		1 690 000
	Nubische Wüste		273 000
2.	Australische Wüsten	Australien	1 560 000
	Große Sandwüste		416 000
	Große Victoria-Wüste		330 200
	Simpson (Arunta)-Wüste		312 000
	Gibson-Wüste		221 000
3.	Arabische Wüsten	Asien	1 300 000
	Rub al-Khali		650 000
	Syrische Wüste		325 000
	Wüste Nefud		130 000
4.	Gobi	Asien	1 040 000
5.	Kalahari	Afrika	715 000
6.	Patagonien	Südamerika	676 000
7.	Takla Makan	Asien	330 200
8.	Sonoranische Wüste	Nordamerika	312 000
9.	Kara-Kum	Asien	273 000
9.	Tharr	Asien	273 000
11.	Kysyl-Kum	Asien	234 000
12.	Atacama	Südamerika	176 800
13.	Mojave	Nordamerika	65 000
14.	Descht-i-Lut	Asien	52 000
15.	Descht-i-Kavir	Asien	46 800

Die 10 größten Mineralölverbraucher

		in Mio t
1.	USA	740,0
2.	UdSSR	460,0
3.	Japan	234,0
4.	Bundesrepublik Deutschland	112,0
5.	Frankreich	93,0
6.	Italien	90,3
7.	VR China	85,0
8.	Kanada	80,0
9.	Großbritannien	69,0
10.	Mexiko	63,0

Die 10 größten Mineralölverarbeiter

in Mio t

1. USA   840,0
2. UdSSR   587,5
3. Japan   277,4
4. Italien   164,2
5. Frankreich   143,6
6. Bundesrepublik Deutschland   126,0
7. Großbritannien   112,8
8. Kanada   101,0
9. VR China   100,0
10. Niederlande   77,6

Die 10 größten Öl-Förderer

in Mio t

1. UdSSR   612,4
2. USA   480,0
3. Saudi-Arabien   325,0
4. Mexiko   148,0
5. Großbritannien   102,5
6. VR China   101,7
7. Venezuela   99,5
8. Iran   98,0
9. Kanada   73,0
10. Indonesien   65,0

Die 10 Länder mit den größten Ölreserven

in Mrd. t

1. Saudi-Arabien   22,1
2. Kuwait   8,8
3. UdSSR   8,6
4. Iran   7,5
5. Mexiko   6,8
6. Irak   5,5
7. Vereinigte Arabische Emirate   4,3
8. USA   4,0
9. Venezuela   3,1
10. Libyen   2,8

Quelle: *«Öldorado 82»*, Studie der Esso AG, Hamburg.

Die 14 größten Mineralölexporteure

	in Mrd. US $
1. Saudi-Arabien	35,2
2. Iran	20,7
3. Irak	10,8
4. Libyen	9,8
5. Nigeria	9,5
6. Vereinigte Arabische Emirate	8,6
7. Kuwait	7,7
8. Indonesien	6,5
9. UdSSR	5,8
10. Venezuela	5,4
11. Algerien	5,1
12. Großbritannien	2,4
13. Norwegen	1,7
14. Mexiko	1,6

Zahlen für 1978, geschätzt. Quelle: *Time*, 7. 5. 1979

Die 14 größten «Multis»

	Umsatz 1978 in US $
1. Exxon/Esso (USA)	60 334 527 000
2. Royal Dutch/Shell (Holl./Engl.)	44 054 400 000
3. Mobil Oil (USA)	34 736 045 000
4. Texaco (USA)	28 607 521 000
5. British Petroleum (England)	27 390 915 000
6. Standard Oil California (USA)	23 232 413 000
7. Gulf Oil (USA)	18 069 000 000
(1–7 sind auch bekannt unter dem Namen ‹Die Sieben Schwestern›)	
8. Standard Oil Indiana (USA)	14 961 489 000
9. ENI (Italien)	12 500 000 000
10. Atlantic Richfield (USA)	12 298 403 000
11. Française des Pétroles (Frankr., 1977)	10 875 117 000
12. Continental Oil (USA)	9 455 241 000
13. Petrobras (Brasilien)	9 131 101 000
14. Elf-Aquitaine (Frankreich)	8 314 081 000

Quelle: *Time*, 7. 5. 1979.

10 unerforschte Gebiete der Erde

1. Alaska

Die Brooks-Kette im Norden Alaskas, auch das «Tor zur Arktis» genannt, ist das größte bis heute unberührt gebliebene Gebiet der USA. Zwar werden zur Zeit von den Behörden gigantische Projekte zur Erschließung und Urbarmachung dieses Gebietes ins Leben gerufen, doch bis jetzt sind die Becken des Noatak und des Squirrel River in der Brooks-Kette – eine Fläche von etwa drei Millionen Hektar – praktisch frei von menschlichen Einflüssen. Im Auftrag der Regierung arbeitende Geologen haben Karten der Flüsse angefertigt, ein paar Goldsucher und Jäger haben sich in dieser Einsamkeit niedergelassen, aber insgesamt hat es nie ein ernsthaftes allgemeines Interesse an diesem Gebiet gegeben.

Vor kurzem wurde vorgeschlagen, die Brooks-Kette zum Nationalpark zu erklären.

2. Amazonasbecken

Mit einer Fläche von etwa 4,5 Millionen Quadratkilometern, größtenteils in Nordbrasilien gelegen, ist das Amazonasbecken das größte Flußbecken der Tropengebiete. Seine durchschnittliche Bevölkerungsdichte beträgt eine Person pro Quadratkilometer. Riesige tropische Urwälder bedecken die größten Rohstoffreserven der Erde. Nur wenige Menschen haben sich getraut, in den Urwald einzudringen, und einige sind schon während kurzer Expeditionen ums Leben gekommen. Selbst die Indianer, die in der Nähe des Flußufers leben, haben Angst, daß sie sich verirren, wenn sie sich zu weit von ihren Siedlungen entfernen. Und außerdem fürchten sie die legendären Bewohner des Urwaldes: Am Lagerfeuer hört man noch immer Geschichten von mysteriösen, in den Tiefen des Urwaldes verborgenen Kulturen, in denen die Herrschaft angeblich von Frauen ausgeübt wird. Insektenplagen sind häufig, Riesenschlangen wie die Boa constrictor und die Anakonda werden bis zu sechs Metern lang. Es wimmelt von Ratten und Fledermäusen. Bei den wenigen Indianerstämmen, die dort leben – insgesamt vielleicht 100 000 Menschen – herrschen noch immer Zustände wie in der Steinzeit. Unter der Leitung der US National Geographic Society, der Brazilian Petrobras Co. und zahlreicher brasilianischer Forschungsinstitute werden zur Zeit wissenschaftliche Untersuchungen in diesem Gebiet durchgeführt.

3. Antarktis

Von der mehr als 1,6 Millionen Quadratkilometer großen Fläche der Antarktis sind nicht einmal hundert Quadratkilometer frei vom ewigen Eis. Es existiert praktisch kein Leben auf diesem Kontinent, es gibt keine Pflanzen, ganz zu schweigen von einer menschlichen Bevölkerung. Außer in der Zeit zwischen Dezember und März können Schiffe wegen der zugefrorenen Buchten und Küstengewässer die

Antarktis weder anlaufen noch verlassen. Obwohl seit der Unterzeichnung des Antarktis-Abkommens von 1959 Forscher und Wissenschaftler zahlreicher Nationen die Gegend durchstreifen und Bohrungen und sonstige Untersuchungen vornehmen, ist noch längst nicht das gesamte Gebiet von Menschen auf dem Landweg erreicht und erforscht worden. Von den meisten Bergregionen liegen bis heute nur Luftaufnahmen vor. Am wenigsten bekannt ist das Grundgebirge, das unter der viele hundert Meter dicken Eisschicht liegt.

4. Arktis
Drei Meter dickes Treibeis bedeckt einen großen Teil des 14 500 000 Quadratkilometer großen Arktischen Ozeans, der von den Nordküsten Kanadas, Alaskas, Schottlands, der Sowjetunion und den Polarinseln Grönland, Island und Spitzbergen begrenzt wird. Mit einer Durchschnittstemperatur, die um sechs Grad Celsius höher liegt als in der Antarktis, ist die Arktis weniger feindselig und unwirtlich. Es leben mehr als eine Million Menschen sowie Polarbären, Seehunde, Rentiere, Karibus und eine Vielzahl verschiedenartiger Vögel in diesem Gebiet. Aber es gibt noch immer einige weiße Flecken auf der Karte, auch wenn Flugzeuge den größten Teil des hohen Nordens überflogen haben und das Gebiet mit einem Netz von Radar-Frühwarnstationen überzogen ist, die von technischem und militärischem Personal gewartet werden. Die Regierungen der Vereinigten Staaten, Kanadas und der Sowjetunion finanzieren seit Ende der fünfziger Jahre fortlaufende Programme zur Erforschung der Arktis. Im Rahmen dieser Projekte werden Flugzeugexpeditionen durchgeführt und treibende Stationen eingerichtet.

5. Grönland
Grönland, die größte Insel der Welt, gehört zu Dänemark. Hier haben sich die größten zusammenhängenden Eismassen außerhalb der Antarktis gebildet. Von den 2 175 000 Quadratkilometern der Insel sind 1 820 000 von Eis bedeckt. Die Vegetation besteht aus Tundra, das Klima ist rauh. Gewaltige Schneestürme rasen Tag für Tag über das Land hinweg. Anfang der siebziger Jahre gab es auf Grönland 154 bewohnte Orte (19 Städte, 117 Dörfer, 18 Wetterstationen). Alle liegen an den Küstensaum gedrängt. Große Teile des Inlandes sind auf dem Landweg nur von Eskimos durchquert worden. Das Klima Grönlands war bis zu der vor knapp einer Million Jahren einsetzenden Eiszeit gemäßigt. Niemand weiß, was unter dem Eis liegt, dessen durchschnittliche Stärke 1500 Meter beträgt.

6. Das Guayana-Bergland
Das Guayana-Bergland liegt südlich des Orinoco. Es macht 45 Prozent der Gesamtfläche Venezuelas aus und ist das am wenigsten bekannte und am dünnsten besiedelte Gebiet des Landes. Es ist eine öde, felsige Region, die mit dichtem Dschungel bewachsen ist. Im

nordöstlichen Teil des Guayana-Berglands liegt der Angel Fall, der höchste Wasserfall der Welt. Die Landschaft ist so unwegsam, daß man sich in vielen Gebieten nur noch mit einem Kanu mit Außenbordmotor fortbewegen kann. Die Tierwelt besteht unter anderem aus Krokodilen, Eidechsen, Kaimanen (die größte und gefährlichste Krokodilart), Klapperschlangen und Buschmeistern (die größte Giftschlange Amerikas).

7. Himalaya
Die 2500 Kilometer lange, über 597 000 Quadratkilometer sich ausdehnende Himalaya-Kette gehört heute zu Indien, China und Pakistan. Die Landschaft dieses gigantischen Gebirges ist von schwindelerregenden Höhen, die von ewigem Eis bedeckt sind, von riesigen Gletschern und steilen, schroffen Felsen geprägt. Dreißig Gipfel von über 7500 Meter Höhe (einschließlich des Mount Everest, des höchsten Berges der Welt) ragen aus den zerklüfteten Massiven empor. Die Bergkette ist reich an Rohstoffen, aber es ist bislang noch nicht gelungen, an sie heranzukommen. Hunderte von Gipfeln von über 6000 Meter Höhe sind bislang unbestiegen und unerforscht. Auf die Heroen künftiger Bergsteigergenerationen wartet hier eine Fülle von Gelegenheiten, ihren Mut und ihr Können unter Beweis zu stellen.

8. Mikronesien
Mikronesien, östlich der Philippinen und nördlich des Äquators gelegen, besteht aus den Inselgruppen der Marianen, der Karolinen, der Marshall- und Gilbert-Inseln. Die drei erstgenannten Archipele gehören zu dem von den Vereinigten Staaten verwalteten Treuhandgebiet der Pazifischen Inseln; die Gilbert-Inseln stehen unter englischer Verwaltung; die Insel Nauru ist unabhängig. Die Fläche von etwa 2700 Quadratkilometern, die alle Inseln zusammen ergeben, ist nur wenig größer als Luxemburg, aber sie liegt verstreut über acht Millionen Quadratkilometern Wasserfläche. Es gibt insgesamt mehr als 2000 Inseln, von denen 90 bewohnt sind. Auch wenn man die Anwesenheit amerikanischen Militärs spürt, ist Mikronesien bis heute eine weitgehend intakte, unberührte Natur erhalten geblieben.

9. Neuguinea
Die mit 771 900 Quadratkilometern zweitgrößte Insel der Welt liegt nördlich von Australien. Das sich von Nordwesten nach Südosten erstreckende Neuguinea bildet eine fast undurchdringliche Bergkette. Der höchste Gipfel der Insel liegt 5030 Meter über dem Meeresspiegel. Zahlreiche Berge sind über 4000 Meter hoch. Flüsse, steile Felsschluchten und feuchte Urwälder machen eine normale Fortbewegung unmöglich. Es gibt nur wenige Straßen, und für die meisten braucht man einen Jeep oder einen Traktor. Im westlichen Teil der Insel liegt die Bevölkerungsdichte bei drei, in der östlichen Hälfte bei zehn Ein-

wohnern pro Quadratkilometer. Wegen einer ständigen Wolkendecke konnten bis 1970 nur etwa 85 Prozent der Insel aus der Luft fotografiert werden.

10. Rub Al-Khali
Der arabische Name für diesen Teil der Arabischen Wüste bedeutet «Der leere Ort», aber die Beduinen, die dieses Gebiet durchreisen, haben ihm den Namen «Der Sand» gegeben. Der Rub Al-Khali ist der unfruchtbarste und dürrste Teil Arabiens. Er erstreckt sich über eine Fläche von 650 000 Quadratkilometern. An heißen Tagen wird der Reisende von vielfach wechselnden Fata Morganas getäuscht. Heftige Sandstürme fegen mit großer Geschwindigkeit über die Wüste. In der windigen Jahreszeit tragen die Stürme Tonnen von Sand mit sich fort. Durch die Luftfotografie ist es 1965 schließlich möglich geworden, das Gebiet genau zu kartografieren, aber große Teile der Wüste sind bislang nur aus der Luft erkundet worden. Seit 1950 arbeiten das US State Department und der US Geological Survey bei der Erforschung von Rohstoffquellen in diesem Gebiet mit dem Königreich Saudi-Arabien zusammen.

mbt

Die ersten 10 Menschen im Weltraum

1. Juri Alexejewitsch Gagarin (UdSSR; ‹Wostok 1›; 12. April 1961)
   Der 1968 bei einem Flugzeugabsturz ums Leben gekommene sowjetische Astronaut umkreiste als erster Raumpilot die Erde und stellte mit einer Höhe von 327 Kilometern den ersten Weltraumrekord auf.
2. Alan B. Shepard (USA; ‹Freedom 7›; 5. Mai 1961)
   Erreichte eine Höhe von 185 Kilometern.
3. Virgil Ivan Grissom (USA; ‹Liberty Bell 7›; 21. Juli 1961)
   Erreichte eine Höhe von 190 Kilometern. Die Kapsel sank bei der Wasserlandung, aber Grissom konnte sich retten.
4. Gherman Stepanowitsch Titow (UdSSR; ‹Wostok 2›; 6.–7. August 1961)
   Führte Untersuchungen über die Wirkung einer lange andauernden Schwerelosigkeit auf den menschlichen Organismus durch.
5. John Herschel Glenn (USA; ‹Friendship 7›; 20. Februar 1962)
   Kapitän des ersten bemannten amerikanischen Raumschiffes, das die Erde umkreiste. Während ihrer drei Erdumkreisungen flog die ‹Friendship 7› in einer Höhe zwischen 160 und 250 Kilometern.
6. Malcolm Scott Carpenter (USA; ‹Aurora 7›; 24. Mai 1962)
   Wiederholte Glenns Erstflug und erreichte eine Geschwindigkeit von 28 209 Stundenkilometern.
7. Andrian Grigoriewitsch Nikolajew (UdSSR; ‹Wostok 3›, 11.–15. August 1962)

Der sowjetische Astronaut Juri A. Gagarin umkreiste als erster in einer Raumkapsel die Erde.

Erste von einem Astronauten durchgeführte Fernsehaufnahmen im Weltraum. ‹Wostock 3› legte eine Strecke von 2,6 Millionen Kilometern zurück.
8. Pawel Romanowitsch Popowitsch (UdSSR; ‹Wostok 4›, 12.–15. August 1962)
Der vorrangige Zweck des Fluges war es, Berechnungen über eine Kopplung mit ‹Wostok 3› anzustellen.
9. Walter Marty Schirra (USA; ‹Sigma 7›; 3. Oktober 1962)
Der Flug wäre wegen eines defekten Raumanzuges beinahe zur Tragödie geworden.
10. Leroy Gordon Cooper (USA; ‹Faith 7›; 15./16. Mai 1963)
Nachdem das automatische Kontrollsystem ausgefallen war, gelang dem Piloten eine manuell gesteuerte Wasserlandung.

Die 12 Astronauten mit dem längsten Aufenthalt im Weltraum

	Anzahl der Flüge	Aufenthaltsdauer im Weltraum; Name des Raumschiffes
1.–2. Wldadimir Ljachow; Waleri Rjumin	1	4200 Std. (25. 2. –19. 8. 1979; ‹Salut 6›)
3.–4. Wladimir Kowaljonok; Alexander Iwantschenkow	1	3360 Std. (15. 6. –2. 11. 1978; ‹Salut 6›)
5.–7. Gerald Carr; Edward G. Gibson; William R. Pogue	1	2017 Std., 16 Min. (16. 11. 1973–8. 2. 1974; ‹Skylab 4›)
8. V. Sewastianow*	2	1936 Std. (1970, 1975)
9. P. Klimuk*	2	1700 Std. (1973, 1975)
10. Alan L. Bean	2	1671 Std., 45 Min. (14.–24. 11. 1969; ‹Apollo 12›; 28. 7. –25. 9. 1973; ‹Skylab 3›
11.–12. Owen K. Garriot; Jack R. Lousma	1	1427 Std., 9. Min. (28. 7.–25. 9. 1973; ‹Skylab 3›)

* Für diese russischen Kosmonauten ist die genaue Aufenthaltsdauer im Weltraum und der Name des Raumschiffes nicht in Erfahrung zu bringen.

jber, cb

4007 Objekte, die die Erde umkreisen

	Erdsatelliten mit Nutzlast	Erdsatelliten-Schrott	Insgesamt
1. USA	402	2274	2676
2. UdSSR	379	837	1216
3. Frankreich	13	43	56
4. Japan	8	8	16
5. Großbritannien	7	4	11
6. Kanada	8	0	8
7. Volksrepublik China	3	3	6

8. Bundesrepublik Deutschland	2	4	6
9. NATO	3	0	3
10. Frankreich/Bundesrepublik Deutschland	2	0	2
11. Australien	1	0	1
12. Europäische Weltraumorganisation (ESA)	1	0	1
13. Europäische Organisation zur Erforschung des Weltraums (ESRO)	1	0	1
14. Indien	1	0	1
15. Indonesien	1	0	1
16. Holland	1	0	1
17. Spanien	1	0	1
Total	834	3173	4007

Die Nutzlasten bestehen aus den Instrumenten, mit denen die Satelliten ausgerüstet sind. Zum Schrott gehören abgebrannte Raketenstufen, Bolzen, Halteseile, Trennfedern, Trimmgewichte und andere Teile. Ferner gibt es 54 Versuchsraketen und 46 Schrotteile, die aus der Erdumlaufbahn ausgebrochen und tief in den Weltraum eingedrungen sind. Etwa 1132 Satelliten mit Nutzlast und 4245 Schrotteile sind auf die Erde zurückgefallen oder in der Atmosphäre verglüht.

mmo

12 phänomenale Himmelskörper und -erscheinungen

1. Asteroid

Die kleinen Planeten, die zwischen den Umlaufbahnen des Mars und des Jupiter um die Sonne kreisen, heißen Asteroiden oder Planetoiden. Im späten 18. Jahrhundert führte eine unbewiesene Hypothese, die Bode-Titiussche Reihe, zu der Voraussage, daß sich zwischen Mars und Jupiter ein Planet befinden müsse. Unter Verwendung von Berechnungen, die auf dieser Voraussage basierten, entdeckte der italienische Astronom Guiseppi Piazzi 1801 den ersten Asteroiden, Ceres. Man hat seither Tausende bestimmt und die Bahnen von mehr als 2000 berechnet. Ceres ist mit einem Durchmesser von 772 Kilometern der größte. Die Mehrzahl der Asteroiden sind kleine Felsbrocken von wenigen Kilometern Durchmesser.

2. Galaxis
Ein riesiges System von Sternen. Unsere Galaxis, Milchstraße genannt, ist eine Ballung von mehreren hundert Milliarden Sternen. Unsere Sonne ist ihrem Umfang nach lediglich ein durchschnittlich großer Himmelskörper innerhalb dieser unermeßlichen Ansammlung. Fast eine Milliarde Galaxien können mit den fotografischen Instrumenten des Mount Palomar-Observatoriums in Kalifornien erfaßt werden, aber diese Zahl gibt vermutlich nur einen winzigen Bruchteil der Anzahl aller im Universum vorhandenen Galaxien wieder – die Zahl der Sterne ist im Grunde genommen unendlich.

3. Komet
Der Komet ist ein Körper des Sonnensystems, der sich zumeist in einer ausgeprägt exzentrischen Bahn um die Sonne bewegt. Der Kopf eines Kometen kann mehrere Kilometer Durchmesser haben. Er besteht aus gefrorenen Gasen und Staubpartikeln. Der Kometenschweif ist immer von der Sonne abgewandt. Der englische Astronom Edmond Halley (1656–1742) hat als erster erklärt, was Kometen sind. Er hat den nach ihm benannten periodischen Kometen identifiziert und seine Wiederkehr im Jahre 1758 richtig vorausberechnet. Der Name Mark Twain wird häufig im Zusammenhang mit dem Halleyschen Kometen genannt, denn dieser war am Himmel zu sehen, als der Schriftsteller geboren wurde – und er leuchtete wieder 1910, als er starb. Der Halleysche Komet erscheint durchschnittlich alle 76 Jahre und wird 1986 wieder mit bloßem Auge zu erkennen sein.

4. Meteor
Meteore sind kleine Teilchen aus Stein oder Metall, die von der Schwerkraft der Erde angezogen werden und sich mit einer Geschwindigkeit bis zu siebzig Kilometern in der Sekunde auf die Erdoberfläche zubewegen. Durch Reibung mit der Erdatmosphäre werden die Meteore zu so hohen Temperaturen erhitzt, daß sie gewöhnlich zerfallen, bevor sie die Erdoberfläche erreichen (erreichen sie den Boden, so heißen sie Meteoriten). Während er fällt, zieht der Meteor einen Feuerschweif hinter sich her, den wir als «Sternschnuppe» wahrnehmen.

5. Nova
Wenn ein unsichtbarer oder unscheinbarer Stern plötzlich in einer Helligkeit aufleuchtet, die die vorherigen Werte um ein Vielfaches übersteigt, so bezeichnet man ihn als Nova. Nach einer gewissen Zeit – es können wenige Monate oder auch einige Jahre sein – verblaßt dieser «neue» Stern wieder.

6. Planet
Ein nicht selbst leuchtender Körper, der einen Stern umkreist. In unserem Sonnensystem gibt es neun Planeten; die Erde ist einer von ih-

nen. Unregelmäßigkeiten in der Bewegung einiger naher Sterne deuten darauf hin, daß sie vermutlich auch von Planeten umkreist werden.

7. Pulsar

Pulsare bilden sich aus den zusammengestürzten Überresten einer Supernova-Explosion. Kurz nach ihrer Entstehung rotieren Pulsare bis zu tausendmal in der Sekunde. Sie haben gewöhnlich einen Durchmesser von etwa zwanzig Kilometern. Als 1967 der erste Pulsar entdeckt wurde, interpretierte man anfänglich die bemerkenswerte Regelmäßigkeit seiner Schwingungen als sinnhaltiges Signal einer anderen Zivilisation.

8. Quasar

Man stelle sich ein Blitzlicht vor, das mit der Helligkeit des gesamten Lichts einer großen Stadt, z. B. Berlin, aufleuchtet. So konzentriert ist die Energieabgabe eines Quasars. Quasare haben die Größe normaler Sterne, aber sie geben eine Energiemenge ab, die dem Ausstoß von tausend Galaxien entspricht. Ein kürzlich entdeckter Quasar, OQ 172, ist das von der Erde am weitesten entfernte der bislang bekannten Objekte. Die Distanz beträgt etwa zehn Milliarden Lichtjahre.

9. Satellit

Ein Objekt, das sich auf einer Umlaufbahn um einen Planeten befindet. Die bekannten natürlichen Satelliten variieren in ihrer Größe von dem kleinen Marsmond Deimos, der nur acht Kilometer im Durchmesser mißt, bis zu dem gewaltigen Jupitermond Ganymed, der einen Durchmesser von etwa 5000 Kilometern hat. Merkur, ein «vollwertiger» Planet, hat einen Durchmesser von nur 4800 Kilometern.

10. Schwarzes Loch

Am Ende der Lebensdauer eines Sterns reicht die Energie, die von seinem Zentrum ausgeht, nicht mehr aus, um sein Gravitationsfeld zu überwinden, so daß der Stern in sich zusammenstürzt. Bei diesem Schrumpfungsvorgang wird er immer kleiner und heißer, bis schließlich nur noch ein Ball von wenigen Kilometern Durchmesser übrigbleibt, der die gesamte Masse des Sterns vor dessen Zusammenbruch auf sich vereint. Wenn der Stern groß genug war, ist das Gravitationsfeld dieses Materieballs derartig stark, daß nichts – nicht einmal Licht – entkommen kann, um die Existenz dieses Körpers zu verraten. Einen solchen Ball nennt man «Schwarzes Loch». Astrophysiker schätzen die Anzahl dieser Gebilde allein in unserer Milchstraße auf eine Milliarde, so daß sie neunzig Prozent der Masse des Universums in sich binden würden. David Brand schreibt in *The Wall Street Journal*: «Auf den ersten Blick gehört jede Theorie, die von einem Loch im Weltraum spricht, wo die Zeit still steht, so daß der Bruchteil einer Sekunde zur Ewigkeit wird, und wo sich alles schlicht den Blicken entzieht, eher in das phantastische Reich der Science Fiction. Aber für die Astronomen ist es fern aller Phantasie.»

11. Stern
Ein selbstleuchtender Gaskörper. Unsere Sonne ist ein Stern.

12. Supernova
Eine gewaltige Sternenexplosion, bei der ein Stern den größten Teil seiner Materie in den Weltraum hinausschleudert. In ihrem hellsten Moment ist eine Supernova so hell wie zehn bis hundert Millionen Sonnen. Was wir heute als Crab-Nebel erkennen, sind die Überreste einer Supernova, die am 4. Juli 1054 zum erstenmal beobachtet wurde. Zwei Jahre lang war sie so hell, daß sie bei hellichtem Tag mit bloßem Auge zu sehen war. Dann wurde sie schwächer und erlosch. Viele Europäer nahmen dieses Ereignis als Zeichen, daß das von Johannes offenbarte Tausendjährige Reich zu Ende sei und der Jüngste Tag bevorstehe.

jber

Die 43 wichtigsten Himmelskörper unseres Sonnensystems

Himmelskörper/ Satellit	*Durchmesser; Radius der Umlaufbahn (km)*	
1. Sonne	1 390 000	Die Sonne dreht sich alle 25,38 Tage einmal um ihre eigene Achse. Sie ist ein gelb leuchtender Stern mittlerer Größe.
2. Merkur	4 840 58 000 000	Merkur dreht sich alle 58,5 Tage einmal um seine eigene Achse und umkreist die Sonne in 87,9 Tagen. Seine höchste Oberflächentemperatur beträgt 400 Grad Celsius.
3. Venus	12 610 108 100 000	Die Venus dreht sich alle 243 Tage einmal um ihre eigene Achse und umkreist die Sonne in 224,7 Tagen. Unter einer dicken Wolkenschicht aus Kohlendioxyd und Stickstoff staut sich die Hitze. So entstehen Temperaturen von mehr als 400 Grad Celsius.

4. Erde 12 757 Das Leben auf diesem Planeten gedeiht, weil er Wasser hat und sich genau in der richtigen Entfernung zur Sonne befindet, so daß das Wasser sich in einem flüssigen Zustand halten kann. Die Temperaturen liegen zwischen −88,3 und +58 Grad Celsius.
149 000 000

5. Mond 3 470 Die Erde hat im Verhältnis zu ihrem Durchmesser den größten Satelliten aller Planeten unseres Sonnensystems.
384 400

6. Mars 6 860 Der Tag ist auf dem Mars 24,6 Stunden lang. Von allen Planeten besteht beim Mars die größte Wahrscheinlichkeit, daß auf ihm Leben existiert, da er über eine dünne Atmosphäre aus Kohlendioxyd und Wasserdampf verfügt. Die höchste Temperatur, 15 Grad Celsius, herrscht am Mars-Äquator, die Durchschnittstemperatur liegt bei −50 Grad Celsius und die Tiefsttemperatur bei −85 Grad Celsius.
227 800 000

7. Deimos 8 Kleinster bekannter Satellit des Sonnensystems.
23 491

8. Phobos 13
9 332

9. Asteroiden 1–772 Asteroiden sind riesige Felsbrocken, die sich auf Umlaufbahnen zwischen denen des Mars und des Jupiter befinden. Sie gelten als kleinere Planeten. Ihre Anzahl beträgt etwa 40 000.
485 000 000
(Durchschnitt)

10. Jupiter 143 640 Die Atmosphäre des Jupiter besteht im wesentlichen aus Wasserstoff und Helium. Es wird vermutet, daß der Jupiter ein Begleitstern der Sonne hätte werden können, wenn er ein wenig größer gewesen wäre.
778 000 000

11. Amalthea	241	
	182 000	
12. Io	3 717	
	421 000	
13. Europa	3 137	
	671 000	
14. Ganymed	5 020	Dieser Satellit ist größer als der
	1 071 000	Planet Merkur.
15. Callisto	4 457	
	1 882 000	
16. Hestia	161	
	11 456 000	
17. Hera	56	
	11 730 000	
18. Demeter	24	
	11 745 000	
19. Adrastea	22	
	21 000 000	
20. Pan	30	
	22 000 000	
21. Poseidon	56	
	23 491 000	
22. Hades	27	
	23 652 000	
23. Saturn	120 570	Der Saturn ist bereits seit der Anti-
	1 426 000 000	ke bekannt. Er ist einer der beiden
		Planeten, von denen man weiß,
		daß sie über Ringe verfügen (Ura-
		nus ist der zweite). Seit Galilei das
		Teleskop einführte, sind viele

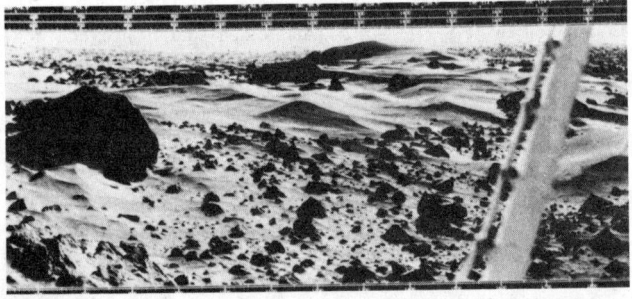

Die Marslandschaft, fotografiert aus der ‹Viking 1›, die am 3. August 1976 auf dem Planeten landete. Die sichtbare Fläche des Felsbrockens (links) ist etwa 1 × 3 Meter groß.

Theorien über die Form des Saturn aufgestellt worden. Er wurde schließlich 1659 von Christian Huygens richtig beschrieben.

24. Janus	306	
	158 000	
25. Mimas	483	
	185 000	
26. Enceladus	563	
	238 000	
27. Tethys	965	
	294 000	
28. Dione	965	
	376 000	
29. Rhea	1 287	
	526 000	
30. Titan	4 830	
	1 219 000	

Aufgrund einer besonderen Kombination von Umständen besteht die Möglichkeit, daß auf dem Titan Leben existiert. In seiner Atmosphäre wird – bei einer Entfernung von fast 1,6 Milliarden Kilometern von der Sonne – jedes bißchen Wärme, das ihn erreicht, aufgefangen und festgehalten. Dieser Treibhauseffekt könnte es ermöglichen, daß auf dem Titan ähnliche Temperaturen herrschen wie auf dem Mars – Temperaturen, die innerhalb des Spektrums liegen, in dem Leben möglich ist. Mit Hilfe einer unbemannten, mit Meßinstrumenten ausgestatteten Raumkapsel könnten diese Spekulationen überprüft werden.

31. Hyperion	483	
	1 478 000	
32. Iapetus	1 600	
	3 556 000	
33. Phoebe	209	
	12 936 000	
34. Uranus	53 390	
	2 867 830 000	

Es ist kalt auf dem Uranus: die durchschnittliche Temperatur beträgt −183 Grad Celsius. Uranus ist der erste «entdeckte» Planet. Der Astronom Friedrich Wilhelm Herrschel fand ihn 1781, als er noch Amateur auf dem Gebiet der

Himmelskunde war, zufällig bei seinen Experimenten mit dem Fernrohr. Als der deutsche Chemiker Martin Heinrich Klaproth 1789 ein bis dahin unbekanntes metallisches Element entdeckte, benannte er es nach dem neuen Planeten: Uran.

35. Miranda	306	
	122 000	
36. Ariel	800	
	191 000	
37. Umbriel	596	
	267 000	
38. Titania	1 094	
	437 000	
39. Oberon	997	
	585 000	

40. Neptun   49 670
     4 494 000 000

Neptun war der erste Planet, dessen Existenz theoretisch vorhergesagt worden war, bevor er entdeckt wurde. Der französische Astronom Urbain Leverrier beendete 1846 seine Berechnungen, und der Planet wurde noch im selben Jahr von dem Astronomen Johann Gottfried Galle entdeckt.

41. Triton   3 700
     354 000
42. Nereid   305
     5 631 000

43. Pluto   5 800
     5 899 000 000

Pluto wurde im März 1930 von dem amerikanischen Astronomen Clyde Tombaugh entdeckt. Die Berechnungen zur Voraussage von Plutos Position hatte ein anderer Amerikaner durchgeführt: Percival Lowell.

jber

5
In Noahs Arche – Tierleben

Die 9 friedfertigsten Hunderassen

1. Golden Retriever
2. Labrador
3. Collie
4. Bobtail
5. Welsh Terrier
6. Yorkshire Terrier
7. Beagle
8. Dalmatiner
9. Pointer

ela

Die 9 bissigsten Hunderassen

Nachdem er 27 Jahre lang die Hundebevölkerung New Yorks studiert hatte, erstellte Dr. Robert Oleson vom US-Gesundheitsministerium eine Rangliste der 9 bissigsten Hunderassen. Über die Frage, ob diese Liste auch hierzulande Geltung hat, müssen sich nun die Hundebesitzer in Deutschland streiten. Jedenfalls fand Dr. Oleson heraus, daß die Tage, an denen Sie die besten Chancen haben, gebissen zu werden, keineswegs im Juli oder August während der «Hundstage» liegen, sondern vielmehr Mitte Juni. Und folgende Hunde, plaziert nach der durchschnittlichen Häufigkeit ihrer «Beißangriffe», neigen am stärksten zu dieser unangenehmen Gewohnheit:

1. Deutscher Schäferhund
2. Chow-Chow
3. Pudel
4. Mastimo Napolitano (doggenähnlicher italienischer Verteidigungshund)
5. Fox Terrier
6. Eurasier
7. Airedale Terrier
8. Pekinese
9. Deutscher Schäferhund-Mischling

Nein, die Dobermans haben es nicht geschafft. Und auch nicht die Promenadenmischungen.

Quelle: David Wallechinsky & Irving Wallace: *«The People's Almanac»*, New York 1975.

Die 11 beliebtesten Hunderassen in Deutschland

1. Dackel
2. Mischling
3. Pudel
4. Schäferhund
5. Spitz
6. Boxer
7. Schnauzer
8. Dogge
9.–11. Pinscher,
Bernhardiner,
Cocker Spaniel

Quelle: Interessengemeinschaft Deutscher Hundehalter e. V., Untersuchung aus den Jahren 1978/79.

16 berühmte Tiere und ihre «Story»

1.–3. Alcmene, Arsinoë, Biche
Drei der Lieblingswindhunde Friedrichs des Großen. In Sanssouci wa-Berlin in einer eigenen sechsspännigen Kutsche unter der Aufsicht eines Lakaien, der den Rücksitz einnehmen mußte, da die Windspiele vorn saßen. Dieser Lakai redete die Hunde stets per Sie an: «Biche, seien Sie doch artig!» oder «Alcmene, bellen Sie nicht so!» Einst sprach Friedrich der Große, dem gerade ein Artikel über das Seelenleben der Tiere vorgelesen wurde, zu seinem Liebling Arsinoë, der auf seinem Schoß Platz genommen hatte: «Hörst du, mein Liebling? Von dir ist die Rede! Sie sagen, du hättest keinen Geist. Dabei bist du doch so ein geistvolles Wesen, mein kleiner Schatz.» Neben der ‹Flora› von Sanssouci, wo auch Friedrich begraben sein wollte, sind alle seine Lieblingshunde beerdigt worden. Steinplatten mit ihren Namen zierten ihre Gräber.

4. Barry
Der legendäre Bernhardiner Barry, der während seines Lebens (1800–1814) über 40 im Schnee verschüttete Menschen rettete, ist nach seinem Tod ausgestopft worden und noch heute im Schweizer Nationalmuseum in Bern zu sehen. Barry verfügte über bemerkenswerte Sinneskräfte. An seinem Verhalten konnte man erkennen, wenn Lawinengefahr drohte. Zielstrebig führte er die Mönche des Sankt-Bernhard-Hospizes zu Reisenden, die unter dem Schnee begraben lagen. Die Mönche nannten später ihre Leithunde weiterhin «Barry», um dem Original nach seinem Tod die gebührende Ehre zu erweisen.

5.–6. Cäsar und Condé
Friedrich der Große liebte seine Leibpferde über alles. Der Rotschimmel Cäsar zum Beispiel durfte im Alter frei im Lustgarten des Potsdamer Schlosses umherspazieren. Die größte Gunst des Königs wurde aber dem Fliegenschimmel Condé zuteil. Friedrich hatte ihm kostba-

res Reitzeug aus blauem Samt mit Silberstickerei anfertigen lassen und nahm ihn nur für Spazierritte. Er besuchte ihn fast täglich und verwöhnte ihn mit Feigen, Melonen und Zucker. Condé kannte seinen Herrn so gut, daß er ihm oft entgegenging, um sich die Leckereien selber zu holen. Häufig folgte er dem König bis in die Gemächer, gelegentlich sogar bis in den Schloßsaal von Sanssouci.

7. Checkers

1952, als sich Richard Nixon um die Vizepräsidentschaft unter Eisenhower bewarb, wäre seine politische Karriere um ein Haar beendet gewesen, als bekannt wurde, daß er unter falschem Namen einen privaten Geheimfonds in Höhe von 18000 Dollar (zumeist aus Spenden von Ölmanagern) gehortet hatte. Als man in der Öffentlichkeit forderte, er solle zurücktreten, entschloß sich Nixon, im Fernsehen eine Verteidigungsrede zu halten. Er sollte sämtliche Geschenke angeben, die er angenommen hatte. Da erinnerte er sich daran, wie Franklin D. Roosevelt 1944 seinen Hund Fala verteidigt hatte, und entschied sich für das gleiche Verfahren. In seiner Ansprache sagte Nixon, er habe ein Geschenk von einem Republikaner in Texas erhalten. «Es war ein kleiner Cocker Spaniel ... schwarz mit weißen Flecken. Und unsere kleine Tochter – Tricia, die Sechsjährige – nannte ihn Checkers. Und Sie wissen ja, meine Kinder lieben den Hund, wie alle Kinder ihre Hunde lieben, und deshalb will ich das hier gleich ganz deutlich sagen: Egal, wie die Leute das finden, wir werden ihn behalten.» Nach seinem Auftritt weinte Nixon und sagte: «Ich habe furchtbar versagt ... Na, immerhin konnte ich heute abend die Stimmen der Hunde für mich gewissen!» Der Auftritt war ein Erfolg. Nixon blieb auf der Kandidatenliste und schrieb später: «Nach der Kampagne war Checkers der bekannteste Hunder des Landes seit Fala.»

8. Comanche

1876 wurden General George Amstrong Custer und die 225 Mann seines Kavallerieregiments bei Little Big Horn in Montana von Siouxund Cheyenne-Indianern angegriffen und vernichtend geschlagen. Der einzige Überlebende von Custers Truppe war Comanche, das Pferd des Captain Myles W. Keogh. Das Tier hatte sieben Verletzungen erlitten, darunter drei schwere am Hals, an der Lunge und in der Leistengegend. Und doch überlebte Comanche. Das Pferd kam ins Fort Lincoln (Dakota), wo ein Sonderbefehl erlassen wurde, daß es niemandem gestattet sei, Comanche zu reiten. Das Tier wurde bei allen Paraden feierlich vorgeführt und durfte auf jeder Militärstation, die es besuchte, frei herumlaufen. Am 9. November 1893 – im Alter von 30 Jahren – starb Comanche in Fort Riley in Kansas an einer Kolik.

9. Daisy

Einer Familie, die im Norden des Staates New York ihren Sommerurlaub verbrachte, lief eine Katze zu. Man beschloß, das abgemagerte Tier für die Zeit des Ferienaufenthalts aufzunehmen und zu pflegen. Als die Familie in ihre Wohnung in New York zurückkehrte, ließ sie die Katze, die Daisy genannt wurde, zurück. Wie verblüfft aber waren die Heimgekehrten, als ihr Pflegetier einen Monat später mit einem ihrer Jungen auf ihrer Türschwelle saß. Ihr Erstaunen wuchs, als Daisy vier weitere Reisen in ihre alte Heimat unternahm und jeweils mit einem neuen Jungen zurückkehrte. Es gibt keine Erklärung für Daisys außergewöhnliches Orientierungsvermögen.

10. Incitatus

Caligula, römischer Kaiser von 37 bis 41 n. Chr., war einer der lasterhaftesten und gräßlichsten Herrscher aller Zeiten – aber sein Roß Incitatus liebte er abgöttisch. Er ernannte den Hengst zum Konsul des Reiches und versorgte ihn mit einer Krippe aus Marmor, einem Stall aus Elfenbein, einen goldenen Trinkeimer, mit Möbeln und einem Gefolge von Sklaven. Caligula gab sogar Festgelage, bei denen Incitatus als Gastgeber auftrat.

11. Jack der Pavian

Jack war der lebende Beweis dafür, daß einige Tiere ebenso intelligent sein können wie Menschen. Der Tschakma-Pavian Jack gehörte James Wide, einem beinamputierten Streckenwärter in Südafrika. Tagtäglich schob Jack seinen an den Rollstuhl gefesselten Herrn zur Arbeit und lernte nach und nach, dem Behinderten zu helfen, indem er kleine Aufgaben im Signalhäuschen übernahm, bis er schließlich sogar unter der Aufsicht seines Herrn selbständig die Signalhebel betätigen konn-

Assistent Jack bei der Arbeit.

te. Nach neunjähriger Laufbahn als Assistent eines Streckenwärters starb Jack 1890.

12. Jack der Tümmler
Seeleute, die ihr Schiff durch die French Pass, eine Durchfahrt bei der Insel D'Urville vor der neuseeländischen Küste, bringen wollten, verließen sich auf einen Tümmler namens Jack, der sie durch die gefährlichen Strömungen lotste. Von 1871 bis 1903 empfing Jack jedes ankommende Schiff und führte es durch die Passage. 1903 schoß ein betrunkener Passagier auf dem Schiff ‹The Penguin› auf den Delphin und verwundete ihn. Jack erholte sich, nahm seinen freiwilligen Dienst wieder auf und geleitete weitere neun Jahre alle Schiffe durch die Enge – außer ‹The Penguin›.

13. Jumbo
Der berühmteste Elefant der Welt residierte 17 Jahre lang im Londoner Zoo. Seine Tagesration bestand aus 200 Pfund Heu, fünf Eimern Wasser und einem Liter Whiskey. Schließlich nahm ihn der Zirkusdirektor P. T. Barnum unter Vertrag, um ihn dem Publikum in Amerika zu präsentieren. Die Engländer stiegen auf die Barrikaden, weil sie Jumbo verlieren sollten. Königin Victoria, der Prince of Wales und John Ruskin forderten, daß der Vertrag rückgängig gemacht werden müsse. Sie behaupteten, der Elefant sei ein Nationalheld. Doch der Protest nützte nichts: 1882 traf Jumbo nach vierzehntägiger Atlantiküberquerung, während derer man ihn mit Bier beruhigt hatte, in New York ein. In den dreieinhalb Jahren seiner Zirkuskarriere ritten schätzungsweise eine Million Kinder auf seinem Rücken. Als Jumbo an einem Septemberabend des Jahres 1885 über ein selten benutztes Gleis geführt wurde, rammte ihn ein außerplanmäßig fahrender Güterzug, und er starb. Es wird behauptet, daß dieses wundervolle Tier, das sechseinhalb Tonnen wog, noch nicht seine volle Größe erreicht hatte.

14. Lajka
Diese Eskimohündin wurde das erste Opfer der bemannten Raumfahrt. Im November 1957 starteten die Sowjets ‹Sputnik 2› mit Lajka als einzigem Passagier an Bord. Man hatte noch keine Rückführungssysteme entwickelt, und so reiste Lajka auf einer Umlaufbahn 1670 Kilometer über der Erdoberfläche in den sicheren Tod. Sie erstickte nach fünf Tagen.

15. Meteor
Das berühmteste Springpferd in Deutschland nach dem Zweiten Weltkrieg war Meteor, ein brauner Holsteiner Wallach, der mit Fritz Thiedemann bei den Olympischen Spielen 1952, 1956 und 1960 startete und jeweils Medaillen heimbrachte. Meteor errang 150 Siege und 347 Placierungen mit einem Gesamtgewinn von 177107,80 DM. Von 1961 an erhielt er in Elmshorn das Gnadenbrot. Er starb 1966. Sein Standbild, von dem Bildhauer Hans Kock gefertigt, steht in Kiel.

16. Moifaa

Das Schiff, auf dem dieses kräftige achtjährige Rennpferd im Jahre 1904 von Neuseeland nach England transportiert werden sollte, sank in einem Sturm. Moifaa wurde an den Strand einer verlassenen Insel gespült, wo das erschöpfte Tier sich langsam erholte. Dort trieb es sich zwei Wochen lang herum, bis es gerettet wurde. Nach seiner Ankunft in England ließ man Moifaa gegen 25 Pferde im Grand-National-Hindernisrennen antreten. Er legte die schwierige Strecke in 9:59 Minuten zurück und gewann mit acht Längen Vorsprung.

sw & iw & co^w rt & cb

Die 12 größten Schafbestände auf der Erde

	Schafe	*Menschen*
1. UdSSR	141 573 000	262 436 227
2. Australien	133 396 000	13 548 448
3. China	105 200 000	590 194 715
4. Neuseeland	71 200 000	3 129 383
5. Türkei	48 630 000	40 347 719
6. Indien	41 500 000	683 810 051
7. Iran	34 377 000	33 591 875
8. Großbritannien	32 282 000	55 506 131
9. Pakistan	28 468 000	64 979 732
10. Äthiopien	23 300 000	(keine Angaben)
11. Uruguay	20 429 000	2 788 429
12. Afghanistan	20 000 000	15 540 000

Weltschafbestand: 1 130 751 000
Quelle: *FAO Production Yearbook 1981.*

10 Vögel, die nicht fliegen können oder konnten

1. Der Kasuar
Der große Vogel (nur Strauß und Emu sind größer) bewohnt die Wälder Australiens und die Inseln Papuas im Südosten Neuguineas, wo er sich von Früchten und Kleintieren ernährt. Die rasiermesserscharfe Kralle an dem inneren seiner drei Zehen ist eine tödliche Stoßwaffe.

2. Der Galapagos-Kormoran
Alle anderen Kormoranarten können zumindest über kurze Strecken fliegen, doch der Galapagos-Kormoran, den es nur auf der Insel Isabela gibt, ist vollkommen flugunfähig. Die Rückbildung seiner Flügel ist darauf zurückzuführen, daß auf Isabela Landraubtiere fehlten, die diese Kormoranart hätten gefährden können. Der Galapagos-Kormoran nistet in Küstennähe, und bei aller Plumpheit an Land ist er im Wasser ein guter Schwimmer und Taucher. Er wurde viel gejagt und gehört heute zu den vom Aussterben bedrohten Tierarten.

3. Der Dodo
Dieser der Familie der Tauben eng verwandte Großvogel lebte früher auf der Insel Mauritius östlich von Madagaskar. Als die Portugiesen die Insel ihrem Königreich anschlossen, war das Schicksal dieser Vogelart besiegelt. Die langsamen und wenig gewandten Vögel waren für die Jäger eine beliebte und leicht zu erlegende Beute. Um 1700 war der Dodo ausgerottet.

4. Der Emu
Dieser australische Steppenvogel ist fast so groß wie der Strauß, dem er in seinem Anpassungsverhalten in vielerlei Hinsicht gleicht. Der Emu kann kurzfristig eine Geschwindigkeit von fast 50 Stundenkilometern erreichen und sich mit seinen dreizehigen Füßen recht gut durch Treten zur Wehr setzen. Da das Tier einst kurz vor der Ausrottung stand, ist es heute gesetzlich geschützt.

5. Der Kiwi
Ein in Neuseeland heimischer Verwandter des ausgestorbenen Moa. Er besitzt wie alle flugunfähigen Vögel ein Paar rudimentärer Flügelstummel. Er hatte sich an ein Leben auf offenem Gelände gewöhnen müssen, da seine ursprünglich waldige Heimat weitgehend zerstört wurde. Deshalb, und weil seine Zucht in Gefangenschaft nicht gelingt, ist auch der Kiwi vom Aussterben bedroht.

6. Der Moa
Dieser früher in Neuseeland heimische, heute ausgestorbene Vogel war einst in 25 Arten vertreten, die von Exemplaren von der Größe eines Truthahns bis zu einer drei Meter großen Art variierten. Da die

polynesischen Urbewohner Neuseelands den Moa jagten, waren gegen Ende des 17. Jahrhunderts die meisten Arten bereits ausgestorben. Ein paar kleinere Arten haben möglicherweise bis ins 19. Jahrhundert überlebt.

7. Der Strauß
Der Strauß ist der größte noch lebende und unter den flugunfähigen der schnellste Vogel. Er lebt in Gruppen von 10 bis 15 Tieren vorwiegend in den Steppen Süd- und Ostafrikas. Wegen seiner Schnelligkeit und seines guten Sehvermögens kann er den meisten seiner Feinde entkommen.

8. Der Pinguin
Sämtliche 18 Arten des Pinguins leben auf der südlichen Erdhalbkugel zwischen der Antarktis und den Galapagos-Inseln. Mit ihren Flügeln, die sie als Schwimmflossen benutzen, und ihren durch Isolierschichten von Fettgewebe, Flaumfedern und dichtem kurzem Obergefieder geschützten Körper sind die Pinguine einem Leben als Schwimmer und Taucher vollkommen angepaßt. Das Wasser verlassen sie nur zur Paarung, zur Aufzucht der Jungen und zur Mauser.

9. Die Rallen
Es gibt über 100 Arten von Rallen auf der Erde. Obwohl die meisten von ihnen voll flugfähige Sumpfvögel sind, gibt es auch einige Arten, die kaum fliegen können. Dazu gehören: die Weißkehlrallen von den Aldabra-Inseln im Indischen Ozean, die – unter großen Schwierigkeiten – kurze Strecken fliegen können; die Rallen von Gough Island, die auch nur ein paar Meter weit flattern; und die sehr kleinen Rallen von Inaccessible Island, die vollkommen flugunfähig sind.

10. Der Nandu
Der gewöhnliche Nandu, der größte Vogel Amerikas, streifte einst in großen Schwärmen durch die Pampas Brasiliens und Argentiniens, ist jedoch heute infolge der Ausbreitung der Landwirtschaft stark reduziert. Der kleinere Darwinsnandu lebt in den unbesiedelten Gebieten der östlichen Andenvorgebirge zwischen Peru und der Magellanstraße.

fbf

8 & 1 Tiere, die ihre Jungen in Beuteln tragen

1. Großkaninchen-Nasenbeutler
2. Tasmanischer Beutelwolf
3. Fuchskusu
4. Koala
5. Opossum
6. Rotes Riesenkänguruh
7. Wombat
8. Tüpfelbeutelmarder

Diese acht sind Säugetiere. Das neunte Tier ist ein Fisch: das Seepferdchen. Nach der Befruchtung werden die Eier vom Weibchen in eine Tasche gepreßt, die sich an der Unterseite des Schwanzes des *Männchens* befindet. Nach etwa drei Wochen «gebärt» das «schwangere» Männchen 400 bis 450 lebende Junge.

Quelle: *ro-ro-ro Tierwelt.*

Das Koala-Weibchen trägt ihr Junges ein halbes Jahr lang in ihrem Beutel und dann noch einmal etwa 12 Monate «huckepack» auf dem Rücken.

Die durchschnittliche Trächtigkeitsdauer bei 20 Tieren

	Trächtigkeits-dauer (Tage)		Trächtigkeits-dauer (Tage)
1. Afrikanischer Elefant	640	11. Honigdachs	180
2. Rhinozeros	560	12. Panther	93
3. Giraffe	450	13. Katze	64
4. Delphin	360	14. Hund	64
5. Pferd	337	15. Fuchs	54
6. Kuh	280	16. Känguruh	40
7. Orang-Utan	275	17. Kaninchen	31
8. Mensch	267	18. Hausmaus	19
9. Rentier	246	19. Hamster	16
10. Eisbär	240	20. Opossum	13

jo

Das höchste nachgewiesene Alter von 92 Tieren

	Jahre/Monate		Jahre/Monate
1. Stör	152	23. Boa constrictor	42*
2. Schildkröte	116	24. Taube	35
3. Mensch	113/7	25. Bandwurm	35
4. Seeschildkröte	88	26. Affe	34/9
5. Wal	87	27. Eisbär	34/8
6. Kondor	72	28. Katze	34
7. Elefant	70	29. Giraffe	33/6
8. Rabe	69	30. Hummer	33
9. Flußmuschel	60	31. Delphin	32
10. Alligator	59*	32. Rind	30
11. Orang-Utan	54	33. Huhn	30
12. Nilpferd	51	34. Goldfisch	30
13. Strauß	50	35. Kamel	29/5
14. Schwamm	50	36. Schwan	29/5
15. Pferd	46	37. Hund	27/3
16. Seehund	46	38. Blutegel	27
17. Schimpanse	44/6	39. Schwein	27
18. Geier	41/5	40. Rotwild	26/6
19. Forelle	41	41. Papagei	25
20. Heilbutt	40	42. Fledermaus	24
21. Rhinozeros	40	43. Kanarienvogel	24
22. Gorilla	39/3	44. Jaguar	23

45. Mauersegler	21	69. Stachelschwein	7/6
46. Ente	20/6	70. Thunfisch	7
47. Schaf	20	71. Opossum	6/10
48. Spatz	20	72. Regenwurm	6
49. Känguruh	19/7	73. Schnecke	6
50. Klapperschlange	19/5	74. Honigbiene (Königin)	5
51. Hering	19	75. Seestern	5
52. Ziege	18	76. Ratte	4/8
53. Star	15/10	77. Kakerlake	4/7
54. Frosch	15/8	78. Seepferdchen	4/7
55. Makrele	15	79. Hamster	4
56. Eichhörnchen	15	80. Tintenfisch	4
57. Kröte	15	81. Spinne	4
58. Waschbär	13/9	82. Kalmar	4
59. Ohrschnecke	13	83. Zecke	4
60. Ameise (Königin)	13	84. Kreiselschnecke	3
61. Lachs	13	85. Kammuschel	2
62. Kobra	12/4	86. Silberfisch	2
63. Truthahn	12/4	87. Moskito	1/6
64. Auster	12	88. Honigbiene (Arbeiter)	0/11
65. Zitteraal	11/5	89. Wanze	0/6
66. Nerz	10	90. Honigbiene (Drohne)	0/6
67. Kolibri	8	91. Fliege	76 Tage
68. Maus	8	92. Fadenwurm	12 Tage

* noch am Leben

Quelle: Philip L. Altman und D. S. Dittner (Hg.): «*The Biology Data Book*» (Bethesda, Maryland: Federation of American Societies for Experimental Biology, 1972).

25 Redewendungen mit Tiernamen

1. Stark wie ein Bär
2. Schlau wie ein Fuchs
3. Ausgelassen wie ein junges Füllen
4. Wie die Hühner auf der Stange
5. Geschmeidig wie eine Katze
6. Arm wie eine Kirchenmaus
7. Häßlich wie eine Kröte
8. Lautlos wie ein Leopard
9. Jubilierend wie eine Lerche
10. Augen wie ein Luchs
11. Spitz wie Nachbars Lumpi
12. Wühlen wie ein Maulwurf
13. Stolz wie ein Pfau
14. Arbeiten wie ein Pferd
15. Klauen wie ein Rabe
16. Springen wie ein Reh
17. Kotzen wie ein Reiher
18. Schimpfen wie ein Rohrspatz
19. Geduldig wie ein Schaf
20. Aufpassen wie ein Schließhund
21. Falsch wie eine Schlange
22. Blind wie eine Schleiche
23. Schnaufen wie ein Walroß
24. Flink wie ein Wiesel
25. Schnell wie ein Windhund

nh

20 vom Aussterben bedrohte Säugetiere – und die Gründe für ihre Dezimierung

1. Kouprey (Rinderart)
Nördliches und östliches Kambodscha, südliches Laos, östliches Thailand und eventuell westliches Vietnam.
Unkontrollierte Bejagung wegen seines Fleisches und seiner Hörner.
Überlebende Exemplare: wenige Dutzend.

2. Iriomoto-Katze
Iriomoto, Riukiu-Inseln, Japan.
Lebensraumbeschränkung durch Landwirtschaft.
Überlebende Exemplare: 40–80.

3. Rotwolf
Küstengebiete des südöstlichen Texas und des südwestlichen Louisiana, USA.
Starke Dezimierung durch Lebensraumbeschränkung und Bedrängung durch Jäger und Fallensteller; die größte Bedrohung liegt jedoch in der Bastardisierung durch Koyoten.
Überlebende Exemplare: Weniger als 100 reinrassige Tiere.

4. Goldenes Löwen-Seidenäffchen
Südöstliches Brasilien.
Dezimierung durch Entwaldung im Rahmen der Siedlungsprojekte, der Ausbreitung der Landwirtschaft und der Weidelandgewinnung.
Überlebende Exemplare: 500–600.

5. Krummhörniger Spießbock
Tschad, Mali, Niger und Sudan.
Rückgang wegen rücksichtsloser Bejagung und sonstiger Störung durch den Menschen, vor allem durch Konkurrenzkampf mit Haustieren um das knappe Futter. 95 Prozent der Tiere leben heute im Tschad, wo es wegen der politischen Unruhen sehr schwierig ist, Maßnahmen zum Schutz und zur Rettung der Tiere zu ergreifen.
Überlebende Exemplare: 2000–2500.

6. Mittelmeer-Mönchsrobbe
Mittelmeergebiet, nordwestliche Atlantikküste Afrikas.
Gründe für den beängstigenden Rückgang dieser Robbenart: Bejagung durch Fischer, Störung durch Menschen im Rahmen des sich ausbreitenden Tourismus, sehr wahrscheinlich auch die zunehmende Wasserverschmutzung.
Überlebende Exemplare: 500–1000.

7. Schwarzfüßiges Frettchen
USA.
Wird direkt oder indirekt durch die Vergiftung von Präriehunden (seiner natürlichen Beute) und durch die Zerstörung der Prärie (seines Lebensraumes) dezimiert.
Zahl der noch lebenden Exemplare unbekannt, aber es sind nur sehr wenige.

8. Zwergwildschwein
Nordindien.
Sein durch Reetwuchs gekennzeichneter Lebensraum wird durch Siedlungsprojekte, Aufforstung und fortschreitende Verkleinerung durch Brände in den trockenen Jahreszeiten bedroht, so daß die Wildschweine ihres Schutzes und ihrer Nahrungsquellen beraubt werden.
Überlebende Exemplare: 100–150, vielleicht auch nur wenige Dutzend.

9. Blauwal
Lebt in allen großen Ozeanen, zieht kaltes Wasser und das offene Meer vor; selten im Äquatorialgebiet oder in niederen Breiten anzutreffen.
Überjagung aus kommerziellen Gründen.
Überlebende Exemplare: wenige Tausend.

10. Java-Nashorn
Als Lebensraum ist mit Sicherheit nur noch Java bekannt; laut bislang unbestätigten Berichten ist es auch auf dem südostasiatischen Festland zu Hause.
Wird wegen seiner Hörner und seines Blutes, das angeblich heilende Wirkung haben soll, hemmungslos gejagt.
Überlebende Exemplare: 45–55.

11. Sumatra-Nashorn
Malaysia, Indonesien, Burma, Thailand und eventuell Indochina.
Starke Dezimierung durch exzessive Bejagung wegen seiner Hörner und seines Kadavers, der für medizinische Zwecke verwendet wird.
Überlebende Exemplare: vermutlich wenige Hundert.

12. Haitianischer Solenodon
Dominikanische Republik, Haiti.
Der Rückgang dieser Rattenart ist auf die Ausbreitung der Land- und Forstwirtschaft zurückzuführen, die angesichts der rapide wachsenden Bevölkerung des Landes notwendig ist.
Überlebende Exemplare: äußerst wenige, genaue Zahl unbekannt.

13. Indris (Halbaffe)
Wälder im Nordosten Madagaskars.
Der Indris ist auf ruhige Waldgebiete angewiesen und daher einer akuten Ausrottungsgefahr durch die in Madagaskar exzessiv betriebene Waldrodung ausgesetzt.
Überlebende Exemplare: unbekannt, aber nur noch sehr wenige.

14. Vancouver-Island-Murmeltier
Vancouver Island, Kanada.
Einschränkung der Bewegungsfreiheit durch Lebensraumverlust, der auf landwirtschaftliche Nutzung und zunehmenden Skisport-Tourismus zurückzuführen ist.
Überlebende Exemplare: weniger als 100.

15. Gelbschwänziger Wollaffe
Peru.
Exzessive Bejagung wegen seines Fleisches und seines Felles. Die Weibchen werden getötet, um ihre Jungen zu fangen, die sich als Schoßtiere verkaufen lassen. In ihren ohnehin schon beschränkten Lebensbereichen werden Wälder abgeholzt, um Acker- und Weideland zu gewinnen.
Überlebende Exemplare: Zahl unbekannt, aber nur noch sehr wenige.

16. Australische Gespenstfledermaus
Nordaustralien.
Bedrohung einiger Schlafstätten durch Kalksteinabbau, wobei Höhlen zerstört werden. Gefährdung durch Touristen, die mehr und mehr in jene Gebiete eindringen, in denen die Fledermäuse leben.
Überlebende Exemplare: einige Tausend.

17. Berggorilla
Ruanda, Uganda, Zaire.
Rückgang durch Lebensraumbeschränkung. Heute gibt es einen Markt für Gorillaschädel als Souvenirs für Touristen. Die Bejagung ist zu einer ernsthaften Gefahr für den Berggorilla geworden.
Überlebende Exemplare: etwa 250.

18. Vulkan-Kaninchen
Kommt nur auf den oberen Rändern der Vulkane Ixtaccihuatl und Popocatepetl in Mexiko vor.
Dezimierung durch starke Bejagung.
Überlebende Exemplare: möglicherweise nur noch wenige Tausend.

19. Schneeleopard
Himalaya und andere hohe Gebirgsketten in Zentralasien – Afghanistan, Bhutan, China, Indien, Mongolei, Pakistan, UdSSR.
Exzessive Bejagung wegen seines Fells und einer tiefverwurzelten

Jagdtradition bei den Bergvölkern. Zudem wird er von Viehbauern verfolgt, weil er Haustiere anfällt.
Überlebende Exemplare: außerordentlich wenige, genaue Zahl unbekannt.

20. Arabischer Tahr (Wildziege)
Oman und eventuell Abu Dhabi.
Dezimierung durch exzessive Bejagung und durch den Kampf mit Haustieren um Futter.
Überlebende Exemplare: weniger als 2000.

Quelle: *«Red Data Book»*, Vol. I, *«Mammalia»*. International Union for Conservation of Nature and Natural Resources, Gland, Schweiz. Die Zusammenstellung besorgte Jane Thornback.

Ergreift man nicht umgehend Maßnahmen zur Erhaltung der Wollaffen, werden sie in wenigen Jahren ausgestorben sein.

6
Unterwegs
Für Wanderer, Vagabunden, Weltenbummler

Die 9 ungewöhnlichsten Monumente
der Welt

1. Das Denkmal des Baumwollkapselkäfers (Enterprise, Alabama, USA)
Um die Jahrhundertwende verwüsteten Baumwollkapselkäfer die Baumwollernte Alabamas und zerstörten damit praktisch die wirtschaftliche Grundlage des Staates. Infolge dieser Bedrohung begannen die Bauern, mit dem Anbau anderer Nutzpflanzen zu experimentieren. Schon bald gingen sie dazu über, ihre Felder in Erdnußplantagen umzuwandeln. Der Anbau von Erdnüssen erwies sich als sicherer und zugleich einträglicher. Die Bauern von Alabama brachten es in kurzer Zeit zu beträchtlichem Reichtum, und aus Dankbarkeit dafür errichteten sie dem ehemals so verhaßten Baumwollkapselkäfer ein Denkmal.

2. Fünf mit Zigarren gefüllte Statuen im Austria-Brunnen (Wien)
Der Bildhauer Ludwig von Schwanthaler versuchte, sich mit dem Schmuggel von Zigarren, die er in seinen hohlen Bronzestatuen versteckte, ein bescheidenes Zubrot zu verdienen. Aber er starb, bevor er die Zigarren herausnehmen konnte, und so wurden die Statuen in den Jahren 1844 bis 1846 aufgestellt – mit den Zigarren in ihren hohlen Körpern.

3. Statue für einen Dichter (Guayaquil, Ecuador)
Die Statue ist zu Ehren des ecuadorianischen Dichters José Olmedo errichtet worden. Doch handelt es sich bei diesem Denkmal in Wirklichkeit um eine «Second-Hand-Statue» Lord Byrons, die man erworben hatte, weil es zu teuer geworden wäre, eine Statue von Olmedo selbst in Auftrag zu geben.

4. Statue zur Erinnerung an William Huskisson (London)
Huskisson war ein beliebter Parlamentsabgeordneter. Er war der erste Mensch, der von einem Eisenbahnzug überfahren wurde. Das geschah am 15. September 1830. Zeitgenossen schrieben, daß der alte Mr. Huskisson einen «eigenartigen Hang zu Unfällen» hatte und es bei den Eröffnungsfeierlichkeiten der Eisenbahnlinie zwischen Manchester und Liverpool im Jahre 1830 unterließ, nach beiden Seiten zu schauen, bevor er die Gleise überquerte, um den Herzog von Wellington zu

Das Denkmal des Baumwollkapselkäfers. Der gefürchtete Schädling, der den Farmern von Alabama zu guter Letzt doch noch zum Reichtum verhalf, ist ganz oben auf der Spitze des Denkmals zu erkennen.

begrüßen. Die Engländer errichteten ihrem so unerwartet verschiedenen Liebling in Pimlico Gardens in London ein Denkmal. Es handelt sich um eine zweieinhalb Meter hohe marmorne Statue, die Huskisson in eine römische Toga gehüllt darstellt.

5. Statue, die Karl II. zeigt, wie er, auf einem Pferd sitzend, seinen Feind Oliver Cromwell niederreitet (Ripon*)
Die italienische Statue zeigte ursprünglich den König von Polen, der einen türkischen Soldaten niederreitet. Unglücklicherweise konnten sich die Polen das Meisterwerk nicht leisten. Was sollte der Bildhauer nun anfangen mit der großen, unnützen Statue? Er überlegte nicht lange, nahm einige kleinere Veränderungen an dem Werk vor und verkaufte die Statue als Darstellung Karls II. und Oliver Cromwells an die Engländer. Er vergaß jedoch, eine Kleinigkeit zu ändern: Cromwell trägt einen Turban.

* Die Statue wurde 1738 von London nach Yorkshire gebracht.

6. Tempel der geschlachteten Kuh (Shimoda, Japan)
Er wurde erbaut, kurz nachdem Japan sich in den fünfziger Jahren des vorigen Jahrhunderts der westlichen Welt geöffnet hatte. Er erinnert an die erste in Japan geschlachtete Kuh und damit an die erste Verletzung des buddhistischen Verbots, Fleisch zu essen.

7. Modell einer Statue zu Ehren von Hauptmann Hansen Gregory, dem angeblichen Erfinder des Pfannkuchens mit Loch
Die Statue, deren Modell auf der Weltausstellung in New York (1939–1940) vorgeführt wurde, sollte zwischen 80 und 100 Meter hoch werden. Als Standort hatte man die Spitze des Mount Battie in Maine vorgesehen. Geplant war eine gewaltige Flutlichtbeleuchtung, so daß die Statue 50 Meilen weit von See aus zu sehen gewesen wäre. Es bedarf kaum der Erwähnung, daß sie niemals gebaut wurde.

8. Relief von Benedict Arnolds linkem Stiefel (Saratoga, New York)
Zwar wurde Arnold später zum Verräter, doch während des Amerikanischen Unabhängigkeitskrieges hatte er tapfer gekämpft und war 1777 bei der Schlacht von Saratoga am Oberschenkel verletzt worden. Das marmorne Denkmal wurde eingedenk seiner Tapferkeit errichtet, aber da er ein Verräter war, stellte es lediglich eine Kanone, einen Militärstiefel für seinen linken Fuß, die Epauletten eines Generalmajors und einen Kranz dar. In den USA heißt dieses merkwürdige Monument «Stiefeldenkmal».

9. Statue von Pocahontas Vater, Häuptling Powhatan (Cuzco, Peru)
Die Peruaner hatten eine Statue Atahualpas, des letzten Königs der Inka, in Auftrag gegeben, aber die Gießerei schickte ihnen irrtümlicherweise ein falsches Standbild. Die Auftraggeber hatten kein Geld, um die Statue zur Gießerei in die USA zurückzuschicken, also behielten sie sie und stellten sie auf dem Marktplatz auf.

psh

Bekannte Reisejournalisten
wählen «ihre» 10 schönsten Städte der Welt

Eugene Fodor

Eugene Fodor, der für seine Reisebücher den Grand Prix de Littérature de Tourisme und den Preis der National Association of Travel

Organisations erhalten hat, gibt vielbeachtete Reiseführer über fast alle für den Tourismus erschlossene Länder der Welt heraus.

1. Paris
2. New York
3. London
4. Rio de Janeiro
5. Hongkong
6. Rom
7. Madrid
8. Sidney
9. Kyoto
10. Stockholm

exklusiv

Ferdinand Ranft

Ferdinand Ranft, heute Chefredakteur der Reisebuchreihe *Merian*, war Initiator und Moderator des ARD-Reisemagazins und früher Leiter des Ressorts Reise bei der Wochenzeitung *Die Zeit*. Ranft hat mehrere Bücher, unter anderem den «*Ferienratgeber für die Familie*» (rororo Sachbuch), geschrieben und ist Herausgeber der Reisebücher «*Zwei Tage in Städten*», «*Zwei Wochen auf Trauminseln*» u. a.

1. Edinburgh
2. London
3. Paris
4. Hamburg
5. New York
6. Hongkong
7. München
8. Rom
9. Venedig
10. San Francisco

exklusiv für Rowohlts Bunte Liste

Josef Müller-Marein

Josef Müller-Marein, langjähriger Chefredakteur der Wochenzeitung *Die Zeit* und ständiger Autor der Kolumne J. M.-M. in derselben Zeitung, lebt in Paris. Er hat unter anderem folgende Bücher geschrieben: «*Der Entenprozeß*», «*Wer zweimal in die Tüte bläst ...*», «*Fünfundzwanzigmal Frankreich*» (mit Catherine Krahmer).

1. Paris
2. Florenz
3. Vancouver
4. Prag
5. Straßburg
6. Wien
7. Kopenhagen
8. Amsterdam
9. Leningrad
10. Lübeck

exklusiv für Rowohlts Bunte Liste

Die 15 Länder mit dem stärksten Tourismus

	Touristen (1978) in Mio.		Touristen (1978) in Mio.
1. Spanien	39970,5	9. Polen	10695,3
2. Frankreich	26846,0	10. Ungarn	9950,0
3. USA	19842,2	11. BRD	8663,3
4. Tschechoslowakei	19432,7	12. Schweiz	7855,2
5. Italien	15321,5	13. Belgien	7029,0
6. Kanada	12745,4	14. Jugoslawien	6384,9
7. Österreich	12248,3	15. Rumänien	5018,4
8. Großbritannien	10930,0		

Quelle: «*United Nations Statistical Yearbook 1979/80*».

11 Orte, an denen man einen gesunden Winter verbringen kann

In den meisten Ländern der Welt – sei es in Europa, Amerika oder Asien – liegt die Zahl der Sterbefälle in den Monaten Dezember und Januar am höchsten. Hier ist eine Liste der Orte, an denen im Dezember und Januar die wenigsten Menschen sterben.

1. Barbados
2. Kapverdische Inseln
3. Dominica (Kleine Antillen)
4. Grönland
5. Nicaragua
6. Pakistan
7. Sabah (Malaysia)
8. Sarawak (Malaysia)
9. Surinam
10. Togo
11. Die Inseln Wallis und Futuna (Melanesien)

Quelle: «*United Nations Demographic Yearbook 1974*»

dw

Sidney Clarks
10 liebste übersehene Sehenswürdigkeiten

Sidney Clark widmete sein Leben dem Schreiben vielbeachteter Bücher über die zahlreichen Länder der Welt, die er auf seinen Reisen besuchte. Er starb im April 1975. Sein Sohn, Donald E. Clark, hat diese Liste im Namen seines Vaters aufgestellt.

Im 15. Jahrhundert gaben die Seefahrer der jugoslawischen Hafenstadt Dubrovnik den Namen «Königin der Adria».

1. Dubrovnik (Jugoslawien) – versunken in Schönheit und Geschichte
2. Liechtenstein – Briefmarken-Fürstentum
3. Hallstatt – der Schatz Oberösterreichs
4. Alkamar – und sein holländischer Käse
5. Rovaniemi (Finnland) – wiederaufgebaute Hauptstadt Lapplands
6. Heidelberg – mit seinem Universitätsleben
7. Geirangerfjord (Norwegen) – mit seiner atemberaubenden Schönheit
8. Annecy (Frankreich) – gelegen an einem herrlichen, von Bergen umrahmten See
9. Die Kanalinseln – in Sichtweite Frankreichs, und doch englisch
10. Conimbriga – römische Mosaiken im Norden Portugals

exklusiv

Ferdinand Ranfts
10 liebste übersehene Sehenswürdigkeiten

1. Scottish National Gallery of Modern Art im Botanischen Garten von Edinburgh
2. Der Bibliothekssaal des Klosters Polling in Oberbayern
3. Tilman Riemenschneiders Steinrelief der Beweinung Christi in Maidbronn bei Würzburg

4. Klosterkirche St. Anna in München
5. Die dänische Insel Tunø
6. Die Alsterfähre in Hamburg vom Fährdamm zum Uhlenhorster Fährhaus
7. Parador Nacional (Hotel) auf der Kanarischen Insel Gomera
8. Zuoz im Engadin
9. Die Bach-Kantate am Samstagnachmittag in der Thomaskirche in Leipzig
10. Schloß Pommersfelden bei Bamberg

exklusiv für Rowohlts Bunte Liste

Rudolf Walter Leonhardts
7 liebste übersehene Sehenswürdigkeiten

1. Torcello
2. Hörnum Odde auf Sylt
3. Sudermühlen, Heide
4. Quimper in der Bretagne
5. San Marino
6. Cipriani (Hotel) in Venedig
7. Ordino in Andorra

exklusiv für Rowohlts Bunte Liste

Temple Fieldings
11 liebste übersehene Sehenswürdigkeiten

Der Reiseschriftsteller Temple Fielding konzentriert sich mehr auf die praktischen Aspekte des Tourismus – wo kann man gut essen, die schönsten Sehenswürdigkeiten, Hotels usw. – als auf Museumsstatistiken und Historie. Seine lockere Einstellung zum Reisen hat ihm den Beifall einer riesigen Leserschaft eingebracht. Der Bestseller *«Fielding's Travel Guide to Europe»* (Fieldings Europa-Reiseführer) erscheint jährlich. Zu seinen weiteren Reisebüchern gehört *«Fielding's Currency Guide»* (Fieldings Währungsratgeber) und *«Fielding's Low-Cost Guide to Europe»* (Billig reisen in Europa).

1. Malediven (bei Sri Lanka)
Mehr als 1000 unbewohnte, üppig bewachsene Koralleninseln. Sie können an den herrlichen weißen Stränden der Bilderbuch-Lagunen nackt baden, Sie sind Königin und König *Ihres* Reiches, bis am späten Nachmittag der Fischer mit seinem Boot zurückkommt und Sie beide abholt.

2. Die Duplex-Penthouse-Suite im Hotel Bristol, Paris
Drei Schlafzimmer, drei Badezimmer, ein großartiger Blick über die
«Stadt des Lichts» von den umlaufenden Dachterrassen und ein privater Aufzug zwischen den beiden Stockwerken – für nur DM 1000,– pro Tag.

3. Das Peer-Gynt-Bergland in Norwegen
Nur drei Autostunden nördlich von Oslo, mit ein paar guten, über unberührten Seen wunderschön gelegenen Hotels. Im Winter hervorragende Skibedingungen, im Sommer alle Arten von Sporteinrichtungen und Wanderwege. Keine überhöhten Preise und Wasser, das so sauber ist, daß Sie Ihre Wasserflasche an jedem beliebigen Naturquell füllen können.

4. Die äußeren Seychellen
Eine faszinierende Kette tropischer Inseln, 1000 Meilen östlich vor der kenianischen Küste im Indischen Ozean gelegen, vor allem beeindruckend durch ihre unberührte Lebenswelt für Vögel und Schildkröten und die Vielzahl exotischer Fische, von denen einige noch immer nicht von den Ichthyologen klassifiziert sind.

5. Das Mittagsbuffet im Hotel Royal, Kopenhagen
Sie wählen von 55 verschiedenen Platten, Tellern und Körben – Hummer, Kaviar, eine Unzahl von Fischen, Pasteten, Salaten und mindestens zehn Fleischsorten, eine ganze Batterie von heißen Aufläufen, Gebäck, Desserts, Käse und vieles andere – für nur DM 20,– zum Sattessen.

6. Ein Privatflug über das wilde, unbewohnbare, fast undurchdringliche One-Quarter von Tasmanien
Sollten Sie einmal in diese Gegend kommen, chartern Sie am Flughafen von Hobart ein kleines, viersitziges Flugzeug mit einem Buschpiloten und landen Sie auf jeden Fall für ein Picknick an den fast unheimlich friedlichen und wunderschönen Ufern des Lake Pedar.

7. Der Picos de Europa in Spanien
Dieser unglaublich schöne Gebirgszug an der spanischen Küste 40 Kilometer westlich von Santander erreicht Höhen wie die Schweizer Alpen, aber die Berge sind steiler. Die einzigen akzeptablen Übernachtungsmöglichkeiten bieten drei kleine staatliche Hotels, von denen das beste das tief in der Wildnis gelegene Fuente de Parador ist.

8. Matsushima in Japan
Der Name dieser Gegend (übersetzt bedeutet er Kieferninsel) ist im Singular gebildet, weil er von einem kleinen Eiland stammt, aber in Wirklichkeit umfaßt das Gebiet weitere 260 Inseln, die geschützt in der Matsushima-Bucht 350 Kilometer nordöstlich von Tokio liegen.

Durch das malerische Märchenland dieses Archipels zu fahren, ist ein Erlebnis, das Sie nie vergessen werden.

9. Masai Mara Lodge in Kenia
Eine geschützte Oase am Mara-Fluß im Land der Löwen, Büffel und Leoparden, wo Sie, in Begleitung eines Führers, die Tiere in ihren ursprünglichen Lebensräumen erleben können.

10. Die Pousada de Rainha Santa Isabel in Portugal
Diese großartige Bastion aus dem 13. Jahrhundert, gelegen über der mittelalterlichen Stadt Estremoz, 200 Kilometer von Lissabon und 30 Kilometer von der spanischen Grenze entfernt, ist großzügig restauriert und mit einer herrlichen Sammlung alter portugiesischer Kunstschätze ausgestattet worden.

11. Die große Terrasse der Villa Fielding am Kap Formentor auf Mallorca
Ein 180 Grad weites Panorama von Bergen, duftenden Kiefern, schneeweißen Stränden, der weiten türkisen Mittelmeerbucht und einem endlosen Himmel. Möge es immer so bleiben!

exklusiv

Temple Fielding:
13 Orte, die man auf Reisen meiden sollte

1. Brindisi (Italien)
2. Kalkutta (Indien)
3. Cardiff (Wales)
4. Cartagena (Spanien)
5. Dschibuti (Afar/Issas)
6. Essen
7. Monrovia (Liberia)
8. Paramaribo (Surinam)
9. Punta Arenas (Chile)
10. Rangoon (Burma)
11. Seoul (Süd-Korea)
12. Shanghai (VR China)
13. Tirana (Albanien)

Fielding fügte hinzu: «Ich könnte ohne weiteres noch 75 oder 100 weniger bekannte, aber nicht minder gräßliche und ungastliche Orte nennen, vor allem in Ländern der Zweiten und Dritten Welt.»

exklusiv

In Cartagena im Südosten Spaniens leben 147000 Menschen. Der Marinestützpunkt und die zahlreichen großen Hüttenwerke tragen nicht gerade zur Verschönerung des Stadtbildes bei.

32 neue Namen für alte Orte

alt	*neu*
1. Abessinien	Äthiopien
2. Basutoland	Lesotho
3. Batavia (Niederländisch-Hinterindien)	Djakarta (Indonesien)
4. Betschuanaland	Botswana
5. Belgisch-Kongo	Zaïre
6. Britisch-Honduras	Belize
7. Ceylon	Sri Lanka
8. Chemnitz	Karl-Marx-Stadt
9. Christiana (Norwegen)	Oslo
10. Ciudad Trujillo (Dominikanische Republik)	Santo Domingo
11. Konstantinopel	Istanbul
12. Dahomé	Benin
13. Danzig	Gdansk
14. Deutsch-Südwestafrika	Namibia
15. Edo (Japan)	Tokio

16. Fort Dearborn (indianisches Stammesgebiet)	Chicago (Illinois)
17. Fort Rouillé (Neu-Frankreich)	Toronto (Provinz Ontario, Kanada)
18. Goldküste	Ghana
19. Neu-Amsterdam (Neu-Holland)	New York (Bundesstaat New York, USA)
20. Njassaland	Malawi
21. Nord-Rhodesien	Sambia
22. Ost-Pakistan	Bangladesch
23. Peiping	Beijing (Peking)
24. Persien	Iran
25. Rhodesien	Zimbabwe
26. Saigon (Süd-Vietnam)	Ho-Tschi-Minh-Stadt (Vietnam)
27. St. Petersburg (Rußland)	Leningrad (UdSSR)
28. Siam	Thailand
29. Stalingrad	Wolgograd
30. Tanganjika und Sansibar	Tansania
31. Tenochtitlán	Mexico City
32. Ubangi-Shari	Zentralafrikanische Republik

hg

Die 10 größten Länder der Erde

	Fläche (qkm)
1. UdSSR	22 402 000
2. Kanada	9 970 000
3. Volksrepublik China	9 740 000
4. USA	9 347 000
5. Brasilien	8 500 000
6. Australien	7 700 000
7. Indien	3 300 000
8. Argentinien	2 800 000
9. Sudan	2 500 000
10. Algerien	2 382 000

Die 15 bevölkerungsreichsten Länder der Erde

1. China   590 194 715 (1953)*
2. Indien   683 810 051 (1981)
3. UdSSR   262 436 227 (1979)
4. USA   226 504 825 (1980)
5. Indonesien   147 383 075 (1980)
6. Japan   117 057 485 (1980)
7. Brasilien   92 341 556 (1970)
8. Bangladesch   71 479 071 (1974)
9. Mexiko   67 395 826 (1980)
10. Pakistan   64 979 732 (1972)
11. Bundesrepublik Deutschland   60 650 599 (1970)
12. Nigeria   55 670 055 (1963)
13. Großbritannien   55 506 131 (1971)
14. Italien   53 744 737 (1971)
15. Vietnam   52 741 766 (1979)

* Eine chinesische Volkszählung vom Juni 1979, die auf dem Volkskongreß veröffentlicht wurde, ergab die Zahl 970 000 000.
Quelle: *«United Nations Demographic Yearbook 1980»*.

Die 5 Gebiete mit dem höchsten Bevölkerungswachstum

1. Vatikan	6,6 %	4. Katar	5,2 %
2. Kuwait	6,3 %	5. Andorra	4,8 %
3. Saint Vincent und die Grenadinen	5,5 %		

Quelle: *«United Nations Demographic Yearbook 1980»*.

5 Gebiete mit stagnierender oder rückläufiger Bevölkerungsentwicklung

1. Niuë	−4,1 %	4. Großbritannien	0,0 %
2. BRD	−0,1 %	5. Österreich	0,0 %
3. DDR	−0,1 %		

Quelle: *«United Nations Demographic Yearbook 1980»*.

Die 15 bevölkerungsreichsten Stadtgebiete der Gegenwart

Einwohnerzahl 1975

1. Tokio – Yokohama — 17 317 000
2. New York – nordöstliches New Jersey — 17 013 000
3. Mexico City — 10 942 000
4. Shanghai — 10 888 000
5. London — 10 711 000
6. São Paulo — 9 965 000
7. Rhein-Ruhr (Düsseldorf–Essen–Köln) — 9 701 000
8. Los Angeles-Long Beach — 9 502 000
9. Buenos Aires — 9 332 000
10. Paris — 9 189 000
11. Osaka-Kobe — 8 684 000
12. Beijing (Peking) — 8 487 000
13. Rio de Janeiro — 8 328 000
14. Kalkutta — 8 077 000
15. Moskau — 7 609 000

Quelle: UN Population Division, Schätzungen.

Die 15 bevölkerungsreichsten Stadtgebiete im Jahr 2000

voraussichtliche Einwohnerzahl

1. Mexico City — 31 616 000
2. Tokio-Yokohama — 26 128 000
3. São Paulo — 26 045 000
4. New York – nordöstliches New Jersey — 22 212 000
5. Kalkutta — 19 663 000
6. Rio de Janeiro — 19 383 000
7. Shanghai — 19 155 000
8. Groß-Bombay — 19 065 000
9. Beijing (Peking) — 19 064 000
10. Seoul — 18 711 000
11. Djakarta — 16 933 000
12. Kairo-Gizeh-Imbâba — 16 398 000
13. Karatschi — 15 862 000
14. Los Angeles – Long Beach — 14 795 000
15. Buenos Aires — 13 978 000

Quelle: UN Population Division, Hochrechnungen.

Die 11 kältesten Städte der Welt

Anstatt eine Liste der heißesten und kältesten *Orte* der Welt zusammenzustellen, von denen viele ohnehin nur menschenleere Außenposten der Zivilisation sind, berücksichtigen die beiden folgenden Listen lediglich Städte mit mindestens 10 000 Einwohnern. Und anstatt die absoluten *Extrem*temperaturen jedes Ortes zur Grundlage zu nehmen, beruhen diese Listen auf langfristigen *Durchschnitts*werten: auf den durchschnittlich höchsten bzw. tiefsten Temperaturen während der heißesten bzw. kältesten Monate des Jahres.

Stadt/Land	Bevölkerung	durchschnittliche Tiefsttemperatur im Januar in °C
1. Jakutsk/UdSSR	126 000	−47
2. Dudinka/UdSSR	21 000	−35
3. Kirensk/UdSSR	10 000	−33
4. Ulan Bator/Mongolei	267 400	−32
4. Tschita/UdSSR	267 000	−32
6. Salechard/UdSSR	25 000	−30
6. Fairbanks/Alaska, USA	15 000	−30
8. Narym/UdSSR	24 000	−28
9. Irkutsk/UdSSR	485 000	−26
10. Charbin/China	2 750 000	−25
10. Omsk/UdSSR	821 000	−25

Die 11 heißesten Städte der Welt

Stadt/Land	Bevölkerung	durchschnittliche Höchsttemperatur im Juli in °C
1. Adrar/Algerien	13 300	46
2. Abadan/Iran	273 000	45
3. Bagdad/Irak	2 183 760	44
4. Mossul/Irak	293 100	43
5. Niamey/Niger	79 000	42*
6. Er Riad/Saudi-Arabien	225 000	41
6. N'Djamena/Tschad	179 000	41*
6. Tuggurt/Algerien	26 500	41
6. Berbera/Somalia	14 000	41
6. El Golea/Algerien	13 700	41
6. Dharan/Saudi-Arabien	12 500	41

* Durchschnittliche Höchsttemperatur im April. In Städten, die mit einem Stern versehen sind, liegen die Temperaturen im April höher als im Juli.

Die ersten 10 Transatlantikflüge

1. ‹Lame Duck› (amerikanisches Flugboot vom Typ NC-4)
   Korvettenkapitän Albert «Putty» C. Read mit fünf Mann Besatzung.
   Von Trepassey Bay (Neufundland, Kanada) nach Plymouth (England).
   16. bis 27. Mai 1919.

Die ‹Lame-Duck› hatte den Ruf eines Unglücksflugzeugs. Unmittelbar vor dem Start wurde dem Chefmechaniker E. H. Howard vom Propeller eine Hand abgerissen. Während des Fluges wurde eines der Crewmitglieder ernstlich luftkrank. Dann fielen zwei der vier Motoren aus. Infolgedessen verbrachte die NC-4 ungefähr ebensoviel Zeit auf der Erde und auf dem Wasser wie in der Luft. Trotz all dieser Widrigkeiten wurde Read – der Kapitän des ersten Transatlantikfluges – als Nationalheld gefeiert.

2. Ein von der Firma British Vickers umgebauter Vimy Night Bomber
   Capt. John Alcock und Lieutenant Arthur Whitten Brown.
   Von St. John's (Neufundland, Kanada) nach Clifden (Irland).
   14. bis 15. Juni 1919.

Zwei ausgestopfte Katzen, Lucky Jim und Twinkletoes, leisteten den abergläubischen Piloten Alcock und Brown auf dieser ersten Nonstop-Überquerung Gesellschaft. Man kann darüber streiten, ob die Maskottchen wirklich Glück gebracht haben, denn auf dem Flug gab es eine Menge Probleme. Erst schmolz ein überhitztes Abgasrohr. Später verloren die Männer im Nebel völlig die Orientierung und wären um ein Haar in den Atlantik gestürzt, wenn nicht die Sicht etwa 30 Meter über der Wasseroberfläche plötzlich wieder besser geworden wäre. Und nach einem Schneesturm mußte Brown – mit einem verkrüppelten Bein – auf die Tragfläche klettern, um die vereisten Meßinstrumente freizuschlagen. Es scheint wie ein Wunder, daß die beiden Kriegsveteranen schließlich sicher in Clifden landeten. Doch sie konnten den Ruhm nicht lange genießen: Alcock starb sechs Monate später, als das Flugzeug, das er für eine Pariser Ausstellung flog, im Nebel abstürzte. Nach dieser Tragödie beschloß sein Partner Brown, niemals wieder zu fliegen. Sein Sohn jedoch wurde Pilot und fiel im Zweiten Weltkrieg.

3. ‹R-34› (englisches Luftschiff)
   Major G. Scott mit einer Besatzung von 30 Mann.
   Von East Fortune (Schottland) nach Mineola (New York).
   2. bis 6. Juli 1919.

Die ‹R-34› war das erste lenkbare Luftschiff, das den Atlantik überflog. Eine weitere Besonderheit war, daß es – neben hohen Offiziellen – den ersten Blinden Passagier der Luft über den Atlantik transportierte. William Ballantine, ein Crewmitglied, das man abgesetzt hatte, um das Ladegewicht zu verringern, war heimlich wieder an Bord geschlichen und hatte sich versteckt – aber er verriet sich, als er luftkrank wurde. (Man verurteilte ihn vor einem Kriegsgericht.) Bevor die ‹R-34› zur Erde zurückkehren konnte, mußte Major J. Prichard mit dem Fallschirm abspringen, um unten eine neue Landungsmannschaft aufzutreiben. Da es kein Funkgerät an Bord des Luftschiffes gab, konnte die ursprüngliche Bodenmannschaft nicht benachrichtigt werden, daß wegen des starken Windes die Landepläne geändert werden mußten.

4. ‹Los Angeles› (deutsches Luftschiff Z-R 3)
   Dr. Hugo Eckener mit einer Besatzung von 33 Mann.
   Von Friedrichshafen nach Lakehurst (New Jersey, USA).
   12. bis 15. Oktober 1924.
Der erfolgreiche Überführungsflug mit deutscher Besatzung trug entscheidend zur Verbesserung der Beziehungen zwischen den USA und Deutschland nach dem Ersten Weltkrieg bei. Gleichzeitig enstand durch dieses Ereignis in dem politisch zerrissenen Deutschland ein Einheitsgefühl unter der Bevölkerung, weil es den Nationalstolz der Deutschen weckte.

5. ‹Plus Ultra› (Dornier-Wal-Flugboot mit Tandem-Maschine)
   Ramon Franco, Druan, R. de Alda und Prata.
   Von Palos (Spanien) nach Buenos Aires (Argentinien).
   23. Januar bis 5. Februar 1926.
Franco wurde als «Kolumbus der Lüfte» bekannt, weil die ‹Plus Ultra› an dem Ort startete, von dem aus Christoph Kolumbus zu seiner Fahrt in die Neue Welt aufgebrochen war. Das Ereignis erweckte wenig Aufmerksamkeit, obwohl es die erste erfolgreiche Überquerung des Südatlantik mit einem Flugzeug war.

6. ‹Santa Maria› (Savoia-Marchetti 55)
   Francesco Marquis de Pinedo, Capt. Carlo del Prete und Leutnant Vitale Vacchetti.
   Von Sardinien nach Pernambuco (Brasilien).
   13. bis 24. Februar 1927.
Die Goodwill-Tour, die das faschistische Italien mit Südamerika und den Vereinigten Staaten verbünden sollte, endete als Desaster. Nach ihrer Reise über den Südatlantik landete die ‹Santa Maria› in Arizona an einem See, um aufzutanken. Ein Jugendlicher des Ortes, der der Besatzung behilflich war, zündete sich eine Zigarette an und warf das Streichholz in den See – genau an die Stelle, wo de Pinedo wenige Minuten zuvor ein paar Liter überflüssigen Treibstoff hineingegossen hatte. Die ‹Santa Maria› fing Feuer und sank. Als das Unglück in Italien bekannt wurde, rasselte die Regierung bedrohlich mit den Säbeln und beschuldigte die Amerikaner der antifaschistischen Verschwö-

rung. Die Erregung legte sich bald darauf, als ein Reporter aus Arizona die Wahrheit über den Vorfall aufdeckte.

7. ‹Spirit of St. Louis› (einmotoriger Ryan-Eindecker mit hochgesetzten Tragflächen)
Capt. Charles Lindbergh.
Von Garden City (New York) nach Paris.
20. bis 21. Mai 1927.

Lindbergh entfernte alle überflüssigen Teile (einschließlich der Windschutzscheibe) aus seinem Flugzeug. Statt der freien Sicht durch die Scheibe hatte der Pilot vor sich ein großes Armaturenbrett, und für den Blick nach vorn war ein Periskop montiert worden. Ferner hatte man den Treibstofftank vorn eingebaut, damit Lindbergh im Falle eines Absturzes nicht von seinem Gewicht erdrückt würde. «Lucky Lindy» blieb 38½ Stunden in der Luft, und auch nach der Landung in Paris dauerte es noch eine halbe Stunde, bis er wieder mit beiden Beinen auf der Erde stehen durfte. Die jubelnde Menge hob ihn in die Luft, Sammler rissen Stücke aus der Rumpfbespannung und stahlen Teile des Motors. Ein Reporter, der sich Lindberghs Helm aufgesetzt hatte, wurde für den Piloten gehalten und vor das offizielle Empfangskomitee geschleppt, wo man ihn dem amerikanischen Botschafter Herrick vorstellte. Der Flug machte Lindbergh für den Rest seines Lebens zu einem legendären Helden. Auch heute noch glauben die meisten Menschen, daß er als erster den Atlantik überflogen habe. Aber es war «nur» der erste Nonstop-*Einhand*-Transatlantikflug.

8. ‹Santa Maria II› (Savoia-Marchetti 55)
Francesco Marquis de Pinedo, Capt. Carlo del Prete und Leutnant Vitale Vacchetti.
Von Trepassy Bay (Neufundland, Kanada) nach Lissabon.
23. Mai bis 11. Juni 1927.

Weil sie gegen harten Wind anfliegen mußten, ging der ‹Santa Maria II› das Benzin aus, so daß die Piloten 500 Kilometer vor ihrem Ziel im Wasser notlanden mußten. Ein vorbeifahrendes Schiff schleppte das Flugzeug an Land. Die Nachricht von de Pinedos zweiter Atlantiküberquerung ging in der Aufregung um Lindberghs Flug unter.

9. ‹Columbia› (Giuseppe Bellanca)
Clarence Chamberlain und Charles A. Levine.
Von New York nach Eisleben.
4. bis 6. Juni 1927.

Charles Levine, Publicity-Mann der Firma Bellanca, suchte einen Piloten, der fotogen genug war, um nach dem Flug in den Presseberichten einen guten Eindruck zu machen. Auch mit Filmangeboten mußte gerechnet werden. Obwohl der Pilot Chamberlain auf Levines Liste ganz unten stand, bekam er den Job auf Grund eines Netzes von Intrigen, juristischen Komplikationen und öffentlichem Druck. Wer Chamberlain als Kopiloten begleiten sollte, blieb bis zur allerletzten

Minute vor dem Start offen. Unmittelbar vor dem Start sprang plötzlich Levine selbst ins Cockpit – und ließ seine verdutzte Frau auf der Rollbahn zurück, wo sie in Ohnmacht fiel. So wurde Levine der erste Passagier auf einem Transatlantikflug. Die ‹Columbia› stellte mit 6300 Kilometern einen Entfernungsrekord auf und war das erste Flugzeug, das Post über den Atlantik transportierte. Als die beiden Männer in Deutschland landeten um aufzutanken, wurden sie irrtümlich für die Mitglieder einer Kidnapperbande gehalten. Später forderten die Würstchenverkäufer Wiens von ihnen einen Schadensersatz von 1500 Dollar für nicht verkaufte Wiener Würstchen, weil die Flieger ihr Versprechen, sich der Öffentlichkeit in Wien zu präsentieren, nicht eingehalten hatten. Und ein prominenter Fahnenflüchtiger des Ersten Weltkrieges bot an, die ‹Columbia› zu kaufen, um mit ihr in die USA zurückzufliegen, weil er meinte, daß er sich durch diese heroische Tat würde rehabilitieren können.

10. ‹America› (dreimotoriger Eindecker von Fokker)
    Richard E. Byrd mit einer dreiköpfigen Besatzung.
    Von New York nach Ver-sur-Mer (Frankreich).
    29. Juni bis 1. Juli 1927.

Die ‹America› startete früher als geplant, weil die Halteseile rissen, während die Motoren warmliefen. Wegen dichten Nebels landete die Fokker 150 Kilometer vor ihrem Zielort Paris im Meer. Der Oberste Postmeister New hatte Kapitän Byrd versprochen, daß die ‹America› als erstes Flugzeug offiziell Luftpost befördern dürfe, doch hatte bereits einige Wochen zuvor ein kleiner Postbeamter (Sealy aus New Hempstead) in maßloser Überschreitung seiner Kompetenzen den Piloten der ‹Columbia› eine solche Beförderung erlaubt.

db

9 Automobile, die Geschichte machten

1. Der Lenoir des Zaren Alexander II.

Der belgische Ingenieur J.J. Étienne Lenoir soll im Mai 1862 in Paris das erste Automobil mit Verbrennungsmotor gebaut haben. Das Fahrzeug, das an einen hübschen dreirädrigen Kinderwagen erinnerte, wurde mit Kohlenwasserstoff angetrieben. Zar Alexander II. von Rußland kaufte 1864 eines dieser Pionierautos und ließ es in einem Zug von Vincennes nach St. Petersburg transportieren. Zar Alexander war vermutlich der erste Erste Mann im Staate, der ein eigenes Automobil besaß. 1881 kam er bei einem Bombenattentat ums Leben. 1905 begann eine intensive Suche nach dem historischen Fahrzeug, aber es wurde nie gefunden.

2. Der Graf & Stift Ferdinands

1897 taten sich die drei Brüder Carl, Heinrich und Franz Graf mit Josef Hans Stift zusammen, um ein Automobil zu bauen. So entstand der große Graf & Stift Phaeton mit einem Vier-Zylinder-Motor und dem ersten Vorderradantrieb. In diesem Wagen – dem ersten in Österreich hergestellten Auto – fuhr Thronfolger Erzherzog Franz Ferdinand während eines Besuches durch Sarajewo (Bosnien). Er saß auch in dem von ihm geliebten Auto, als er am 28. Juni 1914 von Gavrilo Princip erschossen wurde – eine Tragödie, die den Ersten Weltkrieg auslöste. In den nächsten zwölf Jahren gehörte derselbe Wagen 15 verschiedenen Privatpersonen und war in sechs schwere Unfälle verwickelt, die 13 Menschen das Leben kosteten. Nach seinem letzten Unfall 1926 in Rumänien wurde der Wagen aus dem Verkehr gezogen und fand seine letzte Ruhestätte im Museum für Kriegsgeschichte in Wien, wo man ihn noch heute bewundern kann.

3. Der Rolls Royce des Zaren Nikolaus II.
Zar Nikolaus II. erwarb 1913 in Paris zwei Rolls Landaulets und ließ sie nach Moskau transportieren. Innen waren sie mit dicken Teppichen ausgelegt, die Sitze waren mit reiner Seide bezogen, und Armaturenbrett und Beschläge waren aus den kostbarsten Materialien, die man für Geld kaufen konnte. Die Wagen waren Symbole für alles das, was die Bolschewiki haßten. Aber nach der Revolution kaufte sich ein sowjetischer Genosse ebenfalls einen luxuriösen Rolls Royce und ließ ihn mit Kufen und Kettenantrieb für Fahrten durch die russische Winterlandschaft ausrüsten. Der Wagen wird noch heute in Moskau ausgestellt. Sein Besitzer war Wladimir Ilich Uljanow – besser bekannt als Lenin.

4. Colonel T. E. Lawrences Rolls Royce
Zwischen 1916 und 1918, als der britische General Edmund Allenby mit seinen Truppen in Syrien gegen die türkische Armee kämpfte, wurde Lawrence von Arabien in einer gemeinsamen Offensive die Führung einer Truppe von arabischen nationalistischen Guerillas übertragen. Um seine mobile Einheit möglichst schlagkräftig zu machen, forderte Lawrence als Leihgabe neun Rolls Royce, von denen er einen für sich persönlich reservierte. Dem Wunsch wurde stattgegeben. An einem einzigen Tag gelang es Lawrence, der seinen Rolls Royce selbst fuhr und sich von zwei anderen begleiten ließ, zwei feindliche Brücken zu sprengen, zwei türkische Vorposten gefangenzunehmen und schließlich ein kurdisches Kavallerieregiment zu vernichten. Nach dem Krieg, als man ihn fragte, welchen materiellen Gegenstand er sich am meisten wünsche, antwortete Lawrence: «Vielleicht ist es kindisch, aber ich wünsche mir einen eigenen Rolls Royce mit so vielen Reifen und so viel Benzin, daß es für mein ganzes Leben reicht.»

5. Bonnies und Clydes Ford V-8
Der Großhändler Jesse Warren aus Topeka in Kansas hatte sich im März 1934 für 785 Dollar einen neuen Ford V-8 mit Bar und Heißwasserboiler gekauft. Am 29. April 1934 wurde der graue Ford aus War-

rens Einfahrt gestohlen – von einem Gangsterpaar, Bonnie Parker und Clyde Barrow. Die beiden gesuchten Verbrecher, die sich auf der Flucht befanden, fuhren den Ford 12000 Kilometer in 23 Tagen, bis sie in Louisiana in einen Hinterhalt der Texas Rangers gerieten. Bonnie wurde von 50, Clyde von 27 Kugeln getroffen.

6.–7. Adolf Hitlers zwei Mercedes-Benz
Adolf Hitler besaß 1941, als er auf dem Gipfel seiner Macht stand, zwei völlig identische Mercedes Benz 770-K. Jedes Auto war sechs Meter lang und wog 4,5 Tonnen. Ferner war jedes mit einer 30 Millimeter starken Panzerplatte sowie zwölf Millimeter dickem kugelsicherem Glas geschützt. Die Treibstofftanks faßten 200 Liter Benzin (auf 100 Kilometer verbrauchten die Wagen 76 Liter). Hitler benutzte die Luxusautomobile für seine Siegesparaden und für Inspektionsreisen durch die eroberten Länder. Nach der Kapitulation wurden die Wagen als Kriegsbeute in die Vereinigten Staaten gebracht. Kürzlich kaufte ein Autohändler aus Wisconsin einen dieser Mercedes Benz 770-K auf einer Auktion für 141000 Dollar.

8. Der Rolls Royce Ibn Sauds
Während des Zweiten Weltkrieges wurde ein phantastischer handgearbeiteter Rolls Royce zur Schachfigur im Spiel internationalen Größenwahns zwischen Winston Churchill und Franklin D. Roosevelt. Als Roosevelt König Ibn Saud von Saudi-Arabien in wohlberechneter Großzügigkeit ein Flugzeug vom Typ C-47 zum Geschenk machte, war der britische Stolz herausgefordert. Churchill engagierte schnell ein paar erfahrene Rolls-Royce-Experten von der Flugzeugmotorenfabrik des Konzerns und ließ von diesen eine wahrhaft königliche Karosse anfertigen. Im Fond der Limousine befand sich ein Thron, der so breit war, daß der König dort mit gekreuzten Beinen sitzen konnte, ganz nach arabischer Art. Der Wagen war mit Sirenen, Suchscheinwerfern und extrabreiten Trittbrettern für die Leibwächter ausgestattet. Die Karosserie war in einem schimmernden Grün gehalten. Die Ledersitze und die gesamte Innenausstattung hatte man in einen metallicgrünen Farbton getaucht. Für die nach moslemischer Sitte übliche Ablution hatte der König im hinteren Teil des Wagens einen kupfernen Wassertank und ein Becken aus Sterling-Silber, das nach hinten gekippt wurde, so daß sein Inhalt durch einen Abfluß im Boden ablief. Zu den weiteren königlichen Ausstattungen gehörte ein Radio, alabasterne Thermosflaschen und ein eingebautes Schränkchen für Bürsten und Kämme. Die Bürsten waren, mit Rücksicht auf Ibn Sauds moslemischen Glauben, mit Nylon- statt mit Schweineborsten versehen.

9. Präsident Kennedys Lincoln Continental, Modell 1961
Der Wagen war eine Spezialanfertigung, in der sieben Personen Platz hatten: der Chauffeur und ein Geheimagent auf den Vordersit-

zen, zwei Personen auf den hinteren Klappsitzen und drei Personen auf den hinteren Ledersitzen. Ein Griff an der Rückseite des Fahrersitzes diente dem Präsidenten dazu, sich festzuhalten, wenn er aufstehen und der Menge zuwinken wollte. Die Griffe am hinteren Kofferraum und die Steigbügel an der hinteren Stoßstange waren für die Männer vom Geheimdienst gedacht, wenn der Wagen schneller fuhr. Zusätzlich gab es ein Klappverdeck, das in vier Teilen den Lincoln von der Windschutzscheibe bis zum Rücksitz überspannte. Am 22. November 1963 in Dallas war das Verdeck nicht zugeklappt. Präsident Kennedy saß ungeschützt auf dem Rücksitz. Als sein Wagen über den Dealey Plaza fuhr, wurde er von mehreren Kugeln getroffen, die die rechte Seite seines Kopfes wegrissen. Der Präsident der Vereinigten Staaten erlag kurze Zeit später seinen Verletzungen. Der Lincoln ist seitdem vollständig mit kugelsicherem Glas, Panzerplatten und neuesten Funkgeräten ausgestattet und gehört zum Wagenpark des amerikanischen Geheimdienstes.

iw & wh

7
Mit einem Wort – Kommunikation

Christine Brincks und Niko Hansens
20 schönste Wörter der deutschen Sprache

1. Busen
2. flauschig
3. Gaukler
4. Kaninchen
5. klammheimlich
6. Lautmalerei
7. Matsch (Klatsch, Quatsch)
8. murmeln
9. Pampelmuse
10. quengeln
11. Radieschen
12. Rumpelstilzchen
13. Samtpfötchen
14. saumselig
15. säuseln
16. Schabernack
17. schaudern
18. schmusen
19. Sternschnuppe
20. Woge

exklusiv für Rowohlts Bunte Liste

Christine Brincks und Niko Hansens
20 häßlichste Wörter der deutschen Sprache

1. aufoktroyieren
2. ausdiskutieren
3. Bestuhlung
4. Begattung/Gatte/Gattin
5. Bratsche
6. Brust
7. Castrop-Rauxel und Wanne-Eickel
8. Fortpflanzungsorgan
9. Fratze
10. funktionstüchtig
11. Gör
12. hinterfragen
13. Kante
14. Knack-/Bockwurst
15. Menschenmaterial
16. Pack
17. Patientengut
18. pflegeleicht
19. Tonträger
20. wringen

exklusiv für Rowohlts Bunte Liste

Die 10 am häufigsten benutzten Wörter der deutschen Sprache

1. die
2. der
3. und
4. in
5. zu
6. den
7. das
8. nicht
9. von
10. sie

Anmerkung: Auf Rang 90 erscheint als erstes Substantiv das Wort Zeit, auf den Rängen 119: Herr, 146: Mann, 151: Herren – von Frauen ist noch lange nicht die Rede.
Quelle: Helmut Meier: *«Deutsche Sprachstatistik»*, Hildesheim 1964.

13 Zungenbrecher, aber andere als Fischers Fritze fischte frische Fische

1. Wenn hinter Robben Robben robben, robben Robben Robben hinterher.
2. Selten küßt der Küster, küßt der Küster, küßt der Küster selten seine Frau.
3. Der Leutnant von Leuten befahl seinen Leuten, nicht eher zu läuten, als bis der Leutnant von Leuten seinen Leuten das Läuten befahl.
4. Zwischen zwei Zwetschgenzweigen zwitscherten zwei zwitschernde Schwalben.
5. Der Whiskeymixer mixt Whiskey, Whiskey mixt der Whiskeymixer.
6. Wenn hinter Fliegen Fliegen fliegen, fliegen Fliegen Fliegen hinterher.
7. Brautkleid bleibt Brautkleid und Blaukraut bleibt Blaukraut.
8. Ein tschechischer Chefchemiker.
9. Der dicke Dieter trägt den dünnen Dieter durch das dunkle Dorf.
10. Schwarze Borsten bürsten besser, als weiße Borsten bürsten.
11. Flotte flinke Fellflicker flicken flink feine Felle.
12. Kleine Kinder können keine kleinen Kirschkerne knacken.
13. In Ulm, um Ulm und um Ulm herum.

11 Palindrome

Palindrome sind Wörter oder Sätze, die sich vorwärts wie rückwärts lesen lassen.

1. Ein Neger mit Gazelle zagt im Regen nie.
2. Nie, Amalia, lad' 'nen Dalai Lama ein!
3. Eine Mark eher drehe, krame nie!
4. stets arena grosser germanen am regressorgane rastets*
5. sagbares merkmal am kremser: abgas*
6. dogma: I am god*
7. nie reime, da kann akademie rein*
8. reize vitaler stiere bereits relative zier*
9. oh! cet echo!*
10. grasmitte da kniet ein kadett im sarg*
11. dreh magiezettel um: amulette zeig am herd*

* Von André Thomkins
Quelle: Katalog der Kästner-Gesellschaft, Hannover 1974, S. 36

8 Schüttelreime

Schüttelreime sind Scherzreime, bei denen die Anfangsbuchstaben zweier Wörter oder Wortteile vertauscht werden.

1. Du bist Buddhist!

2. Und aus des toten Recken Hose
   wuchs eine kleine Heckenrose.

3. Um sie den Arm geschlungen zag,
   sprach er mit sanftem Zungenschlag,
   was war das für ein Schlangenzug,
   der mich in deine Zangen schlug.

4. Was frag ich nach Fürst Metternich,
   mein Vetter küßt viel netter mich.

5. Ich seh zwei tote Moppel dort
   und denke gleich an Doppelmord;
   nach seinem Mord an Erika
   fuhr er nach Nordamerika.

6. Kein Lüftchen tut die Luhe regen,
   die Welt will sich zur Ruhe legen,
   bald fängt Gemuh, Gemecker an:
   Die Herde heim treibt Eckermann.*

7. Als Ruth von ihrem Russen schied,
   begab sie sich nach Schussenried.
   Aus allen Rissen drang der Schutt,
   das Leben ist beschissen, Ruth.

8. Wenn der Wind in Wipfel geht,
   Trost dir aus den Gipfeln weht.

* Goethes ‹getreuer› Eckermann wurde in Winsen an der Luhe geboren.

14 Personen, die zu Worten wurden

1. Hauptmann Charles C. Boycott (1832–1897)
Der Graf von Earne hatte Boycott dazu angestellt, die hohen Zinsen von verarmten irischen Pachtbauern einzutreiben, doch die Bauern beachteten den Hauptmann einfach nicht und *boykottierten* so seine Arbeit.

2. Louis Braille (1809–1852)
Er erblindete infolge eines Unfalls im Alter von drei Jahren und lernte das Lesen in Paris aus drei unhandlichen Büchern, die in Reliefschrift gedruckt waren. Mit 15 Jahren erfand er ein System aus geprägten Punkten, die *Brailleschrift.*

3. Rudolf Diesel (1858–1913)
Der deutsche Ingenieur, der bei der Firma Krupp arbeitete, entwickelte zwischen 1893 und 1897 einen Verbrennungsmotor mit Kompressionszündung, der mit billigem Rohöl betrieben werden konnte: den *Dieselmotor*.

4. Joseph I. Guillotin (1738–1814)
Dr. Guillotin, ein bekannter Pariser Arzt und Mitglied der Nationalversammlung, forderte eine menschlichere Form der Vollstreckung von Todesurteilen. Schwert und Galgen wurden bald darauf ersetzt durch die schnell und zuverlässig ihren Zweck erfüllende *Guillotine* (Entwurf: Dr. Antoine Louis; Ausführung: Tobias Smith).

5. Hauptmann William Lynch (1742–1820)
Der aus Virginia stammende Lynch organisierte eine Gruppe von

Leuten in Pittsylvania County, die sich selbst zu Hütern des Gesetzes ernannten und auszogen, um eine berüchtigte Bande von Räubern zu fangen und zu bestrafen *(lynchen)*. In den meisten Lexika wird der Ursprung des Wortes irrtümlich Oberst Charles Lynch, einem Abgeordneten im Parlament von Virginia, zugeschrieben. Doch hat dieser Lynch niemanden gelyncht.

6. Niccolò Machiavelli (1469–1527)
Er stammte aus einer florentinischen Patrizierfamilie. Seine bescheidene politische Laufbahn als Kanzleisekretär in Florenz wurde 1512 mit der Rückkehr der Herrscherfamilie Medici und dem Sturz der Republik jäh beendet. Von nun an widmete er sich ausschließlich seinen schriftstellerischen Arbeiten. Sein berühmtestes Werk «*Il principe*» (dt. «*Der Fürst*»), schildert den Werdegang eines Fürsten, der die Einigung Italiens herbeiführen und das Land von fremden Machthabern befreien soll. In dem Buch wird jeder im Namen des Staates begangener Treuebruch und jedes im Sinne der Staatsräson verübte Verbrechen gerechtfertigt. Der Begriff *Machiavellismus* bezeichnet eine politische Lehre und Praxis, die der Politik den Vorrang vor der Moral gibt.

7. John Montagu, Vierter Graf von Sandwich (1718–1792)
Montagu führte ein politisches Dasein, das von Korruption begleitet, und ein privates, das von fragwürdiger Moral befleckt war. Als passionierter Spieler weigerte sich Lord Sandwich, den Spieltisch während einer Partie zum Essen zu verlassen und ließ sich statt dessen von einem Diener eine Scheibe Braten zwischen zwei Scheiben Brot bringen – ein *Sandwich*.

8. Jean Nicot (1530?–1600)
Dem französischen Botschafter Nicot wurde während einer seiner Missionen in Portugal eine Tabakpflanze aus Florida übergeben. Er nahm sie mit nach Frankreich und stieg, als er ein wachsendes Interesse an dem «Amerikanischen Puder» und dem in ihm enthaltenen *Nikotin* entdeckte, persönlich in das vielversprechende Geschäft ein.

9. Major Vidkun Quisling (1887–1945)
Der ehemalige Vorsitzende der in Norwegen unbeliebten faschistischen Partei Nasjonal Samling wurde von Hitler während der Besetzung Norwegens durch die Nazis als Chef einer «Nationalen Regierung» eingesetzt. Ein Verräter, der mit der Besatzungsmacht kollaboriert, ist ein *Quisling*.

10. Leopold von Sacher-Masoch (1836–1895)
Zum Teil sind wohl die blutigen Horrorgeschichten, die seine Kinderfrau Handscha ihm als kleinem Jungen erzählte, daran schuld, daß der produktive österreichische Schriftsteller Sacher-Masoch nur dann sexuelle Befriedigung finden konnte, wenn Frauen ihn körperlich mißhandelten und quälten. Nach ihm wird diese Ausdrucksform der Sexualität *Masochismus* genannt.

11. Marquis de Sade (1740–1814)
Der Marquis, ein Mitglied der französischen Aristokratie, verbrachte viele Jahre im Gefängnis, weil er, seine sexuellen Perversionen auslebend, skandalöse Verbrechen begangen hatte. Im Gefängnis schrieb er Romane und Theaterstücke, in denen er ungezählte sexuelle Grausamkeiten anschaulich darstellte. Nach seinem Namen ist der Begriff *Sadismus* geprägt worden.

12. Antoine Joseph Sax (1814–1894)
Sax arbeitete in der Werkstatt seines Vaters, eines Instrumentenbauers in Brüssel, und erfand nebenbei eine Reihe neuer Blechblasinstrumente, von denen das berühmteste das *Saxophon* ist.

13. Étienne de Silhouette (1709–1767)
Um die brachliegende Wirtschaft Frankreichs nach dem Siebenjährigen Krieg (1756–1763) wieder in Gang zu bringen, setzte der Generalrevisor Silhouette eine Vielzahl neuer Steuern fest, von denen die meisten die Reichen betrafen. Die Wirtschaft ging weiter bergab, und nach acht Monaten mußte er zurücktreten. Sein Name wurde schnell mit billigen und «leeren» Gebrauchsgegenständen, wie Hosen ohne Taschen oder Schattenbildern (*Silhouetten*), in Zusammenhang gebracht.

In der zweiten Hälfte des 18. Jahrhunderts war der Schattenriß (Silhouette) als Ersatz für die unerschwinglichen Porträtminiaturen aus Elfenbein in Bürgerkreisen «en vogue».

14. Ferdinand Graf von Zeppelin (1838–1917)
Der ehemalige Offizier setzte nach seinem Ausscheiden aus dem aktiven Dienst (1891) seine ganzen Energien in die Verwirklichung seines Plans, ein Starrluftschiff zu bauen. Nachdem die Behörden es abgelehnt hatten, sein Vorhaben zu unterstützen, gründete er 1898 eine Aktiengesellschaft zur Förderung der Luftschiffahrt, in die der größte Teil seines Vermögens floß. Am 2. Juli 1900 stieg am Bodensee das erste Luftschiff, ‹LZ-1›, auf. Es wurde – wie auch seine Nachfolger – *Zeppelin* genannt.

iw & db & nh

Die häufigsten Nachnamen in 10 Ländern

China
1. Chang
2. Wang
3. Li

Deutschland
1. Schultz/Schulz
2. Müller
3. Schmidt
4. Krüger
5. Hoffmann
6. Fischer
7. Krause
8. Meyer/Meier/Maier
9. Neumann
10. Richter
11. Schneider
12. Schröder
13. Wolf/Wolff

England
1. Smith
2. Jones
3. Williams
4. Brown
5. Taylor
6. Davies
7. Evans
8. Thomas
9. Roberts
10. Johnson

Frankreich
1. Martin
2. Lefebvre/Lefèvre
3. Bernard
4. Petit
5. Dubois
6. Laurent
7. Moreau
8. Durand
9. Fournier
10. Leroy

Korea
1. Kim
2. Pak
3. Yi

Niederlande
1. De Vries
2. De Jong
3. Boer/De Boer
4. Bakker
5. Meijer/Meyer
6. Smit
7. Visser
8. Bos
9. Mulder
10. Vos

Schweden
1. Johansson
2. Andersson
3. Carlsson/Karlsson
4. Eriksson
5. Neilsson
6. Larsson
7. Petersson
8. Olsson
9. Jansson
10. Svensson

Spanien
1. García
2. Fernández
3. González
4. López
5. Sánchez
6. Rodríguez
7. Martínez
8. Martín
9. Pérez
10. Gómez

UdSSR
1. Iwanow
2. Wasiliew
3. Petrow
4. Smirnow
5. Michailow
6. Fedorow
7. Sokolow
8. Jakowlew
9. Popow
10. Andrejew

USA
1. Smith
2. Johnson
3. Williams
4. Brown
5. Jones
6. Miller
7. Davis
8. Wilson
9. Anderson
10. Taylor

mec

30 nicht-indogermanische Sprachen, aus denen Wörter der deutschen Sprache entlehnt worden sind

1.	Algonkin	Skunk, Squaw
2.	Arabisch	Almanach, Matratze, Admiral, Scheich, Haschisch, Barchent, Kadi, Kaftan, Kismet, Khaki, Kattun, Karaffe, Galan, Henna, Schirokko, Fakir, Harem, Nadir, Safari
3.	Araukanisch	Poncho
4.	Assyrisch	Naphta
5.	Australisch	Känguruh, Bumerang, Koala
6.	Baskisch	bizarr
7.	Karibisch	Kanu
8.	Chinesisch	Kotau, Tee, Catsup, Tycoon
9.	Eskimo	Kajak, Iglu
10.	Ewe	Woodoo

11. Finnisch	Sauna
12. Guarani	Jaguar
13. Hawaiisch	Hula, Ukulele, Kanake
14. Hebräisch	Amen, Halleluja, koscher, Sabbath, Getto, Nimrod, Schlamassel, Golem, Tohuwabohu, Kassiber
15. Hindustani	Shampoo
16. Indonesisch	Sago
17. Japanisch	Harakiri, Kimono, Samurai, Karate, Jiu-Jitsu, Geisha, Bonze
18. Javanisch	Batik, Gong
19. Lappisch	Tundra
20. Malaiisch	Orang-Utan, Sarong, Bambus
21. Maledivisch	Atoll
22. Nahua	Tomate, Schokolade, Avocado, Chili
23. Ojibwa	Totem
24. Persisch	Schach, Satrap, Karawane, Diwan
25. Quechua	Coca, Condor, Chinin
26. Tamulisch	Katamaran, Paria, Curry
27. Tonganisch	Tabu
28. Tungusisch	Schamane
29. Türkisch	Joghurt, Ulan, Bakschisch
30. Ungarisch	Kandare, Gulasch, Paprika, Tschako, Csárdás

dw & cb & nh

Die 10 meistgesprochenen Weltsprachen

Anzahl der Sprecher

1.	Mandarin	650 000 000
2.	Englisch	358 000 000
3.	Russisch	233 000 000
4.	Spanisch	213 000 000
5.	Hindi	209 000 000
6.	Arabisch	125 000 000
7.	Portugiesisch	124 000 000
8.	Bengali	123 000 000
9.	Deutsch	120 000 000
10.	Japanisch	110 000 000

8 ungewöhnliche Nachrichten, die mit der Flaschenpost gebracht wurden

1. Erlöse uns noch heute ...
Den sicheren Tod vor Augen schrieb der englische Major MacGregor, der sich auf einem sinkenden Schiff in der Biscaya befand, eine letzte Nachricht: «Schiff brennt. Elizabeth, Joanna und ich legen unser Schicksal in die Hand unseres Erlösers, dessen Güte uns gefaßt der schrecklichen Tatsache entgegensehen läßt, daß wir nun in die Ewigkeit eingehen.» Er nahm eine Flasche, steckte den Zettel hinein, verkorkte sie und warf sie ins Meer. Die Nachricht wurde anderthalb Jahre später gefunden. Es stellte sich heraus, daß der Major und seine Familie gerettet worden waren.

2. Doppeltes Risiko
Im 19. Jahrhundert warf ein englischer Seemann, der vielleicht einen «Club der einsamen Herzen» gründen wollte, eine Flasche mit einem Heiratsangebot an Unbekannt im Hafen von Southampton ins Wasser, als sein Schiff nach Indien auslief. Als er während der Rückreise in Port Said über die Pier ging, sah er eine Flasche im Wasser schwimmen. Er fischte sie heraus, öffnete sie und las sein eigenes Heiratsangebot.

3. Die letzte Nachricht von der ‹Lusitania›
Auf einer Schiffsreise durch den Nordatlantik entdeckte 1916 ein englischer Seemann eine Flasche im Wasser. Er fischte sie heraus, öffnete sie und las die letzte Nachricht, die von der ‹Lusitania› abgesendet worden war, bevor sie mit 1198 Passagieren an Bord sank: «Noch an Deck mit ein paar Leuten. Die letzten Boote haben abgelegt. Wir sinken schnell. Einige Männer in meiner Nähe beten mit einem Pater. Das Ende naht. Vielleicht wird diese Nachricht ...» An dieser Stelle brach der Text ab.

Die Versenkung des amerikanischen Dampfers ‹Lusitania› durch ein deutsches U-Boot am 7. Mai 1915 löste eine heftige antideutsche Welle in den USA aus.

4. Besser spät als nie
1714 machte sich der japanische Seemann Chunosuke Matsuyama mit einem Schiff auf Schatzsuche im Pazifik. Das Schiff sank in einem Sturm, aber er und die 44 Besatzungsmitglieder konnten sich auf ein einsames Korallenriff retten. Die gescheiterten Schatzsucher verhungerten und verdursteten schließlich. Bevor er starb, versuchte Matsuyama noch, eine Nachricht nach Hause zu schicken. Er schrieb die Geschichte, die ihm widerfahren war, auf kleine Holzstückchen, tat sie in eine Flasche und warf sie ins Meer. 150 Jahre später wurde die Flasche an den Strand der Gegend gespült, in der Matsuyama aufgewachsen war.

5. Die schnelle Nachricht
«Eine Flasche, die im Pazifik über Bord geworfen worden war, um dem Hydrographischen Amt der US-Navy neue Aufschlüsse zu ermöglichen, trieb 1250 Meilen in 53 Tagen!» schrieb 1941 der Kuriositätenjäger John Hix. «Sie wurde im südwestlichen Pazifik auf den Neuen Hebriden von einem Eingeborenen gefunden, der keine der acht Sprachen lesen konnte, in denen ihr Inhalt abgefaßt war.»

6. Starb Hitler in einem U-Boot?
Die Legendenbildung um Adolf Hitler erhielt neuen Auftrieb, als 1946 an der dänischen Küste eine Flasche mit einer Nachricht gefunden wurde, von der man bis heute nicht weiß, ob sie echt ist oder von einem Witzbold verfaßt wurde. Sie war auf eine herausgerissene Seite aus dem Logbuch eines deutschen U-Bootes geschrieben und etwa ein Jahr zuvor datiert worden. In der Nachricht wurde behauptet, daß Hitler nicht, wie allgemein angenommen, im Führerbunker in Berlin starb, sondern sich an Bord jenes U-Bootes befand, das am 15. November 1945 auf der Fahrt von Finnland nach Spanien sank.

7. Eine Nachricht vom Nordpol
1948 fand ein russischer Fischer eine Flasche an der Sandküste der Wilkizkistraße in der Arktis. In der Flasche befand sich eine Nachricht, die auf norwegisch und auf englisch abgefaßt war. Sie blieb zunächst unverständlich: «5 Ponys und 150 Hunde sind noch übrig. Brauche Heu, Fisch und 30 Schlitten. Muß im frühen August zurücksein. Baldwin.» Das Geheimnis um die Nachricht lüftete sich, als klar wurde, daß es sich um eine Flasche handelte, die der Polarforscher Evelyn Baldwin 1902 abgeschickt hatte. Er überlebte, auch ohne jemals das Heu, den Fisch oder die 30 Schlitten bekommen zu haben. Ob er es allerdings auch schaffte, bis August zurückzusein, ist unbekannt.

8. Public Relations per Flaschenpost
Der Engländer Donald Crowhurst wurde 1968 bei seinem Versuch, allein und ohne Unterbrechung die Welt zu umsegeln, von der südengli-

schen Kleinstadt Teignmouth unterstützt. Zum Dank nannte er sein Schiff ‹Teignmouth Electron› und willigte in eine Werbeaktion ein, in deren Rahmen er während seiner Weltumseglung in regelmäßigen Abständen Flaschen aussetzen sollte, deren Finder durch eine Nachricht in der Flasche dazu aufgefordert wurden, sich in Teignmouth zu melden. Freilich setzte Crowhurst nur zwei Flaschen aus, denn nach etwa vierwöchiger Segelzeit beschloß er, seine Weltumseglung lediglich vorzutäuschen und die entsprechende Zeit im Atlantik zu bleiben. Weitere ausgesetzte Flaschen, in denen er auch Datum und Positionsangaben notieren mußte, hätten ihn verraten.

jbm & nh

Charles Hamilton:
Die 10 seltensten Autographen –
und der Preis, den sie auf einer Auktion
erzielen würden

1963 gründete der führende Taxator von Autographen, Charles Hamilton, das erste Auktionshaus Amerikas, das ausschließlich Autographen versteigerte. Ferner ist er Autor der Bücher *«Ruf des Donnervogels»* und *«Collecting Autographs and Manuscripts»*.

		Wert in DM
1.	Julius Cäsar	4 000 000
2.	William Shakespeare	3 000 000
3.	Christoph Kolumbus	1 000 000
4.	Button Gwinnett, Unterzeichner der amerikanischen Unabhängigkeitserklärung (Brief)	500 000
5.	Abraham Lincoln (Brief an Mrs. Bixby, einer Mutter von fünf Soldaten der Unionstruppen, die auf dem Schlachtfeld gefallen waren)	300 000
6.	Jeanne d'Arc	250 000
7.	Richard Nixon (Rücktrittserklärung)	200 000
7.	Thomas Lynch, Unterzeichner der amerikanischen Unabhängigkeitserklärung (Brief)	200 000
9.	Wilhelm der Eroberer	150 000
9.	Karl der Große	150 000

exklusiv

Luc Jochimsens
10 liebste Nestbeschmutzer

Dr. Luc Jochimsen ist seit vielen Jahren Autorin sozialkritischer Fernsehbeiträge. Sie ist Mitarbeiterin des Politik-Magazins *Panorama* des NDR. Sie veröffentlichte unter anderem die Bücher *«Hinterhöfe der Nation»*, (als Hg.) *«§ 218 – Dokumentation eines hundertjährigen Elends»*, *«Sozialismus als Männersache oder Kennen Sie ‹Bebels Frau›?»* und *«Wir wollen gleiche Löhne!»*.

1. Émile Zola
«J'accuse» (1898), Dreyfusaffäre – Aufdeckung der Judendiskriminierung im aufgeklärten Frankreich von 1830 ff.

2. Charles Dickens
«Oliver Twist»: Offenlegung des Kinderleids in England.

3. Gerhart Hauptmann
«Die Weber»: Schauspiel-Reportage über die Lage der Arbeiter im Wilhelminischen Deutschland um die Jahrhundertwende.

Szene aus Gerhart Hauptmanns sozialkritischem Schauspiel *«Die Weber»* (1892), aufgeführt von Mitgliedern der Schauspielschule des Deutschen Theaters unter der Regie von Max Reinhardt.

4. Leo Trotzki
«Die permanente Revolution»: Abrechnung mit dem real-praktizierten Leninismus im nachrevolutionären Rußland.

5. Carl von Ossietzky
Weltbühne – Autor und Herausgeber, 1931 als Landesverräter verurteilt, weil er die heimliche, illegale Aufrüstung des Heeres in der Weimarer Republik aufgedeckt hatte.

6. Theodore Dreiser
«Eine amerikanische Tragödie»: Beschreibung der verlogenen, brutalen, bigotten Kapitalismus-Seite der US-Demokratie um 1925.

7. Ralph Nader
setzte diese Tradition nach dem Zweiten Weltkrieg fort mit einer neuartigen Test- und Beweis-Berichterstattung über die Produkte der mächtigen Konzerne, in bezug auf ihre fast tödliche Fehlerhaftigkeit, den eingebauten Verschleiß, die Preiswillkür.

8. Woodward/Bernstein
das Watergate-*Washington Post*-Enthüllungsteam.

9. Günter Wallraff
«Unerwünschte Reportagen»: von Gerling bis *Bild,* vom Werkschutz bis zur christlichen «Rüstzeit» unserer teuren Bundeswehr.

10. Alice Schwarzer
«Der kleine Unterschied» und all die Artikel in *Emma*, die das häßliche Patriarchat dieser Zeit, sprich der 70er und 80er Jahre, beschreiben.

exklusiv für Rowohlts Bunte Liste

Oriana Fallaci:
18 historische Persönlichkeiten, die ich gern interviewt hätte

Die italienische Autorin Oriana Fallaci, die heute als die beste Interview-Journalistin der Welt gilt, begann ihre Karriere mit einer Kriminalkolumne in einer italienischen Tageszeitung. Seitdem hat sie unzählige Titelseiten-Artikel für europäische Zeitungen geschrieben. Sie ist Autorin zahlreicher Bücher, darunter *«Wir, Engel und Bestien»*, *«Penelope auf dem Kriegspfad»* (Roman), *«Wenn die Sonne stirbt»*, *«Brief an ein nie geborenes Kind»*, *«Ein Mann»* (Roman).

1.–2. Adam und Eva
Ich habe keinen Moment gezögert, Adam und Eva an die erste Stelle zu setzen. Mit diesen beiden verantwortungslosen Leuten fing schließlich alles an.

3.–5. Jesus Christus, Judas und die Jungfrau Maria
Wenn ich Jesus interviewe, kann ich nicht darauf verzichten, auch Judas und die Jungfrau Maria zu befragen. Ich bin sicher, daß Judas so manches über den Chef zu sagen hätte. Judas war ein intelligenter, gebildeter Mann, und ich glaube, daß die Geschichtsschreiber sich sehr an ihm versündigt haben. Und die Jungfrau Maria? Zunächst einmal ist da dieses Problem mit der Jungfräulichkeit, das ich gern mit ihr klären würde, Jungfrauengeburt und so. Oder war es vielleicht doch ein stattlicher römischer Soldat? Und dann hatte die arme Frau ja auch ein paar ganz schön heikle Probleme wegen ihres Sohnes. Und schließlich weiß sie gar nicht, wo ihr Sohn zwischen 12 und 30 eigentlich gesteckt hat. Das ist 2000 Jahre lang ein Rätsel geblieben.

6. Alexander der Große
Warum ich Alexander den Großen nenne? Aber das ist doch klar. Er war ein großartiger Dummkopf. Er ist aus irgendeiner psychiatrischen Klinik ausgebrochen. Und ich würde Alexander gern fragen, wie er es geschafft hat, sich nicht wieder einfangen zu lassen. Und war der Feldherr Hephaistion tatsächlich seine große Liebe?

7.–8. Homer und Shakespeare
Bei den beiden habe ich nicht gezögert. Sie sind, neben den Verfassern der Bibel, meine Lieblinge. Es gibt Leute, die behaupten, daß es sie nie gegeben hat. Vor allem den ersten. Wenn ich sie interviewe und sie nach ihren Geburtsurkunden und ihren Pässen frage, könnte ich endlich sicher sein, daß es sie wirklich gab. Und ich könnte mir von ihnen ein paar Geheimnisse über Schreibtechniken verraten lassen.

9. Spartakus
Natürlich muß Spartakus dabeisein. Wie jeder weiß, bin ich auf der anderen Seite der Barrikaden, immer auf der Seite der Rebellen und Ungehorsamen, und zu denen gehörte auch Spartakus. Er war einer der größten Männer, die es je gab.

10.–12. Moses, Salomo und die Königin von Saba
Weil der Ungehorsam nicht aufkommen kann, wenn es keine Gesetze gibt, muß ich den wichtigsten Gesetzgeber der Welt nennen – und das ist Moses. Nebenbei war er auch noch ein ganz bedeutender Führer. Und wenn ich in jener Zeit gelebt hätte, wäre ich natürlich auch nicht an Leuten wie Salomo vorbeigekommen, der das Lied der Lieder geschrieben hat. Und jener intelligenten, unternehmungslustigen Frau wäre ich gern begegnet, die den stolzen Titel Königin von Saba trug.

13.–14. Hitler und Napoleon
Natürlich kann ich Hitler nicht übergehen. Ich muß zugeben, daß die Menschheitsgeschichte noch einige andere Figuren zu bieten hat, die nicht minder furchtbar waren, aber es gibt doch ein paar Sachen, die mich bei ihm irritieren. Zum Beispiel die Frage der Homosexualität. Was hat er eigentlich mit Eva Braun getrieben? Aber da geht es schon wieder los: Wäre es fair, Hitler zu interviewen und Napoleon zu vergessen? Der verdammte scheinheilige Napoleon war im Namen der bürgerlichen Ideale *liberté, égalité* und *fraternité* einer der schlimmsten Diktatoren und erbarmungslosesten Eroberer. Wie Hitlers Reichsmarschall Göring hat auch Napoleon nicht nur Widerstandskämpfer ermorden und hinrichten lassen, sondern darüber hinaus auch noch Kunstschätze geraubt. Man denke nur an all die etruskischen Statuen, die er in Florenz gestohlen hat. Danach würde ich den Bastard fragen.

15. Jeanne d'Arc
Als Feministin fühle ich mich verpflichtet, Jeanne d'Arc zu nennen. Neben der englischen Königin Elisabeth I. und der russischen Kaiserin Katharina der Großen ist sie eine der wenigen Frauen, die wir anführen dürfen, um zu zeigen, daß Frauen nicht dumm sind. Auch wenn sich inzwischen herumgesprochen hat, daß wir Frauen ebenso gut schreiben, malen und regieren wie Männer, scheint sich doch niemand der Tatsache bewußt zu sein, daß wir auch auf militärischem Gebiet große Fähigkeiten besitzen. Und Jeanne ist ein Beispiel dafür, daß jedes ungebildete Mädchen vom Lande eine bessere «Feldherrin» sein kann als die amerikanischen Generäle in Vietnam. Und außerdem ist sie auf dem Scheiterhaufen verbrannt worden, den ihr die Kirchenbüttel errichtet haben, und ich würde sie gern ein paar Sachen über diesen schändlichen Prozeß fragen, der mich an den Rosenberg-Prozeß erinnert.

16.–17. Lenin und Marx
Lenin darf natürlich nicht fehlen. Aber welcher Interviewer würde hingehen und ihn interviewen, ohne nicht auch Karl Marx zu befragen?!? Außerdem würde ich von ihm gern ein wenig mehr darüber erfahren, wie er seine Frau behandelt hat. Wie steht's mit der «Mehrwert-Theorie» in bezug auf seine tapfere Jenny? Er ist mit ihr umgesprungen wie ein Feudalherr mit seinen Vasallen oder ein Pharao mit seinen Sklaven. Immanuel Kant hätte zu diesem inneren Widerspruch gewiß einiges zu sagen.

18. Ein Mann oder eine Frau von einem anderen Planeten (und ein Dinosaurier)
Ich habe David, Machiavelli, Marco Polo, die Schöne Helena, Dante Alighieri, Xerxes und Arthur Rimbaud weggelassen. Mein Herz blutet bei dem Gedanken, daß ich sie übergehen muß. Aber, um ehrlich zu sein, es ist mir wichtiger, meine Liste mit einem Mann oder einer

Frau von einem anderen Planeten abzuschließen. Das hat anscheinend nichts mit der Vergangenheit zu tun, aber ich bin da nicht so sicher. Die Intelligenz des Menschen nimmt ja ab, und ich habe die Befürchtung, daß die Menschen zur Zeit der Dinosaurier so intelligent waren, ohne die NASA zu den anderen Planeten zu gelangen.

Henri Nannen:
13 historische Persönlichkeiten, die ich gern interviewt hätte

1. Erzvater Abraham
2. Noah
3. Joseph, der Vater Jesu
4. Odysseus
5. Cleopatra
6. Friedrich II.
7. Lenin
8. Rosa Luxemburg
9. Paul Gauguin
10. Hitler
11. Chruschtschow
12. Lee Harvey Oswald
13. Menachem Begin

exklusiv für Rowohlts Bunte Liste

Ralf Dahrendorfs
10 einflußreichste Zeitungen der Welt

1. *Neue Zürcher Zeitung*
2. *Le Monde*
3. *The Times*
4. *The New York Times*
5. *International Herald Tribune*
6. *Prawda*
7. *Time Magazine*
8. *Far Eastern Economic Review*
9. *Financial Times*
10. *Die Zeit*

exklusiv für Rowohlts Bunte Liste

Henri Nannen:
4 Top-Tageszeitungen

1. *The New York Times*
2. *The Washington Post*
3. *Le Monde*
4. *Süddeutsche Zeitung*

Nannen fügte hinzu: «Und mehr fallen mir nicht ein.»

exklusiv für Rowohlts Bunte Liste

8
Kunst-Stücke

Die 5 beliebtesten Künstler ...

Umfrage 1982
1. Rembrandt
2. Wayne Sleep
3. Vincent van Gogh
4. Pablo Picasso
5. William Shakespeare

Umfrage 1981
1. Pablo Picasso
2. Leonardo da Vinci
3. Salvador Dali
4. Rudolf Nurejew
5. William Shakespeare

Umfrage 1980
1. Pablo Picasso
2. Ludwig van Beethoven
3. Rembrandt
4. William Shakespeare
5. Vincent van Gogh

Umfrage 1979
1. Pablo Picasso
2. Margot Fonteyn
3. Salvador Dali
4. John Constable
5. Vincent van Gogh

Umfrage 1978
1. Pablo Picasso
2. Margot Fonteyn
3. Salvador Dali
3. Rembrandt
5. Rudolf Nurejew

Umfrage 1977
1. Pablo Picasso
2. Rudolf Nurejew
3. André Previn
4. Margot Fonteyn
5. Elton John

Walter Scheels
10 liebste deutsche Volkslieder

1. *«Die Blümelein, sie schlafen»*
2. *«Am Brunnen vor dem Tore»*
3. *«Komm lieber Mai»*
4. *«Wohlauf in Gottes schöne Welt»*
5. *«Hoch auf dem gelben Wagen»*
6. *«Sah ein Knab ein Röslein stehn»*
7. *«Die Gedanken sind frei»*
8. *«Stille Nacht»*
9. *«Der Mond ist aufgegangen»*
10. *«Ade nun zur guten Nacht»*

exklusiv für Rowohlts Bunte Liste

Zupfgeigenhansels 6 Lieblingslieder

Die Gruppe Zupfgeigenhansel gibt es seit 1975. Unter diesem Namen traten die beiden Pädagogik-Studenten Thomas Fritz und Erich Schmeckenbecher zum erstenmal gemeinsam auf. Inzwischen gehören sie zu den bekanntesten Interpreten deutscher Volkslieder. 1978 wurde das Duo mit dem deutschen Schallplattenpreis «Künstler des Jahres 1978» ausgezeichnet.
Platten: «*Volkslieder 1*», «*Volkslieder 2*», «*Volkslieder 3. Im Krug zum Grünen Kranze*», «*Jiddische Lieder*».

1. «*Ich bin ein freyer Bauernknecht*»
Ein deutsches Volkslied, das auf die Zeit des Bauernkrieges zurückgeht – und immer noch gibt es Fürsten, deren immenser Reichtum auf die Massaker ihrer Vorfahren an den um gerechte Verhältnisse kämpfenden Bauern zurückgeht.

2. «*Ich bin Soldat, doch bin ich es nicht gerne*»
Entstanden um 1870 – dieses Frieden fordernde und internationalistische Soldatenvolkslied («Ihr Brüder, Deutsche, Franzosen, Ungarn ... gebt Euch statt Blei die Bruderhand») steht immer noch nicht im Bundeswehrliederbuch.

3./4. «*Die Gedanken sind frei*»
   «*Im Krug zum grünen Kranze*»
Gesinnungsschnüffelei, Verbot demokratischer Kulturveranstaltungen oder -schriften, Versuche, die Arbeiterbewegung zu zerschlagen oder zu spalten, wie auch Berufsverbote haben ihre eigene lange Geschichte in unserem Land. Inzwischen sind die Gedanken «frei»-lich vollelektronisch gespeichert in den Akten gewisser Verfassungsschützer. «Es lebe das Recht und die Freiheit», heißt es am Ende des Liedes vom Krug zum grünen Kranz. Und das sollte uns eigentlich das Grundgesetz garantieren. Wenn nur alle Politiker auf dem Boden dieses Grundgesetzes ständen.

5./6. «*Mein Vater wird gesucht*»
   «*Die Moorsoldaten*»
Immer noch gibt's Nazis, alte und neue, es gibt Morddrohungen und Bombenanschläge von rechtsradikalen Organisationen, aber es gibt auch «Rock gegen Rechts» und viele Menschen, die wachsam sind, und Lieder, wie diese beiden, die aus dem Widerstand gegen den Faschismus kommen. Wir brauchen sie. Leider. Immer noch.

Und schließlich gibt's noch schöne Trinklieder und Liebeslieder, und die Lieder von Woody Guthrie, José Alfonso, Ali Pimera und Pete Seeger und viele von Bob Dylan, Phil Ochs, Victor Jara, Tom Paxton, Hannes Wader, Colin Wilkie, Franz Josef Degenhardt, Jacques Brel, Walter Mossmann und und und ...

Lieder, die dunkle Verhältnisse ein bißchen heller machen und die uns nicht nur einen Tag begleiten.

Es gab Lieder, die geschrieben wurden, um die Wirklichkeit zu vernebeln. Für viele Menschen ist die Wirklichkeit heute noch grau – und diese Lieder gibt's immer noch.
Es gab Lieder, die geschrieben wurden, um den Geldbeutel des Schreibers oder des Sängers dicker zu machen – auch die gibt's noch. Leider. Meist zu finden im Bereich der «Volksmusik» in sogenannten «volkstümlichen» Hitparaden.
Hitparaden zu erstellen, ist nicht unsere Sache. Und Lieblingslieder haben wir viele. Den Liedern, die uns spontan einfielen, alten oder neueren, ist eins gemein: Nicht das Geld, noch das Schielen nach irgendwelchen Marktlücken, nicht das Buckeln vor irgendwelchen hohen Herren war Beweggrund des Entstehens und Singens der Lieder, sondern der Wunsch, daß unsere Welt gerechter und freundlicher werde. Ein Lied, das etwas taugt, und sei es noch so alt, wird immer ein neues Lied sein.

exklusiv für Rowohlts Bunte Liste

Johnny Cash:
Die 10 größten Country-Songs aller Zeiten

1956 wurde der Country-Sänger und Song-Schreiber Johnny Cash über Nacht mit dem Lied *«I Walk the Line»* zum Star. Sein Talent wird nicht nur von Country-and-Western-Enthusiasten anerkannt, sondern auch von Liebhabern der Volksmusik und in der Pop-Szene. Unter seinen vielen Hits sind unter anderem *«Jackson»*, *«Ring of Fire»*, *«Understand Your Man»*.

1. *«I Walk the Line»*, Johnny Cash
2. *«I Can't Stop Loving You»*, Don Gibson
3. *«Wildwood Flower»*, Carter Family
4. *«Folsom Prison Blues»*, Johnny Cash
5. *«Candy Kisses»*, George Morgan
6. *«I'm Movin' On»*, Hank Snow
7. *«Walking the Floor over You»*, Ernest Tubb
8. *«He'll Have to Go»*, Joe und Audrey Allison
9. *«Great Speckle Bird»*, Carter Family
10. *«Cold, Cold Heart»*, Hank Williams

exklusiv

Bing Crosbys
10 liebste Unterhaltungskünstler
aller Zeiten

Der legendäre Bing Crosby begann seine Karriere als Sänger in Tanzorchestern. Doch schon bald verkaufte er Platten in Millionenhöhe und wurde Star zahlreicher Hollywood-Musicals. Er erhielt einen Oscar für die Hauptrolle in «*Going My Way*» («*Der Weg zum Glück*»). Andere Höhepunkte seiner langen Filmkarriere waren unter anderem «*Pennies from Heaven*», «*White Christmas*», «*Road to Rio*» und «*Holiday Inn*» («*Musik, Musik*»).

1. Al Jolson
2. Ethel Waters
3. James Barton
4. Frank Sinatra
5. Lena Horne
6. Louis Armstrong
7. Nat Cole
8. Mel Torme
9. Judy Garland
10. Victor Borge

Crosby fügte hinzu: «Die Reihenfolge der Namen bedeutet keine Rangfolge. Außerdem habe ich keine Schauspieler aufgenommen, nur Unterhaltungskünstler. Ich hätte natürlich noch Hunderte auflisten können.»

exklusiv

Paul Kuhns
10 beste Orchesterleiter und Bandleader

1. Duke Ellington
2. Woody Herman
3. Stan Kenton
4. Count Basie
5. Thad Jones/Mel Lewis
6. Glenn Miller
7. Buddy Rich
8. Benny Goodman
9. Tommy Dorsey
10. Nelson Riddle

Paul Kuhn fügte hinzu: «Meine Aufzählung kann nur aus dem Bereich des Jazz kommen, da ich mich mit dieser Musik mein Leben lang befaßt habe. Ob es sich dabei um die besten und lediglich populärsten Bandleader handelt oder aber um solche, die innerhalb des Jazz Wesentliches zur Entwicklung dieser Musik beigetragen haben, möchte ich dahingestellt sein lassen.»

exklusiv für Rowohlts Bunte Liste

Sounds'
15 LPs der 70er Jahre

Nach einem komplizierten, langwierig ermittelten Punktsystem, das die Stimmen von zwölf routinierten Mitarbeitern berücksichtigt, freut sich *Sounds*, folgende 15 LPs, in alphabetischer Reihenfolge, als Platten der 70er Jahre benennen zu können:

David Bowie *«The Rise and Fall of Ziggy Stardust and the Spiders from Mars»*
John Cale *«Paris 1919»*
Hans-a-plast *«Hans-a-Plast»*
Richard Hell and The Voidoids *«Blank Generation»*
Little Feat *«Sailin' Shoes»*
Van Dyke Parks *«Discover America»*
The Ramones I.
Lou Reed *«Transformer»*
Rolling Stones *«Some Girls»*
Roxy Music I.
Sex Pistols *«Never Mind the Bullocks»*
Bruce Springsteen *«Darkness at the Edge of Town»*
Steely Dan *«The Royal Scam»*
Talking Heads *«77»*
Velvet Underground 1969 *«XTC Drums & Wires»*
exklusiv für Rowohls Bunte Liste

Udo Lindenbergs
21 liebste Sänger und Gruppen

1. James Taylor
2. Eric Burdon
3. Miles Davies
4. Randy Newman
5. Jackson Brown
6. Stevie Wonder
7. Billy Joel
8. Bruce Springsteen
9. Boston
10. Supertramp
11. Snowball
12. Doldingers Passport
13. Beatles
14. Alan Price
15. Bob Dylan
16. Elton John
17. Paul Simon
18. Neil Young
19. Wings
20. Steppenwolf
21. Eagles

exklusiv für Rowohlts Bunte Liste

Achim Reichel:
Die 10 klassischen Gitarren-Rock-Intros

Achim Reichel ist deutscher Rock'n'Roll-Musiker der ersten Stunde. Anfang der 60er Jahre gründete er die Rattles, die zu Star-Club-Zeiten populärste deutsche Beatband.
Seit 1976 macht er Rockmusik mit deutschen Texten: *«Dat Shanty Alb'm»* *«Klabautermann»* (Seefahrerlieder), *«Regenballade»* (Balladen), *«Heiße Scheibe»* (Comics in Rock) und *«Ungeschminkt»* (Lyrik von Jörg Fauser, Peter Paul Zahl, Richard L. Wagner u. a.)

Gitarren-Intros sind meistens der auf den Punkt gebrachte Ausdruck eines Rock'n'Roll-Songs. Da weiß man nach den ersten Tönen schon, wo's langgeht.
Wenn es einen Stammbaum für Rock-Gitarreneinleitungen gäbe, würde ich erwarten, daß Chuck Berry mit seiner stark «rhythm and blues»-orientierten Spielweise den Stamm bildet. Bevor dieser Stamm ins Geäst und Gezweig übergeht, teilt er sich noch mal, um den Platz der Rock'a Billy-Stilistik aufzuzeigen. Alles folgende entstammt entweder dem einen oder dem anderen, wobei es auch ganz interessante «Zwitter» gibt.
Die nun folgende Aufzählung hält einer wissenschaftlichen Untersuchung sicher nicht stand – wozu auch – nicht nur hier liegt die Würze in der Kürze.

1. *«Johnny Be Goode»*, Chuck Berry
2. *«Dust my Blues»*, Elmore James
3. *«Maybelline»*, Chuck Berry
4. *«The Train Kept a-rolling»*, Johnny Burnette
5. *«Spinning Rock Boogie»*, Hank C. Burnette
6. *«You Really Got me»*, Kinks
7. *«Oh Well»*, Fleetwood Mac
8. *«Purple Haze»*, Jimi Hendrix
9. *«Born on a Bayou»*, Creedence Clearwater Revival
10. *«Satisfaction»*, Rolling Stones

exklusiv für Rowohlts Bunte Liste

Henning Venskes
11 deutscheste der deutschen Schlager

Henning Venske ist langjähriger Rundfunk-Moderator für Schlagersendungen gewesen. Er ist überdies Schauspieler und Autor. Unter anderem schrieb er die Bücher *«Ist Ludwig Puhlnase ein garstiges Ungeheuer?»*, *«Als die Autos rückwärts fuhren»*, *«Das versendet sich»*.

1. Hans Albers: «*La Paloma*»
   (Unterm Ölteppich findet jede Taube ihren Frieden)
2. Peter Alexander: «*Die süßesten Früchte fressen nur die großen Tiere*»
   (Welche Riesenpflaume frißt PA?)
3. Lale Andersen: «*Lili Marleen*»
   (Truppenbetreuung à gogo)
4. Heino: «*In einem Polenstädtchen*»
   (Durch die braune Brille onaniert)
5. Udo Jürgens & westdeutsche Fußballer: «*Buenos Días, Argentina*»
   (Singt lauthals für die Menschenrechte – Spielt Fußball für die Folterknechte)
6. Hildegard Knef: «*Ich hab noch einen Koffer in Berlin*»
   (Uncle Springers Lullaby)
7. Zarah Leander: «*Der Wind hat mir ein Lied erzählt*»
   (Das war nicht Herr Wind, es war Herr Goebbels)
8. Freddy Quinn: «*Hundert Mann und ein Befehl*»
   (Heimweh, wa? Hundert Krüppel und ein Rollstuhl ...)
9. Marika Rökk: «*Im Leben geht alles vorüber*»
   (Paprikarsch)
10. Rudolf Schock: «*Es steht ein Soldat am Wolgastrand*»
    (Was macht er denn da? Knödeln?)
11. Rudi Schuricke: «*Wenn bei Capri die rote Sonne im Meer versinkt*»
    (... wird's im Harz zappenduster!)

exklusiv für Rowohlts Bunte Liste

Albert Mangelsdorffs
10 wichtigste Jazzmusiker

Albert Mangelsdorff gilt als einer der besten Jazz-Posaunisten der Welt.

1. Billie Holiday
2. Duke Ellington
3. Art Tatum
4. Charlie Parker
5. Lennie Tristano
6. Dizzy Gillespie
7. Sonny Rollins
8. John Coltrane
9. Eric Dolphy
10. Charles Mingus

exklusiv für Rowohlts Bunte Liste

Manfred Lahnsteins
10 beste Jazzorchester aller Zeiten

Manfred Lahnstein ist Staatssekretär im Bundesfinanzministerium und spielte bei den Feetwarmers in Düsseldorf zwischen 1959 und 1963 die Posaune.

1. Charlie Parker Quintet
2. Count Basie
3. Louis Armstrong's Hot Five
4. Oscar Peterson Trio
5. Modern Jazz Quartet
6. Duke Ellington
7. Unity Globe Orchestra
8. Art Blakey and his Jazz Messengers
9. Fletcher Henderson
10. Quincey Jones

exklusiv für Rowohlts Bunte Liste

15 Schallplatten-Interpreten
mit mehr als 10 Goldenen Langspielplatten

	Anzahl der LPs		*Anzahl der LPs*
1. Elvis Presley	21	9. The Beach Boys	12
2. The Beatles	20	10. Dean Martin	12
3. The Rolling Stones	20	11. Three Dog Night	12
4. Andy Williams	17	12. Grand Funk Railroad	11
5. Bob Dylan	15	13. Elton John	11
6. Frank Sinatra	14	14. Mitch Miller	11
7. Barbra Streisand	14	15. Charlie Pride	11
8. Herb Alpert and The Tijuana Brass	13		

Quelle: *Cashbox*, 34th anniversary ed., 1976–1977.

10 seltene Rock-and-Roll-Singles aus den 50er Jahren

Platte und Künstler	Label	Wert in $
1. «Blue Moon of Kentucky» (Elvis Presley)	Sun 209	200
2. «Sleepy Time Blues» (Jess Hooper)	Meteor 5025	100
3. «Movie Magg» (Carl Perkins)	Flip 501	80
4. «Rock and Roll in the Groove» (Cleadus Harrison)	Natural (ohne Nummer)	75
5. «High Steppin'» (Dale Vaughn)	Von 480	75
6. «Skinny Jim» (Eddie Cochran)	Crest 1026	60
7. «Jitterbug Baby» (David Roy)	Kliff 105	50
8. «Spin the Bottle» (Benny Joy)	Dixie 2001	40
9. «Rock It» (Thumper Jones)	Starday 240	40
10. «Cool Off Baby» (Billy Barrix)	Chess 1662	40

dms & jls

Frank Elstners
Liste der ersten 10 von 100 grenzenlos wichtigen Musikern

Frank Elstner ist der Direktor des Deutschen Programms von Radio Luxemburg, das er vom «Schnulzensender» zum «gut gemachten Radio» verwandelt hat. Wiederholt war Elstner auch im deutschen Fernsehen zu sehen, unter anderem von 1974 bis 1979 in der Quizsendung *«Die Montagsmaler»*. In nicht allzu ferner Zukunft will sich Elstner via Satellitenfernsehen in den deutschen Wohnzimmern präsentieren.

1. Johann Sebastian Bach
2. Ludwig van Beethoven
3. Frédéric Chopin
4. Django Reinhardt
5. Elvis Presley
6. The Beatles
7. The Rolling Stones
8. Jimi Hendrix
9. Elton John
10. The Who

exklusiv für Rowohlts Bunte Liste

Elvis Presley, «the King of Rock 'n' Roll». Als er 1977 starb, trauerten Millionen Fans um ihr Idol.

August Everdings
2 liebste Opern

Professor August Everding ist Intendant der Bayerischen Staatsoper in München. Er ist einer der gefragtesten Opernregisseure in der ganzen Welt.
1. *«Tristan und Isolde»*
2. *«Elektra»*

exklusiv für Rowohlts Bunte Liste

August Everdings
3 liebste populäre Opern

1. *«Die Zauberflöte»*
2. *«Carmen»*
3. *«La Bohème»*

exklusiv für Rowohlts Bunte Liste

August Everdings
10 «beste» Sänger und Sängerinnen der Vergangenheit

1. Jenny Lind
2. Maria Felicità Malibran
3. Nelly Melba
4. Enrico Caruso
5. Mattia Battistini
6. Renata Tebaldi
7. Lilli Lehmann
8. Lotte Lehmann
9. Maria Callas
10. Lauritz Melchior

exklusiv für Rowohlts Bunte Liste

Sir Rudolf Bings
2 liebste Opern

Sir Rudolf Bing war von 1950 bis 1972 Generaldirektor der Metropolitan Opera in New York. Darüber hinaus war er Professor für Theater-Management und Oper an der New York University. Bing ist Autor des Buches *«5000 Nights at the Opera»*.

1. *«Die Zauberflöte»* von Wolfgang Amadeus Mozart
2. *«Othello»* von Giuseppe Verdi

exklusiv

Sir Rudolf Bings
Liste der 3 populärsten Opern

1. *«Aida»* von Giuseppe Verdi
2. *«La Bohème»* von Giacomo Puccini
3. *«Carmen»* von Georges Bizet

exklusiv

Regina Resniks
10 liebste Opern

Opernstar Regina Resnik ist in fast allen großen Opernhäusern der Welt aufgetreten. Die berühmte Mezzo-Sopranistin hat das gesamte Opernrepertoire gesungen, aber berühmt wurde sie durch ihre Gestaltung der Carmen. Ihre liebsten Rollen sind Amneris in *«Aida»* und Carmen in der gleichnamigen Oper, Leonore in *«Fidelio»* und Santuzza in *«Cavalleria Rusticana»*.

1. *«La Bohème»* von Giacomo Puccini
2. *«Boris Godunow»* von Modest Mussorgski
3. *«Don Carlos»* von Giuseppe Verdi
4. *«Elektra»* von Richard Strauss
5. *«Fidelio»* von Ludwig van Beethoven
6. *«Die Sache Makropulos»* von Leoš Janáček
7. *«Die Hochzeit des Figaro»* von Wolfgang Amadeus Mozart
8. *«Peter Grimes»* von Benjamin Britten
9. *«Tristan und Isolde»* von Richard Wagner
10. *«Werther»* von Jules Massenet

exklusiv

Joachim Kaisers
10 größte Dirigenten aller Zeiten

Professor Joachim Kaiser ist leitender Redakteur der *Süddeutschen Zeitung*. Er gilt als einer der hervorragendsten Musikkritiker Deutschlands. Er ist Autor des Buches *«Große Pianisten in unserer Zeit»*.

1. Hans Richter
2. Hans von Bülow
3. Gustav Mahler
4. Richard Strauss
5. Arthur Nikisch
6. Arturo Toscanini
7. Wilhelm Furtwängler
8. Dimitri Mitropulos
9. Hans Knappertsbusch
10. Sir Thomas Beecham

exklusiv für Rowohlts Bunte Liste

Josef Müller-Mareins
10 größte Pianisten

1. Franz Liszt
2. Eduard Erdmann
3. Arthur Rubinstein
4. Wladimir Horowitz
5. Ferrucio Busoni
6. Sergej W. Rachmaninow
7. Arthur Schnabel
8. Wilhelm Backhaus
9. Wilhelm Kempff
10. Edwin Fischer

exklusiv für Rowohlts Bunte Liste

Arnold Steinhardts
10 größte Geiger
aller Zeiten

Arnold Steinhardt, der Erste Geiger des Guarneri-Quartetts, studierte bei den berühmten Geigern Peter Meremblum, Toscha Seidel, Galamian und Szigeti. 1958 gewann er den Leventritt-Wettbewerb, Amerikas wichtigsten Wettbewerb für junge Sologeiger und -pianisten. Später spielte er als Solist in mehreren großen Orchestern, unter anderem im Cleveland Orchestra, in dem er eine Zeitlang Zweiter Konzertmeister war. 1964 gründete er das Guarneri-Quartett.

1. Nicolò Paganini
2. Jascha Heifetz
3. Fritz Kreisler
4. Eugène Ysaye
5. Henri Wieniawski
6. Joseph Joachim
7. Jean Baptiste Viotti
8. Giuseppe Tartini
9. Henri Vieuxtemps
10. Joseph Szigeti

exklusiv für Rowohlts Bunte Liste

Gene Kellys
11 größte Tänzer
der Vergangenheit

Gene Kelly, einer der berühmtesten Tänzer in der Filmgeschichte, feierte mit 30 auf den Bühnen des Broadway Riesenerfolge bei seinen Auftritten in Musicals wie *«Anchors Away»*, *«The Pirate»*, *«Singin' in the Rain»*, *«An American in Paris»* und *«Brigadoon»*. Seit Anfang der 60er Jahre hat er sich als Regisseur mehrerer bekannter Filme, unter anderem *«Gigot»* und *«Hello Dolly»*, einen Namen gemacht. Er erhielt einen Spezial-Oscar für seine innovativen Verdienste um den Tanz im Film.

1. Salome
2. Master Juba (19. Jahrhundert), Minstrel-Sänger; sein eigentlicher Name war William Henry Lane
3. Isadora Duncan
4. Waclaw Nijinski
5. Carlotta Grisi (19. Jahrhundert), italienische Ballerina
6. Maria Taglioni (19. Jahrhundert), italienische Ballerina
7. Fanny Cerito (19. Jahrhundert)
8.–9. Doris Humphrey und Charles Weidman (20. Jahrhundert), amerikanisches Tanz-Duo
10. John Bubbles, amerikanischer Step-Tänzer
11. Bill Robinson

exklusiv

Bill «Bojangles» Robinson (1878–1949), amerikanischer Step-Tänzer, Inhaber des Weltrekords im 100-Yard-Rückwärtslaufen.

Boleslaw Barlogs
Riesenliste der besten, größten und berühmtesten Theaterautoren des 20. Jahrhunderts

Nach seiner Regieassistentenzeit an der Volksbühne Berlin und beim Film arbeitete Boleslaw Barlog ab 1940 als Filmregisseur. Von 1951 bis 1972 inszenierte er als Generalintendant des Berliner Schiller-Theaters über 100 Stücke des klassischen und modernen Theaters. Barlog hat für seine Arbeit zahlreiche Auszeichnungen erhalten. Er lebt in Berlin, wo er nach wie vor unermüdlich in vielen künstlerischen Bereichen schöpferisch tätig ist.

die besten ...

Carl Hauptmann
leider in Gerharts großem Schatten

Ludwig Thoma
nicht nur für Bayern!

Arthur Schnitzler
der Sänger von Liebes Freud und Leid

Hugo von Hofmannsthal
ein Strauß voller Poesie

Frank Wedekind
von Frühlings Erwachen bis Lulu!

Carl Sternheim
ein deutscher Molière

Carl Zuckmayer
Volksstücke mit dem Wechselbad von Ernst und Humor

Edward Albee
Wer hat Angst vor dem amerikanischen Traum?

Georg Kaiser
denkwürdiger Denkspieler

Thornton Wilder
mehr als nur eine Steigerung von Wilde

Pavel Kohout
tschechischer Europäer

Peter Weiss
Chirurg aus Stockholm

Peter Hacks
west-östlicher Diwan

Luigi Pirandello
italienischer Georg Kaiser

Sławomir Mrożek
Pariser Polenblut

Arno Holz
zu Unrecht vergessener Berliner Dachstubenpoet!

Max Frisch
Schweizer Architekt

Sean O'Casey
Sänger irischer Trauer und Heiterkeit

Wladimir Majakowski
dramatischer Sowjet-Makart

Witold Gombrowicz
polnischer Pfeffer- und Salz-Poet

Harold Pinter
genialer Verkürzer

Dylan Thomas
im Milchwald der unfrommen Denkungsart!

Eugene O'Neill
amerikanischer Röntgendoktor

William Saroyan
Poet aus Armenien

Jean Giraudoux
Poet aus Frankreich

Else Lasker-Schüler
Lyrikerin vom Wupperstrande!

Arthur Miller
Statthalter Ibsens und Hauptmanns in Amerika!

Bjørnstjerne Bjørnson
verhält sich zu Ibsen, wie Carl zu Gerhart Hauptmann!

Christopher Fry
Hofmannsthal aus England

Jean Genet
ein Frivoltaire

Václav Havel
tschechische Zecke

Max Halbe
auf der naturalistischen Strecke geblieben

Heinrich Lautensack
katholischer Pfarrhausexperte

Hans Henny Jahnn
Wortorgler

Arnolt Bronnen
Wanderer zwischen den Welten

... größten ...

Gerhart Hauptmann
grandioser dem-Volke-auf's-Maul-Schauer!

Bertolt Brecht
Erfinder der Verfremdung und wirkungsvoller «Ich verbitte mir jede Wirkung»-Großmeister

Ernst Barlach
ebenso großer Dramatiker wie Bildhauer und Zeichner; von den Nazis zerstört: wartet auf Auferstehung auf deutschen Bühnen

Karl Kraus
Wiener Hohlspiegel

Ödön von Horváth
herrlicher Menschenschilderer und Ringkampf-Anhänger

Maxim Gorki
ein Bitterer aus Rußland

Henrik Ibsen
norwegischer Gerichtspräsident

Federico García Lorca
von Faschisten ermordeter, herrlicher spanischer Dichter

Knut Hamsun
großer Romancier, auch in seinen Dramen

Paul Claudel
Riese auf dunklen Wegen

August Strindberg
schwedischer Monomane im Geschlechterkampf

Samuel Beckett
Dichter der Trostlosigkeit, hört mit musikalischem Ohr, mit Humor, den Puls unserer Zeit schlagen

Wolfgang Borchert
viel zu früh verstorben

... *und berühmtesten*

Jean Anouilh
ein fruchtbarer Stückeschreiber, ein Mixtum compositum aus Molière, Shaw und Sudermann

Tennessee Williams
ruchloser, aber höchst erfolgreicher Dramenverfasser

Jean-Paul Sartre
linkshändiger Praeceptor mundi

Ferenc Molnár
liebenswürdiger Horváth

T. S. Eliot
Tiefsinnsforscher

Marcel Pagnol
französischer Zuckmayer

George Bernard Shaw
das Beste aus Irland – witziger Kings-College-Boy

Rolf Hochhuth
rasender Reporter

Peter Ustinov
beste Europamischung

Friedrich Dürrenmatt
bittere Schweizer Pfarrerstochter

Oscar Wilde
britische Blume des Bösen, blüht aber auf amüsante Weise

Curt Goetz
witziger Selbstbediener

Georges Feydeau
Erfinder des absurden Theaters, aber gewußt wie!

Terence Rattigan
gute britische Tradition

Sacha Guitry
witzig und filmgerecht

Noël Coward
Shawberries ohne Kerne

Somerset Maugham
Coward mit Kernen

Jean Cocteau
Pariser Couturier mit Chic!

Peter Handke
Schimpfkanone

Thomas Bernhard
Salzburgfeindliches Kellerkind

Hermann Sudermann
nicht so schlecht wie sein Ruf – besonders als Novellist!

exklusiv für Rowohlts Bunte Liste

Professor Rolf Badenhausens
15 wesentlichste Persönlichkeiten in der deutschen Theatergeschichte des 20. Jahrhunderts

Professor Rolf Badenhausen hat durch seine wissenschaftliche und praktische Arbeit das internationale Ansehen des modernen deutschen Theaters mitbegründet. Er arbeitete in den 30er und 40er Jahren als Dramaturg an verschiedenen deutschen Bühnen, von 1951 bis 1955 als Schauspieldirektor des Düsseldorfer Schauspielhauses unter Gründgens. Er hat an mehreren Universitäten Theaterwissenschaft gelehrt und zahlreiche Bücher veröffentlicht.

1. Victor Barnowsky
2. Otto Brahm
3. Bertolt Brecht
4. Erich Engel
5. Otto Falckenberg
6. Jürgen Fehling
7. Gustaf Gründgens
8. Gerhart Hauptmann
9. Heinz Hilpert
10. Henrik Ibsen
11. Leopold Jessner
12. Alexander Moissi
13. Caspar Neher
14. Erwin Piscator
15. Max Reinhardt

In dieser Liste sind Dichter, Schauspieler, Regisseure, szenische Bühnenbauer und Theaterleiter aufgeführt.

exklusiv für Rowohlts Bunte Liste

Hellmuth Karaseks
10 beste Bühnenstücke

Dr. Hellmuth Karasek ist einer der bekanntesten deutschen Theater-, Film- und Literaturkritiker. Er ist Feuilleton-Redakteur beim *Spiegel*.

1. *«Was ihr wollt»* von William Shakespeare
2. *«Hamlet»* von William Shakespeare
3. *«Drei Schwestern»* von Anton Tschechow
4. *«Kirschgarten»* von Anton Tschechow
5. *«Onkel Wanja»* von Anton Tschechow
6. *«Prinz Friedrich von Homburg»* von Heinrich von Kleist
7. *«Der Talisman»* von Johann Nestroy
8. *«Geschichten aus dem Wienerwald»* von Ödön von Horváth
9. *«Die Wildente»* von Henrik Ibsen
10. Karl Valentins Szenen

exklusiv für Rowohlts Bunte Liste

Hellmuth Karaseks
10 liebste Schauspieler

1. Charles Chaplin
2. Laurence Olivier
3. Marlon Brando
4. Marilyn Monroe
5. Hans Moser
6. Woody Allen
7. Horst Caspar
8. Oskar Werner
9. Marlene Dietrich
10. Humphrey Bogart

exklusiv für Rowohlts Bunte Liste

Joanna Maria Gorvins
10 bedeutendste Theaterregisseure des deutschen Theaters

Joanna Maria Gorvin gilt als eine der bedeutendsten Schauspielerinnen auf deutschsprachigen Bühnen. Noch während des Zweiten Weltkrieges spielte sie sich ganz nach vorn und hatte nach dem Krieg einen triumphalen Erfolg in einer Inszenierung von Jürgen Fehling als Gretchen im *Ur-Faust*. Sie spielte an den großen Bühnen in Berlin, Düsseldorf, Hamburg, Zürich und Wien. Jahrelang war sie Gustaf Gründgens «erste» Schauspielerin und glänzte in Stücken wie *«Totentanz»*, *«Don Carlos»*, *«Don Gil von den grünen Hosen»*, *«Gyges und sein Ring»*, *«Winzige Alice»*, *«Actis»* etc. Heute lebt «die» Gorvin in Wien, gibt Gastspiele und führt zuweilen Regie.

1. Jürgen Fehling
   Dann kommt lange nichts!
2. Erwin Piscator
3. Fritz Kortner
4. Walther Felsenstein (nur für Oper)
5. Gustaf Gründgens
6. Leopold Lindtberg
   Von den Gegenwartsregisseuren:
7. Peter Stein
8. Claus Peymann
9. Dieter Dorn
10. Götz Friedrich (Oper)

exklusiv für Rowohlts Bunte Liste

Joanna Maria Gorvin:
Die einzige bedeutende schauspielerische Leistung an deutschen Bühnen, die ich ohne Zögern nennen kann

Käthe Gold als heilige Johanna im gleichnamigen Stück von George Bernard Shaw, gespielt im Jahre 1943 am Gendarmenmarkt in Berlin.

exklusiv für Rowohlts Bunte Liste

Stefan Moses'
10 größte Fotografen

Stefan Moses fotografiert seit seinem achten Lebensjahr. Er gilt als einer der Großen der Fotografie. Er arbeitete zunächst als Bühnenfotograf, dann jahrelang als «rasender Reporter» für den *stern* und seit 1967 als freier Fotograf in München. Er hat mehrere Bücher gemacht, unter anderem *«Manuel»* und *«Transsibirische Eisenbahn»*.

1. W. Henry F. Talbot
2. Gustave Le Gray
3. Roger Fenton
4. Julia Margaret Cameron
5. Eadweard Muybridge
6. Alfred Stieglitz
7. Edward Weston
8. André Kertész
9. Paul Outerbridge
10. Robert Frank

exklusiv für Rowohlts Bunte Liste

Gottfried Sellos
15 Maler-Favoriten

Dr. Gottfried Sello, einer der bedeutendsten Kunstkritiker in Deutschland, ist Mitarbeiter der Wochenzeitung *Die Zeit*, der Zeitschrift *Brigitte* und des TV-Kulturmagazins *Titel, Thesen, Temperamente*. Er ist Autor des Buches *«Kunst der Welt – heute»*.

1. Ambrogio Lorenzetti
2. Rogier van der Weyden
3. Enguerrand Charonton
4. Jean Fouquet
5. Hieronymus Bosch
6. Piero della Francesca
7. Matthias Grünewald
8. Georges de la Tour
9. Michelangelo da Caravaggio
10. Adam Elsheimer

11. Herkules Seghers
12. Diego de Silva y Velázquez
13. Rembrandt
14. Johannes Vermeer
15. Jean-Antoine Watteau

Die Namen stehen in chronologischer Reihenfolge.
Gottfried Sello fügte hinzu: «Die Modernen ein anderes Mal.»

exklusiv für Rowohlts Bunte Liste

Peggy Guggenheims
10 größte Maler der Vergangenheit

John Davies, der Biograph der Bouviers und Guggenheims, schreibt uns folgendes: «Marguerite (Peggy) Guggenheim war die Nichte Solomon R. Guggenheims, des Begründers und Mäzens des Guggenheim-Museums in New York. Ihr Vater war einer der 7 legendären Guggenheim-Brüder – ein bekannter Unternehmer, der im Bergbau das größte private Vermögen erwarb, das je in dieser Branche erwirtschaftet worden ist. Peggy gründete die Guggenheim-Galerie in London und die Kunsthalle ‹Art of this Century› in New York. Sie war mit Max Ernst verheiratet und hat unter anderem Marcel Duchamps und Jackson Pollock gefördert. Sie war die bedeutendste Sammlerin moderner Kunst in der Welt.»

1. Tizian
2. Tintoretto
3. Giorgione
4. Carpaccio
5. Velázquez
6. Rembrandt
7. Giotto
8. Botticelli
9. Dürer
10. Michelangelo

exklusiv

Peggy Guggenheims
10 größte Maler der Neuzeit

1. Pablo Picasso
2. Joan Miró
3. Wassily Kandinsky
4. Paul Klee
5. Marcel Duchamps
6. Georges Braque
7. Max Ernst
8. Henri Matisse
9. Jackson Pollock
10. René Magritte

exklusiv

8 faszinierende Modelle
und ihre Maler

1. Simonetta

Simonetta Catteano und Sandro Botticelli waren das merkwürdigste Paar in der florentinischen Künstlerszene des 15. Jahrhunderts. Botticelli war ein Homosexueller, und Simonetta war die anmutige sechzehnjährige Braut von Marco Vespucci, einem jungen Mann von hohem Stande. Die kurze Begegnung zwischen dem Künstler und dem Mädchen, das fast noch ein Kind war, sollte Botticelli zu seinem größten Meisterwerk inspirieren. Simonetta war ein atemberaubend schönes Mädchen. Sie hatte goldene Haare, ein in weicher Linie spitz zulaufendes Kinn und hohe Wangenknochen, und sie strahlte eine engelhafte Reinheit aus. Poeten, Musiker, Künstler – sie alle zollten ihr auf ihre Weise Tribut. Guiliano Medici verliebte sich in Simonetta und beauftragte Botticelli, ihr Porträt auf ein Banner zu malen, das zu Turnieren getragen werden sollte.

Im Jahre 1476 starb Simonetta mit 20 Jahren genauso still wie sie gelebt hatte. Botticelli konnte sie nicht vergessen. Drei Jahre nach ihrem Tod malte er Madonnen mit Simonettas Zügen. Zehn Jahre später, als er den Auftrag erhielt, ein Gemälde für eine Villa zu entwerfen, rief Botticelli wiederum Simonetta vor sein geistiges Auge und malte sie als schimmernde Venus, die der Muschel entsteigt. Er nannte das Bild «Geburt der Venus». Man sagt, die Erinnerung an Simonetta hätte Botticelli bis an sein Lebensende verfolgt. Sie sei für ihn Sinnbild der reinen Schönheit gewesen.

2. Mona Lisa

Noch heute, viereinhalb Jahrhunderte nach der Entstehung des berühmten Bildnisses der Mona Lisa von Leonardo da Vinci, ist die Frage ungelöst: Was ist das Geheimnis ihres Lächelns? Es hat viele Erklärungsversuche gegeben. Einige Forscher vermuten, daß sie um den Tod eines Töchterchens trauert. Andere halten es für nicht ausgeschlossen, daß sie gerade überlegt, ob sie sich einen Liebhaber nehmen soll. Und manche behaupten sogar, daß sie sich gerade einen Zahn hatte ziehen lassen. Was auch immer sie erfreute oder beunruhigte, sie muß eine außerordentlich eigenwillige Dame gewesen sein, denn da Vinci brauchte vier Jahre (1503–1507), um Lisa del Gioconda auf die Leinwand zu bannen. Das berühmteste aller Modelle kam aus einer armen, kinderreichen neapolitanischen Familie. 1495 wurde sie die dritte Frau von Francesco del Giocondo, einem florentinischen Kaufmann, der 19 Jahre älter war als sie. Dieser gefiel sich sehr in der Rolle eines Kunstmäzens und beauftragte da Vinci, ein Porträt seiner Frau zu malen. Es sollte im Eßzimmer seines Hauses hängen. Leonardo da Vinci, ein Universalgenie (er war auch Bildhauer, Ingenieur und Architekt), verfügte über ein riesiges Studio, in dem er seinen verschiedenen Interessen nachging. Es ist sehr wohl möglich, daß er sich von Lisa und seiner Staffelei hinwegstahl, um ein wenig Astronomie zu treiben oder ein Flugzeugmodell zu konstruieren. Vielleicht verschwand er auch mit einem seiner Lehrlinge, von denen ein spitzzüngiger Kritiker behauptete: «Keiner von ihnen war besonders talentiert, aber sie hatten alle schöne lange Wimpern.» Mit der Zeit wurde Francesco Giocondo ungeduldig. Er untersagte seiner Frau, dem Maler Modell zu sitzen, und weigerte sich, das unvollendete Porträt zu kaufen. Offenbar hatte er inzwischen andere Pläne für die Ausstattung seiner Eßzimmerwand. Völlig unbeeindruckt nahm da Vinci das Porträt mit nach Paris und verkaufte es an Franz I. Der hing es im Louvre auf, wo es mit Ausnahme von zwei Jahren (1911–1913), während derer es sich in den Händen eines Diebes befand, immer ausgestellt war. Ehe das gestohlene Bild wieder auftauchte, hatten sechs Amerikaner je eine «Mona Lisa» für durchschnittlich etwa 300 000 Dollar erworben. Alle sechs Bildnisse erwiesen sich als Fälschungen.

3. Helene Fourment
Die Geschichte von Peter Paul Rubens und Helene Fourment ist wohl einmalig in der Kunstgeschichte, denn ihre Ehe scheint eine einzige ungetrübte Freude gewesen zu sein. Mit 53 war Rubens ein hübscher, reicher, kraftvoller verwitweter Mann, der entschlossen war, noch einmal zu heiraten. In Antwerpen traf er Meer Fourment, einen reichen Kaufmann, der ihm seine sieben schwergewichtigen Töchter vorführte. Sie waren alle noch zu haben. Hingerissen von ihrem Doppelkinn, ihren gewaltigen Schenkeln, ihrer üppigen Taille, dem dicken Bauch und den ausladenden Hüften wählte Rubens die 16jährige Helene. 1630 richtete er seiner Braut ein Schloß ein, das auf einem riesigen Anwesen gelegen war. Er baute Studios und Galerien und einen Privatzoo, in dem er Wölfe, Affen und Löwen hielt. Nachdem er das getan hatte, mußte Helene für ihn Modell stehen, Rubens' Studios waren richtige Fabriken mit Lehrlingen, Assistenten, Tischlern und Farbenkünstlern, und so kam es häufig vor, daß Helene stundenlang nackt in Gegenwart von Männern posieren mußte. Die arglose Helene war erfreulich ungeniert. Sie nahm willig alle Stellungen ein, die ihr Mann von ihr verlangte. So kann man sie im «Fall der Engel» von einem Felsen stürzen sehen. Im «Raub der Töchter des Leukippos» wird sie von einem schnaubenden Roß gezerrt und in «Der Zorn des Neptun» ins Wasser hinabgezogen. Rubens und Helene führten ein ausschweifendes Leben, bis ihn 1640 eine Herzattacke von ihrer Seite riß und Helene im Alter von 26 Jahren mit zwei kleinen Kindern zur Witwe machte.

4. Hendrickje Stoffels
Gleich zweimal wurde Rembrandt 1642 vom Unglück heimgesucht. Sein Meisterwerk «Die Nachtwache» erhielt schlechte Kritiken, was seinem Werdegang als Maler schadete, und seine junge Frau Saskia starb und hinterließ den kleinen Sohn Titus in seiner Obhut. Dem Testament Saskias gemäß konnte Rembrandt nur wieder heiraten, wenn

er auf die Einkünfte aus ihrer Hinterlassenschaft verzichtete. Von Schulden geplagt und mit der Sorge um seinen kleinen Sohn belastet, fristete er drei Jahre lang ein freudloses Dasein als «alter Witwer», wie er sich selber nannte. Doch dann erschien der rettende Engel: Hendrickje Stoffels, eine einfache, ungebildete Frau von 23 Jahren, trat als Dienstmagd in seinen Haushalt ein. Schon bald war sie unentbehrliches Faktotum in Rembrandts Haus. Sie diente als Haushälterin, als Kinderfrau für den zarten Titus und ihrem Herrn als hingebungsvolle Geliebte. Sie wurde Mutter seiner Tochter Cornelia und führte seine Geschäfte. Ihre – jedenfalls für die Nachwelt – größte Bedeutung erlangte sie jedoch als Modell für so wundervolle Bilder wie «Die Frau im Bade», «Mädchen am Fenster» und «Bathseba». Nichts weist darauf hin, daß Rembrandt Hendrickje je geheiratet hat. Sie blieb bei ihm, bis sie 1667 wie Saskia an Tuberkulose starb.

5. La Morphise

Louise O'Murphy war erst 13 Jahre alt, als Casanova sie in einer heruntergekommenen Mansarde in Paris entdeckte. Sie war die fünfte Tochter eines irischen Schuhmachers, der mit seiner Familie nach Paris gezogen war. Casanovas Begeisterung für ihre Schönheit, die er unter dem Schmutz und den Lumpen entdeckte, machten den Maler François Boucher neugierig. Louise wurde Bouchers Lieblingsmodell, und sie war noch keine 15, da hing ihr Bild in fast jedem Aristokratenhaus von Paris. Mit der Zeit wurde Louise O'Murphy unter dem Namen ‹La Morphise› so bekannt, daß sie die Aufmerksamkeit der Madame de Pompadour, der Mätresse Ludwigs XV., erweckte. Die Pompadour war des Königs überdrüssig und setzte alles daran, ihm eine neue Geliebte zu verschaffen. Sie erteilte Boucher den Auftrag, die Wände des Schlosses von Versailles mit Porträtgemälden der ‹Morphise› zu verzieren. Bald darauf leuchtete ihr zartes Antlitz und ihr reifer sinnlicher Körper dem König von allen Wänden seiner Residenz entgegen. Entzückt von dem Anblick ließ Ludwig nach dem Mädchen schicken. Er machte sie sogleich zu seiner Geliebten und zeugte mit ihr zwei Kinder. Eines Nachts jedoch stellte ‹La Morphise› dem König die sehr indiskrete Frage, ob er auch immer noch mit der Pompadour schlafe. Wütend verwies der König sie des Schlosses und ersetzte sie durch eine ihrer Schwestern. Man verheiratete Louise mit einem Major der Infanterie, doch der Ehe wurde bald durch den Tod des Majors auf dem Schlachtfeld ein gewaltsames Ende bereitet. ‹La Morphise› hatte noch zwei Ehemänner, von denen der letzte ein Abgeordneter war, der 30 Jahre jünger war als sie. Sie starb im Alter von 77 Jahren im Winter des Jahres 1814.

6. Die Herzogin von Alba

Heute wäre sie Mitglied des Jet-set. Sie war reich, eigensinnig, unberechenbar, besaß zahlreiche Güter und führte ein glanzvolles gesellschaftliches Leben an der Seite eines liebenswürdigen, hochgestellten

Ehemannes, der immer wegsah, wenn sie sich einen neuen Liebhaber nahm. Sie wäre in Vergessenheit geraten, hätte sie nicht mit Francisco de Goya, dem größten Maler des 18. Jahrhunderts, das Bett geteilt und ihm Modell gestanden. Goyas «Nackte Maja» und «Bekleidete Maja» hängen Seite an Seite im Prado von Madrid. Sie machten Cayetana, die Herzogin von Alba, unsterblich. Als die beiden sich begegneten, hatte Goya seine Jugend längst hinter sich. Er war ein dickleibiger Mann in mittleren Jahren, der unter zunehmender Taubheit litt. Er war verheiratet, Vater von 20 Kindern und arbeitete als Hofmaler der spanischen Königsfamilie, die ihn sehr bewunderte, obwohl er sie malte, wie sie war: dumm, gemein und häßlich. Nachweislich war die Königin Luisa eifersüchtig auf die vier Jahre sich hinziehende Affäre der Herzogin mit dem Maler und hat die Herzogin zweimal aus Madrid verbannt, um das Paar zu trennen. Der Erfolg war, daß der Maler seinem Modell ins Exil folgte. Die Herzogin, von der es hieß, daß sie ihren Mann mit Gift ermordet habe, starb 1802. Angeblich soll sie von der Königin vergiftet worden sein. Goya lebte noch 26 Jahre und starb mit 82 in Bordeaux.

7. Suzanne Valadon

Was Suzanne Valadon, ein 1869 geborenes uneheliches Kind vom Lande, alles fertigbrachte, ist schon recht erstaunlich: Nachdem sie nach Paris gezogen war, wurde sie innerhalb weniger Jahre Zirkus-

Aktzeichnung von Suzanne Valadon.

akrobatin, Modell von Degas und Renoir, Mutter von Maurice Utrillo (sie wußte nie, welcher der Künstler der Vater war) und eine bedeutende Künstlerin. Ihr Leben ist unlösbar mit dem Utrillos verknüpft. Obwohl sie eine unmögliche Mutter war (es heißt, sie habe dem kleinen Maurice im Alter von sechs Jahren Cognac eingeflößt, damit er schliefe, während sie den Montmartre unsicher machte), zeigte sie doch manchmal große Mutterliebe und Zuneigung. Es liegt nahe, eine Verbindung zwischen ihrem eigenen Verhalten und der lebenslangen Trunksucht ihres Sohnes herzustellen. Fünf Jahre lang war Suzanne Valadon die Geliebte von Paul Mousis, einem Rechtsanwalt. Als Mousis sie heiratete, weigerte er sich, dem kleinen Maurice seinen Namen zu geben, und schickte den Zehnjährigen aus Paris fort zu seiner Großmutter. Suzanne war jedoch entschlossen, ihrem Sohn zu einem respektablen Namen zu verhelfen, und überredete den spanischen Journalisten Miguel Utrillo, den Sohn zu adoptieren, was Maurice ihr sehr übelnahm. (Als erwachsener Mann signierte er seine ersten Bilder mit ‹Maurice Utrillo, V.›). Als sich Suzanne mit Mousis zu langweilen begann, fing sie wieder mit dem Trinken an und stürzte sich in neue Affären. Sie ließ sich von Mousis scheiden und zog zusammen mit ihrem Sohn und dessen Freund André Utter – einem Möchtegern-Künstler, der 21 Jahre jünger als Suzanne war – in eine andere Wohnung. Sie wurde die Geliebte Utters. Als der Erste Weltkrieg ausbrach und Utter eingezogen wurde, heiratete sie ihn. Doch war ihre Einwilligung theatralische Geste und nicht Ausdruck des Wunsches, erneut ein Eheleben zu führen. Utter kehrte zurück, und sie lebten weiterhin zu dritt. Obwohl Suzanne nie so talentiert wie Maurice war, brachten ihr die Gemälde, die sie und ihr Sohn 1923 zusammen ausstellten, unerhörte Summen ein. Sie kaufte sich einen großen Wagen und hielt sich einen livrierten Chauffeur; sie gab glänzende Feste und fütterte ihren Hund mit Filetsteaks. Ihr Vergnügen dauerte nur kurze Zeit. Utter war allmählich von dem Zusammenleben so angeekelt, daß er zu trinken begann, ihren Wagen verkaufte, seine Affären nicht mehr vor ihr verheimlichte und sie regelmäßig bis zu ihrer Trennung schlug. Doch ihr eigener Kummer zählte für sie nicht, verglichen mit den Sorgen, die Maurice ihr bereitete. Vor allem sein Desinteresse an Frauen beunruhigte sie. Sie beschaffte ihm Prostituierte und schließlich auch eine Ehefrau. 1938 starb sie. Für den Rest seines Lebens beging Maurice Utrillo ihren Todestag, indem er in seiner privaten Kapelle für ihre Seele betete. Heute hängen die Bilder von Mutter und Sohn zusammen im Valadon-Utrillo-Saal des Musée d'Art Moderne in Paris.

8. Kiki von Montparnasse

1924 kam sie als Sechzehnjährige nach Paris: ein sinnliches, freizügiges Landmädchen mit dem Namen Marie Prin. Eines Tages – sie saß allein in einem Café – wurde der Maler Moise Kisling auf sie aufmerksam. Ihre ländliche Frische bezauberte ihn, und er engagierte sie als

Modell. Das war der Beginn ihrer Laufbahn. In den folgenden Jahren stand sie Modell für Utrillo, Soutine, Toulouse-Lautrec, Foujita, Cocteau und Man Ray, dessen Geliebte sie sechs Jahre lang war. Sie posierte oft nackt. Um ihre Finanzen aufzubessern, sang sie Straßenlieder in Nachtclubs. Der Wunsch, ein Star zu werden, führte sie sogar nach New York, doch es war eine ziemlich entmutigende Reise. Mit der Zeit wurde sie fett und vulgär. In den Tagen ihres Ruhms war sie als Venus vom Montparnasse umworben worden, doch als sie alt war, hatte man sie vergessen. Sie starb einsam, ein Opfer von Absinth und Kokain, in einer armseligen Dachkammer. Unter ihrem Bett fand man Gemälde und Zeichnungen – Geschenke all der berühmten Maler, die sie als Kiki von Montparnasse in ihrer Jugend angebetet hatten.

sw

9 berühmte Magier –
und die Kunststücke,
für die sie berühmt waren

1. Giovanni Bartolomeo Bosco (*1793 in Italien)
Nachdem er zwei Tauben – eine weiße und eine schwarze – geköpft hatte, steckte er je einen Körper zusammen mit dem Kopf der jeweils anderen Taube in ein Gefäß. Einen Moment später holte er dann aus den Schachteln zwei lebende Vögel hervor: eine weiße Taube mit schwarzem und eine schwarze Taube mit weißem Kopf! Darüber hinaus hatte Bosco den Ruf, der größte italienische Tassen-und-Ball-Jongleur des 19. Jahrhunderts zu sein.

2. John Henry Anderson (*1814 in Schottland)
Anderson legte zehn tote Kanarienvögel in eine Pfanne, um sie zu braten. Nachdem er sie eine Weile hatte schmoren lassen, hob er den Deckel und förderte zwei lebende Vögel zutage. «Der große Magier des Nordens», wie er sich nannte, war außerdem einer der ersten Zauberer, die ein Kaninchen aus dem Hut zogen.

3. Carl Herrmann (*1816 in Deutschland)
Der Name Herrmann war zwar schon seit 80 Jahren in der Zirkuswelt sehr bekannt und lockte viele neugierige Zuschauer an, doch war Carl der erste, der internationalen Ruhm errang. Als Carl zum Beispiel in einem österreichischen Schloß auftrat, lieh er sich einen Diamantenring. Kaum hatte er ihn erhalten, warf er ihn zum Schrecken aller Anwesenden aus dem Fenster. Als die Diener hinausstürzten, um nach dem Schatz zu suchen, pfiff Carl, und herein flog ein Papagei, der nicht nur den Ring, sondern dazu die gepuderte Perücke eines Dieners im Schnabel trug.

4. John Nevill Maskelyne (*1839 in England)
Maskelyne war der erste Magier, der eine Person im freien Raum schweben lassen konnte. Ohne jede sichtbare Unterstützung brachte er eine Frau dazu, sich vom Boden aufwärts zu bewegen und einige Zeit in der Luft schwebend zu verharren.

5. David Devant (*1868 in England)
Devant hatte einen als Soldat verkleideten Assistenten, der zu martialischer Marschmusik von Lichtsäulen umgeben auf einer erhöhten Plattform marschieren mußte. Nachdem sich die Zuschauer diese Szene eine Weile angesehen hatten, wurden drei britische Flaggen gehißt, die den Marschierenden verhüllten. Auf ein Kommando des Magiers hin wurden die Flaggen gesenkt, und zum Vorschein kam ein auf Puppengröße geschrumpfter, marschierender Soldat. Devant (sein richtiger Name war David Wighton) vollbrachte dieses Kunststück in einer privaten Aufführung vor Königin Mary und König Georg V.

6. Howard Thurston (*1869 in den USA)
Während einer Vorführung im Weißen Haus zerstörte Thurston die goldene Taschenuhr des Präsidenten Calvin Coolidge und ließ die zerbrochenen Teile verschwinden. Dann bat er einen Butler, ein Brot hereinzubringen, das Mrs. Coolidge in zwei Hälften schneiden sollte. In dem Brot wurde die unversehrte Uhr gefunden.

7. Charles Joseph Carter (*1874 in den USA)
Carters Frau Corinne wurde gefesselt und dann von Zuschauern in einen bedeckten Käfig eingeschlossen. 30 Sekunden später erschien Corinne im Theatereingang, und als man den Käfig enthüllte, saß darin ein traurig dreinschauender Gnom in gestreifter Gefängniskleidung.

8. Harry Houdini (Ehrich Weiss; *1874 in Ungarn)
An einem Strand in der Nähe von Boston war ein ungewöhnliches «Seemonster» gefunden worden. Der mit Handschellen gefesselte Houdini schlüpfte in das einbalsamierte Tier hinein. Der Kadaver wurde mit schweren Ketten verschnürt, und doch schaffte es Houdini, innerhalb von 15 Minuten zu entkommen. Der Todestag des Zauberers (31. Oktober 1926) ist in den USA zum ‹Tag der Magie› erklärt worden.

9. Henri Bouton (*1885 in den USA)
Bouton ließ sich vorn auf ein Geschützrohr fesseln. Dann wurde die Kanone unter Trommelwirbeln abgefeuert. Nach dem Schuß war der Zauberer spurlos verschwunden. Doch dann tauchte er plötzlich unverletzt wieder auf. Bouton wurde bis zum Ersten Weltkrieg als «Friedrich der Große» angekündigt; danach baten ihn die Veranstalter, seinen «deutschen» Namen zu ändern. Er folgte ihrem Rat und nannte sich fortan «Blackstone». *hsi & db*

9

Attraktionen, Attraktionen
– Film und Fernsehen

Die 25 erfolgreichsten Filme
aller Zeiten

Diese Liste ist 1978 von Mitarbeitern der Zeitschrift *Variety* zusammengestellt worden. Die Angaben beziehen sich auf den Kassenerfolg in Kanada und den USA. Der europäische Markt ist in diesen Zahlen nicht berücksichtigt, doch hat man festgestellt, daß er in den letzten Jahren dem amerikanischen glich, ja ihn sogar häufig übertraf. Dem Titel des Filmes und dem Entstehungsjahr folgt die Gesamteinnahme bis Januar 1978 (in Dollar).

1. *«Star Wars» («Krieg der Sterne»)* — 1977 — 127 000 000
2. *«Jaws» («Der weiße Hai»)* — 1975 — 121 356 000
3. *«The Godfather» («Der Pate»)* — 1972 — 86 112 947
4. *«The Exorcist» («Der Exorzist»)* — 1973 — 82 200 000
5. *«The Sound of Music» («Meine Lieder meine Träume»)* — 1965 — 78 662 000
6. *«The Sting» («Der Clou»)* — 1973 — 78 090 000
7. *«Gone with the Wind» («Vom Winde verweht»)* — 1939 — 76 700 000
8. *«One Flew over the Cuckoo's Nest» («Einer flog über das Kuckucksnest»)* — 1975 — 58 300 000
9. *«Rocky»* — 1976 — 54 000 000
10. *«Love Story»* — 1970 — 50 000 000
11. *«Towering Inferno» («Flammendes Inferno»)* — 1975 — 50 000 000
12. *«The Graduate» («Die Reifeprüfung»)* — 1968 — 49 078 000
13. *«American Graffiti»* — 1973 — 47 308 000
14. *«Doctor Zhivago» («Doktor Schiwago»)* — 1965 — 46 550 000
15. *«Butch Cassidy and the Sundance Kid» («Zwei Banditen»)* — 1969 — 46 039 000
16. *«Airport»* — 1970 — 45 300 000
17. *«The Ten Commandments» («Die zehn Gebote»)* — 1956 — 43 000 000
18. *«Mary Poppins»* — 1964 — 42 250 000

19. «The Poseidon Adventure» («Die Höllenfahrt der Poseidon»)	1972	42 000 000
20. «Smokey and the Bandit» («Ein ausgekochtes Schlitzohr»)	1977	39 744 999
21. «A Star is Born»	1976	37 100 000
22. «M.A.S.H.»	1970	36 720 000
23. «Ben Hur»	1959	36 650 000
24. «Earthquake» («Erdbeben»)	1974	36 094 000
25. «King Kong»	1976	35 851 283

20 berühmte Schriftsteller, die Film-Drehbücher geschrieben haben

1. Bertolt Brecht (deutscher Schriftsteller und Dramatiker, 1898–1956)
   «Die Dreigroschenoper» (verfilmt 1931)
   «Kuhle Wampe» (1932, mit Ernst Ottwalt)
   «Hangmen Also Die» (1943; dt. *«Auch Henker sterben»*)

2. Raymond Chandler (amerikanischer Kriminalautor, 1888–1959)
   «And Now Tomorrow» (1944, mit Frank Partos)
   «Double Indemnity» (1944, mit Billy Wilder)
   «The Unseen» (1945, mit Hager Wilde)
   «The Blue Dahlia» (1946, dt. *«Die blaue Dahlie»*)
   «Strangers on a Train» (1951, dt. *«Der Fremde im Zug»*)

3. Jean Cocteau (französischer Schriftsteller, 1889–1963)
   «Le Sang d'un Poète» (1930, dt. *«Das Blut eines Dichters»*)
   «L'Éternel Retour» (1943, dt. *«Der ewige Bann»*)
   «La Belle et la Bête» (1946, dt. *«Es war einmal ...»*)
   «Orphée» (1950)
   «Thomas l'Imposteur» (1965)

4. Theodore Dreiser (amerikanischer Romancier, 1871–1945)
   «An American Tragedy» (1931, dt. *«Eine amerikanische Tragödie»*)
   «Tobacco and Men» (1935)
   «My Gal Sal» (1942)

5. William Faulkner (amerikanischer Romancier, 1897–1945)
   «Today We Live» (1933)
   «Road to Glory» (1936)
   «To Have and Have Not» (1945, dt. *«Haben und Nichthaben»*)
   «The Big Sleep» (1946, dt. *«Tote schlafen fest»*)
   «Land of the Pharaos» (1955, dt. *«Land der Pharaonen»*)

6. Francis Scott Fitzgerald (amerikanischer Schriftsteller, 1896–1940)
   «A Yank at Oxford» (1938)
   «Three Comrades» (1938)
   «Gone with the Wind» (1939, dt. *«Vom Winde verweht»*)
   «The Women» (1939)
   «Madame Curie» (1943)

7. Dashiell Hammett (amerikanischer Kriminalautor, 1894–1961)
   «City Streets» (1931, dt. *«Straßen der Großstadt»*)
   «Mister Dynamite» (1935)
   «The Thin Man» (1934, dt. *«Mordsache ‹Dünner Mann›»*)
   «After the Thin Man» (1936, dt. *«‹Dünner Mann› – Zweiter Fall»*)
   «Another Thin Man» (1938, dt. *«‹Dünner Mann› – Dritter Fall»*)
   «Watch on the Rhine» (1943)

8. Peter Handke (deutscher Schriftsteller, *1942)
   «Chronik der laufenden Ereignisse» (1971)
   «Falsche Bewegung» (1975)
   «Die linkshändige Frau» (1978)

9. Ben Hecht (amerikanischer Schriftsteller, 1894–1964)
   «The Front Page» (1931)
   «Scarface» (1932)
   «Design for Living» (1933, dt. *«Serenade zu dritt»*)
   «Wuthering Heights» (1939, dt. *«Stürmische Höhen»*)
   «A Farewell to Arms» (1957, dt. *«In einem anderen Land»*)

10. Lilian Hellman (amerikanische Dramatikerin, *1905)
    «The Dark Angel» (1935)
    «Dead End» (1937, dt. *«Sackgasse»*)
    «The Little Foxes» (1941, dt. *«Die kleinen Füchse»*)
    «The Children's Hour» (1961, dt. *«Infam»*)
    «The Chase» (1966, dt. *«Ein Mann wird gejagt»*)

11. Ernest Hemingway (amerikanischer Schriftsteller, 1899–1961)
    «The Spanish Earth» (1937, dt. *«Die spanische Erde»*)
    «The Old Man and the Sea» (1956, dt. *«Der alte Mann und das Meer»*)

12. Aldous Huxley (englischer Schriftsteller, 1894–1963)
    «Pride and Prejudice» (1940)
    «Jane Eyre» (1944)
    «A Woman's Vengeance» (1947)

13. Christopher Isherwood (englischer Schriftsteller, *1904)
    «Rage in Heaven» (1941, dt. «Gefährliche Liebe»)
    «Forever and a Day» (1944)
    «The Loved One» (1965, dt. «Tod in Hollywood»)
    «Frankenstein, the True Story» (1973)

14. Alexander Kluge (deutscher Schriftsteller, *1932)
    «Abschied von gestern» (1966)
    «Die Artisten in der Zirkuskuppel: ratlos» (1968)
    «Gelegenheitsarbeit einer Sklavin» (1974)
    «Der starke Ferdinand» (1975)
    «Die Patriotin» (1979)

15. Alain Robbe-Grillet (französischer Schriftsteller, *1922)
    «L'Année dernière à Marienbad» (1961, dt. «Letztes Jahr in Marienbad»)
    «L'Immortelle» (1963, dt. «Die Unsterbliche»)
    «Trans-Europe Express» (1966, dt. «Trans-Europa-Express»)
    «Les Gommes» (1972, dt. «Ein Tag zuviel»)

16. Peter Schneider (deutscher Schriftsteller, *1940)
    «Messer im Kopf» (1978)

17. George Bernard Shaw (englischer Dramatiker, 1856–1950)
    «Pygmalion» (1938)
    «Major Barbara» (1941)
    «Caesar and Cleopatra» (1946, dt. «Caesar und Cleopatra»)

18. John Steinbeck (amerikanischer Romancier; 1902–1968)
    «The Forgotten Village» (1941)
    «The Pearl» (1948)
    «The Red Pony» (1949, dt. «Gabilan, mein bester Freund»)
    «Viva Zapata» (1952)

19. Nathanael West (amerikanischer Schriftsteller; 1903–1940)
    «Ticket to Paradise» (1936)
    «It Could Happen to You» (1937)
    «Five Came Back» (1939)
    «I Stole a Million» (1939)
    «Let's Make Music» (1940)

20. Thornton Wilder (amerikanischer Dramatiker und Schriftsteller; 1897–1975)
    «The Dark Angel» (1935)
    «Our Town» (1940, dt. «Unsere kleine Stadt»)
    «Shadow of a Doubt» (1943, dt. «Im Schatten des Zweifels»)

fbf & cb & nh

Die 10 Schauspielerinnen und Schauspieler, die am häufigsten für den Oscar nominiert wurden

1. Katharine Hepburn (11)
   «Morning Glory»* *(«Morgenrot des Ruhms»)*, 1933; *«Alice Adams»*, 1935; *«The Philadelphia Story»* *(«Die Nacht vor der Hochzeit»)*, 1940; *«Woman of the Year»* *(«Die Frau, von der man spricht»)*, 1942; *«The African Queen»* *(«African Queen»)*, 1951; *«Summertime»*, 1955; *«The Rainmaker»* *(«Der Regenmacher»)*, 1956; *«Suddenly, Last Summer»* *(«Plötzlich im letzten Sommer»)*, 1959; *«Long Day's Journey into Night»*, 1962; *«Guess Who's Coming to Dinner»** *(«Rat mal, wer zum Essen kommt»)*, 1967; *«The Lion in Winter»** *(«Der Löwe im Winter»)*, 1968.

Katherine Hepburn in ihrer ersten mit einem Oscar prämierten Rolle in dem Film *«Morgenrot des Ruhms»*

2. Bette Davis (10)
«Dangerous»*, 1935; «Jezebel»*, 1938; «Dark Victory» («Opfer einer großen Liebe»), 1939; «The Letter», 1940; «The Little Foxes» («Die kleinen Füchse»), 1941; «Now, Voyager» («Reise aus der Vergangenheit»), 1942; «Mr. Skeffington», 1944; «All about Eve» («Alles über Eva»), 1950; «The Star», 1952; «Whatever Happened to Baby Jane?» («Was geschah wirklich mit Baby Jane?»), 1962.

2. Laurence Olivier (10)
«Wuthering Heights» (Stürmische Höhen»), 1939; «Rebecca», 1940; «Henry V.», 1946; «Hamlet»*, 1948; «Richard III.», 1956; «The Entertainer» («Der Komödiant»), 1960; «Othello», 1965; «Sleuth» («Mord mit kleinen Fehlern»), 1972; «Marathon Man» («Der Marathon-Mann»), 1976; «Boys from Brazil», 1978.

4. Spencer Tracy (9)
«San Francisco», 1936; «Captains Courageous»* («Manuel»), 1937; «Boy's Town»* («Teufelskerle»), 1938; «Father of the Bride» («Vater der Braut»), 1950; «Bad Day at Black Rock» («Stadt in Angst»), 1955; «The Old Man and the Sea» («Der alte Mann und das Meer»), 1958; «Inherit the Wind» («Wer den Wind sät»), 1960; «Judgment at Nuremberg» («Das Urteil von Nürnberg»), 1961; «Guess Who's Coming to Dinner» («Rat mal, wer zum Essen kommt»), 1967.

5. Marlon Brando (7)
«A Streetcar Named Desire» («Endstation Sehnsucht»), 1951; «Viva Zapata», 1952; «Julius Caesar», 1953; «On the Waterfront»* («Faust im Nacken»), 1954; «Sayonara», 1957; «The Godfather»* («Der Pate»), 1972; «Last Tango in Paris» («Der letzte Tango in Paris»), 1973.

5. Richard Burton (7)
«My Cousin Rachel» («Meine Cousine Rachel» – für die beste Nebenrolle), 1952; «The Robe» («Das Gewand»), 1953; «Becket», 1964; «The Spy Who Came in from the Cold» («Der Spion, der aus der Kälte kam»), 1965; «Who's Afraid of Virginia Woolf?» («Wer hat Angst vor Virginia Woolf?»), 1966; «Anne of the Thousand Days» («Königin für 1000 Tage»), 1969; «Equus», 1977.

5. Greer Garson (7)
«Good-bye Mr. Chips», 1939; «Blossoms in the Dust», 1941; «Mrs. Miniver»*, 1942; «Madame Curie», 1943; «Mrs. Parkington», 1944; «The Valley of Decision», 1945; «Sunrise at Campobello», 1960.

8. Ingrid Bergman (6)
«For Whom the Bell Tolls» («Wem die Stunde schlägt»), 1943; «Gaslight»* («Das Haus der Lady Alquist»), 1944; «The Bells of St. Mary's» («Die Glocken von St. Marien»), 1945, «Joan of Arc» («Johan-

na von Orleans»), 1948; «Anastasia»*, 1956; «Murder on the Orient Express»* («Mord im Orient Express» – für die beste Nebenrolle), 1974.

8. Deborah Kerr (6)
«Edward, My Son», 1949; «From Here to Eternity» («Verdammt in alle Ewigkeit»), 1953; «The King and I» («Der König und ich»), 1956; «Heaven Knows, Mr. Allison» («Der Seemann und die Nonne»), 1957; «Separate Tables» («Getrennt von Tisch und Bett»), 1958; «The Sundowners» («Der endlose Horizont»), 1960.

8. Thelma Ritter (6 – alles Nominierungen für die beste Nebenrolle)
«All about Eve» («Alles über Eva»), 1950; «The Mating Season» («SOS – Zwei Schwiegermütter»), 1951; «With a Song in my Heart» («Mit einem Lied im Herzen»), 1952; «Pickup on South Street» («Polizei greift ein»/«Lange Finger, harte Fäuste»), 1953; «Pillow Talk» («Bettgeflüster»), 1959; «Birdman of Alcatraz» («Der Gefangene von Alcatraz»), 1962.

mgr

* Oscar-Gewinner

Arthur Schlesinger jr.:
Meine Liste der 10 besten politischen Filme aller Zeiten

Der Autor, Historiker und Hochschullehrer Arthur Schlesinger Jr. arbeitete als Sonderberater der Präsidenten John F. Kennedy und Lyndon B. Johnson. Sein Buch «A Thousand Days: John F. Kennedy in the White House» (dt. *Die tausend Tage Kennedys*») gewann 1965 den Pulitzer-Preis für die beste Biographie des Jahres. Er hat Filme für die Zeitschriften *Show* und *Vogue* rezensiert.

1. «Le Chagrin et la Pitié» («Das Haus nebenan»)
2. «La Guerre est finie» («Der Krieg ist aus»)
3. «The Great Dictator» («Der große Diktator»)
4. «Z»
5. «Nashville»
6. «Il Conformista» («Der große Irrtum»)
7. «The Informer» («Der Verräter»)
8. «All the King's Men» («Der Mann, der herrschen wollte»)
9. «The Great McGinty» («Der große McGinty»)
10. «All the President's Men» («Die Unbestechlichen»)

exklusiv

Orson Welles'
12 Filmfavoriten & die Regisseure

1. *«City Lights»* (Charles Chaplin)
   («Lichter der Großstadt»)
2. *«Greed»* (Erich von Stroheim)
   («Gier nach Geld»)
3. *«Intolerance»* (D. W. Griffith)
   («Intoleranz»)
4. *«Nanook of the North»* (Robert Flaherty)
   («Nanuk der Eskimo»)
5. *«Sciuscià»* (Vittorio de Sica)
   («Schuhputzer»)
6. *«Bronenosez Potjomkin»* (Sergej Eisenstein)
   («Panzerkreuzer Potemkin»)
7. *«La Femme de Boulanger»* (Marcel Pagnol)
   («Des anderen Weib»)
8. *«La Grande Illusion»* (Jean Renoir)
   («Die große Illusion»)
9. *«Stagecoach»* (John Ford)
   («Ringo»/«Höllenfahrt nach Santa Fé»)
10. *«Ninotchka»* (Ernst Lubitsch)
    («Ninotschka»)
11. *«The Best Years of Our Lives»* (William Wyler)
    («Die besten Jahre unseres Lebens»)
12. *«Ladri di Biciclette»* (Vittorio de Sica)
    («Fahrraddiebe»)

Quelle: Brüsseler Film Festival Poll 1952.

Luis Buñuels
9 Filmfavoriten & die Regisseure

1. *«Underworld»* (Josef von Sternberg)
   («Unterwelt»)
2. *«The Gold Rush»* (Charles Chaplin)
   («Goldrausch»)
3. *«Ladri di Biciclette»* (Vittorio de Sica)
   («Fahrraddiebe»)
4. *«Bronenosez Potjomkin»* (Sergej Eisenstein)
   («Panzerkreuzer Potemkin»)
5. *«A l'ortrait of Jennle»* (William Dieterle)
   («Jenny»)
6. *«Cavalcade»* (Frank Lloyd)

7. «*White Shadows in the South Seas*» (Robert Flaherty und W. S. Van Dyke)
8. «*L' Âge d' or*» (Luis Buñuel)
   («*Das goldene Zeitalter*»)
9. «*I am a Fugitive from a Chain Gang*» (Mervyn Le Roy)
   («*Jagd auf James A.*»/«*Ich bin ein entflohener Kettensträfling*»)

Quelle: Brüsseler Film Festival Poll 1952.

Arthur Knights
10 Filmfavoriten

Arthur Knight, bekannt als Autor und als Lehrer auf dem Gebiet der Filmkunst, war Mitglied des Lehrkörpers der Columbia University und ist heute Professor für Filmästhetik und -geschichte an der University of Southern California. Er hat unter anderem die Bücher «*The Livliest Art*» und «*History of Sex in the Movies*» veröffentlicht.

1. «*À nous la Liberté*»
   («*Es lebe die Freiheit*»)
2. Apu-Trilogie
   («*Pather Panchali*», «*Aparajito*», «*Apur Sansar*»)
3. «*Ladri di Biciclette*»
   («*Fahrraddiebe*»)
4. «*Citizen Kane*»
5. «*Dr. Strangelove*»
   («*Dr. Seltsam, oder: Wie ich lernte, die Bombe zu lieben*»)
6. «*Modern Times*»
   («*Moderne Zeiten*»)
7. «*La Passion de Jeanne d'Arc*»
   («*Die Passion der Jeanne d'Arc*»)
8. «*Bronenosez Potjomkin*»
   («*Panzerkreuzer Potemkin*»)
9. «*Singin' in the Rain*»
   («*Du sollst mein Glücksstern sein*»)
10. «*Sullivan's Travels*»
    («*Sullivans Reisen*»)

exklusiv

Hans C. Blumenbergs
10 Filmfavoriten & die Regisseure

Hans C. Blumenberg ist Feuilleton-Redakteur und Filmkritiker der *Zeit* sowie Autor und Regisseur von 22 Dokumentationsfilmen. Er hat unter anderem die Bücher *«Film positiv»* und *«Die Kamera in Augenhöhe – Begegnungen mit Howard Hawks»* veröffentlicht. Die Titel seiner Favoritenliste sind in chronologischer Reihenfolge aufgeführt.

1. *«Sunrise»* (Friedrich Wilhelm Murnau), 1927
2. *«Scarface»* (Howard Hawks), 1930
3. *«La Règle du Jeu»* (Jean Renoir), 1939
   (*«Die Spielregel»*)
4. *«The Woman in the Window»* (Fritz Lang), 1944
   (*«Gefährliche Begegnung»/«Die Frau im Fenster»*)
5. *«La Ronde»* (Max Ophüls), 1950
   (*«Der Reigen»*)
6. *«The Searchers»* (John Ford), 1956
   (*«Der schwarze Falke»*)
7. *«Vertigo»* (Alfred Hitchcock), 1958
   (*«Aus dem Reich der Toten»*)
8. *«Vivre sa Vie»* (Jean-Luc Godard), 1962
   (*«Die Geschichte der Nana S.»*)
9. *«Otto e mezzo»* (Federico Fellini), 1963
   (*«8½»*)
10. *«Céline et Julie vont en bateau»* («Jacques Rivette), 1974
    (*«Céline und Julie fahren Boot»*)

Hans C. Blumenberg erklärte: «Dies sind meine Lieblingsfilme. Die Liste erhebt keinen Anspruch auf filmhistorische Objektivität.»

exklusiv für Rowohlts Bunte Liste

Die 10 besten Filme aller Zeiten
nach den Umfragen des Magazins *Sight and Sound*

Umfrage 1952

1. *«Ladri di Biciclette»* (*«Fahrraddiebe»*) von Vittorio de Sica	25 Stimmen
2. *«City Lights»* (*«Lichter der Großstadt»*) von Charles Chaplin	19 Stimmen
2. *«The Gold Rush»* (*«Goldrausch»*) von Charles Chaplin	19 Stimmen
4. *«Bronenosez Potjomkin»* (*«Panzerkreuzer Potemkin»*) von Sergej Eisenstein	16 Stimmen

5. *«Intolerance»* von David Wark Griffith 12 Stimmen
5. *«Louisiana Story»*
    («Louisiana Legende») von Robert Flaherty 12 Stimmen
7. *«Greed»* («Gier nach Geld») von Erich von Stroheim 11 Stimmen
7. *«Le Jour se lève»*
    («Der Tag bricht an») von Marcel Carné 11 Stimmen
7. *«La passion de Jeanne d'Arc»*
    («Die Passion der Jeanne d'Arc») von Carl Dreyer 11 Stimmen
10. *«Brief Encounter»*
    («Begegnung») von David Lean 10 Stimmen
10. *«Le Million»*
    («Die Million») von René Clair 10 Stimmen
10. *«La Règle du jeu»*
    («Die Spielregel») von Jean Renoir 10 Stimmen

Umfrage 1962

1. *«Citizen Kane»* von Orson Welles 22 Stimmen
2. *«L'Avventura»* («Die mit der Liebe spielen»/
    «Das Abenteuer») von Michelangelo Antonioni 20 Stimmen
3. *«La Règle du jeu»*
    («Die Spielregel») von Jean Renoir 19 Stimmen
4. *«Greed»* («Gier nach Geld») von Erich von Stroheim 17 Stimmen

Charles Chaplin in seiner unvergeßlichen Rolle als Verliebter in
«Lichter der Großstadt».

4. «*Ugetsu Monogatari*» («*Ugetsu – Erzählungen unter dem Regenmond*») von Kenji Mizoguchi — 17 Stimmen
6. «*Ladri di Biciclette*» («*Fahrraddiebe*») von Vittorio de Sica — 16 Stimmen
6. «*Bronenosez Potjomkin*» («*Panzerkreuzer Potemkin*») von Sergej Eisenstein — 16 Stimmen
6. «*Ivan Groznyj*» («*Iwan der Schreckliche*») von Sergej Eisenstein — 16 Stimmen
9. «*La Terra trema*» («*Die Erde bebt*») von Luchino Visconti — 14 Stimmen
10. «*L'Atalante*» («*Atalante*») von Jean Vigo — 13 Stimmen

Umfrage 1972

1. «*Citizen Kane*» von Orson Welles — 32 Stimmen
2. «*La Règle du jeu*» («*Die Spielregel*») von Jean Renoir — 28 Stimmen
3. «*Bronenosez Potjomkin*» («*Panzerkreuzer Potemkin*») von Sergej Eisenstein — 16 Stimmen
4. «*otto e mezzo*» («*8½*») von Federico Fellini — 15 Stimmen
5. «*L'Avventura*» («*Die mit der Liebe spielen*»/«*Das Abenteuer*») von Michelangelo Antonioni — 12 Stimmen
5. «*Persona*» von Ingmar Bergman — 12 Stimmen
7. «*La Passion de Jeanne d'Arc*» («*Die Passion der Jeanne d'Arc*») von Carl Dreyer — 11 Stimmen
8. «*The General*» («*Der General*») von Buster Keaton — 10 Stimmen
10. «*Ugetsu Monogatari*» («*Ugetsu – Erzählungen unter dem Regenmond*») von Kenji Mizoguchi — 9 Stimmen
10. «*Smultronstället*» («*Wilde Erdbeeren*») von Ingmar Bergman — 9 Stimmen

William Wylers
10 Filmfavoriten

Die Filmkarriere des 1902 geborenen Regisseurs William Wyler begann bereits vor einem halben Jahrhundert. Er drehte zunächst billige, kurze Western, doch stieg er bald in die Klasse der Millionen-Dollar-Filme auf. Er wurde ein dutzendmal für den Oscar nominiert, und für seine Filme «*Mrs. Miniver*», «*The Best Years of Our Lives*» («*Die besten Jahre unseres Lebens*») und «*Ben Hur*» erhielt er den begehrten

Preis. Andere berühmte Filme Wylers sind: *«The Little Foxes»* (*«Die kleinen Füchse»*), *«Children's Hour»* (*«Infam»*) und *«Funny Girl»*.

1. *«Das Kabinett des Dr. Caligari»*
2. *«Bronenosez Potjomkin»* (*«Panzerkreuzer Potemkin»*)
3. *«All Quiet on the Western Front»* (*«Im Westen nichts Neues»*)
4. Verschiedene Charles-Chaplin-Filme
5. *«The Bridge on the River Kwai»* (*«Die Brücke am Kwai»*)
6. Marcel Pagnols *«Fanny»* (nicht das Musical)
7. *«La Dolce Vita»* (*«Das süße Leben»*)
8. *«The Treasure of the Sierra Madre»* (*«Der Schatz der Sierra Madre»*)
9. *«Dr. Strangelove or How I Learned to Stop Worrying and Love the Bomb»* (*«Dr. Seltsam oder Wie ich lernte, die Bombe zu lieben»*)
10. (Ich bitte um Vergebung:) *«The Best Years of Our Lives»* (*«Die besten Jahre unseres Lebens»*)

exklusiv

Jack Lemmons
Liste der 10 «zweitbesten» Filme aller Zeiten

Der Schauspieler und Komiker Jack Lemmon hat in so berühmten Filmen wie *«The Odd Couple»* (*«Ein seltsames Paar»*), *«The Days of Wine and Roses»* (*«Die Tage des Weines und der Rosen»*) und *«The Prisoner of Second Avenue»* (*«Das Nervenbündel»*) die Hauptrolle gespielt. Er hat zwei Oscars erhalten: einen für die beste Nebenrolle in *«Mister Roberts»* (*«Keine Zeit für Heldentum»*) und einen als bester Darsteller in *«Save the Tiger»*. 1971 gab er sein Debut als Regisseur mit dem Film *«Kotch»*.

1. *«Rashomon»*
2. *«Safety Last»*
3. *«A Taste of Honey»* (*«Bitterer Honig»*)
4. *«Some Like it Hot»* (*«Manche mögen's heiß»*)
5. *«Closely Watched Trains»*
6. *«The Gold Rush»* (*«Goldrausch»*)
7. *«The Best Years of Our Lives»* (*«Die besten Jahre unseres Lebens»*)
8. *«No Love for Johnny»*
9. *«One Flew over the Cuckoo's Nest»* (*«Einer folgt über das Kukkucknest»*)
10. *«Lawrence of Arabia»* (*«Lawrence von Arabien»*)

Jack Lemmon erklärte: «Die 10 besten fallen mir nicht ein.»

exklusiv

Hans C. Blumenberg:
10 berühmte überschätzte Filme

1. Ingmar Bergman: *«Das Schweigen»*
2. Michael Cacoyannis: *«Alexis Sorbas»*
3. Henri-Georges Clouzot: *«Lohn der Angst»*
4. Jules Dassin: *«Sonntags nie»*
5. Milos Forman: *«Einer flog über das Kuckucksnest»*
6. Stanley Kramer: *«Das letzte Ufer»*
7. David Lean: *«Die Brücke am Kwai»*
8. Roman Polanski: *«Tanz der Vampire»*
9. Tony Richardson: *«Tom Jones»*
10. Fred Zinnemann: *«Zwölf Uhr mittags»*

Die Filme stehen in alphabetischer Reihenfolge nach den Namen der Regisseure.
Hans C. Blumenberg fügte hinzu: «Dies sind nicht unbedingt furchtbar schlechte Filme, sondern nur welche, denen ungerechtfertigt viel Aufmerksamkeit gewidmet wurde.»

exklusiv für Rowohlts Bunte Liste

Wolf Donner:
10 unterbewertete oder verkannte Leute im deutschen Film

Wolf Donner war von 1977 bis 1979 Leiter der Berliner Filmfestspiele und ist Filmkritiker beim *Spiegel*. Die Liste ist alphabetisch geordnet.

1. Ivan Desny (Darsteller)
2. Karin Dor (Darstellerin)
3. Ron Holloway (*Variety*-Autor)
4. Grischa Huber (Darstellerin)
5. Peter Lilienthal (Regisseur)
6. Peer Raben (Komponist)
7. Klaus Wildenhahn (Dokumentarist)
8. Klaus Wyborny (Experimentalfilmer)
9. fast alle Drehbuchautoren, Ausstatter, Tonmeister, Kostüm- und Maskenbildner von Adam und Eva bis zur Gegenwart
10. der Ghostwriter der Reden des Bundesinnenministers zur alljährlichen Verleihung des Bundesfilmpreises

exklusiv für Rowohlts Bunte Liste

Die 10 schlechtesten Filme
aller Zeiten

Harry Medved und Randy Dreyfuss, Autoren des Buches «*The 50 Worst Films of All Times*» (Die 50 schlechtesten Filme aller Zeiten) haben für «*The Book of Lists*» die 10 *aller*schlechtesten Filme ausgewählt. Die Filmtitel stehen in alphabetischer Reihenfolge.

1. «*Che!*» (1969)
Ein papierenes, pseudo-historisches Drama mit Omar Sharif als Che Guevara und Jack Palance als Fidel Castro. Der arme Sharif wird gezwungen, Sätze wie den folgenden von sich zu geben: «Der Landarbeiter ist wie eine wilde Blume im Walde, und der Revolutionär ist wie eine Biene. Keiner kann ohne den anderen überleben oder sich fortpflanzen.» Der Kritiker Steven Scheuer hat seine Ansicht zu dem Film in einem knappen Satz zusammengefaßt: «Jeder, der mit diesem Film zu tun hatte, verdient die Zensur.»

2. «*The Conqueror*» (1956)
Eine Produktion von Howard Hughes mit John Wayne als Tschingis Khan. Der Film ist eine altmodische Reiteroper vor dem Hintergrund der mongolischen Geschichte. In einem der bemerkswertesten Momente des Films gelüstet es Tschingis Wayne nach der Prinzessin Bortai, dargestellt von Susan Hayward, und er keucht: «Ich fühle, dieses Tatarenweib ist für mich, und mein Blut sagt mir: nimm sie!»

3. «*The Horror of Party Beach*» (1964)
Ein schreckliches Monster-Musical mit der allerletzten Besetzung. Es ist gelungen, in diesem Film die kitschigsten Elemente mieser Science-Fiction-Filme mit den abgeschmacktesten Konventionen der Beach-Party-Filme zu verbinden.

4. «*Lost Horizon*» (1973, dt. «*Der verlorene Horizont*»)
Eine Ross-Hunter-Neufassung des Filmklassikers von 1937 nach dem Shangri-La-Roman von James Hilton. Der Film wurde mit Stars wie Peter Finch, Sally Kellerman, George Kennedy, Charles Boyer, Sir John Gielgud und Liv Ullmann in ihrer peinlichsten Rolle gedreht. Heute gilt diese Fassung von «*Lost Horizon*» in der Filmindustrie als «Lost Investment».

5. «*Myra Breckinridge*» (1970)
Das berüchtigte Desaster mit dem Prädikat «Für Jugendliche nicht geeignet» zeigt Raquel Welsh als Ergebnis einer Geschlechtsumwandlungsoperation. Der Film hat etwas an sich, das wirklich jeden empört. Der Filmkritiker Leonard Maltin bezeichnete «*Myra Breckinridge*» als «den schlechtesten Film aller Zeiten».

6. «*Robot Monster*» (1953)
Die allerletzte Science-Fiction-Idiotie: Roboter-Invasoren in Gorillakostümen und Taucherhelmen. Die Produzenten schienen sich nicht einmal darüber im klaren zu sein, woher die seltsamen Wesen überhaupt stammen sollten, denn der Film wurde auch noch unter zwei anderen Titeln angekündigt: «*Monsters from the Moon*» und «*Monsters from the Mars*». Die Reaktionen auf diesen Film waren so negativ, daß der junge Regisseur Phil Tucker kurz nach der Premiere einen Selbstmordversuch unternahm.

7. «*Santa Claus Coquers the Martians*» (1964)
Die Kinder auf dem Mars sind ratlos. Sie wissen nicht, wie man es schafft, fröhlich zu sein. Da haben sie eine Idee: Am Nordpol der Erde wohnt der Nikolaus. Der ist für seinen Frohsinn berühmt und beschenkt in der Weihnachtszeit die Kinder. Von dem könnten sie bestimmt lernen, was Spaß ist. Die Marsianer fliegen zur Erde, kidnappen den armen Heiligen und bringen ihn auf ihren Planeten. Ihr böser Plan wird jedoch durch zwei Erdenkinder mit Namen Billy und Betty und durch den liebenswerten Marsbewohner Dropo vereitelt.

8. «*Solomon and Sheba*» (1959, dt. «*Salomo und die Königin von Saba*»)
Können Sie sich Yul Brynner als König Salomo und Gina Lollobrigida als Königin von Saba vorstellen? Und das ist nur der Anfang der Absurditäten in diesem biblischen Spektakel, das dem Publikum mit der reißerischen Ankündigung: «*Die* Liebesgeschichte aller Zeiten!» schmackhaft gemacht wurde. Auf dem Höhepunkt des Films besiegen Salomos zahlenmäßig weit unterlegene Israeliten eine ganze ägyptische Armee, indem sie ihre Schilde polieren und den Feind mit den reflektierten Sonnenstrahlen blenden.

9. «*The Terror of Tiny Town*» (1938)
Dies war der erste (und letzte) Film in der Geschichte Hollywoods mit einer Besetzung, die nur aus Zwergen bestand. Die kleinen Menschen sollten in diesem Musik-Western auch einmal die Gelegenheit bekommen, zu zeigen, was sie können – zum Beispiel auf Shetlandponys über die Steppen galoppieren.

10. «*That Hagen Girl*» (1947)
Ein schaurig-schnulziges Rührstück über die fürchterlichen Folgen, die der Kleinstadtklatsch für die 19jährige Mary Hagen (Shirley Temple) hat. Die Klatschtanten des Ortes flüstern sich zu, daß die arme Shirley in Wahrheit die uneheliche Tochter des stadtbekannten Rechtsanwaltes Tom Bates (Ronald Reagan) ist. Nachdem sie herausgefunden haben, daß sie nicht verwandt sind, beschließen Ron und Shirley zu heiraten. Reagan hat mehrere Male versichert, daß dies eine Rolle war, von der er sich wünschte, er hätte sie nie angenommen.

Die deutschen Fernsehsendungen mit den höchsten Einschaltquoten

«Ob bei einer Fernseh-Sendung mehr Haushalte als bei einer anderen eingeschaltet sind, hängt nicht nur vom Inhalt der Sendungen ab. Einschaltquoten werden durch das zeitgleiche Gegenprogramm des anderen Kanals, durch die Plazierung einer Sendung im Programmschema, durch die Jahreszeit und das Wetter beeinflußt. Hitlisten lassen daher nicht wirklich erkennen, welche Sendungen auf das größte Publikumsinteresse gestoßen sind. Andererseits rufen sie die Fernseh-Attraktionen eines Jahres in Erinnerung.»

(Michael Darkow, ZDF-Medienforschung)

ARD / 1981
1. Fußball-Länderspiel BRD–Österreich: 59 %; 29. 4.
2. *«Im Fadenkreuz» (Tatort)*: 57 %; 15. 11.
3. *«Auf los geht's los»* (Quiz-Show mit Joachim Fuchsberger): 51 %
4. *«Verstehen Sie Spaß?»* (Unterhaltungsreihe mit versteckter Kamera): 49 %; 23. 4.
5. *«Zum blauen Bock»*: 47 %; 21. 2.
6. *«Otto»*: 45 %; 26. 11.
7. *«Der Gerichtsvollzieher»* (Fersehspielserie): 44 %; 30. 11.
8. *«Der letzte Wagen»* (Western): 43 %; 2. 10.
9. *«Einer wird gewinnen»* (Quiz-Show mit Hans-Joachim Kulenkampf): 42 %; 21. 11.

ARD / 1982
1. Fußball-WM: Italien–BRD: 60 %; 11. 7.
2. *«Einer wird gewinnen»*: 54 %; 25. 4.
3. *«Blinde Wut» (Tatort)*: 54 %; 10. 1.
4. *«Mainz, wie es singt und lacht»*: 51 %; 19. 2.
5. *«Das Krankenhaus am Rande der Stadt»* (Fernsehspielserie): 50 %; 8. 2.
6. *«Tödlicher Ladenschluß» (Sonderdezernat K1)*: 49 %; 10. 3.
7. *«Dallas»:* 47 %; 1. 6.
8. *«Rudis Tagesshow»* (satirische Nachrichten-Show mit Rudi Carrell): 44 %; 25. 11.
9. *«Steckbriefe»* (Fernsehspielserie): 43 %; 22. 3.
10. *«Ein Kleid von Dior»* (Fernsehspiel mit Inge Meysel): 41 %; 29. 12.

Von jeder Reihe wurde jeweils eine Sendung berücksichtigt. Die vielen Fußballspiele während der Fußball-Weltmeisterschaft 1982 und die verschiedenen *«Tatort»*-Folgen fehlen daher in dieser Liste.

ZDF/1981
1. *«Peter Alexander: Wir gratulieren»*: 54 %; 26. 11.
1. *«Heute»* (19.00 Uhr): 54 %; 14. 10.
3. *«Die Superhitparade»*: 54 %; 10. 12.
3. *«Tod im See» (Derrick)*: 52 %; 6. 11.
3. *«Dalli, Dalli»*: 52 %; 5. 11.
6. *«Mainz bleibt Mainz»*: 51 %; 27. 2.
6. Fußball-Länderspiel BRD–Österreich: 51 %; 14. 10.
8. *«Das Traumschiff»*: 50 %; 20. 12.
9. *«Unter Geiern»*: 48 %; 24. 11.
9. *«Das Traumschiff»*: 48 %; 29. 11.

ZDF/1982
1. *«Das Traumschiff»*: 60 %; 17. 1.
2. *«Heute-Journal»*: 58 %; 8. 7.
3. Fußball-Weltmeisterschaft: BRD–England: 55 %; 29. 6.
3. Fußball-Weltmeisterschaft: BRD–Frankreich: 55 %; 8. 7.
5. *«Das Traumschiff»*: 53 %; 3. 1.
6. *«Eine Rose im Müll» (Derrick)*: 52 %; 22. 1.
7. *«Peter Alexander: Wir gratulieren»*: 51 %; 2. 12.
7. *«Der große Preis»*: 51 %; 21. 1.
9. *«Dalli, Dalli»*: 50 %; 28. 1.
9. *«Der schwarze Bumerang»*: 50 %; 7. 12.

Quelle: ZDF-Medienforschung.

10 deutsche Fernsehsendungen, die es schon sehr lange gibt

1. *Internationaler Frühschoppen (seit 1953)*
2. *Was bin ich?* (seit 1955)
3. *Ein Platz für Tiere* (seit 1956)
4. *Zum Blauen Bock* (seit 1957)
5. *Panorama* (seit 1957)
6. *Magazin der Woche* (seit 1961)
7. *Report* (seit 1962)
8. *Weltspiegel* (seit 1963)
9. *Monitor* (seit 1965)
10. *Der 7. Sinn* (seit 1966)

Werner Höfers
Lieblings-TV-Sendungen

«Heute diese, morgen jene, wie die Liebe kommt, wie die Liebe geht.»

exklusiv für Rowohlts Bunte Liste

Beim 15jährigen Jubiläum des *Internationalen Frühschoppens* am 25. August 1968 diskutierte Höfer mit seinen Gästen, von denen drei auch am ersten TV-*Frühschoppen* teilgenommen hatten, über eines der schockierendsten Ereignisse der Nachkriegsgeschichte: «Das Ende des Prager Frühlings».

Werner Höfer:
3 Sternstunden des Fernsehens

1. Die Rettung der Bergleute von Lengede – eine Live-Sendung. Wenn je dieses Wort für eine Direktübertragung zutreffend war, dann für diese. Denn es ging für viele Menschen um Leben und Tod, ohne daß ein «Reporter des Satans» oder ein Science-Fiction-Autor oder ein Show-Regisseur die Hand im Spiel hatte: Ende offen – Ende gut; das glücklichste Happy-End, das je über deutsche Bildschirme ging.

2. Der erste Mensch auf dem Mond – nicht nur ein großer Schritt für die Menschheit, auch ein großer Augenblick für fernsehende Menschen, Bilder von einem anderen Stern in einer Qualität, als kämen sie von der nächsten Ecke.

3. Der endgültig letzte *Internationale Frühschoppen* – mit dem letzten dankbaren Prosit auf Freunde und Helfer über (wie viele?) Jahre.

exklusiv für Rowohlts Bunte Liste

10

Die Welt der Bücher

Verbotene Bücher auf dem Index der Katholischen Kirche: 37 zensierte Autoren

Das älteste und einflußreichste Instrument zensorischer Machtausübung in der Weltgeschichte ist der päpstliche *Index librorum prohibitorum*. Im Jahre 1559 – 100 Jahre nach Gutenbergs Erfindung des Buchdrucks mit gegossenen beweglichen Lettern, die die Massenproduktion von Büchern ermöglichte – stellte die Katholische Kirche ihre erste Liste zensierter Autoren und Bücher zusammen. Im *Index*, einem Druckwerk von 550 Seiten, waren 5000 verbotene Bücher aufgeführt. 1966 stellte die Heilige Glaubenskongregation weitere Veröffentlichungen des *Index* ein, betonte jedoch, er diene insofern weiterhin «als moralische Richtschnur, als er den Gläubigen ins Bewußtsein ruft, daß sie Schriften meiden müssen, die Glauben und Sittlichkeit gefährden können». Heute veröffentlicht die Kirche gelegentlich ein «Admonitum», eine Warnung für die Gläubigen, daß das eine oder andere Buch gefährlich sein könnte. Dabei handelt es sich jedoch lediglich um eine moralische Mahnung ohne die Autorität kirchenrechtlicher Verfügung. Folgende Autoren und Bücher wurden im *Index* verdammt, weil sie gegen die von der Kirche verfügte Moral verstoßen oder Ketzerei betrieben hatten oder gar beider Vergehen zugleich beschuldigt wurden.

12 berühmte Romanautoren auf dem Index

	Land	Jahr des Verbots	Verbotene Titel
1. Samuel Richardson	England	1744	«Pamela»
2. Laurence Sterne	England	1819	«Eine empfindsame Reise durch Frankreich und Italien»
3. Stendhal	Frankreich	1828	sämtliche Liebesgeschichten
4. Victor Hugo	Frankreich	1834 (bis 1869)	«Die Elenden»; «Der Glöckner von Notre Dame»

5. George Sand	Frankreich	1840	sämtliche Liebesgeschichten
6. Honoré de Balzac	Frankreich	1841 (bis 1864)	sämtliche Liebesgeschichten
7. Eugène Sue	Frankreich	1852	sämtliche Liebesgeschichten
8. Alexandre Dumas d. Ä.	Frankreich	1863	sämtliche Liebesgeschichten
9. Alexandre Dumas d. J.	Frankreich	1863	sämtliche Liebesgeschichten
10. Gustave Flaubert	Frankreich	1864	«Madame Bovary»; «Salammbô»
11. Gabriele d'Annunzio	Italien	1911	sämtliche Liebesgeschichten
12. Alberto Moravia	Italien	1952	«Die Römerin»

25 berühmte nichtbelletristische Autoren auf dem Index

13. Thomas Hobbes	England	1649 (bis 1703)	sämtliche Werke
14. René Descartes	Frankreich	1663	sämtliche philosophische Werke
15. Francis Bacon	England	1668	«De dignitate et augmentis scientiarum»
16. Michel de Montaigne	Frankreich	1676	«Essais»
17. Baruch de Spinoza	Holland	1690	sämtliche Werke des Nachlasses
18. John Milton	England	1694	«The State Papers»
19. Joseph Addison	England	1729	«Remarks on Several Parts of Italy»
20. Richard Steele	England	unbekannt	«An Account of the State of the Roman Catholic Religion»
21. John Locke	England	1734 (bis 1737)	«Versuch über den menschlichen Verstand» u. a. philosophische Schriften
22. Emanuel Swedenborg	Schweden	1738	«Principia rerum naturalium»
23. Daniel Defoe	England	1743	«History of the Devil»
24. David Hume	Schottland	1761 (bis 1827)	sämtliche Werke
25. Jean-Jacques Rousseau	Frankreich	1762 (bis 1806)	«Der Gesellschaftsvertrag»; «Émile»

26. Edward Gibbon	England	1783	«Aufstieg und Fall des Römischen Reiches»
27. Blaise Pascal	Frankreich	1789	«Briefe an einen Provinziellen»
28. Oliver Goldsmith	England	1823	«An Abridged History of England»
29. Immanuel Kant	Deutschland	1827	«Kritik der reinen Vernunft»
30. Giovanni Giacomo Casanova	Frankreich	1834	«Memoiren»
31. John Stuart Mill	England	1856	«Grundsätze der politischen Ökonomie»
32. Ernest Renan	Frankreich	1889 (bis 1892)	«Das Leben Jesu» und andere religionswissenschaftliche Werke
33. Émile Zola	Frankreich	1894 (bis 1898)	sämtliche Werke
34. Andrew Lang	England	1896	«Myth, Ritual and Religion»
35. Henri Bergson	Frankreich	1914	«Schöpferische Entwicklung»
36. Benedetto Croce	Italien	1934	philosophische und historische Schriften
37. Jean-Paul Sartre	Frankreich	1948	sämtliche Werke

Von den Autoren Aristophanes, Juvenal, Geoffrey Chaucer, François Rabelais, de Sade, Leopold von Sacher-Masoch, Henry Miller, John Cleland, James Joyce und D. H. Lawrence sollte man eigentlich erwarten, daß sie einen «Ehrenplatz» im *Index* erhalten haben. Doch wird man dort vergeblich nach ihren Namen suchen. Dies rührt daher, daß es für die Indizierung in den meisten Fällen mehr als nur pornographischer oder unmoralischer Texte als Kriterium bedurfte. Die Schriften mußten darüber hinaus blasphemisch, antiklerikal und häretisch sein. Ein typischer Fall: Giovanni Boccaccio und seine Novellensammlung *«Decamerone»* wurden sowohl wegen der Obszönität der Texte als auch wegen der Angriffe gegen den Klerus, die der Dichter in viele seiner Novellen eingeschmuggelt hatte, auf den *Index* gesetzt. Als Boccaccio sein Buch neu herausgab und alle sündhaften Mönche und Nonnen in Herren und Damen verwandelte, verzieh man ihm auf dem Tridentinischen Konzil (1545–1563) und strich seinen Namen und das Buch aus dem *Index*. Auch Galileo Galilei war indiziert und wurde später «begnadigt».

iw

Die 12 meistverkauften Bücher aller Zeiten

Exemplare

1. Die Bibel (1816–1975)* 2458000000
2. *Worte des Vorsitzenden Mao Tse-Tung»* 800000000
3. *«American Spelling Book»* (amerikanisches
   Wörterbuch) von Noah Webster 50000000–100000000
4. *«Die Wahrheit, die zum ewigen Leben führt»* (Zeugen
   Jehovas) 74000000
5. *«A Message to Garcia»* von Elbert Hubbard 50000000
6. *«The World Almanac»* (seit 1868) 36000000
7. *«In His Steps»* von C. M. Sheldon 28500000
7. *«Guinness Buch der Rekorde»* (seit 1955) 28500000
9. *«Säuglings- und Kinderpflege»* von
   Dr. Benjamin Spock 24000000
10. *«Das Tal der Puppen»* von Jacqueline Susann (1966) 19300000
11. *«American Red Cross First Aid Book»* 16000000
12. *«Infant Care»* (U.S. Government, 1914) 15000000

* Dies ist vermutlich die vollständigste Angabe über den Verkauf oder die Verteilung der Bibel oder Teilen von ihr, die je zusammengestellt wurde, und doch ist sie bei weitem nicht vollständig. Die Zahlen aller Bibelgesellschaften der Welt sind berücksichtigt worden. Nicht zugänglich sind jedoch Angaben über kommerzielle Bibelausgaben vor 1973. Vermutlich liegt die Zahl sämtlicher verkaufter und verteilter Bibeln bei 3 Milliarden Exemplaren.

Axel Eggebrecht:
10 Bücher, die die Welt veränderten

1. Die französische Enzyklopädie
Hauptwerk der Aufkärung, von der wir alle herkommen, ob wir's zugeben oder nicht.
2. Die Jugendschriften von Karl Marx
Die die Welt nicht nur interpretieren, sondern verändern: Das bleibt die Parole auch für das 21. Jahrhundert.
3.–4. Die Bibel und der Koran
Auch ein Agnostiker wie ich wird nicht bestreiten, daß diese Bücher die Welt verändert haben. Ob zum Besseren, muß umstritten bleiben, solange Religionen zu Kirchen verfestigt, von Mächtigen mißbraucht werden.
5. *«Geschichte des Peloponnesischen Krieges»* von Thukydides
Erste Geschichtsschreibung, zu der Herodot erst Ansätze bot. Beispielhaft bis heute.

6. Euripides
Er als erster wagte es, differenzierte Charaktere auf die Bühne zu bringen.
7. Lukrez
Stellvertretend für Demokrit und Epikur, von deren Werk zu wenig erhalten ist. Lukrez hat die Essenz in *«De rerum natura»* überliefert und damit wenigstens eine Vorstellung von den beiden großen Ungläubigen für immer bewahrt.
8. Voltaire
Mehr als Gestalt, durch sein ganzes Leben, als durch einzelne Bücher. Ich nenne immerhin *«Candide»*.
9. *«Die Bekenntnisse»* von Jean-Jacques Rousseau
... mit einigem Vorbehalt, weil ich dem Verfasser nie so ganz traute. Doch ohne Zweifel wirkt er noch heute weltverändernd nach.
10. Gotthold Ephraim Lessing
Ihm verdanken die Deutschen unermeßlich viel. Goethe wußte es und gab's (zuweilen säuerlich und zögernd) zu.

Eggebrecht fügte hinzu: «Selten genug gelang es einem einzelnen Buch, die Welt zu verändern. Häufiger immerhin einem Autor durch sein gesamtes Lebenswerk. Deshalb habe ich mich nicht genau an die Überschrift gehalten.»

exklusiv für Rowohlts Bunte Liste

Norris McWhirters
12 beste Nachschlagewerke der Welt

Die Zwillinge Norris und Ross McWhirter sind die Herausgeber des in aller Welt bekannten *«Guinness Book of World Records»* (*«Guinness Buch der Rekorde»*). Als Ross forderte, daß mehr finanzielle Mittel zur Ergreifung von Bombenlegern in England bereitgestellt werden sollten, wurde er 1975 von Terroristen ermordet. Norris war beim Aufstellen seiner Liste der besten Nachschlagewerke zu bescheiden, das *«Guinness Book of World Records»* und das *«Guinness Book of Answers»* zu nennen. Sie sollten dabeisein, denn sie gehören zu den hervorragendsten Lexika der Welt.

1. *«Encyclopædia Britannica»*
2. *«Guide to Reference Books»*, American Library Association
3. *«The World Almanac»* seit 1868
4. *«Yearbook of International Organizations»*
5. *«Oxford English Dictionary»* (13 Bände und Ergänzungsbände)
6. *«National Geographic Society Atlas»*
7. *«Ulrich's International Periodical Directory»* (Branchenverzeichnis)
8. *«World of Learning»* (Großbritannien, 2 Bände)

9. *«U. N. Statistical Yearbook»* (Statistisches Jahrbuch der Vereinten Nationen)
10. *«1 000 000 de Décimales de Pi»*, Guilloud und Bouyer
11. *«Dictionary of National Biography»* und Ergänzungsbände
12. *«Halsbury's Laws of England»*, 43 Bände

exklusiv

Rudolf Walter Leonhardts
7 beste Nachschlagewerke der Welt

1. *«The Book of Lists» («Rowohlts Bunte Liste»)*
2. *«Guinness Lexikon der Superlative»*
3. *«Encyclopædia Britannica»*
4. *«The Greater Oxford Dictionary»*
5. *«Le Grand Larousse»*
6. *«Langenscheidts Enzyklopädische Wörterbücher»*
7. *«Duden»*, Band 1–7

exklusiv für Rowohlts Bunte Liste

Henry Millers
10 größte Autoren aller Zeiten

Henry Miller, einer der umstrittensten Neuerer unter den Realisten der Moderne, verbrachte die 30er Jahre als amerikanischer Emigrant in Paris. Zwei seiner wichtigsten Werke, *«Wendekreis des Steinbocks»* und *«Wendekreis des Krebses»*, waren jahrelang in englischsprachigen Ländern verboten und durften erst nach einem spektakulären Musterprozeß veröffentlicht werden. Weitere Werke Millers sind unter anderem: *«Der Koloß von Maroussi»*, *«Nexus»*, *«Plexus»*, *«Sexus»* und *«Stille Tage in Clichy»*. Miller starb 1980 in Kalifornien.

1. Lao-tse
2. François Rabelais
3. Friedrich Nietzsche
4. Rabindranath Tagore
5. Walt Whitman
6. Marcel Proust
7. Élie Faure*
8. Marie Corelli**
9. Fjodor M. Dostojewskij
10. Isaac Bashevis Singer

* Élie Faure (1873–1937) war ein französischer Kunsthistoriker. Er veröffentlichte zwischen 1909 und 1921 eine fünfbändige *«Geschichte der Kunst»*. Er hatte vorher Medizin studiert und bemühte sich in seinem Studium der Kunstgeschichte um einen wissenschaftlichen Ansatz.

** Die in London geborene Marie Corelli (1855–1924) hieß mit richtigem Namen Mary Mackay. Sie schrieb 28 Bücher, von denen die meisten aufregende Liebesromane waren. Viele befaßten sich mit übersinnlichen oder religiösen Ereignissen. Sie waren alle ungeheuer populär. Die Kritiker betrachteten sie mit Geringschätzung (um sich zu rächen, weigerte sie sich einmal, ihnen Rezensionsexemplare zuzuschicken). Andererseits las zum Beispiel Königin Victoria ihre Werke mit Begeisterung. Zu den meistgelesenen Büchern der Corelli gehören «*The Sorrows of Satan*» (1895) und «*The Murder of Delicia*» (1896). In Deutschland sind erschienen: «*Ein Roman aus zwei Welten*», «*Barabbas*» u. a.

exklusiv

Rudolf Walter Leonhardts
7 beste Romane der Weltliteratur

1. «*Tristram Shandy*» von Laurence Sterne
2. «*August Weltumsegler*» von Knut Hamsun
3. «*Schuld und Sühne*» von Fjodor M. Dostojewskij
4. «*Die Brücke von San Luis Rey*» von Thornton Wilder
5. «*David Copperfield*» von Charles Dickens
6. «*Die Blechtrommel*» von Günter Grass
7. «*Der Zauberberg*» von Thomas Mann

exklusiv für Rowohlts Bunte Liste

W. Somerset Maughams
10 Romanfavoriten aus der Weltliteratur

1. «*Krieg und Frieden*» von Leo N. Tolstoi
2. «*Vater Goriot*» von Honoré de Balzac
3. «*Tom Jones*» von Henry Fielding
4. «*Stolz und Vorurteil*» von Jane Austen
5. «*Rot und Schwarz*» von Stendhal
6. «*Sturmhöhe*» von Emily Brontë
7. «*Madame Bovary*» von Gustave Flaubert
8. «*David Copperfield*» von Charles Dickens
9. «*Die Brüder Karamasow*» von Fjodor M. Dostojewskij
10. «*Moby Dick*» von Herman Melville

Quelle: W. Somerset Maugham, «*Great Novelists and Their Novels*», Philadelphia 1948.

François Bondys
10 & 1 beste Romane der Weltliteratur

François Bondy ist einer der bedeutendsten deutschsprachigen Literaturkritiker der Gegenwart.

1. *«Don Quijote»* von Miguel de Cervantes
2. *«Madame Bovary»* von Gustave Flaubert
3. *«Die Dämonen» («Die Besessenen»)* von Fjodor M. Dostojewskij
4. *«Sturmhöhe»* von Emily Brontë
5. *«Auf der Suche nach der verlorenen Zeit»* von Marcel Proust
6. *«Die Buddenbrooks»* von Thomas Mann
7. *«Zeno Cosini»* von Italo Svevo
8. *«Ulysses»* von James Joyce
9. *«Licht im August»* von William Faulkner
10. *«Ferdydurke»* von Witold Gombrowicz

Bondy korrigierte diese Liste, die ihm «viel Kopfschmerzen bereitete», später geringfügig mit den Worten: «Elias Canetti hat mich überzeugt, daß ich Balzac nicht auslassen darf, daher diese bestimmt einzige Korrektur: Statt Emily Brontës ‹Sturmhöhe› Honoré de Balzacs ‹Verlorene Illusionen›.»

exklusiv für Rowohlts Bunte Liste

Die *Zeit*-Bibliothek der 100 Bücher der Weltliteratur

Die *Zeit*-Bibliothek der 100 Bücher wurde von einer Jury zusammengestellt, deren Mitglieder Dr. Rudolf Walter Leonhardt, Prof. Dr. Dr. h. c. Hans Mayer, Dr. Rolf Michaelis, Prof. Dr. Fritz J. Raddatz, Prof. Dr. Peter Wapnewski und Dieter E. Zimmer waren. Die Unternehmung verbindet das Spielerische mit dem Seriösen, leugnet weder eine unvermeidliche Willkürlichkeit noch die ernstgemeinte pädagogische Absicht. Die Reihenfolge stellt keine Rangordnung dar.

1. Hans Christian Andersen, *«Märchen»*
2. Augustinus, *«Bekenntnisse»*
3. Honoré de Balzac, *«Verlorene Illusionen»/«Glanz und Elend der Kurtisanen»*
4. Samuel Beckett, *«Das letzte Band»*
5. Ernst Bloch, *«Spuren»*
6. Giovanni Boccaccio, *«Dekamerone»*
7. Heinrich Böll, Erzählungen
8. Ulrich Bräker, *«Der Arme Mann im Tockenburg»*
9. Bertold Brecht, *«Geschichten vom Herrn Keuner»*
10. Georg Büchner, *«Lenz»*
11. Albert Camus, *«Der Fremde»*
12. Lewis Carroll, *«Alice im Wunderland»*

13. Giacomo Casanova, *«Geschichte meines Lebens»*
14. Miguel de Cervantes, *«Der scharfsinnige Ritter Don Quijote von der Mancha»*
15. Dante Alighieri, *«Göttliche Komödie»*
16. Daniel Defoe, *«Robinson Crusoe»*
17. Charles Dickens, *«Oliver Twist»*
18. Denis Diderot, *«Jacques der Fatalist und sein Herr»*
19. Alfred Döblin, *«Berlin Alexanderplatz»*
20. John Dos Passos, *«Manhattan Transfer»*
21. Fjodor M. Dostojewskij, *«Die Dämonen»*
22. Joseph von Eichendorff, *«Aus dem Leben eines Taugenichts»*
23. William Faulkner, *«Licht im August»*
24. Henry Fielding, *«Tom Jones»*
25. Gustave Flaubert, *«Madame Bovary»*
26. Theodor Fontane, *«Der Stechlin»*
27. Sigmund Freud, *«Das Unbehagen in der Kultur»*
28. Max Frisch, *«Stiller»*
29. Jean Genet, *«Querelle»*
30. André Gide, *«Tagebuch 1889–1949»*
31. Johann Wolfgang Goethe, *«Die Leiden des jungen Werthers»*
32. Johann Wolfgang von Goethe, *«Wahlverwandtschaften»*
33. Nikolai Gogol, *«Die toten Seelen»*
34. Iwan Gontscharow, *«Oblomow»*
35. Gottfried von Straßburg, *«Tristan»*
36. Günter Grass, *«Die Blechtrommel»*
37. Jacob und Wilhelm Grimm, *«Kinder- und Hausmärchen»*
38. Hans Jakob Christoffel von Grimmelshausen, *«Der abenteuerliche Simplicissimus Teutsch»*
39. Knut Hamsun, *«Hunger»*
40. Jaroslav Hašek, *«Die Abenteuer des braven Soldaten Schwejk»*
41. Johann Peter Hebel, *«Schatzkästlein des rheinischen Hausfreundes»*
42. Heinrich Heine, *«Deutschland. Ein Wintermärchen»/«Atta Troll»*
43. Ernest Hemingway, *«Der alte Mann und das Meer»*
44. Hermann Hesse, *«Der Steppenwolf»*
45. E. T. A. Hoffmann, *«Lebensansichten des Katers Murr»*
46. Friedrich Hölderlin, *«Hyperion»*
47. Homer, *«Odyssee»*
48. Victor Hugo, *«Die Elenden»*
49. Uwe Johnson, *«Jahrestage»*
50. James Joyce, *«Ulysses»*
51. Franz Kafka, *«Das Schloß»*
52. Franz Kafka, Erzählungen
53. Immanuel Kant, *«Zum ewigen Frieden»*
54. Gottfried Keller, *«Der grüne Heinrich»*
55. Sören Kierkegaard, *«Entweder – Oder»*
56. Heinrich von Kleist, Erzählungen

57. Gotthold Ephraim Lessing, «*Anti-Goeze*»
58. Claude Lévi-Strauss, «*Traurige Tropen*»
59. Georg Christoph Lichtenberg, «*Sudelbücher*»
60. Longus, «*Daphnis und Chloë*»
61. Heinrich Mann, «*Der Untertan*»
62. Thomas Mann, «*Die Buddenbrooks*»
63. Karl Marx, «*Der achtzehnte Brumaire des Louis Bonaparte*»
64. Herman Melville, «*Moby Dick*»
65. Michel de Montaigne, «*Essais*»
66. Karl Philipp Moritz, «*Anton Reiser*»
67. Thomas Morus, «*Utopia*»
68. Robert Musil, «*Die Verwirrungen des Zöglings Törleß*»
69. Friedrich Nietzsche, «*Menschliches, Allzumenschliches*»
70. Blaise Pascal, «*Pensées*»
71. Jean Paul, «*Siebenkäs*»
72. Platon, «*Apologie des Sokrates*»
73. Edgar Allan Poe, Phantastische Erzählungen
74. Marcel Proust, «*Auf der Suche nach der verlorenen Zeit*»
75. Wilhelm Raabe, «*Abu Telfan oder Die Heimkehr vom Mondgebirge*»
76. François Rabelais, «*Gargantua und Pantagruel*»
77. Rainer Maria Rilke, «*Die Aufzeichnungen des Malte Laurids Brigge*»
78. Jean-Jacques Rousseau, «*Die Bekenntnisse*»
79. Jean-Paul Sartre, «*Die Wörter*»
80. Friedrich Schiller, Ästhetische Schriften
81. Arthur Schopenhauer, «*Parerga und Paralipomena*»
82. Anna Seghers, «*Das siebte Kreuz*»
83. Stendhal, «*Rot und Schwarz*»
84. Laurence Sterne, «*Das Leben und die Ansichten des Tristram Shandy*»
85. Adalbert Stifter, Erzählungen
86. August Strindberg, «*Der Sohn einer Magd*»
87. Jonathan Swift, «*Gullivers Reisen*»
88. Tacitus, «*Germania*»
89. Leo N. Tolstoi, «*Krieg und Frieden*»
90. Leo Trotzki, «*Mein Leben*»
91. Anton Tschechow, Erzählungen
92. Iwan Turgenjew, «*Väter und Söhne*»
93. Vergil, «*Aeneis*»
94. Voltaire, «*Candide*»
95. Oscar Wilde, «*Das Bildnis des Dorian Gray*»
96. Wolfram von Eschenbach, «*Parzival*»
97. Émile Zola, «*Germinal*»
98. Die Bibel
99. Das Nibelungenlied
100. Tausendundeine Nacht

Peter Neugebauers
10 liebste Detektivromane und -geschichten

Peter Neugebauer ist Karikaturist bei dem Magazin *stern*. Er ist der Erfinder des Detektivs Zeus Weinstein. Für diese Detektivfigur wurde ihm unter anderem die Ehrenurkunde der World Federation of Private Detectives verliehen. In Neugebauers Buch *«Sherlock Holmes: Die Wahrheit über Ludwig II.»* tritt Weinstein als «Herausgeber» in Erscheinung. Andere Bücher von Neugebauer sind: *«Vivat Vampir»*, *«Zeus Weinsteins Abenteuer»* und *«Lexikon der Erotik»*.

1. *«Der entwendete Brief»* von Edgar Allan Poe
2. *«Der Mondstein»* von Wilkie Collins
3. *«Das verschwundene Rennpferd»* von Arthur Conan Doyle
4. *«Der Marquis von Marne»* von Gilbert Keith Chesterton
5. *«Die Diagnosen des Dr. Zimmertür»* von Frank Heller
6. *«Im Banne des Goldenen Drachen»* von Sax Rohmer
7. *«Letztes Weekend»* von Agatha Christie
8. *«Der Malteser Falke»* von Dashiell Hammett
9. *«Die kleine Schwester»* von Raymond Chandler
10. *«Der Stümper»* von Patricia Highsmith

exklusiv für Rowohlts Bunte Liste

Ellery Queens
17 größte Romandetektive aller Zeiten

«Ellery Queen» ist das Pseudonym der beiden Cousins Frederic Dannay und Manfred B. Lee. Sie haben über 30 Kriminalromane veröffentlicht und sind die Herausgeber von *Ellery Queen's Kriminal Magazin*.

Romandetektive	Ihre Schöpfer
1. Uncle Abner	Melville Post
2. Lew Archer	Ross Macdonald
3. Pater Brown	G. K. Chesterton
4. Albert Campion	Margery Allingham
5. Charlie Chan	Earl Derr Biggers
6. C. Auguste Dupin	Edgar Allan Poe
7. Dr. Gideon Fell	John Dickson Carr
8. Sherlock Holmes	Arthur Conan Doyle
9. Inspektor Maigret	Georges Simenon
10. Philip Marlowe	Raymond Chandler
11. Miss Marple	Agatha Christie
12. Perry Mason	Erle Stanley Gardner
13. Hercule Poirot	Agatha Christie

14. Ellery Queen	«Ellery Queen» (Frederic Dannay und Manfred B. Lee)
15. Sam Spade	Dashiell Hammett
16. Lord Peter Wimsey	Dorothy L. Sayers
17. Nero Wolfe	Rex Stout

Die Namen der Detektive sind in alphabetischer Reihenfolge genannt.

exklusiv

Rex Stouts
10 liebste Detektivromane und -geschichten

Rex Stout ist der Vater der Detektivfigur Nero Wolfe

1. *«The Moonstone»* (dt. *«Der Mondstein»*) von Wilkie Collins
2. *«The Maltese Falcon»* (dt. *«Der Malteser Falke»*) von Dashiell Hammett
3. *«The Benson Murder Case»* (dt. *«Mordakte Benson»*) von S.S. Van Dine
4. *«The Documents in the Case»* (dt. *«Der Fall Harrison»*) von Dorothy L. Sayers und Robert Eustace
5. *«The Innocence of Father Brown»* (dt. *«Die Unschuld des Pater Brown»*) von G.K. Chesterton
6. *«Call Mr. Fortune»* (dt. *«7 Fälle für Mr. Fortune»*) von H.C. Bailey
7. *«The Bellamy Trial»* von Frances Noyes Hart
8. *«The Cask»* (dt. *«Die Frau im Faß»*) von Freeman Wills Crofts
9. *«The Murder of Roger Ackroyd»* (dt. *«Roger Ackroyd und sein Mörder»*/*«Alibi»*) von Agatha Christie
10. *«Lament for a Maker»* von Michael Innes

Quelle: Vincent Starrett, *«Books and Bipeds»*, New York 1947.

Die 12 besten Detektivromane und -geschichten aller Zeiten

Ellery Queen hat zu diesem Thema 11 Experten befragt, unter anderem Vincent Starrett, Charles Honce und Lew D. Feldman. Insgesamt wurden 83 Titel genannt.

1. *«The Hands of Mr. Ottermole»* (dt. *«Die Hände des Mr. Ottermole»*) von Thomas Burke
2. *«The Purloined Letter»* (dt. *«Der entwendete Brief»*) von Edgar Allan Poe
3. *«The Red-Headed League»* (dt. *«Der Club der Rothaarigen»*) von A. Conan Doyle

4. «*The Avenging Chance*» (dt. «*Der rächende Zufall*») von Anthony Berkeley
5. «*The Absent-Minded Coterie*» von Robert Barr
6. «*The Problem of Cell 13*» (dt. «*Die Denkmaschine*») von Jacques Futrelle
7. «*The Invisible Man*» (dt. «Der Unsichtbare») von H. G. Wells
8. «*Naboth's Vineyard*» von Melville D. Post
9. «*The Gioconda Smile*» (dt. «*Das Lächeln der Gioconda*») von Aldous Huxley
10. «*The Yellow Slugs*» von H. C. Bailey
11. «*The Genuine Tabard*» von E. C. Bentley
12. «*Suspicion*» von Dorothy Sayers

Quelle: *Ellery Queen's Mystery Magazine,* Juli 1950.

Peter Neugebauers
10 liebste Science-Fiction-Romane

1. Jules Verne, «*Reise zum Mittelpunkt der Erde*»
2. H. G. Wells, «*Die Zeitmaschine*»
3. R. C. Sherriff, «*Der Mond fällt auf Europa*»
4. John Wyndham, «*Die Triffids*»
5. George Langelaan, «*Die Fliege*»
6. Isaac Asimov, «*Logik*»
7. Robert A. Heinlein, «*They*»
8. Ray Bradbury, «*Das Kinderzimmer*»
9. Frederic Brown, «*Der Posten*»
10. Poul Anderson, «*Die Zeit heilt*»

exklusiv für Rowohlts Bunte Liste

Werner Höfer:
3 Bücher, die ich auf eine einsame Insel mitnehmen würde

1. Eine Sammlung deutscher Gedichte – zum Lesen, zum Lernen, zum Sprechen.

2. Die Bibel, Altes und Neues Testament – um endlich einmal Zeile für Zeile, ohne geistigen Beistand, das ‹Buch der Bücher› durchzulesen, durchzudenken, nachdem es 2000 Jahre lang von Zuständigen wie Unzuständigen durch Anpreisung und Auslegung zerpflückt wurde.

3. Ein Tagebuch – um meine Beobachtungen und Empfindungen aufschreiben zu können. (Ersatzweise Tonbandgerät.)

exklusiv für Rowohlts Bunte Liste

Heinrich Maria Ledig-Rowohlt:
5 Bücher, die ich auf eine einsame Insel mitnehmen würde

1. Marcel Proust: «*Auf der Suche nach der verlorenen Zeit*»
2. Robert Musil: «*Der Mann ohne Eigenschaften*»
3. Henri Alain-Fournier: «*Der große Kamerad*»
4. Lewis Carroll: «*Alice im Wunderland*»
5. Grimms Märchen

exklusiv für Rowohlts Bunte Liste

Von 1930 bis zu seinem Tod im Jahre 1942 arbeitete Robert Musil an dem Roman «*Der Mann ohne Eigenschaften*», der unvollendet blieb.

Loriot:
5 Bücher, die ich auf eine einsame Insel mitnehmen würde

1. «*Faust*» von J. W. Goethe ⎱ zum Auswendiglernen
2. Shakespeares Dramen ⎰
3. Die Bibel und ⎱ für alle Fälle
4. «*Das neue Naturheilverfahren*» von Bilz ⎰
5. Ein Fotoalbum zur Erinnerung

exklusiv für Rowohlts Bunte Liste

Wolfdietrich Schnurres
20 liebste Kinderbücher

Wolfdietrich Schnurre ist Schriftsteller und Kinderbuchautor; wichtige Werke von ihm sind unter anderem: «*Als Vaters Bart noch rot war*», «*Ich frag ja bloß*», «*Ich brauch Dich*», «*Kassiber*», «*Der Schattenfotograf*»; Kinderbücher: «*Die Zwengel*», «*Der Meerschweinchendieb*» sowie acht weitere Kinderbücher, die von seiner Frau Marina illustriert wurden.

1. Die Nibelungen-Sage
2. Don Quijote und Sancho Pansa
3. Till Eulenspiegel
4. Die Schildbürger
5. Hauffs Märchen
6. Clemens Brentano: «*Gockel, Hinkel, Gackeleia*»
7. Rudyard Kipling: «*Das Dschungelbuch*»
8. Hugh Lofting: «*Doktor Dolittle*», alle Bände
9. A. A. Milne: «*Pu der Bär*»
10. Selma Lagerlöf: «*Wunderbare Reise des kleinen Nils Holgersson mit den Wildgänsen*»
11. Wilhelm Busch: «*Fips der Affe*»/«*Hans Huckebein der Unglücksrabe*»/«*Die fromme Helene*»/«*Maler Klecksel*»/«*Knopp der Junggeselle*»
12. Albert Lamorisse: «*Der rote Luftballon*»
13. Edward Gorey und Donald Nelsen: «*Samuel und Emma*»
14. Astrid Bergmann Sucksdorff: «*Chendru und sein Tiger*»
15. John S. Goodall: «*Jacko*»
16. Jürgen Spohn: «*Der große Spielbaum*»
17. Maurice Sendak: «*Wo die wilden Kerle wohnen*»
18. Friedrich Karl Waechter: «*Wir können noch viel zusammen machen*»
19. Janosch: «*O wie schön ist Panama*»
20. John Burningham: «*Trubloff, die Maus, die Balalaika spielte*»/«*Harquin der Fuchs*»/«*Humbert, Mr. Firkin und der Bürgermeister von London*»/«*Simp*»/«*Was ist dir lieber ...*»

Schnurre erklärte: «Die Reihenfolge ist *keine* Wertordnung. Alle Kinderbücher sind – logischerweise – gleich schön.»

exklusiv für Rowohlts Bunte Liste

Die Gewinner des Deutschen Jugendbuchpreises 1978–1982

1978
R. & C. Smith: «*Der große Rutsch*»
Elfie Donelly/
Christian B. Sadil: «*Servus Opa, sagte ich leise*»
Dietlof Reiche: «*Der Bleisiegelfälscher*»
Geraldine L. Flanagan/
Sean Morris: «*Nest am Fenster*»
Utta Wickert: «*Im Jahr der Schlange*»

1979
Janosch: «*O wie schön ist Panama*»
Tormod Haugen: «*Die Nachtvögel*»
Virginia Allen Jensen/
Dorcas Woodburg: «*Was ist das?*»
Peter Parks: «*Das Leben unter Wasser*»
Rosemarie Wildermuth: «*Heute und die 30 Jahre davor*»

1980
John Burningham: «*Was ist dir lieber?*»
Ursula Fuchs: «*Emma oder Die unruhige Zeit*»
Renate Welsh: «*Johanna*»
Grethe Fagerström/
Gunila Hansson: «*Peter, Ida und Minimum*»
Herbert Schmid: «*Wie Tiere sich verständigen*»

1981
Margret Rettich: «*Die Reise mit der Jolle*»
Jürgen Spohn: «*Drunter & Drüber*»
Willi Fährmann: «*Der lange Weg des Lukas B.*»
Hermann Vinke: «*Das kurze Leben der Sophie Scholl*»

1982
Susi Bohdal: «*Selina, Pumpernickel und die Katze Flora*»
Guus Kuijer: «*Erzähl mir von Oma*»
Myron Levoy: «*Der gelbe Vogel*»
Cornelia Julius: «*Von feinen und von kleinen Leuten*»

Quelle: Broschüren des Arbeiskreises für Jugendliteratur, München.

Charles M. Schulz'
Liste der 10 größten Comic-Figuren
aller Zeiten

Charles M. Schulz, Schöpfer der *Peanuts*, der meistgelesenen Comic-Serie der Welt, hat für seine Arbeit bereits zahlreiche Auszeichnungen und Preise erhalten. Seine Figuren, allen voran Charlie Brown, Linus, Lucy und – natürlich – Snoopy, lieferten die Anregung zu zahlreichen Nebenprodukten, darunter eigene Fernsehsendungen, T-Shirts, Spielzeug und sogar ein Theaterstück.

1. Charlie Brown und Snoopy
Charlie Brown ist der unscheinbare und doch liebenswerte Star der *Peanuts*. Sein Hund Snoopy stiehlt ihm oft die Show, indem er sich als Fliegerchampion aus dem Ersten Weltkrieg, als Baseball-Star oder als ein eifrig in die Schreibmaschinentasten hämmernder Romanschriftsteller präsentiert.

2. Blondie und Dagwood
Chic Youngs Comic-Serie befaßt sich mit den häuslichen Mißgeschikken eines verrückten, aber glücklich verheirateten Paares.

3. Popeye und Wimpy
Popeye, der «spinatsüchtige» Seemann, und sein ständig «Hamburger» verschlingender Kumpel Wimpy sind die Helden der populären Cartoons von Elzie Segar.

4. Krazy Kat
Die lustige Romanze von der liebeskranken Krazy Kat und Ignatz

Charlie Brown – hier mit seinem Freund Snoopy, der nur höchst widerwillig den Schlitten zieht – wurde zur erfolgreichsten Comicfigur der letzten 25 Jahre.

Mouse, der mit Backsteinen nach Krazy wirft, ist Thema dieses weltweit beliebten Comics von George Herriman.

5. Wash Tubbs und Captain Easy
Wash Tubbs, ein komischer kleiner Typ, der wuchtige Weiber liebt, und sein Partner, ein Glücksritter namens Captain Easy, wurden von Roy Crane erfunden und gestaltet.

6. Superman
Superman, die Schöpfung der beiden Teenager Jerry Siegel und Joe Shuster, kann schneller fliegen als das schnellste Geschoß und ist mit Röntgenaugen ausgestattet.

7. Skippy
Skippy, ein zehnjähriger Misanthrop, erfunden von Percy Crosby, war der Held einer der frühesten Serien, in denen Kinder Verhaltens- und Reaktionsweisen der Erwachsenen aus ihrer Umgebung übernehmen.

8. Skeezix
Der Hauptheld in Frank Kings Cartoon-Serie *Gasoline Alley* war die erste Comic-Figur, die sich vom Kind zum Erwachsenen weiterentwickelte, und zwar im gleichen Zeitraum, den das Heranwachsen bei einer wirklichen Person beanspruchen würde.

9. Little Orphan Annie
Harold Grays Schöpfung, das rotgelockte Waisenmädchen mit den blanken Augen, eroberte die Herzen von Millionen Fans.

10. Dick Tracy
Chester Gould schuf mit seinem Comic *Dick Tracy* die erste realistische Detektiv-Comicserie.

exklusiv
(Erläuterungen: hg)

10 bemerkenswerte Bücher, die nie geschrieben wurden

1. *«Die seltsamen Erlebnisse der Familie Patterson auf der Insel Uffa»* von Dr. med. John H. Watson (ehemals Mitglied des British Medical Department). Ein von Dr. Watson erwähntes Abenteuer von Sherlock Holmes, das jedoch nie zu Papier gebracht wurde.

2. *«Hansards Ratgeber zur Erlangung eines erquickenden Schlafes»* (19 Bände)
Dieses voluminöse Werk gehört zu den Buchattrappen, die im Haus von Charles Dickens in Gad's Hill die Wände zierten. Die Rücken dieser Pseudobücher sollten einige Balken verbergen, die dem berühmten Schriftsteller mißfielen.

3. «*Mad Trist*» von Sir Launcelot Canning
Eines der ungeschriebenen Bücher, die Edgar Allan Poe in seiner Erzählung «*Der Untergang des Hauses Usher*» aufzählt, um eine geheimnisvolle und bedrohliche Atmosphäre zu erzeugen.

4. Die «*Memoiren*» des ehrwürdigen Galahad Threepwood
Titel einer fiktiven Autobiographie, die P. G. Wodehouse immer wieder in seinen unzähligen Romanen erwähnt.

5. «*Moderne Kriegführung*» von General Tom Thumb
Ein weiteres «Un-Buch» in Charles Dickens' Privatbibliothek.

6. «*Nekronomikon*» von Abdul Alhazred (dem wahnsinnigen Araber)
Ein «blasphemisches, verbotenes» Werk, auf das bisweilen in den phantastischen Gruselgeschichten von H. P. Lovecraft Bezug genommen wird. Lovecraft bezeichnet dieses Buch, das man in keiner Bibliothek finden wird, als «abscheuliches geistiges Sinnbild des verbotenen Leichenesser-Kultes im unerreichbaren Lande Leng in Zentralasien».

7. «*Zur Abschaffung der Gebetsstunden*» (40 Bände) von Master Greedyguts
Eine Satire auf das lasche Verhalten des Klerus in der Ausübung seiner liturgischen Aufgaben und religiösen Pflichten. Eines der vielen imaginären Werke, die Pantagruel, eine von François Rabelais geschaffene Romanfigur, in der Abtei St. Victor «entdeckte».

8. «*Praktisches Handbuch der Bienenzucht*» von Sherlock Holmes
Dieser unschätzbare Beitrag des Meisterdetektivs zur menschlichen Erkenntnis existierte leider nur in der Phantasie des Arthur Conan Doyle.

9. «*Die sieben Minuten*» von J. J. Jadway (Paris, Éditions Étoile)
Dieser 171 Seiten starke, am längsten und häufigsten verbotene Roman der Geschichte ist ein Phantasieprodukt, von dem Irving Wallace in seinem gleichnamigen wirklichen Buch erzählt. Der Inhalt des nichtexistierenden Romans besteht nach Aussage des Autors aus «den Gedanken, die einer Frau während eines sieben Minuten dauernden Beischlafs mit einem Unbekannten durch den Kopf gehen».

10. «*Über die Verschiedenartigkeit der Aschen diverser Tabake*» von Sherlock Holmes
Diese kritische Abhandlung des berühmten Detektivs erschien angeblich zwischen 1880 und 1890. Es war sein getreuer Partner im Romanleben, Dr. John Watson, der sie zum erstenmal erwähnte. Die fiktive Monographie und ihr Autor sind ebenso wie sein Gefährte Schöpfungen des englischen Arztes und Schriftstellers Sir Arthur Conan Doyle.

hak

10 Personen, die Vorbilder für große Romanfiguren wurden

1. Alexander Selkirk (Vorbild für Robinson Crusoe)
Der in Largo (Schottland) geborene Selkirk (1676–1721) heuerte als Matrose auf einem Schiff an, das unter dem Befehl von Kapitän William Dampier, einem herrschsüchtigen Grobian, stand. Nachdem Selkirk gegen die Willkür und Brutalität, die an Bord herrschte, protestiert und sich dadurch den Kapitän zu einem gefährlichen Feind gemacht hatte, ließ er sich schließlich 1704, bedroht durch die Schikanen seines Widersachers, auf Más a Tierra, einer winzigen unbewohnten Pazifikinsel vor der südamerikanischen Küste, aussetzen. Dort lebte er, mutterseelenallein, vier Jahre und vier Monate lang, ehe er entdeckt wurde und nach England zurückkehren konnte. Ein freier Journalist namens Daniel Defoe las einen Bericht über ihn – vielleicht ist er ihm sogar begegnet – und veröffentlichte 1719 ein Buch mit dem kurzen Titel *«Das Leben und die unerhörten Abenteuer des Robinson Crusoe, eines Seemanns aus York, der achtundzwanzig Jahre lang ganz allein auf einer unbewohnten Insel vor der Küste von Amerika lebte, nahe der Mündung des großen Orinoko-Stromes, wohin er durch einen Schiffbruch verschlagen worden war, bei dem alle Mann außer ihm umkamen. Mit einem Bericht, wie er zuletzt auf ebenso merkwürdige Weise durch Piraten befreit wurde. Von ihm selbst beschrieben».*

2. William Brodie (Vorbild für Dr. Henry Jekyll und Mr. Edward Hyde)
Brodie (1741–1788), Kunsttischler, Vorstand seiner Zunft und Stadtrat von Edinburgh, war tagsüber ein respektabler Geschäftsmann. Doch in der Nacht verwandelte er sich in einen maskierten Dieb und Hauptmann einer Räuberbande. Schließlich wurde er gefangen und gehenkt. Der Schriftsteller Robert Louis Stevenson war von der «Doppelnatur des Mannes» fasziniert. Angeregt von den Berichten über diesen Mann schrieb er seine berühmte Erzählung *«Der seltsame Fall des Dr. Jekyll und Mr. Hyde»* (1886).

3. Susanna Margaretha Brandt (Vorbild für Fausts Gretchen)
Die 25jährige Susanna Margaretha Brandt (1747–1772), Kindesmörderin zu Frankfurt am Main, deren Hinrichtung Goethe im Januar des Jahres 1772 selbst miterlebt hatte, gab in den Verhören zu Protokoll, daß sie von einem reisenden Goldschmiedegesellen mit Hilfe eines Mittels, das er dem Wein beigemischt habe, verführt worden sei. Der Teufel habe sie dazu angestiftet, das am 1. August 1771 geborene Kind «wegen der Schande und des Vorwurfs der Leute» zu töten. Nach der Tat floh die Unglückliche aus Frankfurt, wurde jedoch bald aufgegriffen und eingekerkert. Goethe, der sich in seiner 55. Disputationsthese mit dem Strafmaß für Kindesmörderinnen auseinandergesetzt hatte, verspürte eine leidenschaftliche Erregung unter den Bür-

Das mysteriöse Doppelleben William Brodies regte den Schriftsteller Robert Louis Stevenson zu seiner berühmten Erzählung *«Der seltsame Fall des Dr. Jekyll und Mr. Hyde»* an.

gern Frankfurts. Schuld und Sühne solcher Mütter wurden zu seiner Zeit allenthalben heftig erörtert, was sich auch in anderen literarischen Produkten wie z. B. in Gottfried August Bürgers Ballade *«Des Pfarrers Tochter von Taubenhain»* oder in Friedrich Schillers Gedicht *«Die Kindesmörderin»* niederschlug.

4. Charlotte Buff (Vorbild für Werthers Lottchen und Lotte in Weimar)

Den Sommer 1772 verbrachte Goethe auf Wunsch seines Vaters beim Kammergericht in Wetzlar. Hier lernte er Charlotte Buff, die Braut des Legationssekretärs Christian Kestner, kennen. Goethes Liebe zur verlobten Charlotte mußte in Entsagung enden. Zwei Jahre dauerte es, bis Goethe sich von der Erschütterung in seinem Roman «*Die Leiden des jungen Werthers*» befreien konnte, den er 1774 in nur drei Monaten niederschrieb.

Thomas Mann nahm das Thema in seinem Roman «*Lotte in Weimar*» (1939) wieder auf. Darin beschreibt er eine Begegnung zwischen der gealterten Charlotte Kestner und dem greisen Goethe, die in Wirklichkeit nie stattgefunden hat.

5. Josiah Henson (Vorbild für Onkel Tom)

Der als Sklave auf einer Farm in Maryland geborene Henson (1789–1883) arbeitete sich bis zum Aufseher über den Besitz seines Herrn empor. Als Methodistenprediger versuchte er, die Schwarzen zum christlichen Glauben zu bekehren. Als er erfuhr, daß er an einen Pflanzer in die Südstaaten verkauft werden sollte, floh er mit seiner großen Familie nach Kanada. Er reiste dreimal nach England, wo er in flammenden Reden für die Befreiung der Sklaven eintrat. Er ist dort sogar von Königin Victoria empfangen worden. Harriett Beecher-Stowe interviewte ihn in Boston und machte aus ihm den Helden ihres Bestsellerromans «*Onkel Toms Hütte*» (1852).

6. Delphine Delamare (Vorbild für Emma Bovary)

Delphine Delamare (1822–1848), Tochter eines reichen Bauern und Absolventin einer Schule für Höhere Töchter, heiratete einen aufstrebenden Landarzt in dem französischen Städtchen Ry. Sie träumte von einem aufregenderen Leben, als ihr Mann es ihr bieten konnte, warf das Geld zum Fenster hinaus, leistete sich zahlreiche Liebhaber und vergiftete sich schließlich mit Arsen. Gustave Flaubert hörte ihre Geschichte von einem guten Freund und verwandte sie für seinen Roman «*Madame Bovary*» (1857).

7. Marie Duplessis (Vorbild für Marguerite Gautier)

Marie Duplessis (1824–1847) arbeitete bei einem Korsettmacher und in einem Hutgeschäft, bevor sie in Paris die Laufbahn einer Prostituierten einschlug. Sie stieg rasch in höhere Gesellschaftskreise auf und ließ sich von einer Reihe adliger Liebhaber aushalten. Ihr «Markenzeichen» war eine weiße Kamelie. Als sie an der Schwindsucht starb, setzte ihr einer ihrer Liebhaber, Alexandre Dumas d.J., in seinem Roman «*Die Kameliendame*» (1848) ein Denkmal.

8. Dr. Joseph Bell (Vorbild für Sherlock Holmes)

Dr. Bell (1837–1911), Chirurg und Medizinischer Rat am Königlichen

Militärhospital in Edinburgh, konnte nach einem flüchtigen Blick auf einen Fremden durch logische Schlußfolgerungen einen Großteil seines Werdegangs und seiner Lebensgewohnheiten erkennen. Einer seiner Studenten, Arthur Conan Doyle, war von dieser Fähigkeit tief beeindruckt. Sechs Jahre später gestand er: «Ich habe seine Methoden verwendet und vertieft, als ich versuchte, einen wissenschaftlich vorgehenden Detektiv zu schaffen, der jeden Fall durch das Aufspüren des ihm innewohnenden Wesentlichen löst.»

9. Chester Gillette (Vorbild für Clyde Griffiths)
Chester Gillette (1883–1908) arbeitete in der Hemdenfabrik eines reichen Onkels und verliebte sich in eine Arbeiterin namens Grace Brown. Er erweckte in ihr die Hoffnung, daß er sie heiraten werde. Daneben umwarb er jedoch junge Damen aus der Oberschicht, da er hoffte, daß aus diesen Verbindungen materielle Vorteile für ihn entstehen könnten. 1906 erfuhr er, daß Grace ein Kind von ihm erwartete, und in der Befürchtung, dadurch möglicherweise zu einer Heirat mit ihr gezwungen zu werden, nahm er sie mit an den Big Moose Lake in New York, ruderte mit ihr bis zur Seemitte, schlug sie mit einem Tennisschläger bewußtlos und warf sie über Bord. Sie ertrank. Gillette wurde überführt, zum Tode verurteilt und auf dem Elektrischen Stuhl hingerichtet. Theodore Dreiser hat den Fall verfolgt und in seinem großen Roman *«Eine amerikanische Tragödie»* (1925) dargestellt.

10. Gustaf Gründgens (Vorbild für Hendrik Höfgens)
Der 1936 von Klaus Mann geschriebene Roman *«Mephisto»* wurde erst nach dem Krieg und nach dem Selbstmord des Autors (1949) veröffentlicht. Der Roman schildert den Aufstieg Hendrik Höfgens', eines Schauspielers, der von der intellektuellen Linken der Weimarer Republik zum offiziellen Nazitum umschwenkt. Viele Hinweise im Roman legen die Vermutung nahe, daß Gustav Gründgens das Vorbild zu dieser fiktiven Gestalt gewesen ist. Der Roman trägt auch viele autobiographische Züge: Erika Mann, die Lieblingsschwester Klaus Manns, war mit Gründgens verheiratet, und die drei haben zusammen Kabarett und Theater gespielt.

iw & cb

25 berühmte Pseudonyme

Pseudonym	tatsächlicher Name
1. Asmus	Mathias Claudius
2. Boz	Charles Dickens
3. Lewis Caroll	Charles Lutwidge Dodgson
4. Hans Fallada	Rudolf Ditzen

5. Anatole France	Jacques Anatole Thibaut
6. Maxim Gorki	Alexej Maximowitsch Peschkow
7. Knut Hamsun	Knut Pedersen
8. Jack London	John Griffith
9. André Maurois	Émile Herzog
10. Molière	Jean Baptiste Poquelin
11. Emil Nolde	Emil Hansen
12. Novalis	Friedrich Leopold Freiherr von Hardenberg
13. O. Henry	William Sidney Porter
14. George Orwell	Eric Arthur Blair
15. Peter Panther	Kurt Tucholsky
16. Jean Paul	Johann Paul Friedrich Richter
17. Ellery Queen	Frederic Dannay und Manfred B. Lee
18. Joachim Ringelnatz	Hans Bötticher
19. Saki	Hector Hugh Munro
20. George Sand	Amandine Aurore Dupin Lucie (später Baronesse Dudevant)
21. Stendhal	Marie-Henri Beyle
22. Theobald Tiger	Kurt Tucholsky
23. Mark Twain	Samuel Langhorne Clemens
24. Voltaire	François-Marie Arouet
25. Ignaz Wrobel	Kurt Tucholsky

15 Autoren, die im Gefängnis schrieben

1. François-Marie Arouet (Voltaire)
Er wurde im Mai 1717 inhaftiert, weil er satirische Gedichte über den König geschrieben hatte. Er verbrachte elf Monate in der Bastille von Paris, wo er mit der Arbeit an dem Epos *«Henriade»* begann.

2. John Bunyan
Er war eingekerkert, weil er puritanische Gottesdienste abgehalten hatte, die nicht im Einklang mit der Observanz der Kirche von England standen. Elf Jahre saß er im Gefängnis von Bedford County. Dort verfaßte er den größten Teil seines Buches *«Des Pilgers Reise von dieser zur zukünftigen Welt»*. Es erschien 1678 in London.

3. Miguel de Cervantes
Cervantes, ein Quartiermeister der spanischen Flotte, wurde 1597 in das Königliche Gefängnis von Sevilla geworfen, weil man ihn beschuldigte, einen Teil des von ihm verwalteten Geldes unterschlagen zu ha-

ben. Er wurde nach drei Monaten entlassen. Im Gefängnis begann er seinen berühmten Roman «*Don Quijote*» zu schreiben.

4. John Cleland
Er war wegen hoher Verschuldung im Newgate-Gefängnis in London inhaftiert. Um ihn aus der Schuldhaft zu befreien, versprach der Verleger Drybutter, ihm 20 Guineen zu zahlen, wenn er eine pornographische Erzählung schriebe. Diesem Angebot konnte Cleland nicht widerstehen. Er verfaßte im Gefängnis den Roman «*Fanny Hill*» (1750).

5. Daniel Defoe
Der wegen staatsgefährdender Schmähschriften angeklagte Defoe wurde im Mai 1703 auf unbestimmte Dauer in das Londoner Newgate-Gefängnis verbracht. Während seiner Haftzeit schrieb er die «*Hymne auf den Pranger*». Er wurde im November 1703 entlassen.

6. Adolf Hitler
Überführt als Organisator des fehlgeschlagenen Putsches im Bürgerbräukeller in München, wurde Hitler 1923 zu fünf Jahren Festungshaft verurteilt, allerdings bereits nach neun Monaten wieder entlassen. Während seiner Haftzeit auf der Festung Landsberg schrieb er Teile seines Buches «*Mein Kampf*».

7. Leigh Hunt
Der Freund von Lord Byron, Shelley und Keats wurde 1813 wegen «Majestätsbeleidigung» zu einer Gefängnisstrafe verurteilt. Er hatte in der von seinem Bruder herausgegebenen Londoner Zeitung *The Examiner* einen Artikel über den zukünftigen König George IV. publiziert, in dem es hieß, er sei «ein fetter fünfzigjähriger Adonis». Hunt verbrachte zwei Jahre in dem Londoner Gefängnis Horsemonger Lane. Während seiner Inhaftierung veröffentlichte er seinen Gedichtzyklus «*Feast of the Poets*» und gab den *Examiner* heraus.

8. Richard Lovelace
Der Abenteurer und Kavalier Lovelace wurde 1642 in den Kerker geworfen, weil er im britischen Parlament eine Petition für die Royalisten eingebracht hatte. Er verbrachte sieben Wochen im Gatehouse von Westminster. Dort schrieb er das Gedicht «*An Althea aus dem Gefängnis*», worin unter anderem folgende Zeilen stehen: «Steinmauern kein Gefängnis sind, / Riegel machen keinen Käfig aus. / Für mich, der ich keine Schuld empfind', / Ist's wie Einkehr in ein Gotteshaus.»

9. Karl May
Der berühmte Schriftsteller wurde wegen Betrugs ins Gefängnis gesteckt. Er saß zwischen 1865 und 1874 zwei Strafen ab. Während seiner Haftzeit schrieb er zahlreiche Romane über den «Wilden Westen»

(den er nie gesehen hatte). Sie wurden in Deutschland zu großen Erfolgen.

10. Jawaharlal Nehru
Er wurde von der britischen Kolonialregierung als einer der Führer des indischen Unabhängigkeitskampfes verhaftet. Zwischen 1921 und 1945 saß er insgesamt zehn Jahre im Gefängnis. Dort schrieb er *«Glimpses of World History»*, ein profundes, vielgelesenes Buch.

11. Marco Polo
Nach der Rückkehr von seiner China-Expedition wurde der Venezianer 1298, zur Zeit des Krieges zwischen Venedig und Genua, zum Kapitän einer Galeere ernannt. Vom Feind gefangengenommen und für ein knappes Jahr ins Gefängnis geworfen, diktierte er einem Mithäftling seine Reiseberichte. Der Zellengenosse war ein Schriftkundiger namens Rusticiano aus Pisa.

12. O. Henry (William Sidney Porter)
Er wurde wegen Unterschlagung bei der First National Bank in Austin (Texas), bei der er als Kassierer gearbeitet hatte, 1898 zu fünf Jahren Haft in einem amerikanischen Staatsgefängnis in Columbus (Ohio) verurteilt. Wegen guter Führung wurde der «Mustergefangene» nach drei Jahren und drei Monaten entlassen. Einige seiner besten Kurzgeschichten, darunter *«Der edle Gauner»*, schrieb er in der Zelle.

13. Sir Walter Raleigh
Er wurde, vielleicht zu Unrecht, 1603 wegen Hochverrats in den Tower von London geworfen und dort 13 Jahre lang gefangengehalten. Während seiner Haft schrieb er sein nur einen Band umfassendes, unvollendet gebliebenes Geschichtswerk *«History of the World»*.

14. François Villon
Schuldig befunden wegen Einbruchs, Totschlags und satirischer Verse wurde er zum Tode verurteilt und in das Verlies des Bischofs von Orléans in Meung (Frankreich) geworfen. Dort verfaßte er sein *«Großes Testament»*. Bei der Krönung König Ludwigs XI. wurde er im Rahmen einer Generalamnestie entlassen. Doch ist er nicht lange auf freiem Fuß. Er wird erneut wegen Totschlags zum Tode verurteilt. Und wieder hat er Glück: Der König mildert den Schuldspruch zur Verbannung aus Paris ab. 1463 verliert sich jede Spur von dem Dichter.

15. Oscar Wilde
Wurde wegen Vergehens gegen die Homosexuellengesetze verurteilt und im Gefängnis von Reading inhaftiert. Verbrachte dort zwei entsetzliche Jahre, in denen er die Prosaschriften *«De profundis»* und *«Apologia»* schrieb. Ein Jahr später folgte die *«Ballade vom Zuchthaus zu Reading»* unter dem Akronym C.3.3., was «Häftling in Zelle 3,

dritter Gang» bedeutete. Im Mai 1897 wurde er freigelassen, doch war er ein menschliches Wrack und gesellschaftlich «passé».

Weitere schreibende Gefängnisinsassen waren: Roger Bacon, Caryl Chessmann, Eldridge Cleaver, William Cobbett, Denis Diderot, Hugo Grotius, König Jacob I. von Schottland, der Comte de Mirabeau, Richard Savage und John Selden. Vincent Starret, Verfasser des Buches *«Books Alive»*, in dem zahlreiche Anekdoten über Bücher und ihre Autoren enthalten sind, betont, daß die meisten Schriftsteller, die im Gefängnis saßen, wegen politischer Vergehen verurteilt wurden. Nur ganz wenige seien jemals wegen Diebstahls oder Mordes eingesperrt worden. Und «niemals wurde ein Schriftsteller wegen Brandstiftung oder Entführung angeklagt».

Burkhard Driest

8 Autoren, die sich erfolglos um ein öffentliches Amt bewarben

1. Victor Hugo
Der berühmte französische Romanschriftsteller verkündete selbstbewußt seine Kandidatur für das Amt des Präsidenten der Französischen Republik, doch bei der Wahl erhielt er nur wenige Stimmen. 1871 bewarb er sich um einen Sitz in der französischen Nationalversammlung. Er wurde angenommen, doch gab er sein Mandat bald enttäuscht wieder ab.

2. Jack London
Mit 18 Jahren, nachdem er eine kurze Gefängnisstrafe wegen Landstreicherei abgesessen hatte, entwickelte sich Jack London zu einem engagierten Sozialisten. 1905 kandidierte der Abenteurer und Matrose auf der Liste der Sozialisten für das Bürgermeisteramt seiner Heimatstadt Oakland in Kalifornien. Seine Bewerbung erregte großes Aufsehen, doch hatten nur knapp 500 Wähler so viel Vertrauen in die politischen Fähigkeiten des Schriftstellers, daß sie ihm ihre Stimme gaben.

3. Herbert George Wells
Nachdem Wells lange Zeit aktives Mitglied der sozialistischen Fabian Society gewesen war, kandidierte er 1921 und 1922 für einen Parlamentssitz der Labour Party. Obwohl die University of London in seinem Wahlkreis lag und die Wähler überwiegend aus dem Intellektuellenmilieu stammten, wurde er mit Leichtigkeit von seinem Rivalen geschlagen.

4. Upton Sinclair
Als Mitglied der Sozialistischen Partei der Vereinigten Staaten kandidierte Sinclair zweimal für einen Sitz im Kongreß, war zweimal designierter Kandidat der Sozialisten für das Amt des Gouverneurs von Kalifornien und einmal Kandidat für einen Sitz im amerikanischen Senat. 1934 wechselte er zu den Demokraten über, bewarb sich in den Vorwahlen um die Nominierung zum Gouverneurskandidaten und erzielte beachtliche Erfolge in einer engagiert geführten Wahlkampagne. Den Republikanern gelang es jedoch, ihn in Mißkredit zu bringen und bei der entscheidenden Wahl im Herbst scheitern zu lassen.

5. Gore Vidal
1960 gelangte der Romanschriftsteller in einem festen Stammwahlkreis der Republikaner im Norden des Staates New York auf die Nominierungsliste der Demokraten für den Kongreß. Er führte einen offensiven Wahlkampf und gewann mehr Stimmen, als jemals ein Kandidat der Demokraten seit 1910 erhalten hatte. Schließlich konnte er in diesem Wahlbezirk 20 000 Stimmen mehr auf sich vereinigen als der Präsidentschaftskandidat John F. Kennedy. Dennoch unterlag er seinem republikanischen Gegenspieler.

6. James Michener
Als Kandidat der Demokraten für den Kongreß im Bucks County (Pennsylvania) bot sich Michener 1962 eine gute Chance, die Sympathien der Wähler für sich zu gewinnen. Doch war sein Engagement im Wahlkampf zu schwach, und so gelang es ihm nicht, den Gegenkandidaten der Republikaner auszubooten. Nach seiner Wahlniederlage war er weiterhin aktives Mitglied der Demokraten seines Distrikts.

7. Norman Mailer
1969 bewarb sich Mailer um die Nominierung zum Kandidaten der Demokraten für das Amt des New Yorker Bürgermeisters mit dem originellen Wahlkampf-Slogan: «Schluß mit der ganzen Scheiße!» In seinem höchst einfallsreichen Programm forderte er unter anderem die Anerkennung der Stadt als 51. Staat der USA und die totale Dezentralisierung der Behörden und der öffentlichen Versorgungseinrichtungen. Mailer erhielt seitens intellektueller Wählergruppen und demokratischer Reformverfechter tatkräftige Unterstützung, landete jedoch nur auf Platz vier bei insgesamt fünf Kandidaten.

8. Jimmy Breslin
Als Norman Mailers «zweiter Mann» auf einer Kandidatenliste, die wohl die «literarischste» der amerikanischen Geschichte war, bewarb sich der Romanautor und Kolumnist Breslin 1969 um das Amt des Vorsitzenden des New Yorker Stadtrates. Breslin führte einen sehr energischen Wahlkampf und bekam mehr Stimmen als Mailer.

msm

28 Autoren, die den Nobelpreis hätten gewinnen sollen – aber nicht erhielten

Sämtliche hier aufgeführte Autoren waren offiziell für den Literatur-Nobelpreis nominiert, doch entschieden sich die Juroren der schwedischen Akademie bei der Endabstimmung jeweils gegen sie zugunsten anderer Schriftsteller. So wurden zwischen 1901 und 1976 Preise an Geistesgrößen wie Sully Prudhomme, Bjørnson, Echegaray, Carducci, Eucken, Heidenstam, Spitteler, Reymont, Karlfeldt, Bunin, Sillanpää, Jensen, Laxness, Quasimodo, Seferis, E. Johnson und H.E. Martinson verliehen.

Unter den Nicht-Gekrönten waren in dieser Zeit:

1. Leo N. Tolstoi
2. Herbert Spencer
3. Anton Tschechow
4. Henrik Ibsen
5. Thomas Hardy
6. Joseph Conrad
7. Mark Twain
8. Rainer Maria Rilke
9. George Meredith
10. Henry James
11. Algernon Swinburne
12. Georg Brandes
13. August Strindberg
14. Maxim Gorki
15. Bertolt Brecht
16. Paul Valéry
17. Sean O'Casey
18. Marcel Proust
19. Gabriele d'Annunzio
20. Theodore Dreiser
21. Benedetto Croce
22. Sigmund Freud
23. Virginia Woolf
24. F. Scott Fitzgerald
25. H.G. Wells
26. Willa Cather
27. W. Somerset Maugham
28. Mao Tse-Tung

iw

11

Donnerwetter!
– Wissenschaft und Technik

**Grundlegende Irrtümer von
12 großen Wissenschaftlern**

1. Aristoteles (384–322 v. Chr.)
Seine Lehren galten in der Physik und in der Biologie fast 1800 Jahre lang als der Weisheit letzter Schluß – auch jene Theorien, von denen wir heute wissen, daß sie reinste Spekulation gewesen sind. So behauptete er z. B., daß fliegende Objekte – Pfeile und geworfene Steine – zu einem gewissen Teil von der Atmosphäre bewegt würden und daß das Herz und nicht das Gehirn der Sitz von Intelligenz und Gefühl sei. Auch glaubte er, daß schwere Gegenstände schneller fielen als leichte. Eine seiner abenteuerlichsten Vermutungen war, daß Lebewesen ohne Vorfahren durch eine Urzeugung entstehen könnten – so z. B. Maden aus faulem Fleisch oder Insekten aus Schlamm. Edmund Whittaker (1878–1956), ein hervorragender Mathematiker, kam zu dem Ergebnis, daß «Aristoteles' Naturphilosophie von Anfang bis Ende wertlos und irreführend» gewesen sei.

2. Leonardo da Vinci (1452–1519)
In den privaten Notizbüchern dieses großartigen Künstlers und genialen Pioniers auf dem Gebiet der wissenschaftlichen Beobachtung und Hypothesenbildung finden sich Berechnungen und Zeichnungen, mittels derer da Vinci zu ergründen versuchte, wie ein schwerer Gegenstand zur Erde fällt. Er stellte richtig fest, daß seine Geschwindigkeit ständig zunimmt. Aber er kam zu der falschen Vermutung, daß die Geschwindigkeit proportional zu der *Entfernung* zunimmt, die der Gegenstand gefallen ist. (Tatsächlich wächst die Geschwindigkeit proportional zu der *Zeit,* die der Gegenstand für den Fall gebraucht hat.)

3. Galileo Galilei (1564–1642)
Er hat zwar schließlich die richtigen Berechnungsformeln für die Bewegung geworfener, geschossener und fallender Gegenstände gefunden, aber noch 1604 wiederholte Galileo in einem Brief an einen Freund den Fehler Leonardo da Vincis, indem er behauptete, «die Geschwindigkeit des frei fallenden Körpers wächst im Verhältnis zu der Entfernung, die zwischen ihm und dem Ausgangspunkt seiner Bewegung liegt». Erst 1633, fast 30 Jahre später, korrigierte er da Vincis und seinen Irrtum.

4. Johann Wolfgang von Goethe (1749–1832)

Der deutsche «Dichterfürst» glaubte, seinen Ruhm sicherer auf wissenschaftliche denn auf literarische Arbeiten gründen zu können. Aber seine umfangreiche Abhandlung über Licht und Farbe, die *«Farbenlehre»* (1810), widerspricht den meisten wissenschaftlichen Erkenntnissen seiner Zeit wie auch der Gegenwart. Goethe war ferner Anhänger des Neptunismus, einer Theorie, die behauptete, daß sich die Gesteinsformationen auf der Erde ursprünglich in den Meeren abgelagert hätten, die einst den größten Teil der Erdoberfläche bedeckten. Er verspottete die im Gegensatz zu seiner Auffassung stehende Theorie, den Vulkanismus, dessen Vertreter die Bildung der bedeutsamen Felsformationen auf die Hitze im Erdinneren zurückführten. Der Neptunismus ist in der Geschichte der Geologie eine weitgehend überholte Kuriosität geblieben, während sich die Theorien der Vulkanisten als zum größten Teil zutreffend erwiesen haben.

5. Dr. Dionysos Lardner (1793–1859)

In den 30er Jahren des 19. Jahrhunderts sprach der gebürtige Ire Dr. Lardner, Professor für Naturphilosophie und Astronomie an der Universität London, die Warnung aus, daß es keinem großen Dampfschiff jemals gelingen werde, den Atlantik zu überqueren, weil es mehr Kohle bräuchte, als es mitnehmen könnte. Aber schon 1838 unternahm die ‹Great Western› eine derartige Reise. Einige Jahre zuvor hatte Lardner die schreckliche Vision heraufbeschworen, daß die Fahrgäste eines Zuges bei hoher Geschwindigkeit (etwa 200 km/h) nicht mehr würden atmen können und ersticken müßten.

6. William Thomson (1824–1907)

Er war bekannt unter dem Namen Lord Kelvin und gehörte zu Englands berühmtesten und vielseitigsten Wissenschaftlern. Er lieferte entscheidende Beiträge zur Thermodynamik und zur Anwendung von Elektrizität. Doch mit seiner 1897 aufgestellten Behauptung, daß es auf der Erde noch nicht länger als 20 Millionen Jahre Lebewesen geben könne, irrte er sich. Man hatte bereits damals zahlreiche geologische Funde gemacht, die Aufschluß darüber gaben, daß Leben schon sehr viel länger existierte. Als man ihn während seiner letzten Lebensjahre über das Vorhandensein und die Wirkung radioaktiver Strahlen aufklären wollte, weigerte er sich, daran zu glauben. Er wies auch die heute allgemein anerkannte Theorie, daß das Licht mit sehr kurzen elektromagnetischen Wellen identisch ist und daß es Druck auf Körper ausübt, den diese absorbieren, entsetzt als völlig abwegige Phantasterei von sich. Kelvin nannte diese Hypothesen «kurios und scharfsinnig, aber nicht wirklich stichhaltig».

7. Simon Newcomb (1835–1909)

Während der zweiten Hälfte seines Lebens gehörte er zu den herausragenden amerikanischen Astronomen. Seine Berechnungen über die

Bewegung von Himmelskörpern waren von erstaunlicher Präzision. Aber um die Jahrhundertwende schrieb er eine Reihe von Artikeln, in denen er behauptete, daß sich Maschinen, die schwerer als Luft sind, unter keinen Umständen vom Boden erheben könnten. Selbst nach den ersten kurzen Flügen der Gebrüder Wright in den Jahren 1903 bis 1905 hielt er an der These fest, daß Flugzeuge unbrauchbar und bedeutungslos seien. Er beharrte sogar auf seiner Auffassung, daß es völlig unmöglich sei, überhaupt flugtüchtige Fahrzeuge zu konstruieren.

8. Ernst Mach (1838–1916)

Er gelangte an den Universitäten von Prag und Wien als Physiker zu großem Ruhm. Die Berechnung der nach ihm benannten Maßeinheit Mach ist nur einer der vielen wissenschaftlichen Beiträge, die er geleistet hat. Seine Arbeiten zur Mechanik erweckten die Bewunderung Albert Einsteins. Doch am Ende seines Lebens wies er die Auffassung, daß sich die Materie aus atomaren Strukturen zusammensetze, als «geistiges Kunstprodukt» zurück. Entschlossen wehrte er die Erkenntnisse der Neuen Physik ab: «Ich kann die Relativitätstheorie ebensowenig akzeptieren wie die Lehre von der Existenz der Atome oder andere derartige Dogmen.»

9. Percival Lowell (1855–1916)

Er richtete 1894 ein astronomisches Observatorium in Arizona ein und führte umfangreiche Untersuchungen über den Planeten Mars durch. Er behauptete, daß der Mars mit einem Netz von unendlich vielen langen, geraden «Kanälen» überzogen sei. Über 500 von ihnen hatte er kartographisch erfaßt. Wie die vor einigen Jahren entstandenen Fotografien von der Marsoberfläche beweisen, gibt es diese Kanäle nicht. Lowell lieferte jedoch auf anderen Gebieten der Astronomie wertvolle Beiträge.

10. William Pickering (1855–1938)

Als bekannter Astronom widersprach er Lowells Behauptungen über die Marskanäle. Aber 1924 wartete er mit einer noch bizarrer anmutenden Theorie zur Erklärung einiger dunkler Flecken auf, die in dem Mondkrater Eratosthenes beobachtet worden waren. Sie seien, so behauptete er, auf riesige Insektenschwärme auf dem Mond zurückzuführen. Er glaubte, daß ein Astronom auf dem Mond die riesigen Büffelherden, die im frühen 19. Jahrhundert über die Prärien Nordamerikas gezogen waren, als dunkle Flecken hätte wahrnehmen können.

11. Nicola Tesla (1856–1943)

Er war ein genialer Physiker, erfand elektrische Geräte und steuerte zahlreiche neue Erkenntnisse auf dem Gebiet der Erzeugung und Verteilung von Energie bei. Doch die von ihm in den 30er und frühen 40er Jahren vertretene Auffassung, daß die Möglichkeit der Nutzung von

Atomenergie eine Illusion sei, erwies sich als Irrtum. Die Energie im Atomkern, so beharrte er, könne von Menschen nicht freigesetzt werden. Heute weiß man, daß sich elektrische Energie in Kernkraftwerken erzeugen läßt. Dennoch könnte sich herausstellen, daß – wenn auch aus anderen Gründen als den von Tesla angeführten – der Plan, eine solche Form der Energiegewinnung in die Tat umzusetzen, eine Illusion ist.

12. Ernest Rutherford (1871–1937)
Er war ein Pionier und Wegbereiter der Kernphysik. In seinem Labor in Cambridge wurden viele bahnbrechende Entdeckungen gemacht, wurden neue Berechnungen aufgestellt und wesentliche Gesetze der Kernphysik entwickelt. Doch 1933 verspottete er genauso wie Tesla den Gedanken, daß die gewaltige im Atomkern vorhandene Energie jemals nutzbar gemacht werden könne. Und er zögerte, Einsteins Relativitätstheorie anzuerkennen, die eine Grundlage für das Verständnis der Entstehung dieser Energien bildet. Rutherford wandte gar den Begriff «Geschwafel» auf Spekulationen an, die besagten, daß Menschen eines Tages lernen könnten, die Kernenergie zu nutzen.

hak

15 Männer, deren Namen zu Maßeinheiten wurden

1. Ampère
Nach dem Franzosen André-Marie Ampère (1775–1836). Das Ampere ist die Maßeinheit der elektrischen Stromstärke. Zeichen: A.

2. Coulomb
Nach dem Franzosen Charles Augustin de Coulomb (1736–1806). Das Coulomb ist die Maßeinheit der elektrischen Ladung. Zeichen: C.

3. Farad
Nach dem Engländer Michael Faraday (1791–1867). Das Farad ist die Maßeinheit der elektrischen Kapazität. Zeichen: F.

4. Gauß
Nach dem Deutschen Karl Friedrich Gauß (1777–1855). Das Gauß ist die Einheit der magnetischen Feldstärke bzw. Induktion. Zeichen: G.

5. Henry
Nach dem Amerikaner Joseph Henry (1797–1878). Das Henry ist die Einheit der elektrischen Selbstinduktion. Zeichen: H.

6. Hertz
Nach dem Deutschen Heinrich Hertz (1857–1894). Das Hertz ist die Maßeinheit der Frequenz: 1 Hertz = 1 Schwingung pro Sekunde. Ent-

sprechend ist 1 Kiloherz gleichbedeutend mit 1000 Schwingungen pro Sekunde. Zeichen: Hz.

7. Joule
Nach dem Engländer James Prescott Joule (1818–1889). Das Joule ist die Maßeinheit der elektrischen Arbeit. Zeichen: J.

8. Kelvin
Nach dem Engländer Sir William Thomson, seit 1892 Lord Kelvin of Largs (1824–1907). Das Kelvin ist die Einheit der absoluten Temperatur. Entsprechend ist der absolute Nullpunkt (– 273,16° C) 0 Kelvin, abgekürzt 0 K. Der Siedepunkt des Wassers (100° C) liegt also, in Kelvin gemessen, bei 373,16 K.

9. Newton
Nach dem Engländer Sir Isaac Newton (1642–1727). Das Newton ist die Maßeinheit der Kraft. Ein Newton entspricht der Kraft, mit der eine Masse von 101,97 Gramm unter durchschnittlichen Gravitationsbedingungen auf der Erde nach unten strebt. Die Masse von einem Kilogramm strebt mit der Kraft von 9,80665 Newton nach unten. Zeichen: N.

10. Ohm
Nach dem Deutschen Georg Simon Ohm (1789–1854). Das Ohm ist die Einheit des elektrischen Widerstandes. Zeichen: Ω.

11. Pascal
Nach dem Franzosen Blaise Pascal (1623–1662). Das Pascal ist die Maßeinheit des Drucks. Zeichen: Pa.

12. Tesla
Nach Nicola Tesla (1856–1943), geboren in Kroatien, das damals Teil Österreich-Ungarns war und heute zu Jugoslawien gehört. Tesla kam im Alter von 27 Jahren in die USA, wurde amerikanischer Staatsbürger und lebte bis zu seinem Tod in den USA. Das Tesla ist die Einheit der magnetischen Induktion. Zeichen: T.

13. Volt
Nach dem Italiener Alessandro Volta (1745–1827). Das Volt ist die Maßeinheit der elektrischen Spannung. Zeichen: V.

14. Watt
Nach dem Schotten James Watt (1736–1819). Das Watt ist die Maßeinheit der elektrischen Leistung. Zeichen: W.

15. Weber
Nach dem Deutschen Wilhelm Weber (1804–1891). Das Weber ist die Einheit des magnetischen Flusses. Zeichen: Wb.

hak

Isaac Asimovs
10 bedeutendste Wissenschaftler der Vergangenheit

Isaac Asimov begann seine Karriere als Schriftsteller an der Boston University, wo er Professor für Biochemie war. Seitdem hat er mehr als 140 Bücher veröffentlicht, darunter *«Drehmomente. Verblüffende Aspekte der modernen Forschung»*, *«Die Schwarzen Löcher»* und die *«Biographische Enzyklopädie der Naturwissenschaften und der Technik»*.

1. Archimedes
2. Charles Darwin
3. Albert Einstein
4. Michael Faraday
5. Galileo Galilei
6. Antoine Laurent Lavoisier
7. James Clerk Maxwell
8. Sir Isaac Newton
9. Louis Pasteur
10. Ernest Rutherford

exklusiv

Louis Pasteur (1822–1895) wies die Existenz von Bakterien in der Luft nach, entwickelte eine zu seiner Zeit heftig umstrittene Theorie der Infektionskrankheiten und entdeckte zahlreiche Impfstoffe.

10 revolutionäre Entdeckungen auf dem Gebiet der Medizin, die von Nichtmedizinern gemacht wurden

1. Akupunktur (ca. 2700 v. Chr.)
Die Entdeckung wird dem legendären Kaiser Shen von China zugeschrieben, der auch die erste bekannte Liste wirksamer Heilkräuter aufstellte.

2. Anatomische Tafeln (um 1500)
Die ersten genauen und detaillierten anatomischen Tafeln wurden von dem Maler, Bildhauer, Baumeister und Naturforscher Leonardo da Vinci gezeichnet. Um diese Zeichnungen anfertigen zu können, hatte da Vinci eine stattliche Anzahl von Leichen sezieren müssen. Die komplizierten Abbildungen des Herzens stellen die Funktion seiner Klappen richtig dar. Darüber hinaus erweiterte da Vinci das medizinische Wissen seiner Zeit um ein genaues Abbild der Hirnkammern.

3. Identifikation von Bakterien (1683)
Der holländische Kaufmann und Amateurmikroskopist Antoni van Leeuwenhoek baute seine eigenen Mikroskope – mehr als 200 – und entdeckte mit ihrer Hilfe Bakterien, Protozoen (Einzeller) und Spermatozoen. Er verfügte über keinerlei medizinische oder wissenschaftliche Ausbildung. Mit seinem feinsten Mikroskop erreichte er eine 250fache Vergrößerung.

4. Sauerstofftherapie (1771)
Der englische Geistliche und Chemiker Joseph Priestley entdeckte mit der von ihm entwickelten Methode der «pneumatischen Chemie» (Sammlung von Gasen über Wasser oder Quecksilber) den Sauerstoff, den er «dephlogistierte Luft» nannte. Er isolierte zehn weitere Gase, darunter das Kohlenoxyd, den Chlorwasserstoff und das Ammoniak.

5. Anästhesie (1842)
Äther wurde erstmalig von einem amerikanischen Zahnarzt zur Betäubung eines Patienten verwendet. Die Methode wurde von dem jungen Chemiestudenten William E. Clarke vorgeschlagen, der die Wirkung von Äther auf diversen Parties erlebt hatte. Junge Leute atmeten das anregende Gas ein, um sich zu berauschen. Es wurden in jener Zeit regelrechte «Äthergelage» gefeiert. Durch seine Beobachtungen kam Clarke auf die Idee, das Gas während einer Zahnoperation zu verabreichen.

6. Bakterien in der Luft (1861)
Der französische Chemiker und Bakteriologe Louis Pasteur verwarf die im Altertum und Mittelalter allgemein anerkannte Theorie der Urzeugung – eine Annahme, die besagte, daß niedere Lebewesen, so auch Krankheitserreger, aus anorganischen Stoffen entstünden. Pasteur wies die Existenz von Bakterien in der Luft nach. Seine Erkenntnis, daß man diese Mikroorganismen durch Erhitzung abtöten kann,

bildet die Grundlage zur Pasteurisierung der von Gärung bedrohten Getränke wie Milch, Bier und Wein. Pasteur entdeckte ferner Impfstoffe gegen Milzbrand und Tollwut.

7. Röntgenstrahlen (1895)
Der Doktor der Philosophie und Professor für Mathematik und Physik Wilhelm Conrad Röntgen entdeckte die Röntgenstrahlen während seiner Experimente mit Kathodenstrahlen. Er nannte sie «X-Strahlen», weil er sich nicht erklären konnte, wodurch sie erzeugt wurden. Röntgen erhielt für seine Entdeckung zahlreiche Auszeichnungen, unter anderem 1901 den ersten Nobelpreis für Physik.

8. Syphilis (1905)
Der deutsche Zoologe Fritz Schaudinn entdeckte während seiner Arbeit im Kaiserlichen Gesundheitsamt in Berlin die winzigen spiralförmigen *spirochaeta pallida*, die Erreger der Syphilis. Er machte die Entdeckung trotz der dienstlichen Anordnung, daß er seine Zeit ausschließlich der Verwaltungsarbeit zu widmen und nicht zu forschen habe.

9. Vereisung (1908)
Dem holländischen Physiker Heike Kamerlingh Onnes gelang es als erstem, flüssiges Helium herzustellen. Dadurch legte er den Grundstein zu zahlreichen Verbesserungen in der medizinischen Versorgung: zum «Kalten Messer» in der Kältechirurgie, zur Schnelleinfrierung von Blutplasma und zu neuen Techniken in der Behandlung der Parkinsonschen Krankheit.

10. Radium (1910)
Die Chemikerin und Physikerin Marie Curie entdeckte 1898 zusammen mit ihrem Mann, dem Physiker Pierre Curie, im Uranpecherz die Elemente Polonium und Radium. Ihre Untersuchungen zur Beschaffenheit und zu Anwendungsmöglichkeiten von Radium führten zur Entwicklung der Strahlentherapie und anderen Fortschritten in der Behandlung und Diagnose von Krankheiten.

jb

Die 7 Weltwunder der Antike

Wer war es, der die älteste aller Listen erfand, eine Liste, auf der, mit einer gewissen Willkür, die spektakulärsten Bau- und Kunstwerke genannt wurden, die 150 Jahre vor Christi Geburt auf der Erde existierten? Die Liste tauchte zuerst im 2. Jahrhundert v. Chr. in einem Epigramm des Antipatras von Sidon auf und wurde später von einem hochgeachteten byzantinischen Mathematiker und Reisenden namens Philon eingehend erläutert. Im Laufe einer Reihe mühsamer Reisen besuchte Philon die gesamte damals bekannte zivilisierte Welt und verfaßte anschließend einen kurzen, aber weitverbreiteten Bericht: *«De Septem Orbis Spectaculis» («Die Sieben Weltwunder»).*

1. Die Cheopspyramide (Ägypten)
Diese größte der rund 80 Pyramiden Ägyptens, ein Königsgrab, mit dessen Bau um 2600 v. Chr. begonnen wurde, ist 2000 Jahre vor allen übrigen von Philon genannten Weltwundern errichtet worden – und doch ist sie das einzige von ihnen, das bis heute erhalten geblieben ist. Die Grabstätte des Königs Cheops, die außerhalb Kairos in der Nähe von Giseh liegt, besteht aus 2 300 000 Steinblöcken, von denen einige 2½ Tonnen wiegen. Ihre Höhe beträgt 137 Meter, ihre Breite an der Basis je 230 Meter. Mit anderen Worten: Sie ist groß genug, um die Westminster Abbey in London, den Petersdom in Rom und die größten Kathedralen von Mailand und Florenz zu umschließen.

2. Die hängenden Gärten von Babylon (Irak)
Diese berühmten Gärten hingen nicht in der Luft, sondern waren auf Balkonen oder Terrassen angelegt. Schon bald, nachdem König Nebukadnezar II. seine neue Frau, eine Prinzessin aus Medien (nordwestlicher Iran), nach Babylon geführt hatte, begann diese sich nach den Bergen und der üppigen Vegetation ihrer Heimat zu sehnen. Um sie zu trösten, legte der König um 600 v. Chr. einen künstlichen Berg mit exotischen Pflanzen an. Es war ein quadratisches Bauwerk von 120 Metern Höhe, bestehend aus fünf übereinanderliegenden Terrassen, die von Bogen getragen wurden. Jede Terrasse war dicht mit Gras, Blumen und Obstbäumen bepflanzt, die von unten durch von Sklaven oder Ochsen betriebene Pumpen künstlich bewässert wurden. Innerhalb und unterhalb der Gärten hielt die Königin Hof inmitten der Bepflanzung und des künstlichen Regens. Im Lauf der Jahrhunderte sind die einstmals prächtigen Gärten verfallen und verwildert. Feindliche Heere haben die Zerstörung der Anlage vollendet. Als Plinius der Ältere sie vor seinem Tod 79 n. Chr. besuchte, war nichts mehr von der ehemaligen Schönheit zu erkennen.

3. Die Statue des Zeus in Olympia (Griechenland)
Die herrliche Statue des Zeus, des Königs der Götter, stand in dem prachtvollen Zeustempel in jener Gegend, wo alle vier Jahre die Olympischen Spiele der griechischen Antike abgehalten wurden. Das Standbild, das Phidias (von dem auch die Athena-Statue für den Parthenon stammt) etwa 432 v. Chr. geschaffen hatte, war zwölf Meter hoch und bestand aus Elfenbein und auf Holz geschlagenen Goldplatten. Zeus, mit Augen aus Juwelen, saß auf einem goldenen Thron, die Füße gestützt auf eine Fußbank aus Gold. Die alten Griechen kamen von weither, um zu Füßen des Gottes zu beten. Der griechische Schriftsteller Pausanias hat die Statue noch im 2. Jahrhundert n. Chr. unversehrt gesehen. Danach verschwand sie. Sie ist möglicherweise plündernden Armeen oder einer Feuersbrunst zum Opfer gefallen.

4. Der Artemistempel von Ephesos

Eines der Sieben Weltwunder faszinierte Philon ganz besonders: «... als ich aber den Tempel zu Ephesos zu den Wolken aufragen sah, verschwanden all die anderen Wunder im Nichts.» Der Tempel, eine im 6. Jahrhundert v. Chr. errichtete, um 350 v. Chr. nach einem Brand wiederaufgebaute heilige Stätte, beherbergte eine Statue der Artemis, der Göttin der Jagd. Sie war Symbol der Fruchtbarkeit. Die Könige vieler kleinasiatischer Staaten unterstützten den Bau durch Geld, Sklaven oder Material. Der Tempel, 68 Meter breit und 160 Meter lang, wurde von 127 Marmorsäulen, jede 18 Meter hoch, getragen. Paulus schmähte den Tempel, wie im Neuen Testament nachzulesen ist: «Dem Tempel der großen Göttin Diana gebührt Verachtung, und seiner Schönheit, der ganz Asien und die Welt Verehrung zollt, gebührt die Zerstörung.» Die Handwerker, die den Tempel erbaut hatten, waren anderer Ansicht: «Und als sie diese Worte vernahmen, waren sie voller Zorn und riefen aus und sagten: Groß ist Artemis von Ephesos.» Nach Verwüstung und Verwahrlosung unter verschiedenen Eindringlingen wurde der Tempel dreimal wiederaufgebaut, ehe er 262 n. Chr. der endgültigen Zerstörung durch die Goten anheimfiel. 1874 legte der englische Archäologe J. T. Wood nach elfjährigen Ausgrabungsarbeiten Teile der Originalsäulen frei.

5. Das Mausoleum von Halikarnassos (Türkei)

König Mausolos, der Eroberer von Rhodos, herrschte über die persische Provinz Karien. Seine Frau, Königin Artemisia, war zugleich seine Schwester. Als er 353 v. Chr. starb, wurde sein Leichnam verbrannt, und die trauernde Witwe trank die Asche mit Wein vermischt. Sie beschloß, zur Erinnerung an ihn in Halikarnassos, dem heutigen Bodrum, das schönste Grab der Welt bauen zu lassen. Sie ließ aus Griechenland die berühmtesten Architekten und Bildhauer kommen, und 350 v. Chr. wurde die Grabstätte vollendet. Sie bestand aus einem rechteckigen, plastisch geformten Marmorschrein auf einer Plattform, 36 weiß-goldenen ionischen Säulen, die ein Architrav trugen, auf das sich wiederum ein schweres Pyramidendach stützte. Auf der Spitze dieses Daches stand ein bronzener Wagen, in dem die zwei sitzenden Statuen von Mausolos und Artemisia thronten. Das Monument überdauerte 1900 Jahre. Dann stürzte es bei einem Erdbeben in sich zusammen.

6. Der Koloß von Rhodos (Ägäisches Meer)

Zu den Feiern anläßlich ihres Sieges über die makedonischen Belagerer unter Demetrios Poliorketes errichteten die Bewohner der Insel Rhodos zwischen 292 und 280 v. Chr. zu Ehren ihres himmlischen Beschützers, des Sonnengottes Helios, eine riesige Statue. Der Bildhauer Chares, der unter der Obhut Alexanders des Großen ausgebildet worden war, baute die Statue. Der nackte Koloß war 32 Meter hoch und hatte in Brusthöhe einen Umfang von 17 Metern. Er war aus Erz und Steinblöcken geformt, die mit Bronzeplatten beschlagen waren. Er stand nicht, wie häufig behauptet wurde, breitbeinig über der Hafeneinfahrt, so daß die Schiffe zwischen den Beinen hindurchfahren mußten, sondern war mit beiden Füßen nebeneinander auf einem Sockel an der Hafeneinfahrt aufgestellt. 224 v. Chr. wurde er von einem Erdbeben zerstört. Fast 900 Jahre lang lagen die Trümmer auf dem Boden verstreut. Erst 667 n. Chr. verkauften die Araber, unter deren Verwaltung die Insel zu jener Zeit stand, die 327 Tonnen schweren Reste der Statue als Schrottmetall an einen jüdischen Kaufmann, der sie auf 900 Kamelen nach Alexandria transportieren ließ.

7. Der Leuchtturm auf der Insel Pharos (vor Alexandria, Ägypten)
Um 280 v. Chr. konstruierte der Architekt Sostratus aus Knidos im Auftrag von Ptolemeus Philadelphus einen Leuchtturm (Pharus), wie ihn die Welt noch nicht gesehen hatte. Der marmorne Turm wurde auf der kleinen Insel Pharos vor Alexandria errichtet. Er war 122 Meter hoch und bestand aus mehreren unten quadratisch, weiter oben rund gebauten Stockwerken, die alle mit einem Balkon ausgestattet waren. Auf der Spitze befand sich eine riesige Kohlenpfanne mit einer Flamme, die ständig brannte und deren Leuchtkraft durch einen großen gläsernen Spiegel verstärkt wurde, so daß sie auf See 300 Meilen weit zu sehen war. Der halbe Leuchtturm wurde von arabischen Besatzungssoldaten eingerissen, die hofften, Gold in dem Gebäude zu finden. Der Rest stürzte 1375 bei einem Erdbeben in sich zusammen.

iw

Die 7 Weltwunder des Mittelalters

1. Das Kolosseum in Rom
2. Die Katakomben von Alexandria
3. Die Chinesische Mauer
4. Stonehenge
5. Der Schiefe Turm von Pisa
6. Der Porzellanturm von Nanking
7. Die Hagia Sophia in Konstantinopel

Die 7 Wunder der modernen Welt

1. Das Empire State Building (USA)
Der 1931 erbaute, 381 Meter hohe Wolkenkratzer hat 102 Stockwerke; 80000 Menschen können in den Räumen dieses Riesenbauwerks untergebracht werden. Die Gesamtstrecke der Fahrstuhlschächte ist elf Kilometer lang.

Das Empire State Building, der letzte Zufluchtsort des Riesengorillas King Kong

2. Das Teleskop von Jodrell Bank (England)
Dieses Radioteleskop in der Nähe von Manchester hat eine gekrümmte reflektierende Oberfläche von 76 Metern Durchmesser. Es wird insbesondere bei der Ortung und Verfolgung von Raumsonden und Satelliten eingesetzt.

3. Die Golden Gate Bridge (USA)
Verbindet San Francisco mit Marin County. Sie überspannt frei hängend eine Strecke von 1280 Metern. Ihre beiden Haupttrossen bestehen aus Drahtseilen von insgesamt 128720 Kilometern Länge.

4. Der Panamakanal (Panama)
Mehr als zwei Millionen Tonnen Erde und Fels mußten abgetragen werden, um die 81 Kilometer lange Wasserstraße zu erbauen, der die Landenge von Panama durchschneidet und den Atlantischen mit dem Pazifischen Ozean verbindet.

5. ‹Sputnik 1› (UdSSR)
Der erste künstliche Satellit, der in den Weltraum geschossen wurde (1957). Er wog 83,6 Kilogramm und brauchte 96 Minuten, um die Erde zu umkreisen. Nach einiger Zeit verglühte er in der Atmosphäre.

6. Der Hoover-Damm (USA)
Dieser 380 Meter lange, 221 Meter hohe Damm staut in einem Engtal den Colorado River, der an dieser Stelle die Grenze zwischen Nevada und Arizona bildet. Das durch den Damm geschaffene 640 Quadratkilometer große Reservoir faßt 40 Billionen Liter Wasser.

7. ‹Nautilus› (USA)
Das erste atomgetriebene Unterseeboot; es tauchte 1958 in einer vier Tage dauernden Fahrt unter dem Nordpolareis hindurch.

Quelle: Bertha Morris Parker: *«The Golden Book of Facts and Figures»*, New York 1962.

Thomas von Randows
7 Weltwunder der Zukunft –
von denen nur eines wirklich zählt

Dr. Thomas von Randow, Mathematiker und ehemals Professor für Informationstheorie am Massachusetts Institute for Technology (USA), hat das Wissenschaftsressort der Wochenzeitschrift *Die Zeit* aufgebaut und geleitet. Heute ist von Randow Reporter der *Zeit*. Er ist ferner Autor der dreibändigen *«Logeleien von Zweistein»*.

Die klassischen Weltwunder waren allesamt groß. Von den sieben Weltwundern der Zukunft werden einige unvorstellbar klein sein, zum Beispiel das Wunder
Nr. 1: Das künstlich produzierte Virus, das die Aufgabe hat, bestimmte Gene in das menschliche Erbmaterial zu transportieren. Auf diese Weise könnten viele bislang unheilbare Krankheiten, die auf angeborenen oder erworbenen Gen-Defekten beruhen – zum Beispiel Krebs –, geheilt werden. Und

Nr. 2: Das synthetische Enzym, das Biomasse – dazu gehören Küchenabfälle, Laub, in Abwässern enthaltene organische Substanzen und Unkraut – effektiv in Energie umwandelt.

Nr. 3: Noch ein Wunder der Winzigkeit: das Superchip, ein Mikroprozessor von enormer Kapazität, zusammen mit allem, was zur sogenannten Peripherie gehört, zum Beispiel auch Speicher, auf einem allenfalls fingernagelgroßen Stück Silizium untergebracht. Dieser Ultra-Mikrocomputer könnte das Herzstück eines elektronischen Gehirns sein, dessen Leistungsfähigkeit dem eines menschlichen Gehirns gleichkäme. Das wahre Wunder wäre mithin dieses Kunstgehirn, angesichts dessen sich die Gelehrten fragen müßten, ob es vielleicht auch Gefühle oder ein Bewußtsein habe.

Nr. 4: Zu den großen Wundern wird fraglos die Stadt am Himmel gehören, ein Riesen-Satellit in Form eines Autoreifens, der zwischen Erde und Mond placiert wird. An die zehntausend Menschen werden darin wohnen. Hauptindustrie wird die Gewinnung von Sonnenenergie und ihr Transport zur Erde sein.

Nr. 5: Das Wundertier – ein völlig nutzloses, jedoch seiner skurrilen Beschaffenheit wegen überaus interessantes Wesen, das Biologen erschaffen haben, und das sich seitdem fortpflanzt, nur so als Sinnbild menschlicher Schöpferkraft – ein Kunstwerk, sonst nichts.

Nr. 6: Die Stadt im Meer, von der man sich einmal so viel versprach, weil sie doch die Wohnfläche der viel zu klein gewordenen Erde vergrößert, wird als Kuriosum weiterleben. Wunder müssen ja nicht unbedingt sinnvoll sein. Die Unterwasserstadt wird unsere Nachfahren viel Geld kosten, weil sie in Wahrheit nicht lebensfähig ist. Doch da man sie einmal gebaut hat ...

Nr. 7: Das größte und unwahrscheinlichste Weltwunder ist schnell beschrieben: Die Politik, die angesichts der Überbevölkerung, der Energie- und Rohstoffverknappung, der Klimaänderung und Vernichtung der schützenden Ozonhülle unseres Planeten, angesichts der Tatsache, daß seit Mitte des 20. Jahrhunderts schon nicht mehr genug Nahrung auf der Erde war, um alle Menschen ausreichend zu ernähren, und des Rüstungswahns, in dessen Verlauf schon 1970 so viele Atombomben in Ost und West gelagert wurden, daß damit die Erde siebenmal restlos zerstört werden konnte – die Politik also, die in dieser wahnsinnig gewordenen Welt der Menschheit ein Überleben ermöglicht, wenigstens ein primitives Leben, und sei es ganz ohne Weltwunder, jedoch einigermaßen gerecht. Es ist das einzige Wunder, das zählen würde, und Wunder müßte es weiß Gott genannt werden, denn alles, was wir heute sehen und wissen, spricht dagegen, daß es jemals vollbracht werden wird.

exklusiv für Rowohlts Bunte Liste

24 Erfindungen: Wieviel Zeit verging, bis die Idee Wirklichkeit wurde

	Konzeption	Realisierung	Zeitraum dazwischen (Jahre)
1. Antibiotika	1910	1940	30
2. Automatisches Getriebe	1930	1946	16
3. Deodorant-Rollstift	1948	1955	7
4. Fernschreiber	1820	1838	18
5. Fernsehen	1884	1947	63
6. Filterzigarette	1953	1955	2
7. Fotografie	1782	1838	56
8. Herzschrittmacher	1928	1960	32
9. Hubschrauber	1904	1941	37
10. Kugelschreiber	1938	1945	7
11. Langspielplatte	1945	1948	3
12. Neonbeleuchtung	1901	1934	33
13. Minutenreis	1931	1949	18
14. Nylon	1927	1939	12
15. Löslicher Kaffee	1934	1956	22
16. Radar	1904	1939	35
17. Radio	1890	1914	24
18. Reißverschluß	1883	1913	30
19. Rostfreier Stahl	1904	1920	16
20. Silikone	1904	1942	38
21. Tiefkühlkost	1908	1923	15
22. Transistor	1940	1956	16
23. Videorecorder	1950	1956	6
24. Xerokopie	1935	1950	15

Quelle: Stephen Rosen, *The New York Times*, 18.6.1976.

18 Ereignisse
und ihre Dauer

Wir erleben nur einen relativ engen Ausschnitt (von etwa 0,1 Sekunden bis zur Dauer eines Lebens) des Spektrums von Zeitabläufen, die Ereignisse im Universum benötigen. Die folgenden 18 Ereignisse werden einen Eindruck von der Größe dieses Spektrums vermitteln.

Dauer (Sek.)

1. Rückstoß eines Atomkerns　　　　　　0,000 000 000 000 000 001

Wenn ein Partikel von subatomarer Größe mit einem Atomkern zusammenprallt, wie das in einem Atomreaktor geschieht, so wird der Atomkern länglich verformt. Entweder springt er zurück in seine ursprüngliche Form (Rückstoß), oder er explodiert. Beide Vorgänge finden innerhalb einer Trillionstel Sekunde – einer Attosekunde – statt.

2. Die Kompression von Deuterium-Kügelchen mit einem Laserstrahl　　　　　　　　　　　　　　　　　　　　　0,000 000 001

Mittels eines neu entwickelten Systems können kleine Kügelchen aus Deuterium oder einem anderen Material von einem starken Laserstrahl gleichzeitig erhitzt und komprimiert werden. Dieser Prozeß dauert eine Milliardstel Sekunde – eine Nanosekunde. Die Kügelchen, die zu einem dünnen Plasmafaden zusammengepreßt werden, erreichen eine Temperatur von mehreren Millionen Grad, und die Atome der Kügelchen verschmelzen zu größeren Atomen, wobei sie gewaltige Energiemengen freisetzen. Dies ist der gleiche Prozeß, durch den Sonnenenergie entsteht – die Kernfusion.

3. Explosion einer Zündkapsel　　　　　　　　　　　　　　0,000 001
Dieses Ereignis dauert eine Millionstel Sekunde – eine Mikrosekunde.

4.–5. Ein Nervenimpuls überspringt eine Synapse; eine Seifenblase platzt　　　　　　　　　　　　　　　　　　　　　　　　0,001
Dauer: Eine Tausendstel Sekunde oder Millisekunde.

6. Flügelschlag einer Biene　　　　　　　　　　　　　　　　0,03

7. Herzschlag eines Menschen　　　　　　　　　　　　　　　1

8. Die Zeit, die das Sonnenlicht braucht, um zur Erde zu gelangen　492

9. Durchschnittlicher Zeitraum zwischen Hoch- und Niedrigwasser auf der Erde　　　　　　　　　　　　　　　　　　　　　21 600
Zwischen Hoch- und Niedrigwasser liegen also 6 Stunden.

10. Die Erde dreht sich einmal um ihre Achse　　　　　　86 164,1
23 Stunden, 56 Minuten und 4,1 Sekunden = 1 Tag.

11. Die Erde umkreist einmal die Sonne 31 472 329
365 Tage, 6 Stunden, 13 Minuten, 53 Sekunden = 1 Jahr.

12. Höchstes nachgewiesenes Alter, das ein Mensch je erreicht hat
3 575 000 000
Mrs. Delina Filkins aus Herkimer County (US-Bundesstaat New York) lebte 113 Jahre und 214 Tage.

13. Alter des ältesten Lebewesens auf der Erde 145 000 000 000
Eine Grannenkiefer, der man den Namen Methusalem gegeben hat, steht seit 4600 Jahren in den White Mountains in Kalifornien.

14. Die Halbwertzeit von Kohlenstoff 14 (C 14) 179 000 000 000
In 179 Milliarden Sekunden oder 5700 Jahren ist die Hälfte einer Menge dieses radioaktiven Isotops zerfallen. Diese Tatsache bildet die Berechnungsgrundlage bei der Altersbestimmung von Gegenständen mit Hilfe der Radiokarbonmethode.

15. Die Zeit seit der Schöpfung nach dem jüdischen Kalender
180 525 000 000
Wir sind jetzt am Ende des Jahres 5740 (September 1980 n. Chr.), sofern man den Rabbis Glauben schenken darf, die für Jahrtausende die Reihe der Jahre ausgezählt haben. Der erste Kalender wurde 358–359 n. Chr. von Hillel II. eingeführt. Der jüdische Kalender in der heutigen Form wurde nach 1000 n. Chr. festgelegt.

16. Die Zeit, die unser Sonnensystem braucht, um einmal das Zentrum unserer Galaxis zu umkreisen 7 080 000 000 000 000
Dieser Zeitraum, Kosmisches Jahr genannt, dauert etwa 225 000 000 Erdenjahre.

17. Geschätzte Zeit, seit der es Leben auf der Erde gibt
70 800 000 000 000 000
Das entspricht etwa 10 Kosmischen Jahren.

18. Geschätztes Alter des Universums 320 000 000 000 000 000
Die neuesten Schätzungen gehen von 10 125 000 000 Jahren, entsprechend etwa 45 Kosmischen Jahren, aus.
Wir haben nur einige der unendlich vielen Ereignisse erwähnen können, die das Spektrum der Zeit ausmachen, ein Spektrum, das von einer Trillionstel Sekunde bis zu 320 Billiarden Sekunden reicht und sich ständig erweitert.

jber

Dr. Willard Libby:
Die «ergiebigsten» archäologischen Funde, Versteinerungen und Dokumente, deren Alter durch die Radiokarbonmethode bestimmt wurde

Der Chemiker Dr. Willard Libby erfand die erste verläßliche Methode zur Bestimmung der Entstehungszeit sehr alter Gegenstände: die Radiokarbonmethode. Diese Entdeckung brachte ihm 1960 den Nobelpreis für Chemie ein. Ferner erhielt er die Goldmedaille des American Institute of Chemists und den Albert-Einstein-Preis. Libby hat unter anderem die Bücher *«Altersbestimmung mit der C-14-Methode»* und *«Environmental Geology»* veröffentlicht.

Index Nr.	Objekt	Alter (Jahre)
1. C-1	Die Acacia von Zoser bei dem ägyptischen Dorf Sakkara (erstes Objekt, dessen Alter mit der Radiokarbonmethode bestimmt wurde)	4000
2. C-576	Die Schriftrollen vom Toten Meer: Die Urschrift des Jesaia	2000
3. C-406	Die Höhlenmalereien von Lascaux	15500
4. C-353	Eine hölzerne Plattform bei Starr Carr in England	9500
5. C-308	Versteinertes Kiefernholz bei Two Creeks im US-Bundesstaat Wisconsin – letzte Eiszeit	11400
6. C-159	Küsten-Mammutbaum – das durch die C-14-Methode festgestellte Alter wurde durch die Anzahl der Baumringe bestätigt	2700
7. C-917	Zimbabwe – die legendäre befestigte Stadt in Zimbabwe-Rhodesien	1500

Dr. Libby erklärte, daß mit «ergiebigste» diejenigen Objekte gemeint sind, die der Menschheit die meisten neuen Erkenntnisse gebracht haben.

exklusiv

Die freigesetzte Energie von 21 Ereignissen

Sei es die Spaltung eines Atoms oder die Explosion eines Sterns: Jedes Ereignis im Universum stellt eine Freisetzung von Energie dar. Hier finden Sie Angaben über den Energieaufwand bei 21 verschiedenen Ereignissen, gemessen in Erg. Man muß sich vor Augen halten, daß ein Erg eine sehr kleine Einheit ist – ein Fußtritt entspricht beinahe 14 Millionen Erg.

Energie (Erg)

1. Spaltung eines Uranatoms   0,0001
Es bedarf nur des Zehntausendstels eines Ergs.

2. Aussprechen einer Silbe von durchschnittlicher Länge   200

3. Eine Sekunde lang Mondlicht auf ihrem Gesicht   300

4.–5. Das Zirpen einer Grille; der Flügelschlag einer Biene   9000

6.–7. Ein Zweimarkstück, das aus der Hand auf den Boden fällt; der Anschlag einer Schreibmaschinentaste   1 000 000

8. Der eine Minute dauernde Gebrauch einer 10-Watt-Taschenlampe   6 000 000 000

9. Eine tödliche Dosis Röntgenstrahlen   9 000 000 000

10.–11. Das Auslösen eines Gewehrschusses; das Anzünden eines Streichholzes   12 000 000 000

12. Das Beschleunigen eines 4-Tonnen-Lasters
von 0 auf 100 km/h   9 000 000 000 000
(Wir sind jetzt schon bei 9 Billionen Erg!)

13. Ein harter Arbeitstag (umgraben, Holz hacken) 100 000 000 000 000

14. Der Start einer Atlasrakete   9 000 000 000 000 000 000
(Das sind 9 Trillionen Erg!)

15. Die erste Atombombe   1 000 000 000 000 000 000 000

16. Ein Hurrikan   50 000 000 000 000 000 000 000

17. Eine 100-Megatonnen-Wasserstoffbombe
   10 000 000 000 000 000 000 000 000

18. Ein schweres Erdbeben
(8 bis 9 auf der Richterskala)   60 000 000 000 000 000 000 000 000
Das Erdbeben 1906 in San Francisco lag in dieser Größenordnung.

19. Die Energie, die die Erde innerhalb eines Jahres von der Sonne empfängt 100 000 000 000 000 000 000 000 000 000 000

20. Die jährliche Energieproduktion der Sonne
   80 000 000 000 000 000 000 000 000 000 000 000

21. Eine Supernova
   10 000 000 000 000 000 000 000 000 000 000 000 000 000

Die Supernova von 1054 wurde von vielen Menschen für die Ankündigung des Jüngsten Gerichts gehalten.
Wir sind jetzt bei einer Energiedimension von 10 Oktillionen oder 10^{49} Erg.

jber

25 Temperaturen

	Temperatur (°C)
1. Siedepunkt des Wassers.	100
2. Beste Temperatur zum Kochen von Kaffee – das Wasser löst bei dieser Temperatur die aromatischen Öle, läßt aber die bitteren Alkaloide im Satz.	82,2
3. Einige Arten von Bakterien gedeihen in heißem Quellwasser – ein Zeichen dafür, daß es sich bei Bakterien um recht robuste Organismen handelt.	70
4. Erhitzt man Milch 30 Minuten lang auf diese Temperatur, ist sie pasteurisiert, ohne zu gerinnen oder zu klumpen, doch der größte Teil der Vitamine C und D ist dadurch zerstört.	62,8
5. Die höchste auf der Erde nachgewiesene durch Sonnenstrahlung entstandene Temperatur im Schatten, gemessen am 13. September 1922 in El Azizia (Libyen) von der National Geographic Society.	58
6. Ein heißes Bad.	43,3
7. Die meisten Menschen sterben, wenn ihr Fieber diese Temperatur erreicht.	41,7
8. Ideale Temperatur für ein Baby-Bad.	37,8
9. Normale Körpertemperatur des Menschen; Idealtemperatur für Babynahrung.	37

10. Das wärmste Meer der Erde, das Rote Meer, wird durch Heißwasserquellen an seinem Grund an zahlreichen Stellen auf dieser ungewöhnlich hohen Temperatur gehalten. 35
11. Butter schmilzt. 30,6
12. In kalten Klimazonen hat man im Winter gelegentlich ohnmächtige Betrunkene mit Körpertemperaturen zwischen 27 und 29 Grad Celsius gefunden. Auf den ersten Blick scheinen diese Leute tot zu sein. Ihre Haut hat eine graue Färbung und ihre Muskeln sind steif. Dem Anschein nach ist die Leichenstarre bereits eingetreten. Doch wenn man sie in ein warmes Zimmer bringt, erwachen sie wieder zum Leben. 29,4
13. Ein mäßig warmes Bad. 26,7
14. Ein kühles Bad. 22,2
15. Die niedrigste Körpertemperatur, die je ein Mensch überlebt hat. Es war ein junger Patient. 20,5
16. Zimmertemperatur. 20
17. Ein kaltes Bad. 10
18. Beste Temperatur zur Aufbewahrung von Milch oder ganz allgemein für die Kühlung von Lebensmitteln. 4,4
19. Gefrierpunkt des reinen Wassers. 0
20. Arktische Wassertemperaturen (das Wasser hat wegen seines Salzgehaltes einen niedrigeren Gefrierpunkt). Einem Menschen, der in so kaltes Wasser fällt, bleiben nicht mehr als zwei Minuten, um wieder herauszukommen, ehe er bewußtlos wird – ein Grund dafür, warum so viele Menschen starben, als die ‹Titanic› im eiskalten Wasser des Nordatlantik sank. −1,1
21. Die durchschnittliche Tagestemperatur, die von der ‹Viking 1› auf der Oberfläche des Mars registriert wurde. −30
22. Gefrierpunkt des Quecksilbers. −38,87
23. Gasförmiges Kohlendioxyd gefriert und wird zu Trockeneis, ohne vorher einen flüssigen Zustand zu erlangen. −78
24. Die durchschnittliche Abendtemperatur, die von der ‹Viking 1› auf der Oberfläche des Mars registriert wurde. −86
25. Die niedrigste Temperatur, die je auf der Erde gemessen wurde. Tag und Ort: 24. 8. 1960 in Vostok (Antarktis). −88,3

jber

Vom Atom zur Grenze des Alls:
26 Entfernungen

Die Größenordnungen, die wir auf der Erde mit bloßem Auge erkennen können – angefangen von einem Staubkorn bis hin zu einem Bergmassiv –, umfassen nur einen Bruchteil der unendlichen Skala räumlicher Dimensionen im Universum. Die folgenden 26 Beispiele aus dem Spektrum der Entfernungen sollen das veranschaulichen. Wir haben den Millimeter als Maßeinheit gewählt.

Länge bzw. Größe (Millimeter)

1. Wasserstoffatom 0,00000003

2. Glukose-Molekül 0,0000007

3. Hämoglobin-Molekül 0,0000068

4. DNS-Molekül 0,000002
DNS, die Desoxyribonukleinsäure, ist eine in den Chromosomen einer Zelle vorkommende Substanz, die genetische Informationen transportiert.

5. Breite des Tabakmosaik-Virus 0,00004
Die Länge dieses stabförmigen Virus ist mit 0,017 Millimetern größer als die der nächsten beiden Beispiele.

6. Wellenlänge des roten Lichts 0,0007
Mit dieser Länge kommen wir an die Grenze der Vergrößerung, die mit dem Ultraviolett-Mikroskop erreicht werden kann.

7. Chloroplast 0,008
Chloroplasten sind diejenigen Körper in Pflanzenzellen, in denen die Photosynthese stattfindet.

8. Eine durchschnittliche Körperzelle (der Leber) 0,05

9.–10. Staubpartikel; die Dicke einer Farbschicht 0,1

11. Nadelkopf 1

12. Floh 1,5

13. Breite eines Fingernagels 10

14. Durchschnittliche Länge eines menschlichen Fußes 299

15. Durchschnittliche Länge des menschlichen Verdauungsapparates 10 000

16. Höchster bekannter Baum 109 860
Es handelt sich um die Howard-Libbey-Kiefer in Redwood Grove (Kalifornien).

17. Durchmesser der Erde 12 750 000 000

18. Entfernung, die das Licht durch ein Vakuum hindurch in einer Sekunde zurücklegt 300 000 000 000

Die Erde, vom Satelliten ‹GOES 1› aus fotografiert. Unser Planet hat einen Durchmesser von 12 750 Kilometern.

19. Durchschnittliche Entfernung zwischen Erde und Mond
384 300 000 000
Die Entfernung zum Mond entspricht etwa dem 30fachen des Erddurchmessers.

20. Durchschnittliche Entfernung zwischen Erde und Sonne
149 500 000 000 000
Dieser Astronomische Einheit (AE) genannte Abstand von 149 500 000 Kilometern entspricht dem 389fachen der Entfernung zwischen Erde und Mond.

21. Die Entfernung, die das Licht innerhalb eines Jahres zurücklegt
9 460 000 000 000 000 000
Diese Entfernung, die etwa 63 000 AE entspricht, nennt man Lichtjahr.

22. Entfernung zu dem der Erde nächstgelegenen Stern, Proxima Centauri
40 200 000 000 000 000 000
Astronauten brauchten etwa 3 Tage, um den Mond zu erreichen. Bei gleicher Geschwindigkeit müßten sie etwa 878 000 Jahre durch den Weltraum reisen, um zu dem 4,25 Lichtjahre enterften Proxima Centauri zu gelangen.

23. Durchmesser unserer Galaxis (100 000 Lichtjahre)
946 000 000 000 000 000 000 000

24. Durchmesser der Gruppe von Galaxien, zu der unsere Milchstraße gehört
49 200 000 000 000 000 000 000 000
In dieser Gruppe gibt es 27 bekannte Galaxien, unter anderem Andromeda, den Spiralnebel Triangulum und die Magellanschen Wolken. Ein Lichtstrahl braucht etwa 5 200 000 Lichtjahre, um die Gruppe zu durchqueren.

25. Entfernung zu dem entferntesten beobachteten Himmelskörper: OQ 127
94 600 000 000 000 000 000 000 000 000
Er ist 10 Milliarden Lichtjahre entfernt.

26. Entfernung zum äußersten Horizont
189 200 000 000 000 000 000 000 000 000
Nach dem Hubbleschen Gesetz ist der äußerste Horizont 20 Milliarden Lichtjahre entfernt.

jber

12

Daheim –
Die Zeit der Reife

12 berühmte Ereignisse, die in der Badewanne stattfanden

1. Die Ermordung des Pelias
Wenn man der griechischen Mythologie Glauben schenken darf, so ermordete Medea Jasons Onkel Pelias, den König von Thessalien, indem sie ihm ein Bad in einer Tonne mit tödlichem Gift verordnete, das ihm, wie sie vorgab, seine verlorene Jugend zurückbringen sollte. In anderen Quellen heißt es, daß Medea die Töchter des Pelias davon überzeugte, daß sie ihren Vater vor dem Verjüngungsbad zerstückeln müßten, da sich sonst, wie sie versicherte, die Zauberwirkung nicht entfalten könne. Das Motiv für diese Tat war Rache: Pelias hatte die Eltern ihres Mannes Jason umgebracht.

2. Der Tod des Agamemnon
Der griechische Held Agamemnon starb kurz nach seiner Rückkehr aus dem Trojanischen Krieg durch die Hand seiner Frau Klytämnestra. Sie schlug zweimal mit einer Axt auf ihn ein, als er sich in der Badewanne ausruhte.

3. Die Entdeckung des Archimedes
Der griechische Mathematiker Archimedes entdeckte, während er in der Badewanne lag, ein physikalisches Gesetz – bekannt als das Archimedische Prinzip –, demzufolge sich das Gewicht eines Körpers, der in eine Flüssigkeit getaucht wird, um den Teil vermindert, der der Menge der durch das Eintauchen verdrängten Flüssigkeit entspricht. Archimedes war so erregt über seine Entdeckung, daß er aus der Wanne sprang und splitternackt durch die Straßen von Syrakus lief, wobei er immer wieder ausrief: «Heureka!» («Ich hab's gefunden!»).

4. Die Bücherverbrennung in Alexandria
Nachdem die Araber Alexandria erobert hatten, sollen sie 700 000 der in der Bibliothek gesammelten Bücher verbrannt haben, um die 4000 öffentlichen Bäder beheizen zu können, in denen sie sich nach Herzenslust tummelten.

5. Franklins liebster Aufenthaltsort
Es wird behauptet, Benjamin Franklin habe die erste Badewanne nach Amerika gebracht. Er verbesserte ihre Konstruktion, und in zeitgenössischen Berichten finden sich Hinweise darauf, daß er einen gro-

ßen Teil seiner Lektüre und Korrespondenz in der Badewanne erledigte.

6. Die Ermordung Marats

Jean-Paul Marat war ein bedeutender Akteur der Französischen Revolution. Mit seinen in der von ihm herausgegebenen Zeitschrift *L'Ami du peuple* veröffentlichten Pamphleten erwarb er sich den Ruf eines unnachgiebigen Verfechters äußerster Gewalt in der politischen Auseinandersetzung. Die gemäßigten Girondisten wurden aus Paris vertrieben und suchten Zuflucht in der Normandie. Dort trafen einige von ihnen die junge Royalistin Charlotte de Corday. Sie berichteten ihr von den Zuständen in Paris. Von Marats Aufrufen zur Gewalt aufs äußerste beunruhigt, beschloß sie, nach Paris zu fahren, um den Revolutionär zu töten. Als sie am 13. Juli 1793 Marats Haus betrat, nahm dieser gerade ein Bad. (Wegen einer schmerzhaften Hautkrankheit verbrachte er viele Stunden in der Badewanne.) Er hörte die Corday und verlangte, sie zu sehen. Sie sprachen ein paar Minuten über Politik; dann zückte die Corday ein Messer und erstach Marat in der Badewanne.

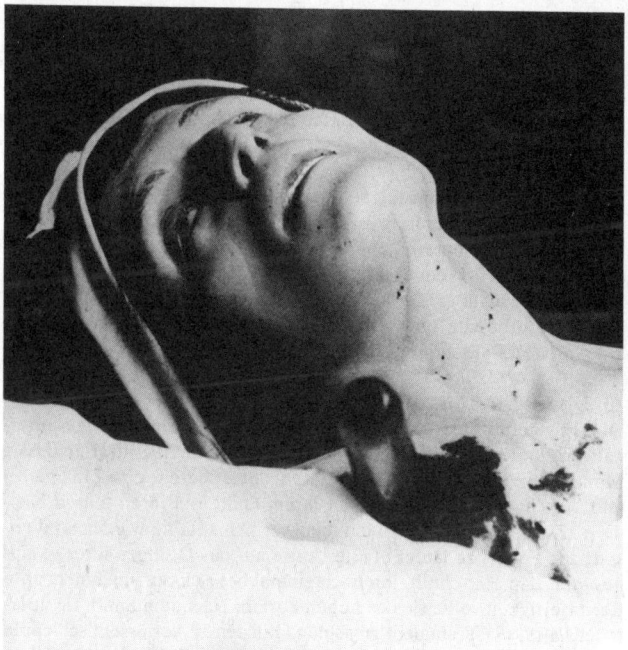

Die Wachsfigur Marats ist nach einem Gipsabdruck hergestellt worden, den Madame Tussaud persönlich von dem Toten abnahm.

7. Wagners Inspirationsbäder
Während Richard Wagner 1882 an seiner letzten Oper, *«Parsifal»*, arbeitete, verbrachte er täglich mehrere Stunden in einem Bad, das mit unglaublichen Mengen von Parfum angereichert war. Er bestand darauf, daß das Wasser ständig heiß und stark parfumiert gehalten wurde, so daß er den Duft von seinem Schreibtisch aus wahrnehmen konnte, wo er in exotische Seiden- und Pelzmorgenröcke gehüllt saß und arbeitete, umgeben von Fläschchen und Schälchen, aus denen die ungewöhnlichsten Gerüche emporstiegen.

8. Tod eines Schachspielers
Paul Morphy aus New Orleans setzte bereits als Kind berühmte Schachspieler matt. Als junger Erwachsener konnte er mit verbundenen Augen bis zu acht Partien simultan spielen. Manche Leute glauben, daß er der größte Schachspieler aller Zeiten gewesen ist. Leider hörte er mit 22 urplötzlich auf zu spielen und weigerte sich bis zu seinem Tod am 10. Juli 1884 – er starb mit 47 Jahren –, wieder eine Schachfigur in die Hand zu nehmen. Er litt unter der fixen Idee, daß Leute versuchten, ihn zu vergiften oder seine Kleider zu verbrennen, und so wurde er mehr und mehr zu einem Einsiedler. An einem drückend heißen Tag kam er von einem Spaziergang zurück und nahm ein kaltes Bad. Er starb in der Wanne. Den Ärzten blieb nur noch übrig, die Todesursache festzustellen: «Blutstau im Gehirn oder Schlaganfall, zweifellos hervorgerufen durch die Wirkung des kalten Wassers auf seinen überhitzten Körper.»

9. Rostands Dichterklause
Edmond Rostand, der französische Dichter und Dramatiker, haßte es, bei seiner Arbeit unterbrochen zu werden, doch war es ihm andererseits ein Greuel, Freunde, die ihn besuchen wollten, fortzuschicken. Schließlich suchte er Zuflucht in der Badewanne, wo er den ganzen Tag über arbeitete und Erfolgsstücke wie das Drama *«Cyrano de Bergerac»* (1898) schrieb.

10. Die Ehen des Mr. Smith
Der Engländer George Joseph Smith verdiente seinen Lebensunterhalt mit seiner hypnotischen Macht über Frauen. 1910 traf er Bessie Mundy, heiratete sie (ohne zu verraten, daß er bereits eine Frau hatte) und verschwand kurz darauf mit ihrem Geld und ihren teuren Kleidern. Zwei Jahre später trafen die zwei sich zufällig wieder, und anstatt zur Polizei zu laufen, faßte Bessie auf das Drängen ihres «Mannes» hin den Entschluß, ihn noch einmal bei sich aufzunehmen. Ihre Leichtfertigkeit sollte sie das Leben kosten. Nachdem Smith sie überredet hatte, ein Testament zu seinen Gunsten zu verfassen, schleppte er sie zum Arzt und behauptete, sie leide an epileptischen Anfällen. Sowohl der Arzt als auch Bessie selbst schenkten ihm uneingeschränkten Glauben. Einige Tage später fand man sie, mit einem Stück Seife

in der verkrampften Hand, tot in der Badewanne. Jedermann glaubte, daß sie während eines epileptischen Anfalls ertrunken sei. Smith heiratete noch zwei weitere Frauen, Alice Burnham und Margaret Lofty, schloß Lebensversicherungen für sie ab und berichtete den Ärzten von mysteriösen Krankheiten, an denen sie angeblich litten. Auch sie wurden tot in der Badewanne aufgefunden. Als Alice Burnhams Vater von dem Tod Margaret Loftys las, fiel ihm die Ähnlichkeit mit dem frühzeitigen Ende seiner eigenen Tochter auf. Er benachrichtigte die Polizei, eine Untersuchung wurde eingeleitet, und wenig später stand Smith, des dreifachen Mordes angeklagt, vor Gericht. Er wurde zum Tode verurteilt. Seine rechtmäßige Frau, die von den zahlreichen «Ehen» ihres Mannes nichts geahnt hatte, sagte vor Gericht aus, daß Smith, soweit sie zurückdenken könne, nur ein einziges Mal selbst ein Bad genommen habe.

11. Carrolls Orgie

Die Bürger der Vereinigten Staaten waren schockiert über die Berichte von einer Orgie, die am 22. Februar 1926 im Earl Carroll Theatre in New York nach der Vorstellung des Stückes *«Vanities»* stattgefunden hatte. Als Höhepunkt der mitternächtlichen Party auf der Bühne goß man eine Unmenge Champagner in eine Badewanne, in der ein nacktes Mädchen saß. Dann stellten sich die Männer in einer Reihe auf und füllten ihre Gläser aus der Wanne. Das Ereignis fiel in die Zeit der Prohibition, und sogleich begann eine Untersuchungskommission mit Vernehmungen, um herauszufinden, ob die Badewanne tatsächlich Alkohol enthalten, und, wenn dem so war, wer ihn geliefert hatte. Schon bald stand das Ergebnis fest: Die Skandalberichte entsprachen in den wesentlichen Punkten der Wahrheit. Earl Carroll, der Initiator der Bühnenparty, wurde des Meineides angeklagt, weil er vor der Untersuchungskommission bestritten hatte, daß Alkohol in der Badewanne gewesen sei. Man verurteilte ihn zu einem Jahr und einem Tag Haft. Außerdem mußte er 2000 Dollar Geldstrafe zahlen. Nachdem er auf dem Weg ins Gefängnis einen Nervenzusammenbruch erlitten hatte, wurde seinen Mitgefangenen eingeschärft, niemals in seiner Gegenwart über Badewannen zu reden.

12. König Håkons Sturz

Am 29. Juni 1955 kam es zu einem jähen Ende der Regierungszeit König Håkons VII., der Norwegen seit der Unabhängigkeit im Jahre 1905 regiert hatte. Der geliebte Monarch war in seinem Palast in Oslo während eines Bades gestürzt und hatte sich dabei schwere Verletzungen zugezogen. Er zog sich von den Regierungsgeschäften zurück, blieb jedoch noch über zwei Jahre am Leben, ehe er am 21. September 1957 den Folgen seines Sturzes erlag.

psh & lb & jbe

Die Sauberkeit von 6 europäischen Völkern

Hier finden Sie den jeweiligen Seifenverbrauch in Gramm Seife pro Person jährlich:

1. Britische Inseln	1134	4. Schweden		936
2. Schweiz	1049	5. Frankreich		641
3. Deutschland	964	6. Holland		629

Quelle: Schweizerische Union der Seifen- und Waschmittelhersteller, 1974.

Gerhard Prause:
10 berühmte Leute ohne (oder mit höchst geringer) Schulbildung

Dr. phil. Gerhard Prause ist Redakteur bei der Hamburger Wochenzeitschrift *Die Zeit*, in der er seit 14 Jahren seine Kolumne «Tratschke fragt: Wer war's?» schreibt. Seine Tratschke-Bücher erreichten eine Gesamtauflage von mehr als 100000 Exemplaren. Außerdem schrieb Prause mehrere Bestseller, die in viele Sprachen übersetzt wurden, unter anderem *«Niemand hat Kolumbus ausgelacht – Fälschungen und Legenden der Geschichte richtiggestellt»*; *«Genies in der Schule – Legende und Wahrheit über den Erfolg im Leben»*; *«Genies ganz privat – Tratschkes aktuelle Weltgeschichten»*; *«Herodes des Große – König der Juden»*.

1. Andrew Carnegie, amerikanischer Großindustrieller
2. Charles Chaplin, englischer Filmkomiker
3. Charles Dickens, englischer Schriftsteller
4. Thomas Alva Edison, amerikanischer Erfinder
5. Benjamin Franklin, amerikanischer Staatsmann und Schriftsteller
6. Abraham Lincoln, Präsident der USA
7. Alfred Nobel, schwedischer Chemiker und Industrieller
8. Jean-Jacques Rousseau, französischer Schriftsteller und Philosoph
9. Heinrich Schliemann, deutscher Archäologe
10. Mark Twain, amerikanischer Schriftsteller

exclusiv für Rowohlt Bunte Liste

Gerhard Prause:
14 berühmte Leute, die schlechte Schüler waren

1. Robert Bosch, deutscher Erfinder und Großindustrieller
2. Wilhelm Busch, deutscher Zeichner und Dichter
3. Albert Einstein, deutsch-amerikanischer Physiker
4. Theodor Fontane, deutscher Dichter und Schriftsteller
5. George Gershwin, amerikanischer Komponist und Pianist
6. Gerhart Hauptmann, deutscher Dramatiker
7. Justus von Liebig, deutscher Chemiker
8. Eduard Mörike, deutscher Dichter
9. Carl von Ossietzky, deutscher Schriftsteller und Nobelpreisträger
10. Wilhelm Raabe, deutscher Erzähler
11. Franz Schubert, österreichischer Komponist
12. Georg Trakl, österreichischer Dichter
13. Paul Verlaine, französischer Dichter
14. Richard Wagner, deutscher Komponist

exklusiv für Rowohlts Bunte Liste

Gerhard Prause:
15 berühmte Leute, die die Schule haßten

1. Honoré de Balzac, französischer Schriftsteller
2. Charles Baudelaire, französischer Dichter
3. Bertolt Brecht, deutscher Dichter und Dramatiker
4. Winston Churchill, englischer Politiker
5. André Gide, französischer Dramatiker und Romancier
6. Franz Grillparzer, österreichischer Dramatiker
7. Hermann Hesse, deutscher Schriftsteller und Maler
8. Karl Jaspers, deutscher Psychologe und Philosoph
9. Franz Kafka, österreichischer Schriftsteller
10. Gottfried Keller, Schweizer Dichter und Schriftsteller
11. Heinrich Mann, deutscher Schriftsteller
12. Thomas Mann, deutscher Schriftsteller
13. Robert Musil, österreichischer Schriftsteller
14. Rainer Maria Rilke, deutscher Dichter und Schriftsteller
15. George Bernard Shaw, irischer Dramatiker

exklusiv für Rowohlts Bunte Liste

Gerhard Prause:
30 berühmte Leute, die hervorragende Schüler waren

1. Simone de Beauvoir, französische Schriftstellerin
2. Nils Bohr, dänischer Physiker
3. Napoleon Bonaparte, französischer Kaiser
4. Willy Brandt, deutscher Politiker
5. Karl von Clausewitz, preußischer General und Militärschriftsteller
6. Marie Curie, französische Chemikerin und Physikerin
7. Pierre Curie, französischer Physiker
8. René Descartes, französischer Philosoph
9. Friedrich Engels, deutscher Industrieller und Philosoph
10. Gustave Flaubert, französischer Schriftsteller
11. Sigmund Freud, österreichischer Psychologe
12./13. Jacob und Wilhelm Grimm, Sprachwissenschaftler und Schriftsteller
14. Otto Hahn, deutscher Chemiker
15. Georg Friedrich Wilhelm Hegel, deutscher Philosoph
16. Johann Gottfried Herder, deutscher Philosoph
17. Immanuel Kant, deutscher Philosoph
18. Wladimir Iljitsch Lenin, russischer revolutionärer Staatsmann
19. Rosa Luxemburg, deutsche Politikerin
20. Isaac Newton, englischer Physiker und Mathematiker
21. Friedrich Nietzsche, deutscher Philosoph
22. Max Planck, deutscher Physiker
23. Maximilien de Robespierre, französischer Revolutionär
24. Jean-Paul Sartre, französischer Philosoph und Schriftsteller
25. Friedrich Schiller, deutscher Dichter und Schriftsteller
26. Josef W. Stalin, sowjetischer Politiker
27. Richard Strauss, deutscher Komponist
28. Leo Trotzki, russischer revolutionärer Politiker
29. Voltaire, französischer Schriftsteller
30. Oscar Wilde, englischer Schriftsteller

exklusiv für Rowohlts Bunte Liste

15 berühmte Leute, die nie studiert haben

1. Joseph Chamberlain, englischer Politiker
2. Grover Cleveland, Präsident der USA
3. Joseph Conrad, polnisch-englischer Schriftsteller
4. Paul Gauguin, französischer Maler
5. Kahlil Gibran, syrischer Schriftsteller und Maler
6. Ernest Hemingway, amerikanischer Schriftsteller
7. Rudyard Kipling, englischer Schriftsteller
8. Abraham Lincoln, Präsident der USA
9. John D. Rockefeller, amerikanischer Ölmagnat
10. Eleanor Roosevelt, Präsidentengattin und Publizistin
11. George Bernard Shaw, englischer Dramatiker und Kritiker
12. Dylan Thomas, englischer Schriftsteller
13. Harry S. Truman, Präsident der USA
14. George Washington, Präsident der USA
15. Virginia Woolf, englische Schriftstellerin

20 bekannte Persönlichkeiten, die niemals heirateten

1. Jane Austen, englische Schriftstellerin
2. Ludwig van Beethoven, deutscher Komponist
3. Frédéric Chopin, polnischer Komponist und Pianist
4. Emily Dickinson, amerikanische Lyrikerin
5. Elizabeth I., Königin von England
6. J. Edgar Hoover, Chef des FBI
7. Henry James, englischer Schriftsteller
8. Jeanne d'Arc, französische Heldin und Heilige
9. Immanuel Kant, deutscher Philosoph
10. Helene Lange, Führerin der deutschen Frauenbewegung
11. Maria Montessori, italienische Ärztin und Pädagogin
12. Sir Isaac Newton, englischer Physiker und Mathematiker
13. Florence Nightingale, englische Krankenschwester und Reformerin der Krankenversorgung
14. Cecil Rhodes, südafrikanischer Administrator und Kapitalist
15. Arthur Schopenhauer, deutscher Philosoph
16. Adam Smith, englischer Ökonom
17. Henry David Thoreau, amerikanischer Schriftsteller
18. Henri de Toulouse-Lautrec, französischer Künstler
19. Voltaire, französischer Schriftsteller
20. Clara Zetkin, deutsche Politikerin

21 der am häufigsten verheirateten Persönlichkeiten der Geschichte

1.	König Mongut, Siam	9000 Frauen und Konkubinen*
2.	König Mutesa, Uganda	7000 Frauen*
3.	König Salomo, Israel	700 Frauen*
4.	Königin Kahena, Berberei	400 Männer*
5.	August der Starke, Sachsen	365 Frauen*
6.	Fon von Bikom, Kamerun	100 Frauen*
7.	Theresa Vaughn, England	61 Männer*
8.	Joseph Smith, USA	49 Frauen*
9.	Ibn Saud, Saudi-Arabien	35 Frauen*
10.	Brigham Young, USA	27 Frauen*
11.	Hieronymus, Rom	21 Frauen
12.	Glynn de Moss Wolfe, USA	19 Frauen
13.	Beverly N. Avery, USA	16 Männer
14.	Ike Ward, USA	16 Frauen
15.	Edward Teach, England, «Blackbeard»	14 Frauen
16.	Martha Jane Burke, USA, «Calamity Jane»	12 Männer
17.	Tommy Manville, USA	11 Frauen
18.	Kid McCoy, USA	10 Frauen
19.	Pancho Villa, Mexiko	9 Frauen
20.	Marie McDonald, USA	8 Männer
21.	Artie Shaw, USA	8 Frauen

* Polygamisten

25 Hochzeitsjubiläen – und die dazugehörigen Geschenke

1. Papier
2. Baumwolle (oder Kattun)
3. Leder
4. Leinen (oder Seide)
5. Holz
6. Eisen (oder Bonbons)
7. Wolle (oder Kupfer)
8. Bronze (oder kleine Elektrogeräte)
9. Weidenzweige (oder Keramik)
10. Blech (oder Aluminium)
11. Stahl
12. Seide (oder Leinen)
13. Spitze
14. Elfenbein
15. Kristall (oder Glas)
20. Porzellan
25. Silber
30. Perlen
35. Koralle (oder Jade)
40. Rubine
45. Saphire
50. Gold
55. Smaragde
60. Diamanten
75. wieder Diamanten

Marabel Morgans
10 Methoden, einem Mann zu gefallen

Die Autorin und Dozentin Marabel Morgan ist die führende Sprecherin der amerikanischen Anti-Feministinnen-Bewegung. Ihr umstrittener Bestseller *«Die totale Frau»* gibt in Form eines Handbuches jenen Frauen wertvolle Tips, die ihren Männern gern gefallen möchten und nicht wissen, wie sie das anstellen sollen. Mrs. Morgan empfiehlt ihren Geschlechtsgenossinnen, sich den Männern bedingungslos zu unterwerfen. Ihr neuestes Buch heißt *«Total Joy»*.

1. Stellen Sie ihm ein aufregendes Abenteuer bei ihm zu Hause in Aussicht.
2. Fragen Sie ihn nach seiner Lieblingsbeschäftigung.
3. Hören Sie geduldig zu, wenn er über seine Lieblingsbeschäftigung spricht.
4. Bewundern Sie den Tiger, den er im Spiegel sieht. Feingefühl ist die Fähigkeit, einen anderen Menschen so zu sehen, wie er sich selbst sieht.
5. Erzählen Sie ihm, was Sie beschäftigt. Aber dann nicht mehr daran erinnern. Gehen Sie davon aus, daß er Ihnen zugehört hat. Wenn er sich nach zwei Stunden immer noch nicht gerührt hat, prüfen Sie seinen Puls.
6. Servieren Sie ihm eines Samstagmorgens ein Frühstück und sich selbst im Bett (nicht notwendigerweise in dieser Reihenfolge).
7. Stehen Sie zur Verfügung.
8. Beten Sie für ihn.
9. Verstehen Sie seine Probleme. Ein Mann muß wissen, wie sehr Sie sich um ihn kümmern, ehe er sich darum kümmert, wieviel Sie wissen.
10. Seine Wertschätzung äußert sich auf zweierlei Weise – in Dank und in Komplimenten.

exklusiv

6 Männer, die von ihren Frauen ernährt wurden

1. Sokrates
Sokrates war Bildhauer, doch arbeitete er als Erwachsener nie in diesem Beruf. Statt dessen gab er den Jugendlichen von Athen Unterricht, wofür er kein Geld erhielt. Maxwell Anderson behauptet in seinem Stück *«Barefoot in Athens»*, daß Sokrates' Frau zu Hause die Wäsche anderer Leute wusch, um die Familie zu ernähren. Selbst wenn das nicht ganz der Wahrheit entsprechen sollte, so steht doch eines fest: Sie hat dafür gesorgt, daß Sokrates und die Kinder – es waren mindestens drei – ein Zuhause hatten.

2. Christian Davies' Ehemann
Christian Davies (1667–1739) war eine Frau, die sich als Mann verkleidete und im Laufe ihres Lebens als gemeiner Soldat in verschiedenen Armeen in Europa kämpfte. Von König Georg I. von England erhielt sie für ihre Dienste beim Militär eine Pension, die sie dazu verwendete, mehrere Bierkneipen zu eröffnen. Sie verdiente so gut, daß sie ihren Mann von der Armee freikaufen konnte. Doch ihre Erwartung, daß dieser sie unterstützen und ihr Glück vollkommen machen würde, wurde bitter enttäuscht: Kaum war er zu Hause, veranstaltete er ein Saufgelage nach dem anderen, und schon bald war die arme Frau Christian Davies gezwungen, einige ihrer Geschäfte zu verkaufen. Doch konnte sie die Verluste wieder ausgleichen, als sie eine Exklusivgenehmigung erhielt, bei Truppenparaden im Phoenix Park in Dublin Bier auszuschenken. Später gelang es ihr noch, für sich und ihren Mann zusätzliche Pensionen herauszuschlagen.

3. Oscar Wilde
Obwohl er schon vor seiner Hochzeit einen Gedichtband und ein Melodrama mit dem Titel *«Vera oder Die Nihilisten»* veröffentlicht hatte, lebte Wilde vorwiegend von dem Vermögen seiner Frau. Ihr Geld ermöglichte ihm ein von finanziellen Sorgen ungetrübtes Dasein als «Dandy» in der englischen High Society, wo er wegen seines geistvollen Wesens hohes Ansehen genoß. Sein erfolgreichstes Stück, *«Bunbury oder Die Kunst, ernst zu sein»*, wurde noch im Jahr seiner Premiere wieder abgesetzt, weil Wilde wegen angeblicher sexueller Beziehungen zu einem anderen Mann in einen Skandal verwickelt wurde. Die Affäre zerstörte seine Ehe und seine Karriere.

4. Henri Matisse
Dem Vater des großen Malers mißfiel die Richtung, in die sich die Kunst seines Sohnes entwickelte. Um seinen Bedenken Ausdruck zu verleihen, weigerte er sich, ihn weiterhin finanziell zu unterstützen. Da wurde die Frau des Malers aktiv. Sie eröffnete ein Modegeschäft in der Rue de Châteaudun in Paris und ernährte so ihren Mann. Dafür mußten jedoch zwei ihrer drei Kinder den Großeltern zur Pflege überlassen werden.

5. Paul Lafargue

Laura Lafargue war die Tocher von Karl Marx. Einst hatte ihr Mann, Paul Lafargue, Autor des Buches *«Le droit à la paresse»* (Das Recht zur Faulheit), eine Arztpraxis gehabt, aber er gab sie auf, um ein Fotostudio zu eröffnen. Sein neues Geschäft brachte zwar etwas Geld ein, aber es reichte nicht aus, um das Paar zu ernähren. Ihr eigentlicher Lebensunterhalt stammte aus einer Erbschaft, die Friedrich Engels Laura hinterlassen hatte. Als 1911 diese Quelle versiegte, begingen die Lafargues gemeinsam Selbstmord, indem sie sich eine Überdosis Morphium spritzten.

6. Jack Gee

Die Bluessängerin Bessie Smith ernährte ihren Mann Jack Gee während ihrer ganzen sechsjährigen Ehe, die zerbrach, als Bessie erfuhr, daß Jack ihr Geld dazu benutzt hatte, die Show einer anderen Frau zu finanzieren. Vor ihrer Heirat hatte der ungelernte Gee als Nachtwächter gearbeitet. In den Jahren ihrer Ehe tat er auch etwas für Bessie: Er fand heraus, daß der Agent Clarence Williams, bei dem sie zu Beginn ihrer Karriere unter Vertrag stand, sie betrog – aber es war Bessie, die Williams verprügelte, als sie ihn gemeinsam mit Gee in seinem Büro aufsuchte, um die Entlassung aus dem Vertrag zu fordern.

mwj

16 Frauen, die älter waren als ihre Männer

		Altersunterschied (Jahre)
1. Katharina von Aragon (* 1485)	König Heinrich VIII. von England (* 1491)	6
2. Maria I. Tudor (die Blutige; * 1516)	König Philipp II. von Spanien (* 1527)	11
3. Maria Stuart, Königin von Schottland (* 1542)	König Franz II. von Frankreich (* 1544)	2
4. Anne Hathaway (* 1557)	William Shakespeare	7
5. Joséphine de Beauharnais (* 1763)	Napoleon I. (* 1769)	6
6. Mary Anne Wyndham Lewis (* 1792)	Benjamin Disraeli (* 1804)	12
7. Elizabeth Barrett (* 1806)	Robert Browning (* 1812)	6
8. Jenny von Westphalen (* 1814)	Karl Marx (* 1818)	4

9. Jenny Lind (* 1820)	Otto Goldschmidt (* 1829)	9
10. Jennie Jerome Churchill (* 1854)	George Cornwallis-West (* 1874, zweite Ehe)	20
	Montagu Porch (* 1877, dritte Ehe)	23
11. Florence Kling de Wolfe (* 1860)	Warren G. Harding (* 1865)	5
12. Pearl Cecily Bowen (* 1871)	Raymond Chandler (* 1888)	17
13. Isadora Duncan (* 1878)	Sergej Jessenin (* 1895)	17
14. Frieda von Richthofen (* 1879)	D. H. Lawrence (* 1885)	6
15. Ruth Gordon (* 1896)	Garson Kanin (* 1912)	16
16. Irène Curie (* 1897)	Frédéric Joliot (* 1900)	3

10 Mütter berüchtigter Kinder

1. Agrippina die Jüngere (Mutter des römischen Kaisers Nero)
Agrippina, die bei ihrer Großmutter aufgewachsen war, wurde beschuldigt, inzestuöse Beziehungen zu ihrem Bruder Caligula zu unterhalten. Lucius Domitius Ahenobarbus, der später Nero genannt wurde, entstammte ihrer ersten Ehe. Man hatte sie in Verdacht, ihren zweiten Ehemann umgebracht zu haben, um eine dritte Ehe mit ihrem Onkel, Kaiser Claudius, eingehen zu können. Sie hatte eine solche Macht über Claudius, daß sie ihn dazu brachte, die Ansprüche seines eigenen Sohnes abzuweisen und statt dessen ihren Sohn Nero zum Thronfolger zu bestimmen. Als Nero 16 Jahre alt war, vergiftete sie Claudius, so daß ihr Sohn zum Kaiser ernannt werden konnte. Nero war über die ständigen Einmischungen seiner Mutter verärgert und ließ sie später umbringen.

2. Mary Ann Holmes Booth (Mutter von John Wilkes Booth, dem Mörder Abraham Lincolns)
Das Londoner Blumenmädchen war 18 Jahre alt, als sie zum erstenmal dem Tragödienschreiber Junius Brutus Booth begegnete. Er war sehr talentiert, doch führte er ein ausschweifendes, zügelloses Leben. Obwohl er bereits verheiratet war, verliebte er sich Hals über Kopf in die freundliche, warmherzige Mary Ann. 1821 siedelten sie gemeinsam in die USA über. Dort brachte Mary Ann zehn Kinder zur Welt. John Wilkes, ihr neuntes, war ihr Lieblingskind. Er liebte seine Mut-

ter hingebungsvoll, und es ist überliefert, daß seine letzten Worte, als er nach seinem Attentat auf Abraham Lincoln im Sterben lag, gewesen sein sollen: «Sagt es Mutter ... sagt es Mutter ... ich bin für mein Vaterland gestorben.»

3. Teresa Capone (Mutter des amerikanischen Gangsters Al Capone)
Teresa wurde in Italien geboren und emigrierte 1893 zusammen mit ihrem Mann nach New York. Dort lebten sie im Italiener-Viertel von Brooklyn. Teresa arbeitete als Näherin, um einen Beitrag zum Lebensunterhalt ihrer Familie zu leisten. Als ihr Mann 1920 starb, mußte Alfonso (Al), ihr vierter Sohn, die Rolle des Familienoberhauptes übernehmen. Zu jener Zeit hatte Al bereits begonnen, Kontakte zur Unterwelt zu knüpfen. Später, in den Zeiten, als er im Gefängnis saß, besuchte Teresa ihn regelmäßig. Sie hielt stets daran fest, daß er «ein guter Junge» sei.

4. Marie Elénore Maillé de Carman (Mutter des Marquis de Sade)
Marie Elénore, Hofdame bei einer fürstlichen Familie, die mit den de Sades verwandt war, heiratete 1733 den Grafen de Sade und gebar 1740 einen Sohn, den späteren Marquis de Sade. Da es immer schwieriger wurde, mit dem Grafen auszukommen, begab sich Elénore 1750 in ein Pariser Karmeliterkloster, wo sie bis zu ihrem Tod im Jahre 1777 blieb. Trotz ihrer Fürbitten beim König wurde ihr Sohn wegen seiner sexuellen Ausschweifungen mehrfach eingesperrt. Als er vom bevorstehenden Tod seiner Mutter erfuhr, floh er aus dem Gefängnis und eilte nach Paris. Doch er kam zu spät. Auf Betreiben seiner Schwiegermutter wurde er kurze Zeit später wieder eingesperrt. Während der folgenden 13 Jahre, die der Marquis im Gefängnis saß, schrieb er jene Bücher, die ihm den Ruf eines perversen Lüstlings und Frauenhassers einbrachten.

5. Vannozza dei Cattanei (Mutter von Cesare Borgia, einem skrupellosen Herrscher der Renaissancezeit)
Vannozza war die Mätresse des Kardinals Rodrigo Borgia (der später Papst Alexander VI. wurde) und schenkte ihm mindestens vier Kinder, von denen Cesare angeblich das erste war. Im Laufe ihres Lebens war Vannozza noch viermal verheiratet, wobei ihr der letzte Ehemann vom Papst persönlich bestimmt wurde. Sie war bekannt für ihre Frömmigkeit und hinterließ nach ihrem Tod im Jahre 1518 der Kirche, in der sie beigesetzt wurde, so viel Geld, daß die Augustinermönche noch 200 Jahre später Messen für das Heil ihrer Seele lasen.

6. Katharina Gheladsche Dschugaschwili (Mutter des sowjetischen Diktators Josef W. Stalin)
Katharina, die 1856 in einer kleinen georgischen Stadt geboren wurde, war die Tochter von Leibeigenen. Nachdem sie geheiratet hatte, mußte sie als Waschfrau und Näherin arbeiten, weil der Lohn ihres Man-

nes nicht ausreichte, die Familie zu ernähren. Bei der Geburt ihres Sohnes Josef sprach sie die Hoffnung aus, daß er einmal Priester werden möge, und sie war ihr ganzes Leben lang enttäuscht, daß er sich für einen anderen Werdegang entschieden hatte. Katharina lernte niemals Russisch und hatte, auch nachdem ihr Sohn der Mächtigste im Land geworden war, nie den Wunsch, ihre Heimat im Kaukasus zu verlassen.

7. Clara Pölzl-Hitler (Mutter von Adolf Hitler)
Mit 18 Jahren kam Clara, ein einfaches, ungebildetes Mädchen, in den Haushalt ihres Cousins zweiten Grades, «Onkel» Alois Hitler. Schon bald darauf wurde sie seine Geliebte. Schließlich heirateten sie. Bevor Adolf geboren wurde, hatte Clara bereits drei Kinder zur Welt gebracht. Alle waren im Säuglingsalter gestorben. Natürlich war die Sorge der Mutter groß, daß auch ihr viertes Kind das Schicksal seiner Geschwister erleiden würde, und sie tat alles, was in ihrer Macht stand, den kleinen Adolf zu beschützen. Da sich auch das Scheitern ihrer Ehe immer deutlicher abzuzeichnen begann, konzentrierte sie all ihre Hoffnung und Zuwendung auf den einzigen Sohn. Als sie 1908 an Brustkrebs starb, verfiel Hitler in eine tiefe Trauer.

8. Zerelda Cole James (Mutter des amerikanischen Banditen Jesse James)
Zerelda, die im Alter von 17 Jahren geheiratet hatte, zog mit ihrem Mann Robert westwärts, um sich in den frühen 40er Jahren des vorigen Jahrhunderts in Missouri niederzulassen. Jesse war ihr zweiter Sohn. Vater James starb, als Jesse noch ein Kind war, und so heiratete Zerelda noch einmal, und zwar einen Mann namens Simms. Die Ehe scheiterte, aber Zerelda war davon überzeugt, daß ihre Söhne einen Vater brauchten – also ließ sie sich auf eine dritte Ehe ein, diesmal mit Dr. Reuben Samuels. Während der ganzen Bankräuberkarriere von Jesse und seinem jüngeren Bruder Frank ließ Zerelda nichts auf ihre Söhne kommen. Als sehr fromme Frau erschien sie oft in Begleitung Jesses in der Kirche. Von einem Zeitungsreporter, der sie später interviewte, wurde Zerelda so beschrieben: «Stattlich in ihrem Auftreten und ihren Bewegungen, ruhig und zurückhaltend in ihrem Benehmen, nur hin und wieder brechen kleine Flämmchen durch die sanfte Oberfläche.» Vielleicht hat sie ihren Söhnen dieses Feuer vererbt.

9. Letizia Ramolino (Mutter von Napoleon)
Letizia, die am 2. Juni 1764 mit 14 Jahren den 18jährigen Juristen Carlo Buonaparte heiratete, war in vieler Hinsicht ein ungewöhnliches Mädchen. Sie fiel durch ihren Geist ebenso auf wie durch ihre Schönheit und war darüber hinaus für eine Korsin ungewöhnlich fromm. Ihre Gewohnheit, täglich zur Messe zu gehen, behielt sie ihr Leben lang bei. So saß sie auch am 15. August des Jahres 1769 in der Kirche, als

bei der im neunten Monat Schwangeren die Wehen einsetzten. Sie konnte ihr Schlafgemach nicht mehr erreichen und gebar ihren zweiten Sohn, Napoleon, im Vorzimmer auf dem Teppich. Auch ihre weiteren Niederkünfte verliefen nicht immer problemlos: von 13 Kindern blieben nur acht am Leben. Die kluge Letizia beobachtete die atemberaubende Karriere ihres Sohnes als «Madame Mère» am Hofe mit großer Skepsis. «Wenn das nur auf die Dauer gut geht», soll sie oft gemurmelt haben. Sie überlebte den Kaiser, der 1821 auf St. Helena an einem Magengeschwür starb, um 15 Jahre.

Adolf Hitler hat sehr an seiner Mutter Clara Pölzl-Hitler gehangen.

10. Rosa Maltoni Mussolini (Mutter des italienischen Diktators Benito Mussolini)

Die 1858 in einem kleinen italienischen Dorf geborene Rosa Maltoni wurde wegen ihres bescheidenen und höflichen Wesens geschätzt. Sie arbeitete als Lehrerin in dem Dorf Dovia. Dort lernte sie den Schmied Alessandro Mussolini kennen und heiratete ihn. Benito, ihr erstes Kind, machte ständig Schwierigkeiten und wurde für Rosa zum Anlaß großer Sorgen. Sie war erschöpft und verzagt, als sie 1905 an einer Meningitis starb.

Empfehlung: Wenn Sie sich in irgendeiner Form für Mütter interessieren, sollten Sie sich unbedingt das Buch *«Mothers: 100 Mothers of the Famous and Infamous»* (Hg.: Richard Ehrlich, New York 1976) anschaffen.

fbf & nh

20 Kinder unverheirateter Eltern

1. Edward Albee, amerikanischer Dramatiker
2. Guillaume Apollinaire, italienisch-französischer Dichter
3. Giovanni Boccaccio, italienischer Dichter
4. Cesare Borgia, italienischer Erzbischof
5. Willy Brandt, deutscher Politiker
6. Paul Cézanne, französischer Maler
7. Leonardo da Vinci, italienischer Künstler
8. Alexandre Dumas d. J., französischer Dramatiker und Schriftsteller
9. Erasmus von Rotterdam, niederländischer Gelehrter und Schriftsteller
10. Jean Genet, französischer Dramatiker und Schriftsteller
11. Thomas Edward Lawrence («Lawrence von Arabien»), Held aus dem Ersten Weltkrieg und Schriftsteller
12. Jack London, amerikanischer Schriftsteller
13. Sophia Loren, italienische Schauspielerin
14. Ramsay MacDonald, englischer Premierminister
15. Juan Perón, argentinischer Politiker
16. Francisco Pizarro, spanischer Eroberer Perus
17. Henry M. Stanley, englischer Journalist und Entdecker
18. August Strindberg, schwedischer Dramatiker
19. Maurice Utrillo, französischer Maler
20. Wilhelm der Eroberer, König von England

13

Von Kopf bis Fuß

14 konservierte Körperteile von bekannten Leuten

1. Der Kopf von Sir Thomas More
Nachdem der englische Staatsmann (1478–1535) enthauptet worden war, wurde sein Kopf in kochendes Wasser getaucht, auf eine Stange gesteckt und auf der London Bridge zur Schau gestellt. Einen Monat später bestach Margaret Roper, die Tochter des Hingerichteten, die Brückenwärter, damit sie den Kopf von der Stange holten und ihr erlaubten, ihn nach Hause zu schmuggeln. Sie verwahrte ihn, in wohlriechende Kräuter gebettet, in einem Bleikasten. Spione verrieten sie, und sie wurde verhaftet. Margaret verteidigte ihre Tat. «Der Kopf meines Vaters», rief sie, «soll nicht zum Futter für die Fische werden.» Sie kam ins Gefängnis, wurde aber bald wieder freigelassen. Als sie 1544 starb, wurde der Kopf zusammen mit ihrem Leichnam begraben. Im Juni 1824 öffnete man ihre Gruft und fand neben ihrem zerfallenen Skelett den unversehrten Kopf ihres Vaters. Er ist bis vor kurzem in der St. Dunstans Church in Canterbury ausgestellt worden.

2. Das Herz von Anne Boleyn
Nachdem die englische Königin (1507–1536) und zweite Gattin Heinrichs VIII. enthauptet worden war, wurde ihr Herz gestohlen und heimlich in einer Kirche in der Nähe von Thetford in Suffolk versteckt. Es wurde 1836 wiederentdeckt und unter der Kirchenorgel begraben.

3. Der Kopf von Henry Grey
Der Herzog von Suffolk, Vater der englischen «9-Tage-Königin» Lady Jane Grey, wurde 1554 enthauptet. Seinen mumifizierten Kopf kann man in einer Glasvitrine in der Sakristei von St. Boltoph Aldgate in London betrachten.

4. Der Kopf von Sir Walter Raleigh
Nur der Rumpf des enthaupteten englischen Höflings (1552?–1618) wurde begraben. Den Kopf hingegen ließ seine Frau, Elizabeth Throgmorton, einbalsamieren. Sie verwahrte ihn in einem roten Lederbeutel und behielt ihn die restlichen 29 Jahre ihres Lebens stets bei sich. Nach ihrem Tod nahm sich ihr Sohn Carew des Kopfes an. Als

dieser 1666 starb, wurde er zusammen mit dem Kopf in der Gruft seines Vaters beigesetzt. Doch schon wenige Jahre später trennte man Raleighs Kopf wieder von seinem Körper: 1680 wurde Carews Leichnam exhumiert und – zusammen mit dem Kopf seines Vaters – in West Horsley (Surrey) neu beigesetzt.

5. Der Fersenknochen von Ben Jonson
Der englische Dramatiker (1573?–1637) wurde in der Westminster Abbey in aufrechter Stellung beigesetzt. Als sein Grab 1849 für kurze Zeit geöffnet war, weil «nebenan» eine Beerdigung stattfand, nutzte der Kirchenvorstand von Westminster, William Buckland, die Gelegenheit und stahl einen Fersenknochen des berühmten Bühnendichters. Der Knochen verschwand später, wurde aber 1938 in einem alten Möbelgeschäft wiederentdeckt.

6. Der Kopf von Oliver Cromwell
Dem englischen Staatsmann (1599–1658) wurde in der Westminster Abbey eine der prunkvollsten Beisetzungen in der Geschichte Englands zuteil. Kaum zwei Jahre später grub man seine einbalsamierte Leiche wieder aus, brachte sie auf einem Schlitten nach Tyburn und hängte sie dort bis zum Sonnenuntergang an einen Galgen. Dann wurde der Leichnam geköpft. Den Rumpf warf man in eine Grube, während der Kopf auf eine sieben Meter lange Holzstange mit eiserner Spitze gespießt und auf dem Dach der Westminster Hall zur Schau gestellt wurde. Dort blieb er 24 Jahre lang, bis ihn 1685 ein heftiger Sturm aus seiner Halterung riß. Ein Hauptmann der Wache nahm ihn mit nach Hause und versteckte ihn in seinem Kamin. Inzwischen suchte man in ganz London den Dieb des Kopfes. Der Hauptmann erzählte niemandem etwas von seiner Tat; erst auf dem Sterbebett verriet er seiner einzigen Tochter das Geheimnis. 1710 tauchte der Kopf in einem Kuriositätenkabinett auf. Der Besitzer hatte die unter dem Namen «Der Monsterkopf» bekannte Rarität für 60 Guineen erstanden. 1775 befand sich der Kopf im Besitz des Schauspielers Samuel Russell. Der bot ihn dem Sydney Sussex College an (an dem Cromwell studiert hatte), doch zeigte man dort kein Interesse an dem Kaufobjekt. So behielt Russell den Kopf und verdiente sich das Geld für seine Miete, indem er ihn sensationslüsternen Besuchern für eine halbe Krone vorführte. 1787 schließlich verkaufte er ihn für 118 Pfund an einen Juwelier namens James Fox. Dieser überließ ihn ein Jahrzehnt später für 230 Pfund einer Gruppe von drei Schaustellern, die ihn auf der vornehmen Bond Street mitten in London dem neugierigen Publikum präsentierten. Die Show war ein Mißerfolg. Nachdem 1814 alle drei Mitglieder der Gruppe unter mysteriösen Umständen ums Leben gekommen waren, verkaufte eine hinterbliebene Tochter, die das Gegenstück nicht «im Haus herumliegen» haben wollte, den Kopf an einen Dr. Wilkinson. 1960 bot die Familie Wilkinson den Kopf, den sie in einer großen Eichenkiste, in rote und schwarze Seide gewickelt,

aufbewahrte, erneut dem Sydney Sussex College an. Diesmal nahm das College den Schädel dankbar an. Man feierte ein heimliches würdiges Begräbnis auf dem Universitätsgelände.

7. Der vierte Halswirbel Karls I.
Der englische König (1600–1649) wurde enthauptet und dann in derselben Gruft wie Heinrich VIII. im Windsor Castle beigesetzt. Viele Jahre galten die Särge als verschollen. Erst 1813 wurden sie wiederentdeckt. Der königliche Chirurg Sir Henry Halford erhielt den Auftrag, eine Autopsie durchzuführen. Dabei entwendete er heimlich eine Hälfte von Karls viertem Halswirbel, den die Axt sauber in zwei Scheiben geteilt hatte. Während der folgenden 30 Jahre schockierte er seine Gäste bei Tisch mit dem Hinweis, daß das Salzfaß ein königlicher Halswirbel sei. Auf Befehl Königin Victorias wurde das Knochenstück 1843 in Karls Sarg zurückgebracht.

8. Das Herz von Nicolas Vaubrun
Der französische Generalleutnant Vaubrun fiel 1675 in der Schlacht von Altenheim. Seine Witwe ließ sein Herz einbalsamieren und verwahrte es in einem Glaskasten. Während der verbleibenden 29 Jahre ihres Lebens saß sie täglich sieben Stunden vor dem Herzen und starrte es an. Nach ihrem Tod 1704 wurde das Herz aus dem Schloß von Serrant entfernt – doch sonst blieb im Schloß alles so, wie sie es hinterlassen hatte.

9. Das Herz Ludwigs XIV.
Während der Französischen Revolution zerstörten und plünderten Aufständische das Grab des französischen Königs (1638–1715). Sie raubten sogar sein Herz und verkauften es an Lord Harcourt, der es später an den Kirchenvorstand von Westminster, William Buckland, weiterverkaufte. Bei einem Abendessen soll Buckland das einbalsamierte Herz verspeist haben.

10. Der Kopf der Geliebten von Peter I.
Sie hieß Mrs. Hamilton und war die Geliebte des mächtigen russischen Zaren (1672–1725). Als sie ihm untreu wurde, ließ er sie enthaupten. Aber er liebte sie immer noch und wollte sie in seiner Nähe haben. Also ließ er ihren Kopf in einem Glas mit Alkohol konservieren und stellte das Gefäß in seinem Schlafgemach auf – zur Erinnerung und als Warnung für die Nachfolgerinnen der Mrs. Hamilton.

11. Der Kopf des Geliebten von Katharina I.
Die russische Kaiserin (1684?–1727), eine Vorfahrin von Katharina der Großen, hatte eine Affäre mit William Mons, ihrem Kammerherrn. Als ihr Mann, Peter der Große, von dem Verhältnis erfuhr, ließ er Mons hinrichten, seinen Kopf in einem Glasgefäß konservieren und an Katharinas Bett stellen.

12. Napoleons Haar, Weisheitszahn, Herz, Magen, Gedärme und Penis

Der Kopf des französischen Kaisers (1769–1821) wurde nach dessen Tod vollkommen kahl geschoren. Aus den Haaren wurden wertvolle Erinnerungsstücke für Hunderte von Menschen geflochten. 1817 war ihm ein schmerzender Weisheitszahn gezogen worden. Er wurde später in der Hinterlassenschaft von Dr. O'Meara gefunden und für 7½ Guineen verkauft. Napoleons Herz und Magen wurden in silbernen Gefäßen konserviert und ausgestellt. Ein Teil seiner Gedärme, die im Royal College of Surgeons verwahrt wurden, fiel 1940 einem Luftangriff zum Opfer. Auf seinem Sterbebett hatte Napoleon verfügt, daß sein Herz in Weingeist konserviert und seiner «lieben Marie Louise» übergeben werden sollte. 1972 wurde von dem bekannten Auktionshaus Christie ein 2½ Zentimeter langer, «kleiner vertrockneter Gegenstand von der Form eines Seepferdchens» zum Verkauf angeboten, der angeblich Napoleons Penis sein sollte. Es wird behauptet, daß Napoleons Beichtvater sich dieses Körperteils bemächtigt habe.

13. Das Herz und eine Locke von Percy Bysshe Shelley

Lord Byron, Leigh Hunt und Edward Trelawny gaben dem 1822 in Italien ertrunkenen englischen Dichter (* 1792) das letzte Geleit. Der Leichnam Shelleys wurde genau an der Stelle verbrannt, wo man ihn, vom Wasser angespült, gefunden hatte. Es gibt einige Zeugen, die behaupten, man habe in der Glut das Herz des Dichters entdeckt – einen schwarzen harten Klumpen, der nicht brennen wollte. Trelawny, so wird berichtet, habe trotz der Hitze seine Hand in die Glut gestreckt und das Überbleibsel herausgestoßen. Hunt habe dann, so heißt es weiter, den Gegenstand mit nach England genommen und der Frau des Dichters, Mary Shelley, übergeben. Für den Rest ihres Witwendaseins verwahrte sie ihn in einer seidenen Hülle und trug ihn stets bei sich. Als ihr Sohn Percy starb, wurde das Herz in einen silbernen Kasten gelegt und zusammen mit ihm begraben. Claire Clairmont, eine enge Freundin und möglicherweise Geliebte Shelleys, bewahrte eine Locke von seinem Haar in einer roten Schachtel in ihrer Wohnung in Florenz auf.

14. Joaquin Murrietas Kopf

Dieser mexikanische Bandit (1832?–1853), der vor allem in Kalifornien sein Unwesen trieb, wurde zur Legende. Er und sein Komplize, der unter dem Namen Dreifinger-Jack bekannt wurde, hielten Postkutschen an, um die Insassen auszuplündern, und überfielen die Lager von Bergwerksarbeitern, um Goldbarren zu rauben. Der Gouverneur von Kalifornien setzte eine Belohnung von 1000 Dollar auf Murrietas Kopf aus. Hauptmann Harry Love, ein Texas Ranger, schwor, ihn zu fangen. Nach mehreren vergeblichen Versuchen hatte er schließlich Erfolg. Er kehrte mit einem Kopf zurück, von dem er behauptete, daß er der des von ihm erschossenen Murrieta sei. Dann holte er einen Behälter hervor und präsentierte den erstaunten Beamten die in Alkohol eingelegte abgeschlagene Hand von Dreifinger-Jack. Die Behörden versteigerten den konservierten Kopf und die Hand für 36 Dollar. Der Käufer stellte die Körperteile in Stockton (Kalifornien) und vielen anderen Orten in den USA zur Schau.

10 berühmte Körperteile

1. Achillesferse
Eine berühmte Metapher für den «wunden Punkt» eines Menschen. Die Ferse wurde dem ansonsten unverwundbaren griechischen Krieger Achilles zum Verhängnis. Seine Mutter, die Meeresgöttin Thetis, hatte den jungen Achilles an der Ferse festgehalten, als sie ihn in den Styx tauchte, um ihn unverwundbar zu machen. Viele Jahre später, im Kampf um Troja, traf ihn der von Apollo gelenkte vergiftete Pfeil des Paris an der ungeschützten Stelle und tötete den tapfersten Helden der Griechen.

2. Die eiserne Hand des Götz von Berlichingen
In einem seiner zahlreichen Kriegszüge verlor der fränkische Reichsritter die rechte Hand. Sie wurde durch eine eiserne ersetzt. Als «Ritter mit der eisernen Hand» erwarb er sich im Bauernkrieg den Ruf eines gefürchteten Anführers der Aufständischen. Wirklich berühmt wurde er jedoch erst durch Goethe, dem die Lebensbeschreibung des Ritters bei der Niederschrift seines Schauspiels *«Götz von Berlichingen mit der eisernen Hand»* als Vorlage diente.

3. Die hölzerne Hand des Hauptmanns Jean Danjou
Die hölzerne Hand dieses französischen Legionärs wird noch heute als Symbol für den legendären Heroismus und die Selbstaufopferung der Fremdenlegion gezeigt. Während des mexikanischen Feldzuges von 1863 erklärte sich Danjou freiwillig bereit, einen 64 Mann starken Trupp anzuführen, der die Schlagkraft einer mexikanischen Einheit auf die Probe stellen sollte. Dieser Auftrag war sehr gefährlich und von äußerster Dringlichkeit, denn die feindliche Einheit bedrohte einen wichtigen Versorgungstrupp der Legion. Danjou und seine Leute durchsuchten gerade eine verwüstete Hazienda in Camerone, als sie von 2000 mexikanischen Soldaten aus dem Hinterhalt angegriffen wurden. Trotz der hoffnungslosen Überlegenheit des Gegners lehnte der Hauptmann eine Kapitulation ab und ließ statt dessen jeden seiner Männer einen Eid ablegen, lieber zu sterben als sich zu ergeben. Die Legionäre kämpften tapfer gegen die mexikanischen Angreifer, doch schließlich wurden alle getötet. Die hölzerne Hand des Hauptmanns,

die später von Kameraden auf dem Schlachtfeld gefunden wurde, fand einen würdigen Platz im Mausoleum der Legion in Algerien. 1962 wurde sie ins neue Hauptquartier der Fremdenlegion in der Nähe von Marseilles verbracht. Sie spielt noch heute eine wichtige Rolle bei der alljährlich am 30. April stattfindenden Feier des Camerone-Tages.

4. Das Ohr Vincent van Goghs
Van Gogh, einer der bedeutendsten spätimpressionistischen Maler, arbeitete zwei Monate lang mit Paul Gauguin zusammen. Schließlich kam es in dieser von Anfang an gespannten Beziehung zu einer blutigen Auseinandersetzung. Am Weihnachtsabend 1888 fiel der vor Wut rasende van Gogh mit einem Messer über Gauguin her, doch der Streit endete damit, daß van Gogh sich ein Stück des eigenen linken Ohres abschnitt. Diese Verstümmelung stellte er später in seinem «Selbstbildnis mit verbundenem Ohr» (1889) dar.

5. Der Finger des Hans Brinker
Die Legende des achtjährigen holländischen Jungen, der sein Land vor einer verheerenden Flut bewahrte, hat Mary Elizabeth Dodge in ihrem Buch *«Hans Brinker, or the Silver Skates»* (1865) festgehalten. Der Junge bemerkte auf dem Heimweg, daß Wasser durch ein Loch in der Deichmauer drang. Da er wußte, daß keine Zeit zu verlieren war, steckte er seinen Finger in das Loch und blieb so die ganze Nacht hindurch in der eisigen Kälte stehen.

6. Finger und Zehen von Cornelis Ketel
Der holländische Maler hatte sich auf Königsporträts spezialisiert. Eines seiner bekanntesten ist das von Elisabeth I. Da ihn die konventionelle Malweise mit dem Pinsel langweilte, begann Ketel mit den Fingerspitzen und später mit den Zehen zu malen.

7. Die Nase Major Kowalews
In Nikolai Gogols wunderlicher Kurzgeschichte *«Die Nase»* macht sich das Riechorgan des Majors Kowalew selbständig und wird später von Iwan Jakowlewitsch in einer Scheibe Brot entdeckt. Er wirft den anstößigen Gegenstand von einer Brücke in die Newa. Aber die Nase erscheint wieder auf der Straße, wo sie dem entsetzten Kowalew begegnet. Dessen sozialer Status ist mittlerweile stark gefährdet, weil ihm die Nase fehlt. Er verfolgt sie bis in eine Kirche, wo sie ihm jedoch entwischt. Schließlich gelingt es Kowalew doch noch, seine Nase zu fangen, aber sie will einfach nicht in seinem Gesicht bleiben. Erst ganz am Ende der Geschichte verträgt sie sich mit dem Major. Er wieder «ganz» und gewinnt das Ansehen seiner Mitbürger zurück.

8. Die Füße des Ödipus
Ein Spruch des Delphischen Orakels hatte König Laios von Theben davor gewarnt, einen Sohn zu zeugen, weil dieser seinen Vater ermor-

den und seine Mutter heiraten würde. Als seine Frau Iokaste trotzdem einen Jungen gebärt, läßt Laios ihm die Fußknöchel durchbohren und setzt ihn auf dem Berg Kithairon aus. Dort wird er jedoch von Hirten des korinthischen Königs Polybos entdeckt. Das kinderlose Königspaar nimmt den Kleinen bei sich auf. Nach dem Zustand seiner Füße nennen sie ihn Ödipus (Schwellfuß). Auf der Suche nach Klarheit über seine Herkunft erfüllt Ödipus, ohne sich dessen bewußt zu sein, die Prophezeiungen des Orakels – er tötet seinen Vater und heiratet seine Mutter. Sophokles hat die Ödipussage in zwei Tragödien bearbeitet, und Sigmund Freud diente sie zur Demonstration des «Ödipuskomplexes».

9. Die Hände des Niccolò Paganini

Der leidenschaftliche Musiker und Publikumsheld Paganini wurde in ganz Europa wegen seiner Virtuosität auf der Geige und seiner fast satanischen Macht über seine Zuschauer bewundert. Sein unermüdliches Üben schwieriger, fast unmöglicher Techniken auf der Geige führte zu einigen bemerkenswerten physischen Eigenarten, von denen besonders die Handspanne von 40 Zentimetern erwähnenswert ist. Bisweilen spielte er auf seiner Geige mit abgenutzten Saiten, in der Hoffnung, eine oder mehrere würden reißen, so daß er seine Fähigkeit beweisen könnte, auf den ihm noch verbliebenen Saiten weiterzuspielen.

10. Siegfrieds Schulterblatt

Nach einem schrecklichen Kampf tötet Siegfried, der Held des Nibelungenliedes, einen gefürchteten Drachen, der schon vielen Recken das Leben gekostet hat. Siegfried macht sich unverwundbar, indem er im Blut des toten Ungeheuers badet – doch wie Achilles, behält auch Siegfried eine verletzbare Stelle zurück: Ein Lindenblatt fällt während des Bades auf eines seiner Schulterblätter und verhindert dort die Bildung der Hornhaut. Und wie Achilles, so sollte auch Siegfried diese Stelle zum Verhängnis werden. Sein heimtückischer Feind Hagen überredet Siegfrieds Gemahlin Kriemhild, für die bevorstehende Jagd die verwundbare Stelle auf dem Rücken, die er vorgibt beschützen zu wollen, durch ein Kreuz auf dem Gewand Siegfrieds zu kennzeichnen. Als Siegfried sich zu einer Quelle niederbeugt, um Wasser zu trinken, hat Hagen Zeit, sorgfältig auf das Kreuz zu zielen und den ahnungslosen Siegfried mit dem Speer meuchlings zu ermorden.

lc & nh

14 berühmte Gehirne –
und was sie wogen

Das Gehirn ist eigentlich das verdickte Ende des Rückenmarks. Das Gewichtsverhältnis zwischen Gehirn und Rückenmark ist ein geeignetes Kriterium für die Feststellung der Intelligenz von Tieren. Bei Fischen ist dieses Verhältnis etwa 1:1, bei Menschen hingegen etwa 55:1 – das Gehirn wiegt 55mal mehr als das Rückenmark. Das Gehirn des Menschen ist nicht das größte (das des Elefanten ist etwa viermal so schwer) und auch nicht das mit den meisten Windungen (das des Delphins hat mehr Windungen), aber es ist das am weitesten ausgebildete und leistungsfähigste. Das durchschnittliche Gehirngewicht beträgt beim Mann 1390 Gramm, bei der Frau 1250 Gramm. Soweit man weiß, hat das Gewicht des Hirns nichts mit dem Grad der Intelligenz zu tun. Die folgenden Gehirngewichte wurden nach dem Tod der betreffenden Personen – das Gehirn ist dann etwas leichter als im lebenden Zustand – ermittelt.

Gramm

1. Lord Byron, englischer Dichter — 2332
2. Oliver Cromwell, Lordprotektor von England — 2332
3. Iwan Turgenjew, russischer Schriftsteller — 2098
4. Georges Cuvier, französischer Naturforscher — 1814
5. William Makepeace Thackeray, englischer Schriftsteller — 1644
6. Leo Trotzki, russischer Revolutionär und Theoretiker — 1588
7. Abigail Folger, Erbin eines amerikanischen Kaffeeimperiums (Opfer der Manson Family) — 1500
8. Robert F. Kennedy, amerikanischer Politiker — 1450
9. Janis Joplin, amerikanische Sängerin — 1450
10. Marilyn Monroe, amerikanische Schauspielerin — 1440
11. Howard Hughes, amerikanischer Milliardär und Einsiedler — 1389
12. Walt Whitman, amerikanischer Dichter — 1272
13. Léon Gambetta, französischer Politiker — 1106
14. Anatole France, französischer Erzähler — 992

iw & jber

Dr. Erwin Marcus:
Die 10 häufigsten Probleme meiner Zuhörer

Dr. Erwin Marcus, von Beruf Richter, ist seit 1971 Gesprächspartner ratsuchender Zuhörer in der Sendung «Was wollen Sie wissen» des Norddeutschen Rundfunks. Schon sein Studium war auch auf Psychologie, Jugendwohlfahrt und Kriminologie ausgerichtet. Marcus arbeitet außerberuflich in der Bewährungshilfe und in der sozialen Gruppenarbeit im Strafvollzug.

1. Partnerschaftsprobleme bei Jugendlichen und Erwachsenen
2. Erziehungsschwierigkeiten
3. Konfliktsituationen bei Kindern und Jugendlichen, die sich von ihren Eltern nicht verstanden fühlen
4. Isolationsängste älterer Menschen
5. Psychische Störungen (insbesondere Phobien und Zwänge)
6. Psychosomatische Störungen
7. Süchte
8. Sinnkrisen
9. Spezifische Konfliktprobleme bei Angehörigen gesellschaftlich benachteiligter Gruppen (insbesondere Behinderte, Homophile, Strafentlassene, Gastarbeiter)
10. Probleme am Arbeitsplatz

exklusiv für Rowohlts Bunte Liste

Dr. Gerda Tackmann:
Die 10 häufigsten Probleme meiner Leserinnen

Dr. Gerda Tackmann ist praktizierende Psychologin und Beraterin bei der Frauenzeitschrift *Brigitte*, wo sie gegenwärtig die Reihe *«Eine Frau spricht sich aus»* betreut. Frau Tackmann hat in ihrer Liste die Erfahrungen von zwei *Brigitte*-Jahrgängen ausgewertet.

1. Partnerschaftsprobleme (25%)
Darunter verstehe ich Probleme unverheirateter Partner, die übrigens in den letzten fünf Jahren zugenommen haben. Es gibt heute offenbar mehr unverheiratet zusammenlebende Partner als früher, beispielsweise vor fünf Jahren. Damals überwogen die Eheprobleme. Es werden – die Reihenfolge entspricht der Häufigkeit – genannt:
– Sie kann keinen Partner oder nicht den richtigen finden.
– Sie (oder er) hat Angst vor fester Bindung.
– Sie ist unglücklich verliebt, ihre Liebe wird nicht erwidert.
– Sie steht zwischen zwei Partnern, weiß nicht, für wen sie sich entscheiden soll.
– Sie fühlt sich von ihrem Partner ausgenutzt.
– Sie ist mit einem verheirateten Mann befreundet.
– Er (oder auch sie) kann nicht treu sein.
– Er verlangt sexuell zuviel von ihr.
– Sie weiß nicht, woran sie bei ihm ist.
– Sie streiten sich ständig.
– Er kommt von einer früheren Partnerin nicht los.

2. Eheprobleme (24%)
Es werden – die Reihenfolge entspricht der Häufigkeit – genannt:
- Er ist untreu, hat eine Freundin, oder sie hat einen Freund.
- Sie fühlt sich unterdrückt, nicht anerkannt, unverstanden, nicht geliebt, vernachlässigt.
- Sie verstehen sich sexuell nicht.
- Sie liebt ihn nicht mehr.
- Es ist eine Entfremdung eingetreten, sie können nicht mehr miteinander reden.
- Der Mann arbeitet zuviel, hat zuwenig Zeit für die Familie.
- Ja oder nein zum Kind?
- Sie möchte sich trennen, hat aber Angst vor dem Alleinleben.
- Soll sie der Kinder wegen die (unglückliche) Ehe fortsetzen?

3. Seelische Störungen (23,4%)
Neurotische, psychosomatische Leidenssymptome. Hier werden – die Reihenfolge entspricht der Häufigkeit – genannt:
- Ängste (schwere Angstzustände; allgemeine, diffuse Ängstlichkeit; Angst vor den Menschen, vor Examen, vor Sport, vor Spinnen, vor Krebs).
- Depressionen.
- Hemmungen, Minderwertigkeitsgefühle, mangelndes Selbstbewußtsein, kein Selbstwertgefühl, Schuldgefühle.
- Zwänge, Erröten, Nasebohren, Nägelbeißen, Harndrang.
- Krankhafte Eifersucht.

4. Probleme
a) Mit Eltern (5,3%):   Schuldgefühle den Eltern gegenüber.
                         Eltern sind zu streng.
                         Ablösung von den Eltern fällt schwer.
b) Mit Kindern (2%):   Kind ist in der Pubertät.
                         Kind ist verhaltensgestört.
c) Mit anderen Angehörigen

5. Süchte (5,1%)
Allen voran die Eßsucht, dann Alkohol.

6. Probleme nach der Scheidung bzw. nach Verlust eines Partners (4,5%)

7. Probleme im Beruf, mit Kollegen, mit Chefs

8. Sogenannte «Bilanz»-Briefe
Die Leserinnen stellen ihren bisherigen Lebensverlauf in Frage, sie fragen nach dem Sinn des Lebens, sie sind von der Realität und der Gesellschaft enttäuscht.

9. Psychosen

10. Diverses, z. B. Freizeitgestaltung

exklusiv für Rowohlts Bunte Liste

17 berühmte Opfer der Syphilis

1. Charles Baudelaire, französischer Dichter
2. Ludwig van Beethoven, deutscher Komponist
3. Al Capone, amerikanischer Gangster
4. Lord Randolph Churchill, englischer Politiker
5. Christoph Kolumbus, aus Italien stammender Entdecker der Neuen Welt
6. James Cook, englischer Seefahrer und Entdecker
7. George Armstrong Custer, amerikanischer General
8. Paul Gauguin, französischer Maler
9. Heinrich VIII., König von England
10. John Keats, englischer Lyriker
11. Ludwig XIV., König von Frankreich
12. Ferdinand Magellan, portugiesischer Seefahrer
13. Maria I. (die Blutige), Königin von England
14. Napoleon Bonaparte, französischer Kaiser
15. Peter der Große, russischer Zar
16. Marquis de Sade, französischer erotischer Schriftsteller
17. Robert Schumann, deutscher Komponist

Der französische Dichter Baudelaire, von der schweren Krankheit gezeichnet.

14 berühmte Leute mit Schlafstörungen

1. Napoleon Bonaparte
Er gewöhnte sich einfach daran, mit drei oder vier Stunden Schlaf pro Nacht auszukommen.

2. Winston Churchill
Er hatte zwei Betten – wenn er in dem einen nicht einschlafen konnte, versuchte er es im anderen.

3. Charles Dickens
Er war der festen Überzeugung, daß es zu einem ganz wesentlichen Teil von seiner Lage und der Stellung des Bettes abhing, ob er mit seinen Schlafstörungen fertig wurde oder nicht. Es kam darauf an, daß das Kopfende des Bettes nach Norden zeigte. Dann legte er sich genau in die Mitte des Bettes, wobei er den Seitenabstand mit seinen beiden ausgestreckten Armen abmaß, wenn er sich niederlegte.

4. Alexandre Dumas d. Ä.
Auf Anweisung seines Arztes aß er täglich um 7.00 Uhr morgens einen Apfel unter dem Arc de Triomphe in Paris. Der Doktor hoffte, daß Dumas durch diese Prozedur zu einem geregelten Zeitplan, insbesondere bezüglich des Aufstehens und Schlafengehens, gezwungen würde.

5. Benjamin Franklin
Wenn ihn die Schlaflosigkeit plagte, stand er auf und ließ das Bett auslüften. Wenn es abgekühlt war, legte er sich wieder hin und versuchte erneut, den ersehnten Schlaf zu finden.

6. Vincent van Gogh
Er bekämpfte seine Schlaflosigkeit, indem er Kissen und Matraze mit großen Mengen Kampfer durchtränkte.

7. Cary Grant
Der Filmstar sieht sich alte Filme im Fernsehen an, bis er schließlich einschlummert.

8. Franz Kafka
Er wußte, daß seine Schlaflosigkeit durch Kreativitätsschübe ausgelöst wurde – wenn eine neue Geschichte in ihm wuchs, konnte er nicht mehr schlafen. In seinem Tagebuch erwähnt er eine seiner Lieblingsmethoden, die Schlafstörungen zu überlisten: «Ich halte es für gut, sich so schwer wie möglich zu machen, um einschlafen zu können. Zu diesem Zweck kreuzte ich die Arme und legte die Hände auf meine Schultern, so daß ich dalag wie ein Soldat mit einem Tornister.»

9. Katharina die Große
Sie bürstete jede Nacht, wenn sie im Bett lag, ihr Haar in der Hoffnung, dabei einzuschlafen.

10. Marilyn Monroe
Sie nahm täglich 20 Tabletten Phenobarbital, um ihre Nerven zu beruhigen und besser schlafen zu können.

11. Marcel Proust
Er nahm Veronal gegen seine Schlaflosigkeit. Als er an seinem Roman «*Auf der Suche nach der verlorenen Zeit*» schrieb, schlug er die Wände seines Zimmers mit Kork aus, um die Geräusche zu dämpfen, die ihn am Schlafen hinderten – und auch um Staub fernzuhalten, der einen seiner von ihm gefürchteten Asthmaanfälle hätte verursachen können.

12. Earl of Rosebery
Dieser Herr mußte als englischer Premierminister zurücktreten, weil er an chronischer Schlaflosigkeit litt. Acht Jahre nach seinem Rücktritt schrieb er: «Ich kann das Jahr 1895 nicht vergessen. Nacht für Nacht dazuliegen, hellwach, ohne Hoffnung auf Schlaf, mit den Nerven am Ende ... das ist eine Erfahrung, der sich kein normaler Mensch freiwillig aussetzen würde.»

13. James Thurber
Er gehörte zu den «Leuten, die nachts um drei aufwachen», und er versuchte, den Schlaf herbeizulocken, indem er «mit Wörtern und den Buchstaben des Alphabets herumspielte und Wörter rückwärts buchstabierte». Eine seiner Lieblingsmethoden auf der Suche nach Schlaf war es, Poes Gedicht «*Der Rabe*» aus der Sicht des Vogels neu zu schreiben.

14. Evelyn Waugh
Er nahm große Mengen von Schlafmitteln mit Bromiden, die häufig statt des Schlafes Halluzinationen hervorriefen.

rt & aw & jm

9 bekannte Einäugige

1. John Milton (1608–1674)
Englischer Dichter, Kämpfer für die Freiheit und Würde des Menschen.

2. Horatio Nelson (1758–1805)
Englischer «Magier des Seekrieges» und Nationalheld, Sieger über die französische Flotte in der entscheidenden Schlacht von Trafalgar.

3. Guglielmo Marconi (1874–1937)
Irisch-italienischer Erfinder der drahtlosen Telegraphie.

4. Archibald Percival Wavell (1883–1950)
Soldat, Verwaltungsbeamter, Dichter, Oberster Befehlshaber im Nahen Osten während des Zweiten Weltkriegs, englischer Vizekönig von Indien.

5. Herbert Morrison (1888–1965)
Politiker der englischen Labour Party, Innenminister, Außenminister, stellvertretender Premierminister.

6. John Ford (Sean O'Feeney) (1895–1973)
Irisch-amerikanischer Filmregisseur, der für seine Western berühmt wurde.

7. Rex Harrison (* 1908)
Berühmter Bühnen- und Filmschauspieler, gefeierter Star zahlreicher Filme, unvergeßlich als Professor Higgins in «*My Fair Lady*».

8. Eric J. Hosking (* 1909)
Vogelfotograf von internationalem Ruf, Ornithologe, Pionier auf dem Gebiet neuer Techniken des Fotografierens mit Blitzlicht und der Kinematographie bei wilden Vögeln.

9. Moshe Dayan (1915–1981)
Israelischer Soldat und Politiker, ehemaliger Stabschef und Verteidigungsminister, ehemaliger Außenminister, oberster militärischer Befehlshaber a. D. Seinem militärischen Geschick verdanken die Israeliten viele Siege im Nahen Osten.

dg

10 berühmte Schnarcher

1. Beau Brummell, englischer Dandy und Spieler
2. Cato der Ältere, römischer Staatsmann
3. Lord Chesterfield, englischer Politiker
4. Georg II., König von England
5. Abraham Lincoln, amerikanischer Präsident
6. Benito Mussolini, faschistischer Führer Italiens
7. Marcus Salvius Otho, römischer Kaiser
8. Plutarch, griechischer Philosoph und Historiker
9. Theodore Roosevelt, amerikanischer Präsident
10. George Washington, amerikanischer Präsident

Quelle: Marcus H. Boulware: «*Snoring*», Rockaway (New Jersey) 1974.

Die 10 schwersten Menschen

Die meisten alten Geschichten über schwere Menschen sind geprüft und für falsch befunden worden. Es gab jedoch mindestens drei Könige, die den Beinamen «der Dicke» oder «le Gros» trugen: Alfons II. von Portugal, Karl III. von Frankreich und Ludwig VI. von Frankreich. Die folgenden zehn Personen sollen alle mehr als 360 Kilo gewogen haben.

1. John Lang, alias Michael Walker* (Amerikaner, * 1934)
Höchstes Gewicht: 538 Kilo; Größe: 1,88 Meter. Sein höchstes Gewicht wurde von dem Sprecher der Christian Farms of Killeen in Texas bekanntgegeben, einer religiösen Organisation, die gegen den Drogenkonsum kämpft und der Lang angehört. Lang wurde 1971 nach einer Behandlung wegen extremer Fettleibigkeit und einer durch Drogen ausgelösten Eßsucht aus dem Krankenhaus in Houston entlassen.

2. Robert Earl Hughes (Amerikaner, 1926–1958)
Gewicht nach dem Tod: 485 Kilo; der schwerste Mensch, dessen Gewicht nachgewiesen ist. Als er beerdigt wurde, mußte sein Sarg, der die Größe eines Klaviers hatte, mit Hilfe eines Krans ins Grab gesenkt werden.

3. Miles Darden (Amerikaner, 1798–1857)
Höchstes Gewicht: 463 Kilo. Seine Frau wog nur 44 Kilo. Sie brachte drei Kinder zur Welt, bevor sie 1837 starb.

4. Ida Maitland* (Amerikanerin, 1898–1932)
Höchstes Gewicht: 413 Kilo; Brustumfang 386 Zentimeter. Mrs. Maitland starb angeblich, als sie versuchte, ein vierblättriges Kleeblatt zu pflücken.

5. John Hanson Craig (Amerikaner, 1856–1894)
Höchstes Gewicht: 411 Kilo; Größe: 1,95 Meter. Im Alter von zwei Jahren gewann er in New York 1000 Dollar, weil er in einem Wettbewerb zum schönsten Baby der Stadt gekürt wurde.

6. Arthur Knorr (Amerikaner, 1914–1960)
Höchstes Gewicht: 408 Kilo; Größe: 1,85 Meter. Während des letzten halben Jahres vor seinem Tod nahm er 135 Kilo zu.

7. Percy Pearl Washington (Amerikaner, 1926–1972)
Gewicht nach ihrem Tod: etwa 400 Kilo – das höchste medizinisch geprüfte Gewicht einer Frau. Da die Waagen im Krankenhaus nur bis 360 Kilo anzeigten, mußten die Ärzte die übrigen 40 Kilo schätzen.

8. Toubi (Kameruner, * 1946)
Gegenwärtiges Gewicht: 389 Kilo. Das zur Zeit höchste nachgewiesene Gewicht einer lebenden Person.

9. Flora Mae King Jackson (Amerikanerin, 1930–1965)
Gewicht nach ihrem Tod: 381 Kilo; Größe: 1,75 Meter. Im Showbusiness bekannt unter dem Namen «Baby Flo».

10. William J. Cobb (Amerikaner, * 1926)
Höchstes Gewicht: 364 Kilo; Größe: 1,83 Meter. Dieses Höchstgewicht aus dem Jahre 1962 verringerte der Ringer Cobb bis 1965 auf 105 Kilo (Weltrekord der Schlankheitskuren), aber 1973 hatte er bereits wieder ein Gewicht von 295 Kilo erreicht.

* Medizinisch nicht geprüftes Gewicht   rh

12 berühmte Dreihundertpfünder

Bei jeder der folgenden Personen wurde ein Gewicht von mindestens 300 Pfund festgestellt.
1. James Beard, Gastronom
2. «Diamond Jim» Brady, Millionär im 19. Jahrhundert
3. Oliver Hardy, Filmkomiker
4. Al Hirt, Trompeter
5. Herman Kahn, Volkswirtschaftler, Zukunftsforscher
6. Malama, Königin von Hawaii im 19. Jahrhundert
7. Meat Loaf, amerikanischer Rocksänger
8. Luciano Pavarotti, Operntenor
9. William Howard Taft, amerikanischer Präsident
10. Tupou IV., König von Tonga
11. Orson Welles, Schauspieler, Produzent, Regisseur
12. Paul Whiteman, Bandleader

bf & nh

Vier Arbeiter sitzen in einer speziell für den amerikanischen Präsidenten William Howard Taft angefertigten Badewanne.

3 berühmte Hämorrhoidenkranke

1. Martin Luther (Deutscher Reformator; 1483–1546)
Als Luther, getarnt als Junker Jörg, in den Jahren 1521–22 auf der Wartburg die Bibel übersetzte, klagte er, daß er unter Verstopfung

leide, die von den ungewohnt üppigen Speisen herrühre, und daß seine Hämorrhoiden sich verschlimmert hätten.

2. Napoleon Bonaparte (französischer Kaiser; 1769–1821)
Während der Schlacht bei Waterloo wurde Napoleon derartig von Hämorrhoidenschmerzen gepeinigt, daß er nicht in der Lage war, sein Pferd zu besteigen, um das Schlachtfeld zu inspizieren. Deshalb gelang es ihm nicht, sich ein klares Bild von der Situation zu verschaffen – was sich später als eines der größten Hindernisse bei seinem vergeblichen Versuch, sein Reich neu zu errichten, erweisen sollte.

3. Fumimaro Konoye (japanischer Premierminister; 1891–1945)
Konoye litt stark an Hämorrhoiden. Im April 1939 war der Schmerz, der ihn befiel, wenn er sich hinsetzte, zumindest teilweise Grund dafür, daß er es ablehnte, zusammen mit dem Außenminister Josuke Matsuoka zu einer wichtigen Kabinettsitzung zu fahren. Die Tatsache, daß diese Chance verpaßt wurde, ein Mißverständnis zwischen Matsuoka und Konoye auszuräumen, das ein amerikanisches Friedensangebot betraf, war für die Japaner möglicherweise der entscheidende Anlaß, in den Zweiten Weltkrieg einzugreifen. *rjf & cb*

15 Riesen

Alle Personen außer den beiden Frauen in dieser Liste sollen größer als 2,40 Meter gewesen sein. Bei einer Frau ist eine solche Größe noch nie festgestellt worden. Zur Zeit ist, soweit bekannt, die größte lebende Frau Sandy Allen (* 1955) aus Shelbyville (Indiana), die 2,26 Meter mißt.

1. Goliath* (um 1060 v. Chr.)
Philistäischer Riese, der von David mit einer Schleuder getötet wurde. In der Bibel ist seine Größe mit «sechs Ellen und eine Handbreit» (2,91 Meter) angegeben. In einigen alten historischen Schriften ist dagegen nachzulesen, daß er «nur» 2,08 Meter groß gewesen sei.

2. Jan van Albert* (um 1920)
2,87 Meter großer holländischer Riese, dessen Foto im Juni 1920 in der *New York Times* abgebildet war.

3. Machnow* (um 1905)
2,82 Meter großer russischer Riese, der 1905 im Londoner Hippodrom auftrat.

4. John Middleton* (um 1610)
Ein Riese aus der Regierungszeit König Jakobs I. von England. Er soll 2,82 Meter groß gewesen sein.

5. Robert Pershing Wadlow (1919–1940)
Ein in Alton (Illinois) geborener Amerikaner, der mit 2,71 Metern

den Größenrekord unter denjenigen Riesen erreichte, deren Maße wissenschaftlich überprüft sind.

6. John F. Carroll (1932–1969)
Der in Buffalo im amerikanischen Bundesstaat New York geborene Carroll war 2,61 Meter groß.

7. Gaius Julius Maximinus* (173–238)
Ein Thraker von ungewöhnlicher Größe und Kraft, der von 235 bis 238 Kaiser von Rom war. Er soll 2,58 Meter groß gewesen sein.

8. James Toller* (1795–1819)
Der am 28. August 1795 geborene James Toller war bereits mit 18 Jahren 2,46 Meter groß und soll bei seinem Tod 2,59 Meter gemessen haben. Er ließ sich 1815 und 1816 in London zur Schau stellen und wurde an den Höfen des russischen Zaren und des preußischen Königs vorgeführt.

9. John William Rogan (1871–1905)
Er wurde in Gallatin (Tennessee) geboren und maß 2,59 Meter.

10. Don Koehler (* 1925)
Koehler, der in Chicago lebt, ist mit 2,49 Metern der gegenwärtig größte Mensch der Welt.

11. Väinö Myllyrinne (1909–1963)
Der in Helsinki geborene Myllyrinne war 2,47 Meter groß.

12. Sulaiman Ali Nashnush (* 1943)
Ein libyscher Riese, der nach einer Operation, durch die sein abnormes Wachstum zum Stillstand gebracht worden ist, 2,44 Meter mißt.

13. Karl der Große* (742–814)
Der Frankenkönig und Begründer des Heiligen Römischen Reiches soll 2,43 Meter groß gewesen sein.

14. Jane Bunford (1895–1922)
Die in Bartley Green (England) geborene Jane Bunford maß 2,31 Meter. Hätte sie nicht an einer Verkrümmung der Wirbelsäule gelitten, wäre sie sogar 2,41 Meter groß gewesen. Sie erreichte die größte wissenschaftlich belegte Größe einer Frau.

15. Anna Swan* (um 1665)
Eine 2,27 Meter große Riesin aus Neuschottland. 1865 wäre sie fast verbrannt, als im Museum, in dem sie arbeitete, Feuer ausbrach und die Versuche, sie zu retten, durch ihre Größe stark behindert wurden. Schließlich brachte man sie mit Hilfe von Kran und Flaschenzug in Sicherheit. 1869 wurde Anna Swan der Königin Victoria vorgeführt, und später heiratete sie Hauptmann Martin van Buren Bates, einen Riesen aus Kentucky, der etwa 2,20 Meter groß war.

* Medizinisch nicht geprüfte Größen. *rh*

15 sehr kleine Leute

1. Die Märchenkönigin* (um 1850)
Die junge Zwergin, die in London ausgestellt wurde, soll angeblich 40,5 Zentimeter groß gewesen sein und 1800 Gramm gewogen haben. Ihre Füße sollen fünf Zentimeter lang gewesen sein.

2. Lucia Zarate* (1863–1889)
Die kleinere von zwei Schwestern, die als «Die mexikanischen Zwerge» im Zirkus auftraten. Lucia war 50,5 Zentimeter groß und wog mit 17 Jahren 2130 Gramm.

Die «mexikanische Zwergin» Lucia Zarate im Alter von 15 Jahren. Zu dieser Zeit war sie 50 Zentimeter groß und wog 4½ Pfund.

3. Caroline Crachami (1814–1824)
Mit 51 Zentimetern war die in Sizilien geborene Caroline Crachami der kleinste Mensch, von dem es genaue registrierte Maße gibt. Im Alter von neun Jahren wurde sie nach London gebracht und unter der Aufsicht eines Mannes namens Gilligan ein Jahr lang bis zu ihrem Tod im Juni 1824 öffentlich ausgestellt. Zum Entsetzen ihres Vaters verschwand Gilligan mit ihrer Leiche. Er hoffte, sie zu einem hohen Preis an ein anatomisches Institut verkaufen zu können. Er übergab sie schließlich der Obhut Sir Everard Homes, der zusagte, daß er sie der königlichen Akademie für Chirurgie anbieten wolle. Ihr Vater erfuhr zu spät von Carolines Aufenthaltsort, um die Sezierung ihres Körpers noch verhindern zu können.

4. Pauline Musters (1876–1895)
Eine holländische Zwergin, die bei ihrem Tod im Alter von 19 Jahren 55 Zentimeter groß war. Damit ist sie die kleinste *Erwachsene*, über die genaue Maßangaben vorliegen.

5. M. Richebourg* (um 1768–1858)
Der angeblich nur 58 Zentimeter große Richebourg wurde während der Französischen Revolution als Spion eingesetzt. Er erhielt geheime Depeschen und wurde dann durch die feindlichen Linien geschleust – verkleidet als Baby, das an seiner Flasche nuckelte.

6. Calvin Phillips (1791–1812)
Ein Zwerg aus Bridgewater in Massachusetts, der bei seinem Tod 67,5 Zentimeter groß war und fünf Kilo wog. Damit ist er der kleinste Mann, von dem es genaue Maße gibt.

7. Nruturam (* 1929)
Ein Zwerg aus Neidwar in Indien, der 71 Zentimeter groß ist. Damit ist er der kleinste lebende Mensch der Welt.

8. A. L. Sawyer* (um 1883)
Sawyer, der Herausgeber der Zeitung *Florida Demokrat*, war 77 Zentimeter groß.

9. Lavinia Warren (1841–1919)
Lavinia heiratete 1863 mit 22 Jahren «General Tom Däumling». Sie war zu jener Zeit 80 Zentimeter groß. Nach Tom Däumlings Tod heiratete sie den Grafen Primo Magi, der ebenfalls 80 Zentimeter maß.

10. George Trout (um 1830)
Der nur 91 Zentimeter große Trout arbeitete von 1830 bis 1850 als Bote bei den englischen Houses of Parliament. Es wird behauptet, daß er mit Anthony White, dem Chefchirurgen des Westminster-Hospitals, eine Übereinkunft traf, die White berechtigte, Trouts Körper nach dessen Tod zu sezieren. Trout hatte bei diesem Handel den größeren Gewinn, da er die ausgehandelten zehn £ sofort nach Vertragsabschluß erhielt und dann White überlebte.

11. «General Tom Thumb (Däumling)» (Charles Sherwood Stratton; 1838–1883)
Der berühmteste amerikanische Zwerg, Tom Däumling, maß im Alter von zwölf Jahren 77 Zentimeter und bei seinem Tod 1,01 Meter. Er schloß sich 1842 dem Zirkusunternehmen von Phineas T. Barnum an und ließ sich zwischen 1844 und 1847 in New York, England und in anderen europäischen Ländern zur Schau stellen.

12. Jeffery Hudson* (1619–1682)
Ein englischer Zwerg am Hofe Karls I. Er war noch mit 30 Jahren nur 46 Zentimeter groß, wuchs aber später auf 1,06 Meter an. Er war in zahlreiche Abenteuer verwickelt. Unter anderem wurde er 1630 von flämischen und 1649 von berberischen Piraten gefangen. 1679 wurde er für kurze Zeit wegen einer Verschwörung ins Gefängnis geworfen. Der flämische Maler Anthonis van Dyck hat Hudson porträtiert.

13. Eddie Gaedel (1925–1961)
Der amerikanische 1,09 Meter kleine Gaedel ist der einzige Zwerg, von dem bekannt ist, daß er an einem Baseballspiel der Landesliga teilgenommen hat. Er war Ersatzspieler und wurde am 19. August 1951 bei den St. Louis Browns im Spiel gegen die Detroit Tigers eingesetzt.

14. Richard Gibson* (1615–1690)
Englischer Porträtmaler. Er und seine Frau waren beide nur 1,17 Meter groß.

15. Attila der Hunne* (um 406–453)
Attila der Hunnenkönig soll ein Zwerg gewesen sein. Doch ist seine genaue Größe nicht überliefert.

* Medizinisch nicht geprüfte Größe.

rh & wk

Extra! Extra!
9 Menschen mit zusätzlichen Körperteilen (& 2 ganz besondere Fälle)

1. Frank Bentenia
Zufällig gibt es zwei dreibeinige Franks, die aus Sizilien stammen. Dieser Frank lebte um die Jahrhundertwende mit seinen Eltern und vier Geschwistern in Middletown (Connecticut) von den Gagen, die er erhielt, wenn er mit dem Ringling Brothers Circus auf Tournee ging und seinen Körper zur Schau stellte.
«Das ist eine Frage des Geschäfts bei mir», erzählte er 1905 dem Reporter einer New Yorker Zeitung. «Die Leute zahlen für das, was sie sehen, und ich habe was zu essen.»

2. Anne Boleyn

Anne Boleyn ist ein Beweis dafür, daß es kein Handicap sein muß, an einer Hand einen zusätzlichen Finger und außerdem drei Brüste zu haben: Sie wurde eine Königin, die zweite Frau Heinrichs VIII. Aber als es ihr nicht gelang, ihm einen männlichen Thronfolger zu bescheren (sie gebar «nur» eine Tochter, Elizabeth I.), da entledigte er sich ihrer. Er bezichtigte sie des Ehebruchs – unter anderem mit ihrem eigenen Bruder – und ließ sie 1536, drei Jahre nach der Heirat, enthaupten. Hätten die Anklagepunkte Ehebruch und Inzest nicht ausgereicht, sie aufs Schafott zu bringen, so hätte der König sie als Hexe angeklagt. Ihr elfter Finger und ihre dritte Brust hätten als Indizien ausgereicht.

3. Myrtle Corbin

«Die Frau aus Texas mit den vier Beinen» war der einzige Freak, der es mit Frank Lentini, dem «König der Freaks», als Schaustellerattraktion aufnehmen konnte. (Mit «Freak» bezeichnet man Leute, deren Körperbau extrem von der Norm abweicht. Der Begriff war bei den Schaustellern also nicht verpönt.) Zwischen Myrtles Beinen wuchs der Unterleib eines Zwillings, von der Hüfte an vollkommen ausgebildet und funktionsfähig. Myrtle war verheiratet und hatte, wie es auf den Plakaten hieß, fünf Kinder – drei davon waren von ihrem eigenen Körper und zwei von dem ihres Zwillings geboren worden.

4. Laloo

Laloo war ein Hindu, der 1874 in Indien geboren wurde. Er besaß von einem kopflosen Zwilling, der an seinem Nacken festgewachsen war, zusätzliche Arme, Beine und Geschlechtsorgane. Auch er reiste mit Schaustellern und Zirkussen durch die USA und Europa und wurde in zahlreichen medizinischen Werken erwähnt. 1894 heiratete er in Philadelphia, und seine Frau ging mit ihm auf Reisen. Sein «parasitärer Zwilling» war männlich, aber auf den Zirkusplakaten wurde häufig behauptet, er sei weiblich. Dadurch sollte Laloos Besonderheit noch ein Glanzlicht aufgesetzt werden.

5. Frank Lentini

Frank Lentini, der jahrelang als «König der Freaks» galt, war das Ergebnis von miteinander verwachsenen Drillingen. Er hatte drei Beine, zwei Geschlechtsorgane, vier Füße und 16 Zehen. Er konnte das dritte Bein, das aus dem Ende seiner Wirbelsäule hervorwuchs, als Hocker benutzen; bei seiner Zirkusnummer schoß er mit ihm einen Fußball durch das ganze Zelt. Er war 1889 in Sizilien geboren worden, kam mit neun Jahren in die USA, heiratete dort und hatte vier Kinder.

6. Jean Libbera

«Der Mann mit den zwei Köpfen» wurde 1884 in Rom geboren. Er ging mit verschiedenen Zirkussen auf Tournee und stellte seinen kleineren Zwilling namens Jacques zur Schau. Jacques hatte Hüften, Oberschenkel, Arme und Beine – und ein deutscher Arzt wies mit

Röntgenstrahlen die Existenz eines rudimentären Kopfes nach, der sich innerhalb von Jeans Körper befand. Jean bedeckte Jacques mit einem Umhang, wenn er ausging. Wenn er mit seiner Frau und seinen vier Kindern spazierenging, sah er aus wie ein ganz gewöhnlicher Familienvater.

7. Louise L.

Die 1869 in Frankreich geborene Louise wurde als «La Dame à Quatre Jambes» («Die Dame mit den vier Beinen») bekannt. An ihrem Becken befand sich ein zweites rudimentäres Becken, aus dem zwei verkümmerte Beine hervorwuchsen. An der Stelle, wo die Beine mit ihrem Körper verwachsen waren, befanden sich zwei unvollkommen ausgebildete Brüste. Trotz dieser Behinderungen heiratete Louise und brachte zwei gesunde Kinder zur Welt.

8. Jean Baptista Dos Santos

Der 1843 in Kuba geborene Jean war ein gutaussehender, wohlproportionierter Junge, der zwei Penisse, zwei Hodensäcke und 2 zusätzliche Beine, die auf ihre ganze Länge miteinander verwachsen waren, hinter und zwischen seinen eigenen hatte. Seine geistigen und körperlichen Fähigkeiten waren überdurchschnittlich gut ausgebildet, und ebenso verhielt es sich laut eines Berichtes mit seinen «fleischlichen Gelüsten» und seiner sexuellen Funktionsfähigkeit. Er ließ sich 1865 in Havanna und später in Paris ausstellen.

9. Betty Lou Williams

Betty Lou Williams war die Tochter von armen schwarzen Landpächtern. Eigentlich sah sie sehr hübsch und wohlgeformt aus, wenn sie in ihrem zweiteiligen Badeanzug auf der Jahrmarktsbühne stand – nur wuchs aus ihrer linken Seite ein weiterer Unterleib mit zwei Beinen und einem falsch angewachsenen Arm. Betty, die im Alter von 21 Jahren starb, verdiente zur Zeit der wirtschaftlichen Depression in den USA eine Menge Geld. Ihre Freunde behaupten, sie sei an einem gebrochenen Herzen gestorben, als der Mann, den sie liebte, sie verließ.

... und nun die 2 ganz besonderen Fälle

1. Edward Mordake

Mordake, ein gutaussehender Adliger, der als Student und Musiker zahlreiche Begabungen erkennen ließ, war mit einer Anomalie behaftet, die ihn sehr unglücklich machte: An seinem Hinterkopf hatte er ein zweites Gesicht. Es soll das eines Mädchens gewesen sein. Es konnte zwar nicht essen oder sprechen, doch bewegten sich seine Augen; auch konnte es lachen und weinen. Edward flehte darum, daß man ihm den «Teufelszwilling» entfernen möge, selbst wenn er bei der Operation sterben würde, aber kein Arzt wagte es, diesen in seinen Auswirkungen völlig unberechenbaren Eingriff vorzunehmen. Im Alter von 23 Jahren beging Mordake schließlich Selbstmord.

2. Pasqual Piñon

1917 kursierten Berichte über einen Mexikaner, aus dessen Stirn ein weiterer Kopf hervorwuchs. Er hatte Augen, die sich bewegten und mit denen Piñon sehen konnte. Auch der Mund bewegte sich, brachte jedoch keinen Laut zustande. Das muß für den Mexikaner eine Erleichterung gewesen sein. Schließlich, so heißt es in den Berichten, verlor der Kopf auch seine anderen Fähigkeiten und wurde zu einem leblosen Auswuchs.

pf

14
Intimitäten

6 Stellungen für den Geschlechtsverkehr
– in der Reihenfolge ihrer Beliebtheit

Gershon Legman, ein amerikanischer Autor, der sich mit Problemen der Sexualität beschäftigt, schätzt, daß es Tausende von Möglichkeiten gibt, wie Männer und Frauen miteinander den Geschlechtsverkehr vollziehen können. Die meisten dieser Stellungen sind vermutlich Abwandlungen der sechs Grundpositionen, die Alfred C. Kinsey als Kategorien in seinen Fragebögen über Sexualgewohnheiten einführte und die wiederum die Grundlage für die Kinsey-Reports von 1948 und 1953 bildeten.
«Das Kamasutra», das altindische Lehrbuch der Liebeskunst, ist irgendwann zwischen 100 und 400 n. Chr. entstanden. Es beschreibt zahlreiche phantasievolle und akrobatische Variationen dieser Grundstellungen – z. B. «Den Bambus spalten», «Die Krabbenlage» oder «Der Eberstoß». Einige Kenner des *«Kamasutra»* empfehlen, die schwierigen Stellungen zunächst im Wasser auszuprobieren. Chinesische «Einführungen in die Liebeskunst», die vor mehr als 400 Jahren entstanden sind, beschreiben etwas gangbarere Positionen mit Namen wie «Zwei vom Kampf erschöpfte Drachen» – und auch die Körperteile haben ähnlich poetische Bezeichnungen: der Penis heißt «Jadestamm» und die Klitoris die «Perle auf der Jadestufe».
Nach diesen Quellen, den Interpretationen der antiken Kunst und anthropologischen Studien haben sich die Vorlieben der Menschen für bestimmte Beischlafpositionen im Laufe der Zeit verändert – die «Missionarsstellung» (Mann oben), die unangefochtene Nummer Eins bei den von Kinsey befragten Amerikanern, erfreute sich bei den alten Griechen und Römern, bei Eingeborenenstämmen und anderen Gruppen nicht annähernd dieser Beliebtheit.
Die folgende Liste bezieht sich auf die statistische Rangordnung aus Kinseys Untersuchung *«Das sexuelle Verhalten der Frau»* (die frühere Studie über Männer ergab die gleiche Rangordnung, und auch die statistischen Werte waren ähnlich). Die Anmerkungen über die Vor- und Nachteile jeder Stellung stammen aus Albert Ellis' Buch *«The Art and Science of Love»* und aus *«Impotenz und Anorgasmie»* von William H. Masters und Virginia E. Johnson.

1. Mann oben
Die von 100 Prozent aller verheirateten Frauen in Kinseys Studie am häufigsten und von neun Prozent aller verheirateten Frauen ausschließlich eingenommene Stellung. Viele Amerikaner halten sie für die einzige biologisch «natürliche», obwohl die anderen Primaten zumeist die «Hundestellung» (siehe unten) bevorzugen. Die Stellung «Mann oben» wird «Missionarsstellung» genannt, weil christliche Missionare versuchten, sie bei Eingeborenen einzuführen. Alle anderen Stellungen, behaupteten sie, seien «sündig». Die Eingeborenen machten sich häufig über solche Moralpredigten lustig.
Vorteile: Ermöglicht Zärtlichkeit von Angesicht zu Angesicht. Der Mann kann tief eindringen und das Tempo vorgeben. *Nachteile:* Ermöglicht keine gute Kontrolle über vorzeitige Ejakulation, läßt der Frau kaum Bewegungsfreiheit. *Aussichten auf Empfängnis:* gut.

2. Frau oben
Regelmäßig eingenommen von 45 Prozent der verheirateten Frauen. Sie ist die in der antiken Kunst Urs, Griechenlands, Roms, Perus, Indiens, Chinas und Japans am häufigsten dargestellte Position. Der römische Dichter Martial beschrieb Hektor und Andromache in dieser Stellung. Sie wird laut Kinsey im allgemeinen von Menschen mit geringerer Bildung gemieden, weil sie den Mann weniger maskulin, die Frau weniger feminin erscheinen läßt.
Vorteile: Ermöglicht Bewegungsfreiheit für die Frau, Kontrollmöglichkeit über vorzeitige Ejakulation, Zärtlichkeiten des Mannes. Die Frau erlebt meist einen Orgasmus. Gut geeignet, wenn der Mann erschöpft ist. *Nachteile:* Für manche Frauen zu akrobatisch. *Aussichten auf Empfängnis:* nicht gut.

3. Seite an Seite
Regelmäßig eingenommen von 31 Prozent der verheirateten Frauen. Der römische Dichter Ovid beschreibt diese Stellung folgendermaßen: «Von den tausend Wegen, der Liebe sich hinzugeben, ist dies die einfachste und die am wenigsten ermüdende: man lege sich auf seine Rechte und dabei halb auf den Rücken.»
Vorteile: Ermöglicht das Erregen der Klitoris, schafft Bewegungsfreiheit für den Mann und für die Frau. Geeignet für Erschöpfte und für schwangere Frauen. Gute Kontrollmöglichkeit über vorzeitige Ejakulation. *Nachteile:* Erschwert das Eindringen. *Aussichten auf Empfängnis:* gut.

4. Von hinten («Hundestellung»)
Regelmäßig eingenommen von 15 Prozent der verheirateten Frauen. Von den Primaten und den alten Griechen bevorzugt. Von vielen Amerikanern wegen ihres «tierischen Aussehens» abgelehnt – und weil sie keine Zärtlichkeiten von Angesicht zu Angesicht zuläßt.
Vorteile: Ermöglicht das Reizen der Klitoris. Attraktiv für Männer, die vom weiblichen Hinterteil erregt werden. Gut geeignet für

schwangere Frauen, für Männer mit kleinem Penis und Frauen mit großer Vagina. *Nachteile:* Das Eindringen macht einige Mühe. Ein Austausch von Zärtlichkeiten von Angesicht zu Angesicht ist nicht möglich. Der Penis rutscht leicht heraus. *Aussichten auf Empfängnis:* gut.

5. Sitzend
Regelmäßig eingenommen von neun Prozent der verheirateten Frauen. Diese Stellung erfreut sich laut Kinsey vor allem deshalb einer so großen Beliebtheit, weil sie sich als die einzige einigermaßen bequeme Stellung auf den Rücksitzen von Autos erwiesen hat.
Vorteile: Ermöglicht den Kontakt der Klitoris mit dem Körper des Mannes, Bewegungsfreiheit, gute Möglichkeiten zum Austausch von Zärtlichkeiten. Geeignet für Männer, die den Orgasmus zurückhalten möchten, und für schwangere Frauen. *Nachteile:* Erlaubt keine kraftvollen Bewegungen. Ist bisweilen ermüdend. Eventuell dringt der Mann zu tief ein. *Aussichten auf Empfängnis:* schlecht.

6. Stehend
Regelmäßig eingenommen von vier Prozent der verheirateten Frauen. Hat das Flair eines «Quickie» an der Mauer mit einer Prostituierten, ist daher aufregend. Die indische Lotus-Stellung: Jeder steht auf einem Bein und schlingt das andere um den Partner.
Vorteile: Ermöglicht den Austausch von Zärtlichkeiten. Aufregend, kann sich beim Tanzen oder unter der Dusche ergeben. *Nachteile:* Die Bewegungsfreiheit ist eingeschränkt. Das Eindringen ist schwierig, vor allem, wenn ein Partner größer ist als der andere. Nicht geeignet für schwangere Frauen. *Aussichten auf Empfängnis:* schlecht.

ae

14 berühmte Liebeserklärungen

1. Perlen in Wein
Als sich der römische Konsul Antonius tief bewegt bei Kleopatra für das opulente Bankett bedankte, das diese zu seinen Ehren ausgerichtet hatte, ließ die ägyptische Königin zwei Perlen von unschätzbarem Wert in ihren Wein fallen und leerte den Becher auf sein Wohl. Die Kosten des Festes, rief sie aus, zählten nichts im Vergleich zu der Hochachtung, die sie für ihn empfinde. Nachdem Antonius der Liebhaber Kleopatras geworden war, beschenkte er sie mit Zypern, Phönizien, Syrien und Teilen Arabiens, Siziliens und Judeas.

2. Der Kopf Johannes des Täufers
Als Herodias nach dem Tod ihres Mannes ihren Schwager Herodes

heiratete und damit das mosaische Gesetz brach, wurde diese Ehe von Johannes dem Täufer öffentlich angeprangert. Später war Herodes vom Tanz der Salome, der Tochter Herodias', so entzückt, daß er versprach, ihr jeden Wunsch zu erfüllen. Auf ihre Bitte hin wurde Johannes der Täufer geköpft. Nach der Hinrichtung brachte man der Salome das Haupt auf einem Silbertablett. Triumphierend präsentierte sie es ihrer Mutter, deren Rachegelüste nun endlich befriedigt waren.

3. Freiheit
Sultan Süleiman der Prächtige, Herrscher über das Osmanische Reich, schenkte der Sklavin Roxelana als Zeichen seiner Liebe die Freiheit und heiratete sie dann. Ein Zeitgenosse schrieb: «In dieser Woche ist in unserer Stadt etwas sehr Außergewöhnliches geschehen, etwas, das in der Geschichte der Sultansherrschaft bislang ohne Vorbild war. Süleiman hat eine russische Sklavin zur Frau genommen.»

4. Shakespeares Sonette
Nicht Shakespeare, sondern der Herausgeber, der die Sonette unerlaubterweise abdruckte, erfand die Widmung «Für Mr. W. H.». Die 154 Gedichte gehören zu den großartigsten Liebeserklärungen aller Zeiten, aber niemand weiß, an wen sie gerichtet waren.

5. Tadsch Mahal
Als Mumtaz Mahal, die Lieblingsfrau des Großmoguls Schahdschahan, 1631 bei der Geburt ihres vierzehnten Kindes starb, ließ der Trauernde ihr das alabasterne Mausoleum Tadsch Mahal errichten. 20000 Arbeiter waren 15 Jahre lang damit beschäftigt, dieses schönste und kostspieligste aller Gräber fertigzustellen. Es steht, perfekt erhalten, am Fluß Jumna in Nordindien am Ende einer ummauerten Gartenanlage, die von spiegelnden Wasserbecken und marmorgepflasterten Wegen durchzogen ist. Schahdschahan hatte die Absicht, für sein eigenes Grab das Tadsch Mahal in schwarzem Marmor nachbauen zu lassen, aber er wurde von seinem Sohn abgesetzt, ehe er dieses Vorhaben in die Tat umsetzen konnte.

6. «West-östlicher Divan»
Der 65jährige Goethe nannte seine Sammlung von Liebesgedichten auf Marianne von Willemer, die Frau eines Frankfurter Bankiers, nach dem Vorbild der Dichtungen des persischen Dichters Hafis «West-östlicher Divan». Goethe hatte die Sammlung lange geplant und bereits eine Weile mit nur geringer Lust an ihr gearbeitet. Da begegnete er eines Tages der schönen Marianne, und erst durch dieses für ihn unvergeßliche Erlebnis wurde seine Fähigkeit, den drängenden Gefühlen in Gedichten unmittelbaren Ausdruck zu verleihen – eine Fähigkeit, die er seit den «Römischen Elegien» (1788) fast völlig hatte ruhen lassen –, neu geweckt und gesteigert.

7. Ein Fahrrad für 10000 Dollar
«Diamanten-Jim» Brady schenkte der Schauspielerin Lilian Russell ein vergoldetes Fahrrad mit Perlmutt-Lenker und Speichen, die mit Diamanten, Rubinen und Saphiren besetzt waren. Wenn Miss Russell auf Reisen ging, war das Fahrrad – in einem mit blauem Plüsch ausgeschlagenen Saffiankoffer – mit von der Partie.

8. *Das Geschenk der Weisen*
O. Henrys berühmte Weihnachtsgeschichte erzählt von den Opfern, die sich zwei Liebende gegenseitig darbringen. Della schneidet ihr herrliches langes Haar ab und verkauft es, um das Geld für eine Uhrkette aus Platin aufzubringen, die sie ihrem Mann Jim schenken will, und dieser versetzt zur gleichen Zeit seine wertvolle goldene Taschenuhr, um für Della teure Haarkämme aus Schildpatt kaufen zu können.

9. Muttertag
Anna Jarvis schlug zum Gedenken an ihre eigene Mutter und an alle anderen Mütter in Amerika vor, daß jedermann am zweiten Sonntag im Mai eine weiße Nelke tragen und den Gottesdienst besuchen solle. Von Miss Jarvis' Beharrlichkeit beeindruckt, beschloß der amerikanische Kongreß 1914 schließlich, den Muttertag offiziell anzuerkennen. In Deutschland wird der Muttertag seit 1923 gefeiert. Während des «Dritten Reiches» wurde an diesem Tag ein regelrechter Mutterkult betrieben.

10. Die Ofenkachel
Der Seemann und satirische Dichter Joachim Ringelnatz (eigentlich Hans Bötticher) war ein Mensch, an dem sich das Sprichwort von der rauhen Schale, unter der sich ein weicher Kern verbirgt, eindrucksvoll demonstrieren läßt. Das zeigt sich in seinen liebevollen Kindergedichten, seinen satirischen Lebensweisheiten in Gedichtform und vor allem in seiner berühmten Liebeserklärung «Ich hab dich so lieb!/Ich würde dir ohne Bedenken/Eine Kachel aus meinem Ofen/Schenken.»

11. Die Fenster Chagalls
Chagall schuf zwölf bemalte Fenster für die Synagoge der Medizinischen Fakultät an der Hebräischen Universität von Jerusalem. Bei der Übergabezeremonie sagte Chagall: «Gedanken der Liebe haben mich bewegt, dem jüdischen Volk dieses bescheidene Geschenk darzubringen...»

12. Rote Rosen... auf ewig
Seit Marilyn Monroes Tod im Jahre 1962 läßt Joe DiMaggio, ihr zweiter Mann, dreimal wöchentlich frische rote Rosen an ihr Grab bringen.

13. Der Cartier-Burton-Diamant
Richard Burton erwarb für 1050000 Dollar den 69,42-karätigen Edelstein von Cartier als Geschenk für Elizabeth Taylor-Burton. Zu den weiteren Zeichen seiner Verehrung gehörte der teuerste Nerzmantel der Welt (125000 Dollar), der 33,9-karätige Krupp-Diamant (350000 Dollar), der «Ping-Pong»-Diamant (38000 Dollar), die La-Peregrina-Perle (37000 Dollar), ein Smaragd für 93000 Dollar und eine Brosche mit Saphiren im Wert von 65000 Dollar.

14. Die Insel Skorpios
Als Aristoteles Onassis im Oktober 1968 Jackie Kennedy heiratete, war eines seiner Hochzeitsgeschenke ein Teil der Insel Skorpios, auf der sie getraut wurden. Vor der Hochzeit schenkte er ihr Schmuck im Wert von 1,2 Millionen Dollar. Er behauptete, im ersten Jahr ihrer Ehe 20 Millionen Dollar allein zu ihrem Vergnügen ausgegeben zu haben.

maa & nh

10 Nahrungsmittel, die als Aphrodisiaka gelten

1. Aal
Aal ist, wie die meisten anderen Fische auch, reich an Phosphor und hat deshalb eine starke Reizwirkung auf die Blase. Daneben hat sicher die an einen Phallus erinnernde Gestalt des Aals dazu beigetragen, daß er von vielen als Aphrodisiakum gerühmt wird.

2. Austern
Austern gehören zu den bekanntesten aphrodisischen Nahrungsmitteln. Wie viele andere Meerestiere sind sie reich an Phosphor. Sie sind zwar nicht besonders nahrhaft, dafür aber leicht verdaulich. Zu den hochkarätigen Liebhabern, die auf die Auster schwören, gehört auch Casanova, der sie als «einen Ansporn für den Geist und für die Liebe» bezeichnete.

3. Ginseng
Die Chinesen nennen Ginseng das «Lebenselixier» und wenden es seit über 5000 Jahren an. Obwohl in der Medizin sehr konträre Ansichten über dieses Mittel vertreten werden, ergaben neuere Experimente in der UdSSR, daß Ginseng die sexuelle Energie erhöht und eine heilende und verjüngende Wirkung auf den Körper hat.

4. Honig
Honig ist sehr nahrhaft und reich an Mineralien, Aminosäuren, Enzymen und Vitamin B. In den Schriften Galens und Ovids wird die außerordentlich starke aphrodisische Wirkung des Honigs gepriesen.

5. Hummer
Der Hummer ist von vielen Schriftstellern, unter anderem von Henry Fielding in seinem Roman «*Tom Jones*», als erotisch anregend dargestellt worden. Diese Wirkung ist, wie bei fast allen Meeresbewohnern, auf den hohen Phosphorgehalt zurückzuführen.

6. Kaviar
Kaviar ist nicht nur nahrhaft (30 Prozent Protein), sondern soll auch ein Aphrodisiakum sein. Sollte diese Wirkung darauf zurückzuführen sein, daß Kaviar aus Rogen hergestellt wird?

7. Knoblauch
Knoblauch gilt sowohl in der östlichen als auch in der westlichen Zivilisation schon seit langer Zeit als Aphrodisiakum. Griechen und Römer haben Loblieder auf dieses Gewürz gesungen, und die orientalischen Liebhaber hielten sich für unerschöpfliche Kraftprotze, wenn sie Knoblauch gegessen hatten.

8. Pfirsiche
«Dieser Baum gehört der Venus ... die Frucht reizt die Lust an ...» schrieb der Botaniker Nicholas Culpeper. Für die Chinesen war der süße Saft der Frucht Symbol für den Ausfluß der Vagina und ihr pelziger Einschnitt Sinnbild des weiblichen Geschlechtsteils. «Peach house» (Pfirsichhaus) war einst ein geläufiger englischer Slangausdruck für Bordell, und mit dem schlichten Wort «Pfirsich» bezeichnet man in vielen Ländern der Welt ein hübsches, sexuell anziehendes Mädchen.

9. Spargel
Spargel enthält ein Diuretikum, das die Harnbildung anregt und die Harnwege reizt. Das Gemüse ist reich an Kalium, Phosphor und Kalzium – alles Stoffe, die notwendig sind, um innerhalb kurzer Zeit hohe Energiemengen aufzubringen. Daneben enthält Spargel jedoch auch Asparginsäure, die überflüssige Mengen von Ammoniak im Körper neutralisiert und damit Apathie und sexuelles Desinteresse hervorrufen kann.

10. Trüffel
Trüffel, dieser kostbare unterirdische Pilz, ist insofern der Auster ähnlich, als auch er in erster Linie aus Wasser besteht und reich an Proteinen ist. Rabelais, Casanova, George Sand, Sade, Napoleon und Madame Pompadour sind nur einige der Berühmtheiten, die die aphrodisische Wirkung der Trüffel gepriesen haben. Ein altes französisches Sprichwort warnt: «Wer ein sittsames Leben führen will, der sollte Trüffel meiden.»

rh

7 «jungfräuliche»
oder lange Zeit abstinente Männer

1. Sir Isaac Newton (englischer Physiker; 1642–1727)
Er starb, ohne jemals mit einer Frau geschlafen zu haben. Man vermutet, daß seine Abstinenz die Ursache für seine chronische Schlaflosigkeit war.

2. Immanuel Kant (deutscher Philosoph; 1724–1804)
Er hat sein ganzes Leben lang keinen Geschlechtsverkehr gehabt.

3. Ludwig XVI. (König von Frankreich; 1754–1793)
Die ersten sieben Jahre seiner Ehe mit Marie Antoinette verliefen vollkommen ohne sexuelle Aktivitäten. Er litt an einer Phimose – einer Verengung der Vorhaut –, die Erektionen zu einer schmerzhaften Angelegenheit werden ließ und den Geschlechtsverkehr praktisch unmöglich machte. Er verweigerte eine Operation mit der Begründung, daß Gott ihn so geschaffen habe. Schließlich ließ er sich doch überzeugen, unterzog sich dem einfachen Eingriff und konnte so schließlich an seinem 23. Geburtstag die sinnlichen Freuden einer Ehe schmerzfrei genießen.

4. John Ruskin (englischer Schriftsteller; 1819–1900)
In seiner Hochzeitsnacht erschreckte er sich derartig beim Anblick seiner Frau, daß er für den Rest seines Lebens sexuell abstinent blieb. Dafür onanierte er wie ein Besessener. «Ein täglich begangener Selbstmord» nannte er diese Angewohnheit. Die Unterdrückung sexueller Wünsche trieb ihn in den Wahnsinn. Er führte Tagebuch über seine sexuellen Träume. Bis zu seinem Tod hat er sich von keiner Frau mehr berühren lassen.

5. George Bernard Shaw (englischer Dramatiker; 1856–1950)
Erst mit 29 Jahren machte er seine ersten sexuellen Erfahrungen mit einer Frau: Eine alternde Witwe verführte ihn. Dieses Erlebnis erschreckte ihn derartig, daß er weitere 15 Jahre abstinent blieb. In seinen Werken wird die Sexualität stets geschickt umgangen, wobei er die Wörter «männliche Wurzel» für Penis und «ihr Geschlecht» für Vagina benutzt.

6. Havelock Ellis (englischer Sexualwissenschaftler; 1859–1939)
Er onanierte nie, weil er fürchtete, sich dabei eine Geschlechtskrankheit zuziehen zu können. Er war bereits 32, als er seine ersten sexuellen Erfahrungen machte. Schließlich heiratete er eine Lesbierin.

7. Adolf Hitler (1889–1945)
Von vielen ist die Vermutung geäußert worden, daß er nur einen Ho-

den gehabt habe. Er liebte pornographische Filme und Bücher. Als ihn auf einer Weihnachtsfeier eine Frau unter einem Mistelzweig küßte, bebte er förmlich vor Wut. Trotz seiner kurz vor seinem Tod geschlossenen Ehe mit Eva Braun glauben viele Fachleute, daß er starb, ohne je sexuellen Verkehr gehabt zu haben.

jbe

20 der unermüdlichsten Liebhaber aller Zeiten

1. König Salomo (etwa 973–933 v. Chr.)
Der Sohn Davids und Bathsebas wurde dritter König von Israel. Er herrschte etwa 40 Jahre, in denen er an die 300 Mätressen und 700 Frauen hatte. Die meisten von ihnen waren Israelitinnen; viele stammten aber auch aus fremden Ländern. Sie gehörten zu den schönsten Frauen des Altertums. Die polygame Ehe war in jener Zeit die normale Form des Zusammenlebens. Dennoch behaupteten einige Rabbis später, Gott habe Salomo für seine Mißachtung des Monogamiegebots gestraft, indem er ihm nur einen Sohn geschenkt habe.

2. Mnesarete (etwa 4. Jahrhundert v. Chr.)
Mnesarete war eine griechische Hetäre und die vielleicht schönste Prostituierte aller Zeiten. Der Kosename Phryne (Kröte), den man ihr wegen ihrer Hautfarbe gab, ist zum Synonym für «Kurtisane» geworden. Ihr zarter Körper soll Praxiteles als Modell für seine Statue der Göttin Aphrodite in Knidos gedient haben, und als sie während eines Festes ihr Haar öffnete, ihre Kleider ablegte und ins Meer stieg, inspirierte sie Apelles zu seinem großartigen Gemälde der «Aphrodite Anadyomene». Später wurde Phryne angeklagt, die Eleusinischen Mysterien entweiht zu haben. Einer ihrer Liebhaber, der Staatsmann und Redner Hyperides, übernahm ihre Verteidigung. Sie wurde freigesprochen, nachdem sie in letzter Verzweiflung vor Gericht ihre Brüste entblößt hatte.

3. Kleopatra (69–30 v. Chr.)
Obgleich sie keine große Schönheit war, zählt Kleopatra doch zu den anziehendsten Frauen aller Zeiten – und auf dem Gebiet der Liebe hatte sie große Erfahrungen. Seit ihrer ersten Liebesnacht (im Alter von zwölf Jahren) war der Sex für die Königin vom Nil zugleich Vergnügen und Waffe im Machtkampf. Es heißt, daß sie einen kleinen Tempel bauen ließ, in dem sie sich große Mengen junger Liebhaber hielt. Um ihre Lustgefühle zu steigern, wurden sie mit Rauschmitteln gefüttert. Mit diesen Sklaven praktizierte Kleopatra die erotischen Geheimnisse, die sie von Kurtisanen in einem Bordell in Alexandria erfahren hatte. Angeblich soll sie es mit bis zu 100 Männern in einer Nacht getrieben haben. Im Alter von 38 Jahren beging die ägyptische Königin Selbstmord.

4. Kaiserin Theodora (508?–548)

Theodora war während ihrer Kindheit in Konstantinopel Schauspielerin. Ein römisches Gesetz, das es Senatoren verbot, Schauspielerinnen zu heiraten, wurde vor ihrer Hochzeit mit dem römischen Kaiser Justinian I. abgeschafft. Theodora, die außergewöhnlich schön, klug und willensstark – und angeblich auch sehr rücksichtslos – war, sorgte für eine einschneidende Reform der Moralgesetze in Rom und bezeichnete sich selbst als «Beschützerin untreuer Frauen». Um zum Beispiel gegen das römische Gesetz, das eine Zurschaustellung des nackten Körpers verbot, zu protestieren und es dennoch nicht zu übertreten, präsentierte sich «die verderbteste aller Kurtisanen» der Öffentlichkeit mit einem Stück Band als einzigem Kleidungsstück. Es ist ferner berichtet worden, daß sich Theodora bei ihren Ausflügen in die Umgebung Roms von mindestens zehn ausgewählten jungen Männern begleiten ließ, derer sie sich abends nach Herzenslust bediente.

5. Königin Zingua (frühes 17. Jahrhundert)

Königin Zingua von Angola gehörte zu den grausamsten Nymphomaninnen der Geschichte. Übertroffen wurde sie nur noch von den legendären Amazonen, von denen berichtet wird, daß sie männliche Kriegsgefangene zu Sexsklaven machten und sie vorher zu Krüppeln schlugen, weil «der Lahme den Akt der Liebe am besten vollzieht». Die Königin, die sich einen großen Männerharem hielt, ließ ihre Liebhaber Duelle auf Leben und Tod ausfechten und ging dann mit dem Sieger ins Bett. Es wird berichtet, daß sie sich die ganze Nacht mit einem Mann liebte, um ihn dann am Morgen töten zu lassen. Auch befahl die eifersüchtige Zingua, alle schwangeren Frauen hinzurichten. Ihr bizarres Geschlechtsleben endete erst, als sie im Alter von 77 Jahren zum Katholizismus übertrat.

6. William Douglas (1724–1810)

Der dritte Graf von March und vierte Herzog von Queensberry war wohl der Prototyp des «alten Lüstlings», der häufig am Fenster seines Hauses am Piccadilly Circus saß und den vorbeikommenden Schönheiten hinterhergierte. Oft schickte er seine Diener hinter den Mädchen her, die ihm besonders gefielen. Sie sollten sie überreden, mit in seine Wohnung zu kommen. Seine Annäherungsversuche gelangen meistens, denn «Old Q» war einer der wohlhabendsten und einflußreichsten Männer seiner Zeit. Er verkehrte mit Herzoginnen und Prostituierten gleichermaßen und veranstaltete auf seinen großen Gütern «orientalische Orgien» von unglaublicher Obszönität. Im hohen Alter engagierte er den ehemaligen Leibarzt Ludwigs XV., der über die Sorge für seine Gesundheit hinaus mit dem Arrangement seiner Liebesfeste betraut war. Als Douglas im Alter von 86 Jahren an Fettsucht starb, wurden in seinem Bett über 70 ungeöffnete Liebesbriefe gefunden. Er hinterließ seinen Geliebten und seinem Personal über eine Million Pfund.

7. Giovanni Giacomo Casanova (1725–1798)

Wenn man seinen umfangreichen Memoiren Glauben schenken darf, verführte Casanova Tausende von Frauen. Allerdings werden «nur» 116 von ihnen in den veröffentlichten Aufzeichnungen namentlich genannt. Das Leben war für den italienischen Abenteurer eine ständige Suche nach neuen Vergnügungen. Sein Name ist wie der Don Juans ein Symbol für den unersättlichen «Frauenkonsumenten». Casanovas Spezialität war es, die Frauen und Töchter seiner Freunde zu verführen – häufig zwei auf einmal. Nicht selten badete er mit seinen Gespielinnen in seiner speziell für zwei Personen konstruierten Badewanne, und bisweilen teilte er sogar die 50 Austern mit ihnen, die er gewöhnlich zum Frühstück verspeiste. Frauen, so sagte er einmal, seien für ihn «Speise und Trank».

8. Katharina die Große (1729–1796)

Die russische Kaiserin war von einem unersättlichen sexuellen Verlangen besessen, das oft sechsmal am Tag befriedigt werden mußte. Offiziell hatte sie 21 Liebhaber, doch dürfte ihre Gesamtzahl bei über 80 gelegen haben. Sie behauptete, daß Sex das beste Schlafmittel sei. Ihr Arzt Rogerson und ihre Kupplerin, Madame Protas, untersuchten und erprobten alle männlichen Bewerber, bevor sie sie der Kaiserin empfahlen.

9. Marquis de Sade (1740–1814)

Der Mann, auf den das Wort ‹Sadismus› zurückgeht, führte ein Leben voller skandalöser Ausschweifungen, die von ständiger Treulosigkeit und von sexuellen Perversionen gekennzeichnet waren. Comte Donatien-Alphonse-François de Sade (er verlangte, ‹Marquis› genannt zu werden) war ein gutaussehender Franzose von kleinem Wuchs und ein «Verehrer des Lasters». Er war in die berüchtigte Affäre um die Pariser Prostituierte Rosa Keller verwickelt, die behauptete, Sade habe sie gefoltert. Wegen seiner Beteiligung am sogenannten «Kantharidinskandal» in Marseilles – er wurde der Sodomie, der Notzucht und des Mordes angeklagt – verurteilte ihn das Kriminalgericht von Aix 1772 in Abwesenheit zum Tode. 1778 wurde er schließlich vom König begnadigt, doch mußte er die folgenden elf Jahre im Gefängnis verbringen. Dort schrieb Sade zahlreiche Theaterstücke und Romane, unter anderem das Romanfragment *«Die 100 Tage von Sodom»*, in dem er 600 Variationen der sexuellen Triebbefriedigung beschreibt. 1803 wurde er in das Irrenhaus Charenton-Saint-Maurice in Paris eingewiesen, wo er elf Jahre später starb.

10. Mademoiselle Dubois (um 1770)

«Ihre Geldsucht war ebenso unersättlich wie ihre Vergnügungssucht», schrieb ein zeitgenössischer Chronist. Eines Tages machte sich die französische Schauspielerin an die Arbeit, eine Liste ihrer Liebhaber aus den vergangenen 20 Jahren zu erstellen. Die Endsumme: 16527

Personen – durchschnittlich also drei pro Tag. Diese Aufstellung hat sogar den Marquis de Sade beeindruckt. In seinem Roman *«Die Philosophie im Boudoir»* erklärt eine Madame de Sainte-Ange: «In den zwölf Jahren, die ich verheiratet bin, haben mich etwa 10 000 oder 12 000 Personen gehabt.»

11. König Lapetamaka II. (um 1778)

Auf seiner dritten Reise 1777 soll James Cook das pazifische Inselkönigreich Tonga besucht haben, wo er auch den König des Inselstaates, Lapetamaka II., kennenlernte. Der kräftige schwarzhaarige König, der über 80 Jahre alt war, behauptete, daß es seine Aufgabe sei, jedes Eingeborenenmädchen zu entjungfern. Er sagte, daß er niemals zweimal mit derselben Frau verkehrt habe, und zu jener Zeit erledigte er seine sich selbst auferlegte Pflicht acht- bis zehnmal täglich – jeden Tag.

12. Lola Montez (1818?–1861)

Lola war daran gewöhnt, alles zu bekommen, was sie begehrte. Schon mit 13 entdeckte die englisch-irische Tänzerin und Abenteuerin die Möglichkeit, ihren Körper für Geld zu verkaufen. Sie war sehr wählerisch. Zum Beispiel lehnte sie es ab, mit dem Vizekönig von Polen zu schlafen, weil er falsche Zähne hatte. Nachdem sie drei Ehen und unzählige Liebesaffären (unter anderem mit Franz Liszt und Alexandre Dumas d. Ä.) hinter sich gebracht hatte, wurde sie die Mätresse des Königs Ludwig I. von Bayern, der sie zur Baronin Rosenthal und Gräfin von Lansfeld machte. Ein Autor behauptete, der König habe ihm anvertraut, «daß sie mit den Muskeln ihrer Intimteile wahre Wunder vollbringen konnte» und daß er ihr sein Königreich geschenkt habe, als sie ihm «10 Orgasmen in 24 Stunden verschaffte». Ihr Einfluß auf Ludwig beschwor eine Revolution herauf, die ihn zwang, abzudanken. Lola floh nach England und später nach Amerika – wo sie Vorträge hielt, tanzte, liebte und die Mätresse einiger reicher Amerikaner wurde. In den letzten Jahren ihres Lebens wendete sie viel Kraft und Geld auf, um «gefallenen Frauen» zu helfen.

13. Sarah Bernhardt (1844–1923)

Die «göttliche Sarah», wie Oscar Wilde sie nannte, brachte es im Laufe ihres abwechslungsreichen Lebens auf mehr als 1000 Liebhaber, zu denen berühmte Künstler und Schriftsteller wie Edmond Rostand gehörten. Die energische französische Schauspielerin lebte nach der Maxime: «Nur wer sich selbst verschenkt, wird reich.» Sarah schlief häufig in einem Sarg aus Rosenholz, der mit Briefen ihrer Liebhaber ausgeschlagen war.

14. Frank Harris (1854–1931)

Der irische Schriftsteller und «Sexperte» besaß eine Kartei mit den Namen von 2000 Frauen, die er angeblich im Laufe seines Lebens verführt hatte. Er schloß eine Versicherung in Höhe von 150 000 Dollar auf diese Kartei ab. Sein erster Job im Alter von zehn Jahren bestand darin, obszöne Bildchen zu verkaufen. Auf den Karten eines von ihm erfundenen Spiels waren Satyre und Gottheiten beim Geschlechtsverkehr abgebildet. Harris' Buch *«Mein Leben und Lieben»*, das in England und Amerika mehr als 40 Jahre lang verboten war, wurde in Pariser Buchläden zu Preisen von 200 Mark und mehr gehandelt. Harris arbeitete auch als Herausgeber für das englische Magazin *Saturday Review*.

15. Gabriele d'Annunzio (1863–1938)
Der italienische Dichter, Dramatiker, Romancier und Abenteurer war 40 Jahre lang die zentrale Gestalt in der Literaturszene seines Landes. Nach dem Motto «Ein Soldat muß auf alles gefaßt sein» nahm d'Annunzio in der Schnupftabaksdose Napoleons, die er gewonnen hatte, Präservative mit in die Schlacht. Phantastische Legenden sind über ihn verbreitet worden: daß er mit einer nackten Dame vor sich im Sattel zur Fuchsjagd ausritt, daß er splitternackt in den Speisesaal eines illustren Hotels schlenderte und auf einem Kopfkissen schlief, das mit den Haarlocken seiner Eroberungen gefüllt war, daß er den Wein aus einer Karaffe einschenkte, die aus dem Schädel einer Jungfrau gefertigt war, die seinetwegen Selbstmord begangen hatte, und als Anregungsmittel soll er Strychnin genommen haben. D'Annunzio, der seine bekannteste Affäre mit der Schauspielerin Eleonora Duse hatte, prahlte in der Öffentlichkeit, daß er von 1000 Ehemännern gehaßt würde.

16. Grigori Jefimowitsch Rasputin (1871?–1916)
Den Namen Rasputin oder Rasputnik bekam er von Mitbewohnern seines Dorfes. Er bedeutet «Wüstling». Der russische Wundertäter verbrachte sein Leben damit, das Leben auszukosten. Er verführte Hunderte von Frauen – Bauernmädchen wie Aristokratinnen –, indem er sich ihre religiöse Ergebenheit zunutze machte. Nachdem er ein «Mitglied» der königlichen Familie geworden war (er gewann das Vertrauen des Zaren und der Zarin, indem er die Beschwerden ihres an der Bluterkrankheit leidenden Sohnes linderte), wetteiferten die adligen Damen um Rasputins Aufmerksamkeit. Der «heilige Satyr» empfing sie in seinem Schlafzimmer, das er «das Heiligtum der Heiligtümer» nannte. Es gab sogar Gerüchte, daß er sexuelle Beziehungen zu der Zarin Alexandra und deren jungen Töchtern unterhalten habe.

17. Mata Hari (1876–1917)
Die wohl berüchtigste Spionin seit Dalila und vollendetste Mätresse seit der Pompadour hieß eigentlich Margarete Zelle und stammte aus Holland. Sie arbeitete als Spionin für die Deutschen in Paris, wo sie als exotische Tänzerin auftrat. Zu ihren Liebhabern gehörte der französische Diplomat Jules Cambon, der deutsche Kronprinz, der hollän-

dische Regierungschef und der Herzog von Braunschweig. (Es wird vermutet, daß die Informationen, die sie den Deutschen zuspielte, den Tod von 50000 Soldaten der alliierten Truppen zur Folge hatten.) Wenn sie nicht mit Männern schlief, um Staatsgeheimnisse in Erfahrung zu bringen, dann tat sie es für Geld. Obwohl Mata Hari möglicherweise, nachdem sie lange unter der Brutalität ihres ersten Ehemannes gelitten hatte, die Männer haßte, hatte sie doch Vergnügen am Sex. Als die Deutschen sie verrieten, schmiedete mindestens ein halbes Dutzend ehemaliger Liebhaber abstruse Pläne, um Mata Hari aus den Fängen der französischen Ehrenkompanie zu retten, die sie schließlich hinrichtete.

18. Mae West (1892–1980)

«Meine beste Arbeit leiste ich im Bett», antwortete die legendäre Dame auf die Frage, wie sie es anstelle, ihre Memoiren zu schreiben. Es

Mae West: «Meine beste Arbeit leiste ich im Bett.»

ist nicht bekannt, wie viele Liebhaber Mae West gehabt hat. Aber dieser Bühnen- und Filmstar, dessen Name zum Synonym für das Wort «Vamp» geworden ist, muß zu den sexuell aktivsten Frauen der Welt gezählt werden. In ihren Memoiren schreibt sie von einer Liebesnacht mit einem Wunderknaben namens Ted, die 15 Stunden ohne Unterbrechung dauerte – möglicherweise ein Rekord im «Marathon-Beischlaf».

19. Anonymus (* um 1900)
Alfred C. Kinsey, der Zoologieprofessor von der Indiana University (USA), erwähnt in seiner 1948 erschienenen berühmten Zehnjahres-Studie über das Sexualverhalten der Amerikaner den Fall eines Mannes, der 30 Jahre lang durchschnittlich 33,1mal pro Woche Geschlechtsverkehr hatte und dabei keinerlei Anzeichen einer Schwächung der Gesundheit zeigte. Es bedarf nur einer einfachen Rechnung, um festzustellen, daß der Mann in den 30 Jahren annähernd 52 000mal, fast fünfmal täglich, mit einer Frau geschlafen hat. Andere Sexualforscher haben Beispiele von Leuten angeführt, die über Zeiträume von 30 Jahren zweimal täglich Verkehr hatten. Kinsey gibt als ungefähren Durchschnitt für die männliche Bevölkerung 2,3 Geschlechtsakte pro Woche bis ins Alter von 85 Jahren an.

20. Brigitte Bardot (* 1934)
Im Alter von 40 Jahren prahlte der französische Filmstar in einem Interview, daß sie «jede Nacht einen Mann» haben muß. Wenn man davon ausgeht, daß ihr Bedarf mit 20 Jahren begann, und etwa 70 Tage pro Jahr als «Ausfallquote» abzieht, käme Brigitte auf insgesamt 4980 Nächte mit sexueller Aktivität. Eine beachtliche Leistung.

rh & db

6 der teuersten Frauen aller Zeiten

1. Lamia (verlangte 250 Talente)
Diese griechische Kurtisane forderte von Demetrius Poliorketes, dem König von Makedonien, einen Preis, der etwa 1 500 000 Drachmen entspricht. Als Gegenleistung versprach sie ihm ihre uneingeschränkte Liebe. Der König akzeptierte den Preis – und erhob eine Sondersteuer auf Seife, um das Geld herbeizuschaffen.

2. Lais (verlangte 10 000 Drachmen)
Demosthenes war so vernarrt in diese in Sizilien geborene griechische Kurtisane, daß er ihr 1000 Drachmen für eine einzige Nacht bot. Als sie ihn sah, erhöhte sie den Preis auf 10 000 Drachmen. Sie wußte sich zu verkaufen, doch gab sie sich andererseits umsonst dem ungeschliffenen asketischen Philosophen Diogenes hin.

3. Ninon de Lenclos (verlangte 50 000 Kronen)
Der französische Politiker Kardinal Richelieu zahlte einst 50 000 Kronen für eine Nacht mit Ninon, der bekanntesten Hetäre Frankreichs im 17. Jahrhundert. Sie nahm das Geld, schickte jedoch eine Freundin zu dem Rendezvous.

4. Laura Bell (verlangte 250 000 Pfund)
Die ehemalige Verkäuferin aus Belfast wurde zur begehrtesten Prostituierten von London. 1850 verlangte sie von Prinz Jung Badahur, dem wohlhabenden Premierminister des Maharadschas von Nepal, 250 000 Pfund für eine einzige Nacht. Er zahlte die geforderte Summe. Später wurde sie fromm, heiratete den Neffen des Bischofs von Norwich und predigte den Gläubigen von den Wonnen der Keuschheit.

5. Gräfin Nicchia de Castiglione (verlangte eine Million Francs)
Die italienische Gräfin war Mätresse Napoleons III. von Frankreich und des Prinzen Jérôme Bonaparte. Sie galt als die schönste Frau ihrer Zeit. Aber sie war sehr extravagant. Als der Graf von Yarmouth, der Sohn des reichsten Mannes von England, ihr eine Million Francs für eine Liebesnacht anbot, nahm sie an. Als die Nacht vorüber war, war sie so lädiert, daß sie eine Woche im Bett bleiben mußte.

6. Kitty Fisher (verlangte 100 Guineen)
Sie war die höchstbezahlte Prostituierte Londons. Als der Herzog von York ihr bescheidene 50 Pfund gab, nicht einmal die Hälfte dessen, was sie sonst für eine Nacht bekam, warf sie ihn aus dem Bett. Dann ließ sie den Geldschein in eine Pastete einbacken und verspeiste ihn zum Frühstück. 1765 heiratete sie ein Mitglied des englischen Parlaments.

Benjamin Franklins
8 Gründe, eine ältere Frau zu heiraten

1. Weil ältere Frauen mehr von der Welt wissen und in ihren Köpfen mehr Beobachtungen angesammelt haben; ihre Konversation ist kultivierter und auf die Dauer angenehmer.
2. Weil sich Frauen, wenn sie aufhören, schön zu sein, darum bemühen, gut zu sein. Um ihren Einfluß auf Männer nicht zu verlieren, gleichen sie den Verlust an Schönheit dadurch aus, daß sie sich in erhöhtem Maße nützlich machen. Sie erweisen einem Tausende von kleinen und großen Diensten, und wenn man krank ist, sind sie die einfühlsamsten und hilfreichsten Freunde. Und zugleich sind sie doch weiterhin begehrenswert. Deshalb, meine ich, wird man wohl kaum jemals eine ältere Frau finden, die keine gute Frau ist.

3. Weil die Gefahr, daß Kinder gezeugt werden, die, wenn sie ungeplant kommen, viele Unannehmlichkeiten mit sich bringen, von vornherein ausgeschlossen ist.
4. Weil sie wegen ihrer größeren Erfahrung in der Behandlung von Affären vorsichtiger und diskreter sind und Gerüchte zu vermeiden trachten. Der Umgang mit ihnen ist daher sicherer in Hinblick auf den eigenen Ruf; und auch hinsichtlich ihres Rufes, insofern die Angelegenheit bekannt werden sollte, denn die Leute sind eher geneigt, einer älteren Frau zu verzeihen, die sich freundlicherweise eines jungen Mannes annimmt, durch ihre guten Ratschläge seine Manieren prägt und es verhindert, daß er bei käuflichen Dirnen seine Gesundheit und sein Vermögen ruiniert.
5. Weil sich bei jedem Tier mit aufrechtem Gange der Mangel jenes Saftes, der die Muskeln vor Kraft strotzen läßt, zuerst in den oberen Teilen bemerkbar macht. Als erstes zeigt das Gesicht Runzeln und Falten, dann der Hals; dann Brust und Arme; während die unteren Teile so straff wie eh und je bleiben; und wenn man also den ganzen oberen Teil mit einem Korbe bedeckt, und nur das betrachtet, was unterhalb des Gürtels liegt, ist es unmöglich, die ältere von der jüngeren Frau zu unterscheiden. Und da bei Nacht alle Katzen grau sind, ist das Erlebnis körperlichen Vergnügens mit einer älteren Frau mindestens gleichwertig, jedoch häufig sogar größer, weil jede Fertigkeit sich durch Übung noch verbessern läßt.
6. Weil die Sünde geringer ist. Wer eine Jungfrau verführt, treibt sie gar zu oft in den Ruin und macht sie ein Leben lang unglücklich.
7. Weil die Gewissensbisse geringer sind. Der Gedanke, ein junges Mädchen unglücklich gemacht zu haben, könnte einen für lange Zeit bedrücken. Das kann einem nicht passieren, wenn man eine ältere Frau *glücklich* macht.
8. & letztens: Sie sind so dankbar!!!

Quelle: *«Advice to a Young Man»*, Philadelphia, 25. Juni 1745.

Die sexuellen Abweichungen und Eigenarten von 15 bekannten Männern

1. Caligula (römischer Kaiser; 12–41 n Chr.)
Vergewaltigte eine seiner Schwestern und zwang die andere zur Prostitution. Wenn er eine Frau zum Ehebruch verleitete (egal, ob sie wollte oder nicht), verbot er ihr hinterher jegliches Geschlechtsverkehr und leitete dann im Namen ihrer Ehemänner öffentlich die Scheidung ein. Immer wenn er den Hals seiner Frau oder einer seiner Mätressen küßte, flüsterte er: «Ich brauche es nur zu befehlen, dann fällt dieser Kopf.»

2. St. Augustin von Canterbury (erster Erzbischof von Canterbury; † 604)
Lehnte jede Art von Sexualität ab, weil das Sperma aus demselben Organ austritt wie der Urin.

3. Papst Alexander VI. (1431?–1503)
Er war ein begeisterter Orgienfeierer. Einmal ließ er bei einem Bankett seine Gäste von 50 nackten Prostituierten bedienen und setzte einen Preis für den Mann aus, der am häufigsten kopulieren konnte.

4. Samuel Pepys (englischer Autor; Verfasser von Tagebüchern; 1633–1703)
Er kaufte sich pornographische Bücher, schlug sie zur Tarnung in einfaches Papier ein und las sie in einem Stück durch, wobei er in ein exzessives Onanieren verfiel. Nach der kräftezehrenden Lektüre verbrannte er die Bücher. Er notierte jeden Akt der Selbstbefriedigung in seinem Tagebuch, wobei er ein bestimmtes Symbol verwendete. In seinen Aufzeichnungen berichtet er auch von seiner Vorliebe für die Brust der Zofe seiner Frau: «Ich spüre, daß die Liebe in mir über alle Maßen anwächst, wenn ich am Morgen, während sie mich ankleidet, ihre Brüste berühre, die die schönsten sind, die ich je in meinem Leben gesehen habe.»

5. Louis François de Bourbon, Prince de Condé (französischer Politiker; 1717–1776)
Im Alter von 40 Jahren trieb er es mit Madame Deschamps 12mal in einer einzigen Nacht. Er war so stolz über diese Leistung, daß er die Zahl auf seine sämtlichen Knöpfe gravieren und auf alle seine Hemden sticken ließ. Außerdem kaufte er sich 12 Gewehre und 12 Schwerter. Er besaß 12 Geschirre, ließ zu jeder Mahlzeit 12 Gänge servieren, gönnte sich jeden Tag 1200 Francs Taschengeld und gab stets 12 Louis Trinkgeld.

6. Herzog von Wellington (englischer Feldmarschall; 1769–1852)
Ein gefühlskalter Mann, der eine Affäre mit Harriette Wilson, einer berüchtigten Hure, hatte. Sie soll ihn als den langweiligsten von all ihren Liebhabern bezeichnet haben. Als sie ihm drohte, sie werde, wenn er nicht zahle, ihre Memoiren veröffentlichen und darin auch ihre Liaison mit ihm erwähnen, schrieb er zurück: «Veröffentliche sie und geh zum Teufel!»

7. Napoleon (französischer Kaiser; 1769–1821)
Er hielt sich mehr Mätressen als Ludwig XV., Franz I. und Heinrich IV. zusammen. Er liebte «wie ein Feuerwehrmann, der einen Brand löscht», sagte seine erste Frau Joséphine. In ihrer Hochzeitsnacht glaubte Joséphines Hund, Napoleon würde sie angreifen, sprang unter die Bettdecke und biß dem erschrockenen Liebhaber in das kaiserliche Bein.

8. Lewis Carroll (englischer Schriftsteller; 1832–1898)
Es war sein Hobby, jungfräuliche Mädchen nackt zu fotografieren.

9. Leopold von Sacher-Masoch (österreichischer Schriftsteller; 1836–1895)
Als Kind versteckte er sich im Schrank seiner Tante und beobachtete, wie sie mit ihrem Liebhaber schlief. Er wurde entdeckt und verprügelt. Diese Verbindung von Erregung und Schmerz konnte er nicht vergessen. Als Erwachsener sah er gern zu, wenn seine Mätresse Verkehr mit anderen Männern hatte. Eine besondere Erregung überkam ihn, wenn er sich von Frauen, die in Pelze gehüllt waren, auspeitschen ließ.

10. Algernon Swinburne (englischer Dichter; 1837–1909)
Er mußte in Eton mehrere schwere Prügelstrafen über sich ergehen lassen – eine traumatische Erfahrung, die ihn zu einem zwanghaften Flagellanten werden ließ. Seine einzige heterosexuelle Beziehung zu einer drallen amerikanischen Zirkusreiterin in seinen mittleren Jahren scheiterte. «Ich kann ihm nicht klarmachen», sagte sie, «daß er mit Beißen bei mir nichts ausrichten kann.»

11. Sir Edmund Gosse (englischer Kritiker; 1849–1928)
Er wurde während eines Gedenkgottesdienstes zu Ehren des Dichters Robert Browning in der Westminster Abbey dabei ertappt, wie er lechzend Bilder von nackten Männern betrachtete.

12. Leonard Smithers (englischer Verlagsdirektor; 1861–1907)
Sein Hobby war es, Mädchen zu entjungfern. «Er liebte Erstausgaben», schrieb Oscar Wilde.

13. Henri de Toulouse-Lautrec (französischer Maler; 1864–1901)
Er lebte in einem Bordell. Durch Unfälle während seiner Kindheit war er verkrüppelt und litt an einer Hypertrophie (extreme Vergrößerung) des Penis. Von den Mädchen wurde er «Teekanne» genannt.

14. Jean Genet (französischer Schriftsteller; * 1910)
Er war der Onanie verfallen. Sartre schrieb, daß Genet «seine eigenen Zärtlichkeiten vorzieht, weil die Freude, die man empfängt, mit der Freude, die man gibt, zusammenfällt».

15. Roman Polanski (polnischer Regisseur; * 1933)
Er hat eine Vorliebe für ganz junge Mädchen. In einem von viel Publicity begleiteten Prozeß wegen der Vergewaltigung einer Dreizehnjährigen in Hollywood mußte er psychiatrische Untersuchungen über sich ergehen lassen und entzog sich schließlich dem Gericht, das ihn zu einer langjährigen Gefängnisstrafe hätte verurteilen können, durch die Flucht nach Frankreich. *jbe & cb*

Sexuelle Kuriositäten
von 8 bekannten Frauen

1. Shan-Jin (chinesische Prinzessin; Sung-Dynastie)
Auf ihrem gewaltigen Bett, das nach ihren eigenen Entwürfen gebaut worden war, konnte sie sich mit 30 Männern gleichzeitig vergnügen.

2. Joséphine de Beauharnais (Kaiserin von Frankreich; 1763–1814)
Ihr extrem stürmischer und lauter Geschlechtsverkehr mit Napoleon riß die Bewohner des ganzen Palastes aus dem Schlaf. Es kam auch vor, daß die beiden krachend aus dem Bett fielen.

3. Pauline Bonaparte (Napoleons Schwester; 1780–1825)
Eine unverbesserliche Nymphomanin, die unglücklicherweise einen Mann mit einem winzigen Penis heiratete. Schnell fand sie einen Liebhaber, dessen Penis nicht nur die zu ihrer Befriedigung erforderlichen Ausmaße besaß, sondern sogar ein wenig zu groß war, so daß sie sich des öfteren an ihm verletzte. Ihre Ärzte bestanden darauf, daß sie die Affäre beendete. Ihr Gynäkologe schrieb in einem Gutachten: «Der gegenwärtige Zustand des Uterus ist auf eine permanente chronische Reizung durch das Mannesorgan zurückzuführen. Diese Reizung muß unbedingt vermieden werden, da die Gesundheit sonst ernsthaft gefährdet ist.»

4. Theresa Berkley (englische Bordellbesitzerin; † 1836)
Sie war die Königin der Flagellanten. In ihrem Etablissement konnten die Gäste, so hieß es in ihrer Anzeige, «geschlagen, ausgepeitscht, geprügelt, gegeißelt, mit Nadeln gestochen, halb gehenkt, mit Stechpalmenzweigen, Stechginsterzweigen, Mäusedornzweigen und Stacheltauen traktiert, gestriegelt, zur Ader gelassen» werden. Ihre Peitschen bewahrte sie stets in Wasser auf, um ihre Geschmeidigkeit zu erhalten. Nach besonders schwerer Prügel brachte sie bewußtlose Kunden mit ihren Stacheltauen wieder auf die Beine. Auch ihr selbst bereitete es große Lust, sich auspeitschen zu lassen. Sie ist die Erfinderin eines monströsen Peitschapparates, der unter der Bezeichnung «Berkley-Pferd» bekannt wurde. Ihr genialer Apparat erfreute sich einer derartigen Beliebtheit, daß sie ihrem Bruder, einem Missionar, ein Vermögen von mehr als 10 000 Pfund hinterließ, als sie starb. Später fand ihr Bruder heraus, woher ihr Reichtum stammte, und verweigerte die Annahme des Erbes.

5. Lady Jane Ellenborough (englische Abenteurerin; 1807–1881)
Zu ihren Liebhabern gehörten König Ludwig I. von Bayern, dessen Sohn König Otto von Griechenland und Honoré de Balzac. Sie heiratete einen Beduinenhäuptling und schrieb mit 73 Jahren in ihr Tagebuch: «Seit einem Monat und 20 Tagen hat Medjuel nicht mehr mit mir geschlafen. Was kann nur der Grund dafür sein?»

Lady Jane Ellenborough, eine englische Schönheit, zu deren Liebhabern König Ludwig I. von Bayern, sein Sohn Otto von Griechenland und Honoré de Balzac gehörten.

6. George Eliot (englische Schriftstellerin; 1819–1880)
Lebte in einer reibungslos funktionierenden Dreiecksbeziehung.

7. Victoria (Königin von England; 1819–1901)
Als ihr ein Gesetzentwurf gegen die Homosexualität vorgelegt wurde, hörte sie das erste Mal, daß es so etwas wie lesbische Liebe gibt. Sie weigerte sich, an die Existenz einer solchen Liebe zu glauben, und strich alle Passagen des Textes, die sich auf Frauen bezogen. So machte sie die männliche Homosexualität zu einem Vergehen, die lesbische Liebe dagegen blieb rechtmäßig.

8. Prinzessin Anne (Tochter von Königin Elizabeth II.; * 1950)
Sie war die einzige weibliche Teilnehmerin bei den Olympischen Spielen von 1976 in Montreal, die sich keinem Geschlechtstest unterziehen mußte. *jbe*

4 Leute, die den Strapazen des Beischlafs erlagen

1. Attila der Hunnenkönig (406?–453)
2. Félix Faure (Präsident von Frankreich; 1841–1899)
Er erlitt während des Geschlechtsverkehrs mit seiner Geliebten auf seinem «Sex-Stuhl», einer Spezialanfertigung, einen Herzanfall und starb.
3. Leo VIII. (Papst von 963–965)
Starb, während er unkeusch war, an einem Schlaganfall.
4. Frederik VIII. (König von Dänemark; 1843–1912)
Brach nach einem Schäferstündchen tot an der Ecke Schwiegerstraße (heute Kalkhof)/Gänsemarkt in Hamburg zusammen. Der König war in dieser ehemals berüchtigten Gegend inkognito unterwegs. Sein Leichnam wurde auf die nächste Polizeiwache gebracht. Er konnte erst durch den Adjudanten des Königs identifiziert werden.

jbe & cb

66 bekannte Homosexuelle und Bisexuelle

Mit Unterstützung des amerikanischen Homosexuellen-Magazins *Advocate* sind zwei Listen bekannter weiblicher und männlicher Homosexueller aus Vergangenheit und Gegenwart erstellt worden. Auch bekannte Bisexuelle haben wir dabei berücksichtigt. Bei der Nennung von Namen noch lebender Personen haben wir uns auf solche beschränkt, die sich öffentlich zu ihrer Homosexualität bekannt und ihre Veranlagung zur Diskussion gestellt haben.

Frauen

1. Sappho (wirkte etwa 600 v. Chr.), griechische Dichterin
2. Christine (1626–1689), Königin von Schweden
3. Madame de Staël (1766–1817), französische Schriftstellerin
4. Gertrude Stein (1874–1946), amerikanische Schriftstellerin
5. Alice B. Toklas (1877–1967), amerikanische Schriftstellerin und Köchin, Freundin von Gertrude Stein.
6. Virginia Woolf (1882–1941), englische Schriftstellerin
7. Victoria Sackville-West (1892–1962), englische Schriftstellerin
8. Bessie Smith (1894–1937), amerikanische Sängerin
9. Kate Millett (geb. 1934), amerikanische Schriftstellerin
10. Janis Joplin (1943–1970), amerikanische Sängerin

Männer

1. Zeno der Ältere (5. Jhd. v. Chr.), griechischer Philosoph
2. Sophokles (498?–406 v. Chr.), griechischer Tragiker
3. Euripides (480?–406? v. Chr.), griechischer Dramatiker

Die amerikanische Schriftstellerin Gertrude Stein (links) und ihre Freundin Alice B. Toklas, die Erfinderin des Haschischkuchens.

4. Sokrates (470?–399 v. Chr.), griechischer Philosoph
5. Plato (427?–347 v. Chr.), griechischer Philosoph
6. Aristoteles (384–322 v. Chr.), griechischer Philosoph
7. Alexander der Große (356–323 v. Chr.), König von Makedonien
8. Julius Cäsar (100–44 v. Chr.), römischer Kaiser
9. Hadrian (76–138 n. Chr.), römischer Kaiser
10. Richard Löwenherz (1157–1199), König von England
11. Eduard II. (1284–1327), König von England
12. Richard II. (1367–1400), König von England
13. Sixtus IV. (1414–1484), Papst
14. Sandro Botticelli (1444?–1510), italienischer Maler
15. Leonardo da Vinci (1452–1519), italienischer Maler und Wissenschaftler
16. Michelangelo Buonarroti (1475–1564), italienischer Maler und Bildhauer
17. Montezuma II. (1480–1520), Herrscher der Azteken

18. Julius III. (1487–1555), Papst
19. Benvenuto Cellini (1500–1571), italienischer Goldschmied
20. Heinrich III. (1551–1589), König von Frankreich
21. Francis Bacon (1561–1626), englischer Philosoph und Politiker
22. Christopher Marlowe (1564–1593), englischer Dramatiker
23. Jakob I. (1566–1625), König von England
24. John Milton (1608–1674), englischer Schriftsteller
25. Jean-Baptiste Lully (1632–1687), französischer Komponist
26. Peter der Große (1672–1725), Zar von Rußland
27. Friedrich der Große (1712–1786), König von Preußen
28. Gustav III. (1746–1792), König von Schweden
29. Alexander von Humboldt (1769–1859), deutscher Naturforscher
30. George Gordon Lord Byron (1788–1824), englischer Dichter
31. Hans Christian Andersen (1805–1875), dänischer Dichter
32. Nikolai Gogol (1809–1852), russischer Schriftsteller
33. Walt Whitman (1819–1892), amerikanischer Dichter
34. Horatio Alger (1832–1899), amerikanischer Schriftsteller
35. Samuel Butler (1835–1902), englischer Schriftsteller
36. Camille Saint-Saëns (1835–1921), französischer Komponist
37. Algernon Swinburne (1837–1909), englischer Dichter
38. Peter Tschaikowsky (1840–1893), russischer Komponist
39. Paul Verlaine (1844–1896), französischer Dichter
40. Arthur Rimbaud (1854–1891), französischer Dichter
41. Oscar Wilde (1854–1900), englischer Dramatiker
42. Frederick Rolfe (Baron Corvo) (1860–1913), englischer Schriftsteller
43. André Gide (1869–1951), französischer Schriftsteller
44. Marcel Proust (1871–1922), französischer Schriftsteller
45. W. Somerset Maugham (1874–1965), englischer Schriftsteller
46. E. M. Forster (1879–1970), englischer Schriftsteller
47. John Maynard Keynes (1883–1946), englischer Nationalökonom
48. Harold G. Nicholson (1886–1961), englischer Diplomat und Schriftsteller
49. Ernst Röhm (1887–1934), deutscher Nazi-Führer
50. T. E. Lawrence (1888–1935), englischer Archäologe, Soldat und Schriftsteller
51. Jean Cocteau (1889–1963), französischer Schriftsteller
52. Waclaw Nijinsky (1890–1950), russischer Ballettänzer
53. Bill Tilden (1893–1953), amerikanischer Tennisspieler
54. Federico García Lorca (1898–1936), spanischer Dichter
55. Christopher Isherwood (* 1904), englischer Schriftsteller
56. Dag Hammarskjöld (1905–1961), schwedischer UNO-Generalsekretär
57. W. H. Auden (1907–1973), englisch-amerikanischer Dichter
58. Jean Genet (*1910), französischer Dramatiker
59. Tennessee Williams (1914–1983), amerikanischer Dramatiker
60. Pier Paolo Pasolini (1922–1975), italienischer Filmregisseur

61. Brendan Behan (1923–1964), irischer Schriftsteller
62. Truman Capote (* 1924), amerikanischer Schriftsteller
63. Allen Ginsberg (* 1926), amerikanischer Dichter
64. Rosa von Praunheim (* 1942), deutscher Filmemacher
65. David Bowie (* 1947), englischer Sänger
66. Elton John (* 1947), englischer Sänger

2 Männer, die sich als Frauen, und 8 Frauen, die sich als Männer ausgaben

1. Der Abbé d'Entragues
Die Mutter des Abbé d'Entragues – ein Vorfahr Balzacs – hatte während ihrer Schwangerschaft auf ein Mädchen gehofft. Als sie statt dessen einen Jungen gebar, beschloß sie, ihn wie eine Tochter aufzuziehen. Aus der Erziehung, die sie ihrem Sohn zuteil werden ließ, erklärt sich die spätere feminine Veranlagung des Abbé. Tagsüber trug er eine seinem sozialen und beruflichen Stand gemäße Männerkleidung, abends jedoch schlüpfte er in Frauenkleider und setzte sich eine Perücke auf.

2. Philipp von Orléans
Es war jedem, der sich am Hof Ludwigs XIV. von Frankreich aufhielt, bekannt, daß Philipp, der Bruder des Königs und Herzog von Orléans, biologisch ein Mann war, doch unerklärlicherweise darauf bestand, in Kleidung und Benehmen als Frau aufzutreten. Der Schriftsteller Saint-Simon beschrieb Philipp als «kleinen, dickbäuchigen Mann, der auf hohen Hacken umherspazierte. Er kleidete sich stets als Frau und war immer mit Ringen, Armreifen und wertvollen Steinen geschmückt. Er trug eine schwarze gepuderte Langhaarperücke und Bänder, wann immer sich ihm die Gelegenheit bot. Er duftete nach extravagantem Parfum und ... legte stets Rouge auf.» Und Prinzessin Palatine, die zweite Frau Philipps, berichtete, daß er «das Benehmen einer Frau hatte ... Er liebte es, mit Frauen und jungen Mädchen zusammen zu sein, um sie anzukleiden und ihr Haar zu kämmen.»

3. Catalina de Eranso
Catalinas Eltern bestimmten, daß sie eine Nonne werden sollte, und schickten sie in ein Dominikanerkloster. Gleich zu Beginn ihres Noviziats wurde sie von einer älteren Nonne sexuell mißbraucht. Sie floh und führte von nun an das Leben eines Mannes. Als Alonso Díaz Ramírez de Guzmán diente sie viele Jahre lang tapfer bei der spanischen Armee in Chile und Peru, wobei sie ihr wahres Geschlecht nicht nur

vor ihren vorgesetzten Offizieren, sondern sogar vor ihrem eigenen Bruder verbarg. Als sie 1624 verwundet wurde, gab sie das Versteckspiel auf und kehrte nach Spanien zurück, obwohl ein besonderer Dispens des Papstes Urban VIII. es ihr gestattete, sich auch weiterhin als Mann zu kleiden.

4.–5. Anne Bonney und Mary Read

Anne und Mary dienten beide auf einem Seeräuberschiff, das unter dem Befehl von Kapitän «Kattun-Jack» Rackham stand. Anne kam zwar als die Geliebte Rackhams an Bord, doch die zur Besatzung gehörende Mary, die vorher schon als Mann in einer europäischen Armee gedient hatte, überredete sie, ebenfalls Männerkleidung zu tragen und sich wie ein Mann mit Entermesser und Pistolen zu bewaffnen. Die beiden Frauen kämpften mit den Männern und wurden zusammen mit der übrigen Mannschaft gefangengenommen, als ihr Schiff im Oktober 1720 von einer jamaikanischen Fregatte aufgebracht wurde. Während ihres Prozesses behaupteten beide Frauen, schwanger zu sein. Das bewahrte sie vor dem Galgen. Mary wurde jedoch bald von einem heftigen Fieber befallen und starb im Gefängnis.

6. Deborah Sampson

Deborah trat 1778 unter dem Namen Robert Shirtliffe in die amerikanische Armee ein und verpflichtete sich, für die Dauer des Unabhängigkeitskrieges gegen England zu kämpfen. Obwohl sie an Kopf und Schulter schwer verwundet wurde, blieb ihr Geheimnis unentdeckt. Erst als sie in Philadelphia an Gehirnfieber erkrankte, ließ sich ihre wahre Identität nicht länger verbergen. Ihr Arzt meldete seine Entdeckung General Washington, der Deborah aus der Armee entließ und ihr eine Abfindung zahlte. Nach dem Krieg heiratete sie den Farmer Benjamin Gannett aus Massachusetts. Die amerikanische Regierung verlieh ihrer Anerkennung für Deborahs Dienste Ausdruck, indem sie ihr Land schenkte und ihr bis an ihr Lebensende eine Pension zahlte.

7. Dr. James Barry

Diese englische Dame (etwa 1793–1865), deren richtiger Name unbekannt ist, nahm im Alter von 16 Jahren die Rolle eines Mannes an, verbarg ihr Geheimnis sogar vor ihren engsten Freunden und Vertrauten und studierte Medizin an der Universität von Edinburgh. Sie diente als Militärarzt in verschiedenen Kolonialländern, half Leprakranken in Afrika und erlangte den Rang eines Inspektors des Colonial Medical Board. Der erste Mensch, der von ihrem wirklichen Geschlecht erfuhr, war der Arzt, der ihren Leichnam untersuchte und den Totenschein ausstellte.

8. Marie-Dorothée

Der Fall Marie-Dorothée – ihr Nachname blieb unbekannt – versetzte

Anfang des 19. Jahrhunderts die Ärzte in Erstaunen. Zwar hatte sie einen Mädchennamen und trug Frauenkleider. Dennoch konnten sich die fünf Ärzte, die sie im Alter von 23 Jahren untersuchten, nicht auf ihr Geschlecht einigen: Drei meinten, sie sei eine Frau, zwei hingegen, sie sei männlichen Geschlechts. Sie hatte eine zarte Figur und ein glattes Gesicht und besaß zwei Geburtsurkunden – für jedes Geschlecht eine.

9. Ellen Craft
Ellen ermöglichte sich und ihrem Mann die Flucht aus der Sklaverei, indem sie sich als Mann ausgab. Da sie selbst hell-, ihr Mann aber dunkelhäutig war, verkleidete sie sich als Plantagenbesitzer, und ihr Mann übernahm die Rolle des Dieners. So reisten die beiden von Macon in Georgia nach Norden, wobei sie in den besten Hotels logierten. Später bereisten sie gemeinsam Europa und hielten Vorträge, in denen sie die Abschaffung der Sklaverei forderten.

10. Barbara Ann Malpass
Im November 1959 wurde festgestellt, daß Charles Richard Williams, der im New Yorker Jefferson-County-Gefängnis gerade eine Haftstrafe wegen Landstreicherei abgesessen hatte, in Wirklichkeit ein Mädchen war. Sie war von zu Hause weggelaufen und vier Monate lang als Mann verkleidet durchs Land gezogen. Sie wählte die Tarnung, weil es ihr leichter schien, als männlicher Ausreißer durchzukommen, und sie wurde weder von den Gefängniswärtern noch von den anderen Häftlingen als Mädchen identifiziert, obwohl man sie bei ihrer Festnahme durchsucht hatte.

bf & mwj

Professor Gunter Schmidts
Liste der 10 wichtigsten Sachbücher zur Sexualität

Gunter Schmidt ist Professor in der Abteilung für Sexualforschung in der Psychiatrie der Universitätsklinik Hamburg-Eppendorf.

1. Günter Amendt: *«Das Sex Buch»*, Dortmund 1979
2. Martin Dannecker: *«Der Homosexuelle und die Homosexualität»*, Frankfurt a. M. 1978
3. Sigmund Freud: *«Drei Abhandlungen zur Sexualtheorie»*, Frankfurt a. M. 1978
4. Hans Giese: *«Zur Psychopathologie der Sexualität»*, Stuttgart 1973
5. *«Sexualität konkret»*, Band 1, Frankfurt a. M. 1980
6. John Money und Anke A. Ehrhardt: *«Männlich – Weiblich. Die Entstehung der Geschlechtsunterschiede»*, Reinbek 1975

7. Volkmar Sigusch (Hg.): *«Therapie sexueller Störungen»*, Stuttgart 1980 (2. Aufl.)
8. Robert J. Stoller: *«Perversion. Die erotische Form von Haß»*, Reinbek 1977
9. Jos von Ussel: *«Sexualunterdrückung. Geschichte der Sexualfeindschaft»*, Gießen 1977
10. Sammelbände der Hamburger und Frankfurter Abteilung für Sexualforschung: Volkmar Sigusch (Hg.): *«Ergebnisse zur Sexualmedizin»*, München 1973; Eberhard Schorsch und Gunter Schmidt (Hg.): *«Ergebnisse zur Sexualforschung»*, Köln 1975; Volkmar Sigusch (Hg.): *«Sexualität und Medizin»*, Köln 1979

Professor Schmidt erklärte: «Ich habe die Auswahl nach folgenden Gesichtspunkten getroffen: deutschsprachig (versteht sich), für den Laien verständlich (soweit sich Wissenschaftler verständlich machen können), in der Thematik breit gestreut.»

exklusiv für Rowohlts Bunte Liste

15

Brot und Spiele – Die Welt des Sports

Peter Bizers
7 große Sport-Listen

Peter Bizer leitet die Sportredaktion des *stern* in Hamburg. Er berichtete von sieben Olympischen Spielen sowie seit 15 Jahren von vielen internationalen Sportveranstaltungen. Er ist Autor mehrerer Sportbücher. Einige seiner Reportagen und Kommentare wurden mit Journalisten-Preisen ausgezeichnet.

Die 12 besten deutschen Sportler aller Zeiten

1. Max Schmeling (Boxen)
2. Rudolf Harbig (Leichtathletik)
3. Hans Günter Winkler (Reitsport)
4. Erich «Ete» Rademacher (Schwimmen/Wasserball)
5. Franz Beckenbauer (Fußball)
6. Gottfried von Cramm (Tennis)
7. Armin Hary (Leichtathletik)
8. Wilfried Dietrich (Ringen)
9. Fritz Walter (Fußball)
10. Alfred Schwarzmann (Turnen)
11. Gustav Jaenecke (Eishockey/Tennis)
12. Erhard Keller (Eisschnellauf)

Die 10 besten deutschen Sportlerinnen aller Zeiten

1. Gisela Mauermayer (Leichtathletik)
2. Rosi Mittermaier (Skisport)
3. Cornelia Ender (Schwimmen)
4. Heide Rosendahl (Leichtathletik)
5. Ingrid Engel-Krämer (Schwimmen/Turmspringen)
6. Marita Koch (Leichtathletik)
7. Christl Cranz (Skisport)
8. Helene Mayer (Fechten)
9. Gaby Seifert (Eiskunstlauf)
10. Liesel Westermann (Leichtathletik)

Die 10 besten Leichtathleten aller Zeiten

1. Jesse Owens (USA)
2. Paavo Nurmi (Finnland)
3. Emil Zatopek (ČSSR)

4. Bikila Abebe (Äthiopien)
5. Bruce Jenner (USA)
6. Sebastian Coe (England)
7. Al Oerter (USA)
8. Henry Rono (Kenia)
9. Rudolf Harbig (Deutschland)
10. Victor Sanejew (UdSSR)

Die 10 besten Leichtathletinnen aller Zeiten

1. Irina Szewinska (Polen)
2. Wilma Rudolph (USA)
3. Fanny Blankers-Koen (Holland)
4. Marita Koch (DDR)
5. Renate Stecher (DDR)
6. Gisela Mauermayer (Deutschland)
7. Heide Rosendahl (Bundesrepublik Deutschland)
8. Renate Fuchs (DDR)
9. Faina Melnik (UdSSR)
10. Nadeshda Tschiskowa (UdSSR)

Die 10 größten Athleten in der olympischen Geschichte der Neuzeit

1. Jesse Owens (USA)
2. Paavo Nurmi (Finnland)
3. Vera Caslavska (ČSSR)
4. Mark Spitz (USA)
5. Sawao Kato (Japan)
6. Wilma Rudolph (USA)
7. Al Oerter (USA)
8. Larissa Latynina (UdSSR)
9. Bob Beamon (USA)
10. Hans Günter Winkler (Bundesrepublik Deutschland)

Die 10 besten Schwimmer und Schwimmerinnen aller Zeiten

1. Johnny Weissmüller (USA)
2. Cornelia Ender (DDR)
3. Mark Spitz (USA)
4. Dawn Fraser (Australien)
5. Shane Gould (Australien)
6. Don Schollander (USA)
7. Erich «Ete» Rademacher (Deutschland)
8. Gertrude Ederle (USA)
9. Ursula Happe (Bundesrepublik Deutschland)
10. Roland Matthes (DDR)

Die 10 größten Athleten aller Zeiten

1. Jim Thorpe (Leichtathletik, Football, Baseball) USA

2. Muhammad Ali (Boxen) USA
3. Jesse Owens (Leichtathletik) USA
4. Paavo Nurmi (Leichtathletik) Finnland
5. Björn Borg (Tennis) Schweden
6. Al Oerter (Leichtathletik) USA
7. Edson Arantes de Nascimento «Pelé» (Fußball) Brasilien
8. Johnny Weissmüller (Schwimmen) USA
9. Eddy Merckx (Radsport) Belgien
10. Toni Sailer (Skisport) Österreich

exklusiv für Rowohlts Bunte Liste

5 dramatische Ereignisse in der Geschichte des Sports

1. Das Bannister-Landy-Duell (1954)
Bei diesem als «Meilenrennen des Jahrhunderts» angekündigten Wettlauf im Rahmen der Commonwealth-Spiele in Vancouver (Kanada) lieferten sich der Engländer Roger Bannister und der Australier John Landy, die mit vier weiteren Läufern an den Start gegangen waren, vor 35000 Zuschauern ein erbittertes Duell. Bannister hatte im selben Jahr als erster die Strecke von einer Meile unter vier Minuten gelaufen. Bis zu den Wettspielen in Vancouver war es nur Landy gelungen, diese Leistung zu wiederholen. Er hatte dabei sogar Bannisters Rekordzeit unterboten. Es war also völlig offen, wer von den beiden diesen Lauf gewinnen würde.
Vom Start an führte Landy, und Bannister war zunächst an dritter, dann an zweiter Stelle – bis zur letzten Runde. Beim Einbiegen in die Zielgerade schaut sich Landy um und sieht Bannister nicht mehr hinter sich. Im selben Moment hatte sein Rivale ihn überholt, rannte nun vor ihm und konnte den Abstand sogar noch vergrößern. Bannister gewann dieses historische Rennen mit einem Vorsprung von 4½ Metern in 3:58.8 Minuten vor seinem Rivalen, der die Strecke in 3:59.6 Minuten lief.

2. Der Kampf zwischen Joe Louis und Max Schmeling (1936)
Am 19. Juni 1936 wurden der «braune Bomber» und der deutsche Ex-Weltmeister in den Ring gerufen. Die Wetten in New York standen 10:1 für den Amerikaner. Schon in der zweiten Runde traf Louis das linke Auge seines Gegners, und bald konnte Schmeling nur noch mit dem rechten sehen. Doch schickte er Louis in der vierten Runde immerhin für vier Sekunden auf die Matte. In der siebten Runde wurde Louis wegen eines Tiefschlags verwarnt, in der achten wurde er langsamer und in der zwölften nutzte Schmeling blitzschnell eine Chance: Er traf Louis' ungedecktes Kinn und schlug ihn k. o. Der überraschende Sieg wurde in aller Welt in begeisterten Presseberichten gefeiert.

3. Das Endspiel Deutschland gegen England bei der Fußball-Weltmeisterschaft im Londoner Wembley Stadion (1966)
Sekunden vor dem Abpfiff der zweiten Halbzeit war es den Deutschen gelungen, auf 2:2 auszugleichen. Der Kampf um die Weltmeisterschaft mußte also um zweimal 15 Minuten verlängert werden. Der Schuß, den der Engländer Hurst dann in der 101. Minute auf das deutsche Tor abgab, wurde lange Zeit Anlaß erregter Diskussionen unter den Fußballfans. Was war geschehen? Zunächst hatte der Schiedsrichter entschieden, daß der Ball die Torlinie nicht überschritten hatte. Also kein Tor. Dann waren ihm Zweifel gekommen, und nach Rücksprache mit dem Linienrichter verkündete er plötzlich, es sei doch ein Tor gewesen. Also 3:2 für England. Dieses sogenannte «Tor des Jahrhunderts» brach die Moral der deutschen Mannschaft, die schließlich mit 4:2 verlor, doch auch an diesem vierten Treffer der Engländer war nicht alles makellos: Während des Schusses befanden sich bereits drei Fans auf dem Platz.

4. Das Basketball-Endspiel USA–UdSSR bei den Olympischen Sommerspielen in München (1972)
Als nach den dramatischen letzten Minuten dieses Endspiels der Schlußpfiff ertönte, hatte die Mannschaft der USA mit 50:49 Punkten gewonnen. Nachdem die meisten Spieler das Feld bereits verlassen hatten, stellte sich heraus, daß die Uhr falsch angezeigt hatte und daß noch drei Sekunden zu spielen seien. Unter Protest folgten die Amerikaner der Aufforderung, auf den Platz zurückzukehren. Die Russen warfen einen Korb, und es stand 51:50 für sie, als das Signal zum zweiten und letzten Mal ertönte. Empört lehnten die Amerikaner die Silbermedaille ab.

5. Das Achter-Finale der Ruderer bei den Olympischen Spielen in Rom 1960
Als die sechs Achter am 3. September 1960 im Albaner See zum Finale starteten, war völlig ungewiß, wer siegen würde. Konnten die Amerikaner, die als unerhört stark galten, ihrem Ruf gerecht werden? Aber auch den Kanadiern, den Tschechen und den Italienern wurden gute Chancen eingeräumt. Und natürlich den Deutschen, die von dem legendären Ruder-Professor Karl Adam trainiert wurden. Nach 100 Metern ist das Boot mit den deutschen Studenten in Führung. Auf 500, auf 1000 Meter können sie den Vorsprung halten. Dann setzen die Kanadier zum Spurt an, die anderen sind schon abgeschlagen, doch die deutschen Ruderer sind den Anstrengungen der Kanadier, die ihr Letztes geben, gewachsen. Bei 1500 Metern haben sie schon drei Sekunden Vorsprung vor den Kanadiern, und bei 1700 Metern beginnen auch sie mit dem Endspurt. Sie sind bei 2000 Metern im Ziel mit 5:57,18 Minuten – vier Sekunden vor den Kanadiern und acht Sekunden vor den Tschechen. Das war das schnellste Ruder-Finale in der Geschichte der Olympischen Spiele.

iw & dw & cb

Die 5 beliebtesten Sportler der Gegenwart

In Madame Tussauds Wachsfigurenkabinett wurden in den letzten Jahren 3500 Besucher nach ihren Lieblingssportlern gefragt. Hier sind die Ergebnisse.

Umfrage 1982
1. Daley Thompson
2. Björn Borg
3. John McEnroe
4. Kevin Keegan
5. Hurricane Higgins

Umfrage 1981
1. Björn Borg
2. John McEnroe
3. Sebastian Coe
4. Muhammad Ali
5. Kevin Keegan

Umfrage 1980
1. Björn Borg
2. Kevin Keegan
3. Muhammad Ali
4. Johann Cruyff
5. Geoffrey Boycott

24 Kraftmeiereien

1. Bybon (Olympia, 6. Jahrhundert v. Chr.)
Er hob einen 143 Kilo schweren Felsbrocken aus rotem Sandstein über seinen Kopf und warf ihn einige Meter weit. Die in den Riesenstein geritzte Beschreibung dieses Kraftaktes ist von Archäologen entdeckt worden.

2. Milo von Crotona (Griechenland, 540 v. Chr.)
Er konnte einen vierjährigen Ochsen (etwa eine Tonne schwer) fast 200 Meter weit tragen.

3. König Wilhelm I. von England (spätes 11. Jahrhundert)
Wilhelm der Eroberer konnte sich in voller Rüstung auf sein Pferd schwingen.

4. Thomas Fischer (London, 1716)
Er konnte ein 4,5-Kilo-Gewicht zwölf Minuten lang am ausgestreckten Arm halten.

5. Thomas Topham (Derby/England, 1736)
Während er mit dem Kopf auf dem einen und mit den Hacken auf dem anderen Stuhl lag, standen auf Tophams Körper vier Männer. Zugleich hielt er mit den Zähnen einen 1,80 Meter langen Tisch in die Höhe, auf dem ein 5-Pfund-Gewicht lag. Diese Darbietung wurde von rhythmischer Musik begleitet, und Topham schnippte mit den Fingern im Takt, während auf seinen ausgestreckten Armen je ein Mann tanzte.

6. Gustav Rehard (Lyon/Frankreich, 1793)
Rehard trug einen Billardtisch, auf dem sich zwei Gangster eine Messerstecherei lieferten, über sechs Meter weit zur Kneipe hinaus.

7. William Carr (Blyth/England, 1798)
Er konnte einen 500 Kilo schweren Anker eine halbe Meile weit tragen.

8. Giovanni Battista Belzoni (Italien, um 1800)
Belzoni trug ein Eisengestell, auf dem elf Männer mit einem Gesamtgewicht von etwa 770 Kilo standen, auf den Schultern über die Bühne.

9. Miles Darden (North Carolina/USA, 1798–1857)
Darden schleppte 462 Kilo mit sich herum – sein eigenes Gewicht. Er war 2,28 Meter groß und hatte einen Brustumfang von mehr als zwei Metern. Er mußte also sehr stark sein, um sich überhaupt fortbewegen zu können.

10. Louis Cyr (Sohmer Park in Montreal/Kanada, 1891)
Cyr ließ an jedem seiner Arme zwei Pferde befestigen. Dann wurden die kräftigen Tiere in entgegengesetzte Richtungen getrieben. Sie mühten sich vergebens ab. Cyr hielt der Zerreißprobe stand, ohne Verletzungen davonzutragen. Der Kanadier hat noch andere bemerkenswerte Kraftakte vollbracht. Zum Beispiel hat er 18 Männer, die auf einer an seinem niedergebeugten Rücken befestigten Plattform standen, ohne besondere Anstrengung hochgestemmt. Einen beladenen Lastwagen auf einen Hügel hinaufzuschieben oder ein 500-Pfund-Gewicht mit einem Finger vom Boden hochzuheben – solche und ähnliche Darbietungen gehörten schon fast zu den Routineübungen dieses Kraftprotzes.

11. Josephine Blatt (Bijou Theater in Hoboken/USA, 1895)
Sie ist bis heute die einzige Frau, der es gelungen ist, ein Gewicht von 1618 Kilo zu heben.

12. Eugene Sandow (New York/1890)
Bei seiner berühmten Nummer ‹Römische Säule› hing Sandow an einer Stange mit dem Kopf nach unten und richtete sich dann kerzengerade auf, während er gleichzeitig einen Mann oder ein entsprechendes Gewicht in den Händen hielt.

13. Paul von Boeckmann (New York, 1900)
Mit Daumen und Zeigefinger konnte Boeckmann ein Loch durch ein ganzes Kartenspiel stechen. Nur an dem Mittelfinger seiner rechten Hand hängend vollbrachte er drei Klimmzüge hintereinander.

14. William Pagel (Australien oder Süd-Afrika, um 1900)
Er konnte ein 1000 Pfund schweres Pferd zwei Leitern von jeweils vier Meter Höhe hinauftragen.

15. Anthony Barker (New York, USA, ca. 1900)
Während Barker flach auf dem Boden lag, sprang ihm ein Mann von einem Stuhl, der auf einem Tisch stand, aufs Gesicht. Barker wurde 103 Jahre alt.

16. Lionel Strongfort (Hippodrome in New York, um 1902)
Bei seiner Nummer ‹Lebende Brücke› ließ er auf seinem Rücken eine Plattform anbringen, auf der eine ganze Wagenladung Menschen (etwa 1500 Kilo Gesamtgewicht) Platz nahm. Außerdem konnte er ein 150-Pfund-Gewicht mit seiner rechten Hand hochheben.

17. Warren L. Travis (Brooklyn/New York, 1907)
Er konnte 600 Pfund mit einem Finger und 1000 Pfund mit zwei Fingern hochheben. Außerdem fing er 38-cm-Projektile, die von einem Katapult abgeschossen wurden, mit der Hand auf und trug 26 Menschen auf Händen und Knien, während er auf einer sich drehenden Plattform lag.

18. Rama Murti Naidu (Madras/Indien, 1910)
Naidu, der «indische Herkules», konnte einen 3150 Kilo schweren Elefanten tragen. Das Tier stand auf einem gepolsterten Brett, das quer über Naidus Körper lag. Der starke Mann schien von der Last geradezu platt gedrückt zu werden, doch er überstand diese ungeheure Belastung unversehrt.

19. Siegmund Breitbart (Essen, 1923)
Breitbart konnte einen fünf Millimeter dicken Eisenstab durchbeißen und pflegte Ketten, die um seine Brust gelegt waren, durch tiefes Luftholen zu sprengen.

20. Alexander «Samson» Zass (UdSSR, 1924)
Bei seinen berühmten Zirkusauftritten wurde ein 95 Pfund schweres Mädchen in eine Kanone gesteckt und abgefeuert und von Zass nach zwölf Metern bei einer Geschwindigkeit von 73 km/h aufgefangen. Samson hatte auch die Angewohnheit, dicke Eisenstäbe zu verbiegen.

21. Arthur Dandurand (Montreal/Kanada, 1920)
Er konnte einen mehr als 200 Kilo schweren Automotor 25 Meter weit tragen.

22. Frank Richards (Los Angeles, 1920)
Richards hielt den Aufprall einer knapp 100 Pfund schweren Kanonenkugel aus, die aus einer direkt vor ihm stehenden Kanone auf seinen Bauch abgefeuert wurde.

23. Alex Khatiaschwili (Tiflis/UdSSR, 1948)
Mit beiden Armen hob er eine über 30 Kilo schwere Riesenhantel mindestens 170mal über seinen Kopf.

24. Paul Anderson (Toccao/USA, 1957)
Anderson, 1956 Olympiasieger im Gewichtheben, hob einen mit schweren Autoteilen beladenen Tisch und einen mit Blei gefüllten Safe vom Boden auf. Das Gesamtgewicht betrug 2846 Kilo, das schwerste Gewicht, das je ein Mensch gehoben hat.

Quelle: «*The Super Athletes*» von David Willoughby, New York 1970.

db

Frank «Canonball» Richards in Aktion. Die Kugel, die gegen den Bauch des Kraftprotzes prallt, ist aus der direkt vor ihm stehenden Kanone abgeschossen und wiegt etwa 100 Pfund.

Ulrich Pramann:
10 Typen von Fußballfans

Ulrich Pramann ist Sportreporter beim *stern* und Autor des Buches «*Das bißchen Freiheit – Die fremde Welt der Fußballfans*».

1. Der Sachverständige
Ist meist im Bilde. Ein ruhiger Vertreter. Kommentiert fachkundig die Spielzüge («Abgeben, du Arschloch»), applaudiert allerdings auch. Betrachtet später noch einmal alles in der *Sportschau* und noch später im *Sportstudio* und montags im Sportteil seiner Zeitung.

2. Der Nörgler
Weiß alles besser. Arg ärgert ihn, daß die anderen von seinem Fachwissen nichts wissen wollen. Am liebsten wäre er Trainer geworden, um die faulen Hunde, Lahmärsche und Luschen auf Vordermann zu bringen.

3. Der Radaubruder
Betrachtet das Stadion als Arena, um seinen Ärger auszutoben. Die Vereinsfarben der gegnerischen Mannschaft sind für ihn ein rotes Tuch. Er schlägt zu, ohne zu fragen, wen er schlägt. Die Polizei bietet zusätzlichen Reiz für sein Tun.

4. Der Tribünenbesucher
Sitzt meist und steht über den Dingen. Betrachtet Fußball als eine Sache, die nicht wichtiger ist als Kino, Spaziergang oder Fremdgehen. Kommt hauptsächlich bei schönem Wetter oder wenn eine attraktive Paarung anliegt.

5. Der Berauschte
Wankt mit Fahne ins Stadion. Privates Motto: Lieber ein stadtbekannter Säufer als ein anonymer Alkoholiker. Hofft, daß ihm der Suff einen schönen Fußballrausch beschert.

6. Der Sänger
Strapaziert die eigene Kehle und das Taktgefühl der anderen. Maunzt unablässig und unabhängig von der augenblicklichen Tabellensituation das hohe Lied auf seinen Verein: «*Wer wird Deutscher Meister ...*»

7. Der Abenteurer
Betrachtet das Stadion als letzten Abenteuerspielplatz. Die Tage bis zum Wochenende muß er oftmals mit «Schnauze halten» absolvieren. Samstags «haut er auf den Putz» und «läßt die Sau raus». Will sagen: Lebt auf, ordnet sich nicht unter.

8. Der Sammler
Ist einem menschlichen Urtrieb verfallen: Jagt Autogrammen hinterher, häuft Anstecknadeln, Wimpel, Stadionzeitungen, bedruckte Bettwäsche, Vereinslieder oder Vereinsposter oder ähnlich unnütze Utensilien und schmückt damit sein Heim.

9. Der Vereinsmeier
Sucht Geborgenheit und die geregelte Gesellschaft Gleichgesinnter und schließt sich zu diesem Zweck einem Fanclub an. In dieser Gruppe reglementiert er sein bißchen Freizeit straff, denn alles muß seine Ordnung haben.

10. Der Träumer
Bewundert die Fähigkeit der Fußballspieler, mit einer an sich niederträchtigen Bewegung – dem Treten – Ruhm und Wohlstand zu erlangen. Er wünscht diese Fähigkeit auch für sich.

exklusiv für Rowohlts Bunte Liste

Pelés
50 beste Fußballspieler der Geschichte

Superstar und Starathlet Edson Arantes de Nascimento, eher bekannt als Pelé, der beste Fußballspieler der Welt und vielleicht der größte Athlet seiner Zeit. Er ist Mitglied der französischen Ehrenlegion und wurde von Papst Paul VI. und Elisabeth II., der Königin von England, zu Privataudienzen empfangen. Sein 4,7-Millionen-Dollar-Vertrag mit dem New Yorker Fußballclub COSMOS machte ihn zum höchstbezahlten Mannschaftssportler der Welt.

Garrincha, Brasilien
Zizinho, Brasilien
Didi, Brasilien
Nilton Santos, Brasilien
Luis Pereira, Brasilien
Djalma Santos, Brasilien
Gerson, Brasilien
Zito, Brasilien
Coutinho, Brasilien
Carlos Alberto, Brasilien
Julinho, Brasilien
Altafini, Brasilien
Metreveli, UdSSR
Jaschin, UdSSR
Beckenbauer, BRD
Uwe Seeler, BRD
Albert, Ungarn
Puskas, Ungarn
Bene, Ungarn
Carrizo, Argentinien
Dostefano, Argentinien
Sivori, Argentinien
Figueiroa, Chile
Reynoso, Chile
Deyna, Polen

Tomaszewski, Polen
Neeskens, Holland
Cruyff, Holland
Suarez, Spanien
Gento, Spanien
Eusebio, Portugal
Coluna, Portugal
Dzajic, Jugoslawien
Sekularac, Jugoslawien
Masopust, ČSSR
Kvasnak, ČSSR
Fachetti, Italien
Rivera, Italien
Bob Moore, England
Bob Charlton, England
Kamamoto, Japan
Benitez, Peru
Fontaine, Frankreich
Kopa, Frankreich
Gunnar Green, Schweden
Pedro Rocha, Uruguay
George Best, Nord-Irland
Van Hinst, Belgien
Rivelino, Brasilien
Carbajal, Mexiko

Pelés Manager Julio Mazzei fügte hinzu: «Pelé möchte nur die Spieler nennen, die er in seiner 20jährigen Karriere gesehen hat, aber er hat so viele gesehen, daß es ihm unmöglich ist, nur zehn zu nennen. Er will nicht, wie sonst üblich, unfair sein gegen so viele große Spieler, die mit oder gegen ihn spielten. Deshalb hat er ein anderes Kriterium gewählt: Er hat nur Spieler in seiner Liste aufgenommen, die zwischen 1956 und 1976 spielten. Er weiß, daß es große Spieler vor seiner Zeit gab, aber er hat sie nicht gesehen und möchte sie darum nicht nennen. Außerdem möchte er seine Aufstellung nicht als Rangliste verstanden wissen.»

exklusiv

Uwe Seelers
17 beste internationale Fußballer aller Zeiten

Uwe («uns Uwe») Seeler, der wohl bekannteste deutsche Nachkriegsfußballer seit Fritz Walter, war der bei Weltmeisterschaften am meisten eingesetzte Spieler der Welt. Er nahm an den Weltmeisterschaften von 1958, 1962, 1966 und 1970 teil. 1963 spielte er in der Weltauswahl, 1964 in der Europaauswahl. Seeler war zweimal Fußballer des Jahres und Bundesliga-Torschützenkönig. Sein Verein, der HSV, war – nicht zuletzt durch Seelers Einsatz – 1960 Deutscher Meister, 1963 DFB-Pokalsieger und spielte 1968 im Finale um den Europapokal. Seelers Rat wird auch heute noch beim HSV geschätzt.

1. Pelé
2. Johann Cruyff
3. Bobby Charlton
4. Stanley Matthews
5. Alfredo di Stéfano
6. Ferenc Puskas
7. Fritz Walter
8. Franz Beckenbauer
9. Eusebio
10. Giacinto Facchetti
11. Sandro Mazzola
12. Gianni Rivera
13. Didi
14. Francisco Gento
15. Djalma Santos
16. Josef Masopust
17. Kevin Keegan
18. George Best
19. Dennis Law
20. Wolfgang Overath
21. Günter Netzer
22. Allan Simonsen
23. Billy Wright
24. Sandor Kocsis
25. Laszlo Kubala
26. Suarez
27. Paul Breitner

exklusiv für Rowohlts BunteListe

Keiner kann ihn stoppen: Paul Breitner «klärt».

Uwe Seelers
15 beste deutsche Spieler

1. Fritz Walter
2. Franz Beckenbauer
3. Günter Netzer
4. Wolfgang Overath
5. Jürgen Grabowski
6. Paul Breitner
7. Helmut Haller
8. Karl-Heinz Schnellinger
9. Helmut Rahn
10. Willi Schulz
11. Hans Schäfer
12. Gerd Müller
13. Berti Vogts
14. Jupp Posipal
15. Max Morlock

Anmerkung der deutschen Herausgeber: Uwe Seeler ist zu hanseatisch bescheiden, seinen eigenen Namen auf den beiden Listen zu nennen. Wir tun es für ihn. «Uns Uwe» war immer einer der besten.

exklusiv für Rowohlts Bunte Liste

Uwe Seelers
4 beste Torhüter aller Zeiten

1. Jeff Banks, England
2. Lew Jaschin, UdSSR
3. Dino Zoff, Italien
4. Sepp Maier, Bundesrepublik Deutschland

exklusiv für Rowohlts Bunte Liste

Uwe Seelers
10 beste deutsche Fußballclubs

1. 1. FC Köln
2. 1. FC Bayern
3. Borussia Mönchengladbach
4. 1. FC Frankfurt
5. HSV
6. Schalke 04
7. Borussia Dortmund
8. VfB Stuttgart
9. 1. FC Kaiserslautern
10. MSV Duisburg

exklusiv für Rowohlts Bunte Liste

Gustav «Bubi» Scholz'
11 beste Schwergewichtsboxer aller Zeiten

Gustav Scholz, zweifellos der erfolgreichste und populärste Berufsboxer Deutschlands nach dem Krieg, war 1964 Europameister im Halbschwergewicht. Er hat insgesamt 96 Kämpfe im Berufsring ausgetragen, davon 88 gewonnen (allein 47 vorzeitig), sechs unentschieden geboxt und nur zwei (durch Punktentscheid) verloren. Ein glänzender Kampfrekord. Seinen Werdegang hat er in der Autobiographie *«Der Weg aus dem Nichts»* beschrieben.

1. Muhammad Ali (Cassius Clay)
2. Joe Louis

Beide sind in ihrer Zeit Ausnahmeerscheinungen gewesen, die mit allen Qualitäten für diesen Beruf ausgestattet waren: athletisch, reaktionsschnell, technisch und taktisch, wie auch mit einmaliger Konzentration und Timing der Schläge. Muhammad Ali ließ in den letzten Jahren seiner Box-Karriere mehr Ambitionen zu Show-Effekten erkennen, die auf Kosten seines Boxens gingen und früher von den Ringrichtern gar nicht erlaubt worden wären.

3. James J. Corbett
4. Gene Tunney

Beide versuchten, mit ihrem Stil dem bis dahin reinen Kampfsport im einfachsten Sinne des Wortes neue technische Impulse zu geben.

5. John L. Sullivan
6. Jack Johnson

Sie waren die Urtypen des damaligen Faustkampfes, bei dem es noch über -zig Runden ging und erst die totale Niederlage des einen den Kampf beendete.

7. Rocky Marciano
8. Joe Frazier

Sie waren der Inbegriff boxerischer Kampfmaschinen und Konditionswunder. Totaler Kampf: Sie gaben und nahmen alles, wozu sie physisch in der Lage waren.

9. Charles Ezzard
10. Floyd Patterson

Sie waren die technisch versiertesten Boxer.

11. Max Schmeling

Ein Boxer, den eine unnatürliche Kälte in der Berechnung seiner Chancen zu einer Ausnahme macht.

Gustav Scholz fügte hinzu: «Ich persönlich sehe nicht in den Schwergewichtlern die unbedingt besten Boxer und glaube, daß ein Mann wie Ray «Sugar» Robbinson, der nur im Welter- und Mittelgewicht boxte (mit einigen Kilo mehr), der beste von allen gewesen ist.»

exklusiv für Rowohlts Bunte Liste

Die 10 besten Schwergewichtsboxer aller Zeiten

Dies ist eine von Redakteuren des berühmtesten Boxsport-Magazins, *The Ring*, aufgestellte Liste. Die Auswahl bezieht sich auf die Zeit von 1892 (als man anfing, Boxhandschuhe zu tragen) bis 1975.

1. Joe Louis
Boxte von 1934 bis 1951.
Siege: 54 durch k.o., 13 nach Punkten, 1 durch Ausschließung des Gegners. Niederlagen: 2 durch k.o., 1 nach Punkten. Insgesamt 71 Kämpfe.
Weltmeister im Schwergewichtsboxen von 1937 (Sieg über James J. Braddock durch k.o. in der 8. Runde) bis 1950 (Niederlage nach Punkten in der 15. Runde im Kampf gegen Ezzard Charles).

2. Jack Dempsey
Boxte von 1915 bis 1931.
Siege: 108 durch k.o., 25 nach Punkten, 1 durch Ausschließung des Gegners. Unentschieden: 5. Ohne Entscheidung: 4. Niederlagen: 1 durch k.o., 4 nach Punkten. Insgesamt 148 Kämpfe.
Weltmeister im Schwergewichtsboxen von 1919 (Sieg über Jess Willard durch k.o. in der 3. Runde) bis 1926 (Niederlage nach Punkten in der 10. Runde im Kampf gegen Gene Tunney).

3. Jim Jeffries
Boxte von 1896 bis 1921.
Siege: 16 durch k.o., 4 nach Punkten. Unentschieden: 2. Niederlagen: 1 durch k.o. Insgesamt 23 Kämpfe.
Weltmeister im Schwergewichtsboxen von 1899 (Sieg über Bob Fitzsimmons durch k.o. in der 11. Runde) bis 1904 (freiwilliger Rücktritt). Comeback-Versuch 1910 scheitert (K.o.-Niederlage im Kampf gegen Jack Johnson).

4. Jack Johnson
Boxte von 1897 bis 1945.
Siege: 44 durch k.o., 30 nach Punkten, 4 durch Ausschließung des Gegners. Unentschieden: 14. Ohne Entscheidung: 14. Niederlagen: 5 durch k.o., 1 nach Punkten, 1 durch Foul. Insgesamt 113 Kämpfe.
Weltmeister im Schwergewichtsboxen von 1908 (Sieg über Tommy Burns durch k.o. in der 14. Runde) bis 1915 (Niederlage durch k.o. in der 26. Runde im Kampf gegen Jess Willard).

5. Rocky Marciano
Boxte von 1947 bis 1955.
Siege: 43 durch k.o., 6 nach Punkten. Insgesamt 49 Kämpfe.
Weltmeister im Schwergewichtsboxen von 1952 (Sieg über Joe Walcott durch k.o. in der 13. Runde) bis 1956 (freiwilliger Rücktritt).

6. Gene Tunney
Boxte von 1915 bis 1928.
Siege: 41 durch k.o., 14 nach Punkten, 1 durch Ausschließung des Gegners. Unentschieden: 1. Ohne Entscheidung: 17. Nicht angetreten: 1mal. Niederlagen: 1 nach Punkten. Insgesamt 76 Kämpfe.
Weltmeister in der Halbschwergewichtsklasse 1922 durch einen Sieg nach Punkten über Battling Levinsky in der 12. Runde. Verlor den Titel im selben Jahr an Harry Greb durch eine Niederlage nach Punkten in der 15. Runde. Holte sich 1923 durch einen Punktsieg den Titel von Greb zurück.
Weltmeister im Schwergewichtsboxen von 1926 (Punktsieg über Jack Dempsey in der 10. Runde) bis 1928 (freiwilliger Rücktritt).

7. Bob Fitzsimmons
Boxte von 1882 bis 1914.
Siege: 23 durch k.o., 5 nach Punkten. Unentschieden: 1. Ohne Entscheidung: 5. Niederlagen: 6 durch k.o., 1 durch Foul. Insgesamt 41 Kämpfe.
Weltmeister im Schwergewichtsboxen von 1897 (Sieg über Jim Corbett durch k.o. in der 14. Runde) bis 1899 (Niederlage durch k.o. in der 11. Runde im Kampf gegen Jim Jeffries).
Weltmeister in der Halbschwergewichtsklasse von 1903 (Punktsieg über George Gardner in der 20. Runde) bis 1905 (Niederlage durch k.o. in der 13. Runde im Kampf gegen Jack O'Brien).

8. Jim Corbett
Boxte von 1866 bis 1903.
Siege: 9 durch k.o., 11 nach Punkten. Unentschieden: 6. Ohne Entscheidung: 2. Niederlagen: 3 durch k.o., 1 nach Punkten, 1 durch Foul. Insgesamt 33 Kämpfe.
Weltmeister im Schwergewichtsboxen von 1892 (Sieg über John L. Sullivan durch k.o. in der 21. Runde) bis 1897 (Niederlage durch k.o. in der 14. Runde im Kampf gegen Bob Fitzsimmons).

9. Muhammad Ali
Boxte von 1960 bis 1979.
Siege: 27 durch k.o., 5 nach Punkten. Niederlagen: 5 durch k.o., 1 nach Punkten. Insgesamt 38 Kämpfe.
Weltmeister im Schwergewichtsboxen von 1964 (Sieg über Sonny Liston durch k.o. in der 7. Runde) bis 1967 (Aberkennung des Titels wegen Kriegsdienstverweigerung) und von 1974 (Sieg über George Foreman durch k.o. in der 8. Runde) bis 1978 (Niederlage nach Punkten in der 15. Runde im Kampf gegen Leon Spinks). Im selben Jahr gewann er den Titel zum 3. Mal durch einen Punktsieg über Leon Spinks.

10. Joe Frazier
Boxte von 1965 bis 1976.
Siege: 27 durch k.o., 5 nach Punkten. Niederlagen: 5 durch k.o., 1 nach Punkten. Insgesamt 38 Kämpfe.
Weltmeister im Schwergewichtsboxen von 1970 (Sieg über Jimmy Ellis durch k.o. in der 5. Runde) bis 1973 (Niederlage durch k.o. in der 2. Runde im Kampf gegen George Foreman).

Erläuterungen: *hg*
Quelle: *The Ring.*

Wolfgang Zimmerers
11 beste Bobfahrer aller Zeiten

Wolfgang Zimmerer ist heute Bundestrainer der Bobfahrer und war selber ein außerordentlich erfolgreicher Fahrer in seiner aktiven Zeit mit fünf Welt- und Europameister-Titeln, einem Olympiasieg (1972 in Sapporo), einer Silbermedaille und zwei Bronzemedaillen.

1. Eugenio Monti, Italien
2. Sergio Siorpaes, Italien
3. Nevio de Zordo, Italien
4. Franz Kapus, Schweiz
5. René Stadler, Schweiz
6. Jean Wicki, Schweiz
7. Erich Scharer, Schweiz
8. Fritz Feierabend, Schweiz
9. Anderl Ostler, Deutschland
10. Hans Kilian, Deutschland
11. Horst Floth, Deutschland

exklusiv für Rowohlts Bunte Liste

Erich Kühnhackls
19 beste deutsche Eishockeyspieler

Erich Kühnhackl gilt als Deutschlands bester Eishockey-Spieler. In 125 Länderspielen schoß er 81 Tore. Er ist der Torschützenkönig der Eishockey-Bundesliga. Heute spielt Kühnhackl für den EV Landshut.

1. Ignaz Berndaner
2. Udo Kiesling
3. Rainer Philipp
4. Erich Weishaupt
5. Vladimir Vacatko
6. Marcus Kuhl
7. Franz Reindl
8. Alois Schloder
9. Siggi Suttner
10. Robert Murray
11. Gerd Truntschka
12. Horst-Dieter Kretschmer
13. Uli Egen
14. Harald Krüll
15. Bernard Englbrecht
16. Martin Hinterstocker
17. Hermann Hinterstocker
18. Helmut Steiger
19. Klaus Auhuber

exklusiv für Rowohlts Bunte Liste

Christian Neureuthers
8 beste Skiläufer «aller Zeiten»*

Christian Neureuther ist seit Jahren der beste deutsche Slalom-Fahrer. Seine Läufe gehören zu den elegantesten und zugleich riskantesten der Welt.

1. Ingemar Stenmark, Schweden
2. Jean-Claude Killy, Frankreich
3. Gustav Thöni, Italien
4. Karl Schranz, Österreich
5. Bernhard Russi, Schweiz
6. Franz Klammer, Österreich
7. Guy Perillat, Frankreich
8. Jean Noel Augert, Frankreich

exklusiv für Rowohlts Bunte Liste

Christian Neureuthers
8 beste Skiläuferinnen

1. Rosi Mittermaier, Deutschland
2. Annemarie Moser-Pröll, Österreich
3. Nancy Green, Kanada
4. Marielle Goitschel, Frankreich
5. Marie-Therese Nadig, Schweiz
6. Gertrud Gabl, Österreich
7. Anni Famose, Frankreich
8. Hanni Wenzel, Liechtenstein

exklusiv für Rowohlts Bunte Liste

* Christian Neureuther fügte hinzu: «Ich habe nur die Sportler berücksichtigt, mit denen ich selber Rennen gelaufen bin – also etwa zwischen 1966 und 1980.»

Jean-Claude Killys
12 liebste Ski-Pisten

Viele halten den Franzosen Jean-Claude Killy für den größten Skiläufer aller Zeiten. Bei den Olympischen Spielen in Grenoble 1968 gewann er alle drei Goldmedaillen im alpinen Skilauf. Darüber hinaus errang er zwei World-Cup-Titel. Killy gewann sein erstes Rennen im Alter von fünf Jahren und hat seitdem über 700 Trophäen für seine Siege eingesammelt.

1. Oreilier-Killy-Piste, Val-d'Isère/Frankreich
2. Hahnenkamm, Kitzbühel/Österreich

3. Exhibition, Sun Valley/Idaho (USA)
4. Bogaboos, Alberta/Kanada
5. Kilometro Lanciatro, Cervinia/Italien
6. Ruthie's Run, Aspen/Colorado (USA)
7. Léo Lacroix, Les Menuires/Frankreich
8. Gornergrat, Zermatt/Schweiz
9. Nose Dive, Stowe/Vermont (USA)
10. Piste Verte, Chamonix/Frankreich
11. Cup Run, Snowshoe/West Virginia (USA)
12. Arrowhead, Shawnee-on-Delaware/Pennsylvania (USA)

exklusiv

Mario Andrettis
9 beste Autorennfahrer aller Zeiten

Andretti gilt als einer der vielseitigsten Rennfahrer. Er war unter anderem Sieger beim Grand-Prix-Rennen, beim Indianapolis 500 und beim Daytona 500.

1. Alberto Ascari
2. Jim Clark
3. Juan Manual Fangio
4. A. J. Foyt
5. Stirling Moss
6. Tozio Nuvolari
7. Richard Petty
8. «Fireball» Roberts
9. Jackie Stewart

exklusiv

Eberhard Giengers
10 beste Turnerinnen aller Zeiten

Eberhard Gienger ist 30facher deutscher Turnmeister, World-Cup-Sieger am Reck in São Paulo und Tokio, Weltmeister 1974 am Reck in Varna, Vize-Weltmeister 1978 am Seitpferd und am Reck, Vierter im Zwölfkampf bei der Weltmeisterschaft in Straßburg. Er ist Diplomsportlehrer und Autor des Buches *«Abenteuer der Turnkunst»*.

1. Agnes Keleti, Ungarn
2. Larissa Latynina, UdSSR
3. Polina Astachova, UdSSR
4. Vera Caslavska, ČSSR
5. Erika Zucholdt, DDR
6. Ludmilla Turischtscheva, UdSSR
7. Karin Janz, DDR
8. Olga Korbut, UdSSR
9. Nelli Kim, UdSSR
10. Nadia Comaneci, Rumänien

exklusiv für Rowohlts Bunte Liste

Eberhard Giengers
10 beste Turner aller Zeiten

1. Alberto Braglia, Italien
2. Alfred Schwarzmann, Deutschland
3. Viktor Tschukarin, UdSSR
4. Boris Schaklin, UdSSR
5. Takashi Ono, Japan
6. Yukio Endo, Japan
7. Michail Voronin, UdSSR
8. Sawao Kato, Japan
9. Eizo Kenmotsu, Japan
10. Nikolai Andrianov, UdSSR

Gienger fügte hinzu: «In der Reihenfolge der Turnerinnen und Turner liegt kein Werturteil.»

exklusiv für Rowohlts Bunte Liste

Willi Kuhweides
10 beste Segler aller Zeiten

Willi Kuhweide ist der erfolgreichste deutsche Segler aller Zeiten. Er hat an fünf Olympischen Spielen und an allen wichtigen internationalen Regatten in unterschiedlichen Bootsklassen teilgenommen.

1. Poul Elvström – Dänemark
2. Jörg Bruder – Brasilien (gestorben)
3. Buddy Melges – USA
4. Straulino – Italien
5. Pelle Peterson – Schweden
6. Boris Budnikov – UdSSR
7. Denis Connor – USA
8. Lowell North – USA
9. Stig Wennerström – Schweden
10. Valentin Mankin – UdSSR

Willi Kuhweide fügte noch hinzu: «Ach ja, ich glaub, ich gehöre auch da in diese Liste.»

exklusiv für Rowohlts Bunte Liste

K. H. Moritz von Groddecks
10 beste Achter aller Zeiten

K. H. Moritz von Groddeck ist einer der erfolgreichsten Ruderer der Nachkriegszeit. Zunächst ruderte er im Zweier mit Steuermann, wurde in dieser Bootsklasse mit seinem Klubkameraden Horst Arndt deutscher Meister und Europameister und gewann die Silbermedaille bei den Olympischen Spielen 1956. Später ruderte er erfolgreich auch im Doppelzweier und Vierer mit und Vierer ohne Steuermann; sogar Einer hat von Groddeck gerudert. 1959 trat er dem legendären Ratzeburger R. C. unter Ruder-Professor Adam bei. Hier besetzte er Platz zwei in dem Achter, der 1960 bei den Olympischen Spielen in Rom die Goldmedaille für die Bundesrepublik Deutschland gewann.

1. Neuseeland 1972,
weil die Kiwis am wenigsten Erfahrung hatten, aber die meisten Opfer brachten.
2. Achter Ratzeburg–Kiel 1960*,
weil er immer noch den olympischen Rekord hält.
3. USA (Vesper Boat Club) 1964,
weil er Ratzeburg mit Ratzeburger Methoden schlug.
4. Ratzeburg–Lübeck 1965,
weil er erfolgreich Revanche nahm.
5. DDR 1979,
weil er wie eine Maschine arbeitet.
6. Ratzeburg 1958,
weil Ruderer von 18 Jahren und 60 Kilo Gewicht Deutsche Meister wurden.
7. Italien 1936,
weil der Schlagmann den schönen Namen Del Bimbo hatte.
8. Deutschland-Achter 1968,
weil er auf der Höhe von Mexiko bis zur Ohnmacht rudern konnte und gewann.
9. USA (Yale) 1956,
der eine fast sichere olympische Niederlage durch unheimlichen Kampf bis zum «Blackout» verhinderte.
10. UdSSR 1953–1955,
weil er so einen schönen blonden Schlagmann in Vladimir Krukow hatte.

* Das ist der Achter, in dem auch von Groddeck saß.

exklusiv für Rowohlts Bunte Liste

K. H. Moritz von Groddecks
10 beste Ruderer aller Zeiten

1. Bob Pearce (Australien, 1928–1932),
weil er im Einer so schnell war, daß er heute mithalten könnte, und nie ein Rennen verlor. 1949 trat er als Weltmeister der Profis ab.

2. Conn Findlay (USA),
der 1956 und 1964 Gold im Zweier mit Steuermann gewann, obgleich er nicht besonders gut rudern konnte, aber ein Fels von einem Mann war.

3. Stewart MacKenzie (Australien),
der rudern und trinken konnte wie kein Zweiter und viele Rennen auch durch gute Regelkenntnisse gewann.

4. Frank Forberger (DDR, 1956–1972),
Schlagmann des Dresdener Vierers, der alle großen Rennen gewann.

5. Jack Kelly sr. (USA, 1920–1928),
weil er seine Begeisterung für das Rudern auf Sohn und Enkel vererbte.

6. Jack Beresford (Großbritannien, 1920–1936),
der Goldmedaillen scheffelte.

7. Vjatcheslav Ivanow (UdSSR),
der im Einer die Olympia-Goldmedaillen von 1956 bis 1964 gewann.

8. Frank Hansen (Norwegen),
der eine Skifahrernation zum Rudern motivierte und mit 34 Jahren noch super ist.

9. Peter Michael Kolbe (Hamburg, Bundesrepublik Deutschland),
der siegt, wann immer er will.

10. Peter Berger (Bundesrepublik Deutschland),
der Bär vom Bodensee, der auch als Olympiasieger nicht seine gesamte Leistungsfähigkeit auszuschöpfen brauchte.

exklusiv für Rowohlts Bunte Liste

Helga Masthoffs
10 beste Tennisspielerinnen aller Zeiten

Helga Masthoff, 25fache deutsche Tennismeisterin und Deutschlands erfolgreichste Spielerin nach dem Krieg, wurde erst 1979 von der ganz jungen Sylvia Hanika enttrohnt.

1. Maria Esther Bueno, Brasilien
2. Billy-Jean King, USA
3. Margaret Court, Australien
4. Evonne Goolagong, Australien
4. Chris Evert, USA
6. Martina Navratilova, ČSSR
7. Moe Conolly, USA
8. Zusanne Lenglen, Frankreich
9. Cilly Aussem, Deutschland
10. T. Aussem, USA

exklusiv für Rowohlts Bunte Liste

Wilhelm Bungerts
2mal
12 beste Tennisspieler aller Zeiten

Wilhelm Bungert war 1962, 1963 und 1965 Sieger der nationalen und 1964 Sieger der internationalen Tennismeisterschaft in Deutschland. 1967 unterlag er im Wimbledon-Finale gegen den Australier John Newcombe. Er spielte für die Bundesrepublik Deutschland 43 Davis-Cup-Einsätze und gelangte 1970 bis in die Herausforderungsrunde um den Davis Cup. Bungert gilt als der erfolgreichste deutsche Tennisspieler seit Gottfried von Cramm. Heute ist Bungert Spitzenfunktionär des Deutschen Tennisbundes (DTB).

1. Liste

1. Bill Tilden, USA
2. Henri Cochet, Frankreich
3. Jean René Lacoste, Frankreich
4. Fred Perry, England
5. Gottfried von Cramm, Deutschland
6. Ken Rosevall, Australien
7. Rod Laver, Australien
8. Pancho Gonzales, Brasilien
9. Jimmy Connors, USA
10. Björn Borg, Schweden
11. Donald Budge, USA
12. Lew Hoad, Australien

2. Liste – ausschließlich Spieler nach 1950

1. Ken Rosevall, Australien
2. Rod Laver, Australien
3. Pancho Gonzales, Brasilien
4. Lew Hoad, Australien
5. Björn Borg, Schweden
6. Jimmy Connors, USA
7. Tony Trabert, USA
8. Frank Sedgman, USA
9. John Newcombe, Australien
10. Guillermo Vilas, Argentinien
11. Budge Patty, USA
12. Roy Emmerson, Australien

Wilhelm Bungert erklärte zusätzlich: «In der ersten Liste habe ich versucht, die Spieler aller Zeiten zusammenzufassen, die meiner Ansicht nach in ihrer Zeit als herausragend zu bezeichnen waren. Ich sehe mich nicht in der Lage, die Spielstärke der Spieler vor dem Krieg mit der Spielstärke der Spieler nach dem Krieg zu vergleichen. Ich glaube jedoch, daß die Spieler der Nachkriegszeit sicherlich die anderen schlagen würden, da Kraft, Tempo und Technik in den letzten 20 Jahren enorm zugenommen haben.»

exklusiv für Rowohlts Bunte Liste

Pancho Gonzales'
10 größte Tennisspieler aller Zeiten

Ricardo «Pancho» Gonzales war berühmt für seinen starken Aufschlag. Er gewann die amerikanische Meisterschaft 1948 und 1949 in Forest Hills und wurde dann Berufsspieler. Er trat 1961 zurück, um das Davis Cup Team der USA zu trainieren. Er hat auf vielen internationalen Turnieren der Welt gespielt. 1969 gewann der bereits 41jährige Gonzales das längste Match, das je in Wimbledon gespielt wurde, gegen den 25jährigen Charles Pasarell.

1. Don Budge
2. Lew Hoad
3. Jimmy Connors
4. Rod Laver
5. Jack Kramer
6. Frank Sedgman
7. Ilie Nastase
8. Pancho Segura
9. John Newcombe
10. Bobby Riggs

Pancho Gonzales fügte hinzu: «Dies sind alles Spieler, gegen die ich gespielt habe. Ich habe zum Beispiel Bill Tilden nicht gekannt und kann darum seine Fähigkeiten nicht wirklich einschätzen.»

exklusiv

Hans Frömmings
12 beste Trabrennfahrer der Welt

Hans («Hänschen») Frömming gilt als einer der ganz Großen im internationalen Trabrennsport. Er hat so oft gewonnen, daß er die Siege nicht mehr alle aufzählen kann, aber über 5500 sind es allemal. Unter anderem gewann er elfmal das Deutsche Traber-Derby, zehnmal das Matadoren-Rennen in Berlin, dreimal das größte und schwerste Trabrennen der Welt, den Prix d'Amérique in Paris, sowie den Challenge Gold Cup in New York. Lediglich seine große Bescheidenheit hindert den überall geschätzten und beliebten Trainer und Rennfahrer daran, sich selbst auf die Liste der Größten zu setzen, auf die er mit Fug und Recht gehört.

1. Der beste Trainer und Trabrennfahrer ist für mich ohne Frage Charlie Mills gewesen.
2.–5. Ebenfalls gehörten zu den besten auch der Russe Alexander Finn, der Deutsche Robert Grossmann, der Österreicher Otto Dieffenbacher und der Italiener Romolo Ossani.
6.–12. In der heutigen Zeit gehören zu den besten Trainern und Rennfahrern die Deutschen Eddy Freundt und Heinz Wewering, der Norweger Ulf Thoresen, der Schwede Lindstedt, der Franzose Jean-René Gougeon und die Kanadier Joe O'Brian und Hervé Filion.

exklusiv für Rowohlts Bunte Liste

Hans Frömmings
7 beste Trabrennpferde der Welt

1. Uranie (Frankreich)
2. Ozo (Frankreich)
3. Greyhound (USA)
4. Star's Pride (USA)
5. Tornese (Italien)
6. Permit (Deutschland)
7. Francis Bulwark (Schweden)

exklusiv für Rowohlts Bunte Liste

Hein Bollows
10 beste Jockeys

Hein Bollow ist mit der bislang von keinem anderen erreichten Leistung von je 1000 Siegen als Jockey und als Trainer einer der Größten des Galoppsports.

1. Otto Schmidt
2. Micki Starosta
3. Fritz Drechsler
4. Peter Remmert
5. Herbert Cohn (Hindernisreiter)
6. Lutz Mäder
7. Georg Boczkai
8. Lester Piggott
9. Yves St. Martin
10. Hein Bollow

Hein Bollow merkt an: «Die Reihenfolge beinhaltet keine Wertung.»

exklusiv für Rowohlts Bunte Liste

Hein Bollows
Liste der 10 besten Rennpferde

1. Orsini
2. Luciano
3. Kilometer
4. Windfang
5. Anilin
6. Marduk
7. Nebos
8. Toronja (Hindernis)
9. Königsstuhl
10. Lombard

Auch hier gilt: «Die Reihenfolge beinhaltet keine Wertung.»

exklusiv für Rowohlts Bunte Liste

16

Hier geht's um Ihre Gesundheit

9 berühmte Feinschmecker und Vielfraße

1. Äsop
Nicht zu verwechseln mit seinem Namensvetter, dem Fabeldichter Äsop. Dieser Äsop, ein römischer Schauspieler, hat sich vor allem durch seine ausgefallenen, oft die Grenzen des «guten Geschmacks» überschreitenden gastronomischen Vorlieben einen Namen gemacht. Jede Mahlzeit kostete ein Vermögen. Er ließ sich zum Beispiel eine Pastete servieren, die ausschließlich aus Vögeln zubereitet war, die die menschliche Stimme imitieren konnten. Clodius, der Sohn Äsops, war ähnlich hemmungslos und soll darauf bestanden haben, daß in jeder Mahlzeit, die er einnahm, ein zermahlener Edelstein mit eingekocht wurde.

2. Honoré de Balzac
Der äußerlich unattraktive Balzac, der sich auffällig kleidete und sich häufig sehr rüpelhaft benahm, war als Esser genauso berühmt wie als Schriftsteller. Bei einer Mahlzeit verschlang er ein Dutzend Koteletts, eine Ente, zwei Rebhühner und 110 Austern. Er beendete die Mahlzeit mit zwölf Birnen und einer Reihe von Desserts.

3. Jack Biggers
Biggers, der im 18. Jahrhundert lebte, war einer der bekanntesten «Fresser» Englands. Seine Unersättlichkeit wurde ihm zum Verhängnis. Nachdem er eine Mahlzeit verschlungen hatte, die aus drei Kilo Speck, einem riesigen grünen Salat, zwölf in Nierenfett gebackenen Mehlklößen, einem Laib Brot und einer Kiste Bier bestand, erlitt er einen tödlichen Schlaganfall.

4. «Diamanten-Jim» Brady
Der Multimillionär und Eisenbahnlöwe Brady war mindestens so bekannt für seinen gewaltigen Appetit wie für seinen finanziellen Erfolg. Die typische Menüfolge eines Tages begann mit einem Frühstück, bestehend aus Maisbrei, Eiern, Maisbrot, Keksen, Pfannkuchen, Schnitzel, Bratkartoffeln, Beefsteak und vier Litern Orangensaft, seinem Lieblingsgetränk. Am späten Vormittag verspeiste er als zweites Frühstück drei Dutzend Muscheln und Austern. Um 12.30 Uhr folgte das Mittagessen: Muscheln, Austern, gekochte Hummer, fein zerhackte und scharf gewürzte Krebse, ein großes Stück Rindfleisch und eine

Auswahl von Pasteten. Zum Nachmittagstee widmete sich Jim einem reichhaltigen Mahl aus Meerestieren und mehreren Maß Lemon-Soda. Das Abendessen war natürlich die Hauptmahlzeit, und häufig speiste Jim bei Rector's, einem feinen New Yorker Restaurant. Das Mahl bestand aus zwei oder drei Dutzend Lynnhaven-Austern, sechs Krebsen, mehreren Terrinen frischer Schildkrötensuppe, sechs oder sieben Hummern, einem Paar Wildenten, einer doppelten Portion Schildkrötenfleisch, einem Steak, Gemüse und großen Mengen von Orangensaft. Gewöhnlich beendete Jim die Mahlzeit mit einem riesigen Berg Kuchen und einer Kilopackung Bonbons.

5. John Marriott
Die Freßsucht des in der Öffentlichkeit hochgeachteten Richters John Marriott war während der Regierungszeit König Jacobs I. in England wohlbekannt. In einem Pamphlet mit dem Titel *«The Great Eater of Graye's Inn, or the Life of Mr. Marriott, the Cormorant»* (Der große Esser von Grayes Inn oder Das Leben des Mr. Marriott, dem Vielfraß) wurde behauptet, daß er einmal eine Mahlzeit verschlungen habe, die für 20 Personen vorgesehen war, und daß er mit Vorliebe Hunde- und Affenfleisch aß.

6. Edward Abraham «Bozo» Miller
Miller ist im *«Guinness Buch der Rekorde»* zum «größten Esser der Welt» erklärt worden. Er ist 1909 geboren, mißt 1,70 Meter, wiegt 127 bis 136 Kilo und konsumiert täglich 25000 Kalorien. 1963 aß Miller im Trader Vic's in San Francisco 27 Ein-Kilo-Hähnchen – der Weltrekord für eine einzige Mahlzeit.

7. William Douglas, Herzog von Queensberry
Er war bekannt als «Old Q» und gehörte sicherlich zu den gierigsten Essern Englands im 18. Jahrhundert. Tagsüber nahm er zwei riesige Frühstücke und zwei Mittagessen zu sich, und zwischen 17.00 Uhr nachmittags und 3.00 Uhr morgens verschlang er fünf Abendessen, die jeweils aus mehreren Gängen bestanden.

8. Walter Willey
Willey lebte im 18. Jahrhundert. Er war der geheimnisvolle Diener eines Londoner Brauereibesitzers. Seine Freßsucht brachte ihm zweifelhaften Ruhm ein. 1765 berichtete die Zeitung *Annual Register* in ihrer Novemberausgabe, daß Willey in einem Restaurant innerhalb von 1½ Stunden eine drei Kilo schwere gebratene Gans und ein zwei-Kilo-Brot verspeist habe. Zu diesem opulenten Mahl habe er, so hieß es weiter, 3½ Liter Porter getrunken.

9. Nicholas Wood
Die gastronomischen Exzesse Woods haben Dichter zu Liedern, Gedichten und mindestens einem Buch angeregt: John Taylors *«The*

Great Eater of Kent, or Part of the Admirable Teeth and Stomach Exploits of Nicholas Wood, of Harrison in the County of Kent» (Der große Esser von Kent, oder Über die bewundernswerten Heldentaten von Zähnen und Bauch des Nicholas Wood aus Harrison in der Grafschaft Kent). Während einer historisch verbürgten Mahlzeit verschlang Wood ein ganzes Schaf, von dem er nur die Knochen, die Haut samt Wolle und die Hörner übrigließ. Bei einer anderen Gelegenheit verspeiste er fast 400 Tauben. Sein Lieblingsfrühstück waren 15 bis 20 Meter Blutwurst.

bf

Die Diät von 8 berühmten Leuten

1. Carol Burnett
Die Komödiantin hat auf Anraten ihres Yoga-Lehrers ihre Diät geändert. Jetzt ißt sie rohes oder nur leicht angegartes Gemüse, Obst, Fisch, Geflügel (keine roten Fleischsorten) und befruchtete Eier. Ferner nimmt sie Vitaminpräparate ein und trinkt frische Milch und Kräutertee statt Kaffee. Zum Frühstück mixt sie sich ein spezielles Protein-Getränk. Es enthält exotische Zutaten wie Chia-Samen, Datteln, Dattelkern-Pulver, Weizenkeime und das Mehl von Sonnenblumenkernen – alles gut verquirlt mit frischer Milch und einem befruchteten Ei. Es schmeckt ausgezeichnet, sagt sie – wie Hundekuchen. Mittags ißt sie Obst und rohes Gemüse. (Manchmal läßt sie ihre Diät Diät sein und vernascht ein ganz gewöhnliches, herrlich süßes Dessert.)

2. Lord Byron
Der Dichter hatte sich eine sehr strenge Diät auferlegt, um schlank zu bleiben. Tagelang lebte er nur von Keksen und Sodawasser. Bisweilen gönnte er sich zum Frühstück nur eine Tasse Tee und abends eine Mischung aus kalten Kartoffeln, Reis und Fisch oder ein mit reichlich Essig angemachtes Gemüsegericht. Mit Kautabak lenkte er sich von seinem Hunger ab.

3. Greta Garbo
Die große Schauspielerin hat eine Vorliebe für einfache Nahrung: Knäckebrot mit ungesalzener Butter, Käse und Schinken. Auch Beef-Tatar (Beefsteak-Hack mit Eigelb und gehackten Zwiebeln) und riesige grüne Salate stehen oft auf ihrem Speisezettel. Ihre Lieblingsgetränke sind Bier und Wodka.

4. Ernest Hemingway
Während er schrieb, lebte er von Roggencrispies, rohem grünem Gemüse und Brot mit Erdnußbutter. Er mied Süßigkeiten und stärkehal-

Wenn Hemingway an einem Buch schrieb, hielt er eine strenge Diät ein. Doch sobald er ein Werk abgeschlossen hatte, überkam ihn ein gewaltiger Appetit.

tige Nahrungsmittel und bezog den nötigen Zucker aus seinem täglichen Quantum Alkohol. Wenn er jedoch in den Bergen oder mit dem Boot unterwegs war, aß er sehr viel herzhaftere Speisen. Dann bevorzugte er frischen gegrillten Fisch und ein kurz angebratenes Steak oder Lammkotelett. Ferner liebte er das Fleisch wilder Tiere, besonders das von Elchen, Bergschafen und Antilopen. Mit Vorliebe aß er auch Waldhühner, Wachteln oder Wildenten mit Kartoffelmus. Er mochte alle Arten von Obst, und seine Lieblingsgemüse waren Rosenkohl, Mangold, Broccoli und Artischocken, angerichtet mit Sauce Vinaigrette.

5. Michelangelo
Wenn man seinem Zeitgenossen und Biographen Vasari glauben darf, war Michelangelo in seiner Jugend «ganz auf seine Arbeit konzentriert» und gab sich mit etwas Brot und Wein zufrieden. Diese Lebensart behielt er auch im Alter bei. Erst wenn er seine tägliche Arbeit verrichtet hatte, nahm er eine kleine Mahlzeit zu sich. Obwohl er wohlhabend war, lebte er sparsam wie ein armer Mann.

6. Jacqueline Kennedy-Onassis
Wenn sie in Restaurants ißt, bestellt die ehemalige First Lady häufig ein Lieblingsgericht, das etwa 500 oder noch weniger Kalorien enthält. Es besteht aus einer großen gebackenen Kartoffel, die aufgeschnitten und mit frischem Kaviar überhäuft ist. Dazu trinkt sie ein Glas Champagner.

7. Arthur Rubinstein
Der ewig junge Pianist genießt täglich die besten Weine, und außerdem zwei oder drei Zigarren bei einer Tasse Kaffee. Er lebt nach einer fettarmen Diät: Seine Frau säubert das Fleisch von jeglichem Fett, gibt aber, wenn nötig, ein wenig Sahne in die Sauce. Er liebt Huhn, und sie bereitet es «auf viele tausend verschiedene Weisen» zu. Er ißt kaum rote Fleischsorten.

8. George Bernard Shaw
Der Dramatiker war Vegetarier aus ästhetischen und hygienischen Gründen und bevorzugte leichte, spärliche Mahlzeiten. Obwohl er von stattlicher Größe war, wog er doch niemals mehr als 60 Kilo. Er mied Fleisch, Tee und Alkohol. Zum Frühstück aß er stets eine Grapefruit oder einen Teller Porridge und gelegentlich eine Portion Weizenschrot. Als Hauptmahlzeiten nahm er Gerichte zu sich, die aus Bohnen, Linsen, Makkaroni, Spaghetti oder Reis zubereitet waren. Ein weiteres Lieblingsgericht war Brot mit gehacktem frischem Gemüse und dazu ein Glas Joghurt. Zwischen Mittag- und Abendessen trank er bisweilen ein Glas Milch, wenn er Teebesuch hatte. Auch Apfelsaft trank er gern.

mbt

9 Vegetarier von heute

1. Marisa Berenson, Schauspielerin
2. Candice Bergen, Schauspielerin
3. David Carradine, Schauspieler
4. George Harrison, Musiker
5. Yehudi Menuhin, Geiger
6. Carlos Santana, Musiker
7. Ravi Shankar, Musiker
8. Isaac Bashevis Singer, Schriftsteller und Nobelpreisträger
9. Twiggy, Modell, Schauspielerin und Sängerin

Quelle: Mit freundlicher Genehmigung der *Vegetarian World*, einer in Los Angeles (Kalifornien) erscheinenden Zeitschrift.

Die 22 Nahrungsmittel mit dem niedrigsten Kaloriengehalt

Kalorien je 0,1 l bzw. je 100 g

1. Wasser –
2. Mineralwasser –
3. Kaffee, Tee, Kräutertee ohne Zucker und Milch –
4. Ochsenschwanzsuppe, klar   3
5. Fleischbrühe, klar   4
6. Hühnerbrühe, klar   4
7. Auster   7
8. Brühe mit Gemüse-Einlage   8
9. Kraftbrühe   8
10. Schildkrötensuppe   8
11. Shrimps 10
12. Gurke 10
13. Melone 11
14. Miesmuschel 13
15. Kopfsalat (ohne Sauce) 15
16. Chicorée 16
17. Endiviensalat (ohne Sauce) 17
18. Gewürzgurke 17
19. Tomate 18
20. Zitrone 18
21. Spargel (in Dosen) 19
22. Radieschen 20

Quelle: *Kalorienübersicht*, Boehringer Mannheim GmbH, Abteilung Ernährung und Diätetik, 1973.

Die 13 Nahrungsmittel mit dem höchsten Kaloriengehalt

Kalorien je 0,1 l bzw. 100 g

1. Schweineschmalz 947
2. Pflanzenöl 930
3. Kokosfett 925
4. Speck 854
5. Mayonnaise 774
6. Butter 755
7. Heringssalat in Mayonnaise 740
8. Margarine 733
9. Walnüsse 705
10. Haselnüsse 690

11. Blätterteigstück, süß	580
12. Sauce Holandaise	560
13. Salami	550

Quelle: *Kalorienübersicht*, Boehringer Mannheim GmbH, Abteilung Ernährung und Diätetik, 1973.

16 Tätigkeiten und ihr Kalorienverbrauch

	Kalorienverbrauch pro Stunde
1. Laufen, sehr schnell	900
2. Treppensteigen	800
3. Fußballspielen	650
4. Radfahren, Dauerlauf	600
5. Handballspielen	550
6. Gymnastik, Sägen	500
7. Skilaufen	450
8. Wandern	400
9. Tischtennis, schnell gehen	350
10. Betten machen, Foxtrott tanzen	300
11. Reiten, Golf spielen	250
12. Akten ablegen	200
13. Staubwischen, Angeln	150
14. Baden, Bügeln	100
15. Abwaschen	75
16. Autofahren, Maschine schreiben	50

Quelle: *Verbraucher Rundschau*, Heft 10, 1970.

Die 22 am meisten konsumierten Lebensmittel in der BRD

	kg pro Einw. (1980/81)
1. Trinkmilch	84,3
2. Frischobst	84,0
3. Kartoffeln	80,5
4. Gemüse	64,2
5. Brotgetreideerzeugnisse	63,2
6. Schweinefleisch ohne Schlachtfett	50,3
7. Zucker	35,6

8. Zitrusfrüchte	28,2
9. Rindfleisch ohne Schlachtfett	21,5
10. Eier	17,4
11. Käse	13,9
12. Pflanzliche Öle und Fette, tierische Öle	13,8
13. Fische (Fanggewicht)	9,8
14. Geflügelfleisch	9,6
15. Kondensmilch	6,4
16. Schlachtfette	6,4
17. Butter	5,9
18. Innereien	5,5
19. Sahne	5,1
20. Schalenfrüchte	2,8
21. Kalbfleisch ohne Schlachtfett	1,7
21. Reis	1,7

Quelle: *Statistisches Jahrbuch 1982.*

Jedes Böhnchen gibt sein Tönchen – 10 Bohnen und ihre Blähwirkung

Im Rahmen allgemeiner Lebensmittelverknappung auf der ganzen Welt haben Ernährungswissenschaftler der Bohne als preiswerter Proteinquelle in letzter Zeit erhöhte Aufmerksamkeit gewidmet. Unglücklicherweise scheuen sich viele Menschen, Bohnen zu essen, und zwar wegen der Unannehmlichkeiten, die sie dem Esser und seinen Begleitern etwa vier Stunden, nachdem man sich von der Tafel erhoben hat, bereiten. Hier ist eine Liste von Bohnen in der Reihenfolge der Blähungsintensität, die sie verursachen: Nummer 1 produziert am meisten Gas, Nummer 10 am wenigsten. Dr. Louis B. Rockland vom Western Regional Research Laboratory des amerikanischen Landwirtschaftsministeriums in Berkeley (Kalifornien) erklärte einschränkend, daß «der Wissensstand auf diesem Gebiet noch nicht sehr weit entwickelt» sei und daß sich diese ersten Ergebnisse infolge weiterer Tests als falsch erweisen könnten.

1. Sojabohnen
2. Rote Bohnen
3. Schwarze Bohnen
4. Gefleckte Feldbohnen
4. Kleine weiße kalifornische Bohnen
6. Große Bohnen
7. Limabohnen (jung)
7. Garbanzas (Kichererbsen)
9. Limabohnen (groß)
10. Schwarzaugenbohnen

Obwohl Garbanzos und Schwarzaugenbohnen nicht im eigentlichen Sinne Bohnen sind, wurden sie in den Test mit einbezogen, weil auch sie Gas produzieren und häufig als Bohnen bezeichnet werden.
Ein Tip: Wenn man Sojabohnen zusammen mit einer gleichen Menge Reis kocht, verlieren sie zwei Drittel ihrer Blähwirkung, und gleichzeitig steigt der Gehalt an wertvollen Proteinen.

dw

11 berühmte Kaffeetrinker

1. Johann Sebastian Bach
In seiner *«Kaffeekantate»* nimmt J. S. Bach jene kleine, liebenswerte Schwäche seiner Leipziger Mitbürger aufs Korn, die auch heute noch als Inbegriff sächsischer «Laster» gilt: das Kaffeetrinken. Das launige, komödiantenhafte Stück schrieb Bach zwischen 1732 und 1735 für sein Collegium musicum. Der cholerisch polternde Vater und die erst nach Kaffee, dann nach einem Mann und schließlich nach beidem schmachtende Tochter Lieschen sind geistreich mit allen Mitteln der Musik in Arien und munteren Rezitativen charakterisiert. Vater: «Du böses Kind, du loses Mädchen,/Ach! wenn erlang' ich meinen Zweck:/Tu' mir den Kaffee weg!» — Lieschen: «Herr Vater, seid doch nicht so scharf!/Wenn ich des Tages nicht dreimal/Mein Schälchen Kaffee trinken darf,/So werd' ich ja zu meiner Qual/Wie ein verdorrtes Ziegenbrätchen.»

2. Honoré de Balzac
Kaffee war sein Lebenselixier. Balzac ging abends um 18.00 Uhr ins Bett und schlief bis Mitternacht, dann stand er auf und schrieb zwölf Stunden ununterbrochen, wobei er in einem fort Kaffee trank. Er schrieb: «Der Kaffee erreicht den Magen, und sofort entsteht ein allgemeines Durcheinander. Ideen marschieren auf wie die Grande Armée auf dem Schlachtfeld, und der Kampf beginnt. Dinge, die einem einfallen, nähern sich in vollem Galopp, die Flagge im Winde. Die leichte Kavallerie der Bildersprache nimmt eine wundervolle Gefechtsformation ein, die Artillerie der Logik schließt zu ihrem Troß und ihren Munitionsvorräten auf, die Pfeile des Witzes steigen auf wie von Scharfschützen geschossen. Vergleiche steigen empor, das Papier ist mit Tinte bedeckt; denn der Kampf beginnt und endet mit Sturzfluten von schwarzem Wasser, so wie eine Schlacht mit Pulver.»

3. Napoleon Bonaparte
Er sagte: «Schwarzer Kaffee, und zwar reichlich davon, weckt mich auf. Er gibt mir Wärme, eine ungewohnte Kraft, einen Schmerz, der nicht ohne Lustgefühl ist. Lieber leide ich, als daß ich gefühllos werde.»

4. Anthelme Brillat-Savarin
Der französische Gastronom Brillat-Savarin (1755–1826) lobte in seinen Schriften den Kaffee über alles. Er beschloß jedoch, den Genuß von Kaffee aufzugeben, weil er sonst «eines Tages zweifellos seinem Zauber erlegen» wäre. Er hatte große Mengen getrunken, um die ganze Nacht hindurch wach zu bleiben und zu arbeiten – und konnte dann 40 Stunden lang nicht schlafen. Er schrieb: «Es ist die Pflicht aller Väter und Mütter, ihren Kindern das Kaffeetrinken zu verbieten, damit sie nicht schon mit 20 als verkümmerte, alte, kleine, vertrocknete Maschinchen umherlaufen.»

5. Friedrich der Große
Der preußische König ließ sich seinen Kaffee häufig mit Champagner anstatt mit Wasser bereiten.

6. General Ulysses S. Grant
Während des Wilderness-Feldzuges gab sich General Grant oft mit Mahlzeiten zufrieden, die aus einer in Scheiben geschnittenen Gewürzgurke und einer Tasse starken Kaffee – die ihm zustehende Ration – bestanden.

7. Immanuel Kant
Kant wurde im hohen Alter ein großer Kaffeeliebhaber. Der englische Schriftsteller Thomas de Quincey berichtet eine Anekdote, die Kants Kaffeesucht nach dem Essen illustriert: «Am Anfang seines letzten Lebensjahres verfiel er der Gewohnheit, sofort nach dem Essen eine Tasse Kaffee zu trinken ... Manchmal vergaß er den Kaffee im Eifer eines Gesprächs – aber das währte nie lange. Es fiel ihm plötzlich wieder ein, und mit der mürrischen Art eines alten und nicht mehr ganz gesunden Mannes verlangte er, daß ihm der Kaffee ‹auf der Stelle› gebracht werde. Die Vorbereitungen aber waren immer schon getroffen; der Kaffee war gemahlen, und das Wasser kochte. Und in dem Moment, in dem das Stichwort gegeben wurde, schoß der Diener wie ein Pfeil aus dem Zimmer und goß den Kaffee auf. Es brauchte also nur eine ganz kurze Zeit, um das Wasser wieder zum Kochen zu bringen. Aber diese winzige Verzögerung schien für Kant unerträglich zu sein. Wenn gesagt wurde: ‹Lieber Professor, der Kaffee wird im Augenblick fertig sein›, sagte er: ‹*Wird*! das ist das Problem, daß er erst sein *wird.*›. Dann beruhigte er sich und sagte mit unbeweglicher Miene: ‹Naja, am besten stirbt man. Es bleibt einem nichts, als zu sterben. In der nächsten Welt wird Gott sei Dank kein Kaffee getrunken, und also muß man auch nicht darauf warten.› Wenn schließlich die Schritte des Dieners auf der Treppe zu hören waren, drehte er sich zu uns um und rief hocherfreut: ‹Land, Land! Meine lieben Freunde, ich sehe Land!›»

8. Sir James Mackintosh
Dieser schottische Philosoph und Politiker behauptete, daß die Gei-

steskraft eines Menschen direkt proportional sei zu der Menge Kaffee, die er trinke.

9. Jean-Jacques Rousseau
Rousseau liebte den Kaffee über alle Maßen, und «es ist ein Zufall, daß er gerade keine Tasse Kaffee in der Hand hielt, als er starb».

10. Talleyrand
Der geistreiche französische Diplomat hat in wenigen Worten beschrieben, was er unter einer idealen Tasse Kaffee verstehe: Sie sollte «schwarz wie der Teufel, heiß wie die Hölle, rein wie ein Engel und süß wie die Liebe» sein.

11. Voltaire
Auch noch im hohen Alter soll Voltaire täglich 50 Tassen Kaffee getrunken haben. Als man ihm sagte, Kaffee sei nichts anderes als ein langsam wirkendes Gift, soll er geantwortet haben: «Das mag wohl stimmen, denn ich trinke ihn nun schon seit 65 Jahren und bin noch immer nicht tot!»

Quelle: *«All About Coffee»* von William H. Ukers, Detroit 1976.

aw

13 Getränke, die nach Personen oder Völkern benannt worden sind

1. Alexander
Dieser Cocktail aus Crème de Cacao, Gin oder Cognac und Sahne wurde Jahrhunderte nach dem Tod Alexanders des Großen nach diesem benannt.

2. Benediktiner-Likör
Der Benediktiner-Likör, der zu den ältesten Likören der Welt gehört, ist nach den Benediktinermönchen benannt worden, die ihn erstmals 1510 in einem Kloster in der Nähe des französischen Fischerdorfes Fécamp herstellten und ihn «Gott dem Allmächtigen» widmeten. Der vielgerühmte Likör wird auch heute noch in der ehemaligen Abtei von Fécamp gebrannt.

3. Bloody Mary
Ferdinand L. Petiot, Barkeeper in Harry's New York Bar in Paris, kam 1920 als erster auf die Idee, Wodka mit Tomatensaft zu mixen. Der amerikanische Gastronom Roy Barton nannte den Drink nach dem gleichnamigen Club in Chicago «Bucket of Blood» («Eimer voll

Blut»). Der Cocktail wurde in «The Red Snapper» («Der rote Knallbonbon») umgetauft, als Petiot begann, ihn mit Salz, Pfeffer, Zitrone und Worcestershire-Sauce zu würzen. Es heißt, daß diese «Königin der Drinks» nach Maria Stuart, der Königin von Schottland, benannt worden sei. Der Richtigkeit halber muß jedoch darauf hingewiesen werden, daß es die englische Königin Maria I. Tudor war, die unter dem Namen «Bloody Mary» («Maria die Blutige») in die Geschichtsschreibung eingegangen ist.

4. Bourbon
1789 erfand der Baptistenprediger Reverend Craig of Bourbon County in Kentucky den Bourbon. Der Bezirk selbst war nach den Bourbonen-Königen benannt worden, die von 1589 an mehr als 200 Jahre lang in Frankreich an der Macht gewesen waren.

5. Dom Pérignon
Der beste Jahrgang des Weingutes Moët et Chandon erhielt seinen Namen nach Dom Pierre Pérignon (1638–1715), einem blinden Benediktinermönch, dem es als erstem gelungen war, einen wirklich prikkelnden Champagner herzustellen.

6. Gibson
Irgendwann zu Beginn des 20. Jahrhunderts mixte ein Barkeeper im New York Players Club einen Martini für den Künstler Charles Dana Gibson. Als er feststellte, daß die Oliven ausgegangen waren, nahm er statt dessen eine Perlzwiebel und gab seiner Kreation den Namen seines Kunden.

7. Gimlet
Da der englische Marinearzt Sir T. O. Gimlette der Ansicht war, daß purer Gin der Gesundheit der Marineoffiziere schade, kam er 1890 auf die Idee, den Gin mit Zitronensaft zu verdünnen und ihnen diesen neuen Drink als «gesunden Cocktail» zu empfehlen.

8. Grog
Der englische Vizeadmiral Sir Edward Vernon wurde «Old Grog» genannt, weil er bei jedem Wetter in einen imposanten Grogram-Mantel gehüllt an Deck erschien. Als er 1740 befahl, sämtliche Rumrationen mit Wasser zu verdünnen, um an Bord der Schiffe überhandnehmenden Prügeleien im Suff zu verhindern, tauften zornige alte Seebären den verwässerten Rum «Grog».

9. Manhattan Cocktail
Die Mischung aus Whiskey, süßem Vermouth und Magenbitter erhielt ihren Namen nach dem Manhattan Club in New York, wo sie Mitte der 70er Jahre des vorigen Jahrhunderts zum erstenmal gemixt wurde, als Lady Randolph Churchill ein Essen zu Ehren des Gouverneurs Sa-

muel J. Tilden gab. Der Club ist nach den Manhattan-Indianern benannt worden, die ihre Insel, die heute den Stadtkern New Yorks bildet, für Schmuck im Wert von 24 Dollar an die Holländer verkauften.

10. Martini
Der amerikanische Barkeeper Jerry Thomas behauptete, den «Martinez» zwischen 1860 und 1862 im San Franciscoer Occidental Hotel für einen unbekannten Herrn kreiert zu haben, der sich auf der Reise von San Francisco nach Martinez in Kalifornien befand. Andere Geschichten über die Herkunft des Drinks deuten auf einen lang vergessenen italienischen Barkeeper namens Martini sowie auf die Firma Martini & Rossi, Hersteller des berühmten Vermouths, hin.

11. Rob Roy
Dieser Cocktail aus Scotch Whiskey, süßem Vermouth und Magenbitter, garniert mit einer Maraschino-Kirsche, trägt den Spitznamen von Robert Macgregor, einem legendären schottischen Freibeuter aus dem 18. Jahrhundert.

12. Scotch
Dieser Whiskey aus geröstetem Gerstenmalz wurde in Schottland erfunden – natürlich von den Schotten. Eine schottische Weisheit über das Getränk lautet: «Wenn man nur genau die richtige Proportion und die richtige Menge herausfinden würde, die man täglich braucht, und sich auch daran halten würde, dann, wett' ich, tät man ewig leben und niemals sterben, und die Doktoren und Friedhöfe kämen ganz aus der Mode.»

13. Tom Collins
Dieser Long Drink wurde im 19. Jahrhundert nach einem Barkeeper des Londoner Limmer's Old House benannt, der für seine Gin-Cocktails bekannt war. Er ist eine Weiterentwicklung der ursprünglichen Collinschen Spezialmischung aus Gin, Zitrone, Zucker und Sodawasser.

rh & db

Die 10 Länder mit dem höchsten Weinkonsum

Liter pro Kopf (1980)
1. Frankreich — 95,36
2. Italien — 93,0
3. Argentinien — 75,0
4. Portugal — 70,0
5. Spanien — 64,7
6. Luxemburg — 48,2
7. Schweiz — 47,4
8. Chile — 45,0
9. Griechenland — 44,9
10. Österreich — 35,8

Die 10 Länder mit dem höchsten Bierkonsum

Liter pro Kopf (1980)
1. Bundesrepublik Deutschland — 145,7
2. Tschechoslowakei — 137,8
3. DDR — 135,0
4. Australien — 134,3
5. Belgien — 131,3
6. Irland — 121,76
7. Dänemark — 121,53
8. Luxemburg — 121,0
9. Neuseeland — 118,0
10. Großbritannien — 117,1

Quelle: *«1982 Britannica Book of the Year»*.

Upton Sinclairs
15 schwere Trinker des 20. Jahrhunderts

1. König Eduard VIII. von England
Vor und während der Zeit seiner Abdankung im Dezember 1936 trank er Cognac mit Soda — und zwar so viel, daß ihm einmal der Magen ausgepumpt werden mußte.

2. Douglas Fairbanks
Je älter der prahlerische Filmstar wurde, desto mehr trank er. «Man bleibt nicht bis in alle Ewigkeiten Amerikas jugendlicher Liebhaber», schrieb Sinclair. «Nach ein paar Cocktails *fühlt* man sich vielleicht wieder so, aber man *ist* es nicht.»

3. Edna St. Vincent Millay
Sie erhielt für ihre lyrische Dichtung 1923 im Alter von 31 Jahren den Pulitzer-Preis. Laut Sinclair war sie eine regelmäßige Trinkerin. Er war einmal dabei, als sie eine Flasche mit hartem Stoff leerte.

4. Joaquin Miller
Als der kalifornische Schriftsteller England besuchte, wo seine Dichtungen sehr gut aufgenommen worden waren, biß er, in Sombrero und Cowboystiefeln, jungen englischen Künstlerinnen in die Fesseln, rauchte drei Zigaretten gleichzeitig und erklärte, daß Whiskey «die Quelle seiner Eingebungen» sei.

5. Ambrose Bierce
Einer der führenden Journalisten und Satiriker Amerikas, der 1913 in Mexiko spurlos verschwand. Er bezeichnete sich als «phänomenalen Seidelheber».

6. Maxwell Bodenheim
Seine schockierenden Romane brachten ihm flüchtigen Ruhm ein. 1954 wurde er in seiner Wohnung im New Yorker Vergnügungsviertel Bowery ermordet. Sinclair schrieb: «Er lebte in alkoholischer Pracht.»

7. Sherwood Anderson
Mit seinen Kurzgeschichten wurde er zu einem der größten Schriftsteller Amerikas. In späteren Jahren beichtete er, daß er nur schreiben könne, «wenn ich ein wenig unter Alkohol stehe». 1941 starb er auf einem Ozeanriesen auf dem Weg nach Brasilien an einer Bauchfellentzündung. Er hatte auf einer Cocktailparty einen Zahnstocher verschluckt.

8. Theodore Dreiser
1925 erreichte er mit seinem Roman *«Eine amerikanische Tragödie»* den Hohepunkt seines literarischen Schaffens. Kurz vor seinem Tod wurde er Kommunist. Sinclair hielt Dreiser nicht für einen Alkoholiker, sondern eher für einen starken Trinker, dessen «Wahrnehmungen bisweilen durch das Trinken getrübt» waren.

9. Klaus Mann
Der Sohn Thomas Manns hat selbst ein halbes Dutzend Bücher geschrieben. «Champagner, Bier und Scotch» waren seine ständigen engen Vertrauten.

10. Stephen Crane
Mit dem Erscheinen seiner Kriegserzählung *A Red Badge of Courage* (dt. *Das rote Siegel*) wurde er 1895 berühmt. Er heiratete eine Bordellbesitzerin in Florida. Sinclairs Kommentar: «Er trank ständig.»

11. Eugene V. Debs
Der Gründer der Sozialistischen Partei der USA bewarb sich fünfmal um das Amt des Präsidenten der Vereinigten Staaten, zum letztenmal, als er wegen aufrührerischer Agitation im Gefängnis saß. «Er war ein verzweifeltes Opfer des Alkohols», schrieb Sinclair über ihn.

12. Finley Peter Dunne
Er wurde durch die Figur des irischen Barkeepers Mr. Dooley bekannt, die er den Lesern 1898 in dem ersten seiner zahlreichen komischen Bücher vorstellte. Sinclair schrieb: «Kein Wunder, daß Dunnes berühmter Held ein Barkeeper war, denn der Schriftsteller war selbst ein Opfer von Barkeepern.»

13. Isadora Duncan
Mit der Freiheit und künstlerischen Ausdruckskraft ihrer Bewegungen warb sie in ihren Tanzvorstellungen für den Expressionismus. 1903 hatte sie ihren ersten Erfolg in Budapest. Später schockierte sie ihr Publikum in Boston durch ihre Nackttänze. Sinclair schrieb: «Sie wurde zur Alkoholikerin, die sich vergeblich gegen den Zwang zu trinken auflehnte.»

14. George Sterling
Der Führer einer Künstlerkolonie in Carmel (Kalifornien) veröffentlichte zehn Bände mit Gedichten. 1926 beging er Selbstmord. Der Schriftsteller H. L. Mencken schrieb über den starken Alkoholkonsum Sterlings an Sinclair: «Ich glaube, der Alkohol hat ihm wesentlich mehr Freude als Leid gebracht. Er war viele Jahre lang sein Freund und machte ihm das Leben erträglich.»

15. Donald MacLean
Das hochangesehene Mitglied des britischen diplomatischen Dienstes entpuppte sich als sowjetischer Spion. Ferner war er Homosexueller und Alkoholiker. Als er 1951 der Spionage verdächtigt wurde, floh er in die Sowjetunion. 1956 wurde er von westlichen Journalisten auf einer Pressekonferenz im Kreml gesehen.

Erläuterungen: iw

Quelle: Upton Sinclair, *«The Cup of Fury»*, New York 1956.

10 berühmte Kokainschnupfer

«Es ist das beste Mittel nach einer Überladung des Magens –
sei es durch Essen oder Trinken.» Sigmund Freud

1. Robert Louis Stevenson (1850–1894), schottischer Schriftsteller
2. Dr. William Stewart Halstedt (1852–1922), amerikanischer Chirurg
3. Sigmund Freud (1856–1939), österreichischer Psychologe, Begründer der Psychoanalyse
4. Arthur Conan Doyle (1859–1930), englischer Autor der Sherlock-Holmes-Erzählungen und zahlreicher historischer Romane
5. Aleister Crowley (1875–1947), englischer Mystiker und Schriftsteller
6. James Joyce (1882–1941), irischer Schriftsteller
7. Johannes R. Becher (1891–1958), Schriftsteller, Kultusminister der DDR
8. Wallace Reid (1892–1923), amerikanischer Schauspieler
9. Hermann Göring (1893–1946), Oberbefehlshaber der Luftwaffe und Reichsmarschall zur Zeit des deutschen Nationalsozialismus
10. Barbara La Marr (1898–1926), amerikanische Schauspielerin

1940 ernannte Hitler ihn zum Reichsmarschall, 1945 enthob er ihn aller Ämter:
der Morphinist und Kokainschnupfer Hermann Göring.

5 bekannte Marianiwein-Trinker

Marianiwein, ein Getränk, der aus der Koka-Pflanze bereitet wird (aus der man auch das Kokain gewinnt), war einst als «Medizin» sehr beliebt.

1. Leo XIII. (1810–1903)
2. Victoria (1819–1901), Königin von England
3. William McKinley (1843–1901), amerikanischer Präsident
4. Sarah Bernhardt (1844–1923), französische Schauspielerin
5. Thomas Edison (1847–1931), amerikanischer Ingenieur, Erfinder zahlreicher elektrischer Geräte.

16 bekannte Haschischraucher

«In der Tat zeigt sich ... eine neue Feinheit, eine erhöhte Schärfe in allen Sinnen ... Die Gegenstände der Außenwelt nehmen langsam ... seltsame Erscheinungen an; sie verformen und verwandeln sich. Dann stellen die Zweideutigkeiten sich ein, die Verirrungen und Gedankenversetzungen ...» Charles Baudelaire

1. Pythagoras († etwa 497 v. Chr.), griechischer Philosoph und Mathematiker
2. Victor Hugo (1802–1885), französischer Schriftsteller
3. Théophile Gautier (1811–1872), französischer Schriftsteller und Kritiker
4. Charles Baudelaire (1821–1867), französischer Dichter
5. Fitz Hugh Ludlow (1836–1870), amerikanischer Journalist
6. Stéphane Mallarmé (1842–1898), französischer Dichter
7. Friedrich Nietzsche (1844–1900), deutscher Philosoph
8. Alice B. Toklas (1877–1967), amerikanische Schriftstellerin
9. Guillaume Apollinaire (1880–1918), französischer Schriftsteller
10. Diego Rivera (1886–1957), mexikanischer Maler
11. Walter Benjamin (1892–1940), deutscher Schriftsteller
12. Mezz Mezzrow (1899–1972), amerikanischer Jazzmusiker
13. Errol Flynn (1909–1959), amerikanischer Schauspieler
14. Gene Krupa (1909–1973), amerikanischer Jazzmusiker
15. John F. Kennedy (1917–1963), amerikanischer Präsident
16. Robert Mitchum (* 1917), amerikanischer Schauspieler

4 bekannte Morphinisten

1. Dr. William Stewart Halsted (1852–1922), Begründer der Chirurgie in den USA
2. Wallace Reid (1892–1923), amerikanischer Schauspieler
3. Hermann Göring (1893–1946), Oberbefehlshaber der Luftwaffe unter den Nationalsozialisten
4. Hans Fallada (1893–1947), deutscher Schriftsteller

11 bekannte Personen, die heroinsüchtig waren

«Wenn du die Sache wieder los bist und überlebt hast,
dann kann dich kein Gefängnis der Erde mehr schrecken.»
Billie Holiday

1. Aleister Crowley (1875–1947), englischer Mystiker, Schriftsteller, Entdecker und Kultfigur
2. Alma Rubens (1897–1931), amerikanische Schauspielerin
3. William Burroughs (* 1914), amerikanischer Schriftsteller
4. Billie Holiday (1915–1959), amerikanische Blues-Sängerin
5. Charlie Parker (1920–1955), amerikanischer Jazzmusiker
6. Lenny Bruce (1925–1966), amerikanischer Komiker und Schriftsteller
7. Stan Getz (* 1927), amerikanischer Jazzmusiker
8. Janis Joplin (1943–1970), amerikanische Rocksängerin
9. Keith Richard (* 1943), englischer Rockmusiker
10. Eric Clapton (* 1945), englischer Rockmusiker
11. James Taylor (* 1948), amerikanischer Popmusiker

13 bekannte Personen, die Lachgas genommen haben

«Es gibt keine Unterschiede außer graduellen Unterschieden
zwischen Graden von Unterschied und keinem Unterschied.»
William James, unter der Wirkung von Lachgas

1. Thomas Wedgwood (1771–1805), englischer Physiker
2. Samuel Taylor Coleridge (1772–1834), englischer Dichter
3. Robert Southey (1774–1843), englischer Dichter
4. Sir Humphry Davy (1778–1829), englischer Chemiker
5. Peter Mark Roget (1779–1869), englischer Arzt und Dozent
6. Samuel Colt (1814–1862), amerikanischer Erfinder des 45er Colt
7. William James (1842–1910), amerikanischer Philosoph und Psychologe
8. Theodore Dreiser (1871–1945), amerikanischer Schriftsteller
9. Winston Churchill (1874–1965), englischer Politiker und Autor
10. Peter Ouspensky (1878–1947), russischer Anhänger Gurdjews
11. Allen Ginsberg (* 1926), amerikanischer Dichter
12. Gregory Corso (* 1930), amerikanischer Dichter
13. Ken Kesey (* 1935), amerikanischer Schriftsteller

15 bekannte Personen, die LSD geschluckt haben

«Derartige Wahrnehmungshilfen sind Medikamente und keine Nahrungsmittel, und so wie das Einnehmen von Medizin zu einer gesünderen Lebensweise führen soll, so geben die Erfahrungen, die ich beschrieben habe, den Weg zu einer subtileren Form von geistiger Gesundheit vor.»
Alan Watts

1. Clare Boothe Luce (* 1903), amerikanische Schriftstellerin und Botschafterin
2. Anais Nin (1903–1977), französisch-amerikanische Schriftstellerin, Verfasserin eines berühmten Tagebuchs
3. Adelle Davis (1904–1973), amerikanische Ernährungssachverständige und Autorin
4. Cary Grant (* 1904), englischer Schauspieler
5. Otto Preminger (* 1906), amerikanischer Filmproduzent
6. John Lilly (* 1915), amerikanischer Arzt
7. Alan Watts (1915–1973), englischer Schriftsteller und Philosoph
8. Timothy Leary (* 1920), amerikanischer Pädagoge, Psychologe und Schriftsteller
9. Allen Ginsberg (* 1926), amerikanischer Dichter
10. Baba Ram Dass (Richard Alpert; * 1931), amerikanischer Psychologe und Schriftsteller
11. Ken Kesey (* 1935), amerikanischer Schriftsteller
12. Peter Fonda (* 1939), amerikanischer Schauspieler
13. Grace Slick (* 1939), amerikanische Rocksängerin
14. John Lennon (* 1940), englischer Sänger und Komponist
15. Eric Burdon (* 1941), englischer Rocksänger

17 bekannte Personen, die Opium (oder Laudanum) genommen haben

«Der Opiumesser . . . fühlt den göttlicheren Teil seines Wesens emporsteigen; das heißt, seine moralischen Gefühle verharren in einem Zustande wolkenloser Heiterkeit, und über allem glänzt das große Licht des erhabenen Geistes.»
Thomas de Quincey

1. Paracelsus (1493–1541), Schweizer Philosoph, Arzt und Alchemist, Begründer einer neuen Heilkunde
2. Thomas Shadwell (1642?–1692), englischer Hofdichter
3. George Crabbe (1754–1832), englischer Dichter
4. Samuel Taylor Coleridge (1772–1834), englischer Dichter

5. Thomas de Quincey (1785–1859), englischer Schriftsteller
6. Hector Berlioz (1803–1869), französischer Komponist
7. Edgar Allan Poe (1809–1849), amerikanischer Schriftsteller
8. Charles Dickens (1812–1870), englischer Romancier
9. Wilkie Collins (1824–1889), englischer Romancier und Kriminalschriftsteller
10. Francis Thompson (1859–1907), englischer Dichter
11. Arthur Symons (1865–1945), englischer Dichter und Kritiker
12. Claude Farrère (1876–1957), französischer Marineoffizier und Schriftsteller
13. Pablo Picasso (1881–1973), spanischer Maler, Graphiker und Keramiker
14. Jean Cocteau (1889–1963), französischer Schriftsteller und Filmregisseur
15. Antonin Artaud (1898–1948), französischer Schriftsteller und Schauspieler
16. Barbara La Marr (1896–1926), amerikanische Schauspielerin
17. Alexander King (1900–1965), amerikanischer Schriftsteller und Fernsehstar

18 Personen, die Peyote oder Meskalin genommen haben

«. . . wo alles von dem inneren Licht leuchtete und in seiner Bedeutsamkeit unendlich war. Die Bambusbeine des Sessels zum Beispiel – wie wunderbar war ihre Rohrförmigkeit, wie übernatürlich ihre polierte Glätte! Ich verbrachte mehrere Minuten — oder waren es mehrere Jahrhunderte? – damit, diese Bambusbeine nicht nur anzusehen, sondern sie tatsächlich *zu sein* . . .» Aldous Huxley

1. S. Weir Mitchell (1829–1914), amerikanischer Neurologe und Romancier; führender Hirnchirurg im 19. Jahrhundert
2. Havelock Ellis (1859–1939), englischer Psychologe und Schriftsteller
3. William Butler Yeats (1865–1939), irischer Dramatiker und Dichter
4. Hermann Hesse (1877–1962), deutscher Romancier, Dichter und Maler
5. Gottfried Benn (1886–1956), deutscher Arzt und Schriftsteller
6. Walter Benjamin (1892–1940), deutscher Schriftsteller
7. Aldous Huxley (1894–1963), englischer Romancier und Kritiker
8. Ernst Jünger (* 1895), deutscher Schriftsteller
9. Antonin Artaud (1896–1948), französischer Schauspieler und Schriftsteller
10. Henri Michaux (* 1899), französischer Schriftsteller und Maler
11. Don Juan Mattus, Schamane der Yaqui-Indianer

12. John Blofeld (* 1913), buddhistischer Lehrer
13. Alan Watts (1915–1973), englischer Schriftsteller und Philosoph
14. Jack Kerouac (1922–1969), amerikanischer Schriftsteller
15. Neal Cassady (1924–1968), amerikanischer Schriftsteller der «Beat-Generation»
16. Allen Ginsberg (* 1926), amerikanischer Dichter
17. Carlos Castaneda (* 1935), amerikanischer Anthropologe und Schriftsteller
18. Hunter S. Thompson (* 1939), amerikanischer Journalist

aw & jber & nh

(Alle neun Drogen-Listen wurden in Zusammenarbeit mit der Fitz Hugh Ludlow Memorial Library in San Francisco erstellt.)

Die 10 meistverkauften rezeptpflichtigen Präparate in der Bundesrepublik Deutschland

	Verkaufte Päckchen Januar bis September 1981 in Mio.
1. Novodigal Herzmittel	8,1
2. Lanitop Herzmittel	6,5
3. Adumbran Tranquilizer	4,7
4. Gelonida Schmerzmittel	4,5
5. Lexotanil Tranquilizer	4,2
6. Briserin Blutdrucksenkendes Mittel	4,1
7. Euglucon Antidiabeticum	3,9
8. Voltaren Antirheumaticum	3,5
9. Optalidon Schmerzmittel	3,3
10. Amuno Antirheumaticum	2,7

Quelle: W. Becker, M. Moebius: *«transparenz-telegramm 1983/84»*, hg. vom Institut für Arzneimittelinformation, Berlin 1983.

10 berühmte Tabakraucher

1. Winston Churchill (englischer Premierminister)
Er genehmigte sich eine Tagesration von 15 Zigarren. Er schrieb: «Ich glaube kaum, daß mein Naturell so liebenswert und meine Gegenwart für andere so angenehm gewesen wäre, wenn ich nicht schon von klein auf die Göttin des Nikotins angebetet hätte.»

2. Sigmund Freud (Begründer der Psychoanalyse)
Er rauchte mindestens 20 Zigarren am Tag. Selbst als er an Kieferknochen und Gaumen von Krebs befallen wurde, weigerte er sich, diese Gewohnheit aufzugeben.

3. Friedrich Wilhelm I. (König von Preußen)
Rauchte allabendlich mehr als 32 Pfeifen.

4. Ulysses S. Grant (General im Amerikanischen Bürgerkrieg und Präsident der Vereinigten Staaten)
Rauchte am zweiten Tag der Schlacht von Wilderness 24 Zigarren. Nach seinem Sieg bei Fort Donelson (1862) wurde ihm ein gewaltiges Geschenkpaket überreicht. Es enthielt 11 000 Zigarren.

5. Rodrigo de Jérez (spanischer Entdecker)
Er gilt als der erste Tabakraucher Europas. Seine Frau hat ihn als einen Mann beschrieben, der «Feuer schluckt, Rauch ausatmet und gewiß vom Teufel besessen ist».

6. Charles Lamb (englischer Essayist und Kritiker)
Auf die Frage, warum er ein so gieriger Pfeifenraucher geworden sei, antwortete Lamb: «Ich habe mich abgemüht, ein anständiger Raucher zu werden, wie andere sich abmühen, tugendhaft zu sein.»

7. Sir Isaac Newton (englischer Philosoph und Mathematiker)
Pfeiferauchen war seine Passion. Eines Tages soll er, mit seinen Gedanken abwesend, den Finger seiner Verlobten als Pfeifenstopfer verwendet haben.

8. Sir Walter Raleigh (englischer Seefahrer und Historiker)
Er war ein begeisterter Pfeifenraucher, der einmal von seinem Diener mit Wasser überschüttet worden sein soll, weil dieser glaubte, sein Herr brenne. Seine letzte Pfeife rauchte er wenige Minuten vor seiner Hinrichtung.

9. Mark Twain (amerikanischer Schriftsteller und Humorist)
Der passionierte Zigarrenraucher behauptete, daß es einfach sei, das Rauchen aufzugeben – er habe es «schon 100mal getan».

10. Herbert Wehner (deutscher Politiker)
Böse Zungen versuchen immer wieder, die Form seines Mundes mit seiner Vorliebe fürs Pfeiferauchen in Zusammenhang zu bringen.

db & nh & hg

Nach jeder Zigarre gab er das Rauchen auf – bis er sich die nächste anzündete: Mark Twain.

Die 11 Zigaretten mit dem niedrigsten Teergehalt

	Rauchkondensat mg/Stück
1. Auslese	1
1. Gloria	1
1. Reemtsma No. 1	1
4. Cortina	3
4. SL	3
6. Lord Ultra	4
6. Philip Morris Light American	4
8. Lux Leicht	5
9. Atika	6
9. Peter Stuyvesant Light & Mild	6
9. R 6	6

Die 10 Zigaretten mit dem niedrigsten Nikotingehalt

	Nikotin mg/Stück
1. Auslese	0,1
1. Gloria	0,1
1. Reemtsma No.1	0,1
4. California	0,3
4. Cortina	0,3
4. Haus Bergmann Selecta	0,3
4. Lord Ultra	0,3
4. Milde Sorte Super	0,3
4. Philip Morris Light American	0,3
4. SL	0,3

Quelle: *Die Tabak Zeitung*. Die Werte beruhen auf Firmenangaben. Stand Juni 1982.

Die 14 Zigaretten mit dem höchsten Teergehalt

	Rauchkondensat mg / Stück
1. Simon Arzt No. 70 L	29
2. Dimitrino Nr. 10	28
2. Simon Arzt exquisit	28
2. Red Rock	28
5. Sullivan's Special Export Virginia	27
6. Cecil	26
6. Finas	26
6. North State	26
9. Laurens Extra	25
9. Lux (filterfrei)	25
9. Mokri	25
9. Pall Mall filterfrei	25
9. Pilot	25
9. Polo	25

Die 15 Zigaretten mit dem höchsten Nikotingehalt

	Nikotin mg / Stück
1. Cecil	1,9
1. Senior Service	1,9
3. North State	1,8
4. Pall Mall filterfrei	1,7
5. Player's No. 6	1,6
5. Red Rock	1,6
7. Caballero	1,5
7. Chester ohne Filter	1,5
7. Lucky Strike	1,5
7. Pilot	1,5
7. Polo	1,5
7. Simon Arzt exquisit	1,5
7. Simon Arzt No. 70 L	1,5
7. Sullivan's Special Export Virginia	1,5
7. Sweet Afton	1,5

Quelle: *Die Tabak Zeitung*. Die Werte beruhen auf Firmenangaben. Stand Juni 1982.

Die 11 Länder mit der niedrigsten Lebenserwartung der Bevölkerung

Jahre   *Jahre*

1. Obervolta   männlich: 32,1   7. Madagaskar   männlich: 37,5
                   weiblich: 31,1   weiblich: 38,3
2. Tschad   männlich: 29,0   8. Äthiopien   männlich: 37,5
                   weiblich: 35,0   weiblich: 40,6
3. Zentralafrika männlich: 33,0   9. Jemen   männlich: 38,7
                   weiblich: 36,0   weiblich: 40,3
4. Gabon   männlich: 25,0   10. Gambia   männlich: 39,4
                   weiblich: 45,0   weiblich: 42,6
5. Togo   männlich: 31,6   10. Guinea-Bis- männlich: 39,4
                   weiblich: 38,5   sau   weiblich: 42,6
6. Nigeria   männlich: 37,2
                   weiblich: 36,7

Quelle: *United Nations Demographic Yearbook 1980.*

Die 10 Länder mit der höchsten Lebenserwartung der Bevölkerung

Jahre   *Jahre*

1. Island   männlich: 73,4   6. Dänemark   männlich: 71,3
                   weiblich: 79,3   weiblich: 77,4
2. Japan   männlich: 73,46   7. Australien   männlich: 70,79
                   weiblich: 78,89   weiblich: 77,76
3. Niederlande männlich: 72,4   8. Frankreich   männlich: 69,89
                   weiblich: 78,9   weiblich: 78,02
4. Schweden   männlich: 72,48   9. Kanada   männlich: 70,19
                   weiblich: 78,67   weiblich: 77,48
5. Norwegen   männlich: 72,27   10. Puerto Rico männlich: 70,21
                   weiblich: 78,73   weiblich: 77,48

Quelle: *United Nations Demographic Yearbook 1980.*

17 der ältesten Menschen der Welt

1. Zaro Agha
Als er am 29. Juni 1934 in einem Krankenhaus in Istanbul starb, soll er angeblich 164 Jahre alt und damit zu jener Zeit der älteste Mann der Welt gewesen sein. Er arbeitete mehr als ein Jahrhundert als Hausdiener und wurde im Alter von 90 Jahren zum letztenmal Vater.

2. Thomas Parr («Old Parr»)
Wurde in der Gemeinde Alberbury in Shropshire/England geboren. Er erlebte die Herrschaft von zehn englischen Königen und starb am 13. November 1635. Er soll zu diesem Zeitpunkt angeblich 152 Jahre alt gewesen sein. Der einfache Bauer erlangte im hohen Alter einige Berühmtheit: Er wurde von Rubens und von van Dyck gemalt, und schließlich empfing ihn sogar Karl I. Er wurde in der Westminster Abbey beigesetzt.

3. Mahmud Eivasov
Bürger von Aserbeidschan, einer der kaukasischen Sowjetrepubliken. Soll angeblich 1958 seinen 150. Geburtstag gefeiert haben. Nach Angaben der sowjetischen Regierung ist er der älteste Mann der Welt. Eivasov, der erst mit 100 Jahren schreiben lernte, hatte eine Tochter, die 123 Jahre, und drei Söhne, die über ein Jahrhundert alt geworden sein sollen.

4. Mohammed Khalil Abdul Hawa
Bürger von Jerusalem. Als er 1957 seinen 136. Geburtstag feierte, soll er der älteste Mann im Nahen Osten gewesen sein.

5. Gabriel Sánchez
Sein Alter wird auf 135 Jahre geschätzt. Er wohnt im Tal von Vilcabamba im Südosten Ecuadors. Vor einigen Jahren wurde er von einer Gruppe von Wissenschaftlern untersucht, die an einer Studie über die Langlebigkeit arbeiteten. Er war noch sehr rüstig und verrichtete unverdrossen seine tägliche Arbeit als Bauer – eine Tätigkeit, die er angeblich schon seit 120 Jahren ausübte.

6. Mitchell Watkins
Der mit zwölf Jahren von Liberia nach Amerika eingeschiffte ehemalige Sklave ist der älteste Mann der Vereinigten Staaten. Er ließ sich – nach dem Rancher, dem er früher gehört hat – in Charles Smith umtaufen und feierte am 4. Juli 1976 seinen 134. Geburtstag.

7. Khfaf Lasuria
Bürger der Abchasischen ASSR (UdSSR). Er war Mitglied einer Schaustellertruppe und trat nach offiziellen Auskünften noch 1972, im Alter von 131 Jahren, als Tänzer auf.

8. Gabriel Erazo
Bewohner des Tals von Vilcabamba in Ecuador, wo jeder Hundertste behauptet, mindestens ein Jahrhundert alt zu sein. 1973, im Alter von 130 Jahren, arbeitete er noch den ganzen Tag in seinem Garten.

9. Osman Bzheniya
Bewohner des Dorfes Lychny in der Abchasischen ASSR in der Sowjetunion. Arbeitete 1973, als er angeblich bereits 120 Jahre alt war, noch zeitweilig in einer Kolchose.

10. Tatzumbie Dupea
Als die Paiute-Indianerin, deren Name «Schöner Stern» bedeutet, im Februar 1970 starb, soll sie 120 Jahre alt gewesen sein. Sie war 1849 in der Nähe von Pine Hills in Kalifornien zur Welt gekommen.

11. Häuptling Rote Wolke
Ein Sioux-Indianer, der im Herbst 1962 in Steubenville in Ohio starb. Er soll 120 Jahre alt geworden sein. Als junger Mann war er mit Buffalo Bills Wild-West-Show auf Tournee gegangen.

12. Mrs. Harry Harrison Moran
Die älteste noch lebende Witwe eines Veteranen aus dem Amerikanischen Bürgerkrieg feierte 1974 ihren angeblich 118. Geburtstag. Sie hat den Staat schon eine ganz ansehnliche Summe Pensionsgelder gekostet.

13. George Fruits
Kämpfte in der Amerikanischen Revolution und starb am 6. August 1876 im angeblichen Alter von 114 Jahren in Alamo (Indiana).

14. Mrs. Delina Filkins
Lebte in Herkimer County im amerikanischen Bundesstaat New York. Sie erreichte das höchste Menschenalter, das je durch Geburtsurkunden belegt worden ist. Am 4. Dezember 1928 starb sie im Alter von 113 Jahren und 214 Tagen.

15. Caesar Paul
Der Algonkin-Indianer soll der älteste Bürger Kanadas gewesen sein. Am 25. Juli 1975 starb er im Alter von 112 Jahren und 103 Tagen in Pembroke, Ontario (Kanada).

16. Alfred Arnold
Der praktizierende Yogi und älteste Junggeselle Englands starb am 15. September 1941 in Liverpool. Angeblich ist er 112 Jahre alt geworden.

17. Margarete Sauer
Die geborene Bremerin wurde 1977 110 Jahre alt und war damit die älteste Bürgerin der Bundesrepublik Deutschland.

rsc & nh

Dr. David Davies'
10 Ratschläge für ein langes Leben

Dr. David Davies von der Gerontologischen* Abteilung des University College in London erforschte zwei Jahre lang Lebensweise und genetische Strukturen der Bevölkerung von Vilcabamba in Ecuador. Seine Probanden gehören zu den Gruppen von Menschen, bei denen regelmäßig ein überdurchschnittlich hohes Alter erreicht wird. Er faßte seine Ergebnisse in dem Buch «*The Centinarians of the Andes*» zusammen. Ferner veröffentlichte er «*A Dictionary of Anthropology*» und «*The Influence of Teeth, Diet and Habits on the Human Face*».

* Gerontologie – Altersforschung.

1. Arbeiten Sie nach Ihrer Pensionierung gleichmäßig weiter, sofern Sie in Pension gehen *müssen*!
2. Beschäftigen Sie sich nach Ihrer Pensionierung mit interessanten Hobbies, die Ihre geistigen Aktivitäten herausfordern!
3. Reden Sie nicht über das Altern! Meiden Sie Menschen, die darüber deprimiert sind!
4. Trinken und rauchen Sie mäßig – wenn überhaupt!
5. Sorgen Sie für reichlich natürlichen Schlaf!
6. Meiden Sie jede Form von Stress! Zumindest müssen Sie lernen, mit Stress fertig zu werden, wenn er unvermeidbar ist!
7. Machen Sie sich keine Sorgen um Ihre Kinder!
8. Machen Sie jeden Tag mindestens einen zwei Kilometer langen Spaziergang, denn das ist die beste Form des körperlichen Trainings. Auch Gartenarbeit eignet sich gut für diesen Zweck!
9. Essen Sie so wenig Fleisch wie möglich!
10. Essen Sie so viel frische und so wenig konservierte Lebensmittel wie möglich!

exklusiv

17

Rat mal, wer zum Essen kommt

Die 13 Gäste des Letzten Abendmahls

Am ersten Tag des Passah-Festes sprach Jesus Christus zu seinen Jüngern: «Gehet hin in die Stadt zu einem und sprecht zu ihm: Der Meister läßt dir sagen: Meine Zeit ist nahe; ich will bei dir Ostern halten mit meinen Jüngern . . . Und am Abend setzte er sich zu Tisch mit den Zwölfen . . . Da sie aber aßen, nahm Jesus das Brot, dankte und brach's und gab's den Jüngern und sprach: Nehmet, esset; das ist mein Leib. Und er nahm den Kelch und dankte, gab ihnen den und sprach: Trinket alle daraus; das ist mein Blut des neuen Testaments, welches vergossen wird für viele zur Vergebung der Sünden . . .» Es war die Nacht, in der er verraten wurde. Im Neuen Testament werden nicht alle Gäste dieses Abendmahls genannt, auch sind keine Angaben über die Sitzordnung überliefert. Es blieb Leonardo da Vinci vorbehalten, als er 1498 das «Letzte Abendmahl» malte, die Gäste, die gekommen waren, darzustellen und anzugeben, wo sie gesessen haben mögen. Wir geben hier von links nach rechts die Namen der Teilnehmer an dem wohl berühmtesten Mahl der Menschheitsgeschichte in der von da Vinci vorgeschlagenen Reihenfolge wieder.

«Abendmahl». Stich von Randel nach der Rekonstruktion des Gemäldes von Leonardo da Vinci.

1. Bartholomäus
2. Jakobus der Jüngere
3. Andreas
4. Judas Ischariot
5. Petrus
6. Johannes
7. Jesus Christus
8. Jakobus der Ältere
9. Thomas
10. Philipus
11. Matthäus
12. Thaddäus
13. Simon

Henri Nannens
10 liebste Tischgenossen aus der Geschichte

1. Eine Dame, deren Name mein Geheimnis bleibt
2. Eine weitere Dame, deren Name mein Geheimnis bleibt
3. Noch eine Dame, deren Name mein Geheimnis bleibt
4. Voltaire
5. Ringelnatz
6. Elisabeth Bergner
7. Serge Sabarsky (ein New Yorker Kunsthändler)
8. Helmut Schmidt
9. Franz Josef Strauß
10. Stefanie, meine Enkelin, damit sie sieht, mit welch großen Leuten sich ihr Großpapa schmückt.

exklusiv für Rowohlts Bunte Liste

Arthur Koestlers
10 liebste Tischgenossen aus der Geschichte

Der berühmte Schriftsteller Arthur Koestler ist nicht nur durch seine zahlreichen Romane, sondern auch durch seine politischen und naturwissenschaftlichen Essays bekannt geworden. 1968 erhielt er den Sooning-Preis der Universität Kopenhagen für seinen Beitrag zur europäischen Kultur. Koestlers berühmtestes Buch ist der Roman *«Sonnenfinsternis»*, der in 33 Sprachen übersetzt wurde. Andere Bücher des Autors sind: *«Diebe in der Nacht»*, *«Die Nachtwandler»*, *«Der göttliche Funke»*, *«Mensch, Irrläufer der Evolution»* und *«Die Wurzeln des Zufalls»*.

1. Pharao Echnaton
2. König Salomo
3. Königin Kleopatra
4. Lucius Lucinius Lucullus
5. Tschingis Khan
6. Martin Luther
7. Benjamin Franklin
8. Madame de Pompadour
9. Georges-Jacques Danton
10. Benjamin Disraeli

exklusiv

Ralf Dahrendorfs
10 liebste Tischgenossen aus der Geschichte

Der Politiker und Soziologe Ralf Dahrendorf arbeitete zunächst als Professor an den Universitäten Hamburg, Tübingen und Konstanz, ehe er für die FDP in den Bundestag zog. Von 1969 bis 1970 war er parlamentarischer Staatssekretär im Außenministerium und erhielt dann einen Sitz in der Europäischen Kommission in Brüssel. Heute ist er Direktor der London School of Economics. Zu seinen Büchern gehören *«Homo Sociologicus»*, *«Bildung ist Bürgerrecht»*, *«Konflikt und Freiheit»*, *«Pfade aus Utopia»*, *«Die neue Freiheit»* und *«Über den Ursprung der Ungleichheit unter den Menschen»*.

1. Sappho
2. Catullus
3. Erasmus von Rotterdam
4. Friedrich II. von Preußen
5. Thomas More
6. Gottfried Wilhelm von Leibniz
7. Denis Diderot
8. Jacob Burckhardt
9. Georg Simmel
10. Ingeborg Bachmann

exklusiv für Rowohlts Bunte Liste

Art Buchwalds
11 liebste Tischgenossen aus der Geschichte

Der amerikanische Autor, Humorist und Kolumnist Art Buchwald ist durch seine politischen Satiren bekannt geworden. Seine Kolumne wird in über 500 Zeitungen auf der ganzen Welt nachgedruckt. Er hat viele Bücher veröffentlicht, unter anderem *«Laßt euch bloß nicht unterkriegen»*, *«Irvings größte Wonne. Die umworbenste Katze der Welt»* und *«Ich tanzte nie im Weißen Haus»*.

1. Richard Nixon
2. John W. Booth (Lincolns Attentäter)
3. Jack the Ripper
4. Adolf Hitler
5. Lizzie Borden (Massenmörderin)
6. Nero
7. Josef Stalin
8. Judas
9. Mao Tse-tung
10. Kain
11. Marquis de Sade

Buchwald fügte hinzu: «Mir ist klar, daß ich Schwierigkeiten mit der Sitzordnung haben würde, aber die Gespräche wären bestimmt interessant, zumindest wären sie einen anständigen Château Mouton-Rothschild wert. Die Kosten für das Essen würde ich leicht aufbringen. Ich bräuchte nur die Fotorechte zu verkaufen.»

exklusiv

Werner Höfers
10 liebste Tischgenossen aus der Geschichte

Werner Höfer, allen seit Ewigkeiten als Deutschlands Frühschöppner Nummer 1 bekannt, erklärt vorab: «Sie [die Gäste] sollten aus dem Totenreich kommen und müßten Deutsch sprechen, denn Tischgespräche in fremder Zunge oder durch Vermittlung von Dolmetschern sind unergiebig. Weil ich mich bei Tisch nur ‹in bunter Reihe› wohlfühle und meinerseits ein Mann bin, habe ich mich für fünf Frauen und vier Männer entschieden.»

1. Meine Mutter
2. Meine erste Liebe
3. Die Kindsmörderin Susanna Margaretha Brandt, die für Goethes Gretchen «Modell gestanden» hat
4. Valeska Gert
5. Rosa Luxemburg
6. Johannes Gutenberg
7. Heinrich von Kleist
8. Michael Kohlhaas
9. Heinrich Heine
10. Werner Höfer (als Gastgeber)

Werner Höfer schlägt folgende Sitzordnung vor:

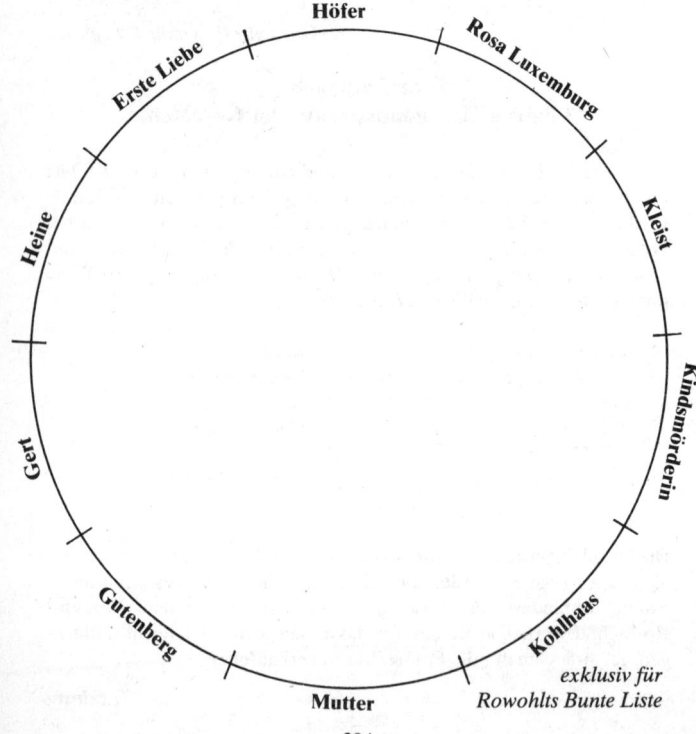

exklusiv für Rowohlts Bunte Liste

Die Tänzerin Valeska Gert um 1930

Vincent Prices
10 liebste Tischgenossen aus der Geschichte

Der Film- und Bühnenstar Vincent Price ist vor allem durch seine Schurkenrollen in Horrorfilmen wie *«Das Kabinett des Professor Bondi»* (*«The House of Wax»*), *«Die Verfluchten»* (*«The House of Usher»*) und «Das Pendel des Todes» («The Pit and the Pendulum») bekannt geworden. Price ist aber auch ein bekannter Kunstmäzen und Gourmet. Mit seiner ehemaligen Frau Mary hat er zwei Kochbücher herausgegeben.

1. Sokrates (tiefschürfender Gesprächspartner – muß aber aus der Reserve gelockt werden)
2. George Bernard Shaw (unerhört geistreich – aber vergessen Sie nicht, daß er Vegetarier ist)
3. Oscar Wilde (klug und geistreich – ißt alles)
4. James McNeill Whistler (geistreich und klug – wählerisch)
5. Noël Coward (freundlich, geistreich, klug und komisch – anspruchsvoll)
6. Coral Browne (meine Frau – geistreich und listig – ein guter Esser)
7. Tallulah Bankhead (bezaubernd, listig, und laut – liebt flüssige Nahrung)
8. Diana Rigg (schön – liebt gutes Essen und Männer)
9. Jede beliebige Dame aus den Familien Este oder Borgia (diese Damen zwingen einen zur Wachsamkeit, sonst wacht man nie mehr auf)
10. Lorenzo de Medici (schließlich braucht man einen Mann mit Titel – besonders wenn letzterer auch noch durch Geschmack und Geld gerechtfertigt ist. Außerdem kleidet er sich so elegant. Und er hat eine perfekte Art wegzuschauen, wenn andere aus der Reihe tanzen – was sicher einige der Gäste während des Desserts tun werden!)

Vincent Price fügte hinzu: «Der Wein sollte vorzugsweise aus einer unlängst auf dem Meeresgrund gefundenen griechischen Amphore kommen. Wenn nicht, dann geht es auch mit kalifornischem oder südafrikanischem Wein.»

Das Menu
1. Hors d'œuvres: Kaviar mit Aquavit – vielleicht Zwiebel und Ei
2. Soup du jour: hängt vom Tag ab – Gemüse-Suppe für George Bernard Shaw
3. Salat: Sellerie in Remoulade
4. Hauptgericht: Schwan mit Gans gefüllt, die wiederum mit Ente, Kalb und schließlich Lerchen gefüllt ist.
Oder Bisonbraten mit sehr wildem Reis.
Oder, wenn das Wetter es erlaubt, geschmorte Antilope.
5. Gemüse: alles, was auf dem Markt ist, für George Bernard Shaw
6. Käse: Brie, Camembert und Walnuß-Gourmandise
7. Obst: chinesische Stachelbeeren, Passionsfrüchte, Mango, Pfirsiche, Mandarin-Orangen, Papayas usw. usw. usw. Die Früchte sollten um die aus Eiscreme geformte Figur des Gastgebers drapiert werden . . .

8. Kaffee aus Haiti oder türkischer Mokka
9. Schierling
10. B.& B. . . . bzw. B. oder B.
11. Haiti-Rum: im Zuckerrohr gereicht

exklusiv

Heinrich Maria Ledig-Rowohlts
10 liebste Tischgenossen aus der Geschichte

Heinrich Maria Ledig-Rowohlt ist Verleger. Unter anderem verlegt er auch dieses Buch.

1. Ernest Hemingway
2. Arthur Rimbaud
3. Gregor von Rezzori
4. George Grosz
5. Samuel Beckett
6. Heinrich Heine
7. George Sand
8. Edgar Allan Poe
9. Ernst Rowohlt
10. meine Frau

exklusiv für Rowohlts Bunte Liste

Josef Müller-Mareins
10 liebste Tischgenossen aus der Geschichte

1. Mark Twain
3. E. T. A. Hoffmann
3. Aristide Briand
4. Walter Scheel
5. George Sand
6. Golda Meïr
7. Kleopatra
8. Anton Bruckner
9. Papst Johannes XXIII.
10. Konrad Adenauer

exklusiv für Rowohlts Bunte Liste

Hermann Höcherls
10 liebste Tischgenossen aus der Geschichte

1. Alexander der Große
2. Diogenes
3. Cäsar
4. Petrus
5. Attila
6. Friedrich Rotbart
7. Michelangelo
8. Shakespeare
9. Goethe
10. Napoleon

exklusiv für Rowohlts Bunte Liste

Loriots
12 liebste Tischgenossen aus der Geschichte

1. Richard Wagner
2. Cosima Wagner
3. Minna Wagner
4. Otto Wesendonk
5. Mathilde Wesendonk
6. Hans von Bülow
7. Marie von Bülow
8. Friedrich Nietzsche
9. Elisabeth Nietzsche
10. Eduard Hanslick
11. Robert Schumann
12. Clara Schumann

Loriot (Vicco von Bülow) fügte hinzu: «Es soll ein gemütlicher Abend werden – mit etwas Musik.»

exklusiv für Rowohlts Bunte Liste

Mary Hemingways
10 liebste Tischgenossen aus der Geschichte

Die frühere Kriegsberichterstatterin und Journalistin Mary Hemingway gab ihre Karriere auf, um die vierte und letzte Frau von Ernest Hemingway zu werden. Was es bedeutete, mit dem Nobelpreisträger verheiratet zu sein, erzählt sie in ihrem Buch *«Wie es war»*.

1. William Shakespeare
2. Alexander der Große
3. Lady Mary Wortley Montagu (englische Schriftstellerin)
4. Karl von Clausewitz
5. Goya
6. Peter Tschaikowski
7. Dr. Samuel Johnson
8. Eleanor Roosevelt
9. Robert Benchley
10. Ernest Hemingway

exklusiv

Philip Rosenthals
10 liebste Tischgenossen

Philip Rosenthal, «Porzellankönig», SPD-Politiker und Wandersmann, der in ganz Europa zu Hause ist, nennt folgende Gäste:

1. Walter Gropius
Ich habe noch nie einen großen Mann gekannt, der so bescheiden, und noch nie einen alten Mann gekannt, der so jung war.

2. Björn Windblad
Daß einer ein hervorragender Künstler, Freund und dann auch noch amüsant ist, ist die fast unmögliche Ausnahme.

3. Georg Leber
Weil er den Grips und die Courage hat, Gewerkschafter, Katholik, Minister und Mensch zu sein.

4. David Lord Queensberry
Obwohl sein Großvater die Boxregeln erfunden hat, ist er weder im Adel erstarrt, noch hat er sich zum Pseudoproleten entwickelt.

5. Mark Philip Louw (10)
Weil er mich, seinen Großvater, fast immer an die Wand spielt.

6. Dr. Christian Wolters
Getroffen im Kriegsgefangenenlager, wiedergetroffen in der Kunst, d. h. in unserem Bemühen, die Kunst mit dem Herzen und Auge und nicht nur mit Intellekt und Snobismus zu sehen.

7. Renzo Vidoni
Weil wir vor 21 Jahren bei der Besteigung eines 7000ers Freunde wurden und heute, nach sechs Jahren im gleichen Haus, noch Freunde sind.

8.–10. Die drei anderen liebsten Dinner-Gäste kann ich leider nicht nennen, weil sich sonst meine Frau ärgert.

exklusiv für Rowohlts Bunte Liste

John Tolands
10 liebste Tischgenossen aus der Geschichte

Der Historiker und Bestseller-Autor Toland schrieb unter anderem folgende Bücher: *«The Last 100 Days»* (*«Die letzten 100 Tage»*), *«The Battle of the Bulge»* (*«Ardennenschlacht»*) und *«Hitler»* (*«Adolf Hitler»*). Sein Buch *«The Rising Sun»* wurde 1970 mit dem Pulitzer-Preis ausgezeichnet.

1. Jesus
2. Marx
3. Marco Polo
4. Gandhi
5. Marat
6. Napoleon
7. Benjamin Franklin
8. Cromwell
9. Disraeli
10. Lenin

Toland fügte hinzu: «Zum Kaffee möchte ich mit Hitler sprechen, aber nicht beim Essen.»

exklusiv

David Wallechinskys
10 liebste Tischgenossen aus der Geschichte

David Wallechinsky ist Co-Autor von fünf Büchern, von denen *«The People's Almanac»* und *«The Book of Lists»* (*«Rowohlts Bunte Liste»*) die bekanntesten sind. Seine Lieblingsspeisen sind Mango-Früchte, frische Beeren und Eiscreme.

1. Gautama Buddha
2. Percy Bysshe Shelley
3. Leo Tolstoi
4. Mohandas Karamtschand Gandhi
5. George Bernard Shaw
6. Pythagoras
7. Lao-tse
8. John Muir
9. Leonardo da Vinci
10. Henry David Thoreau

Wallechinsky fügte hinzu: «Da ich nur vegetarische Mahlzeiten zu kochen vermag, habe ich nur Personen eingeladen, die zu irgendeinem Zeitpunkt in ihrem Leben überzeugte Vegetarier waren. Würden Romanfiguren so bereitwillig Einladungen zum Dinner annehmen wie die verstorbenen Berühmtheiten der Vergangenheit, dann würde ich noch einen Vegetarier hinzufügen – Dr. Dolittle.»

Irving Wallaces
12 liebste Tischgenossen aus der Geschichte

Die Bücher von Irving Wallace sind auf der ganzen Welt in riesigen Auflagen verkauft worden. Zu seinen bekanntesten Romanen gehören *«Der Preis»*, *«Geheimakte R»*, *«Fan-Club»*, *«Die sieben Minuten»* und *«Das Serum»*. Er ist einer der Autoren dieses Buches.

1. Kleopatra
2. Lord Byron
3. Samuel Johnson
4. Richard Francis Burton
5. Abraham Lincoln
6. Oscar Wilde
7. Giovanni Giacomo Casanova
8. Dr. Joseph Bell
9. Alexandre Dumas d. Ä.
10. Victoria Woodhull
11. Daniel Defoe
12. Charles Fort

Wallace fügte hinzu: «Ich fürchte, drei meiner Gäste bedürfen einer Einführung. Arthur Conan Doyle studierte bei Dr. Joseph Bell in Edinburgh. Doyle war von dem scharfen Verstand des Dozenten tief beeindruckt und schuf nach Bells Vorbild seine berühmte Detektivgestalt Sherlock Holmes. Victoria Woodhull, die sich für freie Liebe und Geburtenkontrolle einsetzte, bewarb sich 1872 um die Präsidentschaft in den USA. Charles Fort war ein seltsamer, außerordentlich kluger amerikanischer Sonderling, der sich besonders für Phänomene interessierte, die die Naturwissenschaften nicht zu erklären vermochten.»

Amy Wallaces
13 liebste Tischgenossen aus der Geschichte

Amy Wallace ist Co-Autorin von *«Rowohlts Bunter Liste»* (*«The Book of Lists»*).

1. Arthur Rimbaud
2. James Dean
3. Emma Goldman
4. Jesus Christus
5. Oscar Wilde
6. Hassan i Sabbah
7. James Thurber
8.–9. Violet und Daisy Hilton
10. Ezra Pound
11. Aleister Crowley
12. D. D. Home
13. Lao-tse

Hassan i Sabbah war der Gründer der Bavarian Illuminati, eines obskuren anarchistischen Kults. Violet und Daisy Hilton waren siamesische Zwillinge, die in Revue-Theatern auftraten. D. D. Home war ein englisches Medium im 19. Jahrhundert.

Auf der Gästeliste von Amy Wallace: Der Filmrebell James Dean, der 1955 als 24jähriger bei einem Autounfall ums Leben kam.

Christine Brincks und Niko Hansens
16 & 2 liebste Tischgenossen

Dr. Christine Brinck und Niko Hansen sind die deutschen Bearbeiter und Übersetzer des vorliegenden Buches.

1. Eleonora Duse
2. Sigmund Freud
3. Golda Meïr
4. Benjamin Disraeli
5. Mary Shelley
6. Hannibal
7. Sophokles
8. Albert Einstein
9. Christian Morgenstern
10. Lewis Caroll
11. Alice Lidell (das Vorbild zu «*Alice im Wunderland*»)
12. Alexandra Elizabeth Sheedy*
13. Egon Friedell
14. Carlo Schmid
15. Suzanne Valadon
16. Marco Polo

. . . und am Katzentisch für Alkoholiker
1. W. C. Fields   2. Janis Joplin

* Alexandra Elizabeth Sheedy ist eine 17jährige New Yorker Schriftstellerin, die mit zwölf Jahren ihren ersten Roman schrieb: «*Königin Elizabeth war immer zu den Mäusen nett*» («*She was Nice to Mice*»).

18

O du geheimnisvolles Leben

Jeane Dixons
10 größte Medien aller Zeiten

Ihre unheimlich anmutende Fähigkeit, politische und andere Ereignisse auf der ganzen Welt genau vorhersagen zu können, hat Jeane Dixon den Titel «Die Seherin von Washington» eingebracht. Ihre neuesten Bücher sind *«The Call to Glory»* und *«My Life and Prophecies».* Mrs. Dixon, die ihre übersinnlichen Fähigkeiten für göttliche Inspiration hält, spendet ihre Einkünfte aus Büchern und Vorträgen der gemeinnützigen Wohltätigkeitsorganisation Children to Children.

1. Der Evangelist Johannes, Autor der Offenbarung
2. Gautama, der Buddha
3. Der Prophet Jesaia, der die Befreiung des Volkes Israel aus der babylonischen Gefangenschaft und den Aufstieg Jerusalems zu neuem Ruhm vorausgesagt hatte
4. Pharao Amenhotep IV., genannt Echnaton, der den Monotheismus – die Verehrung eines einzigen Gottes – im alten Ägypten einführte
5. Simeon, ein frommer Mann von Jerusalem, und
6. Hanna, demütige Dienerin des Gottes der Juden. Gemeinsam besuchten sie das Jesuskind und seine Mutter im Tempel und priesen Jesus als den Erlöser seines Volkes
7. Die Heilige Theresia von Jesus, eine außergewöhnliche Mystikerin und eine der wichtigsten Frauen in der europäischen Geschichte
8. Nostradamus, Seher der Renaissance, dessen Prophezeiungen wegen ihrer Erkenntnisse über unsere Gegenwart und Zukunft noch heute studiert werden
9. Emanuel Swedenborg, Philosoph und Theosoph des 18. Jahrhunderts, der in seinen Schriften die «Geisterwelt» beschrieb, mit der er – so behauptete er – in ständigem Kontakt stand
10. Leo Nikolajewitsch Tolstoi, der russische Romancier und Mystiker, dessen Streben nach Wahrheit und Heiligkeit vielen Suchern in unserer Zeit als Vorbild gilt

Jeane Dixon fügte hinzu: «Ich nehme an, daß einige der Namen, die ich ausgewählt habe, mit Überraschung aufgenommen werden. Ich glaube jedoch, daß die Bezeichnung ‹Medium› nur in ihrem höchsten geistigen Sinne anstatt in bisweilen üblichen Umgangsversionen Verwendung finden sollte.» *exklusiv*

Ruth Montgomerys
10 größte Medien der Geschichte

Ruth Montgomery hat zahlreiche Auszeichnungen für ihre journalistischen Leistungen erhalten. Sie hat sich als sensitives Medium und als Autorin vielgelesener Bücher wie *«A Gift of Prophecy», «A World Beyond», «Born to Heal»* und *«The World Before»* einen Namen gemacht.

1. Jesus von Nazareth, das größte Medium aller Zeiten
2. Gautama Buddha
3. Jeanne d'Arc und viele andere katholische Heilige, so wie der heilige Franz von Assisi und die heilige Theresia von Jesus (Spanien, 16. Jahrhundert)
4. Emanuel Swedenborg (Schweden, 18. Jahrhundert). In seinem Namen sind zahlreiche Swedenborg-Kirchen in Europa und Amerika gegründet worden.
5. Paramahansa Yogananda, der große indische Yogi, der 1952 in Los Angeles starb
6. Edgar Cayce aus Virginia Beach in Virginia
7. Daniel Dunglas Home (England, 19. Jahrhundert)
8. «Margery», Frau von Dr. Grandon, dem Professor für Chirurgie an der Harvard Medical School
9. Eileen J. Garrett
10. Arthur Ford *exklusiv*

60 berühmte Persönlichkeiten und ihre Gehirnstrahlung

Oscar Brunler (1892–1952) war Arzt, Erfinder und Diplomat. Er erfand unter anderem die Brunler-Flamme, die unter Wasser brennt, und eines der ersten Waschmittel. Den letzten Teil seines Lebens widmete er in erster Linie der Erforschung seelischer Vorgänge. Er entwickelte ein Verfahren zum Messen des evolutionären Prozesses der individuierten Seele nach ihrer Reinkarnation im menschlichen Körper. Mit den grundlegenden Methoden der Radionie, einem Weissagungsverfahren, das sich eines Pendels bedient und ähnlich wie die Wünschelrute funktioniert, maß er die Gehirnstrahlungen tausender lebender oder schon gestorbener Menschen und ordnete die Meßergebnisse in die Brunlersche Gehirnstrahlungsskala ein, von der er behauptet, daß sie den evolutionären Fortschritt von Individuen exakt wiedergibt. Die große Mehrheit der getesteten Personen (95 Prozent) lag auf der Skala unterhalb der 300er Marke. Als «Genie» wurden die Testpersonen eingestuft, die die Meßzahl 500 überschritten. Die folgende Liste ist eine kleine Auswahl seiner Ergebnisse, die in Biometrischen Einheiten (50 B. E. entsprechen etwa einem Zentimeter) angegeben sind.

		Biometrische Einheiten
1.	Leonardo da Vinci	720
2.	Michelangelo	688
3.	Chiron, der «Gott der heilenden Hand»	675
4.	Helene Blavatsky	660
5.	Tizian	660
6.	Friedrich der Große	657

Das Universalgenie Leonardo da Vinci besaß nach den radionischen Messungen Oscar Brunlers die am höchsten entwickelte Seele der von ihm «getesteten» Persönlichkeiten.

7.	Raffael	649
8.	Francis Bacon	640
9.	Rembrandt van Rijn	638
10.	Peter Paul Rubens	633
11.	Francisco de Goya	613
12.	Johann Wolfgang von Goethe	608
13.	Napoleon	598
14.	William Blake	580
15.	Paul Cézanne	570
16.	Annie Besant	568
17.	Peter Iljitsch Tschaikowski	567
18.	Frédéric Chopin	550
19.	El Greco	550
20.	Greta Garbo	538
21.	Richard Wagner	538
22.	Franz Liszt	538
23.	Claude Monet	538
24.	Alice Bailey	538
25.	Grigori Rasputin	526
26.	Laurence Olivier	525
27.	Noël Coward	520
28.	Mary Pickford	520
29.	Jawaharlal Nehru	520
30.	Pablo Picasso	515
31.	George Washington	512
32.	Salvador Dali	495
33.	Francisco Franco	490
34.	Edgar Allan Poe	489
35.	Woodrow Wilson	485
36.	Edgar Cayce	482
37.	Mohandas K. «Mahatma» Gandhi	477
38.	Herbert Hoover	477
39.	Benito Mussolini	470
40.	Thomas Edison	470
41.	Albert Einstein	469
42.	Abraham Lincoln	462
43.	Königin Viktoria	458
44.	H. G. Wells	448
45.	Henry Ford	448
46.	Arthur Conan Doyle	426
47.	Krischnamurti	423
48.	Herzog von Windsor	422
49.	John F. Kennedy	421
50.	Bertrand Russell	420
51.	Sigmund Freud	420
52.	Charles de Gaulle	418
53.	Walter Winchell	407

54. Billy Graham 406
55. Jacqueline Kennedy-Onassis 391
56. Georges Gurdjeff 385
57. C. G. Jung 385
58. Tschiang Kai-schek 375
59. Alfred Kinsey 360
60. König Faruk I. 307

aw

7 Fälle von Selbstentzündung

Die hier geschilderten Fälle stammen aus dem 1976 in London erschienenen Buch *«Fire from Heaven, or How Safe are YOU from Burning?»* (Feuer vom Himmel, oder Wie sicher sind SIE vor dem Verbrennen?) von Michael Harrison. Der Autor beschäftigt sich in diesem Buch mit einem bislang ungeklärten Phänomen: daß Menschen ohne ersichtlichen Grund und ohne Absicht zu brennen anfangen. Also passen Sie auf sich auf, und sagen Sie nachher nicht, wir hätten Sie nicht gewarnt.

1. Gräfin Cornelia di Bandi
Die 62jährige Gräfin von Cesena (Italien) entzündete sich im 18. Jahrhundert. Das genaue Datum ist nicht bekannt. Die Nachbarn hatten einen «gelblichen, äußerst ekelerregenden, halb flüssigen Rauch» aus den Fenstern des Zimmers der Gräfin steigen sehen. Die Zofe entdeckte am Morgen ihre Überreste. «... vor dem Bett, etwa einen Meter davon entfernt, lag ein Haufen Asche», schrieb Sir David Brewster. «Ihre Beine, sogar die Strümpfe, waren unversehrt... Vom ganzen übrigen Körper war fast nur noch Asche übriggeblieben. Durch das Zimmer schwebten zahllose Rußflöckchen.» Weder die Möbel noch der Fußboden waren verbrannt. Ein seltsamer Umstand war, daß zwei Talgkerzen, die auf einem Beisetztischchen standen, geschmolzen waren, während die Baumwolldochte unversehrt danebenlagen.

2. Mr. «H»
Professor H., der an der University of Nashville (Tennessee) Mathematik lehrte, verspürte an einem Wintertag im Jahre 1835 – er war gerade auf dem Weg nach Hause – plötzlich einen stechenden Schmerz im linken Bein. Er blickte hinab und sah eine mehrere Zentimeter lange Flamme, die aus dem Bein hervorzüngelte. Durch Schläge ließ sie sich nicht löschen, also bedeckte er sie mit den Händen, um ihr den Sauerstoff zu nehmen, und dabei ging sie tatsächlich aus. In seine Unterwäsche war ein winziges Loch gebrannt, aber es fehlte das entsprechende Loch in seiner Hose. Es dauerte ungewöhnlich lange, bis die Brandwunde verheilt war.

3. Euphemia Johnson
Die 68jährige englische Witwe Euphemia Johnson entzündete sich 1922, als sie nachmittags beim Tee saß. Sie verbrannte derartig schnell, daß ihre Überreste, «ein Haufen verkalkter Knochen», in ihren unversehrten Kleidern lagen. Das Mobiliar rundherum war lediglich angesengt.

4. Phyllis Newcombe
Am 7. August 1938 ging die 22jährige Engländerin Phyllis Newcombe vor den Augen zahlreicher Menschen plötzlich in Flammen auf. Sie tanzte gerade Walzer in einem Tanzsalon. Eine Ursache für diese Selbstentzündung konnte nicht gefunden werden.

5. Mary Hardy Reeser
Diese 67jährige Dame aus St. Petersburg in Florida entzündete sich in der Nacht des 1. Juli 1951 in ihrem Schaukelstuhl. Ihre Nachbarin, eine Mrs. Carpenter, erwachte am nächsten Morgen von dem beißenden Brandgeruch. Der Türknopf an Mrs. Reesers Wohnungstür war so heiß, daß man ihn nicht mit bloßen Händen anfassen konnte. Als die Tür schließlich offen war, schlug ihr ein heißer Lufthauch aus dem Zimmer entgegen. Harrison gibt in seinem Buch die Berichte der Augenzeugen wieder. Nach ihren Aussagen «befanden sich in einem schwarzen Kreis von einem Meter Durchmesser nur noch ein paar verkohlte Sprungfedern und die Überreste eines menschlichen Körpers ... in der Mitte lag ein kleiner Haufen schwarzer Asche». Der Fall Reeser wurde zum Gegenstand eingehender Untersuchungen und ist vielleicht der bekannteste in der Geschichte der Selbstentzündungen. In dem Bericht des Polizeichefs J. R. Reichart heißt es: «Was logische Erklärungen angeht, so ist dies eine jener Sachen, die einfach nicht passieren können und doch passieren. Der Fall ist nicht abgeschlossen und wird vielleicht nie zur Befriedigung aller, die damit zu tun haben, abgeschlossen werden.»

6. Anna Martin
Diese ältere Dame aus West Philadelphia in Pennsylvania entzündete sich am 18. Mai 1957 im Alter von 69 Jahren. Lediglich ihre Extremitäten verbrannten. Ihr Rumpf und – seltsamerweise – ihre Schuhe blieben unversehrt.

7. Billy Thomas Peterson
Peterson, ein 27jähriger Schweißer aus Pontiac in Michigan, entzündete sich am 14. Dezember 1957. Ein Autofahrer entdeckte in einer Garage ein in Rauch gehülltes Auto. Im Wageninnern lag der Leichnam Petersons. Voller Entsetzen bemerkte der Fahrer, daß der Körper an mehreren Stellen glühte. Es bedurfte keiner großen Kombinationsgabe, um zu erkennen, daß Peterson im Moment der Selbstentzündung gerade einen Selbstmordversuch unternommen hatte. Er hat-

te die Abgase mit einem Schlauch in den Wagen geleitet. Vielleicht war er auch schon tot gewesen, als er zu brennen begann. Eine Untersuchung ergab, daß sein linker Arm, seine Genitalien und Teile seines Gesichts fast völlig verbrannt waren. Eine Heiligenfigur aus Plastik, die auf dem Armaturenbrett stand, war geschmolzen. Aber die Haare an seinem Körper, seine Augenbrauen und der Oberteil seines Kopfes waren unversehrt. Seine Kleider waren nicht einmal angesengt.

aw

10 Personen, die stigmatisiert waren

Wundmale, die sich bei manchen Menschen von selbst an jenen Stellen des Körpers bilden, an denen Jesus am Kreuz Wunden zugefügt worden waren, nennt man Stigmen. Sie sind bei mehr als 330 Personen aufgetreten – zumeist bei Nonnen, Mönchen und Priestern, die sehr intensiv über die Kreuzigung Christi meditiert hatten. Die Autoritäten der römisch-katholischen Kirche zögern, Stigmen als Wunder zu bezeichnen. Sie glauben eher daran, daß solche Male durch bewußte oder unbewußte Suggestion entstehen.

1. Franz von Assisi (italienischer Heiliger, 1182–1226)
Der erste Mensch, von dem bekannt wurde, daß er Stigmen hatte, war Franz von Assisi. Dieser vornehme Heilige stammte aus einer reichen Kaufmannsfamilie. Nach einer lasterhaften Jugend wendete er sich einem frommen Leben in Armut zu. Er versuchte, nach dem Vorbild und der Lehre Christi zu leben. Er war bekannt dafür, daß er alle Kreatur liebte. 1224, zwei Jahre vor seinem Tod, erschien ihm in den Alverner Bergen im Apennin ein strahlender glühender Engel mit sechs Flügeln, der einen gekreuzigten Mann trug. Franz fiel in einen ekstatischen Trancezustand. Als er sein Bewußtsein zurückerlangte, entdeckte er Stigmen an seinem Körper. Es sah aus, als ob lange spitze Nägel seine Hände und Füße durchbohrt und ein Speer ihn an der Seite verwundet hätte. Zwei Päpste bezeugten die Stigmen: Gregor IX. und Alexander IV.

2. Die heilige Katharina von Siena (italienische Nonne und Seherin, 1347–1380)
Katharina wurde mit 19 Jahren auf eigenen Wunsch Nonne. Sie hatte in späteren Jahren großen politischen Einfluß auf Kirche und Staat. Sie stand im Briefwechsel mit Königen und Papst Gregor XI., den sie mit «lieber kleiner Babbo» anredete. Als Nahrung brauchte sie nur eine Handvoll Kräuter pro Tag, und sie schlief jede Nacht nur zwei

Stunden. Sie hatte Stigmen, die sie jedoch verbarg. Auf Anordnung des Papstes Sixtus IV. wurden die Wundmale auf Statuen von ihr nicht abgebildet. Sie starb – wie Christus – mit 33 Jahren.

3. Die heilige Rita von Cascia (italienische Heilige, 1381–1457)
Als zwölfjähriges Kind zwang man sie, einen reichen Adligen zu heiraten, der sie grausam mißhandelte. Doch gelang es ihr im Laufe der Jahre, durch geduldige Zuneigung aus ihm einen liebevollen Gefährten zu machen. 18 Jahre nach ihrer Hochzeit wurde ihr Mann jedoch getötet. Sie ging 1452 in ein Augustinerkloster in Cascia. Nachdem sie der Predigt eines Missionars über die Kreuzigung Christi zugehört hatte, betete sie darum, daß auch sie diese Leiden erdulden dürfe. Noch während des Gebets spürte sie plötzlich eine Dornenkrone auf ihrer Stirn. Es entstanden Wunden – möglicherweise Pocken –, die von Würmern befallen wurden und übel rochen. Sie wurde wie eine Leprakranke isoliert. Angeblich sollen ihre Wunden heilige Strahlen ausgesandt haben, als sie starb.

4. Die heilige Veronica von Giuliani (italienische Nonne, 1660–1697)
Als sie 33 Jahre alt war, erschien ihr am Karfreitag der ans Kreuz geschlagene Christus. Aus seinen Wunden traten Strahlen hervor, die ihre Hände und Füße und eine Seite ihres Körpers trafen. Die Stigmen, die sich an diesen Stellen bei ihr bildeten, verheilten und bluteten abwechselnd. Eine Speerwunde an ihrer Seite blutete ständig. Sie zeichnete ein Bild, das Wunden an ihrem Herzen zeigte, die nach ihrem Tod tatsächlich nachgewiesen wurden.

5. Anna Katharina Emmerich (deutsche Nonne, 1774–1824)
Sie stammte aus einer Bauernfamilie. Als Kind hütete sie die Rinder ihres Vaters. 1803 ging sie ins Kloster von Agnetenberg. Sie fühlte sich ständig matt und krank. Nachts nähte sie Kleider für die Armen. Als sie 37 Jahre alt war, entstanden Wunden an Händen, Seite und Füßen; sie hatte Stiche von der Dornenkrone und ein doppeltes Kreuz auf der Brust. Die Wunden heilten nach Gebeten, doch an jedem Freitag begannen sie wieder zu bluten.

6. Maria von Mörl (Deutsche, 1812–1868)
Sie hatte Stigmen an Händen, Füßen und der Seite, die von mehr als 40000 Menschen gesehen wurden.

7. Louise Lateau (französische Näherin, 1850–1883)
Sie stammte aus einer Arbeiterfamilie. Während der Cholera-Epidemie von 1866 pflegte sie Kranke in ihrer Heimatstadt Bois d'Haine. Auf wunderbare Weise wurde sie selbst von einer schweren Krankheit geheilt. 1868 entstanden ihre Stigmen, die jeden Freitag zwischen 13.00 und 14.00 Uhr und zwischen 16.00 und 18.00 Uhr zu bluten begannen.

8. Die heilige Gemma Galgani (italienische Heilige, 1878–1903)
Weil Mitglieder ihrer Familie an Tuberkulose erkrankt waren, wurde sie als Kind bei Verwandten untergebracht. Mit 20 Jahren verlor sie ihren Vater. Sie lebte in äußerster Armut. Kurze Zeit nach dem Tod des Vaters erkrankte sie an Knochentuberkulose in der Wirbelsäule, wurde aber wie durch ein Wunder gerettet. Nachdem ihr der Erzengel Gabriel erschienen war, wollte sie in ein Passionistenkloster eintreten. Sie wurde jedoch abgewiesen. Daraufhin arbeitete sie als Haushälterin in einer Familie. Als sie 21 Jahre alt war, bildeten sich Wunden an Händen, Füßen, der Seite und auf der Stirn sowie Geißelmale am Körper. Die Stigmen erschienen jeden Freitag. Gemma Galgani wurde wegen ihrer Frömmigkeit verspottet. 1940 wurde sie von Papst Pius XII. heiliggesprochen.

9. Pater Pio (italienischer Priester, Wundermacher und Hellseher; 1887–1968)
Er trat mit 17 Jahren in ein Kapuzinerkloster ein. Neun Jahre später traten bei ihm Schmerzen an Händen, Füßen und der Seite auf. Die Ärzte fanden keine Erklärung für diese Symptome. Drei Jahre später brach er beim Gebet zusammen. An den schmerzenden Stellen bildeten sich Stigmen. Pio bedeckte seine Hände, wenn er sich in der Öffentlichkeit zeigte. Wegen der lästigen Aufmerksamkeit, die er auf sich zog, suspendierte der Vatikan ihn zweimal von seinem Amt. Er erhielt von Gläubigen große Mengen Geld und wandte 14 Millionen Mark davon für den Bau eines Krankenhauses auf. Pater Pio ist für die Heiligsprechung vorgeschlagen worden.

10. Therese Neumann (Deutsche, 1898–1962)
Dies ist der neueste Fall von Stigmatisierung, von dem in Zeitungen berichtet worden ist. 1918 half die 20jährige beim Löschen eines Brandes. Ihr selbstloser Einsatz hatte schwere Folgen für ihre Gesundheit. Ein Jahr nach dem Ereignis erblindete sie und wurde bettlägerig, doch genas sie auf wunderbare Weise. 1926 bildeten sich Stigmen unter den Augen und dem Herzen und an den Händen. 1927 nahm sie außer beim Heiligen Abendmahl keine richtige Nahrung mehr zu sich. Sie konnte Gedanken «lesen». An Karfreitagen wurde sie zum Ziel von Pilgerfahrten. Bei diesen Gelegenheiten durften die römisch-katholischen Gläubigen ihre Wunden sehen. Therese wurde von vielen als Heilige bezeichnet. Ärzte führten die Stigmen jedoch auf nervöse Störungen zurück. Sie starb mit 64 Jahren in Konnersreuth in der Oberpfalz.

ae

10 Augenzeugenberichte über Menschen, die durch die Luft schwebten

1. Colin Evans
Das englische Medium Colin Evans ist auf einem Foto in dem Buch *«The Supernatural»* von Hill und Williams «im Fluge» abgebildet.

2. «Die fliegende Hexe von Navaree»
Eine Frau, die nur unter diesem Namen bekannt geworden ist, «flog, nachdem sie wie eine Eidechse einen Turm zur Hälfte hinabgeglitten war, vor den Augen der Leute durch die Luft». P. de Sandoval berichtet von diesem unglaublichen Ereignis in seinem Buch *«La Historia de la Vida y Hechos del Emperador Carlos V.»*.

3. «Don Genaro» und «Don Juan»
Der Anthropologe Carlos Castaneda berichtet, wie ein mexikanischer Indianer-Zauberer – er nennt ihn Don Genaro – vor seinen Augen durch die Luft flog, den Stamm eines Baumes hinauflief und wieder zurückflog. Auch schreibt er, er habe Don Genaro und Don Juan dabei beobachtet, wie sie gemeinsam von einer Klippe gesprungen, sich langsam durch die Luft gedreht, den Boden erreicht und wieder nach oben zurückgeschwebt seien. Laut Castaneda schildert Don Genaro eine seiner Erfahrungen als «etwas . . . das ich nicht beschreiben kann . . . Wir wirbelten mit solcher Geschwindigkeit und Gewalt durch die Luft, daß ich nichts mehr sehen konnte. Alles verschwamm. Die Wirbel gingen weiter und weiter und weiter.»

4. Daniel Dunglas Home
Home war ein englisches Medium, das sich angeblich selbst in einen Schwebezustand versetzen konnte. In den späten 60er Jahren des vorigen Jahrhunderts schrieb Lord Adare: «Wir hörten Home ins Nebenzimmer gehen, hörten ihn das Fenster öffnen, und im selben Moment erschien er aufrecht stehend draußen vor dem Fenster: Er öffnete es und kam seelenruhig hereinspaziert.» Dieses Fenster befand sich im dritten Stock und hatte keinen Balkon. Pastor C. M. Davies, ein für seine kritische Haltung bekannter Fachmann für spirituelle Fragen, schrieb in einem Artikel für die Zeitschrift *Belgravia*, er habe Home fünf Minuten lang im Salon von Mrs. Samuel Carter Hall umherschweben sehen.

5. Juan de Jesús
Von den Flügen des Juan de Jesús aus San Diego (Kanarische Inseln) wird im 18. Kapitel des Buches *«Vida del Ven. Siervo de Deo N. Juan de Jesús»* von A. Abreu berichtet. Abreu, der Lehrer und Offizier der Inquisition war, hat seinen Bericht durch zahlreiche Dokumente belegt.

6. Der heilige Joseph von Cupertino

Prospero Lambertini (Papst Benedict XIV.) schrieb in einer Abhandlung: «Als ich das Amt des Promotor Fidei ausübte, wurde in der Ordensgemeinschaft der Heiligen Liturgie viel über Joseph von Cupertino, einen ehrwürdigen Diener Gottes, gesprochen. Augenzeugen von absoluter Zuverlässigkeit berichteten, daß dieser Geistliche durch die Luft schweben und weite Strecken fliegend zurücklegen konnte, wenn er in einen Zustand ekstatischer Verzückung geriet.» Nonnen aus St. Ligorio, die in der Kirche des heiligen Gregor von Armenien in Neapel die Messe besuchten, behaupteten, sie hätten gesehen, wie sich der heilige Joseph in die Luft erhob und auf dem Altar inmitten der brennenden Kerzen landete. Die Nonnen schrien entsetzt auf, weil sie dachten, er würde anfangen zu brennen, doch der heilige Joseph flog unversehrt wieder zurück auf den Boden. Die Flugkünste Josephs sind noch von vielen anderen Augenzeugen beobachtet worden, unter ihnen Papst Urban VIII., Herzog Johann Friedrich von Braunschweig-Lüneburg, die Infantin Maria (Tochter von Karl Emmanuel dem Großen, Herzog von Savoyen) und Francesco Pierpaoli, der dem vom Tode gezeichneten Joseph in seinen letzten Tagen ärztlichen Beistand leistete.

7. Carlo Mirabelli

Der brasilianische Gesundbeter Mirabelli ist auf einem Foto in Guy Lyon Playfairs Buch *«The Unknown Power»* über dem Boden schwebend abgebildet. Ein Augenzeugenbericht über einen seiner Flüge vor zahlreichen Mitgliedern der Cesare-Lombroso-Akademie ist in Nandor Fodors *«Encyclopedia of the Psychic Sciences»* abgedruckt.

8. M. Stainton Moses

Die Fähigkeit dieses Oxforder Professors, über dem Boden zu schweben, wurde von E. Myers von der Gesellschaft für Psychologische Forschung bezeugt.

9. Eusapia Palladino

Von den Schwebezuständen der Eusapia Palladino, einem Medium aus dem vorigen Jahrhundert, existieren zahlreiche Augenzeugenberichte. Eine Darstellung findet sich in Hereward Carringtons *«Eusapia Palladino and Her Exploits»* (1909).

10. Willy Schneider

Schneider, ein Medium aus Deutschland, «erhob sich in waagerechter Lage vom Boden und schwebte langsam in die Höhe. Er schien auf einer unsichtbaren Wolke zu ruhen. Er stieg auf bis zur Decke und verweilte dort fünf Minuten, wobei er seine Beine rhythmisch auf und ab bewegte. Der Abstieg geschah genauso plötzlich wie der Aufstieg. Während der ganzen Zeit ließen wir ihn nicht aus den Augen.» Dieser Bericht stammt von Baron Albert von Schrenk-Notzing und wird von Sudre in seinem Buch *«Introduction à la Métapsychique»* und in Fodors *«Encyclopedia of the Psychic Sciences»* zitiert.

mwj & db

Besucher aus dem Weltraum?
9 mysteriöse Begebenheiten

1. Das Goldflugzeug
Ein goldener Gegenstand, der vor mehr als 1000 Jahren auf dem südamerikanischen Kontinent hergestellt wurde, erinnert stark an das Modell eines Flugzeugs mit Deltaflügeln. Viele sind der Meinung, es handle sich um die Darstellung eines Teufelsfisches, doch ist die Ähnlichkeit nur sehr vage. Wie läßt sich die dreieckige aufrechte Schwanzflosse erklären? Sollte die merkwürdige Einkerbung am «Kopf» ein Cockpit darstellen? Wurden die Südamerikaner schon vor langer Zeit von außerirdischen Reisenden in flugzeugartigen Gefährten besucht? Und haben sie von einem der Fahrzeuge ein Modell angefertigt – als Erinnerung an das Ereignis?

2. Hesekiels Rad
Hesekiel wurde 597 v. Chr. aus Israel verbannt. Fünf Jahre später hatte er eine «Erscheinung Gottes»: «. . . es kam ein ungestümer Wind von Norden her, eine mächtige Wolke und loderndes Feuer, und Glanz war rings um sie her, und mitten im Feuer war es wie blinkendes Kupfer. Und mitten darin war etwas wie vier Gestalten; die waren anzusehen wie Menschen. Und jede von ihnen hatte vier Angesichter und vier Flügel. Und ihre Beine standen gerade, und ihre Füße waren wie Stierfüße und glänzten wie blinkendes, glattes Kupfer . . . Als ich die Gestalten sah, siehe, da stand je ein Rad auf der Erde bei den vier Gestalten, bei ihren vier Angesichtern. Die Räder waren anzuschauen wie ein Türkis und waren alle vier gleich, und sie waren so gemacht, daß ein Rad im andern war . . . Und sie hatten Felgen, und ich sah, ihre Felgen waren voller Augen ringsum bei allen vier Rädern.» (Hesekiel 1, 4–18) Sollten die Flügel vielleicht die Rotoren von vier miteinander verbundenen Hubschraubern gewesen sein, die mit Wesen aus dem Weltraum bemannt waren? Waren diese Kreaturen höhere Wesen, die Hesekiel «Das Wort» anvertrauten, um die Erdenbewohner wieder zu einem moralischen Lebenswandel zurückzuführen?

3. Die grünen Kinder
Im August 1887 kamen in Spanien zwei Kinder mit hellgrüner Haut und schrägliegenden Augen aus einer Höhle. Die Kleider, die sie trugen, waren aus einem seltsamen Material, und sie sprachen eine Sprache, die von Experten aus Barcelona nicht identifiziert werden konnte. Der Junge starb kurze Zeit später. Das Mädchen lernte Spanisch und berichtete, eine Art Wirbelwind habe sie aus einem Land, in dem stets Zwielicht herrschte, zu der Höhle getragen. War dieses Land ein anderer Planet? Wurden die Kinder durch eine Zeit- oder Raumkrümmung auf die Erde verschlagen? Handelt es sich bei diesem Ereignis um ein Phänomen, das nur durch die Existenz paralleler Welten oder einer vierten Dimension zu erklären ist?

4. Die 1897 gesichteten UFOs

1897 wurden in verschiedenen Gegenden der Erde mehrmals Flugobjekte gesichtet. Am 19. April beobachtete Alexander Hamilton, ein Farmer aus Kansas, ein 100 Meter langes zigarrenförmiges Luftschiff, das in zehn Meter Höhe über seiner Weide schwebte. Die Kabine unterhalb des Rumpfes schien aus einem glasartigen Material zu sein, und die seltsamen Insassen sprachen eine fremde Sprache. Die Wesen fingen mit einem Draht eine der Kühe des Farmers und zogen sie hinauf in ihr Fluggefährt. Am 27. März hatten 200 Leute (einschließlich des Gouverneurs) ein großes fliegendes Objekt über Topeka (Kansas) gesehen.

5. Die sibirische Explosion

Am 30. Juni 1908 wurde Sibirien von einer gewaltigen Explosion erschüttert. Einige Augenzeugen berichteten von einer Feuersäule oder einer «pilzförmigen Wolke». Man konnte sich nicht erklären, wie es zu diesem Ereignis gekommen war. 1927 entdeckten sowjetische Wissenschaftler den Ort des Geschehens – eine verbrannte Erdfläche von etwa 2000 Quadratkilometern. In ihren Berichten heißt es, es gäbe keine Anzeichen dafür, daß ein Meteorit die Explosion verursacht habe. Als mögliche Ursachen gaben die Wissenschaftler an: Ein Zusammenstoß der Erde mit Antimaterie aus dem Weltraum (aber wie ist die Antimaterie durch die Erdatmosphäre gedrungen?), einen Kometen (man hatte vorher keinen beobachtet), die Berührung der Erdoberfläche mit einem Schwarzen Loch, ein von einem anderen Planeten aus abgeschossener Laserstrahl. Der russische Metallurg und Waffentechniker Alexander Kazanzew vertritt die These, daß die Explosion durch den Absturz eines mit außerirdischen Wesen bemannten Raumschiffes verursacht wurde, das sich auf einem Erkundungsflug über der Erde befand.

6. Die UFOs von 1913

Am 9. Februar 1913 beobachteten unzählige Menschen, darunter auch viele Astronomen, seltsame fliegende Objekte, die in Gruppen, langsamer als Meteoriten, horizontal über Kanada, Bermuda, Brasilien und Afrika flogen. Der Astronom W. F. Denning berichtet, er habe an einem der Objekte erleuchtete Fenster gesehen.

7. Der Besuch der Hills auf einem Raumschiff

Am 19. September 1961 wurde das Ehepaar Betty und Barney Hill, das sich auf einer Fahrt durch ein verlassenes Feriengebiet in New Hampshire befand, von einem scheibenförmigen Flugobjekt gestoppt. Es hatte einen Durchmesser von etwa 20 Metern. Die Hills sahen fünf grünhäutige Wesen auf sich zukommen, die etwa 1,50 Meter groß waren. Ihre Gesichter waren nasenlos. Sie starrten das zu Tode erschrockene Ehepaar aus riesigen Augen an. Als die Wesen sie erreicht hatten, verloren die Hills die Macht über ihren eigenen Willen. Sie wurden in das Raumfahrzeug geschleppt und einer körperlichen Untersuchung unterzogen. Die Wesen verständigten sich mit den Hills durch eine Art von Gedankenübertragung. Untereinander sprachen sie eine seltsame Sprache. Sie suggerierten den Hills, zu vergessen, was vorgefallen war, bevor sie entlassen wurden, doch unter Hypnose erinnerten sich die beiden an alles. 1975 wurde im amerikanischen Fernsehen eine Dokumentationssendung über diesen Vorfall ausgestrahlt.

8. Funksignale aus dem All
Astronomen haben möglicherweise Funksignale von zwei Objekten im Weltall aufgefangen, die mit CTA-21 (im Sternbild Pegasus) und CTA-102 (im Sternbild Aries) bezeichnet werden. Der sowjetische Astronom Nikolai S. Kardaschew nimmt an, daß die Signale von intelligenzbegabten Wesen ausgesandt werden. Andere Vermutungen in diesem Zusammenhang: Die Nord- und Südlichter sind Signale aus einer anderen Welt; die Pulsare sind künstliche Leuchtfeuer, die Raumschiffen auf ihren Reisen von einem Stern zum anderen den Weg weisen sollen.

9. Das UFO von New Jersey
In einem von J. Allen und Jacques Vallee in ihrem Buch *«The Edge of Reality»* erwähnten Bericht behauptet Robert Le Donne, ein Nachrichtenjournalist der ABC (American Broadcasting Company), er ha-

Vier UFOs im Formationsflug über der Stadt Salem (Massachusetts), aufgenommen am 16. Juli 1954.

be in der Nacht des 4. Juni 1974 in Woodcliff Lake (New Jersey) ein UFO gesehen. Es flog völlig lautlos dahin und sah aus wie ein «funkelndes Oval von Licht». Le Donne hielt seinen Wagen an. Er war 500 Meter von dem Flugkörper entfernt. Langsam kam es, sehr niedrig fliegend, näher. Es schien gelbe Lichter zu haben, die sich von vorn nach hinten drehten, und ein rotes Licht am Heck. Le Donne berichtete, das UFO habe «gestrahlt wie ein Riesenrad am Himmel». Die Polizisten, denen Le Donne seine Beobachtung mitteilte, fügten ihrem Protokoll die Erklärung hinzu, daß auch sie vor etwa zwei Monaten ein UFO gesichtet hätten, das wie eine «fliegende Pfanne» ausgesehen habe.

ae

10 große ungelöste Geheimnisse

1. «Von Menschen geschaffene» Gegenstände, die es bereits vor der Existenz des Menschen auf der Erde gab
1885 fand man in Kohleschichten, die sich vor mehr als zwölf Millionen Jahren gebildet hatten, einen Metallwürfel, von dem die Wissenschaftler sagen, daß er wegen seiner symmetrischen Form und der Art seiner Zusammensetzung von Menschen gemacht sein könnte. Ferner sind in geologischen Formationen Glaslinsen, Metallnägel, Ketten, eine fossile Schraube und Messinggerät gefunden worden. In den Knochen prähistorischer Tiere ist man auf kugelähnliche Objekte gestoßen. Woher stammten diese zum Teil technisch hochentwickelten Gegenstände? Vielleicht von Zivilisationen, die sehr früh auf der Erde existierten und vollkommen ausgelöscht wurden? Oder gar von außerirdischen Wesen, die unserem Planeten einen Besuch abstatteten und Reste ihres «Mülls» zurückließen?

2. Die Cheops-Pyramide
Die große Pyramide, die der ägyptische Pharao Cheops vor mehr als 45 Jahrhunderten bauen ließ, gibt mehr als ein Rätsel auf. 22 Jahre lang waren 100000 Arbeiter in den drei Monaten des Jahres, in denen der Nil Hochwasser führt, mit der Errichtung dieses gigantischen Bauwerks beschäftigt. Wie diese Menschen Steine bewegten, die bis zu 2,5 Tonnen wogen, ist eines der Rätsel. Ein anderes Rätsel ist die Auffälligkeit der Pyramide. War Cheops so eitel, daß dieses riesige Monument seinem Angedenken dienen sollte, oder hatte es noch eine andere Funktion? Seine Höhe, 137 Meter, könnte in Beziehung stehen zur Entfernung zwischen Erde und Sonne (148 208 000 Kilometer). Kannten die Ägypter diese Entfernung? In der Astronomie der Neuzeit ist sie erst seit dem 19. Jahrhundert genau bekannt. Ist die Pyramide ein riesiger Kalender, eine astronomische Rechenmaschine?

Die Pyramiden von Gizeh. Dienten diese gigantischen Bauwerke den alten Ägyptern als astronomischer Kalender?

3. Stonehenge

Dieser riesige doppelte Steinring, mit dessen Errichtung etwa 2200 v. Chr. begonnen wurde und den man um 1600 v. Chr. erneut aufbaute, ist unter dem Namen Stonehenge bekannt geworden und befindet sich im heutigen Wiltshire in England. Die ersten Erbauer ließen den gewaltigen, 35 Tonnen schweren Altarstein zurück, den sie über eine Entfernung von 40 Kilometern herbeitransportiert hatten. Jahre später wurden riesige Felsstücke aus den 200 Kilometer entfernten Prescelly-Bergen herbeigeholt, aus denen die Erbauer Pfeiler herstellten. Diese schließlich verbanden sie mit gewaltigen Decksteinen. Außerhalb des Kreises liegen 56 kleine Mulden, die Aubrey-Löcher. Wie haben die Erbauer die gigantischen Steinblöcke bewegt? Warum haben sie in den Bau dieser Stätte eine so übermenschlich anmutende Arbeit investiert? Gebot ihnen ihr Kult, diese Anstrengungen zu unternehmen? Oder hatten sie die Absicht, ein riesiges Observatorium mit einem astronomischen Kalender zu errichten? Neuere Computeruntersuchungen haben eine Reihe von Beziehungen zwischen der Position der Steine und dem Stand der Sonne und des Mondes 1500 v. Chr. ergeben. Was uns zu einem weiteren Rätsel führt: Wie konnten diese von uns gemeinhin als «primitiv» bezeichneten Menschen ausreichende Kenntnisse über die Bewegungen der Himmelskörper besitzen, um die Steine so genau zu plazieren?

4. Atlantis
Seit Platon in seinen Dialogen «*Kritias*» und «*Timaios*» von dieser Insel berichtete, spukt Atlantis durch die Köpfe der Menschen. Sie sei, schrieb er, «größer als Asien und Libyen zusammengenommen». Eine «große, wundervolle Macht von Königen» vereinte sich auf ihr, «welcher die ganze Insel gehorchte sowie viele andere Inseln und Teile des Festlandes». Platon hatte jedoch nur eine Nachricht ausgeschmückt, die der Athener Solon 590 v. Chr. aus Ägypten mitgebracht hatte. In seinen phantasiereichen Schilderungen verlegte er die sagenhafte Insel in den Atlantik, wo Forscher jahrhundertelang vergeblich nach ihr suchten. Erst die Ausgrabungen des griechischen Archäologen Marinatos auf der Insel Santorin – er entdeckte dort unter einer mehrere Meter dicken Lava- und Aschendecke die alte Stadt Akrotiri – legen die Vermutung nahe, daß es sich bei dem Untergang von Atlantis nicht, wie Platon behauptete, um eine durch die Athener herbeigeführte verheerende Niederlage, sondern um eine Katastrophe ganz anderer Art gehandelt haben könnte. Etwa 1500 v. Chr. hat sich auf der Vulkaninsel Santorin ein gewaltiger Kataklysmus ereignet, dessen riesige Flutwelle auf dem 100 Kilometer entfernten Kreta die minoische Kultur vernichtete und dessen Aschenregen möglicherweise sogar bis nach Ägypten getrieben ist. Daher, so vermuten Wissenschaftler, konnten die Ägypter den Griechen von diesem Ereignis ihrer eigenen Geschichte überhaupt berichten. Aber wenn man Akrotiri auf Santorin für Atlantis erklärt und die sagenhafte Insel damit ins Mittelmeer verlegt, so bleibt man die Erklärung für Platons Satz schuldig: «... denn vor dem Eingange, der, wie ihr sagt, die Säulen des Herkules heißt*, befindet sich eine Insel», die «Insel Atlantis».

5. Die Nasca-«Scharrbilder»
Auf einem Hochplateau in der peruanischen Wüste finden sich gelbe Linien, die zwischen 400 und 1200 n. Chr. in die dunkle Erde gezeichnet wurden. Aus der Luft betrachtet stellen diese Linien, die bis zu 65 Kilometer lang sind, geometrische Figuren, Tiere, Insekten, Blumen und Götter dar. Wer «schrieb» diese Botschaften für den Himmel? Und warum? Stammen sie von außerirdischen Wesen, die mit einem Raumschiff kamen? Oder von primitiven Indianern, die diese gigantischen Zeichnungen nach viel kleineren Vorlagen ausführten?

6. Das Ungeheuer von Loch Ness
565 n. Chr. sah der Abt von St. Columba im Loch Ness «ein schreckliches Ungeheuer ... ähnlich einem riesigen Frosch, und doch war es kein Frosch». Seitdem ist das Ungeheuer – das in allen nachfolgenden Berichten eher einer Seeschlange als einem Frosch gleicht – von fast 200 Personen beobachtet worden, darunter Taucher, Touristen, Anwohner und Wissenschaftler mit Unterseebooten, Echoloten und an-

---
* Gemeint ist die Straße von Gibraltar.

deren ausgeklügelten Gerätschaften. Es gibt Fotos und Filme – die meisten mit verschwommenen Konturen – von «Bobby» (wie die Anwohner das Ungeheuer nennen) oder «Nessie» (wie die Wissenschaftler sagen, die «es» für weiblich halten). «Sie» ist etwa 30 Meter lang, hat einen gewundenen Körper, einen Schwanz und eine schlangenförmige Kopf- und Halspartie. Gibt es sie wirklich in diesem 250 Meter tiefen, 40 Kilometer langen, sehr schmalen (zwei Kilometer) schottischen See? Wenn ja, was für ein Wesen ist sie? Ein «ausgestorbener» Schlangensaurier, eine Tierart, die vor 70 Millionen Jahren lebte? Ein riesiger Wassermolch? Eine überdimensionale Seeschnecke? Wie ist sie in den See gekommen? Sind ihre Vorfahren dort eingeschlossen worden, als das Wasser der Ozeane zurückging, oder gibt es auch jetzt noch eine geheime Verbindung zwischen Loch Ness und dem Ozean, durch die sie jederzeit hinein- und wieder hinausgelangen kann?

7. Die Skulpturen auf der Osterinsel
Die Osterinsel liegt etwa 2000 Meilen westlich vor der Südspitze der chilenischen Küste. Am Ostersonntag 1722 wurde die nur 118 Quadratkilometer große Insel von dem holländischen Seefahrer Jacob Roggeveen entdeckt. Er stieß dort auf die Skulpturen, die die Insel berühmt gemacht haben: Statuen von nackten Männern mit unverhältnismäßig kleinen Körpern, großen Köpfen und langen Ohren – Kaukasier mit harten Gesichtszügen. Manche sind so hoch wie ein dreistöckiges Haus und wiegen 60 Tonnen. Die knotenartigen roten Steine, die auf ihren Köpfen befestigt waren, sind heruntergefallen. Sollten sie rote Haarschöpfe darstellen? 100 Figuren sind fertiggestellt worden, weitere 150 in unvollendetem Zustand liegengeblieben. In einer Eingeborenenlegende heißt es, vor langer Zeit (nach Berechnungen müßte es etwa 475 v. Chr. gewesen sein) seien 300 «Langohren» nach einer 120 Tage dauernden Seereise in westlicher Richtung auf der unbewohnten Insel gelandet. 20 Generationen später seien die «Kurzohren» (eine Gruppe von Polynesiern) angekommen und von den «Langohren» gezwungen worden, an den Figuren zu arbeiten. Erst im 17. Jahrhundert hätten sie sich gegen ihre Unterdrücker aufgelehnt. Thor Heyerdahl hat durch seine berühmte Reise mit der ‹Kon-Tiki› bewiesen, daß Menschen schon vor langer Zeit in der Lage waren, sich über Tausende von Meilen auf dem Meer fortzubewegen. Aber es bleibt die Frage: Wer waren die kaukasischen «Langohren»? Europäer vielleicht, die lange vor den Wikingern in Nordamerika landeten, sich nach Südamerika durchschlugen und dann nicht wieder zurückkommen konnten?

8. Zimbabwe
Wer baute die Stadt Zimbabwe im gleichnamigen südafrikanischen Staat, von der nur ein Ruinenfeld übriggeblieben ist? Araber, Phönizier, Indianer, Ägypter, Israeliten, Bantus? Handelt es sich um das im alten Testament erwähnte Goldland Ophir? Gehörten seine Goldmi-

nen dem König Salomo? Einige Archäologen vertreten heute die Auffassung, daß Zimbabwe im 15. Jahrhundert von eingeborenen Afrikanern – aber nicht von Bantus – erbaut wurde, die später fortzogen. Wenn das stimmt, wer waren dann diese Afrikaner?

9. Der Yeti

In Tibet und Nepal, hoch in den Bergen des Himalaya, könnte ein Wesen existieren, das die eingeborenen Sherpa als Yeti oder als Schneemensch bezeichnen. Diese Wesen sollen zwischen 1,50 Meter und 2,10 Meter groß sein, langes braunes Haar, spitze Köpfe und menschenähnliche Gesichter haben und aufrecht auf zwei Beinen gehen. Etwa seit 1880 sind des öfteren 30 bis 50 Zentimeter lange Fußabdrücke von Bergsteigern entdeckt und sogar fotografiert worden, unter anderem von dem Neuseeländer Edmund Hillary, dem Bezwinger des Mount Everest. Wenn Yeti tatsächlich existieren, was für eine Art von Lebewesen sind sie dann – Affen, Bären, oder eine dem Menschen verwandte Zwischenstufe? Und wenn es sie gibt, warum konnte dann noch keiner von ihnen gefangen werden? Und was steckt hinter den Berichten über «Affenmenschen», die angeblich in Zentralasien, Sumatra, Neuguinea und im Nordwesten Amerikas (wo sie Sasquatch oder Großfüße genannt werden) ihr Unwesen treiben?

10. Das Schicksal der Romanows

Als die Bolschewiki die Herrschaft in Rußland übernahmen, töteten sie vermutlich den Ex-Zaren Nikolaus II., einen Abkömmling der Romanows, dessen Frau Alexandra und ihre fünf Kinder am 19. Juli 1918 im Keller eines Hauses in Jekaterinburg (heute Sverdlowsk). Es wird behauptet, daß die Zarenfamilie, in einer Reihe nebeneinander auf Stühlen sitzend, zusammen mit ihrem Familienarzt und drei Dienern von einem Hinrichtungskommando erschossen wurde. Aber es gibt noch eine andere Version: Der Zar und sein Sohn Alexej wurden getötet, während die Zarin und die vier Töchter Olga, Maria, Tatjana und Anastasia an einen sicheren Platz gebracht wurden. Angeblich sind sie noch sechs Monate nach dem Tod des Zaren am Leben gewesen. Viele Personen haben behauptet, Mitglieder dieser unglücklichen Familie zu sein. Die bekannteste Anwärterin auf die Zuerkennung des Familientitels war eine Frau, die 1920 – sie war damals ein junges Mädchen – aus einem Kanal in Berlin gefischt wurde. Sie hatte einen Selbstmordversuch unternommen und sagte nach ihrer Rettung aus, sie sei Anastasia. Sie berichtete, sie sei während ihrer Gefangenschaft in jenem Keller verwundet worden, habe jedoch noch fliehen können. Ein Mitglied des Hinrichtungskommandos – er heiratete sie später – habe ihr dabei geholfen. Vieles sprach dafür, daß ihre Geschichte wahr ist, aber es gibt auch etliche zweifelhafte Punkte in ihrem Bericht. Bislang ist es niemandem gelungen, des Vermögens der Romanows habhaft zu werden. Es soll sich auf mehrere Millionen Dollar belaufen.

ae & nh

10 gruselige Gespenster

1. Der Geist der Anne Boleyn
Anne Boleyn soll in Blickling Hall in Norfolk geboren worden sein. Auf jeden Fall verbrachte sie dort einen Teil ihrer Kindheit. Jedes Jahr seit ihrer Enthauptung am 19. Mai 1536 erscheint an ihrem Todestag ihr Geist an diesem Ort ihrer Kindheit. Sie sitzt in einer Kutsche, die von vier kopflosen Pferden gezogen und von einem kopflosen Kutscher gelenkt wird – sie hält ihren eigenen Kopf auf den Knien. Die Kutsche rumpelt langsam den Weg zum Haus entlang und verschwindet an der Eingangstür. Anne Boleyn spukt auch im Tower von London, und zwar sowohl in der Kapelle St. Peter ad Vincula, wo ihr Leichnam begraben wurde, als auch im White Tower. (Es gibt eine alte Legende, wonach ihre Leiche heimlich nach Salle gebracht wurde und dort, unter einer schwarzen Marmorplatte ohne Inschrift, zum zweiten Mal beerdigt wurde.)

2. Der Geist der Catharine Howard
Die Spukgalerie im Hampton Court Palace hallt von den Schreien Catharine Howards wider. Sie eilt durch die Räume und verschwindet am Ende der Galerie hinter der Tür, die zur Kapelle führt. Sie geistert auch durch die Gänge des Schlosses Eythorne Manor in Hollingbourne (Kent). Sie war nach 18monatiger Ehe mit König Heinrich VIII. am 13. Februar 1542 enthauptet worden.

3. Das Zinnoberphantom
Dieser Geist ist in mehreren kritischen Momenten der französischen Geschichte aufgetaucht. Er hat eine große, wohlproportionierte Gestalt und ist in einen roten Umhang gehüllt. Aus seinem Gesicht sprießt ein bauschiger roter Bart hervor. Am 13. Mai 1610 erschien er Heinrich IV. in dessen Schlafgemach und prophezeite ihm, daß er am nächsten Tag sterben werde. Heinrich ließ sofort seine Ratgeber rufen und beriet sich mit ihnen über das Phantom und die Botschaft. Doch alle Überlegungen und Vorkehrungen sollten nichts nützen. Am folgenden Tage wurde der König von François Ravaillac umgebracht, einem katholischen Visionär und religiösen Fanatiker, der glaubte, daß Heinrichs Übertritt zum Katholizismus politisch motiviert gewesen sei. Napoleon Bonaparte wurde gleich viermal vom Zinnoberphantom heimgesucht. Beim dritten Mal, im Januar 1814, wurde Graf Mole-Nieuval Zeuge der großen roten Erscheinung. Der Arzt Dr. Antomarchi sah das Gespenst am 5. Mai 1821 vor Napoleons Bett stehen. Es war der vierte Besuch – in der Nacht, bevor Napoleon starb.

4. Der Fliegende Holländer
1680 geriet ein Schiff der Holland-Ostindien-Linie unter Kapitän Hendrick van der Decken, das sich auf dem Weg von Amsterdam nach Batavia befand, in der Nähe des Kaps der Guten Hoffnung in

einen gewaltigen Sturm. Seither fehlt jede Spur von dem Schiff. Es soll jedoch – so lautet eine Legende, die schon lange Zeit, bevor Wagner seine Oper «*Der Fliegende Holländer*» schrieb, bekannt war – über die Weltmeere geistern. Jedem Schiff, das ihm begegnet, widerfahre, heißt es, bald darauf ein Unglück. Im März 1939 beobachteten etwa 60 Menschen am Strand von Glencairn an der Südspitze Afrikas ein Handelsschiff aus dem 17. Jahrhundert unter vollen Segeln, das mit großer Geschwindigkeit unbeirrt auf den Sandstrand zusteuerte. Alle Segel waren gebläht, obwohl es vollkommen windstill war. Das Unglück schien unabwendbar. Während die Aufregung unter den Beobachtern wuchs, verschwand das Schiff plötzlich unter ebenso geheimnisvollen Umständen, wie es aufgetaucht war.

5. Der Poltergeist von Epworth

1716 starb Pastor Samuel Wesley, der Vater des berühmten Predigers John Wesley, im Pfarrhaus von Epworth in Lincolnshire (England). Nach den Berichten von John Wesley begann es am 2. Dezember 1716 in dem Haus zu spuken. Gegen zehn Uhr abends hörte der Diener Robert Brown ein Klopfen an der Tür. Dann stieß jemand einen langgezogenen Seufzer aus. Brown riß die Tür auf, doch draußen stand niemand. Der gleiche Vorgang wiederholte sich zweimal. Brown und die anderen Dienstboten gingen beunruhigt ins Bett. Oben auf der Treppe zur Mansarde sah Brown eine Handmühle, die sich von selbst drehte, und als er im Bett lag, hörte er Geräusche wie von einem gurrenden Truthahn und von jemandem, der über Schuhe stolperte. Am folgenden Tag hörte eine der Mägde ein Klopfen im Milchschrank, für das sie keine Erklärung finden konnte; sie war so verängstigt, daß sie ein Tablett fallen ließ und aus dem Zimmer lief. Die allseits bekannte Ehrbarkeit der Familie Wesley ist einer der Gründe, warum ihr Poltergeist das wohl berühmteste Gespenst aller Zeiten geworden ist.

6. Der Geist vom Drury Lane Theatre

Der Geist eines jungen Dandys, der 1780 ermordet wurde und seitdem im Drury Lane Theatre umgeht, soll allen, die ihm begegnen, großen schauspielerischen Erfolg bescheren. Das Skelett wurde erst im 20. Jahrhundert entdeckt, als Arbeiter eine Wand aufbrachen. Die Fetzen eines grauen Reitmantels hingen noch an den Knochen, und ein Dolch steckte ihm zwischen den Rippen. 1939 unternahm der Gespensterjäger J. Wentworth Day einen Versuch, dem Geist aufzulauern. Alles was er sah, war ein sehr eigenartiges bläuliches Licht, das aus der Wand kam, einmal hinten über den zweiten Rang flackerte und dann verschwand. Aber er hat Gespräche mit Leuten notiert, die das Gespenst gesehen haben. Es soll keinen Hut getragen haben und grau gekleidet gewesen sein.

7. Der Geist von Charles Rosmer

Dies ist wahrscheinlich das bedeutendste spiritistische Ereignis des ganzen 19. Jahrhunderts. In einem verfallenen Holzhaus in der kleinen ländlichen Gemeinde Hydesville in Wayne County (New York) lebte John D. Fox, ein armer Farmer, der seine Heimat in Kanada verlassen und sich mit seiner Frau und seinen drei Kindern Margaret, Catherine und Leah in den USA angesiedelt hatte. Alle Familienmitglieder waren fromme Methodisten. An einem Märzmorgen im Jahre 1848 war im Haus ein eigenartiges Pochen und Klopfen zu hören. Im Laufe der folgenden Tage und Nächte nahm das Geräusch an Intensität zu, und am Ende des Monats war es so laut, daß das ganze Haus bis in seine wackeligen Fundamente erschüttert wurde. Zufällig klatschte die siebenjährige Catherine eines Tages in die Hände, als die Geräusche ertönten. Unmittelbar darauf hörte sie, wie eine andere Person ihr Klatschen wiederholte, so als wolle sie ihr antworten. Sie schnippte mit den Fingern – und wieder antwortete ihr jemand mit dem gleichen Geräusch. Auch die zehnjährige Margaret begann nun, in die Hände zu klatschen, und vernahm wie ihre Schwester das mysteriöse Echo. Verwundert holte sie ihre Eltern herbei. John Fox und seine Frau folgten den Anweisungen ihrer Töchter und versuchten, durch eine Reihe von Klopfsignalen mit dem Geist in Verbindung zu treten. Als Antwort vertraute das Phantom ihnen an, daß es der Geist des ehemaligen Handlungsreisenden Charles Rosmer sei, der auf dem Grundstück, das die Familie Fox bewohnte, umgebracht worden war.

8. Die Engel von Mons
Nach der Schlacht von Mons (Belgien) am 26. August 1914 wurde das britische Expeditionskorps, das den Rückzug angetreten hatte, von einer Kavallerieeinheit der Deutschen verfolgt. Als die Engländer ihre Verfolger bemerkten und sich in Erwartung des sicheren Todes umwandten, sahen sie zu ihrem großen Erstaunen zwischen sich und den Deutschen eine Einheit von Phantomkavalleristen. Die Pferde der Deutschen scheuten vor dieser gespenstischen Erscheinung und sprengten in alle Richtungen auseinander. Von deutscher Seite wurde später erklärt, daß die Soldaten sich wegen der Übermacht der feindlichen Truppe geweigert hätten, jene bestimmte Stelle anzugreifen (an der doch aber in Wirklichkeit die Verteidigung der Engländer kurz zuvor zusammengebrochen war). Nach Berichten der Alliierten befand sich nicht ein einziger britischer Soldat in der betreffenden Gegend. Ein Militärgeistlicher berichtete, daß ein Brigadegeneral und zwei seiner Offiziere ihm von der Erscheinung erzählt hätten. Der Rückzug wurde erfolgreich beendet. Die Soldaten beider Armeen waren der festen Überzeugung, ein Geisterheer von Engeln gesehen zu haben.

9. Der Geist von Borley
Im Pfarrhaus von Borley spukte der Geist der Marie Lairre, einer 1667 verstorbenen Nonne. Das Pfarrhaus wurde 1863 in Borley, einem an der Grenze zwischen Essex und Suffolk gelegenen Dorf, gebaut. Vor 1929 erschien der Geist der Nonne mindestens einem Dutzend Men-

schen. Sie wandelte in ihrer Ordenstracht durch das Haus. In ihren Gebärden drückte sich eine stete Traurigkeit aus. 1929 begann sich Harry Price, ein bekannter Gespensterjäger, für den Geist zu interessieren. Er mietete sich in das Pfarrhaus ein und wohnte dort zehn Jahre. Er veröffentlichte zwei Bücher, *«The Most Haunted House in England»* (Das Haus mit dem größten Spuk in England) und *«The End of Borley Rectory»* (Das Ende des Pfarrhauses von Borley), die internationale Aufmerksamkeit erregten. In einer Reihe von spiritistischen Sitzungen, die ein Partner von Price durchführte, verriet Marie Lairre, daß sie so traurig sei, weil man sie ohne christliche Zeremonie auf dem Grundstück des Pfarrhauses begraben habe. Als das Gebäude 1944 abgerissen wurde, schwebte eine Zeitlang ein Ziegelstein in der Luft, und es erklangen seltsame Geräusche, die nicht durch die laufenden Arbeiten hervorgerufen wurden.

10. Der Geist vom Weißen Haus
Der Geist Abraham Lincolns spukt im Weißen Haus. (Zu Lebzeiten hielt der Präsident dort spiritistische Sitzungen ab, denn er interessierte sich sehr für die Erforschung des Übersinnlichen.) In Eleanor Roosevelts Tagebuch ist folgende gespenstische Szene beschrieben: «Ich saß in meinem Arbeitszimmer, als eines der Dienstmädchen in äußerster Erregung hereinstürzte. Ich blickte von meiner Arbeit auf und fragte sie, was passiert sei. ‹Er ist da oben – sitzt auf dem Bettrand und zieht sich die Schuhe aus!› schrie sie. ‹Wer ist da oben und zieht sich die Schuhe aus?› fragte ich. ‹Mr. Lincoln!› antwortete das Mädchen.» Unter anderen hat auch Königin Wilhelmina von Holland während eines Staatsbesuches im Jahre 1945 den Geist gesehen.

pcj

19

Asche zu Asche

20 bekannte ausgestopfte oder einbalsamierte Menschen und Tiere

1. Tut-ench-Amun
Als der englische Archäologe Howard Carter 1922 das Tal der Könige ausgrub, entdeckte er unter anderem das Grab von Tut-ench-Amun, einem ägyptischen König der 18. Dynastie, der etwa 1384 v. Chr. den Höhepunkt seiner Macht erreicht hatte. Die Mumie des Pharaos lag in einem 1,80 Meter langen Sarg, der 1110 Kilo Gold enthielt. Über den Bandagen auf dem Gesicht des Königs lag eine naturgetreue Goldmaske, in die wertvolle Edelsteine eingelegt waren. Unter den Grabbeigaben fand man eine unglaubliche Menge verschiedener Ringe, Halsbänder, Amulette und anderer wertvoller Schmuckstücke. Die inneren Organe des Königs waren entfernt, einbalsamiert und in einer separaten alabasternen Schachtel aufbewahrt worden. Der Sarkophag und die Mumie sind in der Grabkammer geblieben, doch die kostbaren Kunstschätze aus dem Grab werden im Ägyptischen Museum in Kairo aufbewahrt.

2. Karl der Große
Der Kaiser des Heiligen Römischen Reiches starb 814. Sein Leichnam wurde einbalsamiert. Dann hüllte man ihn in seine kaiserlichen Kleider, setzte ihm eine Krone auf den Kopf, drückte ihm ein Zepter in die Hand und plazierte ihn in sitzender Haltung auf seinen marmornen Thron, wo er 400 Jahre lang blieb. Erst 1215 ließ Kaiser Friedrich II. den Leichnam entfernen, der nach wie vor in gut erhaltenem Zustand war. Er wurde in einem Sarg aus Gold und Silber im Aachener Dom beigesetzt.

3. El Cid (Rodrigo Díaz de Vivar)
Der spanische Heerführer im Krieg gegen die Mauren gründete 1094 das unabhängige Königreich Valencia. 1099 wurde er im Kampf verwundet und starb. Sein letzter Wille war es, daß sein Körper einbalsamiert werde und bei der nächsten Schlacht auf seinem Pferd Babieca mitreiten dürfe. Zu dieser Schlacht kam es schon bald: Der marokkanische König Bucar wollte Valencia erobern, und die Niederlage der Spanier war schon abzusehen. Da erschien der einbalsamierte Körper El Cids auf seinem Pferd an der Spitze der Truppen. Die Spanier faßten neuen Mut, sammelten ihre Kräfte und trieben die Angreifer zurück.

4. Inés de Castro
Als der spätere König Pedro von Kastilien noch ein junger Prinz war, verliebte er sich in Inés de Castro. Sein Vater fürchtete politische Komplikationen, erhob falsche Beschuldigungen gegen Inés und ließ sie enthaupten. Pedro wartete, bis er nach dem Tod seines Vaters König wurde, ließ dann den Mördern die Herzen herausreißen und befahl, daß Inés exhumiert werde. Ihr Leichnam wurde angekleidet, auf den Thron gesetzt und offiziell zur Königin gekrönt. Alle Würdenträger waren gezwungen, ihr die Ehre zu erweisen. Sie mußten ihre Hand küssen und sie wie eine lebende Monarchin behandeln. Pedro starb 1369.

5. Richard II.
Der englische König Richard II. wurde 1399 abgesetzt und ist wahrscheinlich 1400 ermordet worden. 1413 ließ Heinrich V. Richards Leib einbalsamieren und präsentierte ihn mit allen königlichen Insignien geschmückt der Öffentlichkeit. Drei Tage später, auf Richards zweiter Beerdigung, die in der Westminster Abbey stattfand, trauerte Heinrich wie kein anderer um den Toten. Eine Zeitlang befand sich eine Öffnung an der Seite des Grabes, durch die Besucher ihre Arme stekken konnten, um den Kopf des Königs zu berühren. 1776 nutzte ein Schuljunge die Gelegenheit und stahl Richards Kieferknochen. Die Nachkommen des Jungen behielten das Relikt. Erst 1906 wurde es wieder an seinen rechtmäßigen Ruheplatz zurückgebracht.

6. Katharina von Valois
Die Frau Heinrichs V. starb 1437. Ihr Enkel, Heinrich VII., führte größere Umbauten in der Westminster Abbey durch, was dazu führte, daß ihr einbalsamierter Leib aus ihrer ursprünglichen Grabstätte entfernt werden mußte. Sie kam in einen groben Sarg aus dünnen Brettern, der nicht wieder beigesetzt wurde. So blieb sie über 200 Jahre ein öffentliches Spektakel. Kirchendiener lüfteten für einen Schilling den Sargdeckel, damit neugierige Besucher ihren Leib betrachten konnten. Dem Schriftsteller Samuel Pepys, der an seinem 36. Geburtstag die Abtei besuchte, genügte es nicht, Katharina lediglich zu betrachten. In seinem skandalträchtigen Tagebuch schreibt er: «Ich hielt ihren Oberkörper in meinen Händen und küßte sie auf den Mund, wobei mir klar wurde, daß ich zum erstenmal eine Königin küßte.» 1776 wurde der Leib endlich dem Zugriff der Öffentlichkeit entzogen.

7. Der Herzog von Monmouth
Dieser englische Rebell wurde zum Tode verurteilt und 1685 durch eine der mißlungensten Enthauptungen aller Zeiten (der Scharfrichter brauchte fünf Hiebe) hingerichtet. Man lud Rumpf und Kopf auf einen Wagen, um sie zur Grabstätte zu transportieren. Wenige Minuten vor der Beerdigung stellte man plötzlich fest, daß kein Porträt des Herzogs existierte. Da er der uneheliche Sohn Karls II. war, hielt man

es für wichtig, eines anfertigen zu lassen. Also wurden Rumpf und Kopf wieder zusammengenäht, standesgemäß bekleidet – und schließlich gemalt. Das Porträt hängt in der National Portrait Gallery in London.

8. Charles Byrne
Dieser irische Riese lebte von 1761 bis 1783. Da er – zu Recht – befürchtete, daß sein mächtiger Körper nach seinem Tod zu Forschungszwecken seziert werden würde, vertraute er Freunden einen ansehnlichen Geldbetrag an, damit sie ihn im Falle seines Todes auf hoher See beisetzen konnten. Doch der berühmte Anatom Dr. Hunter, der bereits eine umfangreiche Kollektion ausgefallener menschlicher Körper besaß, ließ sich nicht hinters Licht führen. Als Byrne starb, bestach Hunter die Freunde, damit sie ihm den Leichnam überließen. Noch ehe irgend jemand bemerken konnte, was geschehen war, hatte er die Überreste abgekocht. Da er die Knochen zu schnell kochte, verfärbten sie sich braun. Hunter hielt seine Errungenschaft mehr als zwei Jahre lang geheim, aber schließlich verriet er sie doch. Man kann Byrne noch heute im Hunter Museum des Royal College of Surgeons in London sehen. Sein riesiges Knochengerüst liegt in einem Glassarg zusammen mit dem Skelett der 49 Zentimeter großen sizilianischen Zwergin Caroline Crachami.

9. «Die konservierte Dame»
Martin von Butchell war ein englischer Sonderling, der von 1735 bis 1812 lebte. In seinem Ehevertrag gab es eine Klausel, die festlegte, daß gewisse Gegenstände ihm nur so lange gehörten, wie seine Frau «nicht unter der Erde» war. Als sie starb, blieb er im Besitz jener Gegenstände, indem er die Leiche seiner Frau einbalsamierte und sie, mit ihrem Hochzeitskleid bekleidet, in einem Sarg mit Glasdeckel in seinem Salon aufbewahrte. «Die konservierte Dame», die Butchell stets als «meine liebe Fortgegangene» vorstellte, wurde zur großen Attraktion. Als er wieder heiratete, bestand seine Frau, die durch die Konkurrenz irritiert war, darauf, daß der Leichnam verschwinde. Um weiterhin der Auflage zu genügen, daß sie nicht unter die Erde käme, bot er sie dem Royal College of Surgeons an. Dort wurde sie ausgestellt, bis sie bei einem deutschen Luftangriff im Mai 1941 verbrannte.

10. Barry
Als der legendäre Schweizer Bernhardiner, der so viele Reisende aus Lawinen und Schneestürmen gerettet hatte, 1814 starb, wurde er von einem Präparator ausgestopft. Man kann ihn heute im Berner Nationalmuseum bewundern. Er sieht sehr lebensecht aus – so als wollte er, sich gleich wieder auf die Suche nach Vermißten machen.

11. Jeremy Bentham
Der englische Philosoph («Vater des Utilitarismus») Bentham, der 1832 im Alter von 84 Jahren starb, vermachte sein ganzes Vermögen

dem University College Hospital in London – unter der Bedingung, daß man seinen Körper konservieren und an allen Sitzungen der Klinikdirektion teilnehmen lassen würde. Bentham hatte Dr. Southward Smith, einen bekannten Arzt, auserwählt, seinen Leichnam für die Öffentlichkeit herzurichten. Smith baute das Skelett zusammen, krönte es mit einer Wachsnachbildung von Benthams Kopf, kleidete es in einen passenden Anzug und setzte ihm einen Hut auf. «Das Ganze wurde dann in einem Mahagonisarg mit aufklappbaren Glastüren untergebracht, wobei man Bentham in seinen Armsessel setzte und ihm seinen Lieblingswanderstab in die Hand drückte . . .» Und so verpaßte Jeremy Bentham in den folgenden 92 Jahren nicht eine einzige Direktionssitzung.

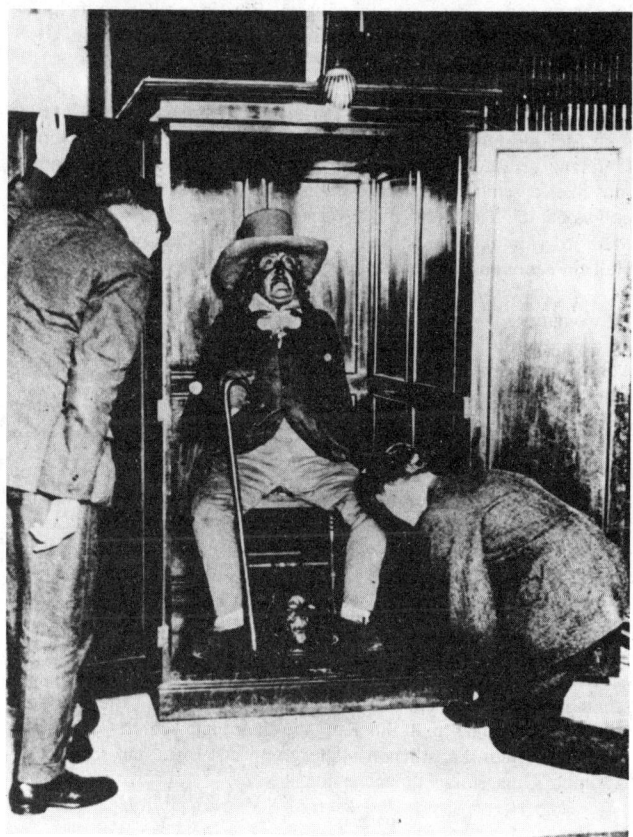

Der englische Philosoph Jeremy Bentham, seit 1832 tot, aber noch immer in gutem Zustand.

12. Julia Pastrana

Diese bärtige mexikanische Indianerin, die wegen ihrer monströsen Mißbildungen als die häßlichste Frau aller Zeiten galt, ließ sich auf der ganzen Welt ausstellen. Ihr Manager heiratete sie «ganz für mich allein», und als sie schwanger war, verdiente er ein Vermögen, indem er Eintrittskarten an Leute verkaufte, die der Geburt beiwohnen wollten. Das Kind wurde tot geboren und war entstellt wie seine Mutter. Julia starb wenig später (1860) im Alter von 28 Jahren. Doch ihr Mann hatte nicht die Absicht, auf seine so reichlich fließende Einnahmequelle zu verzichten. Er ließ deshalb Julia und das Kind einbalsamieren, verwahrte die Leichen in einem Glassarg und präsentierte sie dem Publikum in aller Welt als neue Attraktion. Julias Körper, der noch immer ausgestellt wird, ist nach jüngsten Berichten zuletzt auf einigen schwedischen Jahrmärkten zu sehen gewesen.

13. Jumbo

Der berühmte Riesenelefant des Zirkusunternehmers Phineas T. Barnum, der an den Schultern 3,28 Meter maß, wurde 1885 von einem Güterzug erfaßt und getötet. Barnum ließ den Kadaver ausstopfen (das Skelett schickte er an die Smithsonian Institution in Washington) und stellte das Tier ständig in der Barnum Hall der Tufts University in Medford (Massachussets) aus. Im April 1975 brach in der Barnum Hall ein Feuer aus, das die Überreste Jumbos vernichtete.

14. Comanche

Das amerikanische Kavallerie-Pferd wurde als Nationalheld verehrt, weil es die verheerende Niederlage General Custers bei Little Big Horn überlebt hatte. Als Comanche starb, beschloß man, ihn zu konservieren und auszustopfen. Ein Naturkundler an der University of Kansas, Professor Lewis Dyche, bekam 450 Dollar für die Arbeit. Comanches Innereien wurden unter militärischen Ehren beigesetzt, seine äußere Gestalt hingegen konserviert und ausgestopft. 1893 konnte man das berühmte Pferd auf einer großen Ausstellung in Chicago bewundern. Danach wurde es schließlich ins Museum für Naturgeschichte der University of Kansas in Lawrence gebracht und dort ausgestellt. 1947 meldete General Jonathan Wainwright als Vertreter der amerikanischen Armee einen Anspruch auf Comanche an. Schließlich sei er ein Stück Militärgeschichte und solle deshalb in den Besitz des Militärs zurückfallen. Wainwrights Plan, Comanche in Fort Riley auszustellen, scheiterte jedoch. Er blieb in Lawrence. Um ihn vor Luftfeuchtigkeit zu schützen, umgab man ihn 1950 mit einem luftdichten Glaskasten. Dort, vor einem künstlichen Hintergrund aus Erde und sonnenverbranntem Gras, steht Comanche noch heute.

15. Tim

Tim war ein kleiner Hundebastard, der von 1892 an Tag für Tag am Bahnhof Paddington in London erschien, um die Züge zu begrüßen.

An seinem Halsband hing eine Sammelbüchse, in die abreisende Fahrgäste Münzen für einen Witwen- und Waisen-Hilfsfonds warfen. Nach zehn Jahren Arbeit starb Tim. Man stopfte ihn aus, und sein konservierter Körper wurde – mit Halsband und Sammelbüchse – in einen Glaskasten auf dem Bahnhof Paddington gestellt, so daß er sein gutes Werk fortsetzen konnte.

16. Andrew McCrew
1913 fiel Andrew McCrew, ein einbeiniger schwarzer Landstreicher, in Marlin (Texas) aus einem fahrenden Güterzug und starb. Erst 60 Jahre später wurde er begraben. Am Morgen nach seinem Tod brachte man ihn zu einem Beerdigungsunternehmer. Dort wurde er einbalsamiert. Als niemand kam, um den Leichnam abzuholen, verkaufte man diesen schließlich an einen Reisezirkus, der ihn mit der zugkräftigen Ankündigung «Der erstaunliche versteinerte Mann – das achte Weltwunder» ausstellte. Als sich die Truppe 55 Jahre später auflöste, wurde McCrew in einem Schuppen verstaut. Dort blieb er, bis er von Elgie Pace, einer Witwe aus Dallas, entdeckt wurde. Sie wollte ihm eine anständige Beerdigung zuteil werden lassen, weil er, wie sie ihrer Schwester erklärte, «ein menschliches Wesen ist. Man kann nicht einfach einen Leichnam in die Gosse werfen.» Doch sie konnte die Kosten für eine Beerdigung nicht aufbringen. Was blieb ihr anderes übrig, als ihren «Sam» – wie sie ihn nannte – im Keller zu verwahren? Schließlich bot sich ein schwarzer Unternehmer an, McCrew zu beerdigen. Der Gottesdienst war, wie Elgie berichtete, «wunderschön und sehr würdig», und so fand Andrew McCrew endlich seine letzte Ruhe. Einige Monate später schrieb der Folksänger Don McLean einen Song, *«The Legend of Andrew McCrew»*, der einen Radiohörer dazu anregte, eine Grabinschrift für McCrew zu entwerfen. Sie lautete: «Andrew McCrew, ‹Der mumifizierte Mann›, geboren 1867/gestorben 1913/begraben 1973.»

17. Wladimir Iljitsch Lenin
Am 21. Januar 1924 starb Lenin. Nach offiziellen Berichten ist er einem Herzschlag erlegen. Einige Historiker vermuten, daß er vergiftet wurde. Der Revolutionär war schon zu Lebzeiten als Held gefeiert worden. Nach seinem Tod wurde er zum Gott erhoben. Wissenschaftler des sowjetischen Hirnforschungsinstituts zerlegten sein Gehirn in 20 000 Teile, um es genau untersuchen zu können. Sein Körper wurde einbalsamiert. Doch leistete man schlechte Arbeit: Das Gesicht wurde runzelig und verschrumpelt. 1926 unternahm ein russischer Arzt einen neuen Einbalsamierungsversuch. Die Lösung, die er benutzte, sei – so behauptete er – in ihrer Zusammensetzung der von den alten Ägyptern verwendeten Flüssigkeit sehr ähnlich. Das Gesicht nahm nach dieser Behandlung einen jüngeren, asketischen Ausdruck an. 1930 wurde auf dem Roten Platz ein Mausoleum aus rotem ukrainischem Granit und karelischem Porphyr errichtet, in dem Lenins Leichnam in

einem Glassarkophag aufgebahrt wurde. Dort kann man den in einen Khakianzug gekleideten Revolutionär besichtigen.

18. Chih Hang

Dieser dickleibige runde buddhistische Mönch war bei seinen Anhängern in Taiwan sehr beliebt. Als sein Tod näherrückte, überkam ihn die Sorge, daß er der Liebe seines Volkes nicht würdig sei. Er entschloß sich deshalb zu einer ungewöhnlichen Überprüfung seiner Heiligkeit: Er verlangte, daß man seinen Körper nach seinem Tod drei Jahre lang in eine große Urne setzen solle. Wenn sein Leib – so schrieb er in seinem Vermächtnis – in dieser Zeit nicht verfallen war, sollte er mit reinem Gold angemalt und in diesem Zustand für immer verwahrt werden. Nach fünf Jahren, als genug Geld zusammengespart worden war, um das nötige Gold zu kaufen, wurde die Urne geöffnet. Chih Hangs Körper war – wenn auch dünner geworden – unversehrt. Der Leichnam wurde an eine heilige Stätte in Taipeh gebracht und vergoldet. Er wurde das Ziel eines nie endenden Stroms von Pilgern, die ihre Opfergaben ehrfurchtsvoll vor ihm niederlegten. Heute sitzt Chih Hang ausgestellt in einer Pagode in Taipeh.

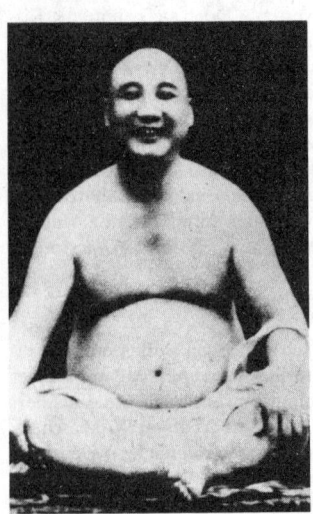 

Das linke Foto Chi Hangs wurde kurz vor seinem Tod gemacht. Die rechte Abbildung zeigt ihn fünf Jahre später, in Gold konserviert.

19. Eva Perón

Als die Frau des argentinischen Präsidenten Juan Perón 1952 starb, ließ ihr Mann sie einbalsamieren. Perón hatte die Absicht, für seine Frau ein Mausoleum zu bauen, doch wurde er 1955 abgesetzt und mußte ins Exil nach Spanien gehen, bevor er seinen Plan verwirklichen konnte. Eva Peróns Leichnam verschwand. Man vermutete, daß sie unter falschem Namen auf einem italienischen Friedhof beigesetzt worden sei. Doch 1971 befand sich der Leib wieder in Peróns Besitz. Nach der Aussage eines Freundes saß die Leiche jeden Abend zusammen mit Perón und seiner neuen Frau Isabel am Eßtisch. Ende 1974 wurde Eva Perón auf Wunsch Isabels wieder nach Argentinien gebracht, wo man sie in einen offenen Sarg neben den geschlossenen ihres Mannes legte.

20. Mao Tse-Tung
Der Präsident und Vorsitzende der Kommunistischen Partei Chinas starb am 9. September 1976 im Alter von 82 Jahren. Seine Leiche wurde einbalsamiert und in einen kristallenen Sarkophag gelegt, so daß die Menschen ihn in einem Mausoleum in Peking stets betrachten können.

iw & jbe & aw & dw

9 Grabsteininschriften, die es nie gegeben hat

Viele berühmte Leute haben – meist mit einem ironischen Unterton – angedeutet, welche Inschrift sie nach ihrem Tod gern auf ihrem Grabstein finden würden. Hier sind die Inschriften, die sich neun Berühmtheiten ausgesucht haben. Unseres Wissens wurde keine tatsächlich verwendet.

1. W. C. Fields (Komiker)
   «Eigentlich wäre ich lieber in Philadelphia.»

2. George Bernard Shaw (Dramatiker)
   «Ich hab schon immer geahnt, daß so was passieren würde, wenn ich nur lange genug lebte.»

3. Clark Gable (Filmschauspieler)
   «Zurück zum Stummfilm.»

4. Ernest Hemingway (Schriftsteller)
   «Nehmen Sie's mir nicht übel, wenn ich nicht aufstehe.»

5. Robert Benchley (Komiker und Schriftsteller)
   «Ich blick' nicht mehr durch.»

6. Jean Harlow (Filmschauspielerin)
   «Für Ruhe und Frieden hier/bin ich sehr dankbar/Keine blöde Bemerkung mehr/über ‹ihr rotblondes Prachthaar›.»

7. William Haines (Filmschauspieler und Dekorateur)
   «Ich wünschte, mir fiele dieser Stein vom Herzen.»

8. Albert Schweitzer («Urwalddoktor» und Friedens-Nobelpreisträger)
   Für den Fall, daß er einmal Kannibalen in die Hände fallen sollte, hegte Albert Schweitzer die Hoffnung, daß sie nach Beendigung der Mahlzeit auf seinen Grabstein schreiben würden: «Wir haben ihn gegessen, den Doktor Albert Schweitzer. Er war gut bis zu seinem Ende . . .»

9. Rube Goldberg (Karikaturist)
   «Lieber Gott, beiliegend Rube Goldberg. Was wirst du nun mit ihm anfangen?»

24 seltsame Todesursachen

1. Zeuxis (griechischer Maler, 5. Jahrhundert v. Chr.)
   Mußte so heftig über sein eigenes Gemälde einer alten Hexe lachen, daß ihm eine Ader platzte.

2. Agathokles (Tyrann von Syrakus, 361–289 v. Chr.)
   Erstickte an einem Zahnstocher.

3. Alexander der Große (König von Makedonien und Eroberer, 356–323 v. Chr.)
   Starb an einem Fieber, das er sich bei einem zweitägigen Zechgelage zugezogen hatte.

4. Marcus Licinius Crassus (römischer Finanzier und Politiker, 115?–53 v. Chr.)
   Es wird behauptet, daß dieser berüchtigte römische Politiker und Geldverleiher ermordet wurde. Parthische Soldaten sollen ihm geschmolzenes Gold eingeflößt haben.

5. Claudius I. (römischer Kaiser, 10 v. Chr.–54 n. Chr.)
   Claudius erstickte an einer Feder. Sein Arzt Xenophon hatte sie ihm in den Hals gesteckt, weil er sich übergeben sollte (seine Frau hatte ihm vergiftete Pilze serviert). Einige Historiker glauben, daß die Feder ebenfalls vergiftet war.

6. Johann (König von England, 1167?–1216)
   Starb an einer Darmerkrankung, nachdem er zu viele Neunaugen verschlungen hatte.

7. Georg, Herzog von Clarence (englischer Adliger, 1449–1478)
   Angeblich ließ sein Bruder Richard III. ihn in einem Faß Wein ertränken.

8. James Douglas, Graf von Morton (schottischer Regent, 1525?–1581)
   Wurde von der «Maiden» enthauptet, einer Art Guillotine, die er selbst in Schottland eingeführt hatte.

9. John Whitson (englischer Abenteurer, 1557–1629)
   Im Alter von 72 Jahren fiel Whitson von einem galoppierenden Pferd und durchbohrte sich dabei den Kopf mit einem großen Nagel, der aufrecht mit der Spitze nach oben vor dem Laden eines Schmiedes zum Verkauf auslag.

10. Francis Bacon (englischer Philosoph und Schriftsteller, 1561–1626)
    Einem plötzlichen Impuls folgend wollte Bacon wissen, ob Schnee die Verwesung eines Leichnams hinauszögere. Also ließ er seine Kutsche anhalten, fing eine Henne, schlachtete sie und füllte den ausgenommenen Körper mit Schnee. Dabei holte er sich eine Erkältung, an deren Folgen er starb.

11. Thomas May (englischer Historiker, 1595–1650)
    Da May dicker und dicker wurde, kam er auf die Idee, sein schlaffes Doppelkinn mit Stoffbändern festzubinden. Diese Konstruktion wurde ihm zum Verhängnis: Als er einen zu großen Bissen hinunterschlingen wollte, erstickte er.

12. Thomas Otway (englischer Dramatiker, 1652—1685)
    Otway war ein armer Mann. Als er einmal tagelang nichts gegessen hatte, zwang ihn schließlich der Hunger, zu betteln. Er bekam eine Guinee, kaufte sich dafür ein Brötchen — und erstickte am ersten Bissen.

13. Gérard de Nerval (Schriftsteller der französischen Romantik, 1808–1855)
    Beging Selbstmord, indem er sich mit einem Schürzenband an einem Laternenpfahl aufknüpfte.

14. Allan Pinkerton (Gründer einer amerikanischen Detektivagentur, 1819–1884)
    Stolperte beim Frühsport, biß sich auf die Zunge und starb wenige Tage später am feuchten Brand.

15. Graf Eric Magnus Andreas Harry Stenbock (englischer Adliger und Schriftsteller, 1860–1895)
    Fiel in seinen Kamin, als er in betrunkenem Zustand mit einem Schürhaken auf einen Freund losging.

16. Arnold Bennett (englischer Schriftsteller, 1867–1931)
Um zu beweisen, daß das Leitungswasser in Paris vollkommen ungefährlich sei, schenkte er sich ein Glas voll ein und trank es vor den Augen seiner Freunde aus. Einige Tage später starb er an Typhus.

17. Lionel Johnson (englischer Kritiker und Dichter, 1867–1902)
Starb an den Folgen der Verletzungen, die er sich beim Sturz von einem Barhocker zugezogen hatte.

18. Jousouf Ishmaëlo (türkischer Ringer, † 1898)
Dieser Koloß kam 1897 nach Amerika und besiegte mit Leichtigkeit den ehemaligen Ringmeister Evan Lewis und Ernest Roeber, den Meister im griechisch-römischen Stil. Ishmaëlo ließ all seine Trophäen in Goldmünzen umschmelzen, die er Tag und Nacht in einem Gürtel um die Hüfte trug. 1898 trat er auf der ‹Le Bourgogne› die Heimreise an. Kurz vor Neuschottland kollidierte das Schiff mit einem englischen Dampfer und begann zu sinken. Ishmaëlo weigerte sich, seinen Gürtel mit dem Gold zurückzulassen und sprang, ohne ihn abgelegt zu haben, über Bord. Er war ein guter Schwimmer, aber die Goldmünzen waren zu schwer, als daß er sich über Wasser hätte halten können.

19. Grigori Jefimowitsch Rasputin (russischer Mönch und Abenteurer, 1871?–1916)
Er aß vergiftete Kekse und wurde zweimal angeschossen, doch er starb erst, als man ihn gefesselt in die Newa warf.

20. Isadora Duncan (amerikanische Tänzerin, 1878–1927)
Sie fuhr in einem offenen Wagen. Ihr langer Schal verfing sich in einem Hinterrad und brach ihr den Hals.

21. Jerome Napoleon Bonaparte (der letzte amerikanische Bonaparte, 1878–1945)
Starb an den Folgen der Verletzungen, die er erlitt, als er im Central Park in New York über die Leine des Hundes seiner Frau stolperte.

22. Rodolfo Fierro (mexikanischer Revolutionsgeneral, etwa 1880–1917)
Er führte seine Truppen Richtung Sonora und wollte mit ihnen den Guzman-See durchqueren, um Zeit zu gewinnen. Als die Soldaten zögerten, ging er voran, um ihnen zu zeigen, wie einfach und ungefährlich es sei. Dabei strauchelte sein Pferd und warf ihn ins Wasser. Er konnte nicht schwimmen und wurde vom Gewicht des Goldes, das er in einem mächtigen Gürtel bei sich trug, in die Tiefe gezogen.

23. Langley Gollyer (amerikanischer Kunstsammler und Einsiedler, 1886–1947)
Collyer wurde in seinem eigenen Haus von seiner eigenen Falle erschlagen. Er wollte gerade seinem Bruder Homer, der ebenfalls zurückgezogen lebte, das Essen bringen, als er in seine Einbrecherfalle trat und unter Bündeln alter Zeitungen, drei Brotkästen, einer Nähmaschine und einem mit Eisen gefüllten Koffer begraben wurde. Sein Bruder verhungerte, und die beiden Leichen wurden erst nach drei Wochen gefunden.

24. Alexander (König von Griechenland, 1893–1920)
Wurde von einem Schoßäffchen gebissen und starb an Blutvergiftung.

rh & fbf & bfg

Peter Neugebauers
3 inoffizielle Versionen vom Tod des bayerischen Königs Ludwig II.

1. Tod durch Erschießen
   (a) aus Versehen von der Hand eines Gendarmen;
   (b) mit böswilliger Absicht von gleicher Hand, im Auftrag der bayerischen Regierung bzw. des Prinzregenten Luitpold bzw. des Reichskanzlers Otto von Bismarck;
   (c) ebenfalls mit böswilliger Absicht von Seiten eines oder mehrerer Anarchisten.

2. Tod durch Ertränken,
   nachdem er vorher heimtückisch mittels Chloroform betäubt wurde. Täter siehe 1 b.

3. Unbekannter Tod in der Ferne
   (a) Die Regierung etc. schickte den König weit weg in die Verbannung;
   (b) der König wurde in den Balkan entführt.

Peter Neugebauer schrieb folgende Anmerkung: «Offiziell ertrank Ludwig II. von Bayern zusammen mit dem Psychiater Professor von Gudden am 13. Juni 1896 in der Pfingstsonntagnacht im Starnberger See. Entweder war es ein Selbstmordversuch, oder er mußte fliehen und erlitt auf der Flucht einen Herzschlag. – Für viele schlichte Gemüter lebt der Märchenkönig jedoch noch heute
(a) hoch droben in wilder Klamm;
(b) ‹aufrecht geht er und steht er, unser Kini, da drunten auf dem Grund vom Starnberger See!›
Übrigens: Die Art und Weise, wie und an welcher Stelle der unglückliche Gudden ums Leben kam, scheint allgemein nicht von Interesse.»

exklusiv für Rowohlts Bunte Liste

Die 10 Krankheiten,
die die meisten Menschenleben kosten

1. Herzleiden
Nach allen verfügbaren Daten sind in Europa, Nordamerika und Ozeanien Herzleiden zweifellos die führende Todesursache. Je mehr die durchschnittliche Lebensdauer des Menschen zunimmt, desto höher steigt auch die Zahl der Herzerkrankungen auf der ganzen Welt. Allein in den Vereinigten Staaten sterben jährlich mehr als 750 000 Menschen an Herzleiden. Versuche in mehreren Ländern haben gezeigt, daß die Einschränkung des Rauchens bei Männern im mittleren Alter einen Rückgang von Herzleiden um acht Prozent zur Folge hat. Das bedeutet, daß jährlich 10 000 Menschenleben gerettet werden könnten.

2. Bösartige Geschwulste (Krebstumore)
Insgesamt gesehen ist unter dieser Kategorie eine Gruppe von mehr als 100 verschiedenen Krankheiten zusammengefaßt. Kein einziges Land der Welt entgeht den klinischen und finanziellen Auswirkungen des Krebses. Mit großem Mißtrauen werden vor allem Viren als mögliche Krebserreger beim Menschen betrachtet. Doch als die einzige eindeutig durch Viren hervorgerufene Geschwulst beim Menschen ist bis heute lediglich die gewöhnliche Warze bekannt – wohl kaum ein bedeutsamer Grund zur Beunruhigung. Krebs hat sich als häufigste Todesursache bei amerikanischen Frauen zwischen 30 und 45 herausgestellt. Wegen der unterschiedlichen Formen von Krebs gehen die Wissenschaftler davon aus, daß zahlreiche verschiedene Behandlungsarten erfolgversprechender sind als die Suche nach einer einzigen Heilungsmethode.

3. Hirngefäßerkrankungen (Apoplexie oder Schlaganfall)
Die Bildung eines Blutgerinnsels im Inneren einer Zerebralarterie kann zu einer entscheidenden Verringerung des Blutdurchflusses in einigen Teilen des Gehirns oder zu Hirnblutungen führen. Diese Todesursache ist auf der ganzen Welt weit verbreitet. Die zunehmende Häufigkeit wird der höheren Lebenserwartung des Menschen zugeschrieben, denn es trifft meist die Älteren.

4. Enteritis (und andere Darmerkrankungen)
Sie ist in vielen unterentwickelten Ländern vor allem unter Kindern und älteren Menschen eine häufige Todesursache. Enteritis ist eine Entzündung des Darms, und zwar meist des Dünndarms. Mit einer chronischen Enteritis, auch Ileïtis terminale genannt, kann das Opfer oft jahrelang leben. Eine große Gefahr stellt diese Krankheit überall dort dar, wo öffentliche Gesundheitseinrichtungen unzureichend oder nicht vorhanden sind. Zu den Ursachen zählen Chemikalien- oder Lebensmittelvergiftungen, seelische Störungen, Allergien oder auch Infektionskrankheiten wie Ruhr oder Typhus.

5. Influenza und Lungenentzündung
Diese tödlichen Krankheiten, die in Chile und Mexiko die häufigste Todesursache darstellen, kommen auf der ganzen Welt vor. Im Mittelalter hielt man Influenza für eine Heimsuchung des Himmels. Es ist ungeklärt, wo der genaue Ursprungsort dieser Krankheit liegt, doch vermuten die Wissenschaftler, daß sie sich vor allem während der Kreuzzüge stark ausgebreitet hat. In einem ganz kurzen Zeitraum, zwischen 1918 und 1919, fielen einer weltweiten Epidemie 20 bis 30 Millionen Menschen zum Opfer. Menschen, die an Pneumonia (Lungenentzündung) erkrankt sind, müssen auch heute noch einer sehr sorgfältigen Behandlung unterzogen werden, doch ist diese Krankheit gewöhnlich mit den therapeutischen Methoden der modernen Medizin zu heilen.

6. Bronchitis, Emphyseme und Asthma
Medizinische Untersuchungen haben ergeben, daß die wichtigste Einzelursache für Bronchitis der Zigarettenrauch ist. Staub und verschiedene andere Luftverschmutzer scheinen zu ihrer Verbreitung beizutragen. Sie kommt bei Männern viermal häufiger vor als bei Frauen und führte früher oft zum Tod. Da sie vor allem in England auftrat, wurde sie die Englische Krankheit genannt. Emphyseme sind am häufigsten unter starken Zigarettenrauchern anzutreffen, und zwar vor allem unter solchen, die darüber hinaus in Gebieten mit starker Luftverschmutzung leben. Asthma kann dieselben Ursachen wie Heuschnupfen haben, kommt jedoch seltener vor.

7. Diabetis mellitus
Ein Ungleichgewicht, das durch die unzureichende Produktion und/oder Verabreichung von Insulin hervorgerufen wird. Sie kann in jedem Alter entstehen. Obwohl es unterschiedliche Ursachen für unterschiedliche Formen dieser Krankheit gibt, kann eine vollständige Heilung in fast keinem Fall erreicht werden. Gewöhnlich führt das Spritzen von Insulin bei der Behandlung der Krankheit zu einer deutlichen Besserung. Es gibt körperliche Anzeichen, die darauf schließen lassen, daß es eine genetische Tendenz zu dem Insulin-Ungleichgewicht gibt, aber es steht ebenso fest, daß Umwelteinflüsse eine wichtige Rolle bei seiner Entstehung spielen.

8. Leberzirrhose
Diese auf der ganzen Welt verbreitete tödliche Krankheit verursacht irreversible Veränderungen im Lebergewebe, die zur Rückbildung lebender, arbeitender Zellen führen, während fibröse Bindegewebszellen zunehmen. Die verbreitetste Form wird durch den exzessiven und ständigen Konsum von Alkohol verursacht. Eine neuere Studie ergab, daß Vitaminmangel, den man früher als wichtigen Faktor für die Entwicklung der Krankheit ansah, eine unbedeutende Rolle spielt. Leberzirrhose ist in Nordamerika und Europa häufiger Todesursache als in Afrika, Süd- und Mittelamerika und Asien.

9. Tuberkulose

Diese Krankheit, die durch den Bazillus *Mycobacterium tuberculosis* hervorgerufen wird, kann jedes Gewebe des menschlichen Körpers befallen, tritt aber am häufigsten in der Lunge auf. Im 19. Jahrhundert war sie eine der meistgefürchteten Krankheiten der Welt. Die Entdeckung tuberkulöser Veränderungen an den Knochen ägyptischer Mumien und eines Menschen aus dem Neolithikum deuten darauf hin, daß die Krankheit uralt ist. Die höchste Sterblichkeitsrate unter den Infizierten ist bei den Kindern festgestellt worden. Heute ist Tuberkulose vor allem eine Krankheit der Armen auf der Welt. Sie ist am häufigsten in ärmlichen und überbevölkerten Gegenden anzutreffen.

10. Säuglingserkrankungen

Säuglingserkrankungen (einschließlich Verletzungen bei der Geburt) werden auch in den Industrienationen noch immer mit Sorge beobachtet, doch kommen sie gewöhnlich vor allem in unterentwickelten Ländern vor, wo Einrichtungen zur Schwangerschaftsversorgung und zu einer fortschrittlichen medizinischen Überwachung kaum zur Verfügung stehen. Tatsächlich haben sich die Eltern in vielen unterentwickelten Ländern darauf eingestellt, acht, zehn oder sogar noch mehr Kinder zu bekommen und davon auszugehen, daß nicht einmal die Hälfte von ihnen das Säuglingsalter überlebt.

Anmerkung: Obwohl Unfälle und Selbstmord im allgemeinen zu den zehn häufigsten Todesursachen zählen, wurden sie in dieser Liste nicht berücksichtigt, da sie nicht als Krankheiten bezeichnet werden können.

jt

Die 10 Länder mit der niedrigsten Säuglingssterblichkeit

	Säuglingssterblichkeit auf 1000 Lebendgeburten
1. Schweden	9,2
2. Finnland	10,1
3. Holland	11,0
4. Japan	11,3
5. Island	11,4
6. Norwegen	11,8
7. Frankreich	12,1
8. Dänemark	12,2
9. Schweiz	13,2
10. Luxemburg	13,5

Die Bundesrepublik Deutschland liegt mit 15 von 1000 Säuglingen, die in den ersten Lebensmonaten sterben, im internationalen Vergleich an 14. Stelle — hinter der DDR.

Die 10 Länder mit der höchsten Säuglingssterblichkeit

Säuglingssterblichkeit auf 1000 Lebendgeburten

1. Obervolta — 263
2. Gabun — 229
3. Guinea — 220
4. Niger — 200
5. Zentralafrikanische Republik — 190,5
6. Tschad — 190
7. Mauretanien — 186
8. Kongo — 180
9. Nigeria — 178
10. Tansania — 165

Quelle: «World Population: Recent Demographic Estimates for the Countries and Regions of the World», US Bureau of the Census, International Statistical Programs Center, 1975.

Die 10 am häufigsten angewendeten Selbstmordmethoden

Selbstmordstatistiken, wie auch die Art, sie aufzustellen, ändern sich von Jahr zu Jahr. Diese Liste gibt auf Grund des neuesten zugänglichen Informationsmaterials weltweite Tendenzen wieder.

1. Vergiften mit festen oder flüssigen Substanzen (vor allem Schmerz- und Schlafmittel)
Liegt bei Frauen an erster, bei Männern an dritter Stelle. Da viele Fälle von Überdosen nicht als Selbstmorde erfaßt werden, könnten die tatsächlichen Zahlen höher liegen, als die Statistiken vermuten lassen.
2. Erhängen, strangulieren, ersticken
Bis ins letzte Jahrzehnt die am häufigsten gewählte Selbstmordmethode. Ehemals machte sie ein Drittel, jetzt nur noch ein Viertel aller Freitode aus. Für Männer nach wie vor an erster, für Frauen an dritter Stelle.
3. Feuerwaffen und Sprengstoff
Bei Männern weltweit an zweiter Stelle.

4. Vergiften durch Gase
Bei 90 Prozent aller Vergiftungen durch Gase handelt es sich um Autoabgase (Kohlenmonoxyd). Die Häufigkeit ist im letzten Jahrzehnt auf über drei Prozent gestiegen.

5. Tötung durch elektrischen Strom, Hunger, Kälte, Selbstverbrennung, Selbstzerstückelung
Diese und andere ausgefallene Methoden des Selbstmordes hat die Weltgesundheitsorganisation unter einer unspezifizierten Kategorie zusammengefaßt, die relativ konstant bei drei Prozent liegt.

6. Ertrinken
Lag 1965 noch an vierter Stelle, ist aber heute weltweit die zweithäufigste Methode bei Frauen.

7. Sich aus großer Höhe in die Tiefe stürzen
Die weltweit zunehmende Urbanisierung ist möglicherweise eine wesentliche Ursache für die steigende Häufigkeit in der Wahl dieser Selbstmordmethode.

8. Verwendung von Schneide- oder Stechinstrumenten
Liegt weltweit bei zwei Prozent.

9. Auto-«Unfälle»
Die selbstmörderische Absicht ist in den meisten Fällen schwer nachzuweisen, und es fehlen statistische Daten. Nach Meinung vieler Forscher gehört diese Selbstmordmethode in den Industrienationen zu den am häufigsten angewendeten.

10. «Chronischer Selbstmord»
Eine Bezeichnung für langfristige Selbstzerstörung, die offiziell nicht zu den Selbstmorden gezählt wird, die aber nach Meinung einer steigenden Zahl von Psychologen und Suizidforschern immer mehr an Bedeutung gewinnt. Dazu gehören Zwangsverhalten wie Drogenkonsum, Alkoholismus, Rauchen, Eßsucht und andere weniger offensichtliche Gewohnheiten. Der Grad unbewußter Absicht ist schwer zu definieren und zu erfassen, aber chronischer Selbstmord könnte durchaus die meisten aller gegenwärtigen Suizide ausmachen. Benjamin Franklin sprach 1749 die Vermutung aus, daß «neun von zehn Menschen Selbstmörder sind». Mehr als 200 Jahre später gehen viele Forscher davon aus, daß das nach wie vor eine angemessene Schätzung sei.

jea

20
Et cetera

Die 15 sonderbarsten Fälle aller Zeiten aus ‹The People's Almanac›

1. Zufall?
Am 5. Dezember 1664 sank im Menaikanal vor Nordwales ein Schiff mit 81 Passagieren an Bord. Nur eine Person überlebte – ein Mann namens Hugh Williams. Am gleichen Tag im Jahre 1785 sank ein Schiff mit 60 Passagieren an Bord. Nur eine Person überlebte – ein Mann namens Hugh Williams. Am gleichen Tag im Jahre 1860 sank ein Schiff mit 25 Passagieren an Bord. Nur eine Person überlebte – ein Mann namens Hugh Williams.

2. Der realistischste Film aller Zeiten
1914 schloß eine Filmproduktionsgesellschaft in Hollywood einen Vertrag mit dem mexikanischen Revolutionsführer Pancho Villa ab, in dem er zusagte, für 25000 Dollar die von ihm geplante Revolution nach Drehbuchanweisung durchzukämpfen. Das Filmteam fuhr nach

Der mexikanische Guerillaführer Pancho Villa und seine Freischärler bei ihrer Revolution nach Drehbuchanweisung.

Mexiko und schloß sich Villas Guerillatruppen an. Der Regisseur wies Pancho Villa an, wo und wie er seine Schlachten zu schlagen habe. Der Kameramann, der ja schließlich nur bei Tageslicht drehen konnte, bat Villa, er möge doch seine Kampfhandlungen jeden Tag pünktlich um 9.00 Uhr beginnen und um 16.00 Uhr beenden. Bisweilen veranlaßte er Villa, seine Revolution für kurze Zeit zu unterbrechen, bis die Kamera in eine neue Einstellung gebracht worden war. Als der fertige Film «im Kasten» war, wurde er in Hollywood den Produzenten vorgeführt. Die waren jedoch mit dem Ergebnis keineswegs zufrieden und entschieden, daß die meisten Szenen im Studio neu gedreht werden mußten. Der Grund: Der Film wirkte an vielen Stellen unglaubwürdig.

3. Der Elektrische Stuhl von Abessinien
Am 6. August 1890 wurde in der Todeskammer des Auburn-Gefängnisses in New York der erste Elektrische Stuhl in Betrieb genommen. Im weit entfernten Abessinien – dem heutigen Äthiopien – hörte Kaiser Menelik II. (1844–1913) von dieser Errungenschaft und beschloß, daß die neue Hinrichtungsmethode in den Modernisierungsplan seines Landes aufgenommen werden sollte. Er zögerte nicht lange und bestellte drei Elektrische Stühle bei dem amerikanischen Hersteller. Als die Stühle eingetroffen und ausgepackt waren, wurde dem zutiefst enttäuschten Kaiser klar, daß sie nicht funktionieren würden – Abessinien hatte keinen elektrischen Strom. Damit die Investition nicht völlig umsonst war, benutzte Kaiser Menelik einen der Elektrischen Stühle als Thron.

4. Der zweifache Tod des Gangsters John Dillinger
Der amerikanische Staatsfeind Nr. 1 John Dillinger, auf dessen Kopf 10000 Dollar ausgesetzt waren, war bereits einmal klinisch tot gewesen, als der FBI-Agent Melvin Purvis und seine Kollegen ihn am 22. Juli 1934 vor dem Biograph Theatre in Chicago niederschossen. Dillinger hatte den Ärzten Dr. Wilhelm Loeser und Harold E. Cassidy 5000 Dollar dafür geboten, daß sie sein Gesicht veränderten und ihn von seinen Fingerabdrücken befreiten. Er starb während der Operation an einer Überdosis Äther. In einem Bericht des FBI-Chefs J. Edgar Hoover heißt es: «Es war nur der schnellen und bedachten Reaktion Loesers zu verdanken, daß er wieder zum Leben erweckt werden konnte.» 26 Tage später starb Dillinger zum zweitenmal.

5. Der unglaublichste Ingenieur der Welt
Der Kuriositätensammler John Hix erzählte einem der Autoren dieses Buches von dem unglaublichsten Ingenieur der Welt: «Charles McCrary, ein umherziehender Gelegenheitsarbeiter, baute eine 100 Meter lange Hängebrücke aus Schrottmetall über den Snake River in Wyoming, obwohl er eine derartige Konstruktion noch nie in seinem Leben gesehen hatte. Eine Postkartenabbildung der Bay Bridge in

San Francisco diente ihm als Bauplan. Beamte, die von der Regierung mit der Planung des Projekts beauftragt worden waren, hatten die Kosten auf 10000 Dollar geschätzt. McCrary baute die Brücke für 750 Dollar.»

6. Der Mann, der seinen Körper verkaufte

1890 unterschrieb ein Schwede, der in großen Geldnöten war, einen Vertrag mit dem Carolin-Institut in Stockholm – die medizinische Akademie, die den Medizin-Nobelpreis verleiht –, in dem er den Institutsärzten im Falle seines Todes seinen Körper zu Forschungszwecken übereignete. Als Gegenleistung erhielt er das Geld, das er brauchte. 1910 erbte der Mann eine beträchtliche Summe. Also beschloß er, seinen Körper doch lieber nicht sezieren zu lassen. Er versuchte, den Vertrag rückgängig zu machen. Doch die Ärzte weigerten sich, in die Annullierung einzuwilligen. Da verklagte der Mann das Institut und ging vor Gericht. Er verlor nicht nur den Prozeß und damit endgültig die Rechte auf seinen Körper nach dem Tod, sondern mußte darüber hinaus an die Ärzte des Instituts Schadenersatz zahlen, weil er sich ohne ihre Erlaubnis zwei Zähne hatte ziehen lassen.

7. Der Papst, der ein Edikt gegen einen Kometen erließ

Am 29. Juni 1456 war der Halleysche Komet nachts am Himmel zu sehen. Da von vielen befürchtet wurde, daß er eine Plage, eine Hungersnot oder ein anderes Unglück über die Menschheit bringen würde, erließ Papst Calixtus III. eine Bulle (ein öffentliches Edikt) gegen den Kometen. Das Edikt forderte die Christenheit auf, dafür zu beten, daß der Komet – er verstand ihn als Symbol für den «Zorn Gottes» – abgewendet, oder, wie Bartolomeo Platina 1479 schrieb, «in seiner Gänze gegen die Türken, die Widersacher der christlichen Lehre, gelenkt werde».

8. Das Geheimnis um das kleine Fräulein Niemand

Am 6. Juli 1944 gaben die Ringling Brothers und der Zirkus Barnum & Bailey in Hartford (Connecticut) eine Vorstellung vor 7000 Besuchern. Während der Show brach ein Feuer aus: 168 Menschen starben in den Flammen, 487 wurden verletzt. Unter den Toten war ein kleines, etwa sechs Jahre altes Mädchen, das nicht identifiziert werden konnte. Da niemand nach ihr fragte und ihr Gesicht unverletzt war, wurde ein Foto von ihr angefertigt und zunächst in Hartford, später in den ganzen Vereinigten Staaten verteilt. Tage vergingen, Wochen und Monate vergingen, aber im ganzen Land fand sich kein Verwandter, kein Spielkamerad, niemand, der sie identifizieren konnte. Ihr Name und ihre Herkunft ist bis heute unbekannt geblieben.

9. Ruderpartie über den Atlantischen Ozean

Am 6. Juni 1897 machten sich der 36jährige Amerikaner Frank Samuelson und der 31jährige Norweger George Harvo von New York aus auf den Weg, über den Atlantik zu rudern. Ihr Boot, die ‹Richard K. Fox›, war 5,50 Meter lang und 1,70 Meter breit. Es hatte keinen Mast und kein Segel und war lediglich mit fünf Paar Ersatzriemen ausgestattet. Die beiden ruderten, jeder an einem Riemen, 55 Tage, legten insgesamt 3075 Meilen zurück und erreichten schließlich wohlbehalten St. Mary auf den Scilly-Inseln südwestlich von England – eine unglaubliche Leistung.

10. Dechiffrierung im Traum
John Wesley, der Begründer des Methodismus, der in seinem Leben über 10000 Predigten gehalten hat, hinterließ seiner Nachwelt sein *Journal* der Jahre 1735 bis 1790, von dem große Teile in einem nicht zu entschlüsselnden Code abgefaßt waren. In den Jahren nach seinem Tod fand sich niemand, der in der Lage war, den Code zu dechiffrieren. 1909 stöberte der Pfarrer Nehemia Curnock aus Rayleigh in England in einem Antiquariat und stieß auf einen Schatz – John Wesleys Bibel. Die Ränder der Seiten hatte der berühmte Prediger in demselben geheimnisvollen Code mit Anmerkungen vollgekritzelt. Der Pfarrer kaufte die Bibel, studierte sie und vergaß dann die ganze Angelegenheit. Einige Tage nach Beendigung der Lektüre hatte er einen Traum: Er sah Wesleys *Journal*, und auf einer Seite war der Code entschlüsselt. Als er aufwachte, nahm er Wesleys Anmerkungen in der Bibel erneut unter die Lupe und lüftete das Geheimnis. Er machte sich daran, das Tagebuch zu «übersetzen», und veröffentlichte seine Ergebnisse zwischen 1909 und 1916 in vier Bänden.

11. Die Kavallerie, die eine Schiffsflotte besiegte
Die berühmte Heldentat einer Kavallerie, die eine Flotte besiegte, ereignete sich am 20. Januar 1795 in Holland. Zu jener Zeit kämpfte die französische Armee gegen die Holländer, Engländer und Österreicher. Der französische General Charles Pichegru führte bei klirrendem Frost seine Husarenreiterei nach Amsterdam. Er entdeckte die holländische Flotte vor der Insel Texel. Sie war im Eis festgefroren. Pichegru galoppierte mit seinen Reitern kurzentschlossen über das eisbedeckte Meer, griff die holländischen Schiffe an und überwältigte die Seeleute. Nach diesem Vorfall kapitulierte die Regierung der Niederlande.

12. Beerdigung für eine Schmeißfliege
Der römische Dichter Publius Vergilius Maro, genannt Vergil (70–19 v. Chr.), der vor allem durch sein großes Heldenepos «*Aeneis*» berühmt wurde, veranstaltete eine großzügige Beerdigung für eine Fliege. Die Schmeißfliege, erklärte er, werde nur von dummen Menschen verachtet. Er jedenfalls ehre sie als sein Lieblingshaustier. Die Beerdigungszeremonie fand in Vergils prächtigem Haus auf dem Esquilin-Hügel in Rom statt. Ein Orchester stand bereit, um die anwesenden Gäste zu trösten. Es kamen viele berühmte Leute, unter ihnen auch Maecenas, Vergils Gönner, der eine lange, bewegende Rede zu Ehren der Fliege hielt. Zur Abrundung der Feier hatte Vergil einige Gedichte geschrieben, die er vortrug. Die Fliege wurde in einem besonderen

Mausoleum beigesetzt. Die ganze Unternehmung kostete Vergil 800 000 Sesterzen. Was war der Anlaß für diese Fliegenbestattung? Es gibt zwei Möglichkeiten: Vergil liebte das Bizarre, und dieses war eine aufsehenerregende Veranstaltung. Aber vielleicht hat er auch im voraus gewußt, daß die Regierung, das von Octavius, Lepidus und Mark Anton gebildete zweite Triumvirat, die Absicht hatte, den Grund und Boden der Reichen zu konfiszieren und an Kriegsveteranen zu verteilen, und daß die einzige Ausnahme Grundstücke bilden sollten, auf denen sich Grabstätten befanden. Als das Gesetz in Kraft trat, bemühte Vergil sich darum, als Sonderfall behandelt zu werden, weil sich auf seinem Land ein Mausoleum befand. Seinem Antrag wurde stattgegeben. So hatte Vergil es einer Fliege zu verdanken, daß er sein Grundstück behalten konnte.

13. Wie wird man Schriftsteller

Viktor Hugo, der berühmte französische Schriftsteller (1802—1885) hatte normalerweise wenig Mühe, Bücher wie *«Der Glöckner von Notre Dame»* und *«Die Elenden»* zu schreiben. Aber bisweilen geriet er in Schwierigkeiten. Dann war die Versuchung groß, etwas anderes zu tun als zu schreiben. In solchen Momenten zwang er sich zur Arbeit, indem er seinem Diener befahl, alle seine Kleider mitzunehmen und sie erst nach einigen Stunden wiederzubringen. So saß er dann da, allein und nackt, vor sich nur Feder und Papier, und es blieb ihm nichts anderes übrig, als zu schreiben.

14. Die Welt, auf einer Auktion versteigert

Im Jahre 193 n. Chr. stand die gesamte sogenannte zivilisierte Welt unter der Vorherrschaft Roms. In diesem Jahr erhoben sich die Prätorianer – die 12 000 Mann zählende Schutzgarde der Cäsaren – gegen den herrschenden Kaiser Pertinax und ermordeten ihn. Als es um die Frage ging, wer ihn ersetzen sollte, schlug einer der Prätorianer vor, die Führung Roms und der Welt zu versteigern. Am 28. März 193 fand die öffentliche Auktion statt. Es gab zwei Gebote. Das eine kam vom Schwiegervater des ermordeten Kaisers, das andere von dem 61 jährigen Didius Julianus, dem wohlhabendsten Senator Roms. Nach einer aufregenden Versteigerung wurde der Thron schließlich Didius für 300 Millionen Sesterzen zugesprochen. Didius Julianus war sowohl beim Senat als auch beim Volk unbeliebt. Seine Herrschaft dauerte nur 66 Tage. Als der römische General Severus in Pannonia von der schändlichen Versteigerung erfuhr, führte er seine Truppen zurück nach Rom, machte den Kaiser ausfindig und ließ ihn enthaupten.

15. Du sollst nicht töten

Im 7. Jahrhundert siedelten sich die Tolteken, ein Stamm von Bauern aus dem Norden Mexikos, in der Gegend des heutigen Mexico City an. Es scheint in der ganzen Geschichte kein Volk gegeben zu haben, das kultivierter und menschlicher war. In den alten Sagen heißt es, daß die Tolteken mit hölzernen Schwertern in den Krieg zogen, damit sie ihren Feinden keine tödlichen Verletzungen beibringen konnten.

Marshall McLuhans
10 bedeutsamste Ausweitungen des Menschen

Der Autor, Pädagoge und Kommunikationswissenschaftler Marshall McLuhan hat zahlreiche neue Methoden und Konzepte der Massenkommunikationsforschung entwickelt und in die wissenschaftliche Diskussion eingeführt. Nach der Veröffentlichung seines Buches *«Understanding Media»* (*«Die magischen Kanäle»*) erhielt er eine Berufung auf den Albert-Schweitzer-Lehrstuhl an der humanistischen Fakultät der Fordham University, eine eigene Fernsehsendung und zahlreiche Angebote aus der Privatindustrie für den Posten eines Beraters.

1. Feuer
2. Kleidung
3. Das Rad
4. Der Flaschenzug (Archimedes: «Man gebe mir einen festen Punkt zum Stehen, und ich werde die Welt aus den Angeln heben.»)
5. Das phonetische Alphabet (Ausweitung der Sprache)
6. Das Schwert
7. Buchdruck (Jedermann ein Leser. Im Gegensatz dazu Xerox: Jeder ein Herausgeber)
8. Telegraf (Vorgänger des Telefons)
9. Elektrisches Licht
10. Radio/Fernsehen (Ausweitung des Zentralnervensystems)

Professor McLuhan fügte hinzu: «Es ist sehr schwierig, die Ausweitungen der Menschen auf diese zehn zu beschränken, aber vielleicht stellt sich heraus, daß sie einer Diskussion würdig sind und zu Kontroversen herausfordern.»

exklusiv

Die 14 größten Ängste des Menschen

«Wovor haben Sie am meisten Angst?» lautete die Frage, die ein Team von Meinungsforschern 3000 Bürgern der USA stellte. Viele haben mehr als eine Angst genannt. Die Ergebnisse der Umfrage werden Sie vielleicht überraschen.

Größte Angst	*% Nennungen*
1. Sprechen vor einer Gruppe	41
2. Höhe	32
3. Insekten	22
3. Geldschwierigkeiten	22
3. Tiefes Wasser	22

6. Krankheit	19
6. Tod	19
8. Fliegen	18
9. Einsamkeit	14
10. Hunde	11
11. Autofahren	9
12. Dunkelheit	8
12. Fahrstühle	8
14. Rolltreppen	5

In der Londoner *Sunday Times*, die diese Untersuchung veröffentlichte, war folgende Bemerkung zu dem Ergebnis zu lesen: «Insgesamt waren Frauen sehr viel ängstlicher als Männer. Doppelt so viele von ihnen hatten Angst vor Höhe, Insekten, tiefem Wasser, Fliegen oder Autofahren; dreimal so häufig hatten sie Angst vor Dunkelheit, und viermal so viele von ihnen hatten Angst vor Fahrstühlen. Auch vor Hunden, Krankheiten und vor dem Tod hatten sie mehr Angst als die Männer. Aber damit man nicht den Eindruck bekommt, das sei eine chauvinistische Untersuchung, soll hier die einzige Angst hervorgehoben werden, die bei Männern häufiger auftritt als bei Frauen: die Angst vor Geldschwierigkeiten.»

Quelle: *Sunday Times*, London, 7. Oktober 1973.

16 herrliche Schnitzer

1. Die Schweizer Marine
   William Jennings Bryan lud in seiner Zeit als amerikanischer Außenminister die Schweizer Regierung ein, mit Schiffen ihrer Marine der Eröffnung des Panamakanals beizuwohnen.

2. Zimmer voller Rauch
   Nach Fertigstellung des Howard-Hotels in Baltimore installierten die Hersteller Heizkessel. Als sie die Heizung in Betrieb nehmen wollten, stellten sie fest, daß sie vergessen hatten, Schornsteine zu bauen.

3. Die materialistische Münze
   Vor vielen Jahren ließ die amerikanische Regierung eine Serie von Goldmünzen mit der Aufschrift «In Gold We Trust» prägen.

4. Kunst steht kopf
   Die amerikanische National Academy of Design veranstaltete einen Kunstwettbewerb und vergab den zweiten Preis für ein Werk von Edward Dickinson, das, wie die Jury nachträglich erfuhr, auf dem Kopf hing.

5. Defoes Gedächtnisschwäche
In seinem berühmten Roman «*Robinson Crusoe*» läßt Daniel Defoe seinen schiffbrüchigen Helden einige Gegenstände bergen. «. . . [ich] beschloß . . ., wenn irgend möglich, auf das Schiff zu gelangen; ich zog also meine Kleider aus, zumal das Wetter entsetzlich heiß war, und ging ins Wasser.» Nachdem der nackte Crusoe an Bord geklettert war, untersuchte er die Vorräte: «. . . ich fand gleich, daß der ganze Vorrat des Schiffes trocken und vom Wasser unberührt geblieben war, und da es mir an Appetit nicht fehlte, ging ich in die Brotkammer, stopfte meine Taschen voll Zwieback . . .»

6. Pinto gegen Pinto
Während eines Ringkampfturniers in Providence im amerikanischen Bundesstaat Rhode Island trat Count George Zaryoff gegen Stanley Pinto an. Während des Kampfes verhedderte sich Pinto in den Seilen des Ringes und berührte bei seinen Befreiungsversuchen Sekunden lang mit beiden Schultern die Matte. Es war ihm gelungen, sich selbst zu besiegen.

7. Armer Dr. Watson
Arthur Conan Doyle, der Schöpfer der Detektivgestalt Sherlock Holmes, berichtet von einer Schußverletzung, die Dr. Watson, dem ständigen Mitarbeiter des Meisterdetektivs, bei einem Feldzug in Afghanistan zugefügt worden sein soll. In dem Roman «*Studie in Scharlachrot*» befindet sich diese Wunde in Dr. Watsons Schulter; im Roman «*Im Zeichen der Vier*» dagegen in seinem Bein.

8. Lang möge sie wehen
Als Emanuel Leutze sein Gemälde «Washington überquert den Delaware» schuf, ließ er auch die amerikanische Flagge mit Sternen und Streifen im Boot mitfahren. Er wußte nicht, daß die Sterne und Streifen erst am 14. Juni 1777 zur amerikanischen Nationalflagge erklärt wurden – ein halbes Jahr nach Washingtons Delaware-Überquerung.

9. O'Neills unmögliche Anweisungen
Der Nobelpreisträger Eugene O'Neill gab in seinem Stück «*Where the Cross is Made*» folgende Spielanweisungen: «Sein rechter Arm ist von der Schulter an amputiert, und der Ärmel auf dieser Seite hängt schlaff herunter. Dann geht er hinüber zum Tisch, setzt sich hin, stützt die Ellenbogen auf und legt sein Kinn in die Hände, wobei er schwermütig vor sich hin starrt.»

10. Eine unmögliche Bewaffnung
Auf seinem bekannten Ölgemälde «Mannalese» rüstet der italieni-

sche Maler Tintoretto Moses' Männer mit Gewehren aus. Das erste Gewehr wurde nicht vor 1326 bekannt – einige Zeit nach dem Auszug der Kinder Israels aus Ägypten.

11. Das Lied von Lincolns Mutter
    Carl Sandburg schreibt in seiner Lincoln-Biographie *«Abraham Lincoln – The Prairie Years»*: «Lincolns Mutter stand an ihrer Kabinentür und sang *‹Greenland's Icy Mountains›*.» Das ist eine erstaunliche Leistung – das Lied wurde erst 22 Jahre nach Lincolns Tod geschrieben.

12. Verrückte Justiz
    Im Jahre 1863 wurde Paul Hubert aus Bordeaux wegen Mordes vor Gericht gestellt und zu lebenslanger Haft verurteilt. Nach 21 Jahren Einzelhaft wurde sein Fall neu eröffnet – und erst da stellte sich heraus, daß er wegen versuchten Mordes an sich selbst verurteilt worden war.

13. Mann mit zwei Hüten
    Auf einem seiner 3000 Porträts malte Sir Joshua Reynolds sein Modell mit einem Hut auf dem Kopf – und einem unter dem Arm.

14. Ja, wir haben keine Bananen
    Während der Friedenskonferenz von Versailles im Jahre 1919 gab der Engländer Lloyd George den Italienern den Ratschlag, ihr Handelsdefizit durch eine Erhöhung ihrer Bananenproduktion auszugleichen.

15. Den Fehdehandschuh werfen
    Auf einem Porträt Karls I. von England malte Anthony van Dyke den König in voller Rüstung mit zwei Panzerhandschuhen – beide für die rechte Hand.

16. Noch einmal: auf dem Kopf stehende Kunst
    Das Museum of Modern Art in New York stellte 1961 «Das Boot» von Henri Matisse aus. Es dauerte 47 Tage, bis jemand entdeckte, daß es mit der oberen Seite nach unten hing.

iw

Eulen nach Athen ...
7 unglaubliche englische Exportgüter

1975 veranstalteten die G. und J. Greenhall Weinbrennerei Warrington und das Londoner Handelsblatt *Export Times* eine Ausschreibung für den Vladivar Vodka Exportpreis zu Ehren der kaufmännischen Erfindungsgabe der Engländer. Hier sind die Gewinner:

1. Buschtrommeln nach Nigeria

Die Firma Premier Drum aus Leicester gewann den ersten Preis für den Verkauf von vier Schiffsladungen Buschtrommeln nach Nigeria. Die gesamte nigerianische Polizeikapelle und die Spitzenband des Landes wurden mit diesen Instrumenten ausgestattet. Premier verkaufte ferner Maracas nach Südamerika und Xylophone nach Kuba.

2. Öl nach Arabien

Den zweiten Preis gewann die Firma Permaflex Ltd. aus Stoke-on-Trent, die jährlich für 50 000 Pfund Sterling Öl in Form von Leichtöl in die arabischen Staaten exportiert.

3. Spaghetti nach Italien

Die Associated Health Foods aus Godalming in Surrey verkaufte 100 Tonnen reine Weizennudeln an ernährungsbewußte Italiener.

4. Sand nach Abu Dhabi

Die Firma Eastern Sands and Refractories aus Cambridge verschiffte 1800 Tonnen Sand in das Wüstenscheichtum Abu Dhabi, wo eine bestimmte Art von Sandkörnern zum Filtern von Wasser gebraucht wurde.

5. Chow Mein nach Hongkong

Vertreter der Firma Unilever Export Ltd. verkauften 100 Kartons mit dem chinesischen Fertiggericht Chow Mein nach Hongkong.

6. Ein französisches Bistro nach Paris	Die Konstruktionsfirma Ayala Designs Ltd. in Suffolk erhielt einen Auftrag über 90 000 Pfund Sterling für Entwurf und Errichtung eines französischen Bistros und Cafés im Zentrum von Paris.
7. Ein Schneepflug nach Arabien	Das Verteidigungsministerium des arabischen Scheichtums Dubai erhielt von der Firma Bunce Ltd. in Ashbury (Wiltshire) einen Schneepflug geliefert. Er wurde eingesetzt, um abgelegene Straßen von Sand zu räumen.

Quelle: *Export Times*, London 1975.

Gleiches Stimmrecht für alle!
Der Zeitpunkt der Einführung des Frauenwahlrechts in 35 Ländern

1. Neuseeland	1893		19. Südafrika	1930
2. Australien	1902		20. Spanien	1931
3. Finnland	1906		21. Brasilien	1932
4. Norwegen	1913		22. Thailand	1932
5. Dänemark	1915		23. Türkei	1933
6. UdSSR	1917		24. Philippinen	1937
7. Deutsches Reich	1918		25. Frankreich	1944
8. Kanada	1918		26. Italien	1945
9. Österreich	1918		27. Japan	1945
10. Polen	1918		28. Jugoslawien	1945
11. Belgien	1919		29. Bulgarien	1947
12. Großbritannien	1919		30. China	1947
13. Holland	1919		31. Israel	1948
14. Irland	1919		32. Indonesien	1955
15. Schweden	1919		33. Iran	1963
16. USA	1920		34. Schweiz	1971
17. Indien*	1926		35. Jordanien	1973
18. Pakistan*	1926			

* Frauenwahlrecht nur bei Wahlen auf Provinzebene.

Die 15 denkwürdigsten Gegenstände, die je versichert wurden

1. Die Oakland-Bay-Brücke in San Francisco ($ 40 000 000)
2. Die ‹Titanic› ($ 3 019 400)
3. Die Stimme von Risë Stevens, dem Gesangstar der Metropolitan Opera in New York ($ 1 000 000)
4. Die Beine des Tänzers Fred Astaire ($ 650 000)
5. Die schielenden Augen des Komikers Ben Turpin ($ 500 000)

Der Komiker Ben Turpin. Wenn seine Augen aufgehört hätten zu schielen, hätte er eine Versicherungssumme von 500 000 Dollar kassiert.

6. Die Schlittschuhe (fünf Paar) der Eisläuferin Sonja Henie ($ 250000)
7. Das Komikerpaar Bud Abbott und Lou Castello: gegen Streitigkeiten untereinander für eine Dauer von fünf Jahren ($ 250000)
8. Die Beine der Schauspielerin Betty Grable ($ 250000)
9. Ladenbesitzer aus Washington versicherten sich dagegen, daß der Besuch Harry S. Trumans zu seiner Einführung in das Präsidentenamt 1949 und die damit verbundenen Feierlichkeiten abgesagt werden könnten ($ 200000)
10. Die Nase des Komikers Jimmy Durante ($ 140000)
11. Das Ungeheuer von Loch Ness: Daß es, sollte es je entdeckt werden, lebendig gefangen wird. ($ 56000)
12. Die Schauspielerin Julie Bishop schloß bei Lloyd auf sieben Jahre eine Police ab für den Fall, daß sie um Hüfte oder Taille zehn Zentimeter zunehmen sollte. ($ 25000)
13. Die Scottish Tailoring Mercery Co. aus Sidney (Australien) schloß bei Lloyd in London eine Versicherung dagegen ab, daß es infolge des Absturzes eines sowjetischen Satelliten zu einem «Unfall mit Todesfolge» kommen sollte. ($ 22400)
14. Die spezialgefertigten elastischen Wollhosen (vier Stück) des Flamencotänzers José Greco ($ 3920)
15. Ein sprechender Hirtenstar (Vogel) während der Werbeaktion für ein Kochbuch ($ 500)

jll

Die 10 größten Beitragszahler der Vereinten Nationen

Mitglieder	*Beitragssatz*	*Beitragshöhe in Mio. Dollar*
1. Vereinigte Staaten	25 %	143,0
2. Sowjetunion	13,5 %	77,3
3. Japan	8,6 %	49,4
4. Bundesrepublik Deutschland	7,7 %	44,0
5. Frankreich	5,8 %	33,2
6. China	5,5 %	31,4
7. Großbritannien	4,5 %	25,8
8. Italien	3,4 %	19,3
9. Kanada	3,0 %	17,3
10. Australien	1,5 %	8,8

Quelle: UN-Sekretariat, 12. Februar 1979, *Statement of Assessment of Member States' Contributions to the United Nations Regular Budget for 1979.*

6 berühmte Bibliothekare

1. Gottfried von Leibniz (1646–1716)
Der deutsche Philosoph und Mathematiker wurde 1676 Bibliothekar in Hannover und 1691 in Wolfenbüttel.

2. David Hume (1711–1776)
Der englische Philosoph, Ökonom und Historiker verbrachte die Jahre 1752 bis 1757 als Bibliothekar an der Library of the Faculty of the Advocates in Edinburgh, wo er auch sein Monumentalwerk *«History of England»* (*«Geschichte von England von dem Einfalle des Julius Cäsar bis auf die Thronbesteigung Heinrichs VII.»*) schrieb.

3. Casanova (Giovanni Giacomo Girolamo, Chevalier de Seingalt; 1725–1798)
1785, auf dem Höhepunkt seiner Laufbahn, trat der unberechenbare Frauenheld einen Posten als Bibliothekar beim Grafen von Waldstein auf Schloß Dux in Böhmen an. Casanova blieb 13 Jahre in dieser Stellung.

4. August Strindberg (1849–1912)
Der bedeutendste Dichter der modernen schwedischen Literatur wurde 1874 Bibliotheksassistent an der Königlichen Bibliothek in Stockholm.

5. Papst Pius XI. (Achille Ambrogio Damiano Ratti; 1857–1939)
Nachdem er 19 Jahre lang dem Doktorenkollegium der Biblioteca Ambrosiana in Mailand angehört hatte, wurde er ihr oberster Bibliothekar. 1911 wurde er aufgefordert, die Bibliothek des Vatikans umzugestalten und auf den neuesten Stand zu bringen. Vier Jahre später wurde er Präfekt dieser gewaltigen Bibliothek. Von 1922 bis zu seinem Tod im Jahre 1939 war der ehemalige Bibliothekar Papst.

6. Mao Tse-Tung (1893–1976)
Mao arbeitete 1918 als Assistent des Bibliotheksdirektors an der Universität von Peking.

ss

Margaret Meads
Liste der 10 besten anthropologischen Bücher oder Studien

Die amerikanische Anthropologin Dr. Margaret Mead (1901–1978) ist durch ihre Studien über die Völker Ozeaniens und ihre Untersuchungen zu sozialen Themen der Gegenwart bekannt geworden. Sie war die langjährige Präsidentin der Amerikanischen Anthropologischen Gesellschaft. Zu ihren zahlreichen in deutscher Übersetzung erschienenen Büchern gehören *«Jugend und Sexualität in primitiven Gesellschaften»*, *«Der Konflikt der Generationen»*, *«Leben in der Südsee»*, *«Mann und Weib»*, und *«Brombeerblüten im Winter»*.

1. George Bateson: *«Naven»*, Cambridge 1936
2. Ruth Benedict: *«Urformen der Kultur»*, Boston 1934
3. Franz Boas: *«Kultur und Rasse»*, New York 1911
4. Ruth L. Bunzel: *«The Pueblo Potter»*, Columbia University Contributions in Anthropology 8, New York 1929
5. Georges Devereux: *«Reality and Dream»*, New York 1951
6. Clifford Geertz: *«Islam Observed»*, New Haven 1969
7. Alfred L. Kroeber: *«The Nature of Culture»*, Chicago 1952
8. Claude Lévi-Strauss, *«Strukturale Anthropologie»*, Frankfurt a. M. 1967
9. Bronislaw Malinowski: *«Argonauten des westlichen Pazifik»*, London 1922
10. Edward Sapir: *«Die Sprache»*, New York 1921

exklusiv

Vom langweiligsten zum interessantesten Beruf

Gestützt auf die Ergebnisse von Interviews mit 2010 Personen, die 23 verschiedene Berufe ausübten, stellte das Institut für Sozialforschung der University of Michigan für jede der Tätigkeiten «Langeweile-Faktoren» auf. Der Durchschnitt liegt bei 100. Je höher die Ziffer, desto langweiliger die Tätigkeit.

Langeweile-Faktor

1. Monteur am Fließband (dem das Arbeitstempo von der Maschine vorgegeben wird)	207
2. Hilfsarbeiter am Fließband	175
3. Gabelstaplerfahrer	170
4. Maschinenwärter	169
5. Monteur (der das Arbeitstempo selbst bestimmt)	160
6. Kontrolleur am Sichtgerät für laufend vorbeigeführte Produkte	122
7. Buchhalter	107
8. Maschinist	100
9. Werkzeug- und Stempelmacher	96
9. Computerprogrammierer	96
11. Elektroniker	87
12. Lieferwagenfahrer	86
13. Vorarbeiter	85
14. Abteilungsleiter	72
15. Wissenschaftler	66

15. Verwalter 66
17. Fahrdienstleiter bei der Eisenbahn 64
18. Polizist 63
19. Fluglotse (großer Flughafen) 59
20. Fluglotse (kleiner Flughafen) 52
21. Professor mit Verwaltungsaufgaben 51
22. Professor 49
23. Arzt 48

22 «Un-Naturgesetze» & 3 Extras
(Un-Naturgesetze sind solche,
die unzweifelhaft wahr, aber nicht zu beweisen sind.)

Haben Sie schon einmal einen Anruf bekommen, als Sie gerade das Haus verlassen und die Tür abschließen wollten? Ist es Ihnen auch schon passiert, daß der Bus, auf den Sie warten, genau in dem Moment hinter einem parkenden Lastwagen auftaucht, in dem Sie sich eine Zigarette anzünden? Es gibt scharfsinnige Leute, die behaupten, daß solche Ereignisse nicht die Ausnahme, sondern die Regel sind. Männer wie Peter, Murphy und Parkinson haben es sich zur Lebensaufgabe gemacht, solche «Un-Naturgesetze» ausfindig zu machen, die das frustrierende Dasein, das wir Sterblichen führen, bestimmen und die zweifellos wahr, aber unbeweisbar sind. Hier sind ein paar Beispiele dieser Gesetze aus Arthur Blochs Buch *«Murphy's Law – and Other Reasons Why Things Go Wrong»* (Los Angeles 1977):

1. Murphys Gesetz
Alles, was schiefgehen kann, wird auch schiefgehen.

2. O'Tools Kommentar zu Murphys Gesetz
Murphy war ein Optimist.

3. Richards komplementäre Besitzregel
a) Alles, was man lange genug aufbewahrt, kann man wegwerfen.
b) Kaum hat man etwas weggeworfen, braucht man es schon.

4. Die nichtreziproken Gesetze der Erwartungen
Negative Erwartungen bringen negative Ergebnisse.
Positive Erwartungen bringen negative Ergebnisse.

5. Howes Gesetz
Jeder hat einen Plan, der nicht funktioniert.

6. Ableitung von Murphys Gesetz
Es ist unmöglich, etwas narrensicher zu machen, weil die Narren so einfallsreich sind.

7. Shaws Prinzip
Konstruiere ein System, das sogar Narren benutzen können, und nur Narren werden es benutzen wollen.

8. Ettores Beobachtung
Wo auch immer man sich anstellt, bei der anderen Schlange geht's schneller.

9. Finagles 1. Gesetz
Klappt ein Experiment, stimmt irgend etwas nicht.

10. Fetts Labor-Gesetz
Versuche nie, ein erfolgreiches Experiment zu wiederholen!

11. Gesetz der selektiven Gravitation
Ein Gegenstand fällt immer so, daß er den meisten Schaden anrichtet.

11 a. Jennings Ableitung
Die Wahrscheinlichkeit, daß das Brot auf die mit Butter bestrichene Seite fällt, ist direkt proportional zum Preis des Teppichs.

12. Maiers Gesetz
Wenn die Fakten nicht mit der Theorie übereinstimmen, muß man sich die Fakten vom Hals schaffen.

13. Borens 1. Gesetz
Nuscheln, wenn man Zweifel an dem hat, was man sagt.

14. Die Goldene Regel der Wissenschaft
Wer das Gold hat, stellt die Regeln auf.

15. Segals Gesetz
Ein Mensch mit einer Uhr weiß, wie spät es ist. Ein Mensch mit zwei Uhren ist sich nie sicher.

16. Die Neunzig-zu-Neunzig-Regel der Projektplanung.
Die ersten 90 Prozent der Aufgabe verlangen 90 Prozent der Zeit, und die restlichen 10 Prozent brauchen die anderen 90 Prozent.

17. Anthonys Werkstatt-Gesetz
Jeder Gegenstand, der herunterfällt, wird immer in die unzugänglichste Ecke der Werkstatt rollen.

18. Anthonys Gesetz der Gewaltanwendung
Versuch's nicht mit Gewalt, nimm einfach einen größeren Hammer!

19. Cahns Axiom
Wenn alles andere versagt, lies die Gebrauchsanweisung!

20. Trumans Gesetz
Wenn man nicht überzeugen kann, sollte man wenigstens Verwirrung stiften.

21. Johnsons 2. Gesetz
Wenn im Laufe mehrerer Monate nur drei wichtige gesellschaftliche Ereignisse stattfinden, werden sie alle auf denselben Abend fallen.

22. Atwoods 14. Ableitung
Man verliert keine Bücher durch Verleihen – außer denjenigen, die man besonders gern behalten hätte.

Und 3 Extras!

1. Joffes Pisten-Theorem
Man bricht sich das Bein immer bei der letzten Abfahrt.

2. Joffes 1. Gesetz der häuslichen Hypertrophie
Die Masse des Trödels wird immer die Anzahl der Schubladen übersteigen.

3. Potzrbies teleologische Mutmaßung
Das Leben ist hart, aber ungerecht.
Die «3 Extras» schrieb Josef Joffe.

10 große Hochstapler

1. George Psalmanazar (* in Südfrankreich, 1679?–1763)
1703 kam Psalmanazar – sein richtiger Name ist unbekannt — nach London und behauptete, von der Insel Formosa (heute Taiwan) zu stammen und gerade zum Christentum übergetreten zu sein. Trotz seines eindeutig abendländischen Äußeren veranlaßte der 25jährige Franzose die britischen Behörden, ihn als Lehrer des «Formosanischen» (das er von A bis Z erfand) in Oxford anzustellen und die Bibel in seine Muttersprache übersetzen zu lassen. In seinem 1704 erschienenen Buch *«The Historical and Geographical Description of Formosa»* (Historische und geographische Darstellung Formosas), das von sehr vielen Menschen gelesen wurde, beschrieb Psalmanazar Religion und Bräuche auf der Insel: Die Formosaner aßen angeblich rohes Fleisch, unter anderem von rechtmäßig hingerichteten Verbrechern. Und sie brachten Gott alljährlich ein Opfer von 18 000 Herzen dar, die sie Eingeborenenjungen unter neun Jahren aus der Brust schnitten und verbrannten. Später bedauerte Psalmanazar seinen Schwindel und legte in seinem Testament und in einem Buch, das posthum veröffentlicht wurde, ein umfassendes Geständnis ab.

2. Sarah Wilson (* 1750 in Staffordshire/England, Todestag unbekannt)
Sarah Wilson, die Dienerin einer der Hofdamen von Königin Charlotte, wurde 1771 bei dem Versuch ertappt, die Kronjuwelen zu stehlen. Sie wurde auf Lebenszeit in die amerikanischen Kolonien verbannt. Auf eine bis heute ungeklärt gebliebene Weise gelang es ihr, einige der Juwelen und ein Kleid der Königin beiseite zu schaffen, bevor sie ihre Strafexpedition nach Maryland antrat. Kaum befand sich die Dienerin auf amerikanischem Boden, entkam sie ihren Bewachern und machte sich auf die Flucht nach Süden. Sie zog die königlichen Kleider an und behauptete, Prinzessin Susanna Carolina Matilda, die Schwester von Königin Charlotte, zu sein. 18 Monate lang – bis zu ihrer Festnahme in South Carolina 1773 – ließ sie sich von Dutzenden von Südstaaten-Gentlemen Geschenke machen und Quartier gewähren, wofür sie ihnen königliche Ämter versprach. Während der Revolution entkam sie wiederum ihrem Bewacher und heiratete einen britischen Offizier.

3. Mary Baker (* um 1800 in Devonshire/England, Todestag unbekannt)
Als Mary Baker ihre Stellung als Dienerin verlor, plante sie mit einem Seemann einen Schwindel, über den ein Jahr lang in den englischen Zeitungen berichtet wurde. 1817 klopfte sie an die Tür eines Landhauses in Gloucestershire und sprach eine «fremde Sprache». Den englischen Sprachforschern gelang es nicht, ihr Kauderwelsch zu entschlüsseln. Da tauchte «zufällig» der Seemann auf und identifizierte sie als Caraboo, die Prinzessin von Javasu, die von Piraten aus Sumatra gekidnappt worden war und vor der englischen Küste Schiffbruch erlitten hatte. Ein Jahr lang wurden Mary Baker königliche Ehren zuteil. Dann wurde in einem Zeitungsartikel eine unverwechselbare Narbe an ihrem Hals erwähnt, woraufhin ein alter Bekannter sie wiedererkannte. Mit der Aussage dieses Mannes konfrontiert, gestand sie alles, wanderte nach Amerika aus und verschwand für immer.

4. Arthur Orton (* in London, 1834–1898)
1866 tauchte Orton, ein Schlachter aus Wagga Wagga in New South Wales (Australien), in London auf und behauptete, er sei Sir Roger Tichborne, der als junger Mann auf See verschollen war. Lady Tichborne, die nie an den Tod ihres Sohnes hatte glauben wollen, übersah die offensichtlichen Schönheitsfehler an Ortons Geschichte: Ihr Sohn wog (als er vor 14 Jahren zum letzten Mal gesehen worden war, 57 Kilo, hatte ein langes dünnes Gesicht, helles glattes Haar, war tätowiert und sprach fließend Französisch. Orton dagegen wog fast 135 Kilo, hatte ein volles rundes Gesicht und dunkle gewellte Haare und sprach nur Englisch. Auch eine Tätowierung konnte er nicht vorweisen. Als Lady Tichborne gestorben war, erhob Orton Anspruch auf das Vermögen. Der dreijährige Prozeß endete mit einem Urteil, das den Hochstapler wegen Meineides für 14 Jahre hinter Gitter brachte.

Obwohl er später seine Bekenntnisse an eine Zeitung verkaufte, starb er mit 64 Jahren in London ohne einen Penny in der Tasche.

5. Lord Gordon-Gordon (* in Schottland, † 1873)
Während einer langwierigen Streitigkeit, bei der 1872 der Großkapitalist Jay Gould von seinem Direktorenposten bei der Erie Railroad abgelöst werden sollte, kam Lord Gordon-Gordon nach New York und behauptete, über großen Reichtum und Verbindungen zum britischen Königshaus zu verfügen. Der schottische Adlige, dessen richtiger Name unbekannt ist, versprach Gould, er wolle ihm behilflich sein, seine Macht zurückzugewinnen – und prellte ihn um eine Million Dollar. Als der Lord zwei Jahre später verhaftet wurde, setzte er sein Spiel fort: In bester Laune verlas er vor Gericht die Namen und Adressen von wohlsituierten, angesehenen Freunden und Verwandten in Übersee. Noch ehe diese Referenzen überprüft werden konnten, suchte Gordon-Gordon das Weite. In Kanada beging er später Selbstmord.

6. Elizabeth Bigley (* in Ontario/Kanada, 1857–1907)
Kurz nach ihrer Begnadigung 1893 durch den Gouverneur von Ohio ließ sich die vorbestrafte Fälscherin Elizabeth Bigley unter dem Namen Cassie Chadwick in Cleveland nieder. Dort ließ sie durchblicken, daß sie die uneheliche Tochter des bekannten Großindustriellen Andrew Carnegie sei und als solche eines Tages einen Teil seiner Millionen erben würde. Man glaubte ihr. Sie begann, gefälschte Wechsel auf Carnegies Namen auszustellen, und lieh sich die nächsten Jahre mehrere Millionen Dollar von Geldverleihern zusammen, die hofften, einen fetten Zinssatz herausschlagen zu können, wenn sie eines Tages ihr Erbe antreten würde. Als 1904 die Zeitung *Cleveland Press* in fetten Schlagzeilen ihre befleckte Vergangenheit enthüllte, überkam so manchen Bankier im Nordosten Ohios ein gewaltiger Schrecken. Bei ihrem Prozeß war Carnegie persönlich anwesend und schien sichtlich erfreut zu sein, als seine «Tochter» zu zehn Jahren Zuchthaus verurteilt wurde. Mrs. Chadwick alias Bigley starb hinter Gittern, noch ehe die zehn Jahre vorüber waren.

7. Concepción Jurado (* in Mexico City, 1864–1931)
Die sanfte alte Jungfer, die ein ungewöhnliches Talent besaß, die Stimmen anderer Leute nachzuahmen, spielte auf Privatfesten im Haus ihres Bruders die Rolle des Don Carlos Palmori, eines millionenschweren Schürzenjägers. Fast 50 Jahre lang prahlte sie auf mehr als 1000 Fiestas mit der unermeßlichen Macht und dem großen Einfluß, den sie (er) angeblich besaß. Sie flirtete mit den Frauen, die von dem Reichtum und dem Charme des Don Palmori höchst beeindruckt waren, und verängstigte die Männer. Am Ende jeder dieser Darbietungen riß sich Jungfer Jurado mit dramatischer Geste ihren Schnurrbart ab, löste ihr Haar und gab ihre wahre Identität preis. Ihre 3000 «Opfer», zu denen zahlreiche mexikanische Prominente gehörten, versprachen, bis zu ihrem Tod ihr Geheimnis zu wahren, so daß sie

neue Gäste weiterhin an der Nase herumführen konnte. Ihre letzte Vorstellung fand 1931 statt, dem Jahr, in dem sie an Krebs starb.

8. Frederick Emerson Peters (* in New Salem/Ohio, 1885–1959)
Unter unzähligen verschiedenen Namen reiste Peters von 1902 bis zu seinem Tod kreuz und quer durch die Vereinigten Staaten und fälschte Schecks. Er gab sich gelegentlich als Sohn Theodore Roosevelts oder einer anderen berühmten Persönlichkeit aus, verwickelte kleine Ladenbesitzer in ein Gespräch und versuchte dann, einen Scheck über einen Betrag einzulösen, der die für die eingekauften Waren geforderte Summe um ein paar Dollar überstieg. Nur wenige konnten dem charmanten Peters widerstehen. Die meiste Zeit jedoch verbrachte er in irgendwelchen Gefängnissen, wo er wie besessen las und häufig dafür eintrat, daß Gefängnisbibliotheken eingerichtet wurden. Bei seiner letzten Scheckfälscher-Tour erlag Peters in New Haven (Connecticut) einem Herzschlag. Die Stadtverwaltung gewährte ihm ein Armenbegräbnis.

9. Stanley Clifford Weymann (* 1891 in Brooklyn/New York)
Weymann war Büroangestellter, beförderte sich selbst im Ersten Weltkrieg zum «Leutnant» und verbrachte sein Leben im Gefängnis und in Freiheit mit einer Reihe von Hochstapeleien, bei denen er fast immer seinen richtigen Namen verwandte. «Dr.» Weymann überprüfte für eine amerikanische Firma sanitäre Anlagen in Peru, leitete 1922 eine Beratungsstelle des New York Hospital for Joint Deseases und pflegte 1926 die Schauspielerin Pola Negri, die über den frühen Tod ihres Gatten, des Superstars Rudolph Valentino, trauerte. Und der «Korvettenkapitän» Weymann plauderte 1921 auf einem von «Unterstaatssekretär» Clifford Weymann arrangierten Empfang für Prinzessin Fatima von Afghanistan im Weißen Haus mit Präsident Warren G. Harding.

10. Ferdinand Waldo Demara jr. (* 1921 in Lawrence/Massachussetts)
Dieser abgebrochene Student, der als «Der große Hochstapler» bekannt wurde, schwindelte sich durch eine ganze Reihe von Berufen, bevor er sich als offiziell anerkannter Prediger des Evangeliums niederließ. In den 40er Jahren gab er sich in einem Kloster in Kentucky als Trappistenmönch aus, spielte an einer Hochschule in Pennsylvania einen Psychologieprofessor, an einem Institut in der Nähe von Seattle einen auf Krebsforschung spezialisierten Biologen und einen Beamten für Freizeitbeschäftigung an einem Gefängnis für Schwerverbrecher in Texas. Sein Meisterstück jedoch vollbrachte er im Koreakrieg, wo er als Militärchirurg bei der kanadischen Marine diente. Mit Hilfe der Medizinbücher, die sich an Bord befanden, zog er Zähne, nahm Mandeln heraus, amputierte Gliedmaßen und entfernte erfolgreich bei einem verwundeten koreanischen Soldaten eine Kugel, die in der Herzgegend steckte. Als der Schwindel aufflog, wurde er auf der Stelle aus den militärischen Diensten entlassen und in die Vereinigten Staaten

gebracht. 1956 verhaftete ihn die Polizei von Maine wegen «Vorspiegelung falscher Tatsachen» – er war in einer Schule des Bundesstaates als geprüfter Lehrer aufgetreten. Doch auf den Druck von Eltern und Schülern hin sahen die Behörden von einer Anklage ab. Auf die Frage, warum er in die Rollen so vieler Personen schlüpfte, antwortete Demara: «Niedertracht, reine Niedertracht.»

wad

20 Lieblingsgerüche von Männern und Frauen

Eine Studie, die der Engländer R. W. Moncrieff, ein Mitglied des Royal Institute of Chemistry, 1966 veröffentlichte, ergab, daß einige Gerüche dem einen Geschlecht weit mehr zusagen als dem anderen. Die Testpersonen wählten ihre Lieblingsgerüche unter 132 Möglichkeiten aus – hier sind die Ergebnisse.

Lieblingsgerüche der Männer:

1. Geißblatt
2. Frische Erdbeeren
3. Rote Rose
4. New Dawn Rose
5. Wildrose
6. Emily Gray Rose
7. Gartenwicke
7. Levkoje
9. Falscher Jasmin (Blüten)
10. Spierstrauch (Blume)

Lieblingsgerüche der Frauen:

1. Gartenwicke
2. Rote Rose
2. Geißblatt
4. New Dawn Rose
5. Frische Erdbeeren
6. Emily Gray Rose
7. Levkoje
8. Englisch-Lavendel-Öl
9. Spierstrauch (Blume)
10. Französisch-Lavendel-Öl

Weitere Studien von Moncrieff ergaben, daß Männer Falschen Jasmin, Geißblatt, Wildrose, Abelmosch, Ilang-Ilang und Zitronenmelisse bei weitem lieber riechen als Frauen. Frauen bevorzugen Alpenveilchenparfum, Lorbeerblätter und Zwiebeln sowie Parfums und Gerüche, die an Nahrungsmittel erinnern.

jber

Die 2½ Engel, die namentlich in der Bibel erwähnt werden

1. Gabriel
Dieser Engel erschien Daniel im Traum, und der Priester Zacharias sah ihn im Tempel «zur rechten Hand am Räucheraltar». Er prophezeite dem Priester, daß ihm seine Frau einen Sohn schenken werde, den er Johannes nennen solle. Der Sohn wurde geboren und war in späteren Jahren ein bekannter Bußprediger: Johannes der Täufer. Gabriel erschien auch der Jungfrau Maria in Nazareth und prophezeite ihr die Geburt Jesu.

2. Michael
Er besiegte den Teufel im Kampf um den Leib Moses' und kämpfte im Himmel mit einer Gruppe von Engeln gegen einen Drachen.

2 1/2. Luzifer
Er ist ein ehemaliger Engel, kann also nur halb gezählt werden. In Jesaia 14,12 heißt es: «Wie bist du vom Himmel gefallen, du schöner Morgenstern! Wie wurdest du zu Boden geschlagen, der du alle Völker niederschlugst!»

iw

Die 10 Gebote

Erstes Gebot
Ich bin der Herr, dein Gott, der ich dich aus Ägyptenland, aus der Knechtschaft, geführt habe. Du sollst keine anderen Götter haben neben mir. Du sollst dir kein Bildnis noch irgendein Gleichnis machen, weder von dem, was oben im Himmel, noch von dem, was unten auf Erden, noch von dem, was im Wasser unter der Erde ist: Bete sie nicht an und diene ihnen nicht! Denn ich, der Herr, dein Gott, bin ein eifernder Gott, der die Missetat der Väter heimsucht bis ins dritte und vierte Glied an den Kindern derer, die mich hassen, aber Barmherzigkeit erweist an vielen Tausenden, die mich lieben und meine Gebote halten.

Zweites Gebot
Du sollst den Namen des Herrn, deines Gottes, nicht mißbrauchen; denn der Herr wird den nicht ungestraft lassen, der seinen Namen mißbraucht.

Drittes Gebot
Gedenke des Sabbattages, daß du ihn heiligest. Sechs Tage sollst du

arbeiten und alle deine Werke tun. Aber am siebenten Tage ist der Sabbat des Herrn, deines Gottes. Da sollst du keine Arbeit tun, auch nicht dein Sohn, deine Tochter, dein Knecht, deine Magd, dein Vieh, auch nicht dein Fremdling, der in deiner Stadt lebt. Denn in sechs Tagen hat der Herr Himmel und Erde gemacht und das Meer und alles, was darinnen ist, und ruhte am siebenten Tage. Darum segnete der Herr den Sabbattag und heiligte ihn.

Viertes Gebot
Du sollst deinen Vater und deine Mutter ehren, auf daß du lange lebest in dem Lande, das dir der Herr, dein Gott, geben wird.

Fünftes Gebot
Du sollst nicht töten.

Sechstes Gebot
Du sollst nicht ehebrechen.

Siebtes Gebot
Du sollst nicht stehlen.

Achtes Gebot
Du sollst nicht falsch Zeugnis reden wider deinen Nächsten.

Neuntes Gebot
Du sollst nicht begehren deines Nächsten Haus.

Zehntes Gebot
Du sollst nicht begehren deines Nächsten Weib, Knecht, Magd, Rind, Esel noch alles, was dein Nächster hat.

Quelle: 2. Mose 20,2–17.

Ausklang

Süchtig geworden von den Listen haben Dr. Christine Brinck, Bearbeiterin von «*Rowohlts Bunter Liste*», und Dr. Josef Joffe, Redakteur der Wochenzeitung *Die Zeit* beschlossen, ans Ende des Buches die endgültig letzten Listen – jedenfalls in dieser Ausgabe – zu setzen.

Christine Brincks und Josef Joffes Liste der besten Dinge
Levi's Jeans
Matjes-Heringe
Mangofrüchte
Sieglinde-Kartoffeln
Montecristo-Zigarren
Balkan-Sobranie-Tabak
Maine-Hummer
Zwetschgeneis von Sarcletti in München
Hamburger von Bartley's in Cambridge/Massachussetts
Jackson's Earl Grey Tea
Leonidas-Pralinen
Wandern in Montana und in der Toscana
Rapsblüte in Schleswig-Holstein
Altweibersommer, wo auch immer
Sonnenaufgang auf dem Taischan in China
Sonnenuntergang in Jerusalem
Missoni- und Jean-Muir-Kleider
Ermenegildo-Zegna-Stoffe
Waterman-Füllfederhalter
Klodeckel aus Mahagoni
VW-Golf
The New Yorker
International Herald Tribune
Kirschen aus dem Alten Land
Deutsches Brot, jede Sorte
Brooks Brothers
Kamelhaar von Salzmann
Badezimmer im Danieli in Venedig
Harry's Bar in Venedig
Charaton-Pfeifen

exklusiv für Rowohlts Bunte Liste

Christine Brincks und Josef Joffes Liste der weniger guten Dinge
Ferien im Club Mediterannée
Gucci-Schuhe
falsche Jeans
Polyestersocken und -hemden
Siegelringe, mit und ohne Familienwappen

Digital-Uhren
einzelne Baccara-Rosen
Nelken im Quintett
Plateau-Schuhe
toupierte Haare
Smokinghemden mit Spitzenbrust
Smokings mit Schalkragen
deutscher Sekt
Currywurst
Gummibäume
Schleiflackschlafzimmer
Wohnlandschaften
Nerzjacken
Bilder von Bernard Buffet
Unterhaltungssendungen im deutschen Fernsehen
schmiedeeiserne Briefkästen
Setzkästen
Strumpfhosen
Disco
graue Schuhe
Peep Shows
Wunschkonzerte
Streichkäse
Reiseandenken
Louis-Vuitton-Gepäck
100-Millimeter-Zigaretten
Nouvelle Cuisine

exklusiv für Rowohlts Bunte Liste

Anhang

Bildquellennachweis

Bilderdienst Süddeutscher Verlag Seiten 17, 32, 41, 48, 68, 97, 105, 123, 129 Urhebervermerk «Photo Associated Press» (FaM), 160, 213, 231, 283, 347 (Pressefoto Mühlberger, München), 395, 416, 418. The People's Almanac Photographic Archives S. 23, 87, 249, 384, 454. Culver S. 73, 300, 303, 331, 443. Franklin Schaffner S. 56. U.S. National Archives S. 85, 377. NASA S. 112, 266. Thomas Edwards, Richmond, Cal. S. 118. Chamber of Commerce, Enterprice, Ala. S. 131. Yugoslavian National Tourist Office S. 135. Spanish National Tourist Office S. 139. Mansell Collection S. 156. Rowohlt Archiv S. 163 (rororo monographie 27), 228, 364 (Foto Diotallevi-Galleria Cristallo, Rapallo). M-G-M S. 177. 20th-Century Fox S. 181. Sylvia and Irving Wallace Collection S. 192. Avco Embassy S. 200. Mary Evans Picture Library S. 235. MOMA S. 255. John Garner S. 269. George Eastman House S. 295. Residenzmuseum, München S. 329. George Frenn S. 344. Archiv für Kunst und Geschichte, Berlin S. 391. Warner Bros. S. 401. Library of Congress S. 405. Historical Pictures Service, Chicago, Ill. S. 429. Doug Storer S. 432.

Mitarbeiter

Mitherausgeber:	Fern Bryant Fadness
Redaktion:	Elizebethe Kempthorne
	Carol Orsag
	Cathy Willis
Schlußredaktion:	Laurel Overman
	Joanne Maloney
	Patricia Begalla
	Dianne Brown
Bildredaktion:	Vincent Virga
	Jens Petersen
Redaktion London:	Rosalind Toland
Redaktion Hamburg:	Christine Brinck
	Niko Hansen
	Jens Petersen

Die Autoren der Liste (ausgenommen die im Buch erwähnten Beiträger)

ab	Arthur Bloch		bf	Bruce Felton
ae	Ann Elwood		bfg	Bryan F. Griffin
aw	Amy Wallace		bh	Bill Henkin

cb	Christine Brinck	jm	Joan Mooney
ch	Cliff Hoffman	jn	John Norment
co	Carol Orsag	jo	Judy Osgood
da	Daniel Adams	jt	Jim Thebeau
db	Danny Biederman	lb	Linda Bosson
df	David Frenkel	lc	Linda Chase
dg	David Gunston	maa	Malibu Authors Association
dmf	Dillman M. Furey, jr.		
dms	Darryl M. Stolper	mbt	Marguerite B. Thompson
dsg	David S. Goldman	mec	Marion E. Colthorpe
dw	David Wallechinsky	mgr	Marylee G. Rosenberg
ed	Eddie Dezen	mmo	Mark Mooney, jr.
ef	Edward Fishbein	msm	Michael S. Medved
ek	Elizebethe Kempthorne	mwj	Melvyn W. Jones
ela	Ernest L. Abel	ncd	Nancy Courtman-Davies
fbf	Fern Bryant Fadness	nh	Niko Hansen
fcd	Frederick C. Dyer	pcj	Philip Cunliff-Jones
fch	Flora Chavez	pdl	Peter D. Lawrence
gk	Gary Kinder	pf	Pamela Fields
hg	Die Herausgeber des «Book of Lists»	psh	Paul S. Hagerman
		rh	Robert Hendrickson
hak	H. Arthur Klein	rjf	Rodger J. Fadness
hsi	Helga Sitkin	ro	Richard O'Neill
iw	Irving Wallace	rsc	R. S. Craggs
jb	Jim Barnett	rt	Richard Trubo
jbe	Jeremy Beadle	sb	Stephanie Bernardo
jber	Jeffrey Bernstein	ss	Steve Sherman
jbm	Joseph B. Morris	sst	Susie Stewart
je	Jim Eason	sw	Sylvia Wallace
jea	John Eastman	wad	William A. DeGregorio
jll	Jeanne Lund Leleszi	wh	William Hammons
jls	Jeff L. Stolper	wk	Walter Kempthorne

Namenregister

Abbott, Bud 455
Abebe, Bikila 338
Aberline 63
Achilles 29
Addison, Joseph 216
Adenauer, Konrad 20
Adventinus 33
Äsop 361
Aëtius, Flavius 71
Agamemnon 268
Agathokles 434
Agha, Zaro 388
Agrippina 280
Ahlers, Conrad 52, 53
Alain-Fournier, Henri 19
Albee, Edward 182, 284
Albers, Hans 174
Albert 346
Albert, Jan van 301
Alberto, Carlos 346
Albrecht (Herzog) 33
Alcmene, Arsinoe und Biche 116
Alcock, John 144
Alda, R. de 145
Alexander 437
Alexander II. 147
Alexander VI. 326
Alexander der Große 19, 22, 71, 331, 434
Alexander, Peter 174
Alger, Horatio 332
Allen, Woody 34, 186
Allison, Joe und Audrey 170
Alpert, Herb and The Tijuana Brass 175
Altafini 346
Amendt, Günter 335
Amin, Idi 17, 18
Ampère, André-Marie 247
Andersen, George Gordon 332
Andersen, Hans Christian 332
Andersen, Lale 174
Anderson, John Henry 194
Anderson, Paul 344
Anderson, Robert 62
Anderson, Sherwood 375
Andretti, Mario 354
Andrews, Julie 24
Andrianow, Nikolai 355
Anne (Prinzessin) 329
Anouilh, Jean 183
Annunzio, Gabriele d' 216, 243, 321
Antoinette, Marie 89
Antonius 311
Apollinaire, Guillaume 284, 378
Arantes, Edson 339

Archer-Shee, George 50, 51
Archimedes 249, 268
Aristoteles 22, 27, 244, 331
Arminius 71
Armstrong, Louis 171, 175
Arnold, Alfred 389
Arnold, Benedict 31, 65, 73, 132
Arouet, François-Marie 238
Artaud, Anonin 381
Artemisia 253
Artukovich, Andrija 69
Ascari, Alberto 354
Asimov, Isaac 249
Asmus 237
Astachova, Polina 354
Astaire, Fred 454
Attila 71, 305, 330
Auden, W. H. 332
Augert, Jean Noel 353
Augstein, Rudolf 52, 53
August der Starke 33, 276
Augustin von Canterbury 326
Auhuber, Klaus 352
Aussem, Cilly 357
Aussem, T. 357
Austen, Jane 275
Avery, Beverly N. 276

Bach, Carl Philipp Emanuel 22
Bach, Johann Sebastian 21, 33, 176, 369
Backhaus, Wilhelm 180
Bacon, Francis 216, 332, 435
Badenhausen, Rolf 185
Bader, Douglas 18
Baker, Josephine 28
Baker, Mary 461
Baldwin, Evelyn 161
Balzac, Honoré de 21, 216, 273, 361, 369
Bandi, Cornelia di 407
Banks, Jeff 348
Bannister, Roger 339
Bardot, Brigitte 24, 323
Barker, Anthony 343
Barlach, Ernst 183
Barlog, Boleslaw 182 - 184
Barnowsky, Victor 185
Barrett, Elizabeth 279
Barrix, Billy 176
Barry 116, 428
Barry, James 334
Barton, James 171
Bartsch, Jürgen 54
Bashevis, Isaac 365
Basie, Count 171

473

Bateson, George 457
Battistini, Mattia 178
Baudelaire, Charles 273, 295, 378
Beach Boys 175
Beamon, Bob 338
Bean, Alan L. 106
Beardsley, Aubrey 19
Beatles 172, 175, 176
Beauchamp-Proctor, A. W. 67
Beauharnais, Joséphine de 279, 328
Beauvoir, Simone de 274
Becher, Johannes R. 377
Beckenbauer, Franz 337, 346, 347, 348
Beckett, Samuel 183
Beecham, Thomas 179
Beecher, Harriett 236
Beethoven, Ludwig van 21, 22, 29, 168, 176, 179, 275, 295
Behan, Brendan 333
Belbenoit, René 55
Bell, Joseph 236
Bell, Laura 324
Belzoni, Giovanni Battista 342
Benchley, Robert 433
Bene 346
Benedict, Ruth 457
Benitez 346
Benjamin, Walter 378, 381
Benn, Gottfried 28, 381
Bennett, Arnold 436
Bentenia, Frank 305
Bentham, Jeremy 428, 429
Berenson, Marisa 365
Beresford, Jack 357
Bergen, Candice 365
Berger, Peter 357
Bergmann, Ingrid 201, 202
Bergson, Henri 217
Berkley, Theresa 328
Berlioz, Hector 381
Berndaner, Ignaz 352
Bernhard, Thomas 184
Bernhardt, Sarah 29, 34, 320 378
Berry, Chuck 173
Bertillon, Alphonse 22
Best, George 346, 347
Beyle, Marie-Henri 238
Bierce, Ambrose 375
Biggers, Jack 361
Bigley, Elizabeth 462
Bing, Rudolf 178
Bishop, Julie 455
Bishop, William Avery 67
Bizer, Peter 337
Bizet, Georges 178
Bjørnson, Bjørnstjerne 183
Blair, Eric Arthur 238
Blake, Robert 21

Blakey, Art and his Jazz Messengers 175
Blankers-Koen, Fanny 338
Blatt, Josephine 342
Bloch, Ernst 20
Blofeld, John 382
Blood, Thomas 39
Blumenberg, Hans C. 205, 209
Boas, Franz 457
Boccaccio, Giovanni 217, 284
Boczkai, Georg 360
Bodenheim, Maxwell 375
Boeckmann, Paul von 342
Bötticher, Hans 238
Bogart, Humphrey 186
Bohdal, Susi 230
Bohlen und Halbach, Gustav von 74
Bohr, Nils 274
Boleyn, Anne 19, 285, 306, 422
Bollow, Hein 360
Bonaparte, Pauline 328
Bond, James 18
Bonney, Anne 334
Bonnie und Clyde 148
Booth, John Wilkes 19, 280, 281
Booth, Mary Ann Holmes 280, 281
Booth, William 60
Boothe Luce, Clare 380
Borchert, Wolfgang 19, 183
Borg, Björn 18, 339, 341, 358
Borge, Victor 171
Borges, Jorge Luis 29
Borgia, Cesare 281, 284
Bosch, Hieronymus 187
Bosch, Robert 273
Bosco, Giovanni Bartolomeo 194
Boston 172
Botticelli, Sandro 188, 189, 331
Boucher, François 191
Bourbon, Louis François de 326
Bourguiba, Habib 26
Bouton, Henri 195
Bowen, Pearl Cecily 280
Bowie, David 333
Bowie, Jim 74
Bowie, Rezin 75
Boykott, Charles C. 154
Boyott, Geoffrey 341
Boz 237
Brady, Jim 312, 361
Braglia, Alberto 355
Brahm, Otto 185
Braille, Louis 29, 154
Brandes, Georg 243
Brando, Marlon 186, 202
Brandt, Susanna Margaretha 234
Brandt, Willy 274, 284
Braque, Georges 188

Brecht, Bertolt 183, 185, 197, 243, 273
Breitbart, Siegmund 343
Breitner, Paul 347, 348
Breschnjew, Leonid I. 17
Breslin, Jimmy 242
Brillat-Savarin, Anthelme 370
Brinck, Christine 151, 402, 467, 468
Brinker, Hans 290
Britten, Benjamin 179
Brodie, William 234
Bronnen, Arnolt 183
Brown, Arthur Whitten 144
Brown, Jackson 172
Browning, Robert 279
Bruce, Lenny 379
Bruder, Jörg 355
Bryan, William Jennings 449
Brynner, Yul 211
Bubbles, John 181
Buchwald, Art 393
Buckland, William 286, 287
Buddha, Gautama 403, 404
Budge, Donald 358, 359
Budnikov, Boris 355
Büchner, Georg 19
Bülow, Hans von 179
Bueno, Maria Esther 357
Buff, Charlotte 236
Bunford, Jane 302
Bungert, Wilhelm 358
Bunker, Chang und Eng 27
Buñuel, Luis 203, 204
Bunyan, John 238
Bunzel, Ruth L. 457
Buonarroti, Michelangelo 331
Burdon, Eric 172, 380
Burgoyne, John 73
Burke, Martha Jane 276
Burnett, Carol 363
Burnette, Hank C. 173
Burnette, Johnny 173
Burnham, Alice 271
Burningham, John 230
Burns, George 20
Burns, Robert 28
Burnside, Ambrose 65, 66
Burroughs, William 379
Burton, Richard 201, 313
Busch, Wilhelm 273
Busoni, Ferrucio 180
Butchell, Martin von 428
Butler, Samuel 332
Butler, William 381
Byrd, Richard E. 147
Byrne, Charles 428
Byron 21, 29, 292, 363
Bzheniya, Osman 389

Cäsar, Julius 22, 31, 331

Caesar und Condé 116
Cagney, James 28
Cale, John 172
Calhoun, John C. 27
Caligula 118, 325
Calixtus III. 445
Callas, Maria 178
Calvin, Johann 27
Cameron, Julia Margaret 187
Capone Al(fonso) 281, 295
Capone, Teresa 281
Capote, Truman 332
Caravaggio, Michelangelo da 187
Carbajal 346
Carlyle, Thomas 22
Carman, Marie Eléonore Maillé de 281
Carnegie, Andrew 272
Carpaccio 158
Carpenter, Malcolm Scott 104
Carr, Gerald 106
Carr, William 342
Carradine, David 365
Carrizo 346
Carroll, Earl 271
Carroll, John F. 302
Carroll, Lewis 90, 237, 327
Carter, Charles Joseph 195
Carter, Family 170
Carter, Howard 426
Carter, Jimmy 18
Caruso, Enrico 178
Casals, Pablo 20
Casanova, Giovanni Giacomo 217, 319, 456
Casey, Sean o' 182
Cash, Johnny 170
Caslavska, Vera 338, 354
Caspar, Horst 186
Castaneda, Carlos 382, 412
Castello, Lou 455
Castiglione, Nicchia de 324
Castro, Inés de 427
Cather, Willa 243
Cattanei, Vannozza dei 281
Catteano, Simonetta 189
Cayce, Edgar 404
Cellini, Benvenuto 332
Cerito, Fanny 181
Cervantes, Miguel de 21, 29, 238, 239
Cézanne, Paul 284
Chagall, Marc 313
Chamberlain, Clarence 146
Chamberlain, Joseph 275
Chambers, Whittaker 51
Champollion, Jean François 97
Chandler, Raymond 197, 280
Chanel, Coco 20
Chaplin, Charles 22, 186, 203, 272
Chapman, Annie 59, 63

475

Chapman, George 63
Chares 253
Charlton, Bob 346, 347
Charonton, Enguerrand 187
Charrière, Henri 56
Chatterton, Thomas 19, 21
Checkers 117
Chopin, Frédéric 176, 275
Christie, John 18
Christine 330
Churchill, Jennie Jerome 280
Churchill, John 72
Churchill, Randolph 295
Churchill, Winston 18, 20, 34, 149, 273, 295, 379, 383
Clapton Eric 379
Clark, Jim 354
Clarke, William E. 250
Claudel, Paul 183
Claudius 280
Claudius I. 434
Claudius, Matthias 237
Clausewitz, Karl von 274
Cleland, John 239
Clemens, Samuel Langhorne 238
Cleveland, Grover 275
Clodius 361
Cobb, William J. 299
Cochet, Henri 358
Cochran, Eddie 176
Cocteau, Jean 184, 197, 332, 381
Coe, Sebastian 338, 341
Cohn, Herbert 360
Cole, Nat 171
Coleridge, Samuel Taylor 379, 380
Coles, Frances (Corroty Nell) 59, 60
Collins, Wilkie 381
Collishaw, Raymond 67
Colt, Samuel 75, 379
Coltrane, John 174
Coluna 346
Comanche 117, 430
Comaneci, Nadia 354
Cook, James 295
Cooper, Leroy Gordon 105
Como, Perry 28
Connery, Sean 28
Connor, Dennis 355
Connors, Jimmy 22, 358, 359
Conolly, Moe 357
Conrad, Joseph 243, 275
Constable, John 168
Corbett, James J. 349, 351
Corbin, Myrthe 306
Corday, Charlotte de 269
Corelli, Marie 220
Cornwallis-West, George 280
Corso, Gregory 379
Cortez, Hernando 21, 25, 27
Coulomb, Charles Augustin 247

Count Basie 175
Court, Margaret 357
Coutinho 346
Coward, Nöel 184
Cox, Catharine Morris 20
Crabbe, George 380
Crachami, Caroline 304
Craft, Ellen 335
Craig, John Hansong 299
Cramm, Gottfried von 337, 358
Crane, Stephen 376
Cranz, Christl 337
Crassus, Marcus Licinius 64, 434
Cream, Thomas Neill 59, 60
Creasy, Edward S. 70
Creedence Clearwater Revival 173
Crippen, Dr. 17
Croce, Benedetto 217, 243
Cromwell, Oliver 34, 286, 292
Crosby, Bing 171
Crowhurst, Donald 161
Crowley, Aleister 377, 379
Cruyff, Johann 341, 346, 347
Curie, Iréne 280
Curie, Marie 251, 274
Curie, Pierre 251, 274
Curnock, Nehemia 446
Custer, George Armstrong 31, 34, 117, 295
Cuvier, Georges 292
Cyr, Louis 342

Dahrendorf, Ralf 22, 167, 393
Daisy 117, 118
Dali, Salvador 168
Dan, Steely 172
Dandurand, Arthur 343
Danjou, Jean 289
Dannay, Frederic 238
Dannecker, Martin 335
Darden, Miles 299, 342
Darius I. (König) 70
Darwin, Charles 21, 249
Dass, Baba Ram 380
David 32
Davies, Christian 278
Davies, David 390
Davies, Miles 172
Davis, Adelle 380
Davis, Bette 201
Davis, Jefferson 27
Davy, Humphry 379
Dawson, Charles 36
Dayan, Moshe 29, 298
Deacon, Richard 63
Dean, James 19
Debs, Eugene V. 376
Deeming, Frederick Bailey (Mad Fred) 60
Defoe, Daniel 216, 234, 239, 450

Delamare, Delphine 236
Demara jr., Ferdinand Waldo 463f
Dempsey, Jack 350
Derek, Bo 24
Deringer, Henry 75
Deringer, Henry 75
Descartes, René 216, 274
Desny, Ivan 209
Devant, David 195
Devereux, Georges 457
Deyna 346
Diana, Prinzessin 24
Dickens, Charles 21, 163, 232, 233, 237, 272, 296, 381
Dickinson, Edward 449
Dickenson, Emily 34, 275
Didi 346, 347
Diefenbacher, Otto 359
Diesel, Rudolf 154
Dietrich, Marlene 186
Dietrich, Wilfried 337
Dietz, Wolfgang 53
Dieudonné 56
Dillinger, John 42, 444
Di Maggio, Joe 313
Disraeli, Benjamin 279
Ditzen, Rudolf 237
Dixon, Jeane 403
Dodgson, Charles Lutwidge 237
Döblin, Alfred 28
Doldingers Passport 172
Dolphy, Eric 174
Donelly, Elfie 230
Don Gibson 170
Dor, Karin 209
Dorleac 34
Dorn, Dieter 186
Dorsey, Tommy 171
Dostefano 346
Dostojewsky, Fjodor M. 220
Douglas, Bosie (Lord) 50
Douglas, James 435
Douglas, William 318, 362
Douvernay, Jean 57
Doyle, Arthur Conan 233, 237, 377, 450
Dracula 17, 18
Drake, Francis 27
Drechsler, Fritz 360
Dreiser, Theodore 164, 197, 237, 243, 375, 379
Dreyfus, Alfred 49, 50
Druan 145
Druit, Montague John 60
Dschugaschwili, Katharina Gheladsche 281
Dubois 319
Duchamps, Marcel 188
Dürer 188
Dürrenmatt, Friedrich 184

Dumas, Alexandre d. A. 216, 284, 295
Dumas, Alexandre d. J. 216, 236
Dumouriez, Charles 74
Duncan, Isadora 181, 280, 376, 436
Dunne, Finley Peter 376
Dupea, Tatzumbie 389
Duplessis, Marie 89, 236
Durante, Jimmy 455
Dyke, Anthony van 451
Dylan, Bob 172, 175
Dzajic 346

Eagles 172
Eastwood, Clint 18
Echnaton 403
Eckener, Hugo 145
Eddowes, Catharine 59
Ederle, Gertrude 338
Edison, Thomas Alva 272, 378
Eduard II. 331
Eduard VIII. 374
Eduard VII. 62
Egen, Uli 352
Eggebrecht, Axel 25, 218, 219
Ehrhardt, Anke A. 335
Einstein, Albert 28, 32, 249, 273
Eivasov, Mahmud 388
El Cid 426
Eliot, Georg 329
Eliot, T. S. 184
Elisabeth I. 34, 72, 275
Elisabeth II. 22
Elisabeth von York 90
Ellenborough, Jane 328
Ellington, Duke 171, 174, 175
Ellis, Havelock 316
Elsheimer, Adam 187
Elstner, Frank 176
Elvström, Poul 355
Emmerich, Anna Katharina 410
Emmerson, Roy 358
Ender, Cornelia 337, 338
Endo, Yukio 355
Engel, Erich 185
Engel-Krämer, Ingrid 337
Engels, Friedrich 274
Engelbrecht, Bernard 352
Engelschall, Manfred 44
Entragues, Abbé d' 333
Eranso, Catalina de 333
Erasmus von Rotterdam 284
Erazo, Gabriel 389
Erdmann, Eduard 180
Ernst, Max 188
Esterhazy (Major) 50
Eugen von Savoyen 72
Eulenberg, Philipp (Fürst) 52
Euripedes 219, 330
Eusebio 346, 347

Evans, Colin 412
Everding, August 177, 178
Evert, Chris 357
Ezzard, Charles 349
Faccheti, Giacinto 346
Fährmann, Willi 230
Fagerström, Grethe 230
Fairbanks, Douglas 375
Falckenberg, Otto 185
Fallaci, Oriana 164 - 167
Fallada, Hans 237, 378
Famose, Anni 353
Fangio, Juan 81, 354
Faraday, Michael 247, 249
Farrére, Claude 381
Faulhaber (Kardinal) 33
Faulkner, William 28, 197
Faure, Elie 220
Faure, Félix 330
Fawcett-Majors, Farrah 24
Fehling, Jürgen 185, 186
Feierabend, Fritz 352
Felsenstein, Walther 186
Fenton, Roger 187
Ferdinand, Franz 148
Feydeau, Georges 184
Fidel Castro 26
Fielding, Temple 136 - 138
Fields, W. C. 28, 433
Fierro, Rudolfo 436
Figueiroa 346
Filion, Hervé 359
Filkens, Delina 389
Findlay, Conn 356
Finn, Alexander 359
«Fireball» Roberts 354
Fischer, Edwin 180
Fischer, Thomas 341
Fisher, Kitty 324
Fitzgerald, Francis Scott 198
Fitzsimmons, Bob 351
Flanagen, Geraldine L. 230
Flaubert, Gustave 216, 236, 274
Fleetwood Mac 173
Flickenschildt, Elisabeth 34
Floth, Horst 352
Flynn, Errol 378
Fodor, Eugene 132
Folger, Abigail 292
Fon von Bikom 276
Fonck, René P. 67
Fonda, Peter 380
Fontaine 346
Fontane, Theodor 273
Fonteyn, Margot 168
Forberger, Frank 357
Ford, Arthur 304
Ford, Gerald 22, 28
Ford, John 298
Foremann, George 28

Forster, E. M. 332
Fouquet, Jean 187
Fourment, Helene 190
Fourment, Meer 190
Fox, John D. 424
Foyt, A. J. 354
France, Anatole 238, 292
Francesca, Piero della 187
Franco, Ramon 145
Frank, Anne 19
Frank, Robert 187
Franklin, Benjamin 20, 21, 22, 268, 269, 272, 296, 324, 325,
Franz II. 279
Franz Joseph I. 26
Franz von Assisi 409
Fraser, Dawn 338
Frazier, Joe 349, 352
Frederik VIII. 330
Freud, Sigmund 32, 243, 274, 335, 377, 383
Freundt, Eddy 359
Friedrich der Große 116, 117, 332, 370
Friedrich der Weise 49
Friedrich, Götz 186
Friedrich Wilhelm I. 383
Frisch, Max 182
Frömming, Hans 359, 360
Fruits, George 389
Fry, Christopher 183
Fuchs, Jürgen 53
Fuchs, Renate 338
Fuchs, Ursula 230
Furtwängler, Wilhelm 179

Gabl, Gertrud 353
Gable, Clark 28, 433
Gaedel, Eddie 305
Gagarin, Juri Alexejewitsch 104
Galgani, Gemma 411
Galilei, Galileo 21, 49, 244, 249
Galle, Johann Gottfried 114
Galois, Evariste 19
Gambetta, Léon 292
Gamelin, Maurice 67
Garand, John Cantius 75
Garbo, Greta 22, 363
Garibaldi, Guiseppe 28
Garland, Judy 22, 171
Garrett, Eileen J.
Garriot, Owen K. 106
Garson, Greer 201
Gates, Horatio 64, 65, 73
Gatling, Richard Jordan 75
Gauguin, Paul 28, 275, 290, 295
Gauß, Karl Friedrich 247
Gautier, Théophile 378
Gee, Jack 279

478

Geertz, Clifford 457
Genet, Jean 183, 284, 327, 332
Gento, Francisco 346, 347
Georg II. 22
Georg III. 26
Georg V. 62
Georg von Clarence 435
George, Lloyd 451
Gerardin 57
Gershwin, Georg 273
Gerson 346
Getz, Stan 379
Gibbon, Edward 217
Gibran, Kahlil 275
Gibson, Edward G. 106
Gibson, Richard 305
Gide, André 273, 332
Gienger, Eberhard 354, 355
Giese, Hans 335
Gillespie, Dizzy 174
Gillette, Chester 237
Gimlette, T. O. 372
Ginsberg, Allen 333, 379, 380, 382
Gioconda, Lisa del 189
Giocondo, Francesco del 189, 190
Giorgione 188
Giotto 188
Giraudoux, Jean 182
Glenn, John 28
Glenn, John Herschel 104
Glücks, Richard 70
Göring, Hermann 37, 377, 378
Goethe, Johann Wolfgang von 20, 21, 22, 234, 236, 245, 312
Goetz, Curt 184
Götz von Berlichingen 29, 289
Gogh, Vincent van 168, 290, 296
Gogol, Nikolai 290, 332
Goitschel, Marielle 353
Gold, Käthe 187
Goldberg, Rube 434
Goldshmith, Oliver 217
Goldschmidt, Otto 280
Goliath 301
Gollyer, Langley 437
Gombrowicz, Witold 182
Gonzales, Pancho 358
Goolagong, Evonne 357
Gordon, George Lord Byron 332
Gordon, Ruth 280
Gordon-Gordon, Lord 462
Gorki, Maxim 183, 238, 243
Gorvin, Joanna Maria 186, 187
Gosse, Edmund 327
Gougeon, Jean-René 359
Gould, Jay 462
Gould, Shane 338
Goya, Francisco de 192
Grable, Betty 455
Grabowski, Jürgen 348

Gracia Patricia (Fürstin) 24
Graf, Carl, Heinrich und Franz 147
Graihead George, Jean 230
Grand Funk Railroad 175
Grant, Cary 296, 380
Grant, Ulysses S. 27, 31, 370, 383
Greco, José 455
Green, Gunnar 346
Green, Nancy 353
Greenglass, David 51
Grey, Henry 285
Grey, Jane 285
Griffith, John 238
Griffiths, Arthur 61
Grillparzer, Franz 273
Grimm, Jacob und Wilhelm 274
Grisi, Carlotta 181
Grisson, Virgil Ivan 104
Groddeck, K. H. Moritz von 355, 356
Grossmann, Robert 359
Gründgens, Gustaf 44, 45, 185, 186, 237
Grünewald, Matthias 187
Günther, Rolf 69
Guggenheim, Peggy 188
Guillotin, Joseph J. 154
Guitry, Sacha 184
Gull, William Withey 62
Gurion, David Ben 32
Gustav III. 332
Guzmann, Alfonso Díaz Ramirez 333

Hacks, Peter 182
Hadrian 331
Hahn, Otto 274
Haines, William 433
Håkon VII. 271
Halbe, Max 183
Halford, Henry 287
Haller, Helmut 348
Halley, Edmond 108
Halstedt, William Stewart 377, 378
Hamilton, Alexander 27, 31
Hamilton, Charles 162
Hamilton, Jan 66
Hammarskjöld, Dag 332
Hammett, Dashiell 198
Hammurabi 27
Hamsun, Knud 183, 238
Handke, Peter 184, 198
Hang, Chih 432
Hanika, Sylvia 22
Hanna 403
Hannibal 71
Hans-a-Plast 172
Hansen, Emil 238
Hansen, Frank 357
Hansen, Niko 151, 402
Happe, Ursula 338
Hansson, Gunila 230

Harbig, Rudolf 337, 338
Harden, Maximilian 52
Hardenberg, Leopold Friedrich Freiherr von 238
Harding, Warren G. 31, 280
Hardy, Thomas 243
Hari, Mata 329
Harlow, Jean 433
Harold II. 67
Harris, Frank 320, 321
Harrison, Cleadus 176
Harrison, George 365
Harrison, Michall 61
Harrison, Rex 22, 298
Harry, Debbie 24
Harvo, George 445
Hary, Armin 337
Hasdrubal 71
Hassan II. 26
Hathaway, Anne 67
Haugen, Tormod 230
Hauff, Wilhelm 19
Hauptmann, Carl 182
Hauptmann, Gerhart 163, 183, 185, 273
Havel, Václav 183
Havelock, Ellis 381
Hawa, Mohammed Khadil Abdul 388
Haydn, Joseph 21
Hayward, Susan 210
Healey, Denis 17
Hecht, Ben 198
Hegel, Georg Friedrich Wilhelm 274
Heifetz, Jascha 180
Heine, Heinrich 22, 32
Heino 174
Heinrich III. 26, 332
Heinrich IV. 422
Heinrich V. 427
Heinrich VIII. 19, 34, 279, 295, 306
Hell, Richard 172
Hellman, Lilian 198
Hemingway, Ernest 198, 275, 363, 364, 433
Hemingway, Mary 398
Henderson, Fletcher 175
Hendrix, Jimi 173, 176
Henie, Sonja 455
Henry, Joseph 247
Henry, Patrick 27
Henson, Josiah 236
Hepburn, Audrey 24
Hepburn, Katharine 34, 200
Heraklit 22
Herder, Johann Gottfried 274
Herman, Woody 171
Herrmann, Carl 194
Herodes 311, 312
Herrschel, Friedrich Wilhelm 114
Hertz, Heinrich 247

Herzog, Émile 238
Herzog von Braunschweig 74
Herzog von Monmouth 427, 428
Herzog von Wellington 326
Herzogin von Alba 191, 192
Hesekiel 414
Hesse, Hermann 273, 381
Hieronymos 276
Higgins, Hurricane 341
Hilpert, Heinz 185
Hindenburg, Paul 25
Hinst, van 346
Hinterstocker, Hermann 352
Hinterstocker, Martin 352
Hiss, Alger 51
Hitler, Adolf 17, 18, 25, 28, 31, 149, 161, 239, 282, 316, 317
Hoad, Lew 358, 359
Hobbes, Thomas 22, 216
Hochhuth, Rolf 184
Höcherl, Hermann 33, 397
Höfer, Werner 213, 214, 227, 394
Holiday, Billie 174
Holloway, Ron 209
Holz, Arno 182
Home, Daniel Dunglas 404, 412
Homer 29
Hooper, Jess 176
Hoover, J. Edgar 275
Hope, Bob 28
Horne, Lena 171
Horowitz, Wladimir 180
Horváth, Ödön von 183, 185
Hory, Elmyr de 38
Hosking, Eric J. 298
Houdini, Harry 195
Howard, Benjamin 62
Howard, Catharine 422
Hoxha, Enver 26
Huber, Grischa 209
Hubert, Paul 451
Hudson, Jeffery 305
Hughes, Howard 35, 39, 210, 292
Hughes, Robert Earl 299
Hugo Victor 215, 241, 378, 447
Humboldt, Alexander von 332
Hume, David 22, 216, 456
Humphrey, Doris 181
Hunt, Leigh 239
Huskisson, William 130
Hussein I. 26
Huygens, Christian 113
Huxley, Aldous 198, 381

Ibsen, Henrik 183, 185, 243
Incitatus 118
Ireland, William Henry 36
Irving, Clifford 35, 38, 39
Isherwood, Christopher 199, 332

Ishmaëlo, Jousouf 436
Ivanow, Vjatcheslav 357
Iwantschenkow, Alexander 106

Jack der Pavian 118, 119
Jack der Tümmler, 119
Jack the Ripper 17, 18, 22, 58
Jackson, Andrew 27
Jackson, Elizabeth 59
Jackson, Flora Mae King 299
Jaenecke, Gustav 337
Jahnn, Hans Henny 183
Jakob I. 332
James, Elmore 173
James, Henry 243, 275
James, Jesse 282
James, William 379
James, Zerelda Cole 282
Janáček, Leoš 179
Janosch 230
Janz, Karin 354
Jarvis, Anna 313
Jaschin, Lew 346, 348
Jaspers, Karl 273
Jean Paul 238
Jeanne d'Arc 18, 19, 72, 275, 404
Jefferson, Thomas 21, 27, 34
Jeffries, Jim 350
Jenner, Bruce 338
Jensen, Virginia Allen 230
Jérez, Rodrigo de 383
Jesaia 403
Jessenin, Sergej 280
Jessner, Leopold 185
Jesus Christus 18, 32, 404
Jesús, Juan de 412
Jill the Ripper 61
Joachim, Joseph 180
Jochimsen, Luc 162–164
Joel, Billy 172
Joffe, Josef 467f
Johann 434
Johann II. 26
Johanna von Orléans siehe Jeanne d'Arc
Johannes 403
Johannes des Täufer 311, 312
John, Elton 168, 172, 175, 176, 333
Johnson, Andrew 27
Johnson, Euphemia 408
Johnson, Jack 349, 350
Johnson, Lionel 436
Joliot, Frédéric 280
Joliton, Germain 57
Jolson, Al 171
Jones, Thad 171
Jones, Thumber 176
Jones, Quincey 175
Jonson, Ben 286
Joplin, Janis 19, 292, 330, 379

Joseph von Cupertino 413
Joule, James Prescote 248
Joy, Benny 176
Joyce, James 377
Jünger, Ernst 381
Jürgens, Udo 174
Julianus, Didius 447
Julinko 346
Julius III. 332
Julius, Cornelia 230
Jumbo 119, 430
Jurado, Concepción 462

Kästner, Erich 33
Kafka, Franz 28, 273, 296
Kahena 276
Kaiser, Georg 182
Kaiser, Joachim 179
Kamamoto 346
Kammler, Hans Dr. 70
Kandinsky, Wassily 188
Kanin, Garson 280
Kant, Immanuel 22, 217, 274, 275, 316, 370
Kapus, Franz 352
Karasek, Hellmuth 185, 186
Karl I. 287
Karl V. 48
Karl VII. 72
Karl der Große 302, 426
Karloff, Boris 28
Katharina I. 287
Katharina die Große 27, 296, 319
Katharina von Aragonien 279
Katharina von Siena 409, 410
Katharina von Valois 427
Kato, Sawao 338, 355
Kaye, Danny 22
Keats, John 19, 295
Keegan, Kevin 341, 347
Keleti, Agnes 354
Keller, Erhard 337
Keller, Gottfried 273
Keller, Helen 30
Keller, Rosa 319
Kellermann, François 74
Kelly, Gene 180
Kelly, Jack 357
Kelly, Mary Jane (Jeanette) 59, 60, 61, 62, 63
Kelvin of Largs, Lord siehe Thomson, William
Kempff, Wilhelm 180
Kenmotsu, Eiso 355
Kennedy, Jackie 24, 314, 365
Kennedy, John F. 18, 53, 378
Kennedy, Robert F. 149, 292
Kenton, Stan 171
Kerenski, Alexander 20
Kerouac, Jack 382

Kerr, Deborah 202
Kertész, André 187
Kesey, Ken 379, 380
Ketel, Cornelis 290
Keynes, John Maynard 332
Khatiaschwili, Alex 343
Khomeini, Ajatollah 17
Kiesling, Udo 352
Kilian, Hans 352
Killy, Jean-Claude 353
Kim, Nelli 354
Kim Il Sung (Marschall) 26
King, Alexander 381
King, Billy-Jean 357
Kinks 173
Kinsey, Alfred C. 323
Kipling, Rudyard 275
Klammer, Franz 353
Klaproth, Martin Heinrich 114
Klee, Paul 188
Kleist, Heinrich von 185
Kleopatra 311, 317
Klimuk, P. 106
Kling de Wolfe, Florence 280
Kluge, Alexander 199
Klytämnestra 268
Knappertsbusch, Hans 179
Knef, Hildegard 174
Knight, Arthur 204
Knight, Stephen 62
Knorr, Arthur 299
Koch, Marita 337, 338
Koczis, Sandor 347
Koehler, Don 302
Koestler, Arthur 392
Kohout, Pavel 182
Kolbe, Peter Michael 357
Kolumbus, Christoph 27, 295
Konoye, Fumimaro 301
Konstantin der Große 27, 35
Kopernikus, Nikolaus 21
Korbut, Olga 354
Kortner, Fritz 186
Kowaljonok, Wladimir 106
Kramer, Jack 359
Kraus, Karl 183
Kreisler, Fritz 37, 180
Kretschmer, Horst-Dieter 352
Kroeber, Alfred L. 457
Krüll, Harald 352
Krupa, Gene 378
Krupp, Alfred 74
Krupp von Bohlen und Halbach, Bertha 74
Kubala, Laszlo 347
Kühnhackl, Erich 352
Kürten, Peter 52
Kuhl, Marcus 352
Kuhn, Paul 171
Kuhweide, Willi 355

Kuijer, Guus 230
Kutschmann, Walter 69
Kwasnak 346
Kutschmann, Walter 69
Kwasnak 346

Lacoste, Jean René 358
Lafargue, Laura 279
Lafargue, Paul 279
Lahnstein, Manfred 175
Lais 323
Lajka 119
Laloo 306
La Marr, Barbara 377, 381
Lamb, Charles 383
Lamia 323
Landy, John 339
Lane, William Henry 181
Lang, Andrew 217
Lang, Ernst Maria 33
Lang, John 299
Lange, Helene 275
Lao-tse 220
Lapetamaka II. 320
Lardner, Dionysos 245
Lasker-Schüler, Else 183
Lasuria, Khfaf 388
Lateau, Louise 410
Latynina, Larissa 338, 354
Lautensack, Heinrich 183
Laver, Rod 34, 358, 359
Lavoisier, Antoine Laurent 249
Law, Dennis 347
Lawrence, D. H. 280
Lawrence, T. E. 148, 284, 332
Leander, Zarah 174
Leary, Timothy 380
Lederschürze 61, 62
Ledig-Rowohlt, Heinrich Maria 228, 397
Lee, Robert James 62
Leeuwenhoek, Antoni van 250
Legarde, Louis 57
Le Gray, Gustave 187
Lehmann, Lilli 178
Lehmann, Lotte 178
Leibniz, Gottfried Wilhelm von 33, 456
Lemmon, Jack 208
Lenclos, Ninon de 324
Lenglen, Zusanne 357
Lenin, Wladimir Iljitsch 274, 431
Lennon, John 18, 380
Lenoir, Étienne J. J. 147
Lentini, Frank 306
Leo VIII. 330, 378
Leonhardt, Rudolf Walter 33, 136, 220, 221
Lerch, Ernst 68

Lessing, Gotthold Ephraim 219
Leutze, Emanuel 450
Levegh, Pierre 81
Leverrier, Urbain 114
Levine, Charles A. 146
Lévi-Strauss, Claude 457
Levoy, Myron 230
Lewis, Mel 171
Lewis, Sinclair 34
Libbera, Jean 306, 307
Libby, Willard 261
Liebig, Justus von 273
Lilienthal, Peter 209
Lilly, John 380
Lincoln, Abraham 19, 21, 272, 275, 281, 425
Lind, Jenny 178, 280
Lindbergh, Charles 146
Lindenberg, Udo 172
Lindstedt 359
Lindtberg, Leopold 186
Liszt, Franz 180
Little Feat 172
Ljachow, Wldadimir 106
Locke, John 22, 216
Lofty, Margaret 271
Lollobrigida, Gina 211
London, Jack 238, 241, 284
López, Antonio de Santa Ana 65
Lorca, Federico Garcia 183, 332
Loren, Sophia 24, 284
Lorenzetti, Ambrogio 187
Loriot 228, 398
Louis, Joe 339, 350
Louise L. 307
Lousma, Jack R. 106
Love, Harry 288
Lovecraft, H. P. 233
Lovelace, Richard 239
Lowell, Percival 114, 246
Lucie, Amandine Aurore Dupin 238
Ludlow, Fitz Hugh 378
Ludwig I. 320
Ludwig II. 33, 437
Ludwig XIV. 26, 287, 295, 316
Ludwig XV. 26, 191
Ludwig XVIII. 74
Lukan 19
Lukrez 219
Lully, Jean-Baptiste 332
Luther, Martin 18, 21, 25, 48, 49, 300
Luxemburg, Rosa 274
Lynch, William 154

Macauley, David 230
MacDonald, Ramsay 284
MacGregor, Major 160
Mach, Ernst 246
Machiavelli, Nicolò 155
Machnow 301
Mackay, Mary 220
Macke, August 19
MacKenzie, Alice (Clay Pipe Alice) 59
MacKenzie, Stewart 357
Mackintosh, James 370
MacLaren, D. R. 68
MacLean, Donald 376
Madison, James 27
Mäder, Lutz 360
Magellan, Ferdinand 295
Mahal, Mumtaz 312
Mahler, Gustav 179
Maier, Sepp 348
Mailer, Norman 242
Maimonides 32
Maitland, Ida 299
Majakowski, Wladimir 182
Malibran, Maria Felicitá 178
Malinowski, Bronislaw 457
Mallarmé, Stéphane 28, 378
Malpass, Barbara Ann 335
Mangelsdorff, Albert 174
Mankin, Valentin 355
Mann, Erika 237
Mann, Heinrich 273
Mann, Klaus 45, 237, 375
Mann, Thomas 273
Mannock, Edward 67
Manolete 19
Manson, Charles 53
Manville, Tommy 276
Mao Tse-tung 243, 433, 456
Marat, Jean-Paul 269
Marciano, Rocky 349, 350
Marconi, Guglielmo 297
Marcus, Erwin 292, 293
Margritte, René 188
Maria I. 295
Marie-Dorothée 334, 335
Marlowe, Christopher 19, 332
Mariott, John 362
Martell, Karl 72
Martin, Anna 408
Martin, Dean 28, 175
Martin St., Yves 360
Marx, Harpo 22
Marx, Karl 22, 32, 218, 279
Maskelyne, John Nevill 195
Masopust, Josef 346, 347
Massenet, Jules 179
Masthoff, Helga 357
Matisse, Henri 188, 278, 451
Matsuyama, Chunosuk 161
Matthes, Roland 338
Matthews, Stanley 347
Mattus, Don Juan 381
Mauermayer, Gisela 337
338

Maugham, Somerset W. 20, 184, 221, 243, 332
Maurois, André 238
Mauser, Paul und Wilhelm 76
Mausolos 253
Max I. 33
Maxim, Hiram 76
Maximus, Gaius Julius 302
Maxwell, James Clerk 249
May, Karl 33, 239
May, Thomas 435
Mayer, Helene 337
Mazzola, Sandro 347
McCartney, Paul 22
McCoy, Kid 276
McCrary, Charles 444
McCrew, Andrew 431
McCudden, J. T. R. 67
McDonald, Marie 276
McEnroe, John 341
McKinley, William 378
McLuhan, Marshall 448
McWhirter, Norris 219
Mead, Margaret 456
Medea 268
Medici, Guiliano 189
Meegeren, Hans van 37
Meïr, Golda 28
Melba, Nelly 178
Melchior, Lauritz 178
Melges, Buddy 355
Melnik, Faina 338
Mendelssohn-Bartholdy, Felix 32
Menelik II. 444
Mengele, Josef 68
Menuhin, Yehudi 365
Merckx, Eddy 339
Meredith, George 243
Meteor 119
Metreveli 346
Mezzrow, Mezz 378
Michaux, Henri 381
Michelangelo 20, 22, 364
Michener, James 242
Middleton, John 301
Mill, John Stuart 21, 22, 217
Millay, Edna St. Vincent 375
Miller, Arthur 183
Miller, Edward Abraham «Bozo« 362
Miller, Glenn 171
Miller, Henry 220
Miller, Joaquin 375
Miller, Mitch 175
Millett, Kate 330
Mills, Charlie 359
Milo von Crotona 341
Milton, John 216, 297, 332
Milva 34
Minelli, Liza 24
Mingus, Charles 174

Mirabelli, Carlo 413
Miró, Joan 188
Mitchell, Weir S. 381
Mitchum, Robert 378
Mitropulos, Dimitri 179
Mittermaier, Rosi 337, 353
Mnesarete 317
Modern Jazz Quartet 175
Mörike, Eduard 273
Mörl, Maria von 410
Moifaa 120
Moissi, Alexander 185
Molière 238
Molnár, Ferenc 184
Monardes, Nicholas 90
Money, John 335
Mongut 276
Monroe, Marilyn 22, 24, 28, 186, 292, 297, 313
Mons, William 287
Montagu, John 155
Montaigne, Michel de 216
Montessori, Maria 275
Montez, Lola 320
Montezuma II. 331
Montgomery, Ruth 404
Monti, Eugenio 357
Moore, Bob 346
Moran, Harry Harrison 389
Moravia, Alberto 216
Mordake, Edward 307
More, Thomas 285
Morgan, George 170
Morgan, Marabel 277
Morlock, Max 348
Morphy, Paul 270
Morris, Sean 230
Morrison, Herbert 298
Moser, Hans 186
Moser-Pröll, Annemarie 353
Moses 32
Moses, Grandma 19
Moses, Stainton M. 413
Moses, Stefan 187
Moss, Stirling 354
Mountbatten, Earl 18
Mousis, Paul 193
Mozart, Wolfgang Amadeus 21, 178, 179
Mozart, Wolfgang Amadeus 21, 178, 179
Mrożek, Sławomir 182
Müller, Gerd 348
Müller, Heinrich 70
Müller-Marein, Josef 133, 180, 397
Muhammad Ali 18, 338, 341, 349, 351
Mundy, Bessie 270, 271
Munro, Hector Hugh 238
Murray, Robert 352
Murrietas, Joaquin 288

Musil, Robert 28, 273
Mussolini, Benito 284
Mussolini, Rosa Maltoni 284
Mussorgski, Modest 179
Musters, Pauline 304
Mutesa 276
Muybridge, Eadweard 187
Myllyrinne, Väinö 302

Nader, Ralph 164
Nadig, Marie-Therese 353
Naidu, Rama Murti 343
Nannen, Henri 167, 392
Napoleon 18, 21, 34, 74, 91, 274, 279, 282, 283, 288, 295, 296, 301, 326, 369, 436
Nashnush, Sulaiman Ali 302
Nastase, Ilie 359
Navratilova, Martina 357
Nebukadnezar II. 252
Neeskens 346
Neher, Caspar 185
Nehru, Jawaharlal 240
Nelson, Baby Face 42
Nelson, Horatio 18, 23, 297
Nero 19, 31, 34, 71, 280
Nerval, Gérard de 435
Nestroy, Johann 185
Netley, John 63
Netzer, Günter 347, 348
Neugebauer, Peter 225, 227, 437
Neumann, Therese 411
Neureuther, Christian 353
Newcomb, Simon 245, 246
Newcombe, John 358, 359
Newcombe, Phyllis 408
Newman, Randy 172
Newton, Isaac 21, 248, 249, 274, 275, 316, 383
Nicholls, Mary Ann (Polly) 59, 63
Nicholson, Harold G. 332
Nicot, Jean 155
Niederstrasser, Katinka 34
Nietzsche, Friedrich 220, 274, 378
Nieuports-Gynemer, Georges-Marie 67
Nightingale, Florence 18, 275
Nijinski, Waclaw 181, 332
Nikisch, Arthur 179
Nikolajew, Andrian Grigoriewitsch 104
Nikolaus II. 148
Nin, Anais 380
Nivelle, Robert 66
Nixon, Richard 18, 32, 51, 117
Nobel, Alfred 272
Nolde, Emil 238
North, Lowell 355
Noske, Gustav 25
Nostradamus 403

Novak, Kim 23
Novalis 19, 28, 238
Nruturam 304
Nurejew, Rudolf 168
Nurmi, Paavo 337, 338
Nuvolari, Tozio 354

Oakley, Kenneth 37
O'Brian, Joe 359
O'Casey, Sean 243
Ödipus 290
Oerter, Al 338, 339
O. Henry 28, 238, 240
Ohm, Georg Simon 248
Oleson, Robert 115
Olivier, Laurence 186, 202
Olmedo, José 130
O'Murphy, Louise 191
Onassis 314
O'Neill, Eugene 182, 450
Ono, Takashi 355
Onnes, Heike Kamerlingh 251
Orton, Arthur 461
Orwell, George 238
Osborn, Paul 39
Ossani, Romolo 359
Ossietzky, Carl von 164, 273
Ostler, Anderl 352
Oswald, Lee Harvey 53
Otway, Thomas 435
Ouspensky, Peter 379
Outerbridge, Paul 187
Overath, Wolfgang 23, 347, 348
Owens, Jesse 337, 338

Pace, Elgie 431
Paderewski, Ignacy 34
Paganini, Nicoló 180, 291
Pagel, William 342
Pagnol, Marcel 184
Pain, Charlot 58
Paine, Thomas 28
Palance, Jack 210
Palladino, Eusapia 413
Papen, Franz von 25
Paracelsus 380
Parker, Charlie 174, 175, 379
Parks, Peter 230
Parr, Thomas 388
Pascal, Blaise 217, 248
Pasolini, Pier Paolo 333
Pasteur, Louis 249, 250, 251
Pastrana, Julia 430
Pater Pio 411
Patterson, Floyd 349
Patty, Budge 358
Paul, Caesar 389
Pearce, Bob 356
Pedaschenko, Alexander 63
Pedersen, Knut 238

Pedro II. 26
Pedro von Kastilien 427
Pelé 346
Peleas 268
Pepys, Samuel 326, 427
Pereira, Luis 346
Perillat, Guy 353
Perkins, Carl 176
Perón, Eva 432
Perón, Isabellita 28
Perón, Juan 284, 432
Perry, Fred 358
Pertinax 447
Peruggia, Vicenzo 40
Peschkow, Alexej Maximowitsch 238
Peter I. 287
Peter der Große 72, 295, 332
Peter, Laurence J. 31
Peters, Frederick Emerson 463
Peterson, Billy Thomas 408, 409
Peterson, Oscar 67
Peterson, Pelle 355
Petiot, Ferdinand L. 371
Petty, Richard 354
Peymann, Claus 186
Phidias 252
Philipp II. 72, 279
Philipp VI. 64
Philipp von Orléans 333
Philipp, Rainer 352
Phillips, Calvin 304
Philon 251, 252
Phiops II. 26
Piazzi, Guiseppi 107
Picasso, Pablo 20, 168, 188
Pickering, William 246
Piggott, Lester 360
Pinedo, Francesco Marquis de 145, 146
Pinkerton, Allan 435
Piñon, Pasqual 308
Pinter, Harold 182
Pinto, Stanley 450
Pirandello, Luigi 182
Piscator, Erwin 185, 186
Pius VI. 456
Pizarro, Francisco 25, 284
Planck, Max 274
Plato 48, 331, 419
Plutarch 27
Poe, Edgar Allan 233, 381
Pölzl-Hitler, Clara 282
Pogue, William R. 106
Polanski, Roman 53, 327
Polk, James K. 27
Pollok, Jackson 188
Polo, Marco 240
Popowitsch, Pawel Romanowitsch 105
Popper, Karl 22

Poquelin, Jean Baptiste 238
Porch, Montagu 280
Porter, Cole 23
Porter, William Sidney 238, 240
Portinari, Beatrice 19
Posipal, Jupp 348
Pramann, Ulrich 344
Prata 145
Praunheim, Rosa von 333
Prause, Gerhard 272, 273, 274
Preminger, Otto 380
Presley, Elvis 18, 28, 175, 176
Prete, Carlo del 145, 146
Previn, André 168
Price, Alan 172
Price, Harry 425
Price, Vincent 395
Pride, Charlie 175
Priestley, Joseph 250
Prin, Marie 193, 194
Princip, Gavrilo 148
Principal, Victoria 24
Proust, Marcel 220, 243, 296, 332
Psalmanazar, George 460
Puccini, Giacomo 178
Pulitzer, Joseph 30
Puskas, Ferenc 346, 347
Pythagoras 378

Queen, Ellery 225, 226, 238
Quincey, Thomas de 381
Quinn, Freddy 28, 174
Quisling, Vidkun 155

Raabe, Wilhelm 273
Rabelais, François 220, 233
Raben, Peer 209
Rachmaninow, Sergej W. 180
Rackham, «Kattum-Jack» 334
Rademacher, Erich «Ete» 337, 338
Rahn, Helmut 348
Rainier III. 26
Raleigh, Walter 240, 285, 383
Ramolino, Letizia 282
Ramones, 172
Randow, Thomas von 256
Ranft, Ferdinand 133, 135, 136
Rasputin, Grigori Jefimowitsch 321, 436
Rattigan, Terence 184
Rauff, Walter 69
Read, Albert (Putty) C. 144
Read, Mary 334
Reagan, Ronald 17, 211
Reed, Lou 172
Reeser, Mary Hardy 408
Rehard, Gustav 341
Reiche, Dietlof 230
Reichel, Achim 173
Reid, Wallace 377, 378

Reindl, Franz 352
Reinhardt, Django 176
Reinhardt, Max 185
Reis, Arturo Alves 38
Rembrandt 21, 168, 188, 190, 191
Remmert, Peter 360
Renan, Ernest 217
Resnik, Regina 179
Rettich, Margret 230
Reynolds, Joshua 451
Rhodes, Cecil 275
Rich, Buddy 171
Richard II. 331, 427
Richard Löwenherz 331
Richard, Keith 379
Richards, Frank «Canonball» 343, 344
Richardson, Samuel 215
Richebourg, M. 304
Richter, Hans 178
Richthofen, Frieda von 280
Richthofen, Manfred von 67, 68
Riddle, Nelson 171
Riggs, Bobby 359
Rilke, Rainer Maria 243, 273
Rimbaud, Arthur 332
Ringelnatz, Joachim 238, 313
Rita von Cascia 410
Ritter, Thelma 202
Rivelino 346
Rivera, Diego 378
Rivera, Gianni 346, 347
Rjumin, Waleri 106
Robbe-Grillet, Alain 199
Robbinson, Ray «Sugar» 349
Robespierre, Maximilien de 274
Robin Hood 18
Robinson, Bill 181
Rocha, Pedro 346
Rockefeller, John D. 275
Röhm, Ernst 332
Rökk, Marika 174
Röntgen, Wilhelm Conrad 251
Rogan, John William 292
Roget, Peter Mark 379
Rolfe, Frederick 332
Rolling Stones 172, 173, 176
Rollins, Sonny 174, 175
Romanow, Anastasia 421
Rono, Henry 338
Roosevelt, Eleanor 275, 425
Roosevelt, Franklin D. 30, 149
Roper, Margaret 285
Rosebery, Earl of 297
Rosenberg, Ethel und Julius 51
Rosendahl, Heide 337, 338
Rosenthal, Philip 398
Rosevall, Ken 358
Rosmer, Charles 423, 424
Rostand, Edmond 270

Rote Wolke 389
Rothschild 32
Rougeville, Chevalier de 89
Rousseau, Jean-Jacques 216, 219, 272, 371
Roxelana 312
Roxy Music 172
Roy, David 176
Rubens, Alma 379
Rubens, Peter Paul 190
Rubinstein, Arthur 20, 180, 365
Ruby, Jack 53
Rudolph, Wilma 338
Ruskin, John 316
Russell, Bertrand 19
Russell, Lilian 312, 313
Russi, Bernhard 353
Rutherford, Ernest 247, 249

Sacher-Masoch, Leopold von 155, 327
Sackville-West, Victoria 330
Sadat, Anwar al 18
Sade, Marquis de 156, 281, 295, 319, 320
Sadil, Christian B. 230
Sadler, Thomas 61
Sailer, Toni 339
Saint-Saëns, Camille 332
Saki 238
Salesbury (Premierminister) 62
Salome 34, 181, 312
Salomo 32, 276, 317
Sampson, Deborah 334
Samsonow, Alexander 66
Samuelson, Frank 445
Sánchez, Gabriel 388
Sand, George 21, 216, 238
Sandburg, Carl 451
Sandow, Eugene 342
Sanejew, Victor 338
Sapir, Edward 457
Santana, Carlos 365
Santos, Djalma 346, 347
Santos, Jean Baptista Dos 307
Santos, Nilton 346
Sappho 330
Saroyan, William 182
Sartre, Jean-Paul 184, 217, 274
Sass, Franz und Erich 40
Saud, Ibn 149, 276
Sauer, Margarete 389
Sawyer, A. T. 304
Sax, Antoine Joseph 156
Schäfer, Hans 348
Schäffer, Fritz 33
Schahdschahan 312
Schaklin, Boris 355
Scharer, Erich 352
Schaudinn, Fritz 251

Scheel, Walter 168
Schiller, Friedrich von 34, 274
Schirra, Walter Marty 105
Schlesinger jr., Arthur 202
Schliemann, Heinrich 272
Schloder, Alois 352
Schmeling, Max 337, 339, 349
Schmid, Herbert 230
Schmidt, Gunter 335, 336
Schmidt, Otto 360
Schnabel, Arthur 180
Schnabel, Ernst 33
Schnellinger, Karl-Heinz 348
Schneider, Peter 199
Schneider, Willy 413
Schnitzler, Arthur 182
Schnurre, Wolfdietrich 229
Schock, Rudolf 174
Schollander, Don 338
Scholz, Gustav «Bubi» 348
Schopenhauer, Arthur 275
Schorsch, Eberhard 336
Schranz, Karl 353
Schubert, Franz 19, 273
Schultz, Charles M. 231, 232
Schulz, Willi 348
Schumann, Robert 295
Schuricke, Rudi 174
Schwammberger, Josef 69
Schwanthaler, Ludwig von 130
Schwarzer, Alice 164
Schwarzmann, Alfred 337, 355
Schweitzer, Albert 20, 434
Scott, G. Major 144
Scott, Harold 63
Sedgam, Frank 358, 359
Seeler, Uwe 346, 347, 348
Seghers, Herkules 188
Segura, Pancho 359
Seifert, Gaby 337
Sekularac 346
Selkirk, Alexander 234
Sellers, Peter 365
Sello, Gottfried 187, 188
Seventy-seven 172
Severus 447
Sewastianow, V. 106
Sex Pistols 172
Shadwell, Thomas 380
Shakespeare, William 34, 36, 168, 185, 279, 312
Shan-Jin 328
Shankar, Ravi 365
Sharif, Omar 210
Shaw, Artie 276
Shaw, George Bernard 19, 34, 184, 187, 199, 273, 275, 316, 365, 433
Shelley, Percy Bysshe 19, 288
Shen 250
Shepard, Alan B. 104

Sickert, Walter Richard 63
Siegfried 291
Sigusch, Volkmar 336
Silhouette, Étienne de 156
Silja, Anja 34
Sills, Beverly 34
Simon 403
Simeon, Paul 172
Simon 403
Simonides, Alcibiades 36
Simonsen, Allan 347
Sinatra, Frank 171, 175
Sinclair, Upton 242, 374
Singer Isaac Bashevis 220
Siorpaes, Sergio 352
Sivori 346
Sixtus IV. 331
Sleep, Wayne 168
Slick, Grace 380
Smith, Adam 275
Smith, Bessie 279, 330
Smith, Emma Elizabeth 58
Smith, George Joseph 270, 271
Smith, Henry 62
Smith, Joseph 276
Smith, R. und C. 230
Smithers, Leonard 327
Snow, Hank 170
Snowball 172
Sobell, Morton 51
Sokrates 31, 48, 278, 331
Sophokles 330
Soraya Esfandiary-Bakhtiary 44
Southey, Robert 379
Spaggiari, Albert 43
Spencer, Herbert 243
Spinoza, Baruch de 21, 216
Spitz, Mark 338
Spohn, Jürgen 230
Springsteen, Bruce 172
Stadler, Rene 352
Staël, Madame de 330
Stalin, Josef W. 25, 274, 281
Stalin, Swetlana 34
Stamp, Terence 23
Stanley, Henry M. 284
Starosta, Micki 360
Stecher, Renate 338
Steele, Richard 216
Stéfano, Alfredo di 347
Steiger, Helmut 352
Steiger, Rod 23
Stein, Gertrude 330
Stein, Peter 186
Steinbeck, John 199
Steinhardt, Arnold 180
Stenbock, Eric Magnus Andreas Harry 435
Stendhal 238
Stenmark, Ingemar 353

Sterling, George 376
Stevens, Rise 454
Stevenson, Robert Louis 234, 377
Stewart, Jackie 354
Stout, Rex 226
Stephen, James Kenneth 61
Steppenwolf 172
Sterne, Laurence 215
Sternheim, Carl 182
Stewart, William 61
Stieglitz, Alfred 187
Stift, Josef Hans 147
Stoffels, Hendrickje 190, 191
Stoller, Robert J. 336
Stowell, Thomas 62
Stratton, Charles Sherwood 305
Straulino 355
Strauß, Franz Josef 33, 52
Strauß, Richard 179, 274
Streisand, Barbra 175
Stride, Elizabeth (Long Liz) 59
Strindberg, August 183, 243, 284, 456
Stroessner, Alfredo (General) 26
Strongfort, Lionel 343
Stuart, Maria 279
Suarez 346, 347
Sue, Eugéne 216
Südermann, Hermann 184
Süleiman (Sultan) 312
Sullivan, John L. 349
Superman 18
Supertramp 172
Suskind, Richard 39
Suttner, Siggi 352
Swan, Anna 302
Swedenborg, Emanuel 21, 216, 403, 404
Swinburne, Algernon 243, 327, 332
Symons, Arthur 381
Szewinska, Irina 338
Szigeti, Joseph 180

Tackmann, Gerda 293, 294
Taglioni, Maria 181
Tagore, Rabindranath 220
Talbot, W. Henry F. 187
Talleyrand, Charles Maurice de 30, 371
Tartini, Giuseppe 180
Tassilo 33
Tate, Sharon 53
Tatum, Art 174
Taylor, Elizabeth 24, 314
Taylor, James 172, 379
Taylor, Zachary 27
Teach, Edward 276
Tebaldi, Renata 178
Temple, Shirley 211
Tesla, Nicola 246, 247, 248
Thackeray, William Makepeace 292

Thatcher, Margaret 17
Theoderich I 71
Theodora 318
Theresia von Jesus 403, 404
Thibaut, Jacques Anatole 238
Thiedemann, Fritz 119
Thöni, Gustav 353
Thoma, Ludwig 33, 182
Thomas, Dylan 182
Thomas von Aquin 27
Thompson, Basil 63
Thompson, Daley 341
Thompson, Francis 381
Thompson, George 40
Thompson, Hunter S. 382
Thompson, John Tauaferro 76
Thomson, William 245, 248
Thoreau, Henry David 28, 275
Thoresen, Ulf 359
Thorpe, Jim 338
Thorwald, Jürgen 61
Three Dog Night 175
Thukydides 218
Thurber, James 30, 297
Thurston, Howard 195
Tiberius 23
Tiger, Theobald 238
Tilden, Bill 332, 358
Tim 430, 431
Tintoretto 188, 451
Titow, Gherman Stepanowitsch 104
Tizian 34, 188
Toklas, Alice B. 330, 378
Toland, John 399
Toller, James 302
Tolstoi, Leo 20, 243, 403
Tomaszewsk 346
Tombaugh, Clyde 114
«Tom Däumling» s. Stratton, Charles Sherwood
Topham, Thomas 341
Torme, Mel 171
Torquemada 25
Toscanini, Arturo 179
Toubi 299
Toulouse-Lautrec, Henri de 30, 275, 327
Tour, Georges de la 187
Touré, Sékou 26
Trabert, Tony 358
Tracy, Spencer 201
Trakl, Georg 19, 273
Travis, Warren L. 343
Tristano, Lennie 174
Trotzki, Leo 164, 274, 292
Trout, George 304
Truman, Harry S. 23, 28, 275
Truntschka, Gerd 352
Tschaikowsky, Peter 332
Tschechow, Anton 185, 243

Tschiskowa, Nadeshda 338
Tschukarin, Viktor 355
Tubb, Ernest 170
Tucholsky, Kurt 238
Tucker, Phil 211
Tudor, Heinrich 90
Tudor, Maria I. 279
Tunney, Gene 349, 351
Turgenjew, Iwan 292
Turischtscheva, Ludmilla 354
Turner, Martha 59, 63
Turpin, Ben 454
Tut-ench-Amun 19, 426
Twain, Mark 34, 238, 243, 272, 383
Twiggy 24, 365
Tyler, John 27

Udet, Ernst 67
Unity Globe Orchestra 175
Uris, Leon 32
Ussel, Jos von 336
Ustinov, Peter 184
Utrillo, Maurice 193, 284
Utter, André 193

Vacatko, Vladimir 352
Vacchetti, Vitale 146
Valadon, Suzanne 192, 193
Valentin, Karl 185
Valentino, Rudolph 19, 28
Valera, Eamon De 20
Valéry, Paul 243
Van Dyke Park 172
Varus 71
Vaubrunn, Nicolas 287
Vaughn, Dale 176
Vaughn, Theresa 276
Velaśquez 188
Velvet Underground 172
Venske, Henning 173, 174
Verdi, Giuseppe 178, 179
Vergil 446
Verlaine, Paul 273, 332
Vermeer, Johannes 188
Vernon, Edward 372
Veronica von Giuliani 410
Vespucci, Marco 189
Victor, Albert 62
Victoria 26, 329, 378
Vidal, Gore 242
Vieuxtemps, Henri 180
Vilas, Guillermo 358
Villa, Pancho 276, 443, 444
Villon, François 240
Vinci, Leonardo da 21, 23, 168, 189, 190, 244, 250, 284, 331
Vinke, Hermann 230
Viotti, Jean Baptiste 180
Vogts, Berti 348
Volta, Alessandro 248

Voltaire 21, 35, 219, 238, 274, 275, 371
Voronin, Michail 355

Wadlow, Robert Pershing 302
Wagner, Richard 21, 25, 33, 179, 270, 273
Wallace, Amy 401
Wallace, Irving 233, 400
Wallechinsky, David 400
Wallraff, Günter 164
Walter, Fritz 337, 347, 348
Wandschneider, Hajo 52
Ward, Ike 276
Warren, Lavinia 304
Washington, George 21, 27, 34, 275
Washington, Percy Pearl 299
Watt, James 248
Watteau, Jean-Antoine 188
Waters, Ethel 171
Watkins, Mitchell 388
Watts, Alan 380, 382
Waugh, Evelyn 297
Wavell, Archibald Perzival 297
Wayne, John 210
Weber, Max 22
Weber, Wilhelm 248
Wedekind, Frank 182
Wedgwood, Thomas 379
Wehner, Herbert 384
Weidmann, Charles 181
Weishaupt, Erich 352
Weiss, Peter 182
Weismüller, Johnny 338, 339
Welles, Orson 203
Wellington 74
Wells, Herbert George 241, 243
Welsh, Raquel 24, 210
Welsh, Renate 230
Wennerström, Stig 355
Wenzel, Gernut 53
Wenzel, Hanni 353
Werner, Louis 43
Werner, Oskar 186
Wesley, John 446
West, Mae 322, 323
West, Nathanael 199
Westermann, Liesel 337
Weston, Edward 187
Westphalen, Jenny von 279
Wewering, Heinz 359
Weyden, Rogier van der 187
Weymann, Stanley Clifford 463
Whitson, John 435
Whitman, Walt 220, 292, 332
Whittaker, Edmund 244
Who 176
Wickert, Utta 230
Wicki, Jean 352
Wieniawski, Henri 180

Wiesenthal, Simon 68
Wilde, Oscar 50, 184, 240, 274, 278, 332
Wildenhahn, Klaus 209
Wilder, Thornton 182, 199
Wildermuth, Rosemarie 230
Wilhelm I. 341
Wilhelm II. 30, 52, 96
Wilhelm der Eroberer 34, 72, 284
Wilhelmina 26
Willemer, Marianne von 312
Willey, Walter 362
Williams, Andy 175
Williams, Betty Lou 307
Williams, Clarence 279
Williams, Hank
Williams, Tennessee 184, 332
Wilson, Harriette 326
Wilson, Harold 18
Wilson, Sarah 461
Winchester, Oliver Fisher 76
Winder, William H. 65
Wings 172
Winkler, Hans Günter 337
Wodehouse 233
Wolfe, Glynn de Moss 276
Wonder, Stevie 172
Wood, Nicholas 362
Woodburg, Dorcas 230
Woodward/Bernstein 164
Woolf, Virginia 243, 275, 330
Wright, Billy 347
Wrobel, Ignaz 238
Wyborny, Klaus 209
Wyler, William 207, 208
Wyndham, Mary Anne 279

Yogananda, Poramahansa 404
Yorkshire, Ripper 17
Young, Brigham 276
Young, Neil 172
Ysaye, Eugène 180

Zarate, Lucia 303
Zaryoff, Count George 450
Zass, Alexander «Samson» 343
Zatopek, Emil 337
Zelle, Margarete siehe Hari, Mata
Zeno der Ältere 330
Zeppelin, Ferdinand Graf von 157
Zetkin, Clara 275
Zeuxis 434
Zimmerer, Wolfgang 352
Zingua 318
Zito 346
Zizinho 346
Zoff, Dino 348
Zola, Émile 50, 163, 217
Zordo, Nevio de 352
Zucholdt, Erika 354
Zuckmayer, Carl 182
Zukor, Adolph 20

Sachregister

Aal 314
Achillesferse 289
Achter, beste 355–356
Achter-Finale (1960) 340
Adrastea 112
Ängste des Menschen, größte 448, 449
Akupunktur 250
Alexander 371
Alter, höchstes nachgewiesenes eines Menschen 260
Alter von Tieren, höchstes nachgewiesenes 124, 125
Amalthea 112
Amazonasbecken 101
America 147
Ampere 247
Anästhesie 250
Anatomische Tafeln 250
Antarktis 101, 102
Antarktis-Abkommen 102
anthropologische Bücher, beste 456, 457
Antibiotika 258
Aphrodisiaka 314–315
Arabischer Tahr (Wildziege) 129
Arahaa 92
Archimedisches Prinzip 268
Ariel 114
Arktis 102
Artemistempel zu Ephesos 253
Asteroid 107, 111
Asthma 439
Astronauten mit dem längsten Aufenthalt im Weltraum 106
Astronomische Einheit 267
Athleten, größte 338, 339
Athleten, größte in der olympischen Geschichte der Neuzeit 338
Atlantis 419
Atommächte 84
Attosekunde 259
Austern 314
Australische Gespensterfledermaus 128
Australischer Lungenfisch 86
Austria-Brunnen 130
Ausweitungen des Menschen, bedeutendste 448
Autographen, seltenste 162
Automobile, die Geschichte machten 147–150
Autoren, die den Nobelpreis hätten gewinnen sollen – aber nicht erhielten 243
Autoren, die im Gefängnis schrieben 238–241

Autoren, die sich erfolglos um ein öffentliches Amt bewarben 241–242
Autoren, größte 220, 221
Autorennfahrer, beste 354
Autounfälle, schwerste 80

Babylon, die hängenden Gärten von 252
Bakterien, Identifikation von 250
Bandleader, Paul Kuhns beste 171
Basketball-Endspiel (1972) USA/UdSSR 340
Baum, höchster 266
Bayern, größte 33
Begebenheiten, mysteriöse 414–417
Belagerung von Petersburg 66
Benediktiner-Likör 371
Berggorilla 128
Berliner Bankraub 40–42
Berufe berühmter Personen, frühere 28
Berufe, interessante und langweilige 457–458
Bibliothekare, berühmte 456
Bisexuelle, bekannte 330–333
Blarney-Stein 96
Blauwal 127
Bloody Mary 371
Bobfahrer, beste 352
Bode-Titiussche Reihe 107
Bohnen, Blähwirkung 368, 369
Bourbon 372
Bowie-Messer 74, 75
Boykott 154
Brailleschrift 154
Brink Headquarters, Überfall auf 42
Bronchitis 439
Brooks-Kette 101
Bücher der Weltliteratur, *Zeit*-Bibliothek der 222–224
Bücher, die die Welt veränderten 218, 219
Bücher, die Heinrich Maria Ledig-Rowohlt auf eine einsame Insel mitnehmen würde 228
Bücher, die Loriot auf eine einsame Insel mitnehmen würde 228
Bücher, die nie geschrieben wurden 232 - 233
Bücher, die Werner Höfer auf eine einsame Insel mitnehmen würde 227
Bücher, meistverkaufte 218
Bücher, verbotene 215
Bühnenstücke, Hellmuth Karaseks beste 185

Callisto 112
Candy Island 92
Ceres 107
Chemie, pneumatische 250
Cheops-Pyramide 252, 417
China (Hungerkatastrophen) 82, 83, 84
Chinesische Mauer 254
Chloroplast 265
Colt 75
Columbia 146, 147
Comic-Figuren, größte 231, 232
Coulomb 247
Country-Songs, Johnny Cashs größte 170
Crab-Nebel 110

Damaszener Rose 90
Das Neue Blatt 44
Deimos 111
Demeter 112
Denker, bedeutendste 22
Denkmal des Baumwollkapselkäfers 130, 131
Denkmäler, ungewöhnliche 131
Deodorant-Rollstift 258
Derringer 75
Detektivromane und -geschichten, beste 226, 227
Detektivromane und -geschichten, Peter Neugebauers liebste 225
Detektivromane und -geschichten, Rex Stouts liebste 226
Deutscher Jugendbuchpreis 1978–1982 230
Diabetis mellitus 438
Diät berühmter Leute 363–365
Dicke Bertha 74
Dieselmotor 154
Diktatoren, die am längsten an der Macht sind 26
Dione 113
Dirigenten, größte 179
DNS 265
Dodo 121
Dom Pérignon 372
Dreihundertpfünder, berühmte 300
Dreyfusaffäre 163
Duplex-Penthouse-Suite im Hotel Bristol (Paris) 137

Einäugige, bekannte 297–298
Eishockeyspieler, beste deutsche 352
Emphyseme 439
Empire State Building 255
Emu 121
Enceladus 113
Engel, die namentlich in der Bibel erwähnt werden 465
Engel von Mons 424
Enteritis 438

Entfernungen 265–267
Entfernung Erde–Mond 266
Entfernung Erde–Sonne 267
Entlehnungen aus nicht-indogermanischen Sprachen 158–159
Enzyklopädie, französische 218
Enzym, synthetisches 256
Erddurchmesser 266
Erde 111
Ereignisse, die in der Badewanne stattfanden 268–271
Ereignisse und ihre Dauer 259–260
Erfindungen 258
Europa 112
Explosion von Sibirien 415
Exportgüter, unglaubliche englische 452–453

Fälscher, beste 35–39
Farad 247
Farbenlehre 245
Felsblock von Plymouth 96
Feinschmecker, berühmte 361–363
Fernschreiber 258
Fernsehen 258
Fernsehen s. Sternstunden des Fernsehens
Fernsehsendungen, die es schon sehr lange gibt 213
Fernsehsendungen mit den höchsten Einschaltquoten 212–213
Film, realistischster 443
Film, unterbewertete oder verkannte Leute im deutschen 209
Filme, Arthur Knights liebste 204
Filme, beste 205–207
Filme, beste politische 202
Filme, berühmte überschätzte 209
Filme, erfolgreichste 196, 197
Filme, Hans C. Blumenbergs liebste 205
Filme, Luis Buñels liebste 203, 204
Filme, Orson Welles liebste 203
Filme, schlechteste 210–211
Filme, William Wylers liebste 207, 208
Filme, «zweitbeste» 208
Filterzigarette 258
Flaschenpost 160–162
Fliegender Holländer 422, 423
Flüsse, längste 94, 95
Fotografen, größte 187
Fotografie 258
Frauen, die älter waren als ihre Männer 279–280
Frauen, die sich als Männer ausgaben 333–335
Frauen, schönste 24
Frauen, teuerste 323–324
Frauenwahlrecht 453

Funksignale aus dem All 416
Fußballclubs, beste deutsche 348
Fußballfans, Typen 344–345
Fußballspieler, beste der Geschichte 346
Fußballspieler, beste deutsche 348
Fußballspieler, beste internationale 347
Fußballmeisterschaftsendspiel Deutschland / England (1966) 340

Gästeliste Amy Wallaces 401
Gästeliste Art Buchwalds 393
Gästeliste Arthur Koestlers 392
Gästeliste Christine Brincks und Niko Hansens 402
Gästeliste David Wallechinskys 400
Gästeliste Heinrich Maria Ledig-Rowohlts 397
Gästeliste Henri Nannens 392
Gästeliste Hermann Höcherls 397
Gästeliste Irving Wallaces 400
Gästeliste John Tolands 399
Gästeliste Josef Müller-Mareins 397
Gästeliste Loriots 398
Gästeliste Mary Hemingsways 398
Gästeliste Niko Hansens und Christine Brincks 402
Gästeliste Philip Rosenthals 398, 399
Gästeliste Ralf Dahrendorfs 393
Gästeliste Vincent Prices 395, 396
Gästeliste Werner Höfers 394
Galapagos-Kormoran 121
Galaxis 108
Ganymed 112
Garand-Gewehr 75
Gatling-Maschinenkanone 75
Gauß 247
Gebiete mit dem größten Bevölkerungswachstum 141
Gebiete mit stagnierender oder rückläufiger Bevölkerungsentwicklung
Gebiete, unerforschte 101–104
Geheimnisse, ungelöste 417–421
Gehirngewicht berühmter Leute 292
Gehirnstrahlung berühmter Persönlichkeiten 404–407
Geiger, größte 180
Geister 422–425
Gelbschwänziger Wollaffe 128
Generäle, unfähigste 64
Gespenster 422 - 425
Getränke, die nach Personen oder Völkern benannt sind 371–373
Getriebe, automatisches 258
Gibraltar 96
Gibson 372
Gimlet 372
Ginkgo 86
Ginseng 314

Gitarren-Rock-Intros, klassische 173
Golden Gate Bridge 255
Goldenes Löwen-Seidenäffchen 126
Goldflugzeug 414
Grabsteininschriften, die es nie gegeben hat 433 - 434
Graf und Stift Phaeton 147
Grannenkiefer 87
Grönland 102
Grog 372
Gründe, eine ältere Frau zu heiraten 324–325
Guayana-Bergland 102, 103
Guillotine 154

Hades 112
Häftlinge, denen die Flucht von der Teufelsinsel gelang 55–58
Hämorrhoidenkranke, berühmte 300–301
Hagia Sophia 254
Haitianischer Solenodon 127
Halleyscher Komet 108, 445
Haschischraucher, bekannte 378
Helgoland 96
Henry 247
Hera 112
Heroinsüchtige, bekannte 379
Herrscher, die am längsten regierten 26
Hertz 247, 248
Herzleiden 438
Herzschrittmacher 258
Hestia 112
Hexen von Salem 49
Hieroglyphen 97
Himalaya 103
Himmelskörper 107, 110–114
Hirngefäßerkrankungen 438
Hochstapler, große 460–464
Homosexuelle, bekannte 330–333
Honig 314
Hoover-Damm 256
HUAC (Untersuchungsausschuß für unamerikanische Aktivitäten) 51
Hubschrauber 258
Hummer 315
Hunderassen, beliebteste in Deutschland 116
Hunderassen, bissigste 115
Hunderassen, friedfertigste 115
Hungerkatastrophen, schwerste 82–84
Hyperion 113

Japetus 113
Index liberorum prohibitorum 215
Indien (Hungerkatastrophen) 82, 83
Indris 128
Influenza 439

Ingenieur, unglaublichster 444
Inseln, größte 94
Inseln zu verkaufen 91–93
Intelligenzquotienten berühmter Leute 20–21
Iriomoto-Katze 126
Irland (Hungerkatastrophe) 82
Irrtümer großer Wissenschaftler 244–247

Jahr 260
Janus 113
Java-Nashorn 127
Jazzmusiker, Albert Mangelsdorffs wichtigste 174
Jazzorchester, Manfred Lahnsteins beste 175
Jesaia, Urschrift 261
Jo 112
Jockeys, beste 360
Joule 248
Jubiläumsgeschenke 276
Juden, bedeutendste 32
Jupiter 111
Jupitermond 112

Kaffeetrinker, berühmte 369
Kalorienverbrauch 367
Kalender, jüdischer 260
Kanonade von Valmy 74
Kasuar 121
Katakomben von Alexandria 254
Kaviar 315
Kelvin 248
Kernfusion 259
Kinderbücher, Wolfdietrich Schnurres liebste 229
Kinder, grüne 414
Kinder unverheirateter Eltern 284
Kiwi 121
Knoblauch 314
Körperteile berühmter Leute, konservierte 285 - 289
Kokainschnupfer, berühmte 377
Koloß von Rhodos 253
Kolosseum 254
Komet 108
Kompression von Deuterium-Kügelchen 259
Kosmisches Jahr 260
Kouprey 126
Kraftmeiereien 341–344
Krankheiten, die am meisten Menschenleben kosten 438–440
Krebs 438
Kriminalfälle, interessanteste 52–54
Krokodil 87
Krummkörniger Spießbock 126
Künstler, beliebteste 168
Küsten-Mammutbaum 261

Kugelschreiber 258

Lachgassüchtige, bekannte 379
Länder, bevölkerungsreichste 140
Länder, größte 140
Länder, in denen die Todesstrafe abgeschafft ist 55
Länder, in denen gefoltert wird 54, 55
Länder mit dem stärksten Tourismus 134
Länder mit den größten Ölreserven 99
Länder mit der höchsten Lebenserwartung der Bevölkerung 387
Länder mit der niedrigsten Lebenserwartung der Bevölkerung 387
Länder mit der höchsten Säuglingssterblichkeit 441
Länder mit der niedrigsten Säuglingssterblichkeit 440
Lame Duck 144
Langspielplatte 258
Lascaux, Höhlenmalereien von 261
Leaf Cay 92
Lebach-Prozeß 53
Leberzirrhose 439
Leichtathleten, beste 337–338
Leichtathletinnen, beste 338
Letztes Abendmahl 391–392
Leute, die den Strapazen des Beischlafs erlagen 330
Lichtgeschwindigkeit 266
Lichtjahr 267
Liebeserklärungen, berühmte 311–314
Liebhaber, unermüdliche 317–323
Lieblingsgerüche von Männern und Frauen 464
Lieder, Zupfgeigenhansels liebste 169–170
Lingula anatina 86
Linkshänder, berühmte 22
Loch Ness, Ungeheuer von 419–420, 455
Löslicher Kaffee 258
Loreley 96
Los Angeles (deutsches Luftschiff) 145
LPs der 70er Jahre 172
LSD-Konsumenten, bekannte 380
Ludwig II., inoffizielle Versionen von seinem Tod 437
Lufthansa-Coup 43
Lungenentzündung 439
Lusitania 160
lynchen 154, 155

Machiavellismus 155
Männer, deren Namen zu Maßeinheiten wurden 247–248

Männer, die sich als Frauen ausgaben 333–335
Männer, die von ihren Frauen ernährt wurden 278–279
Männer, «jungfräuliche» 316, 317
Magier, berühmte 194–195
Malediven 136
Maler der Neuzeit, größte 188
Maler der Vergangenheit, größte 188
Maler, Gottfried Sellos liebste 187, 188
Manhattan Cocktail 372
Mann, der seinen Körper verkaufte 445
Marianiwein-Trinker, berühmte 378
Mars 111
Mars, Temperaturen 264
Martini 373
Masai Mara Lodge 138
Masochismus 155
Maßeinheiten 247–248
Matsushima 137, 138
Mausoleum von Halikarnassos 253
Mauser-Gewehr 76
Maxim-Maschinengewehr 76
M'Bekana Island 92
Medien, größte 403–404
Medikamente, meistverkaufte rezeptpflichtige in der BRD 382
Medizin: revolutionäre Entdeckungen, die von Nichtmedizinern gemacht wurden 250–251
Menschen, älteste der Welt 388–389
Menschen, ausgestopfte oder einbalsamierte 426–433
Menschen, die durch die Luft schwebten 412–413
Menschen im Weltraum, erste 104–105
Menschen mit zusätzlichen Körperteilen 305–308
Menschen, schwerste 298–299
Merkur 110
Meskalinkonsumenten, bekannte 381–382
Metasequoia 86
Meteor 108
Meteoriten 108
Methoden, einem Mann zu gefallen 277
Mikronesien 103
Mikroprozessor 256, 257
Mimas 113
Mineralölexporteure, größte 100
Mineralölverarbeiter, größte 99
Mineralölverbraucher, größte 98
Minutenreis 258
Miranda 114
Mittagsbuffet im Hotel Royal (Kopenhagen) 137

Mittelmeer-Mönchsrobbe 126
Moa 121, 122
Modelle und ihre Maler 189–194
Mond 111
Monumente, ungewöhnliche 130–132
Morphinisten, bekannte 378
Mütter berüchtigter Kinder 280–284
Multinationale Konzerne 100
Musiker, Frank Elstners grenzenlos wichtige 176
Muttertag 313

Nachnamen, häufigste 157–158
Nachschlagewerke, beste 219, 220
Nagasaki (Atombombe) 85
Nahrungsmittel, die am meisten konsumierten in der BRD 367–368
Nahrungsmittel mit dem höchsten Kaloriengehalt 366–367
Nahrungsmittel mit dem niedrigsten Kaloriengehalt 366
Nandu 122
Nanuya Levu 93
Nasca-«Scharrbilder» 419
Nautilus 256
Naziverbrecher 68–70
Neonbeleuchtung 258
Neptun 114
Neptunismus 245
Nereid 114
Nestbeschmutzer 163
neue Namen für alte Orte 139, 140
Neuguinea 103
Neuseeländischer Urfrosch (Lurch) 87
Newton 248
Nikolaus-Coup 43
Nikotin 155
Nova 108
Nylon 258

Oberon 114
Objekte, die die Erde umkreisen 106
Öl-Förderer, größte 99
Ohm 248
Okapi 87
One Quarter (Tasmanien) 137
Opern, August Everdings liebste 177
Opern, August Everdings liebste populäre 178
Opern, Regina Resniks liebste 179
Opern, Rudolf Bings liebste 178
Opern, Rudolf Bings populärste 178
Opiumesser und -raucher, bekannte 380–381
Orchesterleiter, Paul Kuhns beste 171
Orte, an denen man einen gesunden Winter verbringen kann 134

Orte, die man auf Reisen meiden sollte 138
Osterinsel, Skulpturen 420

Palindrome 153
Palmetto Cay 92
Pan 112
Panamakanal 255
Papst, der ein Edikt gegen einen Kometen erließ 445
Pascal 248
Pasteurisierung 251, 263
Pazifische Inseln 103
Peer-Gynt-Bergland 137
Peripatus capensis 86
Persönlichkeiten, am meisten bewunderte 18
Persönlichkeiten der Geschichte, abscheuliche 25
Persönlichkeiten der deutschen Theatergeschichte des 20. Jahrhunderts 185
Persönlichkeiten, die Oriana Fallaci gern interviewt hätte 164–167
Persönlichkeiten, die ihre Stufe der Inkompetenz erreichten 31, 32
Persönlichkeiten, die im hohen Alter Außerordentliches vollbrachten 19–20
Personen, die jung starben 19
Persönlichkeiten, die am häufigsten heirateten 276
Persönlichkeiten, die die Schule haßten 273
Persönlichkeiten, die Henri Nannen gern interviewt hätte 167
Persönlichkeiten, die hervorragende Schüler waren 274
Persönlichkeiten, die niemals heirateten 275
Persönlichkeiten, die nie studiert haben 275
Persönlichkeiten, die schlechte Schüler waren 273
Persönlichkeiten mit körperlichen Behinderungen 29–30
Persönlichkeiten ohne (oder mit höchst geringer) Schulbildung 272
Personen, die stigmatisiert waren 409–411
Personen, die Vorbilder für große Romanfiguren wurden 234–237
Personen, die zu Worten wurden 154
Personen, meistgehaßte 17, 18
Pfeilschwanz 86
Pfirsich 315
Pflanzen, giftige 90, 91
Pharus, Leuchtturm von 254
Phobos 111
Phoebe 113

Pianisten, größte 180
Picos de Europa 137
Piltdown-Mensch 36
Pinguin 122
Pisa, Schiefer Turm von 254
Planet 108, 109
Planetoid 107
Platanal 92
Plus Ultra (Wal-Flugboot) 145
Pluto 114
Poltergeist von Epworth 423
Porzellanturm von Nanking 254
Poseidon 112
Postraub, englischer 42, 43
Pousada De Rainha Santa Isabel 138
prähistorische Wesen, die noch leben 86–88
Presserechtsfälle 44–47
Probleme der Leserinnen von Gerda Tackmann, häufigste 293–294
Probleme der Zuhörer von Dr. Erwin Marcus, häufigste 292, 293
Pseudonyme, berühmte 237, 238
Pulsar 109

Quasar 109
Quastenflosser 86
Quisling 155

R 34 144
Radar 258
Radio 258
Radiokarbonmethode 260, 261
Radium 251
Ralle 122
Raub der englischen Kronjuwelen 39
Raubzüge, sensationelle 39–43
Redewendungen mit Tiernamen 125
Reißverschluß 258
Rhea 113
Riesen 301–302
Riesen-Satellit 257
Rob Roy 373
Robins Island 93
Rock-and-Roll-Singles, seltene 176
Röntgenstrahlen 251
Romandetektive, größte 225, 226
Romane der Weltliteratur, beste 221, 222
Rosenkriege 91
Rotschöpfe, berühmte 34
Rotwolf 126
Rub Al-Khali 104
Ruderer, beste 356, 357
Ruderpartie über den Atlantischen Ozean 445, 446
Rückstoß eines Atomkerns 259
Rußland (Hungerkatastrophe) 83

Sachbücher zur Sexualität, wichtigste 335, 336
Sachsen, größte 33
Sadismus 156
Sänger(innen) August Everdings «beste» 178
Sänger und Gruppen, Udo Lindenbergs liebste 172
Säuglingserkrankungen 440
Sahel (Hungerkatastrophe) 84
Sandwich 155
Santa Maria 145
Santa Maria II. 146
Satellit 109
Saturn 113
Sauberkeit von 6 europäischen Völkern 272
Sauerstofftherapie 250
Säugetiere, gefährdete 126, 129
Saxophon 156
Schafbestände, größte 120
Schallplatten-Interpreten mit mehr als 10 Goldenen Langspielplatten 175
Schauspieler(innen), die am häufigsten für den Oscar nominiert waren 200–202
Schauspieler, Hellmuth Karaseks liebste 186
Schauspielerische Leistung an deutschen Bühnen, einzige bedeutende 187
Schildkröte 88
Schlacht auf den Katalaunischen Feldern 71
Schlacht am Euphrat 67
Schlacht am Metaurus 71
Schlacht am Stony Creek 65
Schlacht bei Höchstädt 72
Schlacht bei Poltawa 72, 73
Schlacht bei Syrakus 71
Schlacht bei Washington 65
Schlacht bei Waterloo 74
Schlacht im Teutoburger Wald 71
Schlacht von Antietam 65
Schlacht von Bemis Heights 65
Schlacht von Camden 65
Schlacht von Crécy-en Ponthieu 64
Schlacht von Fredericksburg 65
Schlacht von Gaugamela 71
Schlacht von Hastings 72, 73
Schlacht von Marathon 70, 71
Schlacht von Mons 424
Schlacht von Orléans 72
Schlacht von Saratoga 64, 73, 74
Schlacht von Tours und Poitiers 72
Schlachten, entscheidende 70–74
Schlafstörungen, berühmte Leute mit 296–297
Schnabeltier 88
Schlager, deutscheste der deutschen 173, 174
Schnarcher, berühmte 298
Schneeleopard 128
«Schnitzer» 449–451
Schriftsteller, die Film-Drehbücher geschrieben haben 197–199
Schüttelreime 153, 154
Schwarze Pest 82
Schwarzer Stein 97
Schwarzes Loch 109, 110
Schwarzfüßiges Frettchen 127
Schwergewichtsboxer, beste 348–352
Schwertschwanz 86
Schwimmer(innen), beste 338
Science-Fiction-Romane, Peter Neugebauers liebste 227
Scotch 373
Seen, größte 95, 96
Seepferdchen 123
Segler, beste 355
Sehenswürdigkeiten, übersehene 134–138
Selbstentzündung 407–409
Selbstmordmethoden, am häufigsten angewendete 441–442
sexuelle Abweichungen und Eigenarten bekannter Männer 325–327
sexuelle Kuriositäten bekannter Frauen 328–329
Seychellen, äußere 137
Ship Rock 97
Silhouette 156
Silikone 258
Skewwell Island 92
Skiläufer, beste 353
Skiläuferinnen, beste 353
Ski-Pisten 353 - 354
Sklavenhalter, berühmte 27
Sonne 110
Spargel 315
Spiegel-Affäre 52, 53
Spirit of St. Louis 146
Sportereignisse, dramatische 339–340
Sportler, beliebteste 341
Sportler, beste deutsche 337
Sportlerinnen, beste deutsche 337
Sputnik 1 256
Staaten mit dem höchsten Anteil von Einwohnern unter Waffen 78
Staaten mit dem niedrigsten Anteil von Einwohnern unter Waffen 78
Staaten mit den höchsten Pro-Kopf-Ausgaben für militärische Zwecke 79
Staaten mit den niedrigsten Pro-Kopf-Ausgaben für militärische Zwecke 79

Städte, heißeste 143
Städte, kälteste 143
Städte, schönste 132–133
Stadtgebiete der Gegenwart, bevölkerungsreichste 142
Stadtgebiete im Jahr 2000, bevölkerungsreichste 142
Stahl, rostfreier 258
Statuen, ungewöhnliche 130
Steine, berühmte 96, 97
Stein von Rosette 97
Stein von Scone 97
Stellungen beim Geschlechtsverkehr 309–311
Stern 110
Sternkammer 50
Sternstunden des Fernsehens, Werner Höfers 214
Stiefeldenkmal 132
Stigmatisierungen 409–411
Stonehenge 254, 418
Strauß 122
Strawberry Island 91
Sumatra-Nashorn 127
Superding von Nizza 43
Supernova 110
Syphilis 251
Syphilis, berühmte Opfer der 295

Tabakraucher, berühmte 383–384
Tadsch Mahal 312
Tänzer, größte 180, 181
Tag 260
Teleskop von Jodrell Bank 255
Temperaturen 263–264
Temperatur, höchste nachgewiesene auf der Erde 263
Temperatur, niedrigste nachgewiesene auf der Erde 264
Tennisspieler, beste 358, 359
Tennisspielerinnen, beste 357
Tesla 248
Tethys 113
Teufelsinsel 55
Theaterautoren des 20. Jahrhunderts, beste, größte und berühmteste 182–184
Theaterregisseure des deutschen Theaters, bedeutendste 186
Thompson-Maschinenpistole 76
Tiefkühlkost 258
Tiere, ausgestopfte oder einbalsamierte 426–433
Tiere, berühmte 116–120
Tiere, die ihre Jungen in Beuteln tragen 123
Tipaemau 93
Titan 113
Titania 114
Todesursachen, seltsame 434–437

Tolteken 447
Tom Collins 373
Top-Tageszeitungen 167
Torhüter, beste 348
Trabrennfahrer, beste 359
Trabrennpferde, beste 360
Transatlantikflüge, erste 144–147
Transistor 258
Trinker, schwere 374–376
Triton 114
Trockeneis 264
Trüffel 315
Tuatera 86
Tuberkulose 440
Tulpenwahn 90, 91
Turner, beste 355
Turnerinnen, beste 354

UdSSR (Hungerkatastrophe) 83, 84
Ufos 415, 416, 417
Umbriel 114
Universum, Alter 260
«Un-Naturgesetze» 458–460
Unterhaltungskünstler, Bing Crosbys liebste 171
Unterwasserstadt 257
Uran 114
Uranus 114
Urzeugung, Theorie der 250

Vancouver-Island-Murmeltier 128
Vegetarier, berühmte 365
Venus 110
Vereinte Nationen, größte Beitragszahler 455
Vereisung 251
versicherte Gegenstände, denkwürdigste 454, 455
Videorecorder 258
Vielfraße, berühmte 361–363
Virus, künstlich produzierter 256
Vögel, die nicht fliegen können 121–122
Volkslieder, Walter Scheels liebste deutsche 168
Volt 248
Vulkanismus 245
Vulkan-Kaninchen 128

Waffenexporteure, größte 77
Waffenimporteure, größte 77
Waffen, nach Personen benannte 74–76
Wasserfälle, höchste 95
Watt 248
Weber 248
Weltsprachen, meistgesprochene 159
Weltwunder der Antike 251–254
Weltwunder des Mittelalters 254
Welwitschie 87

Winchester 76
Wissenschaftler der Vergangenheit,
 bedeutendste 249–251
Wörter der deutschen Sprache, am
 häufigsten benutzte 152
Wörter der deutschen Sprache, häß-
 lichste 151
Wörter der deutschen Sprache,
 schönste 151
Wüsten, größte 98
Wunder der modernen Welt 255–256
Wundertier 257

Xerokopie 258

Yeti 421

Zehn Gebote, die 196 465f
Zeitungen, einflußreichste 167
Zeppelin 157
Zeusstatue in Olympia 252
Zigaretten mit dem höchsten Nikotin-
 gehalt 386
Zigaretten mit dem höchsten Teerge-
 halt 386
Zigaretten mit dem niedrigsten Niko-
 tingehalt 385
Zigaretten mit dem niedrigsten Teer-
 gehalt 385
Zimbabwe 261, 420, 421
Zinnoberphantom 422
Zungenbrecher 152
Zwerge 303–305
Zwergwildschwein 127

Titelregister

Abraham Lincoln – The Prairie Years 451
Abschied von gestern 199
Abu Telfan oder Die Heimkehr vom Mondgebirge 224
Achteinhalb 205, 207
Ade nun zur guten Nacht 168
Aeneis 224
Aida 178
Airport 196
Alexis Sorbas 209
Alice hinter den Spiegeln 90
Alice im Wunderland 222
Am Brunnen vor dem Tore 168
American Graffiti 196
American Red Cross First Aid Book 218
American Spelling Book 218
A Message to Garcia 218
An Abridged History of England 217
An Account of the Catholic Religion 216
An Althea aus dem Gefängnis 239
Andersens Märchen 222
And Now Tomorrow 197
Anti-Goeze 224
Anton Reiser 224
Aparajeto 204
Apologia 240
Apologie des Sokrates 224
Apur Sansar 204
Argonauten des westlichen Pazifik 457
A Star is Born 197
Atalante 207
Atta Troll 223
Auch Henker sterben 197
Auf der Suche nach der verlorenen Zeit 222, 224
Aufstieg und Fall des Römischen Reiches 217
August Weltumsegler 221
Aus dem Leben eines Taugenichts 223
Aus dem Reich der Toten 205
A Woman's Vengeance 198
A Yank at Oxford 198

Ballade vom Zuchthaus zu Reading 240
Bathseba 191
Begegnung 206
Bekenntnisse (Augustinus) 222
Bekleidete Maja 192
Ben Hur 197

Berlin Alexanderplatz 223
Bibel 218, 224
Bitterer Honig 208
Blank Generation 172
Blondie und Dagwood 231
Blue Moon of Kentucky 176
Boris Godunow 179
Born on a Bayou 173
Briefe an einen Provinziellen 217
Buenos Días, Argentina 174
Bunbury oder Die Kunst, ernst zu sein 278

Caesar und Cleopatra 199
Calvacade 203
Candide 219, 224
Candy Kisses 170
Carmen 178
Céline und Julie fahren Boot 205
Che 210
Chendru und sein Tiger 229
Chronik der laufenden Ereignisse 198
Citizen Kane 204, 206, s207
Closely Watched Trains 208
Cold, Cold Heart 170
Cool off Baby 176

Daphnis und Chloë 224
Darkness at the Edge of Town 172
Das Abenteuer 206, 207
Das Bildnis der Dorian Gray 224
Das Blut eines Dichters 197
Das Boot 451
Das Dschungelbuch 229
Das Geschenk der Weisen 313
Das goldene Zeitalter 204
Das Haus nebenan 202
Das Kabinett des Dr. Caligari 208
Das Kinderzimmer 227
Das kurze Leben der Sophie Scholl 230
Das Lächeln der Gioconda 227
Das Leben Jesu 217
Das Leben und die Ansichten des Tristam Shandy 224
Das Leben unter Wasser 230
Das letzte Band 222
Das letzte Ufer 209
Das Schloß 223
Das Schweigen 209
Das Sex Buch 335
Das siebte Kreuz 224
Das süße Leben 208
Das Tal der Puppen 218
Das Unbehagen in der Kultur 223
Das verschwundene Rennpferd 225

501

David Copperfield 221
Decamerone 217, 222
De dignitate et augmentis scientiarum 216
De profundis 240
Der abenteuerliche Simplicissimus Teutsch 223
Der achtzehnte Brumaire des Louis Bonaparte 224
Der alte Mann und das Meer 198, 223
Der arme Mann im Trockenburg 222
Der Bleisiegelfälscher 230
Der Clou 196
Der Club der Rothaarigen 226
Der entwendete Brief 225, 226
De rerum natura 219
Der ewige Bann 197
Der Exorzist 196
Der Fall Harrison 226
Der Fremde 222
Der Fremde im Zug 197
Der gelbe Vogel 230
Der General 207
Der Gesellschaftsvertrag 216
Der Glöckner von Notre Dame 215
Der große Diktator 202
Der große Irrtum 202
Der große McGinty 202
Der große Rutsch 230
Der große Spielbaum 229
Der grüne Heinrich 223
Der Homosexuelle und die Homosexualität 335
Der kleine Unterschied 164
Der Krieg ist aus 202
Der lange Weg des Lukas B. 230
Der Malteser Falke 225, 226
Der Mann, der herrschen wollte 202
Der Marquis von Marne 225
Der Mond fällt auf Europa 227
Der Mond ist aufgegangen 168
Der Mondstein 225, 226
Der Pate 196
Der rächende Zufall 227
Der Reigen 205
Der rote Luftballon 229
Der Schatz der Sierra Madre 208
Der schwarze Falke 205
Der seltsame Fall des Dr. Jekyll und Mr. Hyde 234
Der Sohn einer Magd 224
Der starke Ferdinand 199
Der Stechlin 223
Der Steppenwolf 223
Der Stümper 225
Der Tag bricht an 206
Der Talisman 185
Der Unsichtbare 227
Der Untertan 224
Der verlorene Horizont 210
Der Verräter 202
Der weiße Hai 196
Der Wind hat mir ein Lied erzählt 174
Der Zauberberg 221
Der Zorn des Neptun 190
Des anderen Weib 203
De Septem Orbis Spectaculis 252
Des Pilgers Reise von dieser zur zukünftigen Welt 238
Des Sokrates Verteidigung 48
Deutschland. Ein Wintermärchen 223
Dialogo dei Massimi Sistemi 49
Dick Tracy 232
Dictionary of National Biography 220
Die Abenteuer des braven Soldaten Schweijk 223
Die Artisten in der Zirkuskuppel: ratlos 199
Die Aufzeichnungen des Malte Laurids Brigge 224
Die Bekenntnisse (Rousseau) 219, 224
Die besten Jahre unseres Lebens 203, 208
Die blaue Dalie 197
Die Blechtrommel 221, 223
Die Blümelein, sie schlafen 168
Die Brücke am Kwai 208, 209
Die Brücke von San Luis Rey 221
Die Brüder Karamasow 221
Die Buddenbrooks 222, 224
Die Dämonen 222
Die Denkmaschine 227
Die Diagnosen des Dr. Zimmertür 225
Die Dreigroschenoper 197
Die Elenden 215, 223
Die Erde bebt 207
Die Fliege 226
Die Frau im Bade 191
Die Frau im Faß 226
Die fromme Helene 229
Die Gedanken sind frei 168, 169
Die Geschichte der Nana S. 205
Die große Illusion 203
Die Hände des Mr. Ottermole 226
Die Hochzeit des Figaro 179
Die Höllenfahrt der Poseidon 197
Die 100 Tage von Sodom 319
Die Kameliendame 89, 236
Die kleinen Füchse 198
Die kleine Schwester 225
Die Leiden des jungen Werthers 223, 236
Die linkshändige Frau 198
Die Million 206
Die mit der Liebe spielen 206, 207
Die Moorsoldaten 169
Die Nachtvögel 230
Die Nachtwache 190

Die Nase 290
Die Passion der Jeanne d'Arc 204, 206, 207
Die Patriotin 199
Die permanente Revolution 164
Die Reifeprüfung 196
Die Reise mit der Jolle 230
Die Römerin 216
Die Sache Makropulos 179
Die Schildbürger 229
Die spanische Erde 198
Die Spielregel 205, 206, 207
Die Sprache 457
Die süßesten Früchte fressen nur die großen Tiere 174
Die Sunny Boys 20
Die toten Seelen 223
Die Triffids 227
Die Unbestechlichen 202
Die Unschuld des Pater Brown 226
Die Unsterbliche 199
Die Verwirrungen des Zöglings Törleß 224
Die Wahrheit, die zum ewigen Leben führt 218
Die Weber 163
Die Wildente 185
Die Wörter 224
Die Zauberflöte 178
Die Zeitmaschine 227
Discover America 172
Doktor Dolittle 229
Doktor Schiwago 196
Don Carlos 179
Don Quijote 29, 222, 229, 239
Double Indemnity 197
Drei Abhandlungen zur Sexualtheorie 335
Dreigroschenoper 58
Drei Schwestern 185
Dr. Seltsam oder Wie ich lernte, die Bombe zu lieben 204, 208
Drunter & Drüber 230
Dry Guillotine 56
Duden 220
Dünner Mann – Zweiter Fall 198
Dünner Mann – Dritter Fall
Du sollst mein Glücksstern sein 204
Dust my Blues 173

Eine amerikanische Tragödie 164, 197, 237
Eine empfindsame Reise durch Frankreich und Italien 215
1 000 000 de Décimales de Pi 220
Einer flog über das Kuckucksnest 196, 208, 209
Ein Tag zuviel 199
Elektra 177, 179
Emilie 216

Emma oder die unruhige Zeit 230
Encyclopædia Britannica 219, 220
Entweder – Oder 223
Erdbeben 197
Ergebnisse zur Sexualforschung 336
Ergebnisse zur Sexualmedizin 336
Erzähl mir von Oma 230
Es lebe die Freiheit 204
Essais 224
Es steht ein Soldat am Wolgastrand 174
Es war einmal 197

Fahrraddiebe 203, 204, 205, 207
Fall der Engel 190
Falsche Bewegung 198
Fanny 208
Fanny Hill 239
Farbenlehre 245
Farfetched Fables 19
Faust 20, 234
Feast of the Poets 239
Ferdydurke 222
Fidelio 179
Fips der Affe 229
Five Came Back 199
Flammendes Inferno 196
Folsom Prison Blues 170
Forever and a Day 199
Frankenstein, the True Story 199

Gabilan, mein bester Freund 199
Gargantua und Pantagruel 224
Gasoline Alley 232
Geburt der Venus 189
Gefährliche Begegnung
Gefährliche Liebe 199
Gefälscht 38
Gelegenheitsarbeit einer Sklavin 199
Germania 224
Germinal
Geschichte 20
Geschichte des Peleponnesischen Krieges 218
Geschichte meines Lebens 223
Geschichten aus dem Wienerwald 185
Geschichten vom Herrn Keuner 222
Gier nach Geld 203, 206
Glanz und Elend der Kurtisanen 222
Glimpses of World History 240
Gockel, Hinkel, Gackeleia 229
Göttliche Komödie 19, 223
Goldrausch 203, 205, 208
Great Speckle Bird 170
Großes Testament 240
Grundsätze der politischen Ökonomie 217
Guide to Reference Books 219
Guinness Buch der Rekorde 218, 220
Gullivers Reisen 224

Haben und Nichthaben 197
Halsbury's Laws of England 220
Hamlet 185
Hans-a-plast 172
Hans Huckebein der Unglücksrabe 229
Harquin der Fuchs 229
Hauffs Märchen 229
He'll Have to Go 170
Hell on Trial 56
Henriade 238
Herzogin von Devonshire 40
Heute und die 30 Jahre davor 230
High Steppin' 176
History of the Devil 216
History of the World 240
Hoch auf dem gelben Wagen 168
Höllenfahrt nach Santa Fé 203
Humbert, Mr. Firkin und der Bürgermeister von London 229
Hundert Mann und ein Befehl 174
Hunger 223
Hymne auf den Pranger 239
Hyperion 223

I Can't Stop Loving You 170
Ich bin ein entflohener Kettensträfling 204
Ich bin ein freyer Bauernknecht 169
Ich bin Soldat, doch bin ich es nicht gerne 169
Ich hab noch einen Koffer in Berlin 174
Ich kann nicht schweigen 20
Ilias 29
Il principe 155
Im Banne des Goldenen Drachen 225
Im Jahr der Schlange 230
Im Krug zum grünen Kranze 169
Im Leben geht alles vorüber 174
I'm Movin' On 170
Im Schatten des Zweifels 199
Im Westen nichts Neues 208
In einem anderen Land 198
In einem Polenstädtchen 174
Infam 198
Infant Care 218
In his Steps 218
Intoleranz 203, 206
Islam Observed 457
I Stole a Million 199
It Could Happen to you 199
I Walk the Line 170
Iwan der Schreckliche 207

Jacko 229
Jacques der Fatalist und sein Herr 223
Jagd auf James A. 204
Jahrestage 223

Jane Eyre 198
J'accuse 143
Jenny 203
Jitterbug Baby 176
Johanna 230
Johnny Be Goode 173

Kaffeekantate 369
Kinder- und Hausmärchen 223
King Kong 197
Knopp der Junggeselle 229
Komm lieber Mai 168
Koran 218
Krazy Kat 231
Krieg der Sterne 196
Krieg und Frieden 221, 224
Kritik der reinen Vernunft 217
Kuhle Wampe 197
Kultur und Rasse 457

La Bohème 178, 179
Lament for a Maker 226
Land der Pharaonen 197
Langenscheidts Enzyklopädische Wörterbücher 220
La Paloma 174
Lawrence von Arabien 208
Lebensansichten des Katers Murr 223
Le droit à la paresse 279
Le Grand Larousse 220
Lenz 222
Let's Make Music 199
Letztes Jahr im Marienbad 199
Letztes Weekend 225
Lichter der Großstadt 203, 205
Licht im August 222, 223
Lili Marleen 174
Little Orphan Annie 232
Logik 227
Lohn der Angst 209
Lotte in Weimar 236
Louisiana Legende 206
Love Story 196
Lulu 58

Madame Bovary 216, 221, 223, 236
Madame Curie 198
Mädchen am Fenster 191
Männlich – Weiblich 335
Major Barbara 199
Maler Klecksel 229
Manche mögens heiß 208
Manhattan Transfer 223
Mary Poppins 196
M. A. S. H. 197
Maybelline 173
Meine Lieder meine Träume 196
Mein Kampf 239
Mein Leben (Trotzki) 224

Mein Leben und Lieben 321
Mein Vater wird gesucht 169
Memoiren (Casanova) 217
Menschliches Allzumenschliches 224
Mephisto 44, 45, 237
Messer im Kopf 199
Mister Dynamite 198
Moby Dick 221, 224
Moderne Zeiten 204
Mona Lisa 40, 189
Mordakte Benson 226
Mordsache Dünner Mann 198
Movie Magg 176
My Gal Sal 197
Myra Breckinridge 210
Myth, Ritual and Religion 217
Naboth's Vineyard 227

Nackte Maja 192
Nanuk der Eskimo 203
Nashville 202
National Geographic Society Atlas 219
Naven 457
Nest am Fenster 230
Never Mind the Bollocks 172
Nibelungenlied 224, 281
Nibelungen-Sage 229
Ninotschka 203
No Love for Johnny 208

Oblomow 223
Odyssee 29, 223
Oh Well 173
Oliver Twist 163, 223
Onkel Toms Hütte 236
Onkel Wanja 185
Orphée 197
Othello 178
O wie schön ist Panama 229, 230
Oxford English Dictonary 219

Pamela 215
Panzerkreuzer Potemkin 203, 204, 205,, 207, 208
Papillon 56
Parerga und Paralipomena 224
Paris 1919 172
Parzival 224
Pather Panchali 204
Peanuts 231
Pensées 224
Persona 207
Perversion 336
Peter Grimes 179
Peter, Ida und Minimum 230
Points of View 20
Popeye 231
Pride and Prejudice 198
Principia rerum naturalium 216

Prinz Friedrich von Homburg 67
Pu der Bär 229
Purple Haze 173
Pygmalion 199

Querelle 223

Rashomon 208
Raub der Töchter des Leukippos 190
Reality and Dream 457
Reise zum Mittelpunkt der Erde 227
Remarks on Several Parts of Italy 216
Ringo 203
Robinson Crusoe 223, 234
Robot Monster 211
Rock and Roll in the Groove 176
Rock It 176
Rocky 196
Road to Glory 197
Robinson Crusoe 450
Roger Ackroyd und sein Mörder 226
Rot und Schwarz 221, 224
Rowohlts Bunte Liste 220
Royal Scam 172
Rußland und der Wendepunkt der Geschichte 20

Sackgasse 198
Säuglings- und Kinderpflege 218
Safety Last 208
Sah ein Knab ein Röslein stehn 168
Sailin' Shoes 172
Salammbô 216
Salomo und die Königin von Saba 211
Samuel und Emma 229
Santa Claus Coquers the Martians 211
Satisfaction 173
Scarface 198, 205
Schatzkästlein des rheinischen Hausfreundes 223
Schöpferische Entwicklung 217
Schuhputzer 203
Schuld und Sühne 221
Selbstbildnis mit verbundenem Ohr 290
Selina, Pumpernickel und die Katze Flora 230
Serenade zu dritt 198
Servus Opa, sagte ich leise 230
Sexualität konkret 335
Sexualität und Medizin 336
Sexualunterdrückung 336
Sieben Fälle für Mr. Fortune 226
Siebenkäs 224
Simp 229
Six Crises 32
Skinny Jim 176
Skippy 232
Sleepy Time Blues 176
Some Girls 172

Sonntags nie 209
Spin the Bottle 176
Spinning Rock Boogie 173
Spuren 222
Stille Nacht 168
Stiller 223
Stolz und Vorurteil 221
Straßen der Großstadt 198
Strukturale Anthropologie 457
Stürmische Höhen 198
Sturmhöhe 221
Sudelbücher 224
Sullivans Reisen 204
Sunrise 205
Superman 232
Suspicion 227

Tagebuch 1889–1949 (Gide) 223
Talking Heads 172
Tanz der Vampire 209
Tausendundeine Nacht 224
Tendenz, Latenz, Utopie 20
That Hagen Girl 211
The Absend-Minded Coterie 227
The Bellamy Trial 226
The Book of Lists 220
The Cask 226
The Conqueror 210
The Dark Angel 198, 199
The 15 Decisive Battles of the World 70
The Forgotten Village 199
The Front Page 198
The Genuine Tabard 227
The Greater Oxford Dictionary 220
The Horror of Party Beach 210
The Nature of Culture 457
The Pearl 199
The Problem of Cell 13 227
The Pueblo Potter 457
Therapie sexueller Störungen 336
The State Papers 216
The Sunshine Boys 20
The Terror of Tiny Town 211
The Train Kept a-Rolling 173
The Unseen 197
The Woman in the Window 205
The Women 198
The World Almanac 218, 219
They 227
The Yellow Slugs 227
Thomas l'Imposteur 197
Three Comrades 198
Ticket to Paradise 199
Till Eulenspiegel 229
Tobacco and Men 197
Today We Live 197
Tod in Hollywood 199
Tom Jones 209, 221, 223
Tote schlafen fest 197

Trans-Europa-Express 199
Transformer 67
Traurige Tropen 224
Tristam Shandy 221
Tristan und Isolde 177, 179
Trubloff, die Maus, die Balaleika spielte 229

Ugetsu – Erzählungen unter dem Regenmond 207
Ulrich's International Periodical Directory 219
Ulysses 222, 223
Unerwünschte Reportagen 164
United Nations Statistical Yearbook 220
Unsere kleine Stadt 199
Unterwelt 203
Urformen der Kultur 457
Utopia 224

Väter und Söhne 224
Vater Goriot 221
Verlorene Illusionen 222
Versuch über den menschlichen Verstand 216
Viva Zapata 199
Vom Gully ins Paradies 43
Vom Winde verweht 196, 198
Von feinen und von kleinen Leuten 230

Wahlverwandtschaften 223
Walking the Floor over You 170
Washington überquert den Delaware 450
Wash Tubles und Captain Easy 232
Was ihr wollt 185
Was ist da? 230
Was ist dir lieber ... 229, 230
Watch on the Rhine 198
Wenn bei Caprie die rote Sonne im Meer versinkt 174
Werther 179
West-östlicher Divan 312
Where the Cross is Made 450
White Shadows in the South Seas 203
Wie Tiere sich verständigen 230
Wilde Erdbeeren 207
Wildwood Flower 170
Wir können noch viel zusammen machen 229, 230
Wo die Füchse Blockflöte spielen 230
Wo die wilden Kerle wohnen 229
Wohlauf in Gottes schöne Welt 168
World of Learning 219
Worte des Vorsitzenden Mao Tsetung 218

Wunderbare Reise des kleinen Nils Holgersson mit den Wildgänsen 229

Yearbook of International Organisations 219
You Really Got me 173

XTC Drums & Wires 172

Z 202
Zeno Cosini 222
Zwei Banditen 196
Zwölf Uhr mittags 209
Zur Psychopathologie der Sexualität 335
Zum ewigen Frieden 223

Meine Liste der

_____

1. _____
2. _____
3. _____
4. _____
5. _____
6. _____
7. _____
8. _____
9. _____
10. _____

Liste meiner Vorschläge für neue Listen:

1. _____
2. _____
3. _____
4. _____
5. _____
6. _____
7. _____
8. _____
9. _____
10. _____

Bitte diese Seite heraustrennen und in einem frankierten Briefumschlag einsenden.

Bitte in frankiertem Briefumschlag
schicken an:

**Redaktion
Rowohlts Bunte Liste
Rowohlt Verlag GmbH
Postfach 1349
2057 Reinbek**

Absender

Name: _____

Vorname: _____

Straße: _____

Wohnort: _____